董丰亮◎编著

养育完美女孩

女孩父母最该掌握的120个教育秘诀

想让您的女儿一生都过得顺顺当当吗?
想让您的女儿一生都快乐、幸福吗?
这一切都离不开父母从小正确地培养!

北方妇女儿童出版社
·长春·

图书在版编目（CIP）数据

养育完美女孩/董丰亮编著．—长春：北方妇女儿童出版社，2014.11

ISBN 978－7－5385－8709－8

Ⅰ．①养…　Ⅱ．①董…　Ⅲ．①女性—家庭教育　Ⅳ．①G78

中国版本图书馆 CIP 数据核字（2014）第 257233 号

养育完美女孩

YANGYU WANMEI NVHAI

出版人　刘　刚

策　　划　师晓晖

编　　著　董丰亮

责任编辑　王天明

开　　本　787mm×1125mm　1/10

印　　张　60.8

字　　数　724 千字

印　　刷　北京德富泰印务有限公司

版　　次　2014 年 11 月第 1 版

印　　次　2014 年 11 月第 1 次印刷

出　　版　北方妇女儿童出版社

发　　行　北方妇女儿童出版社

地　　址　长春市人民大街 4646 号

邮　编：130021

电　　话　总编办：0431－85644803

发行科：0431－85640624

定　　价　78.00 元

前言

望女成凤是每位家长的心愿。身为女孩的父母，无不希望自己的女孩成长为一个集美丽、优雅、博学、成功、多才、自信于一身的完美女孩，最终获得成功的事业和幸福的婚姻。但是，完美女孩不是天生的，而是通过后天细心打造的，这与父母的教育和引导不无关系。正如古人所说："玉不琢，不成器。"女孩如同一块璞玉，只有在精心雕琢下才能绽放出最美的光彩。

父母的教育决定了女孩的未来，完美女孩是优质教育的结果。家庭是女孩人生中的第一所大学，父母是第一任老师，父母的言传身教，对女孩的智力、性格、习惯、心态、能力、品德的培育等有着重大影响，甚至可以决定女孩的一生。女孩将来会成为什么样的人，成就怎样的事业，掌握多少财富，建立怎样的家庭，收获怎样的幸福，都掌握在父母的手中。因此，你想给女儿一个美好的明天，就要精心培育她，因为没有不完美的女孩，只有不会教的父母。

然而，现实生活中，有些父母望女成凤心切，过分关注女孩的智力发育和学业成绩，把自己未实现的理想强加到女孩身上，不加选择地给女孩安排各种培训班或才艺班，希望她考一所名牌大学或凭借一门才艺获得成功，而完全不顾及女孩自身的成长规律，也忽略了女孩心理、能力、品德等其他方面的培养。其实，完美的女孩不只是成绩优异、才艺超群，她们更懂得发挥自己的潜质，她们因为非凡的气质和优雅的谈吐被人们所喜爱，她们应在某个领域中表现出果断的办事能力和独当一面的气魄，还应具备独特的眼光、成熟的心智，能够稳稳地找到属于自己的终身幸福……这些并不是单靠学习课本知识和特长培训就能够造就的。

教育女孩是一门艺术。要培养出一个幸福、完美的女孩，父母不但要教，更需要掌握科学的教育观念和方法，具备一定的养育智慧。如果引导得当、教育方式合理，你的女儿就会成为一个卓尔不群的人才，并找到一个同样优秀的丈夫共度一生。教不得法，不但达不到培养目标，还可能毁掉女儿一生的幸福。因而，要想培育好女孩，必须先学会做父母，首先提高自身的素质，以自己言传身教的榜样力量去影响女孩，塑造女孩。其次是掌握科学的教育理念和有效的技巧，不要陷入于女孩成长不利的教育误区。再次，女孩在人生的各个阶段，会遇到各种各样的问题、困难和挫折，父母们应随时更新自己的教育观念，及时观察发现女孩的心思，帮助她、引导她正确面对和处理各种问题，这样才能确保其健康成长。

那么如何培养女孩子？它和培养男孩子有什么不同之处吗？如何让自己的女儿出类拔萃？怎样引导她走向幸福的生活呢？

《养育完美女孩大全集》结合女孩的心理特征和成长规律，从不同角度出发，为父母们提供了一套成功育女方案，使父母们掌握教育的正确方向和科学方法，真正教到点子上，是每一位望女成凤的父母的必读书。本书深刻分析了女孩与男孩不同之处、女孩天性中的优缺点，以及父亲和母亲在养育女孩过程中所应起到的不同作用，统揽女孩成长过程中的教育问题及解决办法，全面介绍女孩的身体、心理、性格、气质、品质、理财、才艺、潜能、学习等各个方面的培养，指导父母教出有素质、有能力、有眼光、有魅力的卓越女孩。书中综合介绍了国际著名教育家如老卡尔·威特、蒙台梭利、多湖辉等的教育理念，最有助于发展女孩天性的教育方法，以及透视女孩心路历程所应掌握的心理学，如延迟满足、强化心理、巴纳姆效应、从众心理等，有效解决了最令女孩父母头疼的难题，如如何说女孩才会听、女孩如何安全度过青春期、如何避免刁蛮任性的小女孩、怎样令女儿学会应对挫折等。

掌握了这些方法和技巧，并用心、耐心、精心培育自己的女儿，她一定能够朝着你所期盼的方向发展，成为人人羡慕的完美女孩。即使只是普通女孩，也能从这种教育和引导中得到受益终生的启迪，收获自己的幸福。

目 录

第一章　男孩来自火星，女孩来自金星

有别于男孩的一片天地

一个脆生生的“小甜辣椒”

在古老的童谣中有这样的传说：女孩就是用糖和香料以及一切美好的东西做成的。

和男孩相比，女孩们很少会对手枪、坦克、变形金刚这样的玩具感兴趣，她们喜欢可爱的洋娃娃、漂亮的花瓣，或者是好闻的香水，她们喜欢一切美好的事物。

这就是女孩，她们就好像是一块小甜饼，永远让爱着她的爸爸妈妈忍不住想咬她一口。

她是那样的聪明伶俐乖巧可爱，让所有看到她的人都会忍不住想逗逗她，甚至是想捏一下她肉乎乎的小脸蛋。

如果你也有这样的一个女儿，你一定会希望她能永远那样乖巧而惹人疼爱，你希望她永远生活得平安幸福。但是，女孩的世界中并不都是那样平静而美丽，她们在成长的过程中也总会有这样那样的烦恼，那些对大人们来说无所谓的困难却足以让女孩感到抓狂和不知所措，在她们的世界中也有很多的苦恼和哀愁。

她会莫名其妙地闷闷不乐；

她会突然间哭起来不停，大声地叫嚷；

她会在某个时候对父母很依赖，以至于不想回到自己的房间睡觉；

……

看着自己眼前这个情绪多变的小女孩，你会不会觉得她比外星人还令我们捉摸不透？

我们常常会听到自己的女儿这样抱怨：

“为什么我长得这么普通，而我特别讨厌的那个女孩却那么漂亮？”

“为什么我总是这么倒霉？”

“该死的考试，什么时候才能结束？”

看看下面一对母女的对话吧：

莉莉："当班长太累了，又要自己学习，还要维持纪律。"

妈妈："既然不喜欢，就和老师说说不做了。"

莉莉："可是我也很喜欢做班长，它让我觉得很光荣。"

妈妈："既然你喜欢，那就不要再嚷嚷着说累了。"

莉莉沮丧："可是喜欢不代表不累啊！"

妈妈反问："那你到底想要怎样呢？"

莉莉郁闷："哎呀！你根本就不理解我，我不和你说了。"

妈妈无奈："真不知道你到底要说什么。"

……

谈过话后，莉莉只觉得情绪无处发泄，她不愿意继续交谈，因为她觉得无趣极了。

在大多数人的惯常思维中，女孩是乖巧、善良、可爱的，其实这样认识女孩并不全面，女孩的特有性格中还少不了固执苛刻、喜怒无常和蛮横霸道，这些性格特征出现在女孩身上是多么地正常。

这时的女孩就不再是一块甜甜的饼了，而成了一个呛人的小辣椒。

事实上，女孩就是这样，她们并不只是表面上的单纯可爱，她们善于耍小心眼，更倾向于"智取"。尽管她们有很甜美的一面，但是我们也不能忽略她们的辛辣、苦涩，还有就是酸与麻。

对于女孩的教育，并不是说要简单地保留她身上的甜味而去掉其他不好的气味，更不可以任她掩盖住天性当中的那些甜味。最高明的父母，一定要让这些味道全部保留，并且调制成最可口、最美味、最容易让人接受、最让人喜欢的独特风味。当然，最重要的一点是，让女孩因为自己的独特味道而感受到幸福和快乐。

如果父母能够培养出这样的女孩，就会感受到：抚养一个女孩真的像是在创作一件艺术品，是一件十分美好的事。

"嗯……那好吧"——容易委曲求全的小女孩

这些看上去又甜又辣的小女生，她们的成长轨迹是怎样的呢？

一位有着多年从教经验的老师这样描述她眼中的女孩：

她们是文静的，也是懂得遵守纪律的，她们上课认真听讲，在课堂上从不捣乱；

她们总是按时交作业的好小孩，她们害怕挨老师的批评；

和男孩相比，她们更善于懂得如何讨得长辈们的欢心；

……

女孩，更喜欢安定、平稳地成长，这个特点不知曾为多少家长感到欣慰：因为大多数的女孩家长都持有这样的观点，正是由于女孩如此听话乖巧，家长们往往不需要太费神就可以把她们教养好。

而实际上，真的就是这样简单吗？

著名的教育专家孙云晓先生曾经就此提醒女孩的家长们：千万不要"高兴得太早"。家长这种盲目的高兴和疏忽大意很有可能会走向另一个教育误区：家长如果不够注意女孩的心理发展，女孩就很有可能变得敏感多疑；家长如果不注意女孩的能力培养，女孩就会有可能变得胆小脆弱……

小女孩豆豆今年已经 4 岁，虽然说在幼儿园里年纪已经不算小了，但是她好像天生就很怕人，在幼儿园里经常会把自己心爱的玩具不情愿地让给别人。

那天妈妈去幼儿园接豆豆回家，在院子里看到了这一幕：

小豆豆站在院子的一角，手里捏着她喜欢的毛绒玩具小海豚，正在摆弄着，不远处小男孩丁丁朝着豆豆的方向跑了过来："冲啊，杀啊。"

豆豆吓坏了，她本能地把小海豚藏在身后，大声喊道："不许你抢我的海豚！"

豆豆不说还好，这样一说，丁丁执意要抢豆豆的玩具，把豆豆气哭了。

"哇哇——"

看到宝贝女儿在哭，妈妈感到很心疼，连忙跑了过去对丁丁说："你怎么可以抢姐姐的东西呢？这样做是不对的。"

丁丁哪里理会，他扮个鬼脸之后就利落地跑开了。

空荡荡的院子里只有豆豆和妈妈，妈妈使出浑身解数来安抚这个受到心灵创伤的小女孩："好豆豆我们不哭了，回去妈妈给你买个更大的海豚。"总算是让豆豆破涕为笑了。

只是，妈妈心里一直嘀咕：我家豆豆总是这么怯懦，连小弟弟都可以欺负她，但愿她以后长大了可不要这样。

相信没有一个家长希望自己的女儿会变成这样，但又是什么原因会让这些女孩变得如此敏感脆弱呢？

追根溯源，要从人身体中那对性染色体中的 X 染色体说起。

X 染色体携带了女性基因，所以它强化了女孩天生具有的女性特征，比如软弱、安静、柔顺等特点；与此同时，它还决定了女孩更加注重人际关系的协调，这才是根本的原因。正因为女孩更害怕人与人之间的关系破裂，所以她们常常会委曲求全，胆小软弱这样的特征就很明显地表现出来了。

正因为如此，女孩和男孩在看待周围的世界时，才会表现出很大的不同。

女孩总是重视与自己有关的任何人之间的关系。细心的家长也许会发现，当自己的女孩与他人的关系不融洽的时候，她们会极度地伤心难过："为什么老师不表扬我了呢?”“为什么今天莉莉不带我玩了?”“为什么姐姐不和我一起拼图了呢?”

为了能够让自己的内心充满安全感，女孩总是需要更好地保持与他人之间的关系。

为了能够与爸爸妈妈保持更好更稳固的关系，女孩总是会让自己完全按照父母的意愿行事，即便有的时候她的内心很不乐意。

在与同龄人的交往当中，女孩也经常会表现得谦让和顺从，以赢得对方的好感，使彼此更友好，使自己更有安全感。

沿着这种成长轨迹长大的女孩，她们多半都很听话，在很多时候不得不委曲求全，不太爱表达自己的看法，也不是遵照着自己的意愿来行事。

在不知不觉中，女孩原本的独立性、自主性都丧失了。这种习惯将一直影响到女孩日后的生活，她们常常会为了满足他人的意愿而损害自身的利益。

“爸爸是我的保护神”——渴望他人的保护

女孩似乎天生就渴望得到他人的保护。

在女孩很小的时候，她们从来不为什么事情而担心，因为她们知道，爸爸妈妈会一直在身边保护她们。在生活中，不难看到这样的场景：

一个小女孩和一个小男孩，他们正在发生争执。小女孩气哄哄地说：“哼哼，我不怕你，我爸爸很厉害的，你要是再敢欺负我，我就告诉爸爸。”

当生活中出现的一些状况让女孩感到无法应对的时候，她们的第一反应总是希望能够有人伸出援助之手。而这个给她们提供无微不至的帮助的人，非爸爸莫属。

曾经有大量的研究表明：那些平时与父亲接触较少的女孩，她们在体重、身高、动作等方面的发育速度都会显得较为落后，并普遍存在焦虑、自尊心不强、自控能力较弱等感情障碍，表现为忧虑、多动、有依赖性，这种状况被专家称之为“缺少父亲综合征”，在父亲坚实臂膀的支持和呵护下，不管身处何处，女儿总是能平安健康地茁壮成长。

大多数的女孩都会有这样的一段心理发展历程，甚至有的女孩会形成一种强烈的心理依赖：我要受到别人的帮助和保护，因为我是女孩。很多爸爸妈妈，在面对女孩的这种心理依赖时总会感到习以为常：毕竟，女孩子嘛，娇气很正常。不过，为人父母者可能还不知道这样的危害吧，其实这样的做法对女孩的成长和发展都极为不利，因为一个女孩如果经常抱有依赖心理，她就会很自然地把自己定位成弱者。长此以往，当她们遇到了人生重大问题的时候，首先想到的一定不是依靠自己的力量来解决，而是总幻想着有人来帮助她。

其实，在小女孩的心目中，她们总是幻想着得到父母更多的爱，父母的爱，是这些小女孩最坚实的依靠。她们想要得到的，不仅仅是疼爱，而是宠爱。

这可能是女孩的天性，她们习惯于把自己定位成“弱者”，而这种定位，可能更多地来自于父母的宠爱。

大多数的父母总认为女孩是娇小而柔弱的，喜欢对宝贝女儿们过度地爱护：“哎哟！我的小宝宝啊。”看到女孩受苦了受累了，总是忍不住心疼，看到女孩哭了，就不舍得再教训她了。这些被宠着哄着长大的女孩已经禁不起挫折和伤害，正因为如此，女孩也认为她们受到保护是天经地义的。女孩天生的敏感以及家长的过度呵护，反而让她觉得自己常常会被一种不安全的感觉所包围。

这是一个周末，小女孩芸芸在家里沉沉地睡着，而爸爸妈妈都早早起床，因为他们要去参观一个项目展览。

临走的时候，妈妈写了一张小字条放在桌子上，告诉芸芸他们要下午才能回来，叮嘱她不要随便给陌生人开门。桌子上放好了芸芸的早饭和午饭，吃的时候只需要放到微波炉里加热一下就好。把一切安排妥当，爸爸妈妈安心地出门了。

上午9点多，芸芸终于睡醒了，她揉揉惺忪的眼睛，发现周围一片安静。和往常一样，她习惯地赖在床上，叫着“妈妈，妈妈”。要是以往，妈妈肯定会放下手中的家务，然后来到芸芸旁边，哄着她说：“都几点了，你怎么还不起床啦？早饭还要不要吃呢？”可是今天，爸爸妈妈怎么没有反应呢？芸芸一下子就急了，放大声音喊“妈妈，妈妈”，还是没有反应。芸芸感到委屈，撅起嘴不高兴了。

芸芸穿好衣服来到客厅，发现爸爸妈妈都不在家，只有她一个人。桌上的早餐已经凉了，要是在以往，妈妈一定会把热腾腾的早餐摆在她面前。想想以前，一家人总是围着她团团转的情景，不知为什么，芸芸一下子难过起来，眼泪顺着眼角就流了出来。

养育女孩，为她创造一个和睦的家庭气氛是尤为重要的。以前也曾经有过相关的研究表明：在和睦的家庭环境中成长起来的女孩，会比其他的孩子更加开朗活泼、聪明可爱。

小女孩心中的美好生活是什么样子的呢？来看看一个小朋友的日记：

今天，爸爸妈妈带着我去公园，我玩秋千，妈妈帮我扶着，爸爸帮我推着，我坐在中间。爸爸还给我买了一个“蓝猫”大号气球，我特别喜欢。我们下午回家了，妈妈又给我做了一桌好吃的饭菜。今天真高兴啊。

想让女孩生活得快乐吗？她们并不需要昂贵的衣服，也不一定要玩最高级的玩具，只要让她感到爸爸妈妈在爱她，女孩就会感到没有比这更值得高兴的事情了。

如果一个家庭不和睦，那么受伤最深的也是孩子，尤其是最看重人与人之间关系的女孩。

“我可以吗”——小女孩欠主见

和男孩相比而言，很多女孩都有缺乏主见的表现：

女孩喜欢关注周围的好伙伴喜欢穿什么样的衣服，然后追赶着流行，自己也要买一件。

不仅是衣服，女孩还关注美丽的发型和漂亮的首饰，看到别的女孩拥有的漂亮手链，自己也想拥有一条。

任何一项或是有意义或无意义的活动，在女生中往往会传播得很快，因为一传十，十传百，女孩子都爱跟风……

女孩天生都是没主意的孩子吗?

女孩所表现出来的“没主见”，一方面和女孩天生注重人际关系有着密切的关系。另一方面，也在于后天爸爸妈妈的培养。

父母的培养方式对于女孩子这一点的改造至关重要。很多爸爸妈妈过于爱自己的孩子，以至于事事都替孩子包办了。时间久了，父母终于发现自己的孩子好像不太有主见。其实，孩子一路成长的过程中，哪有自己做主的机会呢?

女孩有她独特的成长过程，当女孩还很小的时候，并不能自然地来进行理性思维。所以但凡遇到什么事情，总是不能够很好地进行选择。比如有的时候父母问她：“晚上想吃什么?”也许她会思考半个小时还想不出答案来。

女孩稍微长大一点，到了青春期之后，这个时期由于受到激素分泌等因素的影响，女孩会变得比较懒散，她们在意识上觉得让别人来做抉择比自己做出决定简单得多。所以，她们不太喜欢思考，无论生活中遇到的大事还是细小的琐碎事情，她们都会把决定权交给周围的人，自己干脆“顺其自然”就好了。

所以，父母最好有意识地培养女孩的自主能力，尽可能地调动孩子身上的积极性。

谢军是享誉世界的国际象棋特级大师，曾获得过多项世界冠军。很多人羡慕她的辉煌成就，但很少有人知道她之所以能够取得这样的成就，完全是因为父母给了她自主的机会。

1982 年，12 岁的谢军小学即将毕业，但她却面临了两难境地：是升重点中学还是学棋，在这个分岔口谢军举棋不定。

小学 6 年中，谢军曾有 7 个学期被评为三好生，这样品学兼优的孩子，学校当然要保送她上重点中学。

但是，国际象棋的黑白格同样牵引着谢军和她的一家人。在这个节骨眼，母亲的一席话给了谢军莫大的勇气，让年纪小小的她学会了自主，学会了对自己负责。

母亲叫来了谢军，用商量的语气说："谢军，抬起头来，看着母亲的眼睛。你很喜欢下棋，是不是？"

这是母亲对女儿选择道路的提问，从某种意义上讲，也是对女儿将来命运的提问。

谢军目光坚毅、严肃地看着母亲的眼睛，坚定地说出7个字："我还是喜欢学棋。"

听到女儿的话后，母亲同意了她的选择，同时又严肃地说："很好，不过你要记住，下棋这条路是你自己选择的，既然你做出了这个重要的选择，今后你就应该负起一个棋手应有的责任。"

一个12岁的女孩很难懂得和理解这段话，但却理解了父母的良苦用心。

正是母亲的这段话，使谢军受益终生。假如当初没有这段话，或者是由父母决定女儿的前途，就不会有今天的谢军，也不会有中国这位国际象棋"皇后"。

要知道，小女孩天生就不喜欢自己做决定，父母更应该有意识地给女孩创造更多做主的机会，千万不要让她成为没有主见的"小乖乖"。

女孩大脑里装的都是什么

语言能力：女孩天生的特长

家长们总会有这样的体验：女孩总是比男孩子更善于表达自己的感情。男孩比较偏重于用自己的行为来表达自己的想法，而女孩则更喜欢用语言来表达自己的想法。相比于男孩而言，女孩更喜欢整天欢快地喊"爸爸妈妈"，而不是一个人闷在那里自顾自地玩耍。而喜欢给爸爸妈妈讲故事听的一定是个女孩，而不会是男孩。

这种差异是普遍的，更是与生俱来的。女孩拥有更好的语言表达能力，这一点毋庸置疑。

在英国，曾经有学者先后对3000对左右的龙凤胎进行调查，试图通过比较找到使人更擅长讲话的基因究竟在哪里。研究人员分别教这些龙凤胎识字，观察他们对语言认知能力的大小，而女孩总是比男孩懂得更多。

他们研究的结果是：女孩比男孩更有语言天赋，这从他们两岁的时候就可以看出来。

这个现象，或许用左右脑之间的功能分区可以解释。

人的大脑分为左脑和右脑，它们分别具有不同的功能。简单地讲，左脑是负责语言和推理的，而右脑则是负责运动以及时空方位的。女孩的大脑比男孩发展得要快，而且她们更多地在使用左脑思考问题，所以女孩的左脑相对发达一些，因而语言能力也相对要好一些。

讲到这里，也许家长们就会发现：女孩与男孩的兴趣点完全不同。女孩一般比较喜欢组词、造句、猜谜语等游戏，而男孩则更喜欢搭积木、走迷宫等游戏。

等到女孩的年纪稍微大一些，家长们还可以发现：女孩的写作能力要远远强于男孩，语文成绩也比男孩要高出一截。

作文课上，老师给同学们发了一篇高年级学姐的作文，明明拿过来一看，不禁大喜，抑制不住自己的情绪对周围同学讲道："这篇文章的作者是我的二姐。"老师看了他一眼，无动于衷，对同学们说道："这篇范文写得很好，希望同学们在课下好好学习。"

明明继续对同桌说道："回家我把这篇文章拿给我二姐看，她一定会高兴的。"

老师看到明明的表现，继续说道："同样是出生在一样的家庭，受一样的教育，语文的学习水平怎么会差这么多呢？明明，你要多反思反思自己，争取也能写出好文章来。"

被老师这样一说，明明的兴奋一扫而光。

其实，这位老师并没有认识到，如果让男孩也有很好的语言水平，这是一个不算宽松的要求。现在有越来越多的家长也已经能够认同女孩在语言方面能够表现出来的优势，辩论、写作、阅读，这些都可以看做是女生的强项。

形象思维，女孩略高一筹

关于文科 MM（妹妹）和理科 GG（哥哥）的故事，放在这里讲并不过时。

提问："同样面对一杯清水，文科 MM 和理科 GG 的反应会有什么不同呢？"

文科 MM："看啊，这杯水晶莹剔透，纯净无瑕，宛若一个冰清玉洁的仙子。这样的干净澄澈，让我想起了青海湖边的蓝天碧水，没有些许的杂质。这样的透明，又让我想起了红楼梦里林妹妹的那滴眼泪，水珠中裹着脂粉的香气。"

理科 GG："这杯水，是要蒸发的。"

这个故事所讲的，就是女孩和男孩在形象思维方面的差异。

通俗地讲，形象思维是指形象能够在大脑里动起来，而且还能够具有连续性。就好比看到草原之后，大脑中马上就可以展现出一片关于草原形象的发散联想：

草原像一片毛茸茸的地毯铺在大地，草原的绿色和水彩画颜料有所不同，比颜料更加天然和淳朴，这才是形象思维的关键所在。

这样的差别，并不完全在于他们是文科生还是理科生，而在于不同的性别，对事物的想象是绝对不同的。小女孩习惯于看到一些美好的事物进行浮想联翩，甚至与其他的事物一起相提并论，而男孩则不然，他们更喜欢直接、直白和直率。

高阿姨领着两个小朋友从马戏团走了出来，她分别问玲玲和壮壮："你们觉得那只猴子可爱不?"

壮壮用一句话直接收尾："那只猴子灵活敏锐。"

而玲玲的心得就很多了："那只猴子的尾巴长长的，我很担心它在钻火圈的时候会被烧到尾巴。还有它的屁股为什么会这样红，是不是以前被烧坏过呀。还有猴子的脸很像是有表情的，它的脸会动。"

看，这就是女孩。

这样的差异，还是要从大脑结构这个角度来解释。正是由于女孩的左脑要比男孩的左脑发达，所以才会在形象思维方面比男孩优越很多。

既然女孩的形象思维天生就是优势，家长是否应该想想办法，帮助女孩再进一步开发?

读连环画是培养形象思维最好的方法，也是最简便的方法，因为连环画可以将故事、形象等一幕幕地加以展开。当女孩走进了连环画的世界中，她会发现书的第一页只有一个简单的场面，但是后面却可以延展出一串长长的故事。家长在使用连环画的时候，还可以让女孩先看第一幅图，然后问她："你觉得这幅图和之前看过的那些图画相似吗?它们相似在何处?""你能不能根据这幅图画猜出后面会发生的事情，为什么呢?"通过这样的方式来提高女孩的形象思维能力。

糟糕的抽象思维

在平常的生活当中，家长们总会发现，和男孩相比，女孩会显得更加"笨"一些，比如：女孩的数学成绩总是比男孩要低；女孩基本上都是"物理盲"；观察女孩如何做几何题吧，画完图之后基本上就无从下笔了。

事实上的确如此，女孩在抽象思维方面远远比不过男孩，而抽象的思维能力，是由大脑所决定的。其中右脑的主要功能之一就是负责抽象思维，而女孩右脑开发的程度要比男孩低很多。

正由于如此，家长们往往陷入"女孩比男孩笨"的误区，实际上并不是谁比谁笨，而是男孩和女孩的思维方式不同：

1. 女孩有着较强的记忆能力，所以思维的灵活性不够，而且理解能力比较差。男孩则偏向于抽象思维，他们善于依靠概念进行进一步的判断和推理，有较强的演绎、归纳的能力，思维的灵活性要远远强于女孩。

2. 女孩更加习惯于模仿，在处理问题的时候更加细心，注重细节，但是不能很好地把握全局与部分之间的关系。而男孩们喜欢独立思考，综合分析能力较强，在处理问题的时候更加重视全局与部分之间的联系，但是对细节的注意力不够好。

3. 男孩从小喜欢玩机械类的玩具，比如汽车、变形金刚之类的，喜欢摆弄物体，这就使男孩从很小就具备了较强的动手能力，喜欢自己进行设计实验，有比较高的创造力。而女孩子喜欢玩的一般就是大头娃娃、毛绒玩具，所以她们的动手能力比较差。

生活中常会出现这样的场景：

浩浩正在帮小豆豆讲数学题目，浩浩已经讲得满头大汗了，但是小豆豆依然木木然，根本没有要开窍的迹象。在浩浩看来很简单的一道数学应用题，豆豆就是想不明白。浩浩干脆这样，写一步就问一遍豆豆："这一步看懂了吗?"要等豆豆点头，浩浩才讲下一步。

进行到第四步骤的时候，豆豆发话了："我不明白嘛，从这一步是如何跳到下一步的?"

"刚才讲上一步的时候，你不是点头明白了吗?"浩浩不耐烦了。

"是啊，上一步我明白啊，但是这一步我就不懂啦。"豆豆一脸的茫然。

"这一步就是在上一步的基础上得来的哦。"浩浩说道。

"怎么得来的?"

……

浩浩已经被豆豆整得要虚脱了，他实在不知道该如何应付这个豆豆。干脆，浩浩使出自己的绘画才能，帮豆豆画了一幅示意图，没想到豆豆一看就明白了：

"原来这么简单，你要是早画一张图给我，那我早就明白了。"

"你……"浩浩实在是拿豆豆没有办法。

看，女孩往往是这样，她们没有更多的意识去思考、去推敲，更喜欢这样的直观，不习惯去思考。女孩天生都是如此，我们无可奈何，却又不得不遵从她们的思维方式。

方位是个什么概念——模糊的空间感

空间感是个什么样的概念呢?

如何走出一桩迷宫?这样的游戏实际上就是在培养孩子的空间感。但是，大多数的父母如此粗心，以至于没有意识到，这种游戏实际上是帮助孩子们树立对空间的概念。

而实际上，男孩子的空间感普遍要好于女孩，这是他们的性别所决定的，我们没有办法加以改变。但是尽管如此，我们也要要求自己的女孩能够做到：去商店可以成功买回想要的东西而不至于走丢，如果想去某个地方玩一玩的话，能够自己顺着地图的方向找过去就最好不过了。

有一个女孩很优秀，无奈却有一个致命的毛病——她没有对于空间以及距离的感觉。每当和人约定去哪里做什么事情的时候，千万不能苛刻地要求她不迟到，她只要不要你再返回去接她过来就不错了。就因为她这个总也找不到路的毛病，人们有事都不喜欢叫上她，因为找不到路，碰不到面这样的事情对任何人都很痛苦。

空间感是如此的重要，以至于会给我们的生活带来深远的影响。然而小女孩们，却恰恰在这一方面如此欠缺。他们的这种劣势在生活中表现得尤为明显，即便是年纪比较大的女孩，她们也大多会在陌生的环境中分不清方位，和男孩相比更加容易迷路。所以，女孩们不喜欢学习几何——无论是平面的还是立体的，相信家长读到这里之后就能够体谅她们了。

下面，推荐几个小游戏，能够让女孩提高对空间及距离的感知能力：

拼图

女孩在拼图的时候往往需要将图形旋转，正是这样的训练有助于她们方位感的培养。当女孩大一点的时候就会很自然地动脑筋，思考自己手里拿的这一块是不是想要拼接的位置。拼图是一种简便易行的游戏方式，而且最容易让女孩产生成就感。在选择拼图的时候要根据女孩的年龄来选择难易程度不同的拼图，以获得最佳训练效果。

积木

积木可以帮助女孩熟悉和创造出三维空间，并且可以对她们将来学习几何有帮助。积木有简单的玩法，也有复杂的玩法，那要根据女孩的具体情况来决定。对于年纪较小的女孩，父母可经常给予鼓励“宝宝能建一个高楼了”，让她们提起对于玩积木的兴趣，等她们年纪大一些之后，父母可以在纸上画一个非常简单的“图纸”，然后让她们用立体的积木来表现你所画的平面图，难度有所提升，她的空间感也会有所提升。

折纸

给女孩一张纸，让她折出各种各样的形状，这样的游戏可以培养女孩的动手能力，同时在制作的过程中会逐渐感受到平面变换为立体的过程。

面对女孩，家长如何“量体裁衣”

通过前几节的分析可以得知，女孩虽然具有很强的语言能力，语文成绩也不错，但是，这并不能解决女孩在理科学习上的弱势，由于女孩在方位空间想象力、抽象思维力等方面存在着先天的不足，多少会对于理科的学习造成障碍。有的女孩在做数学题的时候，甚至发现自己读不懂题目，难道是语言能力不好吗？

数学考试成绩发下来了，林林回到家很沮丧地对妈妈说："这道题我根本就没有看明白，如果看懂了就会做了。""我把这道题的意思理解错了"。妈妈不以为然地对林林说："看看你呀，每次都是这么粗心"。

实际上，并非是女孩在做题的时候不认真，而是在做题目的时候出现了阅读障碍。专家通过分析得知：男孩在做理科题目的时候，他们的大脑在快速运转，并善于把字面的意思转化为图像，而女孩喜欢一遍又一遍地读题目，仅从字面的意思去理解。有些数学题，如果仅仅通过读题目根本就找不到解题的方法，而且会越读越迷糊。但如果把题目的意思用图画表现出来，题目所要表达的意思就一目了然了。

可以举个很简单的例子：

小A有6个橘子，小B比他多了2个，小B有几个橘子？

这是很简单的一年级数学题目，而有的小女孩会一遍又一遍地读这个题目，围绕"多了"这个关键点展开思考，结果会自己把自己绕进去。

而男孩则不会在字面上较真，他会在草稿纸上画6个圆圈，然后再加上2个，这样很轻易就会得到答案。

越是到高年级，理科题目的"语言绕弯"现象就越严重，很多的题目难度并没有增加，只是在表述方式上绕了一下，这足以让很多女孩理不清思路。要弥补女孩的数学能力，先要改变女孩的注意点，并鼓励她用画图的方法来解决题目。通过画图，可以把很抽象的句子变成很形象的，方便思考。对于女孩来说，这是一种行之有效的学习数学的方法，对提高她们的学习成绩会有很大的帮助。

除此之外，家长还可以对女孩做一些提高抽象思维的训练。我们可以先给女孩出个题目，提问3乘以5等于多少？女孩可以回答出来等于15。关键是父母可以再进一步给女孩讲述说："其实，这些数学运算可以用一个A×B=C的公式来表示。"这个公式就是帮助女孩树立抽象概念的工具。家长可以通过这些联系告诉女孩，我们所见到的关于这个世界上的很多事物都是可以运用抽象的形式来表示的。这样的练习，就有助于帮助她们对种种的复杂现象进行组合整理，并且会形成新的概念。

全面了解女孩的成长历程

学龄前阶段，塑造好女孩的关键

7岁前的女孩，正值身体发育的时候。在这段时间内，父母最需要做到的就是让女孩快乐地成长，让她可以像朵小花一样安然绽放就好了。这时的女孩在成长过程中最需要的养料就是足够的爱，她们需要父母们的照顾和保护，如果爸爸妈妈们不能在这个时期给予孩子足够的保护，那么在她长大之后就很容易依赖父母。所以建议爸爸妈妈最好能够多抱抱她，能够多爱抚她。

还有的家长望女成凤，希望能够让女孩以最小的年龄极限接受早期教育，以期能够赢在起点。然而，这一时期的女孩最喜欢的就是自由的玩耍，父母们应该尽量地让她能够快乐地嬉戏，在她游戏的时候协助她，而并不是粗暴地打断她，在游戏的过程中不断地培养女孩坚持不懈的精神以及创造力，还可以让她在以后能够变得更加聪明能干。

美国的一位儿童心理学家曾经表明，按照女孩的成长轨迹，10～11岁时才会有理性的思维，如果我们在女孩的能力还没有达到的时候就去强迫她来理解某些事物，那无异于直接毁掉女孩对于认识世界的兴趣了。对于那些女孩现在还不懂的事物，家长们大可放心，因为她是会长大的，长大之后理解能力展开的那一天，她就可以懂得全部。

著名的教育专家孙云晓老师曾经在一本著作中讲道：

在这一教育阶段，父母们最容易犯的错误就是，试图用讲道理的方式赢得女孩的合作。

其实，如果我们试图让一个只有三四岁的小女孩接受我们所讲的那些大道理，或者听我们的告诫，这些都是违背女孩成长规律，或者说是拔苗助长的一种教育方式。因为一个刚刚学会说话的小女孩是不可能理解这些大道理的。

这时候的女孩，最需要的就是玩具，足够多的玩具，玩具是女孩在成长过程中所不可缺少的。根据女孩的年龄，选择适合她们的玩具，可以最大限度地发挥女孩的潜力。对于不同年龄的女孩，如何挑选玩具也是很有学问的。

当女孩长到2周岁的时候就已经开始学习走路了，这时候的家长应该多给女孩选择一些拖拉玩具，以提高女孩对走路的兴趣。目前市场上的拖拉玩具造型丰富，并且玩具在拉动的过程中会伴有响声，这对于小孩子而言是极具吸引力的。在帮助孩子选择玩具的过程中家长应该注意所使用的材料是否安全无毒，并观察玩具表面是否有裂痕，上膜是否光亮，是否有发霉或者是发锈的零件。

当女孩长到三四岁的时候，家长可以考虑给她买积木玩。在选择积木的时候最好也根据女孩的年龄和智力发展水平，先买一些块数较少的积木给女孩来玩，以后再循序渐进挑选数量多的积木。在选择积木的时候要注意观察棱边等是否有歪斜的状况。

女孩在玩积木的时候，最开始总是会照着图纸的说明来搭建，这个时候父母可以引导女孩自己发挥创建一个新的“建筑”，让女孩能够自由地发挥自己的想象。

当女孩长到了五六岁的时候，可以给她买一些小钢琴之类的玩具，启发她们对于音乐的领悟，开发智力。在帮助女孩挑选这类玩具的时候，要先试一下弹出的音调是否纯正。

此外，家长们还可以给女孩们买一些张贴画之类的玩具来玩，一方面可以培养女孩的动手能力和欣赏能力，同时可起到开发智力的作用。

小学的天真时代，培养能力的最佳时期

女孩上了小学之后，开始走出自己的小家庭，并且惊喜地发现自己已经成为一个独立存在的个体。她更加热心于接触周围的新事物，外面的一切对她而言都是新鲜的。这时候的女孩渴望自己能够融入到群体中来，和周围的人建立联系。

这个时候的小女孩会变得稍稍叛逆一些而不再迷信权威。当她幼小的时候，可以对父母无条件的依赖，父母在她心目中的权威总是不可动摇的。但是当女孩上了学，接触到了周围的人之后，她的小脑袋里被注入了更多的新思想，这使她不再相信父母是正确的了，她开始有了自己的主见，并且开始觉得即便是父母的话也不一定都是正确的。所以，问题来了，在这一时期也许父母们会觉得自己的小女儿开始变得很叛逆。

另一方面，这个时候的女孩已经长成一个“小大人”了，父母们这时可以有意识地培养她们的一些个人能力，这对女孩是有好处的。

首先，家长应该着重培养女孩的学习能力。曾经有一份研究报告说，现在的社会已经进入了知识爆炸的时代，而女孩在学校中所学到的知识，在社会上能够用到的只占5%左右，这说明，一个优秀的女孩要想跟上社会的进程，一定要靠自己更多的学习才能得到。

其次，培养女孩的动手能力也是至关重要的。培养女孩的动手能力，可以进一步激发女孩的学习兴趣，使她更加喜欢学习。当女孩小的时候，她们很乐于将自己的手工作品拿出来给家长展示，以得到大人们的认可。同时，当女孩在动手的时候，她的大脑也一定会跟着思考，如何能够把手中的东西做得更好，这样的

话，求知欲就会被激发起来。

再者，这个时候要培养女孩的自理能力。现在的小女孩在家里都是娇生惯养，自理能力很差，甚至会性格孤僻暴躁，往往家长哪里照顾不周，她就会感到委屈。然而从另一个方面来说，由于现在的课业负担愈加沉重，女孩们没有时间做自己的事似乎成为了顺理成章的事实，家长们爱女心切，则更是把孩子的事情全都大包大揽到自己身上了。也有一些家长在观念上认为，女孩小小年纪，根本就不需要做家务。实际上，女孩的自理能力基本上就是从家庭中培养起来的，父母们不要事事都为女孩准备好，而是要帮助女孩摆脱依赖家长的想法，让女孩从小学会规划管理自己的时间、安排自己的事情。只要女孩树立起信心之后，她们就知道自己能够做好一切了。

步入中学，女孩长大了，父母还需要做什么

当女孩成长到这一阶段，恭喜家长，她已经不仅仅是个孩子，而是已经成为一个曼妙多姿的少女了。这个时期的女孩已经步入青春期，生理上开始了第二阶段的发育。她们迎来的是真正意义上的成长，渐渐地她们会遇到各种各样的生活选择。

随着女孩年龄的增长，也许家长们会发现，她们的管教系数也在不断增加，她们经常会与父母有很多分歧，她们常常会有自己的主见，而且讲起道理来头头是道，让人无法辩驳，家长们也许会感到很挠头。这时候的女孩可不是当初的小孩子，再想用哄骗的方式来对女孩进行教育已经不能起到丝毫的作用。而青春期的女孩又极度敏感，家长在教育的时候也不得不小心谨慎，千万不要轻易训斥女孩，甚至是打骂女孩，这样的做法会使女孩感到自尊心严重受挫，甚至会发生意想不到的事情。

然而对于女孩的父母们来说，最不愿意面对的事实就是眼看着女儿一点点脱离自己的控制。所以父母就要有意识让女孩成为自己手中的风筝，可以允许她自由地探视外面新奇的世界，给她属于自己的人生道路，与此同时心里还要十分清楚女孩有没有做出格的事情。高明的父母并不是要紧紧抓住风筝不让它飞，而是要紧紧握住风筝线，不让它乱飞。

任何一个女孩，她们都希望自己的爸爸妈妈能够给她们足够的理解、支持与鼓励。所以为人父母者要给女孩足够的耐心，支持她所做出的选择，鼓励她一直走下去。

兰兰从小就喜欢扮演角色，正巧就在她13岁的那年，剧组在招演员的时候，她被星探相中了。跟随剧组演戏，怎么着也要两年的时间。可是兰兰正当上学的年纪，如果去演戏的话就无法正常学习了，该怎么办呢？

这个时候，犯难的不仅仅是兰兰，还有兰兰的家人。要知道，家里只有这一个宝贝闺女，如果一步走错了，将来耽误了她的前程怎么办？可是，兰兰平时最喜欢的就是表演，如果她没有机会接触自己所爱好的事情，那也是不小的损失啊。

鱼和熊掌不可兼得。兰兰的妈妈觉得应该和女儿好好谈谈了，这其中的拿捏分寸，应该让女儿自己来决定。

妈妈把兰兰叫到身边，语重心长地对她说："兰兰，现在你面临着一个重大的选择，你是想继续好好上学呢，还是想放弃两年的学业去参加演出呢？妈妈想听听你的意思。"

"嗯……"小兰兰想了一下说道，"我只是喜欢扮演，但是要两年时间，太长了啊。"

妈妈从兰兰的话中听出了女儿真实的想法，于是不失时机地引导："是啊，那兰兰，我们还是继续好好念书吧，将来才会有机会碰到更好玩的事情呢，你说呢？"

兰兰认同地点了点头。

女孩的成长过程中需要自由的空间，如果要想让女孩茁壮地成长，就一定要给她们自由的空间，而并不是要让她们拘泥在一个个小小的"鱼缸"之中。

在很多时候，家长过于严厉的管教，反而会扼杀女孩原本美好的本性，令孩子感到无比窒息，甚至产生长远的不利影响。

乖小孩 & 怪丫头——女孩的另类成长

"现在的男孩子们说话总是细声细气的，相反班上的女孩子们言行却很粗犷泼辣，真不知道现在的孩子们都怎么了。男孩不像是男孩，女孩不像是女孩。"曾经有一位中学教师很无奈地这样讲道。

炎炎是一所重点高中的女生，她从小到大从来都没有留过长头发，也从来都没有穿过裙子，俨然就是一个标准的"假小子"。而父母不觉得她这样有什么不好，反而觉得正在上学时候，如果太过于打扮自己会影响学业，也就由她去了，从小便拿她当成男孩抚养。

而在炎炎的班级中，像她这样的"假小子"却不少，虽说是女孩，但是大家的性格都是十分的直爽开朗，仿佛班上的女娃都是梁山好汉，能为同伴两肋插刀。

而现在，"中性"也已经成为了一个时髦的称呼，很多女孩坦言自己不喜欢那种柔柔弱弱的女孩。很多女孩的打扮与男生无别，一眼看上去还真分不出性别来。

面对这些"与众不同"的女孩子，家长们也是喜忧参半。喜的是自己的女孩能够这么放得开，不像那些扭扭捏捏的小气女孩，忧的是自己的女孩居然会像男孩子一样豪放，没有一点儿女孩子样。

当然，每一种性格都有其优势和劣势，不可以片面来看待，同时，父母的引导也很关键。

萱萱是个很漂亮的小女孩，但是她的性格却和男孩子一样，甚至说她比男孩子的胆子都大。有一次在教室的窗台上落下了一只受伤的蝙蝠，很多男生都不敢过去碰，但是萱萱二话不说就用手把蝙蝠抓起来，还故意跑到男生那里炫耀："你们连这都怕，真胆小，还不如我呢。"

萱萱最喜欢上的就是体育课，而且她的体育成绩很好，无论是投铅球还是爬杆跳双杠，她样样在行，周围的小女孩们可羡慕她了。有一次老师教大家做前滚翻运动，萱萱一学就会，伶俐得很，然后她用后半节课的时间来教别的女孩们，俨然一个小教练，班上的女孩都喜欢她。

平时在学校里，萱萱从来不会和任何一个小女孩吵架，因为在她眼里无非都是鸡毛蒜皮的小事，不值得计较。当然了，萱萱最不喜欢的就是那些喜欢哭哭啼啼的小女孩。每当遇到老师的指责，她也从来不哭，摆出一副无所谓的状态，有时还会调皮地朝老师吐舌头。

萱萱的这种性格是"中性"女孩的杰出典范，她不会像那些小女孩一样敏感爱哭，这样的女孩会让父母省不少心。不仅如此，这样的女孩通常很容易交到朋友，而且会与伙伴们愉快地相处。

作为父母，如果发现自己的女孩性格上大大咧咧，那说明女孩子有很强的交往天赋，所以作为父母要鼓励她多交朋友，而且要着重培养她的交际能力，这对于她以后的发展很有好处。

父母在鼓励女孩多交往的同时，还应该引导女孩做一个举止优雅、谈吐有度的人。

总之，面对这些个性的女孩，父母一定要做出接受的态度，然后再进一步地加以调教。

第二章　教育的99%依靠家庭，家庭是女孩成长的第一站

为女孩营造温馨和睦的家庭环境

温馨的家庭与女孩的心灵成长

女孩子的成长主要包括两个大的方面，一是身体的成长，一是心灵的成长。一般的家长都会更加注重女孩的身体成长，怕她的饮食不好而影响身体发育，怕她生活习惯不好而产生疾病。但是女孩在成长的过程中，她的心理也是在不断变化的，心灵的成长需要更多的营养，而这一点恰恰被家长们忽视了，甚至有的家长根本就没能够给予女孩这方面的补养。比如说，帮助女孩建立一个温馨的家庭环境，就是女孩成长最好的土壤，但是很多家长都忽视了。

曾经有一所小学对学生进行调查，设置了这样一个问题：你最希望爸爸妈妈满足你什么样的要求？结果，在接受调查的小学生中，有57%的孩子都说希望自己的爸爸妈妈能够肯定自己、认可自己。不要总是批评他们，也不要总是拿他们和别的孩子比，希望家庭中永远是快乐祥和的。

有的家长对于孩子这样的心理感到不理解，有一位妈妈说："我的孩子从来没有要求过我什么，也没找我要过什么，在我看来，她只知道吃喝玩，然后就是学习。毕竟都是小孩子，她的年龄还很小，也没有什么生活压力。我想只要多给她一些零花钱，她就会很快乐吧。"看看，我们的家长对自己的女孩有着多么深的误解啊。

当我们走在大街上，看到一个衣衫褴褛的孤儿的时候，相信我们的内心一定会对之报以同情。而在现实的生活中，或许你心爱的女孩，她的心灵正处在饥寒交迫之中，甚至是伤痕累累，正需要家长用爱心来滋润她幼小干枯的心田。

但是，很多爸爸妈妈对此毫无察觉，甚至会在女孩受伤的心灵中再戳一把刀子，再次刺痛女孩的心灵。所以，希望家长们从现在开始，收起我们常用的食指，不要再指着女孩对其指责，而是要伸出我们的大拇指，对女孩多多夸奖。如果父母能够伸开双臂将女孩的心灵拥暖，用充满肯定语气的话语对女孩加以更多的欣

赏，为女孩的成长营造一个幸福的童年和少年，相信她以后能够健康快乐地成长。

给女孩的成长以自由

自由能够让一个女孩焕发出巨大的想象力空间，并且产生发散性的思维，发挥出巨大的潜能。当一个女孩的心灵解开了限制之后，将会充满无穷的活力，更加的天真烂漫。我们要给予女孩安排时间的自由，给予女孩支配零花钱的自由，给予女孩自主选择课外读物的自由，给予女孩发展自己兴趣的自由，等等。给她一片自己的天地，她将开拓出一片新的格局。

教会女孩心理自助

我们所生活的这个世界，并非到处都是美好的事物，这个世界也同样有着阴暗丑陋的一面。我们要在日常的生活中教女孩有这样的认识，当她再次遇到挫折之后，就能够很快地调整自己的心态，能够教会女孩用一个正确的心态来面对一切，女孩才会有能力应对将来的挫折，用正确的方法来排解心中的负面情绪。当然，我们要教给女孩一个基本点，就是既不伤害自己又不伤害别人。

女孩对周围的环境更加敏感

很多家长在有了孩子之后才有切身体会，原来养个孩子是这样的不容易。女孩的很多表现会让他们闹不明白，比如说，女孩小的时候为什么喜欢吃手指头？她们为什么会因为一些微不足道的小事而着迷？为什么她总是喜欢将手中的玩具扔掉，再因为自己没有玩具而哭闹？在这些奇怪现象的背后，有一个容易被家长忽略的至关重要的教育概念，那就是女孩的敏感期。了解女孩的敏感期，并且根据女孩的敏感期制定教育方略，这是每个父母的必修课。

女孩在成长过程中的某个阶段，会出现这样的一种现象，那就是只对周围环境中的某一项事物感兴趣，因而只对该事物专心而拒绝接受其他事物，这个时期就叫做敏感期。父母在女孩处在敏感期的时候，应当适当地给女孩一些帮助，利用这个时候女孩的特点来进行顺其自然的教育，将起到事半功倍的效果。

教育家蒙台梭利认为，懂得教育的家长应该根据女孩不同的年龄段用不同的方法挖掘女孩的潜能，进行不同的训练方法。经过长期的研究，蒙台梭利归纳出女孩幼年时期的九种敏感期：

语言敏感期（0～6岁）：这是训练女孩表达能力的最好时期；

秩序敏感期（2～4岁）：当女孩从环境中逐步建立起内在秩序的时候，智能也会因此而逐步建构；

感官敏感期（0～6岁）：这个时候女孩正在借着听觉、视觉、味觉、触觉等感官熟悉环境；

兴趣敏感期（1～4 岁）：这时正是培养女孩注重细节，培养缜密思维的好时机；

动作敏感期（0～6 岁）：这时的女孩最为活泼好动，应多让女孩充分运动，同时帮助左右脑均衡发展；

社会规范敏感期（2～6 岁）：父母要注意与女孩建立明确的生活规范，保证女孩在日后拥有自律的生活；

书写敏感期（3～5 岁）：这一时期适宜对女孩进行书写训练；

阅读敏感期（4～5 岁）：父母可以选择多种读物，为女孩布置一个读书环境；

文化敏感期（6～9 岁）：父母可在此时为女孩提供丰富的文化信息。

抓住成长的关键时期进行教育将会起到事半功倍的效果，而敏感期正是教养的重点。敏感期是大自然赋予女孩的成长助力，如果没有抓住敏感期进行适时适当的教育，就会错失学习的机会，日后若再想学习，不仅要付出更多的时间和精力，而且效果不一定是最好的。

父母应该明确各自在家庭中的角色定位

细心的家长们可能会注意到，一群小孩在一起玩过家家，而自己的女孩总是喜欢扮演妈妈的角色，她们会学着妈妈的样子，奶声奶气地对布娃娃说："宝宝，该吃饭了。来吧，让妈妈喂你吃饭。"有的时候，女儿们还会主动地利用现有资源组成一个小"家"，有爸爸，有妈妈，有哥哥，然后"一家人"在一起玩游戏。

这就是女孩将自己生活中所经历的场景搬到游戏中来了，同时，这样的游戏也显示出了女孩的梦想：她希望她的爸爸妈妈永远喜欢她。

爸爸妈妈对女孩的爱就如同游戏中所扮演的那样，即便爱的本质是相同的，但是父亲与母亲，完全是两种不同的角色。

父亲具有一种健壮、理性、创新的特质，可以让女孩感受到的是主见、责任和原则。通过父亲无形的示范，女孩将这些优秀的品质和人生必备的智慧，自然而然地纳入自己的思维世界中来，继而形成了自己人生哲学框架中的一部分。

和爸爸的这种理性、创新精神相比，妈妈会显得更加的温柔和秀美，并将这一面淋漓尽致地展现给女孩。母性使然，妈妈会与女儿成为最亲密的无话不谈的朋友，在日常生活中直接影响着女孩的行为小节。

男人与女人，这两种动物天生存在着巨大的差异，这样的差异决定了在家庭教育中父母所起到的作用不同，爸爸妈妈分别需要运用不同的教养智慧，以达到事半功倍的效果，为女孩的成长助一臂之力。

同时，父母对女孩不同的教养态度，也决定了女孩的特长以及未来的发展轨迹。

有一位儿童心理学家曾经总结出这样一段话："父母对女孩的影响是潜移默化的，它不仅仅塑造着女孩的人生观和价值观，还在悄悄描画着女孩看待自己的表情。如果父母眼中的女孩是正直自信的，那么女孩就不会辜负这份信任；如果父母眼中的女孩是懦弱无能的，那么女孩就会怀疑自己不是一个坚强的孩子。"

小女孩唱歌跑调了，妈妈不耐烦地对她说："行了，行了，快停停吧，以后不要再折磨我们的耳朵了。"

女孩自己一个人正在带劲地跳舞，爸爸在一旁笑得前仰后合："乖宝贝啊，你跳的是什么舞，实在是奇怪啊！"

当女孩独自一人"奋战"整个晚上，然后独自拿出一幅画给妈妈看的时候，妈妈严肃地纠正她："咦？你画的西红柿怎么是黄色的呢？不对啊。"

爸爸妈妈是女孩最为亲近的人，女孩在幼年时期非常重视爸爸妈妈对自己的看法，一句不经意的话足以鼓舞她们，也足以伤害她们。

有些家长在教育实践中没有做到很好的父母角色转换，特别是在与女孩的关系处理上，给女孩灌输的思想要么过于成人化，要么对女孩的要求过高等等，这会导致在教育女孩的过程中存在一些问题，同时使女孩在亲子沟通方面出现障碍。

女孩的家长不管从事何种行业，在女孩面前永远只担当一种角色：爸爸或是妈妈。

爸爸要明确自己的角色

一般说来，爸爸是家庭中的保护伞，也是女孩走向社会的引路人，父亲的示范和启示，将帮助女孩树立远大的志向，拥有完整的精神世界，也必将影响到她今后的人生。但是，现在的爸爸总是扮演着"赞助商"的角色，却很少能够感觉到女孩内心的真实感受。女孩也只能从父亲那里得到金钱，很难感受到来自父亲的爱。

妈妈也要明确好自己的角色

妈妈对女孩的精心照料，能够使女孩感受到家庭的温暖以及爱的美好，在这种环境成长起来的女孩必定心怀善意，能够包容他人，并成为值得信赖的完美女孩。只是，如果妈妈们过于重视生活细节，会很容易让自己的女孩变得不能动手，只知道享受。

父母千万不要在女孩面前吵架

没有一个孩子喜欢整天吵架的家庭环境。所有的孩子都希望自己的爸爸妈妈能够相亲相爱，希望自己的家有一个和睦、友爱、温暖的气氛。但是很多父母却时常忽略女孩的这点心理要求，有的时候，父母脾气一上来，往往就顾不了这么多了：当我们与另一半有分歧的时候，就会毫无顾忌地大吵大闹；吵架的时候忘记了父母应有的榜样作用，说脏话，不顾及家长的形象。

良好的家庭气氛是孩子能够健康成长的重要依托，而家庭气氛又是两种环境关系的产物，它包括家庭物质环境和家庭心理环境。物质条件差没有关系，如果我们可以给孩子足够的快乐，她们依然会生活得非常愉快。

犹太人认为家庭气氛在教育中是具有重要作用的一个因素。尽管世界上大部分的犹太人都在过着颠沛流离的生活，但是他们依然会竭尽全力为女孩营造出和谐、温馨的家庭环境。

曾经有过一位英国学者先后走访了 20 多个国家，并对 1 万多名不同肤色、条件各异的学龄儿童进行调查发现，他们对于家庭生活和家庭气氛分外重视，这位学者还总结出了各国儿童对父母的 10 条要求，其中“父母不要在孩子面前吵架”高居榜首。

中国的一位儿童教育专家也对小学和幼儿园的孩子做了“你最喜欢什么样的家庭”的调查。结果发现，孩子们对父母和家庭的要求放在首位的并非是经济、物质条件，他们对吃的、穿的、用的和玩的东西似乎都不大在意，相反，却很关注自己家庭的精神生活。最喜欢的家有 5 种，而排在第一位的是：和睦、团结、友爱的家。孩子们最喜欢爸爸妈妈和和气气，不吵架、不斗嘴，全家老小和睦相处，让家里始终充满爱。

父母之间能够彼此恩爱，和睦的家庭气氛能够为女孩的身心成长注入生机与活力，增加女孩对于生活的信心与勇气。如果一个女孩长久以来是在一个紧张压抑的氛围中成长，就会逐渐变得性格内向，严重的还会形成心理障碍。

在和孩子说话的时候，要注意用语

有些父母在和女孩说话的时候，常常会使用命令式的口气，像“你为什么不……”“你赶快给我……”难免让女孩产生逆反心理。每当父母发现女孩缺点的时候，可以给女孩一些委婉的建议，像“如果”“不妨”“或者”等等，但是注意不要说伤害女孩感情的话。

利用一切可能的机会和孩子交谈

吃饭、散步、临睡前、旅行都是很好的交谈机会，这时候女孩的情绪比较放松，常常会表达出自己最想说的东西。女孩在越小的时候越愿意诉说，教师与父母应该以充满耐心与兴趣的姿态来倾听，因为这个时候才是沟通的黄金时期。如果将这种沟通坚持下去，即使是女孩长大了，也会习惯与教师、父母交流。

在孩子面前，别轻易说出“离婚”

在离婚这一事件中，受伤最深的并不是离婚的当事人，而是下一代——无辜的孩子。父母离婚对于一个孩子所产生的影响是深远的，孩子内心深处的那道伤疤也许永远无法抚平，将影响其一生的人生观和价值观。所以，为了我们的孩子，在对待离婚这件事情上，需慎之又慎。

下面介绍一位母亲，她在离婚之后发现自己的孩子变得很难管教，性格上出现了严重的扭曲。

我和前夫离异之后，女儿一直是由我们两个人轮流来照顾。我们离异一年之后，我发现女儿在处世上出现了很多异常，也不像从前那样善良了，对这个世界、对周围的人好像充满了恨。

有一次，女儿一个人独自在阳台上用橡皮泥捏了两个小人，然后在小人身上扎很多的孔洞，我问她这两个人是谁，女儿说是爸爸和他的那个女朋友。

女儿的性格逐渐变得越来越偏激、自私和多疑，她经常有事没事地问我：“妈妈，你还爱我吗？你是不是不想要我了？”然后她就举出“铁证”来说明我不喜欢她的原因，比如某天给邻居家的小朋友东西吃了，让表弟玩她的玩具了，姥姥批评她的时候我没有帮她说好话等等。还经常又哭又闹的，怎么讲道理都说不通。

女儿唯一的伙伴就是家里的那只大花猫，但是她总喜欢把绳子系在猫的脖子上，再把猫吊起来，我上前阻止的话她就会说这只猫太调皮了。哎，这个女儿已经狠毒得让我感到害怕了，我要怎样才能纠正她呢？

很显然，父母的离婚已经在女孩的心理上留下了严重的阴影。我们看到的是一个冷漠自私的小女孩，但是“可恨之人必有可怜之处”，因为女孩从小就是在一个缺少爱的环境中成长起来的，你能说她小时候不苦吗？一个从来都没有得到过爱的女孩，她又怎么会有能力去爱别人呢？

具体说来，父母离婚会对女孩造成哪些伤害呢？美国有一些心理学家就离婚对女孩的影响进行过调查，在面临父母离婚时，不同年龄段的女孩的反应是不同的：

2岁半～3岁半的女孩所表现出的是倒退行为；

3岁8个月～4岁8个月的女孩所表现出来的是偏激、易怒的行为；

5～6岁的女孩所表现出来的是强烈的攻击性行为；

7～8岁的女孩表现出来的是悲哀、害怕的情绪；

9～10岁的女孩会产生强烈的失落感和孤独感；

11岁以上的女孩会有强烈的厌世情绪，对未来没有信心。

不仅仅是离婚，即便是父母没有离婚，如果他们之间的关系比较紧张，不能和睦地生活在一起，这样的话也会对女孩造成不良的心理影响。

父母离婚之后，小孩可能会变得更加好斗，更加不爱与人合作，或者是更加的不合群。如果经常对女孩施加“你要站在哪一方”这样的压力，对女孩的伤害尤其大，会使婚姻给女孩带来的伤害增加。

很多父母在离婚之后自己本身就已经很脆弱了，期望女孩会变得懂事一些，希望女孩能够给自己一些帮助。但是实际上，女孩毕竟比我们要脆弱，所以不可以给女孩太多的压力，并且要允许她有正常的感情宣泄。在女孩情绪平稳的时候与她耐心交流。

为女儿建立一个“民主家庭”

在家里，如果家长们从来都不考虑女孩的感受，那么女孩就会感到在家庭中没有了话语权，而且无处发泄心中的不满。久而久之，女孩要么就会成为窝囊废，要么会成为沉默寡言的“闷葫芦”，要么会成为一心只知读书的“书呆子”。

如果定期在家庭中举办一个“家庭会议”，则能够为女孩找到一个说话的窗口。在家庭会议中，女孩可以倾听爸爸妈妈说一些家庭中的事情，了解家庭中的一些实际状况，并且可以参加到交流甚至是解决问题的环节中来。尤其值得提出的是，这一切的活动都是在民主平等的氛围中进行的，并且在无形中可以使女孩思考问题、组织语言、参与活动的能力得到锻炼，并且会使女孩树立让自己慢慢走向独立的意识。

家庭会议是女孩成长的一个小渠道，女孩可以通过家庭会议上讨论的问题而逐渐熟悉自己的家庭情况。女孩会通过爸爸妈妈的谈话了解到原来一个家庭需要考虑的事情是那样复杂，而这些体验，更有利于女孩为以后适应社会生活打下基础。

每到月末，木木就会拿出家庭会议记录本，和爸爸妈妈一起坐在沙发上，开始每个月一次的家庭会议。这天晚上，全家人又都坐在了一起。

“爸爸，您对我这个月的表现满意吗?”木木一脸真诚地问爸爸。

“嗯，没有问题，很好。”爸爸高兴地说道。

“这一段时间，心里总是有一股莫名的躁动，不知道是为什么。”妈妈在一旁说道。

“或许是你平时做的家务太多了，而且前一段时间工作太费心了。”爸爸帮助妈妈分析，“我们可以找一个放松心情的好方法。”

“爸爸妈妈，那我们一起去郊游好不好?”木木开心地提建议。

“嗯，好啊。”接下来，一家人又都聚集在灯光下开始讨论旅行线路。

在召开家庭会议的时候应该尽量注意些什么呢?

为了保证家庭会议能够长久有效地进行，应遵循哪些原则呢？可以注意以下几个方面：

1. 爸爸或者妈妈负责主持会议。
2. 尽量每位成员都不要缺席。
3. 每个成员都有表达自己意见的权力。
4. 不得在会议进程中大呼小叫，或者是说话打岔。
5. 每位成员都要相互尊重，不可以有贬损的语言。
6. 开会的过程中，应该将电视、电脑、收音机等关掉。
7. 在会议中提出问题，希望每位成员都能够提出解决方法。

把孩子看成独立的个体

在父母的意识中，习惯上把女孩当成是自己的附庸，却忽略了女孩是一个独立的人。其实，在日常的生活中，父母就应该有意识培养女孩的独立意识，让她明白自己是家庭中的一个成员，和家里的其他成员一样都是平等的。当家里来了客人的时候，父母一定不要忘记向客人介绍自己的孩子，这个时候父母应该鼓励孩子和客人们在一起谈话交流，这正是培养女孩人际关系的最佳时机，同时也会增强女孩的自尊心。

对孩子所说的话要表现得感兴趣

当女孩在和家长说话的时候，如果家长能够表现出十分认真的样子，这就会使女孩对父母产生亲近感。大人还可以一边听女孩说话，一边深深地点头："是吗？"这样故意打打帮腔，表示"你说的我都明白"的意思，这很重要。女孩一旦发现自己的想法很被父母认同，就会对说话产生信心。

隔代教养不容忽视的弊端

"爷爷奶奶最好"——如何理性地认识"隔代亲"

随着生活压力的不断增大，很多忙碌的爸爸妈妈纷纷走出家庭外出工作，以至于没有时间和精力照顾自己的孩子，正是因为如此，照顾孩子的重任就落在了我们的父母辈——爷爷奶奶、外公外婆的头上了。

这种现象的普遍似乎已经见多不怪了，如果在放学的时候你在学校门口观望一下即可得知：接送小朋友的大多都是他们的爷爷奶奶，而不是爸爸妈妈。这些老人慈祥地搀扶着孩子，或者是抱着孩子，更有甚者还要背着孩子，任由这些孩子在他们面前撒娇撒泼。而老人们的脸上一般都洋溢着幸福、安详的笑容，对孙辈们的疼爱溢于言表，一切尽在不言中。

在这种美满生活的表面之下，掩藏着深重的教育危机，又有多少人能够意识到呢?

我国自古就有“子不教父之过”的古训，强调的就是：爸爸妈妈才是家庭教育的主要负责人，他们是孩子的主要监护人。现在的家庭已经越来越重视科学教养的作用了，对于养育孩子而言，无论是从教育理念、教育方法，还是知识掌握等各个方面来讲，父母无疑是教育下一代的最佳人选。但是目前的实际情况却非常令人感到担忧：幼儿的教育存在着严重的角色错位问题，也就是说，原本应该由父母担当的家庭教育已经完全由爷爷奶奶或者是外公外婆来担任了。隔代教育已经成为目前教育形式下一个躲不开的话题。

除去父母的工作压力大之外，祖辈们主动地大包大揽也是造成这种现象的主要原因。这些新“上任”的爷爷奶奶中，很多也不过只有五六十岁，他们也正处在精力旺盛、经验丰富的大好时候，有足够的精力和体力来照顾孩子的生活所需。同时，生活的历练也使他们看不惯这些爸爸妈妈带孩子时笨手笨脚的样子。他们不忍心、也不放心自己的子女来带孩子，干脆亲自出马，对孩子的照料实行“一条龙式服务”，绝对服务到家。相反，如果年轻的父母不希望他们带孩子，他们还会感到失落。

正是由于这些原因，使隔代教育已经成为我国家庭教育的主要模式，但是这样的教养方式很容易形成一些不好的流弊。比如说“隔代疼”会使老人们出现放纵、溺爱孩子的现象，缺乏科学育儿的观念、态度和系统知识，由老人们带大的孩子会在身体、心理及人格方面存在诸多的缺陷，大体说来，主要有以下几种：

1. 过分的疼爱容易让孩子“以自我为中心”。平时女孩在家里，爷爷奶奶都哄惯了，凡事都是呼风唤雨，会觉得别人为自己做一切都是理所应当。

2. 被娇惯长大的孩子不能吃苦。

3. 隔代教养长大的女孩容易形成不健全的人格。因为这些孩子大多数时间都是和老人们待在一起的，所以接触的小朋友少，在个性上就会有点孤独，会显得比较难相处。

4. 家庭的教育观念不一致，影响女孩的身心健康。有的时候，我们的父母在教育观念上与我们有所不同，这使得在教育过程中会产生一些分歧，无法形成“统一战线”，这对于孩子来说是极为不好的。

父母尽量不要双方一同外出

做父母的最好不要双方一同外出，而是至少要留一个人在家中工作，做好养育女孩的工作。即便是双方都要外出工作，也要经常回家同女孩进行各方面的交流，给予女孩正确的引导和鼓励，以弥补老人教育上的不足。

提醒自己的父母教育思想要“大换血”

我们可以建议老年人多看看教育方面的书籍，改变自己的观念，为了培养下一代，想方设法填平与女孩的“代沟”，多和女孩进行感情交流，用言行来引导女孩，加强对女孩的思想品德教育。

女孩不在身边——如何实现“遥控式”的亲子教育

“留守儿童”是如今的一个热门话题，根据不完全的估计，我国现在至少有大约5000万的留守儿童，他们的父母为了让自己的家庭过上更好的生活，趁自己身强力壮的时候，纷纷走出了家，来到大城市打拼。在这些忙碌的年轻父母中，有的确实没有经济实力将留在家中的老人和孩子接到大城市里来一起生活，他们大多数只有在春节的时候才能与家中的亲人团圆。屈指算算，家长们能够与孩子守在一起的时间少之又少，甚至可以用天来计算，其他的时候，孩子就只好让老人来带了。

即便是家在城市中的年轻人，由于工作的忙碌和生活节奏的加快，他们也没有足够的时间与孩子相处得更长一点，只有利用双休日的时间与孩子们在一起进行互动，以加强亲情。这些小孩子大多从小被爷爷奶奶或者是姥爷姥姥带大，那么用什么样的方法才能尽最大的可能来防止老人溺爱自己的孩子，纵容孩子养成不良的习性呢？这些问题是很多父母感到挠头的。

曾经有一位妈妈抱怨自己的女孩：“她实在是太疯了，整天与门口的小孩子在一起玩不知道回家，还经常往家里乱带人。我和她爸爸整天上班，没有更多的时间看护她。尽管我们都有手机，但是为了这个孩子，我们还是特意在家中安了一部座机，为的就是能够时时监督孩子在做什么。”哎，这位妈妈坦言，这样做家长，实在是太累了。要知道，女孩是自己长腿会跑的，家长要步步紧跟到什么时候呢？

当今社会科技发达，通信网络已经遍布全球，距离早就已经不是阻隔亲子关系的障碍了，态度的冷漠才是使亲子关系变淡的罪魁祸首。所以，如果爸爸妈妈没有时间与女孩共处，也不要减少投入教育的精力，至少要让女孩感觉到你们是对她很用心的，她才会感受到亲情。所以，这些无法对女孩亲自施教的父母，他们教育孩子的难度要大得多，所付出的精力和心思也更多。

孩子不能经常在身边，这样的一个客观事实已经决定了亲子之间无法长时间地相处，那么，父母努力地保持与女孩适度的联系则是维持亲子关系最好的方法，也是能够及时了解女孩成长动态的最好方法。保持联系的方法有很多，可以是传统意义的写信、打电话，还可以包括网络聊天、语音视频等等一些新颖的通信方式。只要家长足够尽心，总会挖掘出更多的方式带给女孩快乐。

总之，父母应对女孩进行“遥控式”的教育，只要经常保持联系，距离将不再是教育的最大障碍，父母们依然可以肩负起教育女孩的主要责任，依然可以培养出女孩优秀的人格品质。

善于和孩子沟通，但一定是感情上的

英国著名的教育家斯宾塞曾经说过，如果在与孩子交流的过程中再多一些拥抱或者是抚摸的话，会更加促进亲子之间的情感交流。只是在传统的家庭教育中，父母一般只会与女孩进行语言表达，这种交流的方式并不利于交互感情。著名的语言学家艾伯特·美瑞宾经过研究表明：人与人之间的沟通中有高达93％的部分都是通过非语言完成的，他还提出了一个著名的沟通公式：沟通的总效果＝7％的语言＋38％的音调＋55％的面部表情。能让女孩感受到父母感情的沟通才是成功的，如果父母对女孩多一些拥抱、抚摸，甚至是亲昵地拍打几下，会使女孩在智力、情感等方面更加健康。

像对待朋友一样对待孩子

在朋友的面前，人们一般都会尽量克制自己，轻易不会用命令或是告诫之类的口气，因为人们习惯把朋友看成与自己一样具有足够的智慧和成熟的心态。所以，如果父母可以像对待朋友一样对待自己的女孩，那样教育的气氛就会更加平等。比如，你和4岁的女孩一起在客厅看电视，当女孩看到高兴处时把穿着鞋子的双脚放到了新买的沙发上，父母可能会说：“马上把脚从沙发上拿下来！”这时不如用与朋友般说话的语气告诉她：“那张沙发才买不久，挺贵的，我很爱惜它。”

再忙也要抽出时间进行“亲子教育”

爱女孩是父母的本能，但是这个“爱”不能只藏在心里，因为对于女孩来讲，她需要感受到爱，爱在她的眼中是实际的，既要能够感觉到，而且还要能够摸到。

父母对于女孩的每一次谈话，每一次拥抱都能够拉近彼此间的距离。对于女孩来说，父母所给她的爱就如同地球上的生命离不开太阳和水那样重要，所以，让女孩感受到父母的爱是非常重要的。而作为父母，所能够给予女孩最好的礼物也就是“爱”了——无论我们有没有时间，无论我们有多忙，因为这种大爱是无条件的，没有商量的余地。

父母们每天都各自有一堆事情要忙，看到女孩犯了错误往往会使原本就杂乱的心情更加烦躁，于是乎难免会用到一些莽撞的词语，诸如“你滚开，我再也不想见你”“要是再不听话，我就不要你了”“你要是写不完作业，就别想睡觉了”

之类的话，无疑是将亲子的关系推上了不和谐的路。这些恶狠狠的话，往往在我们忙昏了头的时候说，但是却会使女孩对父母的爱逐渐麻木，同时我们早晚会失去引导教育女孩的机会。

有很多父母特别宠爱孩子，他们一辈子甘愿为儿女付出，从孩子上幼儿园、上小学、上中学、上大学，到找工作、结婚、生孩子，父母无时不在操心，“为孩子把心都操碎了”，是许多家长都有的感受。然而许多孩子却体会不到这些，他们喜爱和崇拜的人可以是歌星、影星或政界商界的巨头，唯独很少有父母。在一些调查中，孩子们对于为他们“操碎了心”的父母，不但不领情，还有颇多抱怨，惹得很多家长感叹“好心没好报”。

总有一些父母，他们宁可自己省吃俭用，也要让自己的女孩在物质上应有尽有，但是父母们却常常在精神上忽略女孩的需求，对女孩的感情和人格缺乏应有的尊重，这样也很难让女孩感受到父母无私的爱。

父母应该尽可能多的和女孩在一起，每个女孩都需要从父母那里得到足够的重视。

多创造一些与女孩相处的机会

在每天的工作之余，父母应尽量腾出一些时间参与到女孩的游戏当中，和女孩一起读书，或者是为女孩提供一些接触各种东西的机会，并在相处的过程中倾听女孩的心声。通过听女孩说话来了解她们的感受，也是非常有价值的一种方式。与女孩谈话，也为父母提供了一次了解和教育女孩的机会。

在和孩子说话时，注意用语

有些父母与女孩说话的时候，常常使用命令的语气，难免让女孩产生逆反心理。每当父母发现女孩有所欠缺的时候，可以给出一些委婉的建议，像“如果”“不妨”“试一试”“或者”等。还要注意不要说伤害女孩感情的话。

婆媳不和给女孩带来的坏影响

俗话说“家家有本难念的经”，而婆媳不和的情况在家庭生活中实在是太常见了。媳妇和婆婆之间，总会有一些观念相左，以至于无法取得一致的认同。而女孩是家庭教育的中心，怎样来教育女孩又是婆媳不和的一个重要因素，尤其是围绕孩子教育问题而产生的婆媳矛盾尤其让爸爸感到棘手和不知所措。

对于父亲而言，要劝解婆媳矛盾非常困难，手心手背都是肉，帮谁都不好。对于女孩而言，妈妈和奶奶的观点不一致，又应该听谁的才对呢？有的妈妈会挑拨女孩与老人之间的关系，而有的老人会挑拨女孩与妈妈之间的关系，两面要挟之下，女孩的内心该有多痛苦和为难可想而知。女孩的内心当然希望两位亲人能够和和气气，给自己带来欢乐。在这个时候，如果爸爸不能很好地平衡好婆媳关系，那么遭殃的将是女孩了。

女孩的这种愿望，谁能够给予满足呢？当然是父亲。在婆媳矛盾中，只有父亲能够把这件事情完美地解决。因为婆媳不和的导火线往往就是父亲。婆婆经常觉得自己的儿子“娶了媳妇忘了娘”，而媳妇却又觉得自己要永远顺从于婆婆未免不甘心。父亲是婆媳不和的起因，而女孩将会导致婆媳不和升级。解铃还须系铃人，能够缓解婆媳关系的，主要还是靠父亲。因此，如果爸爸在家里能够扮演一个“和面团”的角色，利用婆媳都是为了孩子这个中心，让女孩成为联结家庭关系的纽带，这样不仅可以缓和婆媳关系，同时还可以消除隔代教育的危害。

这种婆媳不和所引起的矛盾中，尤其以性别歧视最为严重。很多年轻开通的父母早已经达成共识，其实生男生女都是一样的，但是观念保守的老人们还会固执地认为生男孩好。所以，有的时候，妈妈生的是女孩，婆婆有可能会脸色不太好，或者是对这个女孩相对轻视，这样的家庭就免不了会出现不和谐了，而这样的隔代教育也注定是要失败的，受损失最大的一定是女孩。爸爸要怎样才能将此事顺利解决呢？

成功的隔代教育有一个前提条件，那就是让老人发自内心地喜欢自己的孩子。如果婆婆受重男轻女思想的影响而看不起女孩的话，那也就无从谈及教育了。所以，爸爸最好能够引导老人改变陈旧的思想，多向老人讲一讲当今的社会是公平竞争。

爸爸要多在婆媳矛盾之中周旋

作为女孩的爸爸，要想解决好这个问题，有时要倾向于自己的妈妈，而有的时候要倾向于自己的妻子，总之要在中间做好权衡，力求婆媳之间能够相互理解，和平共处。再有就是可以帮助老人改善居住环境，多创造一些社会活动机会，这样就会使老人从小生活圈中走出去，开阔自己的认识。

努力让自己的女孩变得优秀

如果自己的女孩很优秀，人人喜欢，那婆婆自然也说不出话来。若自己的女孩在成长过程中出现种种问题，那么最容易引起婆媳之间的争吵。所以只要女孩健康快乐地成长，婆媳的矛盾就会少很多。

让女孩在优越的幸福感中长大

告诉女孩“我爱你”

恋爱中的女孩会比男孩更希望听到“我爱你”三个字。曾经有人说，女孩是水做的骨肉，而“我爱你”的呢喃，就好像是丝丝的甘露，沁人心脾。女孩这种与生俱来的秉性注定了她们需要沐浴在“爱”的氛围之中，她们从小就喜欢被爸爸妈妈娇宠，在她们的眼中整个世界都是粉色的，在她们心目中，整个世界都是甜蜜的。

而有些父母抱怨自己的女孩不能和自己沟通融洽，甚至会出现尴尬的局面，其实父母也有一定的责任，因为作为女孩，她们本身也希望得到爱，也渴望父母对她说“我爱你”，从她们来到这个世界的第一天，她们这样的渴望从来没有停止过。当然，这些爱的养料是否充足，也影响到了她们今后的一生。

小丽今年8岁，很内向，不喜欢和别人玩，同时也很排斥自己的爸爸妈妈，她总是习惯以敌对的情绪来面对周围的一切，口里时不时就会冒出一句“你是坏蛋，快滚开！”弄得周围的邻居和小朋友一头雾水。

等到妈妈发现问题严重时，小丽已孤僻到极点，她整天一副心事重重的样子，妈妈很担心，但怎么问她，她就是不张口说一句话。

有一天，妈妈在给小丽整理书包时，无意中发现小楷本上歪歪斜斜写满了这样一些字：

“爸爸妈妈都不爱我，他们不爱我，他们只知道做他们自己的事！”

“这个家里，有谁能爱我啊？”

“妮妮的妈妈就经常和她说‘我爱你’，我想做妮妮妈的孩子！”

看到这张纸条，妈妈马上放下手上的事，和女儿坐在一起聊了许久。

从此每天只要有机会，她就一定会对小丽说“我爱你”，并且随时都关注着小丽，现在她明白了，简简单单的三个字对孩子意味着什么，她也要让女儿知道，父母永远是她的朋友，是最爱她的人。

在美国，“爱”字的使用并不像中国那样扭扭捏捏。美国的家长们总是大大方方地对自己的孩子说“我很爱你”，而我们中国的父母则会竭尽全力用行动表达自己对女孩的爱，是那样的朴素、深沉和内敛。其实在适当的时候对女孩说“我爱你”，是对女孩爱的一种最好的表达方式。

学会几种对女孩表达爱的方法

父母可以在女孩睡觉前一边抚摸她的背部，一边用手指在背上写着“我爱你”。或者也可以在临睡觉之前给女孩一个亲切的亲吻，婉转地告诉她：“谢谢你，我的孩子，你给我们带来了最大的乐趣。”不论女孩多大，给她一个深情的拥抱总是会令她感到难忘的。

让女孩知道，你的心中永远装着她

当你外出旅行的时候，一定记得为女儿带点小礼物回来，或者在当地寄一张明信片回来，告诉女孩“我在外地的时候很想念你”，这是一种很好的表达思念的方法。

和女孩一起分享每一种或大或小的悲喜

当一个人产生了某种喜怒哀乐的情绪时，总是希望能够和他人一同分享。同样，女孩虽然小小年纪，也希望有人能够和她一起分享她生活中的喜怒哀乐。因此，父母们要注意倾听女孩的喜怒哀乐。

倾听并分享女孩的喜怒哀乐，有助于协调父母与女孩之间的关系，并且会让女孩感受到父母在关心她、爱护她，从而取得女孩的信任。在家庭教育中，父母的关心和信任可以使女孩感到她与父母会处在平等的地位，从而使她对自己的父母更加尊敬和亲近，并且乐于向父母倾吐心声。

由于性别的特殊性，女孩的心理有其特点，父母能够认真观察女孩的心理活动和心理特点，更有助于采取更加有针对性的教育措施。

首先，女孩总是希望父母们能够倾听她们的告白。当女孩找父母聊天的时候，她们更希望爸爸妈妈们能够专注地倾听，分享她沮丧的感觉或者是宣泄她遇到的问题。她们所需要的是支持而不是解决问题的途径，因为在女孩的思维中，只要发泄完了，问题也就解决了。

其次，女孩喜欢被人珍视的感觉，所以家长要尽其所能地表达对女孩的爱。如果女孩可以从爸爸妈妈那里得到更多的关切和体贴，那么这样的女孩会更加有安全感。父母要给女孩更多的爱，但是千万不是把女孩看成“弱者”，只有在父母理性的爱和呵护下，女孩才能够独立，才能够更快地成长。

最后，女孩更加注重人际关系。女孩们喜欢根据各自的个性差异，组成一个个趣味相投的小圈子，如果女孩感到自己被孤立，就会产生自卑、怯懦等不良情绪。女孩喜欢与同龄人交往，并且习惯两两组成“最好的朋友”。

总之，父母与女孩一起分享生活中的喜怒哀乐，不但有利于家庭之间的协调和睦，更有利于培养女孩健全的人格。

分享女孩的沮丧与无助

当女孩面对压力和危难的时候，就会变得越来越不知所措以及变得情绪化。她们希望能有个人在这个时候了解并且帮助她。而父母在这个时候最应该做的就是和她一起讨论问题的细节，然后和她一起分享那种沮丧、迷惑和无助的感觉。这样女孩就不会感到孤单，而且会产生舒服和快乐的感觉。

女孩通过类似的话来表达她的烦恼、失望和挫折。如果倾听者关心她的挫折与失望，她会感到受支持，当然，她并不需要你的解决方案，她需要的只是发泄，如果有人听她抱怨，不用太长时间，她自己的情绪就会慢慢好转，不再觉得这些是压力。

不可以在女孩伤心的时候骂她

当一个人遭受挫折的时候，十分需要人们的同情。若女孩考试成绩不好，有的家长会一味责备："真是个木头脑袋，没出息！我看你根本就不是读书的料。"这样的态度只会使女孩加倍痛苦。如果家长能够同情安慰，积极开导女孩："这次是题目不对路是吧？没有关系，爸爸年轻的时候考试也曾经失利过，争取下次考出好成绩。"相信这样的态度会使女孩的信心增加百倍。

请给爱美的女孩一块钱

爱美是女孩的天性，所以她们从小就喜欢偷偷地穿妈妈鞋架上的高跟皮鞋，喜欢一个人在房间里用妈妈的化妆品，尽管再疼也要哭闹着让妈妈带她去穿耳洞。

当女孩找父母伸手要钱买那些与学习无关紧要的东西时，有些爸爸妈妈就会咬牙切齿地说："小小年纪，不好好读书，尽忙着收拾打扮，这样长大了还得了，谁能管得了你。"

但是，女孩的天性使然，她们天生喜欢小饰品，喜欢首饰和洋娃娃。再小的女孩也爱美，也喜欢打扮。父母的这种反应也可以理解，他们并非舍不得花钱，只是不想让女孩为这些琐事分心，但是女孩的这种与生俱来的爱美之心被扼杀的话，对将来培养成一个完美的女孩不知要造成多少伤害。

只有在富足的情感和关爱下长成的女孩，长大之后才会变得温柔贤惠、善解人意且心地善良。有一位家境并不富裕的妈妈说过自己的育女经验：

家里的经济条件一直不好，看着自己可爱聪慧的女儿不能拥有漂亮的衣服、更多的玩具，我也曾经暗自垂泪。但是我在内心暗自发誓，一定要把女儿培养成一个真正的小淑女，让她具有其他女孩都不具备的品质与气质。

穿着上，虽然不能给女儿买高档时装，但我编织的手艺却是一流的。因此，女儿的服装虽不昂贵，却件件博得了众人的羡慕。女儿也很为自己的"时尚而不庸俗”感到自豪。

日常习惯上，我更是严格要求女儿。为了让女儿养成干净整洁、有节制的习惯，我甚至定了这样一条家规——宁可不吃饭也要干净！

为了增强女儿的知识修养，我带领女儿一同去图书馆办理了一张借书卡，每个月我都会陪女儿一同去图书馆一次或两次。在我的严格教育下，女儿不仅在学校是同学眼中的榜样，更成为了左邻右舍眼中标准的小淑女。

如果，女孩有一天想让你带着去买饰品，并不意味着她的思想有问题，但是如果你生硬地拒绝肯定是走入了教育的误区。女孩是需要“富着养”的，但是这并不代表金钱的充裕和物质的绝对满足，而是一种教育的投资，一种教育的态度。通过这样的教育，相信你的女儿会变得更加乖巧快乐，优雅温柔，懂得美，懂得爱护自己。

珍惜孩子的请求

女孩渴望父母的关怀和理解，当她在做自己想做的事情的时候，十分希望父母能够给她勇气和支持，也希望父母能够和她一样从中分享到快乐。因此，当女孩向父母提出“小小的请求”的时候，父母最好是尽自己的全力来满足女孩的小愿望，让女孩感受到父母对她的理解和尊重。

用艺术感染孩子的情绪和灵魂

与女孩一起学习名著、排演戏剧、朗读诗文是很好的接触艺术的方式，做女孩的听众，让她在家里演奏乐器，就像开自己的演奏会一样，这是激发女孩学习的最好方式，也是让女孩的心灵得到爱的最好方式。

让女孩在淘气中增长智慧

让女孩在淘气中开发潜能，很多家长把握不好分寸。其实，聪明的家长应该学会试着“纵容”女孩的“破坏”行为，并借机挖掘她的潜能，培养女孩的兴趣，说不定你的女孩就会是下一个“爱迪生”。

一个孩子的母亲，因孩子把她刚买回家的一块金表当新鲜玩具给拆坏了，就狠狠地揍了孩子一顿，并把这件事告诉了孩子的老师。不料，这位老师幽默地说：“恐怕一个中国的‘爱迪生’被你枪毙了。”这个母亲不解其意，老师就分析说：“孩子的这种行为是创造力的一种表现，你不该打孩子，要解放孩子的双手，让他从小就有动手的机会。”

“那我现在该怎么办？”这位母亲听了老师的话，对自己的行为后悔不迭。

“补救的办法是有的，”老师接着说道，“你可以和孩子一起把金表送到钟表铺，让孩子站在一旁看修表匠如何修理。这样修理费就成了学费，你孩子的好奇心也可以得到满足。说不定，他还可以学会修理呢！”

这个故事发生在半个世纪前，故事中的那位老师就是我国著名教育家陶行知先生。

研究人员发现，手指活动灵巧的孩子，她们大脑的思维活动往往非常活跃。在手工活动中，孩子在进行拆装、连接、装配等一系列的动作时，都要通过看、听、触摸等感官刺激系统传入大脑的运动区，大脑的运动区再发出指令，不断地调整手的动作，这样反复循环刺激，能使脑细胞的功能得到加强，从而使思维水平得以提高。因此，孩子在她们感兴趣的手工活动中，能够得到智能的发展。然而，很多父母在不知不觉中，总是以种种理由抑制孩子这一好奇心驱使下的美好天性。

杨振宁教授曾经说过：“淘气、好玩的孩子好不好呢？我的回答很简单，我觉得这样是好的。也许淘气的孩子会做一些破坏性的事情，但是从长远来看这些破坏无关紧要，反而使孩子的好奇心得到了很好的开发。至少，‘乖乖很听话’这样的现象在美国不会被认为是一种好的现象。正是因为他们不是好孩子，所以他们的胆子比较大，他们念中学、念大学，念了两年之后就不再念了。这在中国是不允许的，但是在美国人的眼中他们可以容忍，而且确实也产生了一些非常成功的人，比如比尔·盖茨。”

家长千万不可把培养乖女孩作为目标，不要再对你的女孩说：“好孩子，你要听话。如果你不听话，爸爸妈妈都不会喜欢你。”应让女孩那颗被弯曲、被压抑的心灵回归自然。

为女孩提供淘气的道具

父母们不妨为女孩提供专门的衣服和擦手用的抹布。至于女孩使用的剪刀、针等危险工具，父母们可以逐步指导女孩使用，然后再放手让女孩独立使用。这样既可以避免女孩在初次使用时受到伤害，同时也能达到训练女孩心、眼、手的协调性和灵活性的目的。实际上，在一些“破坏活动”中，只要是注意培养女孩的一些好习惯，许多问题都可以解决好。父母们千万不可因小失大，使女孩失去锻炼自己的机会。

培养好学、好问、好动儿童的“六大主张”

著名教育家陶行知先生提出过“六大主张”，即“解放儿童的头脑，使其从道德、成见、幻想中解放出来；解放儿童的双手，使其从‘这也不许动，那也不许动’的束缚中解放出来；解放儿童的嘴巴，使其有提问的自由，从‘不许多说话’中解放出来；解放儿童的空间，使其接触大自然、大社会，从鸟笼似的学校解放出来；解放儿童的时间，不过紧安排，从过分的考试制度下解放出来；给予民主生活和自觉纪律，因材施教。”

陪女孩参加各种活动

陪伴女孩的过程就是教育女孩的过程，因此家长们要抓住每一次与女孩共同参与活动的机会，教会女孩更多的一些技能与本领。

曾经有一位母亲，她在写给女儿的信中说过：

你是一个铁杆的球迷，为了看球甚至可以不吃饭、不睡觉。说句实话，这些原本是我不能理解的，但是对于我来说，足球只是一堆人争夺一个球的无聊游戏。那次你深更半夜起来看英超、意甲转播，虽然你把音量放到了最低，但是你那压抑激动的声响，和偶尔控制不住的大声喝彩，还是会惊醒到我。那时我总是免不了对你一阵训斥。可是有一天，一个念头突然冒出来：为何足球会让你这样一个女孩如此着迷？我是否也能够体会到你看球的快乐呢？如果有机会的话我要自己亲自尝试一下。

后来，这位女儿的日记中出现了这样的记载：

奇迹果然出现了！不但是塞内加尔的奇迹，也是我妈妈的奇迹——她竟然从此迷上了足球，每天抢着看报纸，准时看球赛，关心贝克汉姆，询问罗纳尔多。当我们同时情不自禁地站起来，面红耳赤地给中国队加油的时候，我感到我们的心灵第一次如此相通。我心里只想说：“能跟妈妈分享我的快乐，我真高兴！”

作为父母一定要知道，能够与女孩共同参与活动，对于亲子关系非常重要。那么，你能够与女孩换位思考，走进女孩的精神世界中吗？

女孩对于某一种业余爱好有所狂热，你能够给予理解与支持？

孩子在学校中有比赛，或者邀请你去观看，你会尽力抽时间吗？

一个女孩通常会有自己的社会活动，比如学校中组织的风筝大赛、校际篮球比赛、乒乓球赛等。一些家长可能会认为，这只是一个毛孩子的游戏，关我什么事呢？其实这样的想法是完全错误的。教育学家们建议家长，要积极参与女孩的这类活动，因为你的参与就是对她们的肯定。

腾出时间与女孩一起做她所热衷的事情，是无比重要的。如果你希望自己的孩子能够养成持之以恒的品质，掌握其他与工作、生活相关的技能，你就要参与到女孩的活动中来，用你自己的兴趣以及独特的指导为女孩树立榜样，只有这样才是明智的。

培养孩子的兴趣爱好

用心发现女孩最感兴趣的是什么，然后再着力来培养，这是培养女孩爱好的最好方法。家长可以先用心观察女孩对哪一方面比较敏锐，然后再慢慢有意识地来培养。比如家长发现女孩对色彩比较敏感，那就可以为女孩买一些填图游戏给她玩，以后再给她买更高级的绘画用具。需要注意的是，兴趣的培养不要走入功利的误区，否则的话女孩将很难感受到生活中的快乐和美。家长更不能单纯为了培养女孩而强迫她学这学那，甚至以分数来衡量价值，这样对女孩的成长极为不利。

不要怕孩子“搞破坏”

手指活动灵巧的女孩，大脑的思维活动往往非常活跃，并且能使脑细胞的功能得到强化，思维水平得以提高。所以，父母千万不要因为怕麻烦而抑制女孩的这一美好天性，不仅要“纵容”女孩“搞破坏”，还要鼓励女孩把破坏掉的东西复原，这样才能使女孩动手的信心得到加强，有利于女孩创造能力的发展。

父母别做女孩的反面教材

在生活中，我们不难看到这样的一幕：

在争抢公交座位的时候，有的家长竟利用孩子来抢占座位。车子刚停稳就有人紧挨着车子的窗口，先把孩子从窗口塞进车内，也有的让孩子先拼命往车里钻。其他上车的人怕挤伤了孩子，看见孩子往里面挤，都会自觉地退一步让他们先进去。等到大家上了车才发现，先上车的孩子已经连人带物占了两三个座位了。

父母是女孩心目中最值得信赖的人，通过与父母的朝夕相处，父母的一言一行、一举一动都会在女孩的心灵深处埋下相应的种子，父母的反面行为，对女孩的未来会产生深远的影响。而一个女孩，她的思想观念、政治信仰、行为习惯、兴趣爱好等等多少都会带上家庭的烙印。父母就是女孩的影子。

也许，父母的许多行为是无意的，但是在无形中我们会形成女孩错误行为的“始作俑者”。

一个叫花花的小女孩，本来非常诚实可爱，但到4岁左右就变成了一个好说谎话的孩子。原因何在呢？原来是受她母亲的影响。花花的母亲平时爱占小便宜。

一次，她带花花去买水果，趁卖主没看见，便拿了几个梨放在自己提兜里。这情景被花花看在眼里、记在心上，慢慢地也开始变得爱说谎起来。

美国著名的教育家杜威曾经说过，当一个社会对现实的道德状况不满意的时候，它首先应当求助于教育。陶行知先生是我国伟大的教育家，他每天都会反省自己“今天的道德有没有进步？”道德是做人的根本，没有道德的人，权力越大，作恶的能力也就越大。当前社会中的非诚信教育行为对女孩的污染已经相当严重。

由此我们提醒各位家长，千万要注意以身作则，不要当女孩的反面教材。

接纳并正确引导孩子的天性

教育并不是违背人的天性，而是要利用女孩的需要，对女孩加以正确的指导，最重要的是让她明白走向自己的目标从来都没有捷径，唯有努力地付出。如果女孩想要得到什么，比如说她想要得到最红最大的苹果，父母就应该告诉她："那你的表现一定是要最出色的，才能够获得。"同时还要告诉女孩，竞争是公平的竞争，不能总想歪点子。

拒绝焦躁，教育者需要先打开心门

女孩在成长的过程中，难免会有一些发脾气的时候，譬如激烈地反驳家长。面对女孩的激进做法，做父母的一定要在这个时候保持清醒的头脑，千万不能勃然大怒。这个时候不妨先静下心来想一想：女孩做事情欠考虑，大人要和孩子一般见识吗？然后再接下来考虑：女孩情绪激烈的原因是什么？女孩自以为是的判断是否正确？家长应该在保证自己威严的前提下和女孩一起讨论，分析女孩考虑不周到的地方，帮助女孩打开心结，能够让女孩心服口服，我们不仅帮助了她，同时也保持住了做家长的威信。

延长女孩的"童真时代"

闷闷不乐的样子真难看

很多家长认为，如今的女孩不愁衣食，她们会受到无微不至的照顾，怎么会出现抑郁呢？其实，当一个女孩在得到铺天盖地的爱的同时，她也失去了随心所欲的玩的自由，失去了与父母拥抱、游戏和谈话的机会……这些都会使女孩产生压力，引发她们的抑郁。

有的女孩会在小小年纪遭遇感情上的重大打击，比如说亲人的故去、父母关系的紧张或者离异、考试失利等等，往往会出现情绪上的剧烈反应。此外，还有的女孩总是抱怨自己学习成绩不好，长相不够出众，总是认为自己处处比不过别人，不受老师的重视，不引人注目等等，这些想法都会使女孩产生失落感。

当成人遭遇到抑郁的时候，可以向人诉说、排泄，而当女孩感到有压力的时候，由于语言表达能力的有限，往往无法清楚地表达自己的情绪，因此，她们有时无法得到成人及时的帮助，而且由于他们自身的知识以及处世经验缺乏，处理问题的能力差，自己往往不能够很好地排解压力。所以，当压力过大或者是持续的时间过长的时候，女孩就会产生很多的生理或者心理问题，这些将严重损害女孩的身心健康，这时，女孩就可能出现精神抑郁。

抑郁使女孩感到孤立、恐惧和不快乐。抑郁的女孩不知道自己哪里不对，只知道自己的感觉糟糕透了，不像以前的自己。当她感觉到自己越来越糟糕的时候，会感到自己越来越没有力量，不能控制自己的心情和生活，好像有一种神奇的东西在控制自己。有一些小学生还通过饮酒、上网聊天等方式来排解抑郁带来的痛苦，但是这样的结果往往会使他们的抑郁加重，甚至更有一些人试图自杀。

尽管并不是每个孩子都有患抑郁症的可能，但是父母们也要引起特别的警惕，如果父母对自己的女孩有这方面的担忧，就应该及时带着女孩去咨询或者是看心理医生。

帮助女孩把脸上的笑容找回来，建立良好的家庭氛围

对于女孩子来说，家是她最为温馨的港湾。所以，一个温馨的家就可以培养一个快乐的孩子。尽管父母的工作很重要，但是抽出时间对女孩进行教育也是个不可忽视的问题。作为父母，平时应尽量多抽出时间来陪女孩，比如陪着孩子看一些喜剧、小品、动画片，跟着女孩一起做游戏，带着女孩到外面的世界去走走看看，领略美好的自然风光，让笑声驱散抑郁的情绪。父母的关心和爱，以及温馨的家庭氛围都会使女孩变得快乐起来。

家长要学会真诚地鼓励女孩

对于女孩来说，没有什么能够比父母真诚地鼓励更能激励她们去热爱生活和追求成功了。对女孩在成长过程中不可避免的错误和观点，要能够给予她充分的理解和宽容。对于女孩的特长以及获得的成功，要及时给予肯定和鼓励。不论在什么时候，都不能太苛刻女孩的言行举止。

不要扼杀女孩的好奇心

在女孩的眼中，世界充满着未知的领域，她们总会用好奇的眼睛打量着这个生长的环境，她们在千奇百怪的想象中成长着。作为父母，应该注意保护好女孩的好奇心，不可以扼杀女孩的好奇心。

琪琪1岁两个月时，有一次全家去酒店吃饭，酒店地上铺的是一种渗花瓷质砖。

琪琪指着一块地砖问：“妈妈，这是什么？”

妈妈耐心地解释说：“这是一块地砖，它用来铺在地上，又好看又容易搞卫生。”

女儿似懂非懂地点点头，又指着一块地砖问：“这是什么？”

妈妈依旧耐心地说："这也是一块地砖。"可是女儿并不罢休，兴味盎然地指着一块又一块的地砖不停地问："这是什么？这是什么？这是什么……"直到把所有的地砖指了一个遍，才心满意足地说："我知道了，这些都是地砖，都是用来铺在地上的。"

这时妈妈才惊异地发现，女儿并不是在简单地重复同一个问题，而是进行从无数单个事物中发现其普遍规律的抽象思维的活动。

琪琪发现每一块地砖的花纹虽然不同，但有一个共同的特征：都是铺在地上的。

这是一个多么伟大的发现：从具体到抽象；从特殊到一般。人类认识世界、改造世界，就是这样开始和起步的。

总之，女孩对于新鲜事物永远是充满好奇的。对于我们大人来说，铺地的瓷砖并没有什么出奇的地方，但是在女孩看来，却很有可能是一个无头绪、不可思议的东西。她摆弄来摆弄去，认为是一个好玩的且有趣的东西。

一般说来，周围的一切事物对于女孩来说都是新鲜的、令人激动的东西。在日常的生活中，女孩逐渐熟悉了这些东西，知道了它在生活中应有的状态，因而也就不再是她所感兴趣的东西了。

随着女孩年龄的增长，她好奇心的范围在不断扩大。家长们如果过于在意安全问题，有意让女孩躲开危险的东西，就等于掐掉了好奇心的幼芽，压制了女孩能力的增长。

如果你的女孩喜欢拆玩具，那说明她有求知的欲望，能够自己去看待问题、研究问题。当家长的不可以一味地批评她，更不可以扼杀女孩的好奇心，否则的话，你扼杀的很有可能是一个天才。

所有的父母无一不希望自己的女儿能够长成有用之才。为了给女孩创造努力的方向，他们不惜花钱让女孩上各种各样的培训班，向女孩讲述成功人士的成长经历，希望能够借此找到女孩的成才之路。但是他们或许不知道，可能仅仅是对女孩兴趣和好奇心的点点不耐烦和批评，就可能会断送女孩一生的命运。

家长要能耐心地回答女孩的问题

女孩在好奇心地驱使下，有时难免会提出各种各样的问题，这个时候家长要能够不厌其烦地向女孩耐心解答，不要阻止女孩这些探索性的行为，比如拆卸玩具和物品。对于女孩感兴趣的小制作或者小发明要加以引导和启发。

给孩子一个展示自己的机会

任何一个女孩都有自己独特的才能，展示她们的所长能给她们带来喜悦和自信。"妈妈，我给你出个脑筋急转弯好不好?"这时即使你已经忙得团团转了，也要接受女孩的建议，并且要配合她说："这个题目出得真好，你当时能想出结果来吗?"想必这个时候，女孩的心情一定是灿烂无比的。女孩的热情能通过你的分享和肯定，转化成良好的自尊、自信，而这些品质对她们一生的快乐都是最宝贵的。

莫让学艺成为女孩的负担

让女孩学习一门艺术，对于开发女孩的智力、陶冶女孩的情操以及活跃生活都大有裨益，或许还能造就出一个"小天才"，但是当学艺已经成为女孩不堪承受的重负时，家长就必须重新思量了。

女孩对于外界的事物，尤其是某些艺术类的事物感到好奇，这些都是女孩的天性，如果在这个基础上加以正确的引导，发展女孩的兴趣是正确的。但是如果不顾女孩的心理想法，不由分说地强制女孩学艺，剥夺她们爱玩爱自由的天性，往往会导致相反的结果。

在教育受到空前重视的今天，家长们煞费苦心在学校教育、家庭教育之外又给女孩加了一个才艺教育，这样做的目的无非是为女孩将来参与社会竞争早做准备。

很多家长都有这样的表示，现在的社会竞争很激烈，女孩从小就要面临很重的学习压力，让女孩学一门才艺是对她紧张学习生活的一种调剂，学习艺术也可以陶冶女孩的情操，为女孩的综合素质加分。也许，就是一项可以展示才艺的特长会帮助女孩走向更高的平台。

当然，也有一部分的家长为自己的女孩表现出来的艺术方面的天赋而乐于竭尽全力地培养，也许自己的女孩很可能会像那些"神童"一样，在将来成为名家。

并不是说每个学习艺术的女孩都需要通过考级来展示自己，更不能要求她在学艺的时候很专业，这要视个人的天赋和兴趣而定。在素质教育中，我们更应该提倡以人文精神为主旨，以知识技能为手段，让女孩参与到渗透着人文关怀的艺术熏陶中，成为全面发展的合格公民。

把孩子的特点变成特长

女孩的潜质没有高下之分，每个女孩都有自己的独特之处。随着女孩的慢慢长大，家长可能会在无意识中发现女孩对于某些事物有着特殊的爱好，这个时候如果想培养其特长的话，一定要先征求女孩的意见，再给孩子报一些兴趣学习班。需要注意的是千万不要剥夺女孩玩耍的时间，这样会湮灭个性，毕竟，让孩子拥有一个快乐的童年才是最重要的。

尊重孩子的兴趣

父母都希望自己的女孩能够多才多艺，但是同时也要注意尊重女孩的兴趣，仔细观察女孩究竟喜欢什么。如果你的女孩突然跟你说“妈妈，你看我弹钢琴的手是不是特别的美”时，这个时候家长就应该有所警觉，女孩在这方面有着很高的情商，也许女孩会因为学习钢琴而增加自信。这个时候，父母可以在尊重女孩兴趣的前提下为孩子做出选择。

多给女孩一点积极的心理暗示

有的女孩在演讲的时候，总会出现这样的情况：一切都已经准备好了，她刚要上台的时候，看到台下是一片的人，于是乱了阵脚，小手捏得紧紧的，同时完全忘记自己要说什么。

而这个时候，如果母亲可以对她轻轻地点点头，或者是近距离地走进她，拍拍她的肩，这样的暗示无疑在告诉女孩“你可以的，你能行”，这样的暗示可以使原本不敢迈出步伐的女孩可以勇敢地向前迈进了。这是一种多么美妙与伟大的心理暗示。

心理学家说过：“父母如果总是以正面的信念期待着女孩能够成为什么，那么将来女孩就会成为什么。”这听上去好像很玄，实际上确实如此。

父母对于女孩的期待与评价经常会在言语及日常生活中有意无意地显现出来，积极正面的期待会使女孩感受到爱和支持，从而充满自信和生气；相反地，负面消极的评价会使女孩失去信心和发展的机会。

萧伯纳在他 90 岁寿辰的时候说过：“要记住的是，我的行为并不会受到经验的影响，而是受到了期待的影响。”这种期待的心理，浅显地理解便是“心理暗示”，特别是女孩对自己失去信心，常常怀疑自己的能力时，如果她可以得到积极的心理暗示，她就会增强自信心，反之就会更加自卑。

曾经有这样一则小故事：

公园里，两位年轻的妈妈分别带着自己的孩子玩耍。当看到美丽的蝴蝶在草地上翩翩起舞时，两个孩子都奔跑着去追赶，却一不小心摔倒了。

其中一位妈妈赶紧跑过去，抱住孩子心疼地说：“乖乖，摔疼了吧?”

随后，孩子“哇”地一声大哭起来：“我好疼啊。”

而另一位妈妈则站在一旁，淡淡地说：“没关系，自己爬起来。”这个孩子若无其事地爬了起来，又继续奔跑着玩去了。

在这则故事中，两个孩子同样是摔跤了，为什么有的孩子显得比较脆弱娇气，而有的孩子却表现得坚强勇敢呢?

其实，这与两位妈妈的不同表现有关。前一位妈妈紧张不安的态度在暗示女孩，摔跤其实是很痛的，从而在心理上增加了女孩疼痛的感觉，让女孩变得更加娇嫩，这是消极的暗示。但是另一位妈妈却用淡然平静的态度暗示着自己的孩子，摔跤没有什么大不了的，这是积极的暗示。

家长不可将负面语言根植在女孩心中

有的家长经常骂自己的女孩“弱智”，那么当这个女孩在学习上和生活上遇到困难的时候，她就会想起这样的话，从而怀疑自己，甚至干脆破罐子破摔算了。而如果女孩听到的是鼓励和表扬的语言，她自己就会相信自己能行，也就能够不断克服困难，最终取得胜利。

家长要以上进的精神感染女孩

法国有句有名的谚语：“自以为是鼠辈的人定会被他人轻视，欺负。”这从一个侧面反映了“心理暗示”带给人的影响。如果家长能够以身作则，以自己的精神感染女孩，或者是建立一个学习型的家庭，激励女孩自强、自立、积极向上，鼓励女孩多参加社会公益活动，在集体生活中得到锻炼和成长。这样，女孩定会沐浴在自信的光晕之中，产生无比巨大的推动力，为一步步攀向人生的高峰奠定坚实的基础。

第三章 穷爸爸OR富爸爸——会爱的爸爸才是好爸爸

教育的责任感高于一切

父亲是世界上最重要的岗位

在中国传统的观念中，爸爸就是一家之主，不仅是家庭的主要经济来源，而且还是很多家庭重大事件的决策者。所以，在女儿的眼中，往往爸爸就是一个“超人”角色，似乎无所不能。很多女孩在成年之后，经常会向同伴炫耀自己的爸爸，引以为骄傲。

教育是父母双方的共同担当，而“父亲”这个词在教育中的分量又是几许重呢？这个岗位的特殊性在哪里呢？父亲又应该怎样来履行自己的教育义务呢？女孩都希望爸爸能够为自己做些什么呢？

这些问题，并不是每一个爸爸都能说出个一二三来。并不是每一个爸爸，都思考过自己在教育的过程中，应该做的究竟是什么。在女孩的面前，爸爸应该扮演成一个什么角色比较好呢？

首先，爸爸应该是女孩最好的伙伴，能够抽出时间陪女孩一同玩游戏。

即便是没有玩具，女孩也愿意和爸爸在一起玩，哪怕是下河去摸石子。如果爸爸们能够从百忙之中组织一次野餐，能够带上女孩来到空气清新的郊外，大家一起上山采摘野果，下河摸鱼，那将是多有趣的一件事情。相信任何一个女孩都希望能够和爸爸来一次“冒险之旅”，她们坚信伟岸的爸爸能够保护她们。如果爸爸实在是忙，抽不出整天的时间陪女儿，也可以利用平时的闲暇空隙，陪女孩做一些简单的游戏，玩那些最简单的游戏，都能使女孩开心。如果家境不好，没有玩具怎么办？爸爸可以把女孩举到肩上，或者是将她旋转，女孩一定会快乐地“咯咯”大笑。

其次，爸爸应该是女孩的好榜样，爸爸的乐观品行最容易传染给女孩，同时可以培养女孩的正面情绪。

独立、自主、自强、自信、果断、刚正、合作、进取……这种很职业化、很社会化的性格因子，父亲往往比母亲拥有的更多，所以说，爸爸是保证女孩形成积极健康个性的关键因素。父亲的热情开朗、宽厚勇敢的性格，在女儿看来这个世界上没有谁能够比自己的父亲更值得瞻仰了，因此小女孩更喜欢效仿爸爸，在与爸爸的互动中，女孩也总是在不知不觉中接受影响并进行学习模仿。曾经有统计学家表明，如果女孩在 5 岁之前就失去父亲的话，那将对她的个性发展极为不利。一个女孩如果从小不经常与父亲互动，那么她可能会比其他的女孩有更多的依赖性，并且容易缺乏自信心。

再次，爸爸能够帮助女儿提高社交技能，使女孩的社会协作性更好。

父亲与母亲在家庭中各自的位置不同，正由于传统上的“男主外，女主内”，这使得父亲成为了保持家庭与外部联系的“外交官”，正是由于父亲所带的社会属性更加丰富，所以对女孩社交技能的提高具有极其重要的作用。女孩随着年龄的增长，她所接触的事物会越来越多，她会认识越来越多的小伙伴，所以，爸爸在与女孩游戏的过程中，就可以按照社会规则来制定游戏规则，这样的做法扩大了孩子的社交内容，帮助女孩掌握更多的社交经验和更加成熟的社交技能。当一个女孩在与父亲的互动中能够表现活跃，那么她在同龄的伙伴中也会比较受欢迎。这很大程度上得力于父亲的影响，使女孩喜欢与人交往，并且可以在交往过程中更加积极、自信、活跃。

总之，女孩在将来社会生活中所需要的很多知识和技巧，都在很大程度上受到父亲的影响。如果一个女孩从小缺少与父亲的交流，那么当她融入于伙伴们在一起的圈子之后会常常感到不安、自卑，也不很喜欢与他人交流。正是爸爸这样一个伟大的职业，给女孩的成长支起了一片天空，使她在成长的过程中得以养精蓄锐。这是女孩迈向成功的第一步。

父亲要尽可能地完善自身

注重与女孩沟通的质量和效果，用亲和的方式在深层次潜移默化地来影响女孩，要尽可能地去完善自身，以提高自身修养和个人魅力。爸爸还要更多地注意自己的仪表风范，给女孩做个模范，因为孩子往往是在生活中向父亲学习的。父亲首先要做到信守承诺、富有责任心、宽容孩子的过错、注意生活的细节、勇于向孩子妥协等等。

爸爸要想办法避开没有必要的应酬

因为工作需要，应酬一事在所难免，这会和工作有着直接的关系，但是那些不必要的应酬，能躲则尽量躲，酒肉朋友整天在一起吃吃喝喝没有什么意义，尤其是那些具有不良嗜好的爸爸，喜欢和人一起在酒桌上高谈阔论以致喝得酩酊大醉，喜欢和别人一起搓麻将直至凌晨，若这些宝贵的时间拿来陪伴家人孩子，该有多好。

孩子就像财富——你不理她，她不理你

每个上班族都在“朝九晚五”的工作中不断循环，但是这对一个父亲而言，就意味着每天早上在孩子起床之前就要离开家庭，而当晚上回到家之后，忙碌了一天的爸爸又早已是疲惫不堪，拖着沉重的身躯回家。一周5天，基本上都是这样过来的，好不容易到了周六日，又免不了加班、会客户、与人攒饭局。现代生活的快节奏，已经让爸爸们失去了很多与孩子们相处的时光。对于女孩们来说，能和爸爸在一起相处，是多么难得而宝贵的美好时光啊。

小青青终于盼来了周末，这一天她希望能够和爸爸妈妈一起度过，记得两个月前爸爸已经带着她去过植物园了，这个周末，她自然想去动物园。青青的爸爸是一家材料公司的销售经理，曾经在公司的底层工作过很多年，终于得到了领导的肯定和认可。而现在公司正处在不断上升的状态，又迎来了良好的发展机遇，正是大胆用人的好时机，只要工作努力，业绩突出，就很有可能会得到领导的器重和提拔。

小青青的爸爸有为难的地方，因为他从内心上来讲也很想好好陪陪孩子，总觉得自己亏欠孩子的太多。但是恰好这个周末有客户约他到郊外一起钓鱼。这是个绝好的机会，如果谈话很投机的话就会谈成一笔生意，自然不可以拒绝客户的要求。

但是，爸爸也暗自忖度，如果这个周末再不能陪伴家人，那女儿的内心该有多么地沮丧。在这个时候，爸爸实在是左右为难。

孩子在成长的过程中最需要的是什么？自己作为一家之主，有挑家的责任，最需要做的是给孩子一个优越的生活环境，能够让她衣食无忧，能够帮她积攒一笔可观的教育积蓄，可以保障她将来能受到最好的教育。爸爸想了一下，嗯，陪孩子玩这件事情，还是由妈妈帮助解决吧。

现代生活压力大，爸爸们如此一心扑在工作上也是人之常情。不过，爸爸们千万不要以为有这样的理由就可以心安理得，就可以不与女儿互动了。因为每一个女孩在成长的过程中，都不能缺少父亲的爱和关怀。

如果女孩所需要的仅仅是一次去了解动物的机会，那么让谁带她去都没有问题，甚至说找一个保姆都可以。但是对于孩子来说，她内心最需要的，其实是一种爱的感觉——能够和爸爸妈妈多一些时间在一起，能在相互交流、在亲密接触中感受到爱和温暖。有了这种被爱的感觉，孩子也就有了乐观、积极、自信的动力，也能够让孩子体会到安全感和归宿感。

女孩对父母的感情需求是有规律的，从寸步不离到不胜其烦，有着自然的变化。而作为父亲，一旦错过这个规律，希望将来再来弥补，那就永远不会达到现

在的效果了。相比之下，女孩的物质需求反倒是次要的。

其实一家人真正能够在一起的时间并不多，如果爸爸总是抽不出时间来陪女孩，恐怕将来她长大了也不会有时间来陪你。这之间的关系非常微妙，彼此的失望也是相似的。不管怎样，都要从彼此相互关注和陪伴开始。

关注孩子不在时间长短

做父亲的首先要有责任意识。当有了这种意识以后，你就可以见缝插针教育女孩了。比如，利用把女孩送到学校的机会给孩子讲一讲马路上的见闻；看电视的时候和孩子讨论一些国家大事，让孩子发表自己的看法；每天下班后有半个小时到一个小时与孩子一起活动，或者，每周安排 3～4 个小时与孩子一起进行户外活动。

“陪孩子和老人”是躲开应酬的最佳借口

爸爸在社会上难免会有三五个好哥们，有时接到饭局的邀请又觉得推脱不开，找什么样的借口最合理呢？实际上，只要和朋友们说“我家的老人需要我来陪，我上个周末已经答应他们了”，或者是说“昨天和孩子说好了今天晚上陪她玩拼图，不能对她食言啊。”相信这样的借口一定让周围的人不好意思再留你，而且还会在朋友圈中留下“好儿子、好爸爸”的评价。

爸爸的功能有哪些

《男人来自火星，女人来自金星》，这是美国著名畅销书作家约翰·格雷的经典命题。从教育孩子的角度来讲，爸爸妈妈自身的性格特质本身就是教育女孩的一种独特优势，爸爸身上所具有的阳刚之气，那果敢、坚强的个性都是女性难以展现出来的，因为这是天生的。所以，爸爸本身就是资源——利用男性的优势来影响女孩。

能发挥自己的性别特质来教养孩子，这无论对于爸爸还是对于女孩来说都是一件具有重大意义的事。在女孩的眼中，爸爸往往就是在扮演“超人”的角色，是女孩心目中一棵高大的树，所以实施教育本来是不费吹灰之力的事情。而作为爸爸，可以发挥的功能又有哪些呢？

做表率，潜移默化地影响女孩

和母亲相比，父亲具有更多的社会属性，也是女孩最为直接的效仿榜样，孩子总是用她最稚嫩的眼光来观察父亲，而爸爸的一言一行都会对女孩产生影响。所以，爸爸不仅仅应在物质生活方面给女孩以保障，而且更为重要的是，他还应给予女孩宝贵的精神财富。

正因为如此，作为爸爸应该用更多的时间来与女孩在一起多沟通、多交流，和女孩成为朋友，并且用自己的行为举止来循序渐进地影响女孩。

爸爸在教育，妈妈在休息

生活与教育，这是夫妻双方的事情，爸爸在这个过程中参与的越多，那么就可以帮助妈妈缓解更多的压力。这样，在无形中增加了夫妻之间的感情，也会促进家庭的幸福与稳定，具有调试平衡家庭关系，增进家庭感情的作用。

除此之外，爸爸在配合母亲教育的过程中还可以起到一种平衡作用，那就是和母亲的情绪“唱反调”。比如说，妈妈过于关注女孩的成绩，当女孩考试成绩不理想的时候，回到家肯定免不了一通“狂风骤雨”，这个时候，爸爸能够给女孩一个微笑，一句鼓励的话，相信女孩的自信心可以恢复不少，这样能够使女孩迅速地从与母亲对立的情绪中解脱出来。

爸爸的权威性体现在原则

一般来讲，在一个家庭中，爸爸的权威作用总是比妈妈要更大一些。父亲所具有的良好的教养态度和教养方式，有助于加强父亲在教育中的权威作用，从而会形成一种良性循环，使家庭教育朝着更加健康向上的方向发展。

所以，在家庭中，爸爸可以利用自己的权威性来为女孩制定原则，这样更能够使女孩“听之任之”。

和妈妈相比，爸爸具有另一种传授作用

在日常爸爸与女儿的交谈及游戏过程中，爸爸总是会有意无意间向孩子传递或者是渗透某些社会秩序、准则、规范，这其实就是一个对女孩实施社会教育的好时机。

在自然生物界中，动物们总是习惯于在实践中向下一代传授捕食经验和生存技能，在人类中也往往如此。

当女孩和爸爸们在一起游戏的时候，父亲更容易做一些大幅度的运动动作，这就培养了女孩的探索能力和勇敢意识。可以想见，当母亲在抱孩子的时候总是给孩子一种安抚的感觉，而爸爸在抱女孩的时候总是习惯用力晃，女孩会感受到和母亲不一样的感觉，大脑获得一种恐惧和兴奋的刺激，从而使女孩的家庭感觉和本体感觉得到良好的发展。

而爸爸所传授知识的内容也与妈妈的有所不同。妈妈讲给女孩的故事一般都是比较温馨柔弱的，比如小花猫啦、小布娃娃之类的。然而爸爸讲给女孩听的故事一般都是比较具有攻击性的，这就有助于塑造女孩奋发图强的个性。

综上所述，爸爸有很多社会化教育的独特功能，他往往可以给予孩子一种格

局更高的竞争意识。

把自己当做孩子

爸爸不要仅仅把自己看成是大人，有的时候还应该把自己也看成是个孩子。在与孩子的沟通交流中，作为爸爸才能自然而然地扯下“父母”这样一个看似神圣不可侵犯的外衣。当爸爸真的能够放下自己，以一种简单自然的心来面对女儿，真的走入孩子的心灵，成为孩子的朋友，赢得孩子的信任，这样的爸爸才会成为女孩心目中真正的好爸爸。

建立良好的夫妻关系

爸爸在生活中能够和妻子互相体谅帮助，这样做才能够给女孩树立楷模，她所看到的总是爸爸妈妈在一起快快乐乐。这种影响会渗透到女孩的内心，对她以后的生活、为人处世都有很大帮助。

不论贫富，每个爸爸都能成功

世界上并没有一种人天生就可以当爸爸，也并不是说必须具备了什么硬条件才可以当爸爸，都不是的。只要用心，所有的爸爸都会成为好爸爸。

如果你觉得无法赚到很多的钱就不是一个称职爸爸的话，那么，看看一位工薪阶层的成功爸爸——球王贝利的爸爸。

如果你觉得自己个性太过强硬，无法与孩子沟通的话，那么，看看一位强势的爸爸——撒切尔的爸爸，强势的爸爸绝对不会教育出懦弱的女儿。

如果你觉得自己虽然很勤勤恳恳，但是付出与得到的总是不成比例，甚至觉得自己做的工作不是特别体面，担心孩子会在别人面前抬不起头的话，那么，看看一位实干型的爸爸——俞敏洪的爸爸。

如果你觉得自己过于古板，过于严肃，一点都没有幽默的细胞，不能以风趣的语言来面对女儿的话，那么，看看一位正统的爸爸——华盛顿的爸爸。

……

对了，还有一种，如果你觉得自己的家境实在是过于富有，担心孩子会变得玩物丧志不知进取，没关系，那就认识一下李嘉诚和比尔·盖茨吧！

总之，不管哪类人群中都会出现好爸爸，无论他是身价过亿还是穷苦不堪，也不论他是才高八斗或者一字不识，总之，无论你身处在何种情景中，都不会影响你做个好爸爸。

傍晚，我和美兮在小区玩儿，还有王粤粤、阳光、灿烂。阳光和灿烂是姐妹，一个 9 岁，一个 4 岁。

我们玩“三个字”：大家手心手背，确定一个人做追逐者，另外的人不能被他摸到，否则就要替换下那个追逐者。快被追上的时候，只要你喊出三个字，比如“周美兮”“猪八戒”“喔喔喔”……只要是三个字就可以，等于开启了自我保护，对方就不能再摸你了。不过，你也不能动了，变成木头人立在那里，等同伙来摸一下才能继续跑……

后来，我为了训练美兮算术，把游戏规则改了：追逐者在即将追上一个人的时候，大喊一声：“8＋13 等于几?”或者“15－9 等于几?”

对方必须在紧急时刻迅速给出正确答案，才算开启了自我保护。

玩累之后，大家坐在滑梯上聊天，王粤粤说了一句：“美兮，我真羡慕你……”

王粤粤的家庭很优越，像个骄傲的小公主，她轻易不会说这样的话。

话题被阳光打断了，然后，美兮追问了一句：“粤粤，你羡慕我什么?”

王粤粤说：“因为你有这样一个爸爸呀。”

我的心一下装满了蜜。

这是作家周德东讲述女儿美兮成长的书《美兮美兮》中的一个情节，这个故事中王粤粤的爸爸很富有，但是在王粤粤的心目中，谁都比不过美兮，因为能够拥有像美兮那样的爸爸实在是一件令人觉得幸福的事情。

美兮的爸爸并非是腰缠万贯的富豪，也不是才高八斗的文化人，他所能给予女儿的，只是一个相对小康的生活。但是，难得的是这位爸爸最舍得为女儿花心思，只要是女儿开心，他愿意尝试一切。爸爸的点点用心让小美兮感到生活中处处充满着快乐。只要有爸爸在，平淡的生活就会变得有滋有味。

懂得爱，就是爸爸最大的优势。

对女孩说“我要当最好的爸爸”

女孩是否觉得爸爸不爱她呢？爸爸天生不敏感，可能意识不到这些。所以，可以利用晚上临睡前的 10 分钟，来到女孩的小床旁边，像平常一样讲故事给她听，在女孩临睡前可以告诉女儿“我要当最好的爸爸，你来当最好的女孩，好不好?”相信女孩一定会觉得爸爸很爱自己，也会下定决心，一定要当好女孩。

经常鼓励夸奖自己的女孩

一个孩子在成长的过程中少不了犯错误，但那是她成长中的必需，不能因此而否定女孩。相反，爸爸应该针对女孩的某一方面而“狠狠”地夸奖她，这样才会使女孩有上进的愿望，同时不会破坏父女的感情。

父爱的影响力就是领袖力

父爱，传递的是一种价值观

伟大的社会学家马克思·韦伯曾经说过，父亲的爱最能使女儿成长为他所期望的样子，这与母爱有着很大的不同。对于女孩的教养，爸爸妈妈的侧重点总是有所不同，做妈妈的总是希望能够给女孩最多的爱，妈妈们总是更多地强调自己的情感。而爸爸则更多的是侧重于价值观念，能够继承父亲志向的孩子，往往会得到爸爸更多的宠爱。父爱的这种条件性，决定了女孩在成长的过程中，父亲会更加主动地传授走进社会的最简单最基本的原则。

如果说母亲代表的是自然界，那么父亲就是人类中的另一级——思想的世界、法律和秩序的世界、阅历和冒险的世界，爸爸们所指给女孩的是通向世界的大道，爸爸们对女孩社交能力的培养起着引导和示范的作用。社交是属于有影响力的人。因此，对于那些不善于表露感情的父亲来说，父爱就是一种价值观的培养和传递。

李嘉诚是香港家喻户晓的人物，他在经济王国中权高位重，在家里却是一个坚持原则的低调父亲。

李嘉诚有两个儿子，很多人认为这两个儿子将来一定要子承父业，因而必定是呼风唤雨的“太子爷”，但李嘉诚一直要求他们生活节俭、注重名誉。当两个儿子以优异的成绩从斯坦福大学毕业以后，他们想到父亲的公司里面去小试牛刀。不料父亲的回答却是：“我们公司不需要你们。”李嘉诚说：“就是我有 20 个儿子也不会给一个安排工作，你们要自己去打江山，要用事实证明你们自己有实力。”

恍然大悟的儿子离开香港去到加拿大，一个投资银行，一个开设了地产公司。他们从来没有开口向父亲寻求资助，后来都成为加拿大商界的精英人物。

李嘉诚的做法和生活中所常见的那些父亲的做法实在是大相径庭：很多爸爸千般钻营，希望能够打通人脉为自己的孩子谋得一份工作，但是李嘉诚的公司众多，却未给自己的孩子一个职位。他这样做的目的，不外乎要让孩子们懂得独立的道理，只要自己有能力，才算得上是真正有本事的人，才能从容地应对今后的生活。

不仅如此，在日常生活中，李嘉诚要求自己的孩子用度节俭、注重名誉，这种要求对于寻常人家来说不足为奇，但是对于一个商业巨子来说显然是与众不同。但是，能这样严格地要求自己的孩子，也是难能可贵的。

“用事实证明自己的实力”，是李嘉诚对孩子们的期许。一个人，无论生在什么样的家庭，都应该能够独立、坚强，能够自己去解决问题，这就是变幻莫测的商界所必备的意识。李嘉诚白手起家，创立了自己的商业奇迹，但是他并不急于让孩子们分享自己的成功果实，而是希望孩子们先来分享自己的成功经验，因为这些是人生中最宝贵的财富。

李嘉诚在培养孩子的价值观时做到了两点：一是有意识地培养孩子的价值观，二是用行动来影响自己的孩子。

每一个孩子的新知都是从模仿开始的，父亲是孩子认识外面世界最为重要的窗口，父亲怎样对待失败和困难，孩子都会受到潜移默化的影响。如果父亲本身是一个言而有信、正直勇敢的人，那么孩子将很容易接纳一套正面的价值观。当孩子看到父亲为了家人的努力而工作，那么她的心中必然会燃起对未来美好生活的感激，这也会帮助爸爸在孩子青春叛逆时能够渡过难关，相信这样日积月累的信赖不会让女孩走上反抗家庭的极端。

但是，如果一个爸爸从来就是出尔反尔，只说不做，那就难以保证自己与孩子的感情平衡了，当孩子长大以后，就很有可能会叛逆，甚至是伤害父子的感情。因此，爸爸们要时时刻刻留意自己会给孩子带来什么样的影响，让自己能够用正面的行动来解释所有美好的品质，让孩子能够在耳濡目染的环境中成长为一个正直可信的人。

爸爸在与女儿相处的时候应该注意分寸

女儿性别意识的形成，爸爸是其直接影响者。所以，爸爸要随着女儿年龄的增长而调整与女儿的相处方式。在女儿小的时候，爸爸和女儿之间的交往可以比较密切，但是当女孩长大了之后，亲密的程度就应当适当保持距离。通过这样的方式来影响女孩的性别意识。

爸爸心情不好的时候，切忌将不良情绪转移给女儿

现代社会人们的工作压力都很大，爸爸们很容易将工作中产生的一些不良情绪带回家。如果大人们不由自主地将情绪转嫁到女儿身上，那女孩就是个无辜的受害者。因此，爸爸们要克制自己，尽量不要将不好的情绪带回家，而是为女儿创造一个宽松的家庭氛围，给女孩一个乐观的性格。

充满活力的父亲与积极外向的孩子

珍妮的父亲是德国一个公司小职员。虽说他算不上成功的男士，事业平平，但却一直深刻地影响着珍妮。

父亲非常喜欢历史，他总是在家里大声地谈论历史上一些奇闻轶事，给珍妮狭小的生活空间带来了色彩。父亲经常在珍妮面前发表他的意见，甚至鼓励珍妮

和他一起讨论关于世界大战的问题。镇上如果有演讲，他总是带上珍妮去听，而且大多是坐在最前面。珍妮的妈妈总是过于关心珍妮的安全，做任何事情都是谨小慎微，所以，父亲就和珍妮悄悄地商量他们的野营计划，避免母亲的担忧。第二天，当妈妈的唠叨被甩在了耳后时，珍妮高兴极了，觉得是在进行一件很保密、很刺激的事情，因此非常配合父亲的行动。

父亲总是带着珍妮去很远的地方，并且要求珍妮不带午餐，路上饿了自己想办法，而且还必须“孝敬”父亲一份食物。有时，他们在山上野炊，食物的来源都是山上的各种野味。因为有了父亲，珍妮的生活中充满了多彩的经历。

可见，珍妮的爸爸是一个精力充沛的男人，他的兴趣很广泛，并且极力将这一点传染给孩子。珍妮长大之后来到了中国，致力于探索这个神秘国度的伟大文化，她所作出的选择都和儿时父亲的教育密切相关，并且喜欢探索未知的领域。

爸爸们可以反思一下自己与孩子的交流，现在主要是停留在哪些方面：是天文地理无所不包呢？或者仅仅是局限在批评和接受批评上呢？

作为父亲，能在女孩面前做个好榜样是分内之事，这其中就包括了引导女孩热爱生活以及要对人生充满好奇与活力。并不是说天天与孩子们一起运动才算有活力，这里的活力指的是保持一颗热爱生活、积极进取的心。就像刚才故事中提到的珍妮的爸爸，他热爱生活，对周围的很多事物充满兴趣，同时拥有一颗年轻的心。这样不仅可以改变自己的生活，同时更有利于帮助女孩寻找兴趣点，同时会使父女之间建立深厚感情。

然而遗憾的是，在现实生活中，更多的是那些“待在书房”里的父亲，他们习惯忙于自己的那一摊子事。还有一种父爱很淳朴，他们只知道给予，却不知道如何和女孩愉快地相处沟通，爸爸们的这种羞怯有时显得可爱，但是由于长期不愿意主动与孩子互动，这样难免会影响女孩的心理发展。对一个女孩来说，如果她感受不到父亲身上的活力，那么她也就不会主动提出要求和爸爸一起玩，因为她担心冷酷的爸爸会拒绝她。这样长大的女孩在今后的生活中往往不懂得如何与人相处，如何表达自己的意愿，并且缺乏自信，在生活中总会处在不利的位置。

爸爸们一定要注意，工作再忙，也要让自己保持活力，保持热爱生活的心，在女孩面前更要如此。

爸爸们可以培养自己的好奇心

爸爸要有好奇心，好奇心可以让人感到充满活力，也可以让生活变得丰富多彩。爸爸不一定要成为百科全书，但是当他遇到什么问题的时候，正是一个与女孩讨论的好时机，让女孩感到自己是被需要的。生活虽然在日复一日中显得很平凡，但只要用心发现，就可以找到很多孩子们感兴趣的事情来研究。

随时让自己的观念升级，虚心学习

有活力的父亲应该是随时接受新知，能够虚心学习的人。有的爸爸认为，在孩子面前说“不知道”是一件很丢脸的事情，甚至有时会告诉女孩毫无根据的话，这样的做法，只会让女孩对父亲越来越失望。所以爸爸们要记得让自己随时“充电”，丰富自己的知识，才能成为女儿成长过程中的领路人。

让自己和孩子一起爱上运动

适量的运动不仅有助于女孩的骨骼发育，也非常有益于女孩的心灵发育。运动可以让人体验到紧张刺激、痛苦和超越的过程。

爸爸的可信度才是影响力的基础

战国时，秦孝公起用商鞅变法图强。为了让人们相信他变法是真的，商鞅想了一个办法：他在都城南门竖起一根 3 丈高的木头，要是谁能把它扛到北门去，就赏金 10 两。但是没有人相信这是真的，自然也就没有人去扛。商鞅把赏金一直追加到 50 两，终于有一天，一个壮汉把木头扛到了北门，商鞅当场赏了他 50 两黄金。老百姓纷纷议论：“商鞅言而有信，他的命令一定要执行。”于是，商鞅变法成功，奠定了秦国富强的基础。

商鞅很清楚，如果自己说的话没有人会相信，那样变法的难度会成倍增加。父母也要言而有信，才能够赢得女孩的尊重和信赖。家庭是女孩最初的世界，父亲的威信建立，孩子才会愿意听从爸爸的建议。

然而在现实的生活中，爸爸的表现却不容乐观，他们以爱孩子的名义来责问孩子的行踪，翻看孩子的日记，监听孩子的电话，这样的行为不仅仅是伤及女孩的自尊心，同时也让女孩不敢再相信爸爸的承诺。

可以想见，如果一个女孩在她小小的记忆中，深刻着的是因为父亲失信的痛苦，那么相信她也不再愿意相信别人，在将来的人生路上也很容易陷入灰暗之中。在这样的成长环境中，女孩又有什么快乐可言呢？很多女孩在年纪稍微大些之后喜欢上网找陌生人聊天，她们宁可将自己的心事说给不认识的人听，也不愿意讲给自己至亲的爸爸妈妈。或许女孩会觉得，还是网友比较安全吧。

原本至亲至爱的父母竟然比不上陌生的网友，女孩宁愿在外面游荡，也不愿意回家和父母待在一起，这样的现象早已经不是新闻。

信任是相互的，只有爸爸充分相信自己的女孩，女孩才会相信自己的父母，相互之间才能开始真正平等有效地沟通。如果爸爸总是不信任女孩，或者是对女孩言而无信，这样不仅干涉了女孩的健康成长，更会直接导致女孩对父母的不信任，加剧爸爸与女儿之间的不理解，没有互动，教育也将无从谈起。

爸爸们要注意了，为了避免失信于女孩，在日常的生活中一定要言行一致，尤其是不要轻易地许诺女孩，也不要对女孩的建议敷衍表态。另外，千万不要在女孩面前说谎，如果爸爸妈妈们当着孩子的面欺骗别人，那女孩将会开始怀疑爸爸妈妈是否在欺骗自己。

不要在高兴的时候随意向女孩许诺

中国有句古话讲："盛喜中勿许人物，盛怒中勿答人书。"说的就是这个道理。当一个人兴致高涨的时候，往往会信口开河。可是说出去的话就像泼出去的水，没有办法再收回来。等到头脑清醒之后再来后悔就晚了。所以，爸爸们为了确保自己可以万无一失，每当自己很高兴的时候千万不要随便答应女孩的要求，以免事后后悔。

不要让女儿对自己留下坏印象

"喂，他说他不在。"这句小品台词固然搞笑，但揭示的却是一个说谎不眨眼的事实。如果爸爸经常当着女孩的面在电话中撒谎，可以想象我们在女孩心目中的形象还能不能高大起来呢？

超级老爸的教养手腕

不用权威来管制女孩

玲玲今年已经 4 岁了，可以自己料理基本的生活，学会了自己的事情自己做。旁边的邻居阿姨看见她就要夸奖一番："玲玲越长大越乖巧了。"

只有玲玲的爸爸感到无奈：女儿大一岁，脾气也跟着变大了。在家里，玲玲总是喜欢和爸爸对着干。爸爸说吃饭吧，玲玲偏说不饿，要看动画片；爸爸说该睡觉了，玲玲又闹着说自己饿了。哎！不听话的孩子实在是不好对付。

是不是很多家长都有过类似的经历呢？女孩不听话，这是最令家长感到头痛的问题。

有的父亲脾气比较急躁，看到女孩发脾气了，自己的脾气也跟着上来了：我是家长，难道还压不过一个小毛孩子吗？情急之下，束手无策的家长只好用连哄带吓的方法来对付女孩。

"我吃的盐比你吃的米都多，难道我会错？"

"你要是再不听话，我就把你扔出去，不要你了。"

"这个孩子简直太不像话了，我一定要好好揍她一顿，要不以后没法教她了。"

但是很少有爸爸会冷静地想一下：女孩出现这样的现象，原因在哪里？

中国科学院心理研究所的研究员认为：当女孩年纪还小的时候，家长对待她应该像对待朋友一样，她的心中并不会有服从威严这样的概念。等到女孩长大之后，对事物有了自己的认识，同时有了自主的行为意识，有的家长会不许她做这个，不许她做那个，只允许她乖乖的。时间长了，这样的做法起不到任何积极的作用，只会带来更多不好的结果。女孩变得不服气了，“凭什么管我这么多呢？”所以，就喜欢和家长对着干，就不想听爸爸妈妈的话了。

有的家长最喜欢管孩子，因为太专注管孩子，反而忘记了审查自己。

“莎莎，厨房里的碗是不是你打碎的？还是妹妹打碎的？”刚回家的妈妈问道。

“一定是爸爸打碎的。”莎莎不假思索地回答。

“你这么肯定吗？为什么？”妈妈问道。

“因为爸爸没有大喊大叫，也没有罚我和妹妹站墙角，所以是他自己打碎的。”聪明的莎莎帮妈妈分析。

很多父亲在教育女孩的过程中都犯有这样的毛病：他们管孩子管得太多了，太严格了，让孩子受不了。

“威严”和“权威”是两个不同的概念。每一个家长固然有权利来教育孩子，但是如果家长把这看做是自己的权威，不能平等地来看待女孩，认为自己说什么都是对的，孩子有所反驳就是不应该的，这是教育的误区。

家长应该给孩子一定的自由，不要总是动不动就说女孩这个做得不好，那个做得不对。不要总是想着用家长的权威来压住孩子，不能想着用自己的气势来使孩子信服，而是应该给女孩摆清楚道理，让她心服口服。

对于天生就比较胆小的女孩来说，父亲的发怒或许会让她暂时变得乖起来，从表面上看，女孩似乎变得顺从了。但是这种滥用威严的方式多少都会伤害女孩的自尊心，甚至会使女孩的性格变得扭曲。而一个父亲如果能够把握好威严的度，那就会使女孩发自内心地敬畏自己的爸爸。成功的家长，不可以随随便便地把“权威”拿出来对付孩子，而是要善于恰到好处地彰显自己的威严，能够使女孩认可你的威严。

爸爸要如何做，才能让女孩对自己的教育心服口服呢？

家长的身份是教育者，加强修养很关键

有些为人父者自身的素质确实不高，在日常生活中无论对人对事都是一嘴粗话，甚至是大打出手。这样的爸爸，很难在女孩心中留下光辉形象。修养的涵义很广，有很多延伸的意义，比如：父亲是不是要言行一致，如果对女孩说“不可以浪费水”，但是在家里很节约，到了公共场所就很浪费，那会在女孩心中留下什

么印象呢？父亲说话要不要讲信用，如果总是对女孩说，“等爸爸有钱了，就给你买一件漂亮的连衣裙，”结果这个许诺迟迟不能兑现，女孩也不知道爸爸什么时候才能有钱，那父亲的威信在孩子的心中不就很自然地摇摇欲坠了吗？

坚持学习，提高自己的文化素养

如今的社会处在信息爆炸的时代，如果还没有“活到老，学到老”的观念，那注定是要落伍的。家长应该有意识地让自己多学习，多充电，与女孩一起共同成长进步。如果家长自己不学习，就无法与女孩共同提高，到时候早晚有一天女孩会嫌自己的爸爸“什么都不懂”，造成价值观的严重脱节。如果是一个能力强的爸爸，不仅工作出色，同时能够把家庭布置得井井有条，相信每一个女孩都会因为自己有一个优秀的爸爸而自豪。

提高自己的教育艺术

教育就是一门艺术，一个懂得教育女孩的父亲，才能换来孩子的心悦诚服。一个懂得教育的父亲应该懂得，要想得到孩子的尊敬，先要懂得尊敬孩子；孩子最需要的是和父母的交流，而不是说教；任何一个孩子（尤其是女孩）都需要一定的私密空间，作为家长我们不必了解到无孔不入的境地。总之，对待一个女孩，爸爸在教育的过程中应该遵循爱而不娇惯、威而不严厉的原则。

不要把“忙”当做是忽略孩子的借口

现在有越来越多的爸爸妈妈同时走出家庭外出工作，将女孩一个人留守在家中。不要说平时抽时间相聚在一起，或者是一起娱乐，就连在一起共进晚餐的时间都是那样的屈指可数。有的时候，女孩会抱怨爸爸不陪她，而忙碌的爸爸哪里还有精力来得及想这些呢？只好敷衍女儿说：“乖乖，爸爸今天已经很累了。等爸爸有时间再陪你玩吧。”

“你要到什么时候才能有时间？”当听到女儿这样说时，可想而知，她的心中是多么的落寞啊。

而现在的实际状况是：忙的不仅仅是父母，就连女孩们也有一大堆自己要忙的事情。望女成凤的爸爸妈妈帮孩子报了一堆培训班：什么书法班、舞蹈班、英语口语班，等等。如果等以后孩子上学了，一定还要报个学习提高班。这下，女孩们再也没有时间感到落寞了，因为她们自己也有忙不完的事情。

父母和孩子，各忙各的，看上去很和谐，互不干扰。然而，这样好吗？

萌萌的爸爸平时是一个大忙人，几乎没有时间和她在一起。

在萌萌的心中，爸爸就是一个提着公文包忙进忙出的人。她希望周末能够和爸爸一起去动物园或者是植物园，不想再一个人去上口语班了，但是爸爸周五晚上接到一个电话，表情严肃地交谈了几句之后，开始犹豫要不要陪她了。

在爸爸犹豫的时候，萌萌感到担忧：

“他不能马上答应我，一定是在犹豫，这一次还是不行么?”

当听到爸爸说：“这一次爸爸有工作要做，……下一次……”的时候，萌萌心中既失望又委屈。

“在爸爸眼中，永远都是工作最重要。”

“他之前也说过‘下一次’的，根本就不算数。”

“我再也不会相信他的话了。”

“讨厌爸爸!”

……

这些缺少大人们陪伴的孩子被称为“感情饥渴”的孩子。

每个孩子都希望得到父母的关注，尤其是女孩，她们更希望能够得到父母多一些的陪伴。世界卫生组织曾经发布过一项研究成果显示，平均每天能够与父母共处两个小时以上的孩子，要比其他的孩子智商高。父亲不管多忙，都要抽时间陪陪女孩，这样做的目的是为了满足女孩成长过程中的情感需求，只有这样做才能培养出人格更健全的完美女孩。

在养育女孩的过程中，爸爸不仅仅是个“经济赞助商”，而且还要做女孩的“心理陪护”。父亲的陪伴将对女孩性格的形成以及生活习惯的养成都具有很重要的作用。

女孩对父母的情感需求是有规律可循的，从最开始的寸步不离到后来的不厌其烦，总是会有这样一个过程。而父母一旦错过了女孩最需要陪伴的时期，如果希望将来再弥补，那将会感到事倍功半。

在这一方面，我们不妨向马克思学习。

在马克思的家庭里，父母和女儿的关系真挚融洽，充满了人生的乐趣。在孩子们还很小时，马克思常利用工作的闲暇和孩子们一起做各种游戏。

孩子们兴致勃勃地把椅子摆成“马车”，然后把父亲“套”在车前，孩子们挥舞着“鞭子”，“车”上“车”下一片欢腾。

“爸爸是一匹好马”这是女儿们对父亲的评价。

在马克思家里，星期日是属于女儿们的。

每逢星期天，即使再忙，马克思也总是放下紧张繁忙的工作，听孩子们“指挥”。他带着孩子们出去尽兴而愉快地游玩，让孩子们接受大自然的熏陶，既增长他们的见识，又锻炼他们的意志和体魄。

一次，恩格斯来到马克思的家里，见他正在聚精会神伏案工作，便赶忙提醒他说：“喂，你忘了今天是什么日子吗?”

马克思一听，愣了一下，拍了拍脑门，微笑着说："啊，对了，今天是星期日，星期日应该属于孩子！"

于是，马克思放下工作，和恩格斯一起，有说有笑、高高兴兴地领着孩子出去郊游了。

马克思的女儿们永远不会忘记，她们和父亲一起度过的那些愉快的星期日，这些美好的星期日，成为她们记忆中最快乐的日子。

作为父亲，我们可以从马克思的做法中得到一些启示，无论自己平时有多忙，一定要固定抽出一些时间跟女孩在一起，陪伴她成长，让她能够感觉到，自己是多么地在意并关注她。

建立家庭"餐桌文化"

早在 20 世纪的 80 年代，美国有一家教育机构中的研究人员发现，一家人如果能够经常聚在一起吃饭，将对孩子的健康和成功有很大的益处。而且，那些经常和父母聚餐的孩子比不经常和父母聚餐的孩子相比，将来更容易走向成功。

父亲如果实在是很忙的话，那最好也要抓住和孩子一起吃饭的机会和孩子进行沟通交流。利用这个时间，询问一下女儿最近生活的状况，并且把自己生活的情况向女儿做个详细的介绍，或者是轻松幽默地聊聊天，谈谈自己小时候的生活。总之，尽量陪女儿快乐地度过这段时光。

和女孩进行"书信沟通"

父亲能够与女儿共处的时间越来越少了，他们一早就要出门上班，晚上披星戴月回到家的时候，女儿早已经沉沉地睡去了。怎么办呢？父亲可以把自己要说的话写在一张纸条上，等到女孩早上醒来看到时，她的内心一定很开心，还可以根据父亲写的信再回一封信。这样，不能经常见面的父女之间可以通过这样的方式保持连贯的沟通，不但可以增强父女之间的情感，还可以在一定程度上丰富女孩的写作水平。这样一种无声的教育或许能够胜过妈妈的唠叨。

重视精神上的"陪"

任何人都代替不了父母与女孩的相处。要培养一个情商完美的女孩，如果没有精神上的"陪"是很难达到的。对于一个女孩来讲，陪她玩比给她买礼物会更加令她感到高兴。我们在陪女孩的时候，更要留心女儿的精神世界，留意她小小的内心都在想些什么，探探她最近都在做些什么，观察她喜欢读什么样的书。看到自己的女孩在一天一天地成长，能不从心里感到高兴吗？

永远不要对女孩进行体罚

不论是有时间的爸爸，抑或是忙碌的爸爸，都会遇到女孩犯错误的情况——

无论这种错误是有心的还是无心的。所有的女孩都喜欢任何方式的奖励，无论是口头表扬还是物质奖励；同样的，女孩不喜欢被惩罚，任何形式的惩罚都不喜欢。但是，有一些气急败坏的爸爸喜欢用一些方式来惩罚女孩，比如说不让女孩吃饭，甚至有的家长会打女孩，为的就是能够让她记住教训。惩罚女孩是有学问的，如果惩罚的方式不恰当，那将会费力不讨好。

在对待孩子的奖惩上，日本教育家多湖辉有自己的看法。他认为，孩子会在被批评的过程中，学会辨别是非，学会区分哪些事情是好的、哪些事情是坏的。因此，家长要学会既能帮助孩子改正缺点，又不伤害孩子的自尊心。

批评教育女孩，应该保持冷静的态度，向她讲道理，以理服人，而且自己的立场也要始终如一。另外，在对女孩进行批评教育的时候也要方法得当，讲究分寸。

多湖辉曾因不满学校的严格管理，做出了伙同他人一起破坏学校部分校舍的荒唐之举。学校的规章制度非常严格，所以他已做好了退学的思想准备。而校长却把他们召到校长室，流着眼泪说了下面的一段话：“太令人遗憾了。我现在什么也不说，想必你们也在反省自己吧？希望你们能再一次反思一下自己所做的事情。”校长宽宏大量的批评，深深地刺激了学生们，使他们进行深刻的自我反省。因此，采用什么样的批评方式非常重要，它既能使孩子的才能得到提高，反过来也能使之下降。

多湖辉一直主张：“批评时要正襟危坐。”进行重要的谈话时，任何人都要端正姿势，创造一种严肃的气氛。而且，不是单方面地命令别人如何去做，而要采取一种理解对方的立场、倾听对方意见的具有包容性的态度。不论做了多么荒唐的事情，都应该有其原因。问清这些原因并予以理解是能让孩子接受批评的先决条件。

可见，对待女孩的错误，粗暴地进行惩罚是多么的不妥。如果万一惩罚得过于严厉，更有可能在女孩心中留下阴影，她可能会觉得爸爸不是世界上最亲近的人，而是世界上最可怕的人。父亲在惩罚女孩的时候，最需要把握在心中的两个字就是“冷静”。即便女孩犯了多大的错误，最好也要态度柔和地来和女孩说，因为如果父亲的语气太重了，往往女孩的注意力并不是集中在反思自己的错误上，而是为爸爸的严厉而难过。

英国17世纪著名的政治家、哲学家和教育家约翰·洛克提出过“绅士教育”，曾得到大部分人的认可。他主张一定要用温存的语言，耐心热情的态度，和颜悦色的劝导，有计划、有步骤地培养儿童的习惯，切记不可声色俱厉、简单粗暴地责备和训斥他们，以免伤害儿童脆弱幼嫩的心灵和正在成长中的自尊心。他提出的这种奖惩方法就是使孩子知道羞耻和光荣。孩子一旦懂得了受尊重与羞辱的区别，尊重和羞辱在他们的心里就成为一种最为强有力的刺激。家长一旦能让儿童爱惜名誉，惧怕羞辱，就等于使他具备了一种真正的做人原则。这个原则会永久性地发挥作用，使他们走上正轨。

但如何才能做到这一点呢？

培养女孩的羞耻心

小女孩对于赞扬是敏感的，她们甚至在幼年的时候就对周围的环境很敏感。她们往往会这样觉得，自己能被别人表扬，是一种莫大的快乐，尤其是被爸爸表扬。所以，当父亲们看到女孩有好的行为，就应该及时地给予赞扬；如果女孩有不好的行为，作为父亲，可以用比较冷淡的态度来对待她，让她能够有所警觉和反思，而并不是用打和骂的方法。这样教育女孩，会使她更加懂得自尊自爱，同时还使她具备一定的羞耻心。

其实，如果频繁地使用威吓或是打骂的方式来对待女孩，那时间久了之后，女孩就对打骂感到习以为常，觉得挨顿批评，或是挨顿打都是家常便饭，这极不利于她们自尊心的培养。所以，如果不是万不得已，千万不要轻易用打的方式来惩罚女孩。

父亲还可以在平时与女儿谈心的时候告诉她，世界上只有优秀的人才能得到可爱的东西。让女孩明白，受到尊敬是值得喜悦的，而经常犯错误是要感到羞辱的。这两种截然不同的心态会有效地在心灵上约束女孩的行为。

避免当众惩罚女孩

如果女孩是在公共场合犯了错误，家长要千万记住不可以在大庭广众之下对女孩进行教训或者是惩罚。因为在公共场合处罚孩子既不符合礼仪规范，更重要的是会严重伤害孩子的自尊心。所以，如果女孩在众人面前做错了什么，也一定要等到回家之后再对女孩进行批评，给她讲清楚错在哪里。

女儿，爸爸永远支持你

“爸爸，今天晚上我要去少年宫比赛，你给我当拉拉队员好不好？”

“爸爸，我想去放风筝，你能帮我把它送上天吗？”

“爸爸，我要去学萨克斯管，那个吹起来有些费力气，不过我肯定能学好。”

在女孩的心目中，爸爸总是默默守护在旁边的那个人，是女孩永远的支持者，就像一盏不会灭掉的阿拉丁神灯。确实，在父亲心中最疼爱的人莫过于自己的女儿，不管孩子在某一件事上做得对还是错，是成功还是失败，父亲总是默默地关注自己的孩子，无条件地认可自己的孩子。父亲对女儿的爱永远都不会改变，他也许会表扬或者是批评某个细节做得还不够好，但却是从心底对女孩关怀备至，这是毋庸置疑的。正是由于父亲这一张宽大的肩膀，使女孩的童年温馨快乐，并且积攒了足够的力量应对未来人生路上的风风雨雨。

但是，如果有一天，家长们发现自己的宝贝女儿说出的愿望与自己想的格格不入，我们还要支持她吗？还要默默地认可吗？

“爸爸，我今天树立了一个伟大的理想。”小淘淘歪着脑袋对沙发上看报纸的爸爸说。

“哦？真不简单，淘淘都有自己的理想了。”爸爸一边说着，实际上眼睛并没有离开报纸。

“嗯，我要当一个现代化的流动小摊贩。”小淘淘一本正经地说道。

爸爸推了推眼镜，将目光从报纸移到了小淘淘这里，问她：“你也想当个摊主么？”

“我们同学都喜欢买学校门口小摊上的零食玩具，但是那些东西很脏，而且就一个摊上放不了足够多的品种，今天我去买贴纸，那个阿姨说她明天给我拿来。将来，我就要发明一个小摊贩车，然后满学校转悠，大家都会喜欢我的。”小淘淘兴致勃勃地和爸爸构思她的“现代化小摊”。

“呵呵，也许吧。以后小淘淘会成为全国最大的流动摊连锁商。”爸爸笑呵呵地摸摸她的头。

看到这里，我们应该为这个爸爸感到庆幸，他没有用世俗的眼光破坏一个天真无邪的小女孩美好的梦。即便是在我们看来卑微的社会底层，在小孩子的眼里却是一个值得期待的愿景。这个聪明的爸爸保全了孩子的纯真，并且全力支持孩子的“理想”。

当一个女孩在她还小的时候，由于没有建立起正确的是非观念，她总是习惯于依赖家长和老师的评价来认识自己。等到长大之后逐渐萌发了自我意识，才开始懂得进行自我评价。

所有的孩子都希望自己是令人喜欢的、有价值的人，当一个孩子觉得自己什么都比不过别人的时候，就会丧失自信心，缺乏对生活的热忱和对周围人的积极性。

正因为如此，当一个女孩还小的时候，父亲应该给予她最多的赞美和肯定，帮助她对自己树立信心，永远支持她。

懂得支持孩子的家长，会永远在孩子的身旁加油打气，教孩子勇敢地迎接困难，在挫折中长大，并不是把孩子庇护在家长的羽翼之下。任何一个女孩都有自己美好的愿望，家长需要做的就是，珍惜女孩的美好愿望和追求，鼓励她朝着前方迈进，实现自己的理想。

为女孩树立正确的榜样

女孩最初的理想是从英雄身上得到的。如果这个时候爸爸在家庭中没有为女孩树立强大的正面文化，女孩将很容易受到流行文化的熏染。最近刮了一股“韩潮”，很多女孩将韩国的整容明星奉为自己的偶像。这时，女孩所追求的理想和愿望就会具有较大的盲目性。爸爸如果懂得在平日的生活中给女孩灌输一些好的文化，先入为主，相信女孩不会出现很偏颇的价值观。父亲可以引导女孩阅读英雄模范、先进人物的书籍，观看高雅的影视剧，让女孩明白什么样的人才是值得自己尊敬的。

让女孩的理想符合社会实际

孩童时期的女孩天真烂漫，她们的理想较为简单，而且多变：今天读了些散文就希望自己有朝一日会成为散文家，明天在学校做了个生物实验又希望自己能够成为科学家，后天看了电视的赛况报道又觉得当个运动员也不错。这个时候，爸爸就应该在女儿旁边敲敲她了：“孔子说君子立长志，小人长立志。你说你是想做君子呢还是想做小人呢?”

当然了，对于女孩的愿望，家长千万不可以泼冷水，更不要去嘲讽，而是应该不断地启发和引导，让女孩能够明白，只有那些符合个人条件和社会实际的理想才能够实现，异想天开都是空谈。

指定家规，规范女儿的行为

“爸爸妈妈，你们实在是专制。为什么我一定要听你们的呢?你们什么时候能听我一回?”从女儿的抱怨声中，相信聪明的爸爸能听出个所以然来了吧。

女儿争论的重点是，这样是否做到公平合理?

爸爸在这个时候不妨将计就计：“好啊，那我们一起制定一个家庭规范吧，大家共同遵守。”

中国历史上，基本上大的家族都有治家规范，代代相传，还有很多流传到了今天。现在流传最广泛的有《朱子治家格言》《颜氏家训》《格言联璧》等等，这些家规中有很多做人的道理，成为人们喜爱的修身读物。

现在的家庭都是小家庭，父母制定家规的目的和古代有所不同。古代的家规对人的要求比较严格，以希望一个繁盛的家族能够长久地绵延下去。而现在的家规，只是个规则，明确各自的角色任务，大人小孩共同遵守。

如果家长打算在家庭中制定一个家规，那么恭喜：你的家庭已经完成了从父母制到民主制的转变。

在父母制的家庭中，家里的一切无论巨细，都是由父母说了算；但是，在民主制的家庭中，治家规范是建立在尊重每个家庭成员的权利和义务的基础上的，在制定家庭规范的时候，每个家庭成员都有权利来表述自己的意见，当然要明确的是，并非每个成员的权利和义务都是一样的。

当女孩在年纪还小的时候，她的自我控制能力比较弱，有很多坏习惯不能在短时间内改正过来。为了纠正女孩的坏习惯，父亲可以考虑制定一些家庭规范，使孩子的行为有所约束。

凌凌有个坏习惯，她每次从卫生间出来之后总是不能做到随手关灯。为了她的这个坏毛病，妈妈不知道说了她多少次，但是凌凌就总是记不住。

“凌凌，你的灯又忘记关了，这次妈妈替你关上啦。”

“凌凌，说了多少次你就是记不住，你自己过来把灯关掉。”

时间一长，妈妈说的话似乎成了耳旁风，一点作用也没有，而凌凌这个坏习惯还是保留着。

爸爸注意到了这个现象，对妈妈说：“你说破了嘴皮，她没有动静。这样，她的坏习惯还是改不了啊。不行，要想想办法。”

当天晚上，爸爸对凌凌说：“我们准备一起制定一个家庭规范，你觉得爸爸妈妈有哪些缺点需要改，可以写在规范上，我们改；然后，你的缺点我们提出来，你也改。我们一起进步，好不好？”

凌凌一听：“妈妈太唠叨了，是要制定一个规范。”

爸爸说：“如果你不犯错误的话，妈妈怎么会说你呢？谁叫你总是忘记关灯呢？你觉得自己做得对吗？”

“嗯……不是特别对。”凌凌说道。

“是根本就不对。给你定个规范吧，以后不可以忘记关灯。行不行？”

“好。”凌凌答应了，“以后我随手关上就好了。”

对于女孩常有的那些“不拘小节”的坏习惯，用制定家规的方法最好不过，这种无言的约束一方面让女孩常常有意识去遵守，另一方面也避免了女孩经常挨批评。

在制定家规的时候，还有一些需要注意的地方：

让女孩理解制定家规的目的

爸爸要把制定家规的原因和想法和女孩说清楚，然后说说制定家规能够对女孩有什么样的帮助，然后再讲清楚家规的内容都有哪些，最后征求一下女孩的意见：“你觉得这样做有没有必要？”当然了，如果爸爸在前面几个步骤讲述得很清楚的话，多数女孩会表示赞同且愿意尝试的。

实施家规的家庭环境是温暖的

给女孩订家规的目的，就是让她从小明了是非曲直，以免误入歧途。但是在订家规的时候，应该让女孩能够感受到这是缘于父母的爱心，要让孩子们更有安全感，切忌让女孩产生抵触心理，觉得父母不爱她了。

家规要制定得尽量简单

家长制定的家规要尽量简短扼要，一般来讲一段时间内三条左右比较合适，太多了并不利于孩子在短时期内集中精力改正一种错误。所以，只制定三两条，利于女孩把规则都记在心里。

有一个爸爸为女儿制定了“每天只能吃两块蛋糕”和“睡觉之前一定把当天的作业都写完”的规则。这样简单的规则，女孩很容易记住，而且还有利于她养成良好的学习习惯，也使她的饮食更加科学。如果某天女孩没有按时完成作业，这个爸爸就可以惩罚她“明天一块蛋糕都不可以吃了”。

家规教育应该坚持起来，长期不懈

家长在对女孩进行家规教育的时候，不能“三天打渔，两天晒网”，今天想起来了就对女孩教育一些，明天因为杂事太多就忘记了。还有一些爸爸，当情绪好的时候就纵容女孩，而情绪不好的时候就会找个理由把女孩教育一下，这是教育中的大忌。家规教育具有持久性的特点，教育也是一项事业，贵在坚持。

多一些拥抱会让女孩更快乐

当女孩出生的时候，细心的家长都会发现一个问题：她似乎不太喜欢安分地躺在自己的小床上一个人玩耍。当妈妈把她抱上婴儿床转身离开的时候，她就会哭闹不止，直到妈妈跑过来哄她。难怪有的时候家长们会说自己的女儿：

“她知道欺负人呢，只要看我闲下来，就会哭闹着让我过来哄她。”

“这个小家伙，居然懂得找人陪她说话呢。”

这就是女孩的天性，她对于接触的感觉要比男孩敏感得多，幼小的女孩通常是以感受父母的拥抱来确认自己在他们心中的重要性。所以，多给女孩一些拥抱，她会生活得更加愉快。

小女孩波波在刚生下来的时候似乎不太受到爸爸妈妈的重视，在她很小的时候，妈妈就经常把她放在床上自己干活去了。波波起初经常会大哭大闹，但是妈妈对此不理不睬，任凭波波在床上“哭天抢地”。时间久了之后，波波果然不喜欢哭闹了，而且对周围的事物反应比较迟钝，有的时候爸爸过来逗逗她，她也没有什么反应。波波逐渐大了一些，但是她似乎不喜欢爸爸妈妈，也不喜欢听他们说话，也不喜欢笑，就自己一个人默默地坐在那里玩耍。这个时候波波的爸爸看出问题的严重性了："这个孩子看上去呆呆的，会不会有些智障呢？"

波波被带到了医院，医生根据观察她的病情得出结论，波波所患的是一种"皮肤饥渴症"，因为她从小得不到父母的爱抚与亲昵，导致发育不好，并且妨碍到了智力的发展。

爸爸妈妈万万没有想到抱抱孩子能对孩子的发展有如此大的作用。而事实上，拥抱孩子能比语言更好地传达给父母想要表达的疼爱之情。一个经常接受父母拥抱的女孩，总是会比其他的女孩更加活泼开朗。不要小看拥抱，这种身体的拥抱激活了女孩大脑思维细胞的基因链，让她的每一种生命功能都能发挥到最大限度。

爱自己的女儿，就多给她一些拥抱吧。

小女孩们能够从温暖的拥抱中找到勇气，不再惊恐不安。女孩在成长的过程中同样需要父亲的拥抱。

和女婴保持每天 15 分钟的身体接触

在女孩出生两年之内，每天和女婴保持 15 分钟的身体接触，将会使以后与子女的交流更加融洽。在父亲温暖的怀抱中，女孩体会到的是温馨。

有一位儿童行为研究专家认为：大人的拥抱能使女孩感受到快乐，这有利于她把自己的能量集中在最需要的地方——调整自己的呼吸系统和消化系统，并使之得到清理，对于很多孩子来说这是有一定困难的。正因为如此，经常被拥抱的女孩要比其他的孩子更加健康。

长大了的女孩同样需要拥抱

孩子长大之后，家长可能会忽视和孩子进行拥抱，一方面觉得她已经长大了，不像小时候那样需要哄着。另一方面因为家长总是想要显示自己的权威，爸爸可能会觉得如果和女孩拥抱的话会让自己不再威严。其实这种观点是错误的，大一些的女孩同样需要父母的拥抱。

拥抱会帮助父亲与女儿在进行沟通的时候更加顺畅，不易产生误解，而且在转瞬之间即可完成，比语言更有感染力。

将拥抱的涵义延伸

拥抱女孩所起到的作用是让她感受到爱。当领会到这个道理之后，聪明的爸爸就会明白其实很多其他的行为也都能起到和拥抱一样的作用。父亲只要多用点心思，就能挖掘出很多向女孩表示爱意的举动，比如对女儿说一些温和的话，在说话的时候认真地倾听并注意女儿的眼睛等等。

爱的动作是父亲给予女孩最好的礼物，是保证两代人感情维系的最好方式，父亲们千万不要放弃这个简单又具有温情的方法。

为孩子建立良好的成长氛围

为女孩的成长提供一个良好的家庭环境，将会使女孩形成良好的心理素质。父亲是女孩的榜样之一，父亲的教养态度和教育方法将直接影响到女孩的心理和行为。

下面，列举几种不太有益于孩子成长的家庭教育环境：

1. 在传统的中国式家庭教育中，教育强调绝对服从父母的意志，如果不听父母的教诲，那就是不服管教，甚至会受到惩罚。在这种过分严厉的环境中长成的孩子，一般来讲会比其他孩子更没有主见，并且缺乏自信心，严重者会形成蛮横、逆反等不良性格。并且会捉弄人，寻求在报复中得到心理的补偿。

2. 有些家长过于疼爱自己的孩子，一心要为孩子提供无微不至的保护和帮助，以至于过分娇宠、有求必应。无论什么事情，不等孩子动手去做，父母已经都做好了，这样的父母从来不给孩子成长的机会，并助长了孩子很大的依赖性。在这种教育环境下成长起来的孩子，很容易形成自私、任性、好夸口等品性。

3. 有些家长所使用的是放任自流的教养态度，孩子因为得到的关心比较少，所以经常会因得不到父爱母爱而产生孤独感。在这样的成长环境中长大的孩子很容易形成冷漠、情绪不稳、对周围事物不关心等品性。

良好的家庭教养环境在于家长能够表现出以民主、平等的姿态来教育女孩。在家庭教育中互相爱护关心，父母在陪伴女孩成长的过程中能够给她更多的鼓励和引导。当面对女孩的缺点，能够恰如其分地进行批评指正，提高女孩的认识，并改正缺点。长此以往，就能逐渐培养女孩的自尊、自立，并且在这样的环境中长成的女孩总是对别人特别地热情友好，能够禁受住别人的批评，有较强的处事能力。

良好的家庭环境是孩子良好心理素质形成的前提，家庭成员之间理应当和谐融洽，尽管有时也会在某些问题上意见不一致，不过和谐应是家庭的主旋律。在这样的一种氛围中，孩子很容易学到人与人之间要互助、互爱、合作。相反，如果一个孩子从小就是生长在一个争吵不断的家庭中，那么这样长大的孩子内心往往不是特别健全，甚至是畸形的。所以，就算单单是为了教育孩子父母也要大力提倡家庭美德，并正确处理家庭成员之间的关系。只有彼此和睦相处，孩子才会感受到爱，才能学会爱，才会体会到家庭是她最温暖的港湾。

那么，接下来，如何建立一个良好的家庭环境呢？

在家庭中创建良好的家庭文化

创建家庭文化，是从内在和外在两个方面来说的。家长可以通过布置房间来增加家中的文化氛围，比如说在房间里放地球仪或者是放个艺术品，挂名言等等。同时，家长也要以身作则，来引导孩子喜欢学习。试想，如果一个女孩经常看到自己的爸爸妈妈在读书看报、努力工作，那么她也一定会受此影响，喜欢追求新知识的。

为女孩创建良好的待人接物环境

爸爸平时在家里要注意家庭语言的使用。如果爸爸总是使用不文明的语言，那女孩说话就免不了粗俗；如果爸爸很喜欢用语言攻击他人，估计女孩也多少会受到些影响。外表伟岸的爸爸要当女孩的好榜样，树立好的做人处世态度，这样会更加受到女儿的尊敬。

不可以用金钱奖励孩子

父亲对于女儿的疼爱，还表现在喜欢给女孩各种各样的奖励。女儿今天记住了一页英语单词，那就奖励一罐薯片；女儿今天学会了画海棠花，那就奖励一副球拍；女儿今天好不容易做了点家务活，表现真不错，那就奖励一张她喜欢的光碟。

当然，也有的爸爸会表现得更加简便：干脆给钱算了，看着女儿这样乖，今天给 5 元，明天给 10 元。反正爸爸挣钱，不就是为了孩子吗？无所谓。

这样的做法时间久了，相信原本对钱没有任何概念的女孩都会喜欢上金钱和物质。

家长一旦喜欢用金钱来奖励孩子，会导致她花钱大手大脚。然而，“由俭入奢易，由奢入俭难”，当一个孩子习惯了大手大脚之后，定然不喜欢过那种没有钱花的日子，那她一定会想各种方法找家长要奖励。所以如果经常用金钱来奖励孩子，其实最终会危害子女。理性的家长应该懂得，金钱是为孩子的健康成长提供条件的物质保证，而不能沦落成为孩子消磨意志、自毁前程的缘由。

亲子关系并非商业贸易，这种用金钱来教育孩子的方法，最终会导致孩子们只有在想要零花钱的时候才会想到父母，甚至会出现“爸爸，来，我给你捶捶肩”之类的强买强卖行为。平时让女孩做家务劳动，一定要给她讲清楚“这些是你应该做的”，而并非使用“金钱承包责任制”。

此外，有些望女成凤的爸爸喜欢用金钱来奖励女孩努力学习，这样做很容易让女孩混淆价值观，究竟学习是为了什么呢，可能她自己也说不清楚了。还有的小女孩，会因此而觉得为家挣钱的爸爸才是最伟大的，而鄙视终日忙碌于家务的妈妈。

也有的爸爸认为：既然不能给女孩太多的金钱，给她物质奖励吧。然而，物质奖励固然能够起到激励的作用，但是也不能过度。过度地物质奖励无形中会让孩子养成骄奢淫逸、不爱惜物品、不珍惜别人劳动果实的观念，甚至会养成“高消费”的习惯和攀比心理，这些都将成为培养女孩朴素、关心他人等优秀品质的巨大障碍。孩子的成长离不开物质奖励，同时也需要更多的精神奖励，两者要相辅相成，才能保证孩子的身心健康发展。

在目前的家庭教育中，利用物质刺激，忽视精神奖励的情况已经不稀奇了。

每当女孩考试得了高分，或者是考取了重点中学的时候，家长总会不惜花一大笔金钱作为奖励。而这种滥用物质奖励来激励女孩学习的方法，很难收到效果，有时还会适得其反。在奖励的问题上，恰如其分的物质奖励是必要的，但是只有和精神奖励结合起来，才会真正促进孩子向正确的方向发展。物质奖励对孩子只是一种刺激，而精神奖励才是促进孩子努力学习的真正动力。因此千万不要因为女孩一时取得了稍好的成绩，家长脑子一热就进行猛烈的物质刺激。这样很容易导致孩子不再重视学习的精神所得，或者是误导孩子的学习动机。

在女孩的成长过程中，父母的鼓励和认同是不可或缺的。但同时要注意的是，这种奖励必须是纯洁的，有益于心灵的，而不要沾满铜臭味。

那么，爸爸要如何奖励女儿才是科学合理的呢？

在奖励的时候注意对女孩进行精神引导

在奖励女孩的时候一定要注意方向，不要盲目地因为奖励而奖励，而是要让女孩明白，究竟是因为什么原因而奖励她？当女孩考了 100 分，我们对她进行奖励的时候，应该让她明白，我们并不是因为她考了 100 分才奖励她，而是对她认真学习的态度进行肯定和奖励。这样的奖励方式才有助于女孩保持学习的劲头。

奖励作为一种教育的手段，是对女孩的一种肯定性评价，一种积极的反馈。奖励的目的是为了让女孩更努力，强化女孩的正确行为、优点和进步。因此，家长应该更加重视奖励的教育性，并通过奖励使孩子更加有荣誉感，产生幸福的体验。

精神奖励为主，物质奖励为辅

如果家长一味地喜欢用物质来奖励女孩的话，这样做的后果，会很容易使女孩变得越来越重视物质。奖励一定要以精神奖励为主，物质奖励为辅。因为，如果女孩有了“考高分就会给奖励”这样的观念，那如果将来她会偷改成绩单怎么办？所以作为家长，一定注意防微杜渐，考虑周全。

奖励给女孩需要的东西

奖励女孩的时候要先考虑一下，她在生活中需要什么，最好奖励给她需要的、能够对她的生活有所帮助的东西。

奖励还可以是口头奖励，不过这要因人而异。如果有的女孩喜欢表现自己的话，那家长就不要再当着亲朋好友的面来表扬孩子了，以免她会变得“不知天高地厚”；有的小女孩容易自卑，家长就要多给予表扬和鼓励，以增强女孩的自信心。

像名人一样思考自己的教育方式

周弘：赏识，女孩成功的源泉

他，被人称为“中国第一位觉醒的父亲”；

他，被人称为“当代的陶行知”；

他，曾经影响了上亿含辛茹苦的父母们。

这位伟大的父亲名叫周弘，他也曾是一位普通的父亲，而如今他和他的“赏识教育”早就已经名满天下了。他和他的女儿周婷婷一同与命运抗争，使天生耳聋的女儿获得了常人难以想象的成功。

周婷婷天生耳聋，到了3岁的时候还不能讲话。但是，在周弘细心的教育与鼓励下，原本已经列为残疾人行列的婷婷在6岁的时候已经认识2000多个汉字，8岁的时候就能够背出圆周率小数点后1000位的数字并打破吉尼斯世界纪录。

不仅如此，周婷婷在上小学的时候连跳两级，10岁那年被评为了“全国十佳少年”，17岁时被评为全国自强模范，20岁赴美留学，如今已经获得硕士学位。

周婷婷和同龄人相比，能够拥有的东西并不多，但是她所取得的成就，非常人能及。

原本全聋的女儿能够取得今天的成就，她的幕后高参——爸爸周弘有什么秘诀吗？

面对自己的孩子，周弘曾说过这样一句话：“哪怕是天下所有的人都看不起我的孩子，我都会含着热泪欣赏她、拥抱她、亲吻她、赞美她，我会永远为她自豪。”

如今，周弘的“赏识教育”已经被越来越多的人所熟知，而“赏识”作为一种教育手段也被越来越多的人所认同。

很多爸爸在教育孩子方面并没有周弘这般的耐心，而总是有一种“恨铁不成钢”的心情。他们希望自己的孩子能考满分，于是就批评自己的孩子总也考不了满分；希望孩子进步快，就批评孩子进步慢；希望孩子能再机灵点，就批评孩子反应太慢……爸爸们似乎总有一套自己的“教育经济学”，并自以为是：孩子固有的优点，不表扬还会有，但是孩子的缺点，不批评就改不了。正因为如此，才应多批评，少表扬，不能让孩子对自己的现状满足。这样的教育是周弘最为反对的。

周弘则认为：如果一个孩子在成长的过程中得到的是太多的责备、抱怨和训斥，那么教育则会陷入一个怪圈，父母会发现孩子的优点越来越少，而缺点则越来越多。对于孩子的批评过多，会使他们以失败的心态走向社会。

婷婷小的时候学习数学很吃力，但是爸爸却从来没有责备过她。有一次，周弘给女儿出了 10 个题目，但是小婷婷只做对了其中的 1 道题，当时，周弘感到眩晕，他心里十分清楚女儿的数学水平差到什么程度，不过，他依然做出很吃惊的表情，对婷婷说："呀，这么困难的题目，你都能做对 1 道，真了不起。"爸爸这样的评价使婷婷喜欢上了学习数学，并且日后的成绩越来越好。

也许，有很多女孩都羡慕婷婷有这样一个好爸爸，那么所有为人父者也来做这样一个懂得赞扬女儿的好爸爸吧。

帮助女孩唤醒自信

在一个班上，如果老师只关注考前几名的学生，只关注那些拔尖的学生，那些考得不好的孩子总是灰溜溜的，老师这种无言的否定会使她们被扣上"不认真""成绩不好"的帽子，这样的心理暗示一旦形成，自信心就会受到严重伤害。作为爸爸，我们千万不要再批评自己的女孩了，多鼓励她，相信她一定能够取得好成绩，帮助她恢复自信。

尊重女孩的人格

女孩和家长在人格上是对等的。陶行知先生率先把"小孩子"称作"小朋友"，就是对儿童极大的尊重。在日常生活中，很多小节都可以体现出爸爸对女孩的尊重，比如说蹲下来平视孩子、倾听孩子说话，这样的动作会让孩子感受到被尊重。

薛涌：孩子要宠不要惯

薛涌是当代著名的"草根精英"，他是耶鲁大学的历史学博士，现在萨福克大学历史系教书。薛涌先生有一个可爱的女儿，对于这个女孩的教养，他也算是心得不少。他所著的畅销书《一岁就上常青藤》，介绍了他是如何用美国的教育方式来教育自己的孩子，这本书的问世掀起过一阵关于"常青藤教育法则"的讨论热潮。

薛涌对他的女儿疼爱有加，字里行间渗透着对女儿的喜爱和肯定。但是，薛涌还是坚定地认为：女孩要宠，但是千万不能惯。

每个爸爸都会疼爱自己的女儿，比疼爱更深的程度则是宠爱。宠爱无可厚非，但是如果宠过了头，那就会对女孩的成长带来一系列的不良影响。薛涌则认为：所谓的宠，应该是满足孩子在成长过程中的感情需求，这样宠出的孩子在日后的成长过程中会更加自信。但是，并不是所有的爸爸都了解宠爱孩子的尺度和分寸，如果宠爱无度，那宠爱就会变成溺爱，而溺爱则会给女孩带来一系列不利的影响：受到溺爱的孩子会变得更加任性和爱撒娇；受到溺爱的孩子会弱化与外界交流的能力；受到溺爱的孩子会埋没做任何事情的潜能。

薛涌一直坚持“宠而不惯”的教育思路，他的女儿没有被宠坏，反而比同龄的小女孩懂事。比如全家一起去买东西，她看上一件东西很想买，但是如果家长嫌贵，她二话不说，马上会把东西放回去，而不会像其他的小朋友那样原地要赖。而且在平时，不论父母叫她做什么，她都会照做。女儿能够如此懂事，完全在于父母满足了她的感情需要，使她能够绝对相信父母，在待人接物的过程中也很有信心。

薛涌的这些教育思路，完全是受到了自主独立的美国式教育的影响。在美国，无论家长是高官还是富豪，从来都不给子女零花钱。而子女的零花钱大多是通过课余或假期的打工中“按劳取酬”获得的。不仅如此，当子女成长到了 18 岁的时候，他们就再也不会在经济方面依赖自己的父母，而是必须要自食其力。而这些美国孩子也把长大了还向父母伸手要钱视为是一种耻辱，他们会自觉地凭劳动和智慧来挣钱料理自己的生活。

反观中国的一些家长，他们从来都不让自己的孩子做任何家务，对女孩的各种要求都是“有求必应”，面对孩子所遇到的困难，爸爸总喜欢替孩子“迎难而上”。父母总是尽自己的全力来创造一个让孩子感受不到苦难的环境。这样被娇惯长大的女孩，我们很难相信她会具备在这个社会生存的适应能力和免疫力。

不要对女孩百依百顺

小女孩天生可爱，娇宠着点也是人之常情。但是，如果爸爸总是没有原则地对女孩“有求必应”，这样做的结果会使女孩不懂得感恩，而且还会觉得爸爸为自己做这一切是理所应当的。所以，疼爱归疼爱，爸爸还要把握好自己的度，更不能为了顺应女儿而模糊了自己的原则。

适当让女孩做做家务

很多爸爸觉得女孩年纪还小，不做家务没有关系，只要学习成绩好就可以了。实际上，根据女孩的年龄，可以适量地安排她们做一些简单的家务劳动，一方面使女孩提高做家务的能力，另一方面可以使她们更加深切地体会到父母养育她们是多么不容易。

周国平：孩子是多么需要欢笑

周国平是中国当代的著名作家，对于教育孩子，他有其独特的见解。在他看来，孩子美好的童年必然在欢笑中度过。然而，一个孩童并非是对谁都笑的，笑也是需要被鼓励的，孩子总是在真正爱自己的人面前笑得很欢畅，而在不喜欢自己的人面前显得冷漠。

周国平有一篇美文《孩子多么需要欢笑》，以优美的文字论证了“笑”对孩子成长的重要作用：

人在孩提时期也许是笑得最频繁的，当然也是最灿烂的。孩子常常会无缘无故地笑，那是新生命蓬勃生长的音乐，是真正的天籁。

然而，笑不是生物性本能，而是上帝赋予人的特殊能力，人是唯一会笑的动物。在婴幼儿身上，有意识的笑是社会性的最早征兆，也是智力发育的伴生现象。笑需要鼓励，最重要的鼓励来自两个因素，一是爱和善意，二是有趣。

孩子对爱和善意有极为准确的直觉，决不会弄错，在爱自己和善待自己的人面前笑得最欢畅，在冷漠者面前则一定会冷淡和显得呆滞。

但是，仅有爱还不够，还必须有趣。我在所有的孩子身上都观察到，孩子最不能忍受的不是生活的清苦，而是生活的单调、刻板、无趣。几乎每个孩子都热衷于在生活中寻找、发现、制造有趣，并报以欢笑，这是生长着的智力的嬉戏和狂欢。

人们往往严重低估孩子对于有趣的需要，以为只要在日常生活上照料好就行了。比如说，有的父母把孩子完全交给保姆或老人带，而保姆和老人带孩子往往趋于保守，但求平安无事，鲜能顾及有趣，给孩子心智发育造成的损失虽然看不见，其实难以估量。所以，依我之见，再忙的父母，也应该安排时间和孩子玩，而且不可敷衍，一定要全身心地投入。不肯这样做的父母，或者是自私的，或者自己就是无趣的，所以压根儿没想到孩子对于有趣的需要。

周国平写作这篇文章，也是呼吁在家庭中能够建立欢快的友善氛围，这是最利于女孩成长的。那么，想要营造一个快乐的氛围，要从哪儿方面下手呢？

首先，爸爸要让自己的快乐情绪感染到孩子，这样就可以为女孩创设一个良好的心理环境。需要注意的是，在这个过程中自己要尽量做到乐观豁达，不要把自己的坏情绪传递给女孩。

其次，让孩子自己选择，自己决策。大人也要尊重和理解孩子，应该给孩子建造一个想说、敢说、有机会说的语言环境，并且设法给孩子提供机会，让孩子从小懂得如何来使用自己的决策权。

最后就是，爸爸应该主动帮助女儿调整心态，当看到女儿心情不好的时候，可以带她出去活动活动，将不好的情绪转移开。或者引导女孩用一种其他的方式将情绪发泄出来，比如唱歌，打球之类。

了解女孩，帮助女孩制定适当的期望值

总有一些家长对女孩的期望值过高，希望女孩样样都比别人强。爸爸们这样的做法会使女孩更加的自卑和压抑，并且会表现出越来越沮丧的心情。爸爸们应该鼓励自己的女儿：自己只和自己比。对待孩子，我们应多一些纵向比较，少一些横向比较，就会让孩子得到适当的发展。

让孩子在玩中学

家长的传统观念总是认为“玩物丧志”，不支持女孩玩。而实际上，在玩的过程中，女孩的整个身心都会得到发展。大人们千万不要压抑女孩自然的生长规律，而是要放心地让孩子玩，并且鼓励女孩手脑并用地玩。当一个女孩的全部身心都投入到游戏中之后，想象力和创造力都会得到充分地发挥。

何怀宏：孩子，我们来谈谈生命

何怀宏是北京大学哲学系的教授，他不仅是一位学富五车的学者，更是一位有着拳拳爱心的父亲。他的女儿经常向他提问关于生命的问题，比如说“爸爸，我想永远活着，不想死，可以吗”这类让大人们很难回答的问题。而何怀宏总是很巧妙地帮助女儿圆满地回答问题。

后来，何怀宏根据女儿的提问以及自己的人生经验，写下著作《孩子，我们来谈谈生命》，曾经获得全国青少年读物一等奖。

现实的生命中有很多女孩容易轻视自己的生命，为了同学之间的义气，或者是和父母赌气，或者是为了追求所谓的“自由”……在她们看来什么都是可贵的，似乎只有生命和自身的安全是无足轻重的。

某小学四位女生因为看了电视中特殊的自杀方式，便商议一起尝试，最终二人死亡。

某市第九中学一位名叫文婷婷的女生因为喜爱的偶像去世而自杀。

一名13岁小学生文文从家里偷出300元钱偷偷去见网上认识的男友，最终被骗失身。

河南信阳一名高中女生，半夜把一杯硫酸泼到同学的脸上，原因让众人大吃一惊——她比我学习好。

……

女孩的心理健康非常重要，相信每个爸爸都希望能够拥有一个活泼健康的女

儿。但年轻的女孩青春飞扬，同时也是情绪最不稳定的时候。所以，如果真的爱自己的女儿，那就为女儿上一节生命教育课吧。

生命教育，就是教会女孩学会尊重与珍惜生命的价值，热爱和发展每个人的生命，并将个人的生命融入社会之中，让女孩树立起积极、健康、正确的生命观。对女孩进行生命教育的最终目的就在于，通过教育让女孩学会必要的生存技能，同时能够增强抗挫折的能力，培养其坚定的理想信念，学会关心自我、关心他人、关心社会，并树立积极的人生观、尊重他人的生命以及自我生命的意识，以博大的胸怀和坚韧的毅力实现个体的生命价值，为社会作出贡献。

现在的学生升学压力大，女孩从上小学开始就一直为升学压力所困扰，无论是在学校还是在家庭，“生命教育”都是教育的一个盲点，而正是由于这种教育的缺席，使孩子们不知道生命的宝贵，也不懂得爱惜自己的生命。

对女孩进行生命的自我保护课程是不容忽视的环节。泰戈尔说过：“青少年学生应该有教育的目的，应当是向人传递生命的气息。”生命的价值首先是基于生命的存在，在此基础之上才能得到发展和提升。作为女孩成长的保护者，爸爸不仅仅要关心女孩知识的获得与精神的成长，还要教会女孩如何认识自己的生命，如何保护自己，防止任何可能伤害生命的行为发生。

爸爸最好能在轻松的环境中讲述死亡

现在很多父母都在有意无意间回避“死亡”这个话题，但实际上，对于死亡，再小的孩子都会有自己独特的体验，如果家长总是刻意回避死亡的话题，反而会压抑孩子对自然生命的体验和感受的认识。所以，爸爸们最好能轻松愉快地为女孩讲述死亡。生死学大师伯勒·罗斯在《关于儿童与死亡》的书里提到：家长最好是能够通过绘画、游戏的过程来帮助儿童理解和面对死亡。因此，当家长们向女孩讲述死亡这个话题的时候，应该尽自己所能把这个话题放在一种很轻松的环境中，让女孩既能够认识死亡，同时又不会感到恐惧。

教会女孩尊重和欣赏生命

生命教育的一个重要方面就是尊敬生命、欣赏生命。人们不仅要珍惜自己的生命，同时还要珍惜他人的生命。爸爸要帮助女孩正确地认识世界，帮助女儿勾画美好的蓝图。要做到这一点，就应该让女孩明白，生命的意义和价值所在。同时要告诉女孩，虽然生命中会有坎坷和挫折，但是生命的本质是光明的，是积极向上的。

第四章 好妈妈胜过好老师——妈妈是最好的老师

妈妈的亲和力影响女孩的一生

母爱，是一种上帝的温度

女性的亲和力，似乎是与生俱来的。世间的文学常常会用“温柔”“体贴”来赞美女性，而社会的传统道德也期待女性能够扮演一种知书达理、优雅安静的角色。

传统上来讲，女性最终的归宿是要走进家庭，担当起相夫教子的责任。这样的社会规范不仅仅是为了能够更好地维持社会秩序，同时更是由于女性的天性适合这样的安排。女性天生就是美的诠释者，她的一颦一笑都可以成为诗人笔下的精灵，有着书写不完的情思。而当女性成为一个母亲之后，她的柔美与细腻马上化为母性，身上所散发的魅力更加地深刻而丰富，母亲的智慧也就让人更加崇敬。善解人意并不是女性所独有的，然而只有在女性的身上才会表现得如此淋漓尽致，入木三分。

当一个婴儿刚刚出生的时候，基本上饮食起居都由母亲一人料理，而母子之间的感情也是越来越深厚，相互信赖熟悉，几乎是密不可分。在孩子的眼中，妈妈就是最美丽的。这时在女孩的眼中，妈妈就是上帝。

母爱，就是一种上帝的温度，有着母亲怀抱的温暖，有着母亲饭菜的温暖，有着母亲针线的温暖，让人永远不会厌倦，也不会忘记。

梁启超回忆小时候母亲对他的一次极为深刻的教育。那是6岁的时候，他因某事说谎，平日里和蔼可亲、终日含笑的母亲，第一次动怒。她令梁启超跪下，力鞭十数，鞭打之后，她教梁启超说：“你若再说谎，将来就会成为盗贼，成为乞丐。人为什么说谎？或者是因为不应该做的事情，而自己做了，害怕别人责备不应该做，便谎言自己没有做；或者有必须做、应该做的事，而自己不愿做，但又害怕别人责备自己应做而不做，便谎言自己已经做了。这对说谎的人来说，明知它的过错而故意犯之，不仅是明知故犯，而且自欺欺人，以为有什么好处。”

基本上所有伟大的人在回顾自己的童年时，总会想起母亲悉心的劝导。任何一个有所成就的人，母亲的教导对他的人生观都有着举足轻重的作用。

循循善诱是妈妈的优势

妈妈们每天在琐碎的家务中脱不开身，但想要帮助孩子提高学习的积极性，就需要拿出时间来阅读，做给孩子看。阅读并不一定要从四大名著、三言二拍这些古典小说开始，读报纸、看杂志也是一种阅读。如果孩子每天看报纸，那说明她还有读书的欲望，妈妈可以带孩子去书店，给自己和孩子都买几本书来读；如果孩子喜欢集邮，可以买一些邮票历史、常识方面的书；如果孩子喜欢玩三国游戏，可以买一本三国历史书，如此来开发孩子的阅读潜能。

妈妈有时需要扮演一个冷酷的“看客”角色

妈妈有时适当“放权”，更有利于孩子安排自己的生活。当孩子忘记做作业的时候，先不要提醒他，假装自己也忘记了这回事。等孩子自己想起来的时候，妈妈再出来“救场”，孩子才会教训深刻。如果孩子决定不做作业，那也不要紧张，第二天孩子就会为自己的这个决定承受代价了。这是一种成长的经历，妈妈们就做一个冷酷的“看客”好了。

母爱的缺失，让孩子的心灵成为荒芜

母爱是孩子心中的大地，世界上的各种生灵都离不开大地。大地哺育生命，滋养万物，给整个世界以真爱。而孩子的成长是由母亲的滋养得来，孩子心中那颗爱的种子是由母亲播撒的。妈妈们用甘甜的乳汁哺育孩子，同时又用爱心呵护着孩子的成长。

在一个电视节目中，主角是个小女孩，她在9岁时候离家出走，在外面流浪了3年。

主持人问她：“你在外面流浪时最想谁？”

女孩说：“最想我妈妈。”

“你怎么想的？”

“我想如果我有了钱，一定买辆汽车，把我妈接出来看看。”

女孩为什么那么想她的妈妈呢？无意中她讲起小时候发生的一件事。

有一年，家里喂养的母猫难产。孩子的手小，于是妈妈让她帮助母猫把小猫拽出来。“当时那只母猫叫得很悲惨，”女孩说，“有一只小猫身子已经拽出来了，但头还留在身体里。就在母猫惨叫的时候，我妈说了一句话：‘生你的时候也这么难！’我这才知道，我妈真不容易！”说到这儿，女孩大声地哭了，女孩的妈妈也哭了。

当那个女孩亲眼看到母猫生产时的艰难，才真切地体会到当年妈妈生养她的时候情景有多不易。女孩从母猫的生产联想到了自己的妈妈，看到了妈妈当年的痛苦，才懂得了怜悯和感恩。

随着女孩的长大，当她也成为一名母亲的时候，才会体会到当年母亲的不易。

“母亲刚刚离开我了，我没有办法打起精神上班，但是我不想让家人和同事担心，有什么方法可以让我振作起来吗？”

“我从小没有母亲都长大了，你都这么大了才失去母亲，有什么好难过的，真是没有出息。人就是要靠自己，没有谁值得依靠和眷恋！”

这是一对网友的问答，回答问题的人可能从小就没有母亲，所以他体会不到母爱的滋味，也就不能够体会别人的痛苦。这种无所谓的态度引起了很多网友的愤怒，很多人会指责他没有人性。

不过，这样一个从小失去母爱的人，难道不值得同情吗？一个从来都没有感受到温暖的人，是可怜的人，因为他心灵上的那些美好的感情，还没有来得及被呵护，时间就匆匆地将其洗刷，不能责怪他的心肠冷漠，因为属于他的那份温柔被时光无情地抛弃了。当一个人从小失去了爱，他就会变得感受不到爱，也没有能力去爱。他的心灵成为荒芜，沉寂一片。

相比这一类人群，有妈妈疼爱的人无疑是幸运的。但是，又有很多妈妈只是片面地重视孩子的饮食起居，却忽视了孩子的心灵需要。

很多女性，由于工作和家庭的压力，她们在成家以后会变得脾气暴躁，容易发火。最常见的景象就是妈妈一个人在旁边絮絮叨叨，而父女两个人却是躲在一旁“惺惺相惜”。由于工作及家务的忙碌，妈妈在教育女孩的时候显得越来越没有耐心，动不动就会大动肝火，让孩子感到深深地内疚和负担。如果一个女孩长期生活在不安和被否定的环境中，那么她的一切潜能都会因之而损耗。女孩所需要的不仅仅是母亲，更是母爱，是温柔地对待，是耐心地倾听，积极地赞扬，默默地陪伴。

缺少母爱的女孩容易性格多疑，不相信别人，对于生活也没有眷恋和感激。母亲是世界上最无私的人，她的爱原本是没有条件的。母亲是世界上唯一可以对孩子毫无保留的人。所以，如果一个女孩从小就缺少这种被器重、被全心全意保护的感觉，那就很难建立起对他人的信任。心肠冷漠的人或许是可以成就大事的，但是她又能够从生活中体会到多少快乐呢？这样的女孩将来组建一个家庭之后，对于下一代的爱又会怎样？母爱的缺失，会影响孩子一生的悲喜。

在女孩最需要母爱的时候，一旦母亲缺席，就会造成女孩心灵的永久伤痛，这样的痛苦会给女孩的整个心灵蒙上阴影，永远也都无法抹去。

用语言来表达母爱

对于女孩来讲，夸奖和爱的语言，是永远都听不腻的。而作为妈妈，除了要给女孩以实际的关怀之外，同时也需要给她们一些爱语。温暖的话语滋润孩子的心田，远比吃补药更加有效。

引导女孩关心别人

妈妈的细心可以给女孩充足的爱，但同时也要引导女孩懂得爱别人。当和女孩走在路上遇到受伤的小鸟时，妈妈们就可以抓住这个机遇和女儿一起将小鸟带回家，包扎好并放了它。妈妈将善的小种子点点植入女孩的内心，女孩才会懂得爱。

与人相处的自如心态，多来自母亲

在日常生活中，我们遇见过人见人爱的女孩，也见到过惹人生气的女孩。有的孩子在你开口之前，就已经领会了你的用意，这样的女孩被认定是冰雪聪明的。而有的女孩却很被动，有问才有答，虽然有点羞怯，但是并不缺乏令人怜爱的气质。但是也有一种小女孩就完全不能或者是不愿意配合他人，就像是封闭在自己的小世界中，总是处处提防，充满了攻击性。很多人将这样的区别归结为天性，就像双胞胎中的孩子虽然长相一样，但是性格完全不同——有的静如处子，有的动如脱兔。实际上，这些不同的反应都在一个框架里，反映的是孩子的同一种能力，即人际交往能力。

人际交往是每个女孩将来都要面对的。哈佛大学发展心理学家霍华德·加德纳指出，在社会活动中，人际交往智能使人能够了解他人，更好地与他人一起工作。这些属于非智力因素，取决于后天的培养和开发。儿童从一出生，就开始了与他人的交往，随着年龄的增加，他人与人交往的意识不断加强，交往策略也不断地丰富和恰当。

父母在女孩成长的早期过程中所进行的精心培养，将促进女孩在人际交往方面有良好的发展，对儿童将来走向社会、进行工作和学习打下坚实的基础。母亲在培养女孩与人相处的能力方面，发挥的影响尤为重大。

女孩从出生开始，母亲与她有着最为直接的接触。女孩在最初的触摸记忆和声音记忆都来自母亲，母亲是与女孩身体和心灵靠得最近的人。等到女孩长大之后，其他的女孩是否接纳她，关键在于她怎样去接纳别人，适应社会。而这种接纳他人的能力就是从模仿母亲开始的。一般说来，一个热情的女孩，她的母亲往往对别人也很热情；一个性格古怪的女孩，她的母亲往往性格也比较古怪。而没有母亲的女孩，则更容易走人生的极端。

当女孩做错事情的时候，往往是妈妈来给她安慰和鼓励；当学校里发生了不愉快的事情，妈妈也会耐心地倾听并关注女孩的感情。所有的这些无论是对于妈妈还是对于女孩来说，似乎都是理所当然的事情。如果一位妈妈可以做到善意地倾听，让女孩能够体会到被尊重和被珍视的快乐，女孩也就会模仿母亲的口气和神态，去分享他人的喜悲，这样的女孩一定是大家都会看中的朋友。

另外，当女孩与人相处的时候能否心态自如，也与她和母亲相处时候的心态有很大关系。如果一个女孩从小就能够与母亲随时随地进行有效沟通、交流感情，从小就会在表达和感情上比较明确、稳定，这也是决定她能否与人自如交流的关键。

莉斯的妈妈是一个慈善活动家，她关照社区的孩子和老人的生活，并且常常带着莉斯参加各种活动。妈妈常常给莉斯讲教义，告诫她要做一个诚实、勇敢、富有同情心的人。虽然妈妈的要求都非常正确，但是妈妈因为繁忙的事务，常常以命令的语气与莉斯交流，她不能容忍孩子有一点点异议，否则就会歇斯底里地痛哭，在孩子面前表现出受伤者的样子。

妈妈的反应让莉斯不敢有一点反抗意识，她也不愿意和父亲交流。父女两人形同陌路。而莉斯的同学们常常取笑她是一个古板的基督徒，毫无生趣。

很明显，由于受到母亲不当的影响，莉斯已经在人际交往上出现些故障，这些不得不归咎于母亲的过于敏感。女孩与别人和睦相处，交结朋友是她人生中的重要内容，妈妈们要经常告诫女孩反省自己能否做到耐心、倾听、及时回馈、赞美等等。具体来说，首先是让女孩在家庭中学会沟通，在沟通中学会理解；其次是要尽量支持女孩多与同龄人交往，如果女孩有成年朋友的话，也不要过于担心，不妨看成是证明女孩社交能力的最好征兆。

妈妈要训练女孩学会倾听

善于倾听的人，才能真正地理解语言并正确地运用语言。有些妈妈会发现自己的女孩在成长的某一段时期内会变得特别不听话，并且喜欢自言自语，不太会耐心听别人讲。因此，妈妈就应该有针对性地训练女孩。比如，在日常生活中引导女孩辨认声音，区别声音，是提高女孩倾听能力的重要途径。在和女孩说话的时候要尽量表现得语言简单明了、富有童趣，词汇生动形象，声调抑扬顿挫，表情动作夸张、传意，这样的话女孩就会听得认真并且听得开心。

不要打断女孩讲话

让女孩能够自如地讲话是提高她交往能力的第一步。很多妈妈习惯在女孩说话的时候在旁边纠正，这样的做法会使女孩在表达自己意见的时候有所顾虑。比如一个女孩指着一个漂亮的小汽车说："妈妈，你看。"这个时候妈妈就立刻接话："你说的是那辆黄颜色的车子吗？它很漂亮，对不对？"女孩要说的话都被妈妈说完了，她只好"嗯"一声，就不再说话了。妈妈这样的做法既不利于女孩自信心的建立，同时也不利于养成良好的说话习惯。

塑造女孩之前，妈妈先塑造自己

注重身教，做女孩的好榜样

想一想，这些自相矛盾的事情有没有发生在很多妈妈的身上呢？

妈妈对自己的孩子会说："你要好好学习，倾家荡产妈妈也愿意。"转过身来又对邻居说："这才刚开学就交了400多元的书本费，足够我做个不错的头发了。"

妈妈对自己的孩子会说："你要好好学习，将来才会有出息。"但是却和亲戚们谈论："现在的社会，没有关系寸步难行啊。"

几米有一本漫画，叫做《我的错都是大人的错》，其中有很多"金玉良言"，一针见血地说出了现代家教的矛盾：

有些父母喜欢教训孩子：吃得苦中苦，方为人上人。

但他们自己吃尽了苦头，也没有变成人上人……

大人喜欢吹牛，却要求小孩诚实。

所有的孩子都爱吹牛，说他们的爸爸从来不吹牛。

大人喜欢对小孩说：永远永远不要放弃梦想。

但为什么放弃梦想的都是大人？

这些既简单又直白的语言，把大人问得哑口无言了。为什么家长总是在做自相矛盾的事情，一边说着这样的话，一边又做着那样的事。每个母亲都喜欢自己能有一个称心如意的孩子，但是很抱歉几米又说出了一个真相：

我知道我不是一个完美的小孩，但你们从来也不是完美的父母，所以我们必须互相容忍，辛苦坚强地活下去。

很多女孩的不完美，实际上都是从大人的身上映射过来的。比如我们常说孩子没有什么自尊心，不知道害羞，脸皮太厚。是不是因为她的自尊心被父母伤害得太严重了，产生了"抗体"，或者是她们没有从父母的身上找到自尊的感觉，从来不知道自尊是一种怎样的东西？现在孩子身上反映出来的种种问题，都是大人教育思想或者教育行为的后果。

有的妈妈说孩子不爱学习，但是她自己也从来没有在家中翻阅过一本正经的读物。

有一位老师曾说，他请了专门的家长培训老师去学校培训，结果有几个家长却趁机带着孩子去澡堂。“那些人的脑子才需要洗一洗呢！”

家长会上，如果是家长自由选择座位，常常可以见到大家都往后面坐，哪怕讲台前面的位置空了很多。有很多家长迟到，或者听到一半的时候就离开了教室，或者在听课的过程中从来没想过要记笔记，或者是突然接听电话，大声说话打断主讲人……

我们能责怪孩子听课不积极、不记笔记、不用心、不守时么？

“妈妈，今天你们都听了些什么？”一般孩子都会好奇，看老师有没有批评自己，或者有没有表扬自己的进步。

这时候，如果妈妈能拿出来一个笔记本，一条一条说今天的学习内容，孩子马上就能知道，做好笔记很重要。但很少有家长能做到这样，甚至连讲了些什么都忘记了。

更有这样的妈妈，回家之后向孩子抱怨：“今天听课真是白搞了，啥也没记住，往后再也不去听了。”这不是在告诉孩子听课没意思吗？

其实，好妈妈可以这样做：

回去之后，兴奋地对孩子说：“妈妈今天听课，感觉收获特别大。”然后亮出自己的笔记本：“下次有专家来讲课，你一定要告诉妈妈。我好早点去坐到第一排，听清楚些。”

学习是多么令人愉快的事情！这一点不会因为你是妈妈就变得无趣，也不会因为她是孩子就变得更有趣。学习带来的快乐是相通的，如果你能表达出这种快乐，孩子也就能去努力体会这种快乐。

除了学习，生活中也有很多大人影响孩子的现象。

世界著名的西班牙“吉他家族”罗梅罗，一个家庭中诞生了 4 个世界顶级的吉他手。老罗梅罗与他的 3 个儿子：赛林、佩佩和安吉尔，组成了一个四重奏。那时孩子还是十几岁的少年，但他们的影响力与日俱增。塞林的儿子塞林诺以及安吉尔的儿子利托野在十几岁的时候加入到了这个团队，罗梅罗吉他家族又扩展到了祖孙三代。一个家族出现多位艺术家并不罕见，但是出现了多位演奏同一种乐器的艺术家则是极为少见。谁能说这不是家长影响的结果呢？也许，父亲的手指正好拨动了孩子的心弦，让他们感受到了吉他的美好，才愿意投身于此！

美国历史不过两百多年，在这块土地上有两个家族都已繁衍了 8 代子孙。

一个是爱德华家族，始祖曾是康涅狄格州德高望重的哲学家嘉纳塞·爱德华。他重视子女教育，把严格的家法代代相传，在他的 8 代子孙中，出了 1 位副总统、

1位外交官、13位大学院长、103位大学教授、60位医生、20多个议员……至今没有一个“爱德华”被关、被捕、被判刑。

另一个是莱克家族，始祖是纽约州臭名昭著的赌棍加酒鬼马克斯·莱克，他以开赌场为生。这个家族有7个杀人犯、65个盗窃犯、324个乞丐，夭亡或成为残废的多达400人。

家庭是孩子的第一所学校，好的或者坏的教育，都将在孩子的心中留下烙印，代代相传。

妈妈要在女儿面前以身作则

在女儿的心中，妈妈不仅仅是一种权威，更是为女儿的言行举止提供标准的人，妈妈的表现在很多情况下会成为女儿的参照。所以，如果妈妈希望女儿能够言行一致，一定先保证自己不要言行相悖。古人说“以教人者教己”，就是讲如果你希望孩子具备什么样的品质，你自己要先做到才行。妈妈的榜样作为一种具体的形象具有强烈的感染力量。

妈妈要先做到表里如一

无论何时何地，妈妈要先保证自己言行一致，表里如一，不可以做一套说一套，在外一套家里一套，否则的话女儿会觉得自己的妈妈是个“当面一套，背后一套”的伪君子。所以，明智的妈妈一定要三缄其口，不该说的话不乱说，才能给女儿留下好印象。

女孩对人生的正确理解从妈妈开始

母亲教育研究所所长王东华教授在他的《发现母亲》中说：“对母亲的依恋是人的精神赖以存在而不致崩溃的基础，也是人不断扩大自己生存疆域的依据，人所有的信仰，都是对母亲的信仰的一种替代形式。”这话一点也不夸张，母亲能够带给孩子的动力，是难以估计的。

妈妈们可以观察一下自己身边那些和自己孩子年龄相仿的小朋友，通过观察可以发现：那些总是充满着自信和乐观情绪的女孩，基本上无一例外地都拥有一位极其疼爱她们的妈妈。和那种深沉的父爱相比，母亲那种炽热的爱，正好将这种力量激发出来，使之发挥出最大的价值。

女人天生注重表达情感和想法，这种特质使妈妈们更容易夸奖女孩，更容易关注女孩的情绪变化，更容易察觉到女孩是否心情愉快等等。如果说爸爸让女孩学会了勇敢和进取，那么妈妈则是女孩生活中形影不离的守护神。

妈妈的鼓励可以帮助女孩在任何困境中克服恐惧，而妈妈自身对于美好的追求，也能够感染女孩走上同样的道路，居里夫人就是这样一位好妈妈。

居里夫人的丈夫很早就去世了，政府提出帮忙抚养她的两个女儿。年轻的居里夫人谢绝了，她说："我不要抚恤金。我还年轻，能挣钱维持我和我女儿们的生活。"

在养育女儿的过程中，居里夫人没有把小孩子扔在家里让她和姐姐玩耍，以科学之名推脱自己身为母亲的责任。在她的笔记本上，居里夫人像做实验一样每天记载着女儿的体重、吃的食物和乳齿的生长情况。"伊蕾娜长了第七颗牙，在下面左边。不用人扶，她可以站立半分钟。三天以来，我们给她在河里洗澡，她哭，但是今天她不哭了，并且在水里拍手玩水……"

在一本食谱的空白处她写道："我用 8 磅果子和等量的冰糖，煮沸 10 分钟，然后用细筛过滤。这样得到 4 罐很好的果冻，不透明，可是凝结得很好。"

居里夫人第二次获得诺贝尔奖时，特地带上了女儿伊蕾娜，让她与自己分享这份荣耀。一战爆发以后，居里夫人征求孩子们的意见，是否同意将保障她们生活的财产捐给国家，两个女儿都欣然同意了。随后，她们又加入战地救护的队伍当中。

作为一个年轻的母亲，居里夫人并没有比别人更多的优势，她有繁重的科研项目，而且还是一个寡妇。但是她那坚强的意志和乐观勇敢的生活态度，使得一切都不能将她击倒。而居里夫人的这种品格，也影响着她的女儿们。最终，伊蕾娜也成为诺贝尔化学奖的获得者。

很多妈妈都会担心不知道如何去教育女孩积极进取。实际上，如果你本身就是一个积极进取的妈妈，那么孩子就自然能够养成阳光的心态和性格。女孩对于人生的感悟，很多都是从妈妈那里学到的。正因为如此，妈妈们努力地提高自己就变得格外重要。

妈妈要注意管好自己的嘴

如果你不希望孩子养成抱怨的习惯，就要先管好自己的嘴。很多妈妈喜欢在孩子面前唠唠叨叨，一不注意就说了很多抱怨的话，孩子一方面会不胜其烦，另一方面也会养成找借口、爱抱怨的性格。

站在孩子的立场上看问题

每个女孩都有自己独特的想法，有自己喜欢做的事情。而妈妈们却往往忽略这一点。当妈妈强行让孩子做某件事情的时候，女孩的心理一定是不情愿的。妈妈在开始要带女孩做一件事情的时候，最好先想想是否会符合女孩真正的兴趣和需求。要多问问女孩喜欢做什么；对于某件事情她不喜欢，最好问问原因是什么。总而言之，要想真正地了解女孩，一定要用心倾听她们的需求，尊重她们的意愿。

妈妈善待自我，女孩才会懂珍惜

每年至少会有 25 万人死于自杀，200 万人自杀未遂。在这些数据的背后，都是一个个鲜活的生命啊！他们有自己的家庭，有自己的亲人，也就是说，每一天都会有一些人沉浸在亲人自杀的悲痛中。

痛定思痛，为什么会有这么多的人要选择这条路，难道没有其他的解决方法吗？世界这么大，难道就没有一个人的容身之所吗？其实这些自杀的人，困惑他们的并不是外界的一些情况，而是在他们的内心中厌倦了很多的人或者是事情，就是这样不健全的心理，使很多孩子对世界彻底绝望，从而走上了绝路。

为人母者有责任帮助女孩树立生命意识。如果一个人能够在第一时间内把积极的生命意识传达给女孩的话，告诉她在任何时候生命都是很宝贵的，那么在社会上就会少很多由于一时冲动而酿成的悲剧。有的女孩因为他人的一句“小胖子”就跳了楼，如果她能够意识到这句话在生命面前多么地不值一提，也就不会这样做了。

让女孩感受到爱

曾经有人研究过自杀者的心理，认为他们是由于内心感受不到爱，感到没有一丝希望才会走上绝路的。如果一个人在困难面前感受不到丝毫温暖的话，那就很难有勇气面对困难了。所以，妈妈一定要给女孩足够的爱，让她感受到生活是美好的，让她感受到即便是遭遇再大的困难，也会有人始终在后面为她加油打气。如果把一颗强大的心比喻成为一幢建筑，那么爱心就是建筑之前的地基。

妈妈要让女孩明白轻视生命是不负责任的行为

没有谁的生活是一帆风顺的，当生活中遇到困难的时候，有些人失去克服的勇气，希望以死来求得解脱，希望一死了之，一了百了。也许，孩子觉得这样做最简便易行，但是她却没有想到别人的感受，没有想过自己的爸爸妈妈这些与她生命息息相关的人。所以，妈妈在对女孩进行生命教育的时候，应该将这样的思想灌输给女孩，告诉女孩，生命是宝贵的，即便一无所有，还有最爱她的人，还有机会可以闻到花香，可以看到天上的星星，然而如果生命没有了就什么都没有了，身后还会有人伤心一生。

《窗边的小豆豆》，你要感谢谁

有一本儿童文学畅销书，叫做《窗边的小豆豆》，很多孩子读完之后都说：“要是我能在小豆豆读书的学校上学就好啦。”作者黑柳彻子讲述了她上小学时的真实经历，那时她是个淘气的小孩，想法古灵精怪被第一所学校开除。但她长大后，却成了日本“最杰出的女性”，日本著名作家、电视节目主持人、联合国儿童基金会亲善大使，在很多公益组织中身兼数职。

可以说，正是那个成就了黑柳彻子的人，创作了《窗边的小豆豆》这样美好的教育童话。那个人就是作者的母亲，也就是书中小豆豆的妈妈。

班主任把小豆豆的妈妈请到学校，历数小豆豆在课堂上的种种劣迹。就连读者看了都会吃惊和难为情的那些事，却很平静地被妈妈接纳了。妈妈没有为自己的孩子辩护，也没有在老师面前声泪俱下，更没有在听完老师的汇报后痛打小豆豆一顿。她所明白的就是一个事实：孩子在这里不可能很好地发展了。于是，她下定决心再给小豆豆找一所学校。

几经周折，妈妈终于找到一所也许可以欣赏小豆豆的学校——巴学园。她没有和小豆豆说老师建议她退学的事。

“即使和小豆豆说了，她恐怕也不会理解自己哪里做错了吧。而且，小豆豆因为退学这件事，在心里留下自卑的情结，那就不好了。”原本是被开除了，妈妈却对小豆豆说：“我们去另一所学校吧，听说那个学校不错呢！”

妈妈最可爱的地方，在于她没有因为爱孩子而变得狭隘，反而是更加懂得为别人着想。

小豆豆能够从一个“问题小孩”成长为一个著名的作家，要感谢巴学园的小林校长，更要感谢自己的妈妈。正是有了这样的妈妈，她才没有被划成“差生”、遭遇各种批评和嘲讽。在任何时候，妈妈都能够从小豆豆的角度去想问题，从来不因为自己的委屈而抱怨、痛哭，也从来不把自己的孩子当成有损自己颜面的累赘。

有多少妈妈在孩子做错事情的时候，首先想到了孩子的心理承受能力了呢？很多人都曾以为“没关系，妈妈相信你下次会更好”的说法是大度的、宽容的，但看了小豆豆的妈妈的表现，才发现自己说的“下一次”一点也不宽容。

是谁改变了一个大家都想放弃的小孩？是谁成就了一个了不起的作家？就是这样一位妈妈。妈妈的爱可以改变孩子对自己的看法，妈妈的爱也能改变一个孩子的命运轨迹，甚至能改变世界。如果一个孩子能遇到一个好妈妈，他的一生都将有好运相随。

妈妈要以宽容之心面对女孩的成绩

妈妈们要有正确的心态来看待女孩的成绩。如果自己的女孩成绩不好，妈妈要帮女孩找出原因，是学习的方法不好，还是学习的习惯不好，等等。当女孩不能取得较好的成绩时，是最需要鼓励的，甚至是激励。如果能够适时加以引导，就会取得意想不到的结果。

以宽容之心面对女孩撒谎

女孩如果是撒谎了的话，一般情况下有两种情况：一是有虚荣心，二是自尊心过强好面子。如果妈妈发现自己的女孩撒谎了，要好言引导她，给她讲清楚撒谎是一个人的品格问题，如果不能得到大家的信任，那就会处在孤独无助的状态中。

赐予她生命，陪伴她成长

信任孩子，这是打通教育脉络的关键

欣欣已经8岁了，是爸爸妈妈的掌上明珠。在家里，妈妈视她为珍宝，事事都乐于为她代劳，不管什么事情都不肯让欣欣自己独立去做。妈妈总是说："你太小了，这些你做不好，还是妈妈来弄吧。"欣欣很想到楼下的小花园去玩一玩，妈妈却总是唠叨不止："那个花园离家比较远呢，你自己一个人走过去我总有点不放心，怕你会被车碰到。还有啊，那里有好多遛狗的，你要小心点不要被狗咬到。"欣欣对妈妈的这些嘱咐很是厌烦，对妈妈说："哎呀，怎么会有这么多的事呢，我的小伙伴都在那里玩，不是也很好吗?"

这个妈妈总是对孩子有太多的担心，从来不会相信女孩能够把事情做好。当女孩感受到了妈妈对她总是这样的不信任，她的内心并不会认为这是妈妈有多爱她，而是感到自尊心和自信心受到深深的伤害，而她对于母亲的信赖也将势必减弱。这样，家庭教育的效果也不会太好。

在日常的家庭教育中，妈妈对女孩的信任可以让女孩感受到她们是和妈妈处在平等地位的，从而对妈妈更加发自内心地尊敬和敬爱，并且当心里有话的时候更加乐于和妈妈说。这样既增进了妈妈对女儿内心世界的了解，同时又使得妈妈在教育女儿的时候有的放矢，获得最好的教育效果。

家庭的教育在生活中得以实现，妈妈和女儿双方通过语言来进行交流。妈妈对女儿的信任是成功家教的重要因素。后来还有一些教育专家通过研究发现，女儿对妈妈越是信任，也就越会相信妈妈的教导，她会把妈妈看做是她最赖以信任的朋友，是帮助她解决各种问题的百宝箱，是她生活中的重要参谋，同时更是感情上的挚友。妈妈的信任意味着压力、重视和鼓励，这是真正触动她们心灵的动力。从教育的效果来看，信任可以说是一种最富有鼓舞作用的教育方式。

在教育理论发展的历史中，有一个很为人所熟悉的实验被称为"暗含期待效应"，而这个实验的原理就是信任，并且这种效应被广泛地应用于现代的教育中，

所以，妈妈们应该对女孩更多一些信任，并且要培养女孩的积极性，相信女孩会进步得越来越快的。

曾经有一位教育专家说过，教育的奥秘在于能够对孩子的行为产生信心，在每一个孩子的心中，他们总是需要能和成人一样，得到别人的认可与肯定。所以，如果一个妈妈自始至终都从不对自己的孩子丧失希望，从来都不间断给予孩子前进的动力，那么长此以往，相信女孩总会有一天产生质的飞跃。

所以，妈妈们要时常问问自己："我给过女儿多少鼓励和信任？"

和女孩以心换心很重要

如果妈妈能够主动地先和女儿进行真诚地交流，那么必将赢得女孩的信任。当然，在妈妈与女儿的交流过程中免不了会因为谈论到某些问题而引发一些小争执，甚至会因此而产生隔阂。那没有关系，妈妈只要真诚地和女儿沟通，一定能够化解矛盾。

补上体谅他人这一课

平凡的人没有不失误的时候，而作为家长同样如此，正因为如此，才要坦坦荡荡地正视自己的错误，同时也要正视孩子的缺点。最难得的妈妈就是在孩子犯了错误之后还能包容她、原谅她，如此，女孩怎么会不感动呢？

当一个女孩得到了母亲的信任，接受了母亲的原谅的时候，无形中我们也在为孩子上了一节课：教会了她要懂得容忍别人。这样来处理孩子的失误，不但会使孩子更加信任妈妈，而且还为女孩补上了为人处世中所必修的一课，不是很好吗？

母亲本该是个观察者的角色

很多时候，妈妈会觉得女孩在婴幼儿阶段并不具备表情与真正意义上的情绪、思想，于是对女儿的事情唠唠叨叨，指手画脚："你该睡觉了！""你的衣服怎么这么脏，该洗了，记得不要放太多洗衣粉，要把领口袖口洗干净……"然而，通过研究表明：随着女孩年龄的增长，她们的感觉能力会越来越强，并且能够以复杂的方式表达出来，具有自己的思想和独特的意识。

小青青一个人正躺在小床上，妈妈利用做饭的空隙时间过来陪她，小青青的脸上马上能绽放出一朵小花，甚至是通过摇摆四肢来表达自己的开心，但是，当妈妈要起身离开小青青去看锅的时候，这时小青青的脸上立即会撅起小嘴以表达自己的不满。

孩子表情表达能力的发展与体力和智力的生长发育是一种互相影响、相互促进的关系。当孩子开始长大，她们的世界也开始向外拓展，而她们的思想表达能力也在随之提高。于是妈妈们就会发现，看着动画片的孩子无缘无故就会夸张地大笑起来，要是爸爸出门不带上她的话，孩子还会大吼大叫甚至乱发脾气。好像一夜之间，孩子就长大了，变得有时候让妈妈难以理解。其实这些，恰好表明了孩子已经有了自己的意愿、有了自己的思想。

生气或是高兴，不管哪种情况，都是孩子良好社交发展的开始，孩子长大后是否快乐、积极、喜社交、喜探索，是否会成为具有良好的适应性和进取性的人，与孩子早期的思想发展有着很大的关系。而妈妈在孩子的成长过程中所要扮演的角色，应该是一个观察者，而不是唠叨者，所以，仔细关注孩子发出的情感信号，并且恰当地回应她们，透过孩子外在的喜怒哀乐探求到她们内在的需求，更好地理解她的成长愿望，为成功塑造女孩的未来打下良好的基础，这才是新时代的妈妈应该做的事情。

创设“心理宣泄室”

妈妈在平日里要多留意女孩的情感，帮助她表达内心真实的情感体验并宣泄不良情绪。至于宣泄的方式，要根据女孩不同的性格采取相应的方式。对于那些攻击性比较强的女孩，可以让她去打沙袋或者是做其他的运动，对于性格比较内向的女孩，可以和她一起进行角色游戏活动，让其在感受和体验中调节自己的情绪。

引导女孩多与同伴交流

妈妈应该鼓励女儿多和同伴进行交往，与同伴一起分享游戏的乐趣，学会与人合作。如果女孩在与同伴一起玩耍的过程中出现了矛盾，那么作为家长最好不要直接介入，而是应当启发女孩与其他的小朋友一起协商、交流，争取让她自己找到解决问题的最好方式。平时，妈妈还要积极地帮助女儿设立好的家庭环境，以方便女孩带小朋友到家中来做客，还要有意识地指导女孩如何招待伙伴。

每个女孩都喜欢欣赏她的妈妈

伟大的教育家陶行知先生曾经说过：教育孩子的全部秘密，就在于相信孩子和理解孩子。如果要做到相信孩子和理解孩子，首先就要欣赏孩子，如果没有对孩子的欣赏那教育也就无从谈起。

读到这里，妈妈们可暂且先停下来，给自己设置几个情景：

假如今天，你在公司认认真真地做了一份策划书，获得了一片好评，被同事们大大地赞扬了。这个时候，你会怎么想呢？会不会觉得很欣慰：“我的努力终究没有白费。”

假如你在家里烧了一份可口的饭菜，家人吃过之后满足地说："嗯，今天的菜做得真好。"那么，你会不会在内心由衷地感到高兴呢？说不定下次还会兴致勃勃地主动请缨，为大家做一份可口的饭菜呢！

其实，孩子也是一样的，她们需要获得妈妈的欣赏和认同。要知道鼓励可以说是每一个人成长过程中的自然需求，谁能够在受到批评、指责、埋怨之后仍会保持喜气洋洋呢？女孩幼小的心灵就更加需要鼓励了，鼓励能够使女孩的信心高涨，会使她更加上进。托马斯曾经说过："有的时候，及时而有力的鼓励就是对女孩最好的帮助。"

一次鼓励就是给孩子创造了一次机遇。女孩需要鼓励，需要信心，就如同植物需要浇水一样，如果离开了鼓励，那么女孩就不会取得进步了。威廉·詹姆斯也曾经说过："人性中最深切的禀质，就是被人赏识的渴望。"而事实中也是如此。

在现实生活中，没有一个孩子会在批评中产生学习的兴趣，没有一对情侣会在相互指责中增加彼此的爱意，也没有一对朋友会在嘲笑中增进友谊。

人人都需要鼓励，鼓励是一种心灵的安慰，鼓励是源源不断的力量源泉，鼓励是对女孩真挚的爱，鼓励还是一种执著的肯定。在鼓励的支撑下，女孩会一点一点做到最好。

妈妈们要学会鼓励自己的女孩

学会由衷地鼓励自己的孩子十分重要。不要经常给女孩施加压力，而是要营造一个轻松的成长氛围。当女孩越是自卑或者不如意的时候，就越是需要鼓励和欣赏。过火的指责和粗心的淡忘，只会给女孩的内心造成极为不好的负面影响。

妈妈要鼓励女孩尊重自己

虽说女孩能够生长在这样的大好时代是她们的福分，但是，对女性的贬低这样的历史传统轻易不会消失。女孩应该自豪地成长，千万不要因为自己的性别而感到羞愧。作为妈妈，应该帮助女儿树立诚实正直感，让她能够对自己的判断能力有信心，并鼓励她强化自己的个性，而不是"随大流"的那一种。

告诉女孩：生活不会伤害一颗健康的心

中国有句古话说的好："儿孙自有儿孙福，莫为儿孙做牛马。"但是在现实生活中很少会有妈妈能够如此的开明。相反的是，妈妈们都习惯为孩子考虑很多，并且呈现出越来越细的趋势，总是希望能够给孩子最好的东西，包括父母的关怀，而女孩们也欣然接受妈妈的保护，不论什么事情都要由妈妈一手来操办。就这样，妈妈们总是有操不完的心，永远担心自己的孩子，是不是穿得好，是不是穿得暖，夜里是不是盖好了被子。于是女孩子都成为了温室里的花朵，成为了在妈妈羽翼下永远长不大的雏鹰。

日本著名企业家松下幸之助曾经说过这样一段话："狮子故意把自己的小狮子推到深谷，让它从危险中挣扎求生，这个气魄太大了。虽然这种作风太严格，然而，在这种严格的考验之下，小狮子在以后的生命过程中才不会泄气。在一次又一次地跌落山涧之后，它拼命地、认真地、一步步地爬起来。它自己从深谷爬起来的时候，才会体会到'不依靠别人，凭自己的力量前进'的可贵。狮子的雄壮，便是这样养成的。"我们的母亲们在对待孩子的问题上，要是能够向这头狮子妈妈学习，也许孩子长大后，也会成为一头雄壮而英勇的狮子呢。

天下没有一个妈妈不希望自己的女孩好，但是往往我们未必能教育出来具有坚强上进等优秀品质的女孩。吃得苦中苦，方为人上人，这样的道理又有谁不懂呢？众多的妈妈也明白这一点，可惜怜子之心又让她们非常矛盾。一个女孩，她迟早有一天是要离开妈妈独自去生活的，即便是在成长的道路上多吃一些苦，绝对不是什么坏事。宝剑锋从磨砺出，梅花香自苦寒来。只有经历过苦难的女孩，才有希望成大器。所以，妈妈们应该懂得放手。

一个女孩从小开始，妈妈们就应该为她们创造自我磨炼的机会和条件，让女孩可以体会到"不依靠别人，只能凭借自己的力量前进"。现在的社会竞争是残酷的，如果我们不能将女孩锻炼成为具有自强不息精神的人，那么今后，她又以什么样的精神状态来立足于社会打拼自己的生活呢？

事实证明，越是趁早放开女孩，她就会越早地适应社会找准自己的位置，那些一直依靠妈妈遮风挡雨的女孩，往往会变得特别脆弱，甚至是经不起一点风雨的洗礼，要知道只要是女孩能够拥有一颗健康的心，生活的挫折只会让她们变得更加坚强。

学会做"懒妈妈"，不要给女孩太多的呵护

对于女孩的各种事情，妈妈们不必非要事必躬亲，比如为了锻炼女孩的自理能力，让女孩自己上学、自己洗衣服、自己打扫房间卫生；当家里来了小朋友，就让她自己招待；妈妈不在家的话，就让她们自己做饭。你不可能一辈子都在女孩的身边照顾她，要舍得对女孩放手。

不要把女孩放在自己的手心里

当女孩小的时候，看到地上的树叶很漂亮，就想捡起来，妈妈一看不得了，赶快把孩子抱起来生怕地上会有什么脏东西。如果对女孩的种种行为过度限制，必将会使女孩少走很多童年必经的成长历程。

女孩的成长需要母亲的陪伴

陪伴女孩的过程就是教育女孩的过程，只有当女孩能够感受到你与她同在一起，她才能把你的爱放入心中。与女孩共同参加活动，与女孩一同成长，对于亲子关系来说非常重要。

一个女孩，通常来讲都会有自己的社会活动，比如说学校组织风筝大赛等。有的妈妈可能会认为：这只是小孩子的游戏，我为什么也要参加呢？其实这样的一种认识是有误区的，对于女孩们来讲，妈妈的参与就是对她活动的支持。

安吉莉从不会忘记参加有孩子参与的每一项活动：运动会、学生音乐会、话剧表演——即使女儿只是演一棵树，安吉莉还是努力抽出时间去为女儿加油。因为她说，希望自己在孩子成长过程中尽量陪着她。

最近一段时间，女儿迷上了制作手绘模型，为此，她甚至办了寄宿，专心地在学校里研究涂料。每天晚上，她都会给安吉莉打电话，报告自己的新进展。一天，女儿打来电话："妈妈，明天下午就开始模型比赛了，来替我加油吧！"

妈妈兴高采烈地回答："太棒了！我明天一定准时去。"

第二天，安吉莉把诊所停业一天，上午跑到书店里找了很多关于手绘方面的书，又给女儿买了一套手绘用的丙烯颜料，下午准时赶到学校。遗憾的是，女儿那天并没有取得好名次，面对专程赶来的妈妈，孩子有点惭愧。安吉莉拿出自己准备好的礼物递给了女儿，然后用玩笑式的威胁口吻说："看到了吗？这么贵的书和礼物都买了，你要是敢因为一次小小的失败就放弃，那我绝对饶不了你！"

女儿大笑着接过礼物："什么放弃呀！等着吧，下次第一名就是我！"这时，她已经完全振作起来了。

妈妈能够腾出时间陪女孩一起做她热衷的事情，这是教育中非常重要的一环。很多妈妈不明白这一点，使得到了孩子成年的时候，两个人竟然会像陌生人一样，无法对话了。

如果你希望自己的孩子能够养成持之以恒的品质，掌握其他与工作、生活相关的技能，你就要积极地去参与孩子的活动。

你可以成为一个整天端坐在书桌旁的妈妈，你可以成为一个整天忙碌在厨房里做菜的妈妈，你可以成为一个一直陪伴女孩的妈妈，这三种妈妈说不好哪一个是最好的，但是毫无疑问那个一直陪伴女孩的妈妈是最受欢迎的。这个时候，妈妈成为了女孩生活中不可缺少的一部分。

每天划出一段时间与孩子分享

关于这一点，我们可以借鉴美国家长们的做法：美国的孩子大部分时间是在自己生活、自己动手、自我服务，但父亲或母亲每天都在固定的时间，如在临睡前，与孩子交谈，听孩子诉说一天来的各种感受。中国的父母虽然与孩子纠缠在一起的时间很多，但他们往往忽略真正用心聆听孩子讲话是对孩子十分重要的事情。

创造合适的机会和孩子沟通

“孩子，来，让我们谈谈。”如果你的谈话是这样开始的，结果往往是说话的只有你一个人。父母可以抓住和孩子一起打球、一起去游园的机会，这个时候往往是孩子滔滔不绝大讲特讲的时候。所以，多创造适合的机会和孩子在一起，能够使孩子打开她的“话匣子”。

爱女心切也会带来伤害

不要随便动用你批评女孩的权利

在《哈佛家训》中，有一段孩子对父母说的话：“我需要不断地鼓励，不要经常严肃地批评和威吓我。要知道，你可以批评我做错的事情，但是不可以批评我这个人。”

在听到孩子们如此的感慨之后，家长们千万要注意的是，在教育孩子的过程中，不要随意动用你批评孩子的权利。

人无完人，在现实的生活中，又有哪个人不犯错呢？特别是女孩，如果犯了错的话自己能够好好反省会更好，如果自己认识不到错在哪里，此时只要家长的一句善意提醒，就能够让女孩找出自己错在哪里并且及时改正。

如果妈妈们总是对自己的女孩说：“你可真的是笨，连这么简单的题都做错。”或者和女孩说“笨死了”之类的话，那么时间长了之后女孩就会觉得自己很笨，对自己很没有自信，并且觉得什么事都不如别人。父母的一句话，有时会改变孩子的一生。

在教育孩子方面感到力不从心的妈妈有很多，她们总是责怪孩子这，责怪孩子那，当然有的时候也会责怪自己，没有办法教育好孩子。

而家长们需要明白的是：责怪是没有用的。一个女孩在成长过程中，如果妈妈没有意识到自己为什么要批评她、怎样批评她，就去胡乱地批评自己的女儿，那将会产生什么样的后果呢？

心理咨询中心的专家向父母建议说：“不可轻易地批评自己的孩子。”

而在生活中，总有一些妈妈习惯了对女孩使用否定性的语言，诸如“你真没出息”“你真不争气”“你把我的脸都丢尽了”……有的父母甚至是极尽挖苦讽刺之能，以致到了登峰造极的地步，而孩子在背后只有叫苦不迭。

当女孩犯了错误之后，妈妈要能够简明扼要地抓住要害，严肃认真地指出错误，要更多地给予肯定的语言。批评的目的重在改正，有的妈妈在批评女孩的时候，不能为女孩指明具体的方法，这是单纯地在说女孩这样做不对。更有的妈妈会错误地认为，当着他人的面来数落自己的孩子，这样会给孩子更大的刺激，从而产生更大的“激励”效果，殊不知，这样做的后果只会严重伤害女孩的自尊心，因为这样的妈妈不懂得尊重女孩的人格。

正确的批评是对事不对人，不论是孩子还是大人，不论是批评者还是被批评者，人格都应该是平等的，不仅要尽量避免在众人面前批评自己的孩子，还要尽量用平和的语气来说话，切忌暴跳如雷。即便是发生了再不好的事情，当时也并不是教训女孩的合适时机，应该是先处理好事情，而不是女孩本人。

当 8 岁的玛丽不小心打翻了她的果汁时，她的妈妈平静地说道：“我看到果汁打翻了，我们重拿一杯果汁来吧，还要拿一块海绵。”

她站起来，把果汁和海绵递给女儿。

玛丽抬起头来看着妈妈，既松了口气，又有点怀疑。

玛丽低声说：“谢谢你，妈妈。”她把桌子抹干净，妈妈还在一边帮她。妈妈并没有说什么严厉的、批评的话，也没有说一些无用的忠告，玛丽的妈妈后来说：“我当时想说‘下次小心点’，但是当我看到她善意的沉默，看到她多么感激时，我就什么都没说了。”

有的时候，批评不仅没有什么效果，反而会模糊女孩的是非观念，如果要让女孩自己能够发现错误，那才算是真正“明白了”自己错在哪里。

以启发的方式告诉女孩她错在哪里

当女孩出现不良的行为时，明智的妈妈可以先不马上指出她究竟错在哪里，而是耐心地启发女孩：“你这样做，对吗?”“你对自己做的事是怎么想的?”通过这样的话来使女孩冷静地反省，明白自己究竟错在哪里，她就会愿意承认自己的错误，并且会下决心改正。有的时候父母可以不正面地指出批评，而是给予鼓励和提醒。

尽量避免直接批评

家长要尽量地避免直接批评，同时在批评中也要有鼓励和鞭策，并且在鼓励中饱含信任和期望，使女孩能够认识到自己的错误而不丧失自尊，批评才能收到最好的效果。

别让荣誉压垮你的孩子

荣誉感是一种能够使人努力上进的思想源泉，是一种积极的心理品质。著名的西班牙作家塞万提斯曾经说过："荣誉和美德是心灵的装饰。要是没有它，肉体虽然很美，但是却不能认为是真正的美。"英国的唯物主义哲学家洛克在《教育漫话》中说过："荣誉虽然不是德行的真正原则和标准，但却是一种指导鼓励儿童的正当方法。"

但是，如果对于荣誉过分执著，那样的荣誉未免味道变了，而成为虚荣——为了炫耀自己的荣耀。

曾经有一位伟大的母亲，她是居里夫人，对于荣誉她有独特的见解，尽管她的一生获得各种奖章共 16 枚，各种荣誉头衔共 117 个，但是居里夫人却对此毫不在意。她不觉得这些是她生命中最重要的部分，同时也把这样的一种理解以特殊的方式传递给她的女儿们。

有一天，居里夫人的一位女朋友来访，忽然发现她的小女儿正在玩一枚金质奖章，而那枚金质奖章正是英国皇家学会刚刚颁给她的，朋友不禁大吃一惊，忙问："居里夫人，能够得到一枚英国皇家学会的奖章，是极高的荣誉，你怎么能给孩子玩呢?"

居里夫人笑了笑说："我是想让孩子知道，荣誉就像玩具，只能玩玩而已，绝不能够永远守着它，否则将一事无成。"

居里夫人的做法给了我们极为重要的启示：在培养女孩荣誉感的同时，还要让女孩知道："荣誉是对你的一种肯定，但是如果你总是关注于这个虚名，那就只会感受到它的沉重，还不如将其看做是身外之物。"

媛媛是个可爱的初中小女孩，在学校里真的可以算是一个好学生，在办公室里时常可以听到老师在表扬她。但是，媛媛却因此觉得自己有些"喘不过气来"，因为她总是怕自己由于表现不好而被扣上"没起好作用"的帽子。由于这点小心理的作祟，媛媛觉得上学是件很痛苦的事情，就连考试也会变得格外紧张，害怕自己第一名的地位被别人抢去。

其实这样的事情经常发生，很多女孩都会有这样的心理在作祟。荣誉其实只是以"善意"之虚，行"伤害"之实。这不仅仅是女孩的悲哀，同时也是社会的悲哀。

如果妈妈们在教育女孩的同时动不动就以荣誉相压，那就等于把荣誉神化了。如果一个女孩产生了这样的"荣誉"意识，那她一旦得不到自己想要的荣誉，就会感到无法承受，甚至是产生心理障碍。事实上，荣誉不可以永远同时光顾一个人。培养一个女孩正确的荣誉感，激励女孩的进步且不让这样的荣誉压垮女孩，才是家长最应该考虑的问题。

妈妈要注意培养女孩对快乐的体验

在平日与女孩的交谈过程中，妈妈都可以随口询问孩子的感受，问一问最近心情如何，有没有遇到什么困难。如果妈妈在周末的时候很空闲，想带着女孩出去玩，也要先问问孩子："这个周末你想不想出来玩呢?"不仅如此，妈妈还可以向女孩坦白自己的想法，比如："你能帮妈妈擦桌子，真是个好孩子，妈妈很高兴。"

以平和的心态看待女孩的失利

女孩失利之后，妈妈应该具有的最好心态是平和，要理解女孩的委屈、苦闷和绝望情绪。这个时候女孩最需要的就是理解。细心观察孩子，及时疏导，防止出现意想不到的情况。在必要的时候，也可以去找心理医生咨询，让孩子平稳度过这段"灰色时期"。

防止女孩因过度保护而导致无能

被喂养惯了的动物，突然有一天将它们放养，结果它们已经不能依靠自己的能力独立捕食了。对于动物而言，捕食是它生存的基本技能，否则就要饿死。生存法则告诉我们：太过安逸，就会在危机到来的那一刻不堪一击。

同样的道理，在父母庇护下长大的女孩通常没有在社会中独自生存的能力。一旦父母因为某些原因无法顾及到她们，那样的话她们迟早会被社会淘汰。

在现今的社会中，独生子女居多，一个家庭可能会将几代人的关心与爱护都集中在一个孩子身上，尤其是女孩往往会得到更多的疼爱。妈妈们会在生活的各个方面照顾得无微不至：帮女儿穿衣系鞋带，陪着女儿复习准备考试，替女儿找人安排工作……正是由于家人过分的爱护使得女孩过分地依赖家庭，凡事都不肯自己动手。这样的女孩长大之后明显地依赖心很重，凡事自己不想动脑筋，遇到事情就总想找人帮忙，而且习惯于推卸责任。这样的孩子势必不会为社会所青睐。

日本著名的教育家多湖辉对于儿童的心理和脑力开发有着很深的造诣，他认为家长在教育的过程中注重孩子能力的培养是最好的办法。父母不仅要了解孩子独特的心理状态，同时还要懂得针对不同孩子的不同个性特征，不断地在生活和学习中摸索了解教育孩子的方法。比如说，让孩子在家中做家务，实际上这个活动对于孩子来讲是最有收获的教育，远远比在课堂上学习更有效果。

另外，我国著名的教育专家陈鹤琴老先生曾经说过："凡是儿童自己能够做到的，都应该让他自己来做。凡是儿童能够自己想到的，都应该让他自己去想。"这一句话，真的是符合成长规律的至理名言。实际上，如果想让女孩脱离对他人的依赖而去独立地发展和锻炼自己，走出成长的误区，并不是一件简单的事情。

很多女孩的妈妈大概都会有这样的想法：女孩比较娇嫩纤细，弱不禁风，所以要尽自己的全力来保护她。但是，过度的保护，无疑就是不好的了。

妈妈要将女孩看做是一个独立的人

鲁迅先生曾说："子女是即我非我的人，但既已分立，也便是人类中的人。因为即我，所以更应该尽教育的义务，教给他们自立的能力；因为非我，所以也应同时解放，全部为他们自己所有，成为一个独立的人。"鲁迅先生的话正表达了这样一种现代儿童观——子女，是我的孩子，又不完全等同于我，他从母体出来后，已与母体分开，成了人类中的一个独立的人。因为还是我的孩子，作为父母就有教育他的义务，而这种教育主要是教给他自立的能力，因为他不等同于我，所以要解放孩子，使他们完全成为独立的人。

培养女孩的动手习惯，做力所能及的事情

没有一个妈妈可以永久地照顾自己的女孩，因此要有意识的让女孩从小就做一些力所能及的事情。只有从小事做起，才能逐步培养起女孩独立自主的精神。

给女孩犯错的机会，锻炼她的自理能力

妈妈们要避免对女孩的过度保护，在做任何一件事情之前充分尊重女孩的想法和意愿，放手让女孩自己拿主意。如果我们是因为担心女孩犯错而帮助她做好一切的话，那么，这种事事被领着的女孩永远不可能长大。

记住教育家马卡连柯的警告：爱不能没有条件

妈妈们总是希望为自己女儿的成长提供最好的条件，并且有着充分的理由和依据：

"再苦不能苦教育，再穷不能穷孩子。"

"我们的童年多艰辛啊，不能再让她受苦了。"

"家里条件好，钱不给孩子花给谁花呢？"

……

这些名正言顺的理由，使溺爱成为了社会中普遍而又正常的现象。

就是由于这样的心理，造就了眼前的孩子。家长们对女孩一味地迁就，百依百顺，唯恐孩子会不高兴。女孩成为了全家的中心，成为了全家的小太阳，长辈们都是围绕着孩子在转。在这样的家庭中，恐怕家长会被女孩使唤来使唤去，没有任何威信可言了。而在这样的环境中长大的女孩，恐怕也长成了唯我独尊、任

性、为所欲为的人了。

苏联著名的教育学家马卡连柯曾经警告说过："父母对自己的女孩爱得不够，子女就会感到痛苦；过分的溺爱虽然也是一种伟大的感情，却会使女孩遭到毁灭。"如果妈妈们无视这样的警告，固执地认为只要帮女孩把生活的路铺顺了就可以了，那恐怕就是小时了了而大未必佳了。这样的教育方式势必会影响女孩在各方面的发展，让女孩很快失去竞争力，甚至会使女孩养成各种不良的性格。

溺爱是一种常见且错误的家庭教育方式，更要命的是，很多妈妈在溺爱自己的女孩却丝毫没有察觉。特别是在独生子女家庭，女孩就是全家的宝贝。这些娇生惯养的女孩，会形成什么样的性格呢？

溺爱出的女孩不思进取。女孩从小受到了妈妈的溺爱，即便是到了成人的年龄，自立的意识仍然比较差，安于享受，不求进取，缺乏生活的压迫感，内在的精神状态也比较松弛。

溺爱出的女孩脾气暴躁。女孩习惯了周围人对她的百依百顺，想做什么就做什么，想要什么就有什么，稍不顺心就会摔盆打碗，大哭大闹。

溺爱出的女孩不能吃苦。一个女孩从小没有经过磨炼，所以会缺乏坚强的素质，一遇到苦难的时候就会惊慌失措，并且在生活中会表现得很懒散。

不要让女孩在家中当特殊人物

妈妈要让女孩知道，每个家庭成员都要分担家中的事务，不劳动者不得食。要循序渐进地教育女孩做些力所能及的事情，比如说擦桌子、摆放碗筷、摘菜叶、洗手绢等等。如果女孩的年龄稍大，还可以让她帮助分担一些相对重要的家务劳动，既让她获得成就感，同时又可以使女孩从小养成勤劳的好习惯，并从中体会到爱是需要付出的。

爱孩子，但是不能宠溺孩子

独生子女政策使我们国家出现了越来越多的"玻璃小孩"，这些孩子看上去很可爱，但是心理承受能力差。这样的"玻璃小孩"大多数来自于条件较好的家庭，得到了父母与老人的太多宠爱。要改变这些孩子的脆弱，最重要的就是改变家庭教育的方式，家长应该以更科学的教育方式来教育孩子，不能事事都依着孩子的脾气，也不能盲目地夸耀孩子，要更客观、更理性地来看待孩子。不仅如此，家长平时还要多关注孩子的喜怒哀乐，多和孩子谈心，帮助孩子拥有积极的心态。

哈佛校长的关怀：孩子的成长空间，请你还给她

在幼儿园的课上，老师向小朋友们提问："如果现在你面前有一位白胡子老爷爷可以帮助你改变性别，那么你们是想当男孩子呢还是女孩子？"

在场的小女孩们表现尤为活跃，并且大部分的女孩都选择“我要当男生”。老师感到很意外：“为什么你们都要做男生呢?”

“因为我是女孩，所以妈妈不让我爬树，不让我下河游泳。”其中一个小女孩如是回答。

可见，在这些幼稚的小女孩心中，她们不喜欢当女孩，其中最重要的一个因素就是当女生的束缚太多，让她们感到没有当男生自由。

“男女有别”，不同的性别就已经决定了不同的属性。男孩子的性格天生就是粗放型，喜欢大大咧咧，而女孩则更多的是细腻和乖巧。在平常的生活中，妈妈对女孩的束缚肯定会比男孩要更多一些，如果一个小女孩到了晚上 7 点还没有回家，妈妈们肯定不仅担心而且很容易将事情往不好的方向去想，换作男孩则不会这样。妈妈会答应一个男孩和同学一起结伴去郊游，如果换作女孩，免不了要唠叨一通。

性别就犹如一个标签，束缚着女孩自由成长的天性。

妈妈们习惯于对女孩过度的溺爱甚至有点“专制”。一个女孩在妈妈的保护下长大，一方面很容易被“娇生惯养”，另一方面很容易被“过度保护”，我们将她束缚了。

这些从小就在妈妈的庇荫下长大的女孩，由于受到了过度的保护，她们会在成长的过程中出现一些性格上的缺陷，比如说对妈妈过分依赖，有时会不太喜欢参加集体活动，性格很内向很封闭，而且不太愿意和别人交流。

即便是这样，女孩依然渴望自由，尤其是随着年龄的增长，女孩子更不喜欢大人们打扰她那片属于自己的小天地，每当夜深人静的时候，她们独自一人在那里回味。

有的时候，正是由于家长的过度管教，反而会扼杀女孩本来美好的天性，令女孩感到窒息，甚至会产生不可预料的严重后果。

妈妈们可以静下心来好好想想，自己是不是也犯下过某些错误呢？她们对女孩所做的一切事情都不放心，只觉得要通过自己的照料心里才安稳。她们认为只要女孩能够“听话”就是好孩子了，并且据此名正言顺地严格管理女孩的饮食起居、学习计划以及社会交往活动等等，并且经常干涉女孩的各种事情，自作主张地为女孩安排一切。

著名的教育工作者孙云晓老师曾经说过：“中国的妈妈现在所做的事，就是在辛辛苦苦地酝酿着孩子的悲剧命运，争分夺秒地制造着女孩的成长苦难。实际上，我们是在和自己作战，用自己的奋斗来击毁自己的目标。”妈妈们越是限制女孩的自由，实际上就是在制造自己与女孩的距离，在某些时候会导致“控制”与“反控制”的斗争愈演愈烈。

妈妈在教育的过程中不要刻意约束女孩

妈妈把女孩管得越紧，女孩的压力反而越大。妈妈起到的是帮助女孩、开导女孩、鼓励女孩的作用，过分地施加压力，反而会不利于女孩的健康成长。

妈妈们在平时的教育过程中也要注意克制自己的想法和冲动，只有真正把属于女孩的空间还给她们，让她们从单一的生活中解放出来，女孩才会觉得自己成为了自己的主人，才能获得真正的成长。

所以，妈妈们一定要给女孩足够的自由，对一些无关紧要的小事可以不管或者是少管，让她们养成独立生活的习惯。

妈妈们要相信自己的女孩可以独立

妈妈可以适当地让女孩选择伙伴与之交往、控制自己干涉女孩的念头，一定要让自己时刻信任女孩、尊重女孩的独立人格，放开自己的手给女孩自由，让女孩自己说出她最喜欢什么样的生活，鼓励她向着自己不知道的方向前进，鼓励她发现自己的“新大陆”。只有这样，妈妈才能把女儿培养成为生活中的强者，让女孩走自己想走的路，水到渠成地到达自己应该到达的位置。

第五章　富者容易贵者稀——为什么要富养女孩

女孩“富”养，富在何处

“千金”：自古女孩多富养

在中国古代社会，富贵人家习惯将女孩称为“侯门千金”，女孩何以称为“千金”？这要从我国古代的货币单位说起了。在2000年前的秦朝将一镒作为一金（一镒为24两），汉朝的时候将一斤金子称为一金。后来的人以“金”来形容贵重，比如说一字千金、一言千金、一笑千金、一刻千金、一物千金等都是在指代其贵重。

用“千金”一词来比喻女孩，目前所见的最早的文字记载是在元代张国宾所写的杂剧《薛仁贵荣归故里》：“你乃是官宦人家的千金小姐。”自此以后，明清小说中用“千金”来形容女孩就更为常见了。

自古以来，人们总是习惯以“金”“玉”来称谓女孩，女孩的气质也因此而蒙上了一层尊贵与荣耀。

培养女孩是一件意义重大的事情，一个好女孩将有利于国家，有利于社会，其贵重程度当然不亚于千金，用“千金”来代称女孩也许是代表了人们的一种期许吧。如果从这个角度来理解，用“千金”来形容女儿当之无愧。

在人们眼里，女孩就是高雅与尊贵的代言。作为家长也因此有足够的理由来富养女孩，让她生活得更优越、更有品位。

没有一个家长不希望自己的女儿是清丽脱俗、出类拔萃的。然而，一个女孩要想得到健康的成长，必定离不开父母的精心培育，就如同一棵珍奇的小树。富养，是一种新的教育原理，找准女孩的需求在何处，然后我们尽量地来满足她。

鼓励女孩尽量展现女孩的魅力

女孩天生都喜欢玩布娃娃，喜欢漂亮的小连衣裙，希望自己能够和布娃娃一样可爱。作为父母，我们不要小看了她这种源于天性的喜好，那么，就鼓励女孩展现她的魅力吧，希望她将一个女孩应有的魅力发挥到极致。我们可以和她一起做游戏，和她一起选择漂亮的衣服，为女孩梳漂亮的辫子，通过这样的方式可以使女孩更加喜欢自己。

多陪女孩玩“过家家”

女孩大多喜欢安静温柔的游戏，过家家这种传统的游戏则是女孩们的最爱。在这个游戏中女孩的母性温柔得以发挥，她们喜欢自己整理一个小家，有条不紊地安排如何做饭，如何照顾“小宝宝”。而且，女孩永远是这个游戏中的主角，乐在其中且乐此不疲。多陪女孩玩这样的游戏，有助于女孩产生更多的优越感。

没有钱就不能培养好女孩吗

提到“富养”，不免有些家长会有误解：他们会觉得“富”就是生活富足就可以了。于是乎，他们愿意给女孩最华丽的生活，津津乐道于那些高档前端的教育方式，立志于让自己的女孩可以像小公主一样长大，口口声声说要让自己的女孩见更多的世面。但是，这种用金钱堆砌起来的“富”，很有可能让女孩变得更加骄纵和刁蛮。

说到这里，也许有的家长会犯糊涂：既然是富养，没有钱作为基础如何实现富养呢？而实际上，精神上的“富”才是“富养”的更深刻一层的内涵，精神上的富养才会带给女孩一生的幸福。

如今社会的分化越来越严重，不同的阶层，在生活水平方面都相差甚远。女孩即便在很小的时候也能感受到这样的一种“阶层差距”。有钱家的孩子或许穿的衣服都是高档名牌，玩的玩具全部都是电动化，居住的环境舒适明亮；而普通人家的孩子就没有这样优越的待遇了，同龄的孩子们平时在一起交流玩耍，却发现彼此原来是生活在两个世界的。面对这样的状况，也许家长难免会多少有些担心：尽管我们再不愿意亏待自己的女孩，但是也担心女孩知道自己穷之后会丧失做人的自信心。

实际上，这样的担心大可不必，因为女孩观察世界的眼光和成人相比有着很大的差别。她们并不太在乎自己是否穷苦，在乎的是满足和情感，在乎生活中是否可以玩得尽兴。

所以，即便是家庭条件不富裕，我们同样可以为女孩创造最好的亲子环境，只要努力地从孩子的眼光来了解世界，给予女儿精神的富足，其他的就显得可有可无了。

要说明的一点是，作为家长，我们没有必要掩饰自己的穷。因为如果女孩观察出来我们在掩饰，反而会暴露出家长的心虚，觉得穷是件丢脸的事情，这才会真正打击女孩的自信心。家庭条件不好固然是个劣势，如果父母懂得善加利用同样也可将其变成优势。比如父母可以让女孩了解到她想要的东西父母要付出多大的努力才能帮她得到，这样的话父母对她的爱会让女孩很满足，觉得自己虽然拥有的物质很少，但是拥有的感情很多，这样她就会自信而不是自卑。

让女孩感受到自己并非是丑小鸭

每个女孩都有自卑的时候，当女孩把自己当做是丑小鸭的时候，家长要及时告诉自己的女孩：你是独一无二的，没有人会像你一样。家长赞美的话语会给女孩增添无穷无尽的战胜自卑的力量，女孩能够自信是非常有魅力的。

家长要帮助女孩断除自卑心理

自卑对女孩的心理发展有很大的负面影响。心理学家阿德勒认为，每个人都有先天的生理或心理欠缺，这就决定了每个人的潜意识中都有自卑感存在。如果一旦发现自己的女孩有自卑感，父母也要让女孩懂得，凡事都应有必胜的信心，自信是消除自卑的最好方法，因为自信会使人获得更多的成功。但在自信的基础上，要有符合自己实际情况的抱负水平。自卑者应打破过去那种“因为我不行——所以我不去做——反正我不行”的消极思维方式，建立起“因为我不行——所以我要努力——最终我一定会行”的积极思维方式。

“富养”女孩，并不是“娇养”

富养，并不是为女孩做好一切

日本杰出的教育家多湖辉对于儿童心理和脑力的开发有着很深的造诣，他认为，增强女孩能力最好的办法，就是父母自己先成为“教育的实践者”。爸爸妈妈们不仅要先了解女孩的心理动态，并且还要针对自己女孩独特的个性特征，不断地在生活和实践中来摸索教育女孩的方法。实际上，要想让女孩能够脱离对别人的依赖，独立地发展和锻炼自己，并非是一件容易的事情。

很多父母对这样的一种说法抱有如下的态度：对于儿子，不应该太过于保护，但是如果是女孩的话，则最好能够尽全力来保护她，因为女孩子是那样的娇嫩和弱不禁风。

在传统的观念中，女孩向来都是处在被保护的位置，多多爱护自己的女孩看上去是那样的天经地义和理所当然。但是，如果把自己的女孩娇宠成一个“玻璃公主”，一天到晚仰着头等待着别人的照顾和呵护，遇到困难就不知所措。相信这样的女孩，无论走到哪里都不会再受人的欢迎了。

富养女孩，并不是把女孩培养成一个娇气十足的小女人。如果你的女孩从小就是在被娇宠的环境中长大，那么她会习惯于对外界的依赖，她会对任何人说OK，她会缺乏分析和判断的能力。当她遇到困难的时候，她不懂得反思自己，总会认为都是由于别人做得不够好，和同龄人相比显得更加蛮横。

玲玲是家中的独生女儿，平时爸爸妈妈都很宠爱她，事事都要顺她的意才行。所以，玲玲是个脾气不好且很骄傲蛮横的小孩。

每天早上，妈妈一大早就起来给玲玲做早餐，然后帮助她收拾好该带的东西，看看时间差不多去叫玲玲起床，再帮她挤好牙膏，然后帮她叠被子。等玲玲吃过早餐之后送她上学。

这一天，玲玲赖床没有起来睡过了头，等她醒来之后发现已经早上七点半了。“糟了，上学要迟到了！”玲玲大叫一声马上从床上蹦起来，匆匆忙忙地穿衣洗漱。临走前，她狠狠地对妈妈说道：“我今天迟到，都是你害的！”妈妈在一旁，感到自己辛苦照料的孩子居然如此不懂事，伤心极了。

相信很多家长会遇到类似让人感到沮丧的事情。根据一份对1500名中小学生的调查报告显示，其中有51.9%的学生需要家长帮助整理生活用品和学习用具，有4%的学生遇到困难无法独立解决，只有13.4%的学生偶尔做一下简单的家务，这种情况实在是令人担忧。

现代社会中独生子女居多，所谓的“集三千宠爱在一身”，几代人的关心和爱护都集中在同一个孩子身上，家长们都会精心地为女孩铺路：替她穿衣、替她系鞋带、替她安排工作、替她迎接挑战，替她做这做那，帮助她一次、两次、一百次……所以，女孩在家里凡事都不需要自己动手，她根本就找不到合适的机会。幸福的背后隐藏着危机，这样的女孩在长大之后不能自立，有着强烈的依赖心理，凡事不愿意自己动脑筋，遇到了事情之后第一个就想着找人来帮忙，这样的人很难被别人认可。

相信孩子能把事情做好

我国著名教育家陈鹤琴先生提出过：“凡是儿童能自己做的，应当让他自己做。”当女孩三四岁的时候，家长应该锻炼她逐步学会自己吃饭、穿衣服鞋袜、饭前便后洗手、收拾玩具等，到了5～6岁时，可以让女孩学着洗小件的衣服，放手让女孩去做可以做的事，不仅能培养女孩的生活自理能力，还可以培养女孩的自信心。

避免对孩子过度呵护

女孩在成长的路上总是免不了跌跌碰碰。当一个女孩长大，喜欢这儿摸摸，那儿看看的时候，这正是她发现和体验自己能力的时候，如果这个时候作为家长担心宝贝会碰着、伤着而一味地保护，女孩将错过最好的发现自己能力的机会，也无法体验到自己战胜困难的喜悦感受，自信也就无从培养了。

从那一天开始让她一切自己做主

从女孩出生的第一天起，她那可爱的样子惹得爸爸妈妈无比地疼爱，即便是捧在手心里还是怕她会被风吹到，时时处处都给予无微不至的保护。到了女孩两岁以后，她的能力开始逐渐发展起来，她以好奇的眼光来打量这个世界，她会模仿妈妈的样子拿着抹布来擦桌子，她最经常说的话就是“让宝宝干”，她希望自己通过行动来获得快乐。

但是家长总是出于对女孩的过分爱护而拒绝女孩来做事情。“你上一边玩去吧”“这样的事你还做不了”“你这样会摔倒”等等这些原本充满爱意的话却让女孩感到自己是那样的无能为力。

这样做的后果会让女孩习惯于依赖，让她明白原来自己是不需要做什么的，让她习惯于心安理得地享受别人的劳动。

女孩是一个有别于大人的独立个体，她在幼小的时候也希望自己能够挣脱开大人的控制，希望通过自己的努力来做好每一件事情，除非她真正需要别人的帮助。在这一点上，家长们往往干的是矫枉过正的事情，因为当女孩真正遇到问题的时候，她一定会主动来找爸爸或者妈妈帮忙的，而家长最常做的事情往往是在女孩不需要帮助的时候给予了太多的帮助。让女孩自己解决问题，不仅有助于女孩培养自主意识，同时还可以提高女孩分辨是非的能力。

所以，在日常生活中，当女孩自己办错了事情或者是当她们在自己处理事情的时候，应该尽量让她自己处理或者是参与，让她们自己成为解决问题的主角。

有一位幼儿园的老师，她在课上教小朋友们制作花环，但是她只教了一种制作方法，然后对小朋友们说：“你们觉得还有什么更好的方法来制作花环，可以自己动脑筋想一想，不必按照老师的教法来做。”结果孩子们做出了很多种花环，并且对自己的作品非常满意。我们没有理由低估孩子的潜质，她们也许比我们想象的要强千万倍。对女孩的想法给予鼓励，肯定她们，就是最好的教育，她们将会感受到莫大的快乐。

还有一种小女孩总是对自己缺乏信心，这样的小女孩通常表现为胆小、怯懦、说话的声音像蚊子一样小，总是认为自己做得不够好，在群体中不喜欢主动和小朋友玩等等。对于这样的小女孩，家长们要注意了，很有可能是因为你在她身上花费的时间太少所致。所以，如果发现自己的女孩有这样的现象，家长们最好是多亲近自己的女孩，并且多给女孩一些鼓励，多问她们一些问题，多给她们制造锻炼的机会，让她们能够逐渐在生活实践中增强自信心。

永远保持对孩子的期望和信心

爱一个女孩就要从相信她开始。当一个女孩感到父母对她有十足的信任时，就会发自内心地爱戴、亲近自己的父母，心里的疑惑也更乐于向父母倾吐。父母的信心可以成倍地提高教育的效果。对女孩有信心，不能只挂在嘴上，而要更多地表现在行动中，当女孩遭受挫折的时候，父母要理解女孩的心情，少一些唠叨就是向女孩暗示“我相信你能做好”，这个时候孩子就会安心很多。

给孩子自由发展的空间

在家庭中，父母应该注意为女孩准备一块属于她自己的“领地”，让女孩至少有一个角落可以发泄自己的感情，这一点是培养女孩独立自主的良好方法，也有利于人格的健康发展。在这个角落，只放女孩喜欢的物品，给予她“自我”的感觉，让她自由自在地施展自己的想法。

女孩也要能吃苦

曾经有一个家庭条件比较优越的女生，高中毕业之后直接被父母用30万送进了美国的一所大学。这个女孩的英文不成问题，经济上也没有任何困难，但是念了不到3个月就闹着要回家。在美国期间，她总是不断地给家里打电话，抱怨生活条件不好，很多事情没有别人可以帮助自己料理等等。她几乎天天把自己锁在家里，一边吃零食一边和同学们聊天，感到周围的生活不尽如人意。就这样，爸爸妈妈也只好召她回国。

中国从20个世纪开始，就有很多家庭开始注重开阔女孩的视野，鼓励女孩出国留学。现在有很多父母都喜欢将自己的女孩送到国外去。但同时就会有越来越多的家长们发现，女孩们去了国外，非但不能接受到那里最好的文化，反而会暴露出很多的问题，出现很多的不适应症，比如说无法与人和睦交往或者是生活过于铺张。据说，美国为了照顾很多陪读的中国妈妈们，竟然专门为中国留学生安排了可以和父母同住的宿舍。

讲到这里，家长们可能会有所反思：养育女孩也要让她吃苦，条件太过优越，把她惯坏了。这里说的是“富养女孩”既然要让女孩富养，难道还要再让她吃苦吗？这样讲岂不是很矛盾？

富养不是惯养，而是要培养能上能下、大气稳重的女孩。所以让她适当吃点苦都是有必要的。其实很多成功的女性，都是从吃苦中练来的一身功夫。

有着“战地玫瑰”之称的闾丘露薇在刚刚毕业的时候，身上一文不名，为生活所迫当一名汽水推销员，每天都在炎炎烈日下叫卖汽水，而且每天只吃一顿饭，就靠这样的努力工作赚来了第一笔钱。

女孩在成长的时候太顺有时未必是件好事，因为如果一个女孩不能吃苦，那么她在长大之后面对复杂的社会极容易丧失斗志。家长只有放开保护的羽翼，多让女孩尝尝“苦头”，她会变得更加坚强。

苦难可以打磨出个性坚强的男子汉，同时也可以培养出坚韧不拔的女孩。从来都没有一帆风顺的人生路，也从来没有哪个女孩可以在父母的怀抱中安安稳稳地生活一辈子。但是在眼下，很多女孩由于缺乏锻炼的机会，很难学会忍受挫折和失败所带来的负面情感，她们会因为一件很微不足道的事情而大发脾气，或者是用眼泪来逃避问题。相信没有一个父母愿意富养出这样的女孩。

相信孩子，适当放手

父母在教育女孩的过程中应注意防微杜渐，避免女孩的依赖行为和依赖心理，培养女孩对自己的事情负责的品质。指导女孩在自己的选择中认识自己并发现自己的力量，才是父母应该注意的。父母在与女孩谈话的时候，可以使用一些鼓励性的话，表示出相信女孩的意思，比如“由你自己来决定”“你自己看着办吧”“完全听你的”“你能干好的”。父母的肯定能使女孩产生欣喜和感激，使她相信自己有承担责任的能力。

让孩子学会自己照顾自己

家长们应该让女孩养成凡事靠自己的习惯，自己收拾、打扫自己的房间，摆好自己的衣服，吃完饭收拾和洗碗；学习上遇到了困难要开动脑筋、多思考，不要动不动就去问别人；父母工作忙的时候要学会做饭，等等。生活中的点点滴滴，都可以当成锻炼自理能力的机会，不能事事都依靠家长来解决。

杜绝任性的“大小姐”

如今，已经有越来越多的女孩开始暴露出情绪不好之类的问题，而且平均年龄呈现逐渐下降的趋势。有的女孩以自我为中心，只要有什么事情不合心意，马上就会摆出一副闷闷不乐的样子；有的女孩脾气暴躁，只要是看到让她感到心烦的事情，脾气往往一触即发，就像拉开了炸药包。这些女孩的普遍特点是自制能力较差，而且攻击行为比较多。

小豆豆班上的同学都有恐龙拼图，但是小豆豆没有，她央求妈妈也给她买一套。妈妈对小豆豆说：“你有很多套拼图玩具了，为什么还一定要恐龙的呢？我们不买了好不好？”小豆豆听了妈妈的话，感到很委屈，一个下午都不和妈妈说话了。

西西的小伙伴来到她家里玩，抱着妈妈新给她买的绿青虫大抱枕不肯松手，西西不乐意了："把它给我，这是妈妈给我买的。"小伙伴不依不饶："我喜欢这个，你让我多抱一会儿吧。"西西生气了，最后两个人吵了起来。

这就是女孩，她们会因为种种原因而闹情绪，如果妈妈没有给她们买到想要的玩具，她们会不高兴；如果爸爸没有给她讲故事，她会不高兴；如果妈妈做的饭不好吃，她会不高兴；如果和小朋友在一起没有抢到玩具，她会不高兴……面对容易产生不良情绪的女孩，家长的处理方式如果不恰当，则容易使女孩形成不好的性格：一则会变得我行我素，无视周围人的反应；一则会变得愈加的孤僻和封闭。

这个时候，家长那些说教会显得苍白无力，女孩的脾气不会因为你说了一句"不要这样想"而消失。这个时候，我们要尊重女孩的感情，了解女孩的心理，我们应该明白女孩天生就是敏感的。在女孩闹情绪的时候，我们先不要惊慌，也不要急躁，更不要凭主观的意志强行阻止，而是要用柔和的方式来慢慢对女孩进行疏导，宣泄不良情感，安抚她的情绪。还可以用其他的事物来转移女孩的注意力。

关注女孩成长过程中的反抗期

在对待女孩任性的这个问题上，家长应该充分理解女孩的生长发展规律。在女孩的成长过程中，4 岁是她的第一个反抗期。这个时候的小女孩不像以前那样乖巧听话，开始出现摆脱大人约束的迹象，看上去好像是故意在和爸爸妈妈作对，而实际上却是一种正常的心理反应。这个时候，如果家长总是不分青红皂白地对女孩横加干涉或者是责骂惩罚，女孩可能表面看上去听话很多，但是自尊心和自信心会受到很大伤害，独立性的发展会停滞不前。父母应该在关注女孩反抗心理的同时注意因势利导，对女孩给予充分的鼓励和满足。

对于女孩的任性行为要理智看待

当女孩提出过分以及不合理的要求时，家长们应该注意要采取积极正面的教育方式，在坚持原则的前提下帮女孩摆明道理，让她能够心服口服。而一个孩子的是非观念也正是在学习处理各种具体事情的过程中逐渐形成的。所以，当女孩出现任性的状况时，家长可以采取转移重点、适当惩罚、冷静处理等办法将问题圆满解决。

"富养"女孩的几个关键词

美丽：一个女孩就是一道风景

当代著名作家冰心曾经说过："世界上如果没有女人，那么这个世界上至少会少十分之五的真、十分之六的善和十分之七的美。”虽然这样的说法很感性，但是大家依然公认女性会比男性更能代表“美”这个概念，而女孩更是和“美丽”紧密相连的。

世界上没有两片相同的树叶，也没有两个有着同样风姿的女孩。女孩的美有很多种，有的女孩天生沉静，犹如一潭湖水；有的女孩天性活泼，好似爽朗的春风；有的女孩温柔可人，就像是西湖边上绵绵的细雨；有的女孩聪明隽秀，像天上一颗闪亮的星；有的女孩淡雅大方，犹如高洁的百合……每一个女孩，带着各自的气质与风采，成为了城市角落中的独特风景。看看我们眼下的女孩，她也一定有着一种独特的美——即便她不漂亮。

历史上曾经有过数不胜数的美丽女子，她们犹如是人间的精灵，倾国倾城的容貌让人感受到生命中的美是那样的动人心魄。

荧幕上的经典绅士格里高里·派克，毕生都记得第一次见到“天使”赫本的情景。那是1952年的一个清晨，《罗马假日》即将开拍，36岁的他见到了23岁的她，怦然心动……这是一个多么柔美娇羞的女孩啊，白底黑条裙装，宽松的裙子在腰部收紧，黑色的宽腰带紧紧束住她的纤纤细腰，仿古青铜长方形腰带扣飘散着一份淡淡的古典情韵，衬托着她的静谧、娴雅、悠然……她轻盈的腰肢与宽阔的裙摆形成巨大的反差，使整体涌动着一种撩人心弦的旷世美丽。

她如人间的仙子，扑闪着深如碧潭的大眼睛，袅袅娜娜地对着众人宛然一笑，身上青春的气息与纤尘不染的高贵立刻迎面扑来，空气中马上飘散出一股百合的芳香，让人的心灵变得好似海潮刚刚退去的沙滩，温暖而柔软。

《罗马假日》的公映，让赫本一夜之间从山野间一朵羞涩的雏菊变成了荧光灯下最耀眼的玫瑰。那个楚楚动人的安妮公主，外貌优美脱俗，体态轻盈苗条，一头黑色短发，在金发性感女郎风行的年代，吸引了世人。“赫本头”表现出的天真无邪一下子成了国际流行的发式，无数少女趋之若鹜地模仿着这位绝世美人的一颦一笑。一时间，赫本成了国际知名人士，全世界都在狂热地播放她的新闻，大量的报纸也欣喜若狂地赞叹她的美貌、活力、妩媚与典雅。

现实生活中的父母可能会说，“我不希望自己的女儿太过于耀眼，就是希望她能够做一个普通的孩子，能够平平安安就很好了”。实际上，抱有这样想法的父母可能还不知道，这是对女儿的一种不负责。有的父母认为女孩子在年龄还小的时候不要去刻意打扮她，甚至有的父母故意不让别人赞扬女孩的美貌。实际上，美丽也是女孩心灵的一剂滋补品，就算是个小姑娘，其实也不例外的。

让女孩整洁利落

中国以前有句谚语说：“即便是穷人家的女儿，也要把头发梳理得干干净净。”

女孩子打扮自己不一定要多么花哨，衣服以及饰物贵在与自己的身份相称，并不是说越华贵越好。所以，家长要教育自己的女孩，不必追求奇装异服，只要干净整洁、落落大方就是最美的女孩。

嘱咐女孩要做到语言美

可以想象，如果一个女孩从头到脚给人的感觉都很舒服，结果突然从嘴里冒出了一口脏话，那这个女孩的印象分一定会大打折扣。所以，语言是一个女孩的“软外表”，同样是女孩的门面，所以不容忽视。仪态大方、彬彬有礼的女孩才是真正的美丽女孩。

知性：内在的美丽永远比躯壳可贵

如果说，女孩的青春美丽能够让她得到难得的机遇或者是挑战的话，那么知性就是能够留住这种机遇、迎接各类挑战的神奇魔法了。一个女孩一旦拥有了知性力，那么她的能力和魅力都将成倍地增长。

知性的女孩具有一种独特的聪明，大气而不平庸，是灵性与弹性的结合。具有知性魅力的女孩有人格的魅力，同时有着女性的吸引力，更有感知的影响力。

知性的女孩具有以少胜多的智慧，她凭借着一举一动、一言一语的优势，展现出的是至善至美，如百合花一般的高洁。

知性的女孩很少具有那种性感、热烈的美，也不是那种纯粹的清纯、可爱的美，她们的那种美是美丽与气质的综合，或者是从容淡定，或者是优雅大方，或者是低调冷艳，或者是淡定恬然。

能够在眼界开阔的情况下自己来把握人生的命脉，才算得上是知性。

要让女孩的生命中多一点知性，并不容易做到。一个极富知性的女孩，需要的是饱满的见识、可叹的经历和睿智的思考。

尊重孩子的独立人格和自我意识

女孩年龄增大之后，自我意识会逐渐增强，她们会提出“我自己来做”的要求，并跃跃欲试地尝试着做每一件事，这是女孩心理发展到一定阶段的正常现象。可是父母却总是生怕她们做不好，总是包办代替，从而剥夺了女孩学习与锻炼的机会。作为家长，应该支持女孩提出的一些要求，比如她想独立把自己的房屋格局改造一下，给女孩做事的机会，也体现出对女孩的信任。

尊重孩子的个性和选择

女孩的性格是多样的，父母们要尊重女孩独特的个性，而不应该以所谓的“规则”对孩子的个性进行评判。明智的家长应该不反对女孩玩冲锋枪，不抱怨这样的女孩疯疯癫癫。让女孩做自己喜欢的活动，而不要根据父母的兴趣爱好来选择，因为那样极容易使女孩丧失个性。聪明的父母是尊重女孩个性的父母，凡是女孩能做的事情，一律让女孩自己去做。

眼光：让女孩淡定地面对整个世界

一个曾经博览群书、走遍四方的女孩，绝对不会给人“小家子气”的感觉。著名的学者阿基米德曾经说过：“多看，多听，多接触，你就会成为智者。”我们父母在教育女孩的过程中，不仅仅要关心女孩是否吃得好、穿得好，还要多多注意女孩的心灵境界，注重女孩的品位和眼光。多给女孩创造一些增加阅历的机会，无疑有助于开阔女孩的眼界，成为一个“站得高，看得远”的优秀女孩。

在女孩小的时候，尽可能制造一些让女孩外出增长见识的机会，其实是挺重要的。在行走的过程中，女孩看到了更高的山，看到了更宽广的河，她的心中也就装下了更大的气魄。也可以带着女孩去乡下体验生活，去看看那里的生活，看看那里的交通工具，看看那里的生活方式。

也许有的家长会觉得：这样的做法大可不必，因为在女孩年龄还小的时候，带着她去也许她什么都记不住呢。而实际上，这是教育观念上的一个误区。

小孩子是敏锐的，无论让她做什么，她都可以记住。

罗罗的爸爸在每次出差的时候都尽可能带上她，让她多接触一些新鲜的环境。回来的时候，家里的叔叔问她：“罗罗，你暑假的时候去哪里玩了？”

“爸爸带着我去上海了。”

“上海好玩吗？”

“好玩。”

孩子的回答如此简单，给人的感觉好像她就只知道这么多。但是这样一种无形的积累，使罗罗的优势在不经意间体现出来了。

有一次，叔叔教罗罗和大她1岁的哥哥两个孩子学习英文单词，在讲到地铁“SUBWAY”的时候，罗罗轻而易举地就记住了，但是哥哥无论如何就是理解不出来。罗罗说：“我在北京、在上海都见过地铁，就是那个在地底下走的一长串的车。”

这就是见识宽广无形中带来的优势，和其他同龄的女孩相比，罗罗的思维较为广阔。可是见识并不是临时学的，而是长期积存的结果。

曾经有一位小学老师说过：“经常去各地游玩的孩子学习成绩可能并不出色，但是她们的作文会比一般的孩子写得好，因为有东西可写。”还有一位家长提到自己的孩子说：“我女儿钢琴弹得很好，作文也很好，她写出的文字就如同琴谱的节奏一般有着动人的韵律。”

帮助你的女孩增长见识吧，她将会收获无形的财富。

开阔眼界，让女孩在玩中增长见识

女孩经常会对新鲜的事物表现出强烈的好奇，会提出很多让家长无法解释的难题。所以，家长可以增加带她去参观科技馆、名胜古迹的机会，鼓励她勤于观察和思考。在游玩的过程中，如果家长发现自己的孩子对某些事物感到有兴趣，就可以针对那些事物恰如其分地对女孩进行讲解，但是要注意准确性。

鼓励女孩养成勤于观察的好习惯

父母们要明白，对于女孩的培养，除了带她游玩之外，更重要的是帮助女孩学会观察，帮助她获得一些知识。比如说在带着女孩观察植物的时候，就要提醒女孩对不同的花、不同的树进行区分。观看动物的时候也要如此，这样做的目的是可以培养她们比较与鉴别的能力。

父母要先使自己成为有见识的人

作为父母，我们自己要多学一点知识，然后才能对女孩提出的问题给予正确的回答。父母的回答一方面可以满足女孩的好奇心，另一方面可以使女孩更加愿意去充实自己，感到和父母一同增长见识是一件愉快的事情。

温柔：女孩特有的无敌“杀手锏”

曾经有一位诗人说过：“100％的智慧加上100％的漂亮也比不过1％的温柔。”女孩的魅力缘自温柔。在古希腊的神话中，智慧女神雅典娜所扮演的就是一位温柔与智慧集于一身的形象。温柔，是女性不可缺少的基本资质与品性。

当然，千万不要以为温柔就是嗲声嗲气，这是故作姿态，是一种假惺惺。要知道温柔也是有真假之分的，假温柔的女孩装作娇羞的样子会让人不禁退避三舍，而真正的温柔是一种性情，是骨子里的一种真诚善意。

有人将温柔比喻成水：看似绵软柔弱，但是却含力源源，不可切断。老子说过，上善若水，水是世界上最为神奇的物质之一，可以适应任何环境而变换；看似是世界上最柔弱的水，却可以将山崖拍打成为绝壁；水是生命之源，有了水，万物获得了生的可能。而女性温柔的品格正应该是水的品格。

著名的学者朱自清在他的散文《女人》中对女性的温柔做过如下的绝妙描绘：“我以为艺术的女人第一是她的温醉空气，使人如听着箫管的悠扬，如嗅着玫瑰的芬芳，如躺在天鹅绒的厚毯上。她是如水的蜜，如烟的轻，笼罩着我们。我们怎能不欢喜赞叹呢？”由此可见，女性的温柔之美，是多么的让人陶醉，让人沉湎其中，是多么的令人神往。

日本女性的温柔世界闻名。她们的温柔体现在谦恭的态度、有礼貌的交流方式以及日常生活的各个细节当中，让人回味无穷，好评有加。温柔的女孩人见人爱。一个女孩，如果缺少了温柔，那将会使魅力减少，令智慧无光。

温柔还体现在性格的宽厚仁慈，一个温柔的女孩断然是不喜欢与人斤斤计较的。现在的社会中，女孩子很多都是毛毛躁躁，很难拥有温柔之气。

妈妈先要温柔，为女孩做榜样

在女孩心中，妈妈是与她最为亲近的女性。当女孩小的时候，她会模仿妈妈的一言一行：她会学着妈妈的样子给自己的布娃娃喂奶，也会学着妈妈的样子涂抹自己的脸。如果妈妈喜欢责骂她，她也会用相同的方式去对待小朋友；如果妈妈经常爱挑剔，她也会长成一位喜欢挑剔的女孩；如果妈妈很乐观，那么她也会乐观地对待周围的一切……所以，妈妈要重视自己的榜样作用，当一个温柔宽厚的妈妈，这样的话女孩就好教多了。

为孩子建立一个“好行为箱”

在传统教育中，一般来讲女孩所受到的表扬肯定总是大于批评的。在日常的生活中，父母要多给她一些鼓励，多给她一些表扬。父母可以找一个箱子，放在一个固定的地方，在箱子外面贴着“好行为箱”的贴纸。当父母看到女孩有了值得表扬的好行为时，就写在纸条上塞进箱子里。过一段时间，和女孩一起打开箱子，分享她的好行为。

理解孩子的善良行为

对于女孩来讲，心灵的发展才是最重要的，这就需要家长的理解。家长应该努力使自己站在女孩的角度，设身处地替她们着想。当一个女孩为她心爱的小鸡死了而悲伤难过的时候，这个时候父母就要表示出理解，因为这是女孩精心饲养的，这是女孩的一种善良的感情和对生命的热爱，应该给予一定地支持，千万不要粗暴地加以斥责。

充足的爱是女孩的“养料”

女孩的世界，需要不断确认被爱

佳佳从小就展现出了惊人的绘画天赋，妈妈帮她报名参加了一个绘画辅导班。佳佳的老师很喜欢她，经常在课上当着全班同学的面来夸奖她，还经常把她画的画贴在墙上展览。佳佳喜欢去上课，而且进步也特别快。

过了一段时间以后，美术班又换了一位新老师。这位新老师在上课之前已经对全班的学生情况有所了解，知道佳佳的绘画很好，不用特别操心。于是这位老师很少在课上去看佳佳画画，基本上都不怎么理会她。

渐渐地，佳佳觉得上课没有了动力，觉得这位新来的老师并不喜欢她，就开始想各种办法逃课。妈妈看出了佳佳的异常，就问她："最近为什么不去上绘画课呢?"

"妈妈，新来的老师不喜欢我。"佳佳委屈地向妈妈抱怨。

"你怎么会有这种感觉呢?"妈妈问道。

"因为以前的老师总是在关注我的作品，还经常表扬我。但是现在的新老师基本上都不理我。"佳佳撅着嘴向妈妈抱怨，看得出来，她十分在意老师对她的看法。

"老师不关心你，不一定是不喜欢你，也许她觉得你画得很好，所以就去照顾更需要帮助的小朋友。"妈妈善意地帮助佳佳分析。

"才不是!"佳佳伤心地大哭起来，"为什么以前我的老师就会很关心我!"

很多育儿专家会经常提醒年轻的父母，不要轻易批评女孩，因为女孩子更加容易不自信。有些时候，女孩会因为一些小事情而和父母大吵一架，看起来是那样斤斤计较，实际上这正是女孩正常的心理反应，和男孩相比她们有更加强烈的不安全感，需要更多的爱护，需要父母不断地对她们表达关心，她们对于爱永远有需求。

父母要多多表达对女孩的爱

在西方国家，父母在晚上临睡之前都会对自己的女孩说"我爱你"，但是在中国，能做到这些的父母很少。但是如果有一天，我们听到女孩对我们说"爸爸我爱你""妈妈我爱你"的时候，心中还是感到像是吃了蜜一样的甜。我们并不是不喜欢这种直白的表达方式，相信女孩也会喜欢。如果有一天我们对女孩大胆地说"我爱你"，女孩一定会很开心。

父母对女孩表达爱的方式还有很多，比如说平时经常给她一个拥抱，在女孩过生日的时候给她写一张贺卡，这样的做法都可以温暖女孩的心。

谨记：有一些话千万不要对女孩说

教育是一个循序渐进的过程，女孩的转变是一个潜移默化的过程，这个过程是在各种各样的生活细节中完成的，所以父母们一定要注意平时与女孩的对话方式。有的时候，父母无心说的一些话，会让女孩心里感到很不舒服。

"别人家的孩子一回到家就先写作业，你看你到了家，除了看电视就是玩游戏。"这种比较的话，会让女孩对父母有抵触情绪。

“你自己一边玩去，别添乱。”这样的话会让女孩在潜意识中将自己划作家庭的“编外人员”，不利于合作意识的形成，同时会打击女孩的积极性。

“你怎么这么淘气啊，看来是投错胎了。”这样的话最容易让女孩朝着男孩的性格方向发展。

“怎么总打扮得跟个妖精似的。”女孩最忌讳别人说自己不好看，父母的话说得太过直白，容易让她产生逆反心理。

父爱如山如海一般宽广

母亲对女孩的照顾更多时候是从生活琐事中体现出来的，而父亲对女儿的照顾则更多地体现在精神引导，很多女孩都是在父亲的影响下改变自己，比如著名主持人王小丫。

王小丫的父亲是当地的宣传部长，女儿的名字就是他给取的。小时候，经常有男同学追着王小丫喊：“你是一个树丫丫，你是一个脚丫丫。”多次被弄哭后，她强烈要求改名字，父亲没有答应，只是说：“你长大后会明白的。”

在教育孩子方面，王小丫的父亲非常注重言传身教，很少呵斥，而是用实际行动来影响、感染她。上小学三年级时，小丫发现父亲每天晚上都坐在书房里看书写字，有时家人都睡了，可父亲书房的灯还亮着，王小丫很不解，身为部长的父亲，为什么还这么爱学习？父亲在灯下伏案忙碌的身影深深刻在她心里，潜移默化中，王小丫晚上也开始自觉地看书学习，有时甚至暗暗与父亲较劲，看谁学习时间更长。勤奋的父亲是王小丫的榜样，她的学习成绩一天比一天好起来。懂事后，王小丫明白了父亲的良苦用心。

上初中后，父亲成为当地报社的总编辑。受父亲的影响，王小丫立志要做一名新闻工作者，高中毕业时，报考了北京某著名高校的中文系，但因几分之差与其失之交臂，最终被四川大学经济系录取。王小丫想复读一年再考。父亲认真开导她：“孩子，学经济一样可以当记者，将来做个财经记者也不错。”

父亲对她的影响不仅仅局限在简单的亲情之中，精神层面的更多。当别的父亲在关心孩子的吃穿时，父亲早已走进她的心灵，因此她也获得比别人更多的东西和感悟。她机智、圆润的主持风格中或许就浸透着父爱的影响。

一个女孩，她将来在社会中所需要的知识和沟通技巧大部分都是会受到父亲的影响，而且这样的影响力是持久而牢固的。父亲不仅是整个家庭的靠山，同时也是女孩的精神支柱。当女孩得到了充足的父爱之后，她更能长成一种刚柔相济的好性格。

有大量的研究资料表明：如果一个女孩在成长的过程中与父亲接触较少，那么她会明显比其他女孩发育得慢，而且不能很好地控制自己的情绪，这种症状，也有的专家称其为“缺少父爱综合征”。这样的女孩在身高、动作、智商等方面比其他的女孩发展缓慢，而且普遍存在焦虑的情绪和依赖性过重等特点。

父亲要主动发现与女儿的共同兴趣点

其实，在女孩的内心非常希望能和爸爸有机会一起活动，比如说和爸爸一起去旅行、一起去打球等等。这一点需要爸爸来主动发现，然后主动约女孩共同参与进来。与爸爸能够相处融洽的女孩会在成长的过程中显得更加自信，同时会产生更多的优越感。这些会让女孩感到自己有能力、有自信、有价值。

父亲不要对女孩过分严厉

女孩们从心理上来讲希望得到父亲更多的关注，她们希望父亲能够更多的来体会自己的感受。如果父亲对于女孩过分严厉，或者会经常对女孩表现出不耐烦，那将是对女孩自信心极大的打击。有的爸爸奉行“严父出孝女”的信条，对女孩太过死板，这样做的后果会让女孩对爸爸敬而远之。

母爱如月光一般温和

一般人都认为，父亲与女儿比较亲，而母亲与儿子比较亲。虽说没有什么科学依据，但是在现实生活中还真有这个规律。还有人说女儿就是父亲前世的情人，这样讲的话女儿与母亲就是前世的情敌。家庭中的母女关系，既有妈妈与女儿之间这样浓浓的血脉之情，女儿是妈妈的“贴心小棉袄”，同时母女之间也存在着水火不相容，甚至说出伤感情的话来。这样奇怪而有趣的关系，也许只有在母女之间存在。

现在以独生子女家庭居多，妈妈们不再像过去那样同时照顾好几个孩子，而是将全部精力集中在一个孩子身上。但是有时妈妈会有深深的感受，那就是为女儿做了很多，但未必会得到女儿的感激，更多的时候是“费力不讨好”。这让妈妈们感到无可奈何，很多妈妈想同女儿建立一种积极的母女关系，但是会发现自己的努力实在是徒劳。其实，妈妈们只要把握好同女孩的距离就好，你要努力地成为女儿最好的朋友，而并不是要为女孩去做一切。

至于朋友之间的分寸，那就是相互理解、支持与尊重，妈妈如果能够和女孩保持好这样的距离，相信母女关系会融洽很多。

在一个家庭中，妈妈与女儿相处的时间要远远多于爸爸，所以女孩对爱的需求在很大程度上是从妈妈那里获得的。妈妈们要想和女孩更好地交流，则有必要了解一些关于女孩的心理特点，因为这将大大提高妈妈与女儿的交流效果。对女孩来讲，她也需要一个懂得沟通的妈妈，她理想中的妈妈懂得她的需要在哪里，才会让她感觉舒服，才会成为她心中的“圣母”，才会让她有沐浴清凉的感觉。否则的话，妈妈那费力不讨好的催促和喋喋不休的唠叨一定会让女儿无比的厌烦，甚至会感觉自己是生活在噩梦中的。

举例说来，女孩与妈妈在一起聊天，她更希望得到妈妈的倾听，分享她的沮丧或者是开心，她需要的是妈妈态度上的支持而不是解决问题的途径。因为在女孩的思维里，只要将情绪发泄出来，问题就随之解决了。如果妈妈总是自以为是为女孩提供一连串的解决方案，那么女孩肯定不愿意再和你说了。

一个温和的妈妈，就是女孩最需要的妈妈。女孩最喜欢的就是这种善解人意且有修养的妈妈。

当然，仅仅做到这些还不够。“妈妈”是一门人生的大课，还有更多需要学习和理解的地方。

妈妈要努力让女孩感受到你很珍惜她

女孩更希望自己能够得到周围人的珍视。如果一个女孩发现自己在被人珍视和喜爱，她将有一种莫名的满足感。如果女孩可以从妈妈那里得到更多的体贴，那么她会感到更多的安全感。比如说，当女孩请求你帮她做些事情时，如果你说“我很乐意去做”，她更能感受到你的那份珍爱。

主动和女孩分享她的沮丧与无助

当女孩在面对困境的时候，会变得不知所措以及情绪化，在她的内心也很希望有人可以了解并帮助她。这个时候妈妈就应该过来主动和她一起谈论一些问题的细节，和她一起分享沮丧的情绪，这样女孩就不会觉得自己很孤单，反而会感到快乐和舒服。

爱现实中的女孩，而不是你所期待的女孩

每个人都有自己的一套世界观，女孩也同样有自己的一套价值观。也许同样的一件事情，在某些人看来不值一提，但是在另一些人看来则意义非比寻常。人们都习惯于按照自己的理想方式来做事，反而忘记了对方的感受。比如有的爸爸妈妈，如果总是将个人的世界观用到教育上来，那将是一件很麻烦的事情。

也许在你心目中最优秀的女孩应该是安安分分、规规矩矩的，但是你眼下的女孩却是一个喜欢大吵大闹的黄毛丫头；也许你觉得真正的淑女应该是能够上得厅堂下得厨房的那一种，而你的女儿恰恰是那种“假小子”脾气。这个时候，很多父母在感情上就比较难以接受了。

爱你的女孩，并且接受你眼下这个真实的女孩，这对于父母来说是一件难办的事情。因为我们都希望将女儿调教成为自己理想中的那个女孩。当我们发现女孩身上出现了一些被我们视为“缺点”的东西，有的父母就开始“耿耿于怀”，强

行将女孩往自己所要求的道路上引。

而在现实生活中，许多父母都在以“爱女儿”的名义为女孩编制各种梦想，不给她们自己规划未来的机会。一句“我这都是为了你好”就将这种剥夺女孩权力的行为名正言顺地合理化了。但是，父母在独断的同时看不到女孩内心的反抗，这样做的后果很可能使女孩的实际情况与你所期望的南辕北辙，最终使亲子关系越来越糟。

从现在开始停止对女孩的各种幻想吧，请爱你的女孩，爱她真实的样子。这世界上成功的路不止一条，每个女孩都有她独特的生命轨迹。支持她走自己的路，风光无限将更加值得期待。

不要把女孩的成功当做是你的成功

很多家长在潜意识中都有一种“补偿心理”，所谓的补偿心理就是当他们自己无法实现某种愿望的时候，就希望通过别人实现来使自己的内心平衡。在现实生活中很多父母会不知不觉地对女孩产生这样的心理。女孩是女孩，你是你，如果父母们可以看清这一层关系，那就让自己理智的来看待问题吧，不要按照你的想法给女孩设定太高的目标。

父母们可以回想一下自己的童年及少年时期

父母可以想想自己小的时候，可能还会有这样的回忆：“我小的时候很想去学习技术工，但是妈妈不让”“我讨厌妈妈把她的想法强加给我，也不喜欢爸爸给我的压力”。父母在这种回忆中，就能够做到“己所不欲，勿施于人”了。一个合格的父母懂得包容女孩的价值观，懂得放低自己做女儿坚实的后盾。

第六章　心平气和的慢养——让女孩的芬芳静静散开

养育女孩切忌急功近利

重读卡尔·威特：教育要远离功利

在早期教育领域，有一个人是不能不提到的，他就是卡尔·威特。这位德国乡村牧师的教子经验，受到过中国图书界的广泛推荐。卡尔·威特的教子经验之所以能够得到大众的热捧，这其中必然有大家都感同身受的道理："非功利教育"的理念就是其中的亮点。

卡尔·威特在他的书中非常强调自己的教育理念，就是将孩子培养成为一个"接近完美的人"。在他看来，那些接受了片面教育的偏才和高分低能的儿童都是"俗物"，一个真正的天才应该是身体和心灵都得到健康发展的人，要让孩子做到全面发展，家长首先就必须抛弃功利性的教育思维，杜绝将孩子培养成"供人观赏的玩物"。他在书中记叙了这样一段耐人寻味的故事。

十多年前，报纸上报导了一个"神童"的事迹。据说一名叫里斯米尔的小男孩在绘画方面有超人的天赋，这件事引起了我的注意，我特意去访问了这个孩子。

在他父亲的引见下，我看到了里斯米尔所获得的各种荣誉证书，但是在我走进房间之后，里斯米尔始终坐在墙角一动不动，似乎没有注意到我，两眼无神而茫然地盯着前面的石膏像。

里斯米尔的父亲赶忙解释道，小里斯米尔正在思考他的作品。"卡尔博士，我为了让儿子成为一名伟大的画家，一直对他要求很严。你也看见了，他无时不在考虑绘画的事。可以这样说，他的那些成绩完全来自于努力和勤奋。"

这件事对卡尔·威特的触动很大，这个孩子在父亲长期的"强行教育"下，已经变成了只会画画的机器。老威特一直相信，孩子需要全面的发展，当他看到那位神情痴呆的"绘画天才"的时候，他断定这个孩子的大脑发育是不健全的，将来未必能有所成就。

"我暂且不说要将孩子培养成完美的人，仅就艺术来说，在那种方式下里斯米尔根本就不可能学到真正的艺术。真正的艺术家，都是些博学、有丰富知识的人。他们不仅多才多艺，而且充满智慧；他们有思想也有生活的乐趣，那些创作手法只是他们表现自己的一种手段罢了。然而，里斯米尔所受到的教育完全是舍本逐末。我能判定，他不可能成为一个真正的艺术家。”

据说后来的事实也应了老威特的结论，几年后里斯米尔的“天才”便不复存在了，人们也没有见到他们所期望的这位“天才”有任何的成就，在平庸的生活中，里斯米尔成了实实在在的一个平庸者。

就因为父亲对绘画天才的向往，一个孩子从健康活泼的儿童变成了对生活毫无感知的木偶，这样的故事听起来让人感到沉重。但是这样的悲剧，也在我们的生活中上演着，父母为了将孩子推上各种荣誉和头衔的位置，不惜大刀阔斧地改造孩子的成长空间，让他们向着自己满意的方向生长，结果养出一盆盆“病梅”，满足了观众的眼睛，却捆绑了孩子的天性。

正如老威特所说，真正有意义的教育，应该着力于对孩子本身的培养，抛弃种种功利性，以合理的方式开发出他们潜在的能力。如果仅仅是为了实现父母的愿望，教育将变成可怕的改造人的手段，孩子的一生都将生活在痛苦当中。

对孩子多一点包容

女孩在幼年的时候，可塑性是很强的，不管怎样的缺点都可以纠正过来。所以，当父母发现女孩的缺点时，不可以一味地嘲讽奚落，而是应该包容孩子、安慰孩子，然后再帮助她分析问题、克服缺点。在帮助女孩指明缺点的时候，最好是先夸夸她的优点，这样把女孩“精神麻醉”一下，再接下来说她的缺点，她就容易接受了。比如女孩粗心，家长就可以先说她做事很果断，是个大优点，只是再细心一点就好了。用这样的方式来包容女孩的缺点，还可以帮助她改正缺点。

对孩子的表现耐心三分

无论任何事物，只有积累到一定量的时候才可能发生质的飞跃。女孩的成才成长也不例外，不可能一蹴而就，需要一定的积累与储备。所以父母不要急于求成，女孩的成长是需要时间的。如果女孩弹琴一遍两遍不成，三遍四遍进展还是不大，请不要急躁地用“笨”来给女孩定性，给她们时间去体味，去领会。不要总是嫌女孩动作慢，这样不利于女孩的潜能发挥。

“不教”的教育最美妙

叶圣陶有一句脍炙人口的名言：“教，是为了不教。”这句话不仅是对为人师表的教师说的，更是对广大家长说的。

易中天也说过：“教育的根本目的是实现人的全面自由发展，让人更像人，而不是像工具，或者是机器上的一个部件。”

在女孩的教育中，父母最重要的是营造一个宽松、自由、民主的氛围，让下一代自由成长。“因为每个人只有一个人生，人生道路只有自己选择，别人替代不了。”易中天说，“最好的家教就是不教育”，并不是说要放弃家教。

对家长而言，不教就是什么都不做吗？当然不是。不教，不意味什么都不做。我们要做的就是提供一个良好的家庭环境，注意培养孩子们的各种生活习惯，引导孩子们学会生活和学习。在家庭教育中，易中天自称“一等爸爸”，为达到“不教”的目的，易中天首先从身教开始。

有一次，当他的女儿经过仔细分析后，决定立志成为一名优秀设计师，就委托老爸抽空对有关学校实地考察。易中天花了近一年的时间把女儿考虑范围内的北京、上海、广州、南京等地近百所高校跑了个遍，并实地拍摄了这些学校教室、宿舍、食堂、学生状态等音像资料，还列出了这些学校近年来在福建省招生的排行榜。资料整理好后，他交给了女儿，便不管不问任其选择了。在这里，易中天这个“一等爸爸”对女儿委托的事情做得如此之细，考虑得如此周到，就已经身教到家了。从易中天的行动中可见，他所说的“最好的家教就是不教育”，实质上是表达了“最好的家教是身教”的观点。

相对照易中天的这种“不教”教育，现实中有不少父母和学生处于烦恼之中。有些父母经常抱怨，孩子有时太依赖父母。孩子对别人、对父母存在一定的依赖性是非常正常的现象，甚至是健康的，但存在一个“度”的问题。作为父母，就应当正确地帮助孩子掌握这个度。

总而言之，家长在教育女孩成长的过程中，不教中有教，其高明之处在于顺其自然，因势利导，启发培养女孩的学习兴趣和自觉，让女孩自觉成才，自觉成长，而不是强制、苛求，这样的教育才会结出丰硕的果实。

培养女孩的独立性，从读书学习做起

许多的父母常常会有这样的感慨：“现在的孩子读书，大人比孩子还要累。”因为许多父母甘愿赔掉一切去做孩子的“陪写”。而实际上，父母的陪写不仅是一种吃力不讨好的事情，而且对孩子来讲也是有百害而无一利。这样的做法极容易使女孩产生依赖情绪，懒得动脑筋。

家长要时时反省自己的行为，其实在很多时候父母的某些行为纵容了女孩的不良习惯。美国的社会行为研究专家库柏教授曾经说过：“学生家庭作业的真正目的，并非使学生很快地提高成绩，而是促使他们养成积极的学习态度和良好的学习习惯。”所以，应该教会给女孩学习以及思考的方法，让女孩成为学习的主人。

努力帮助孩子发挥优势

很多家长都在犯这样一个错误，就是拼命地把精力放在弥补孩子的短处上，

不妨转变一个角度来看待问题，“长相出众爱蹦爱跳嘴巴又甜”，这也许正是孩子的最大优势，为什么不把主要的精力放在发展孩子的优势上呢？努力朝这一方面引导，说不定孩子的艺术天赋就出来了，有几个歌唱家是数学天才呢？所以从现在开始，仔细地观察孩子，看她最感兴趣的是什么？她学得最快的是什么？她最大的优势是什么？找到了并努力地发展，很有可能就为孩子找到一条阳光大道来，并且让孩子重新找回自信：自己还是可以在某一个方面出类拔萃的。

慢养需要包容与支持——女孩的个性发展高于一切

“今天妈妈给你报了个辅导班，以后要好好听讲。”

“听说画画很能培养人的艺术修养，明天给你请个美术老师。”

“隔壁阿姨给他儿子买了架钢琴，妈妈也给你买了把小提琴，好好学，超过他。”

在长期的家庭教育中，没有哪位父母不是“望女成凤”，也没有哪位父母不想给自己的女孩创造最好的条件，就算自己再辛苦，也不能让孩子输在起跑线上。

诚然，父母对女孩百般的爱我们不可否认，但是当我们一心想把女孩培育成大树的时候，却忘记了女孩是一棵什么样的树，她的成长需要什么样的土壤。并非所有的女孩都是挺拔的杨树，也不全是高昂着头的橡树，也许只是一棵摇曳多姿的柳树。

陶行知说过，养育一个孩子同种植花木是一个道理，首先要能够认清花木的特点，区别不同的种类和生长习性，然后再分别给予施肥、浇水栽培，这就是“因材施教”的道理。好比说松树和牡丹花的生长习性不同，所需要的肥料也不同，如果你要是用培养种植松树的肥料来培养牡丹，那么牡丹就会瘦死；反之，如果你用牡丹的肥料来培养松树，那么松树会受不了，会被烧死。培养一个女孩，我们也要具备这种园丁般的眼光，首先是要认识她们，发现她们的特点，然后给予适宜的肥料、水分和阳光，并且除去害虫。只有这样，女孩们才能够欣欣向荣地生长，否则会枯萎。

一个女孩，能够拥有良好的个性是成功人生的开始，所以我们的教育应倡导个性化教育，鼓励女孩学会独立思考、合理想象；提倡“异想天开”，允许“标新立异”；克服女孩思维单一化的倾向，启发女孩用自己的眼光去观察，用自己的脑子去思考，用自己的心灵去感悟，最后用自己的方法去解决，而不是一味以老师和家长的眼光、书本的角度来替代。

要知道，不同的女孩有各自不同的个性。许多家长觉得自己女孩的个性是天生的和无法改变的，其实并不是这样，个性固然是生理基础，但主要还是在于后天的生活实践和环境影响下形成和发展起来的。那么，要怎样培养女孩的良好个性呢？

家长要引导女孩结合自己的特点来选择学习的方式

每个女孩会因为家庭环境的不同以及自身原因，有着不同的学习习惯。她们拥有不同的爱好、能力、素质和性格特点，所以有的女孩喜欢通过做题来强化自己的知识，有的女孩喜欢独立学习，静静思考；有的女孩喜欢通过实际交流来练习英语，而有的则善于通过阅读增加词汇量；有的女孩喜欢课外学习美术，但有的女孩对美术并不感兴趣。因此，家长千万不要有盲从心理，误导女孩。

为女孩改变自己的个性创立好的条件

良好的环境是女孩成长过程中不可缺少的外在因素，还可以改变女孩的个性。如果你发现你的女孩不爱表现，容易被人忽视，就应该考虑到这样会对她的成长不利。这时必须要寻找机会，与她一起聊天、做游戏，并从中发现其兴趣，表扬她、肯定她，你会发现她变得自信起来。所以，要想让女孩有一个良好的个性，就必须创建良好的外部环境，让女孩在和谐愉快的环境中健康成长。

人是早产三年的动物

婴儿刚出生的时候，腿不会走，手不会拿，嘴不会说。因此，我们常认为婴儿的身体是极不完善的。其实，婴儿真正软弱的不是身体，而是大脑。由于大脑发育得不完善才无法协调身体，而其他动物出生后，之所以能在极短的时间内同成年动物一起活动，原因在于它有一个已经成熟到和成年动物差不多的大脑！

婴儿从一出生，就具有觅食反射、吸吮反射、握持反射、拥抱反射、踏步反射和交叉伸腿反射等100多种神经系统的反射，婴儿的这些功能同动物相比丝毫不会逊色。而婴儿与其他动物相比，明显不同的就是大脑的发育程度。很多动物在刚刚出生的时候，它的大脑就已经接近成年水平，但是婴儿的大脑在一段时间里，只是胎儿脑发育的继续。例如，人在婴儿期有感受，却对自己的这段时间的经历回忆不起，就像回忆不起胎儿期一样。这个奇特的现象，表明人类的前3年仍是环境的胎儿，同胎儿并没有多少区别。

专家们发现，智商测验对年龄大的人来说或许是稳定的，对于越是年龄小的孩子，其准确性越是值得怀疑。例如，一项对152个孩子从1岁零9个月到18岁期间的智商进行的多次测试，其中有两位的智商增加了70和79分。对学龄期的孩子测试也表明这样，对学龄前孩子更是如此，如2岁孩子的智商值和他5岁时的智商之间，只有很少的联系；而同十几岁时，几乎就没有什么联系了。

这种智商值的变化，正说明孩子实际智力的变化。3岁前的孩子，智力还没有发展起来，就如去测试胎儿的智商一样，怎么可能得出比较准确的数值？

人的大脑不仅是早产的，而且这种早产还是有时间限制的，那就是3年。超过了3年，人的大脑基本发育成熟，可塑性大为减少。越是年幼，大脑的可塑性越强，以致能变成兽脑，印度的狼孩就是一个例证。

在人的一生中，出生以后的头几年是形成正常个性和心理机能最重要的时期，此时脑的正常发育，特别是周围环境的影响，决定了他今后心理发展的方向。他事实上仍然处于胎儿期，从子宫中的胎儿变成怀抱中的胎儿，如同试管婴儿一样不过是换了一个环境。人脑犹如更高级的电脑，它有着强大的兼容能力，如果植入狼的环境就成了狼孩，植入了熊的环境就变成了熊孩……

但是，一旦过了这3年，人脑就从环境子宫里分娩出来了，这时的大脑就已基本成熟而不再会发生大的变化了。

不要过早地为女孩贴上标签

既然人脑是早产3年的，那么在女孩刚出生的时候就为她贴上“聪明”和“普通”的标签都为时过早。如斜视和立体盲者，如果在3岁前矫正，其立体感就可恢复，而超过此年龄，婴儿将成为永久性的立体盲者；再如聋儿如果在1岁前发现，给他们安上助听器，他们就能正常地学会语言发音，但是过了3岁，他们学习发音就会变得十分困难。在这3年里，父母完全可以利用有效的教育来为女孩健脑，也就是说，如果大脑在母胎中没有获得良好发育的话，那么是完全可以通过后天获得补救的。

家长要正确看待女孩的前3年

父母应该珍惜女孩出生的前3年，因为此时正是女孩的大脑可以急促发育的最佳时机，通过早期的教育和引导，完全可以将女孩培养得健康聪明。然而怎样科学合理地对女孩进行早期教育，正是家长们需要学习和探讨的关键。

跟上孩子的脚步

很多家长会觉得，女孩在出生之后犹如一张白纸，需要父母将好的理念和知识传授于她。这样的观点更深一层的含义就是：女孩本身并不具备主观能动性，父母决定了女孩将来的性格和能力。因而当一个家庭里产生出一位杰出人物的时候，父母总能够非常积极地讲述这个孩子成长的过程与经历，然后会一再强调：“其实我的孩子很普通，是我们一手将她带大的。”言外之意，孩子的成功无一不是受到父母的熏陶。这实际上是一种变相的自夸，家长将孩子变成了自己炫耀的资本。现在，市场上又有很多畅销书，并且拥有数量不菲的读者。很多在教子方面遇到困难的家长们看过之后，常常会产生一种“我要教育出一个天才”的豪情，将自己在教育方面的失败体验都化为一股改造人的豪情，并计划在下一步开始对女孩的全方位“整改”。

女孩的心灵真的只是一张白纸吗？她的本真在哪里？真的就如同我们所说的那样，她从出生就是一无所知，与生俱来的只有空壳吗？

当一粒种子在还没有成熟的时候，它不能发芽抽苗，但是一旦它完全成熟以后，就能够利用空气水分，长成一棵大树。同样，当女孩在母亲体内成长的时候，还是一个不健全的“人”，大脑和器官都在向适应外界环境的方向发展，一旦十月怀胎期满，女孩从母亲体内分娩出来，她其实就具备了学习、思考的条件。她需要的不只是简单地灌输知识，而是父母给他提供“阳光”“空气”和“土壤”，让她得以按照自己的规律成长起来。这个道理，在生物界中显得尤为明显。

刚刚出生的幼蝶必须吃到最嫩的叶子才能长大，而蝴蝶是不会给幼蝶喂食的，那蝴蝶怎样保证孩子成活呢？母蝶在合适的季节将卵产在树杈中间，等到幼蝶破茧而出的时候，天生对光线的敏感直觉会引着它朝枝头爬去，那时刚好是植物开始抽芽的时候，而枝头的枝叶一定是最嫩最适合幼蝶食用的。但是对光线的敏感性并不会永远伴随蝴蝶，一旦它长大可以吃一般的叶子时，那种敏感性也就随之消失了。

刚生下来的婴儿，实际上各种反应能力都不输于正常的大人，这些反应的能力就如同幼蝶对光线的敏感性一样，是一种成长的本能，也是成长的规律。既然我们从来不担心女孩的身体不能长开，从来不担心剪掉的头发不能再生，我们为什么不相信女孩的心灵也有自然舒展、成熟的能力呢？

曾经有心理学家研究过，儿童在 3 岁前掌握的知识量，成人需要 36 年的努力才能完成同等比例的知识量。如果不是儿童自身有成长的规律，哪个父母可以一字一句地教给女孩她所要掌握的知识。如果所有东西都只是父母的教育成果，那人的说话时间可能要往后推到 10 岁甚至更长。

人的成长过程实际上是一个心灵的成长过程，智力只是心灵成长中的一个环节，它依附着心灵的成长。父母需要做的，就是去感觉孩子的成长规律，遵照这个规律来为她及时地提供成长的条件，让她自然地成长起来。一旦孩子的规律遭到破坏，比如完全只关注知识的积累，那么孩子的心灵就会受到影响，她的整个发展都不会正常、健康，就像感情上没有依托的贝多芬那样。因而父母要做孩子心灵上的仆人，而不是主人。

永远别说伤害孩子的话

很多父母在对待女孩的时候，颇有大军阀张作霖“我说你行你就行，不行也行；我说不行就不行，行也不行”的作风，诸如“妈妈说了不准就是不准”“爸爸叫你怎样你就怎样”。这样一种粗暴的语言，将会极度地伤害女孩的自尊心。父母可以告诉女孩“那样做不是特别好”“这样做会更合理一些”，同时在讲述的过程中配以适度的表情和身体姿势，女孩会从父母的表情中察觉出自己有哪里做得不对。但是，千万不要过度夸张、恐吓孩子。

鼓励就是阳光

任何一个女孩都离不开鼓励，就如同植物离不开阳光一样。当一个女孩被鼓励的时候，也就有了接受挫折和失败的勇气。鼓励女孩的时候，千万要记住的是不可以过分地夸奖她，这样容易使其产生骄傲情绪，鼓励的目的是让女孩坚信自己的努力不白付出，相信自己的能力。父母可以对女孩说“继续下去，你会成功的”“妈妈很为你高兴”，这些鼓励性的语言可以使女孩感受到自身的价值，并且体会到努力付出收获的乐趣。

启蒙教育要慢慢来才稳妥

达尔文与《物种起源》：成功不能一蹴而就

抛弃功利性去教育子女，做出一两件事来，可能并不难；但是如果要自始至终地秉承关照女孩心灵的教育思想，对很多家长来说并非易事。因为非功利的教育首先关注的是女孩本身的成长节奏和需求，可能不会让女孩在短期之内有学识上的进步。而社会会给家长诸多压力：特长生潮流、高分名校情结、就业竞争激烈等等，在讲求效率和速度的现实面前，家长未必能够稳住阵脚。

我们相信，心胸的大小决定一个人事业的大小。在决定女孩心胸和视野的宽度和深度的少年时期，她最大的收获关键不在于有多少荣誉证书，而是学会今后做学问、做事情的道理和方式。因而早期教育就需要家长接受一个事实：非功利教育的成果不会立竿见影，但是它是成功的基础。

据统计，1500～1960年间，全世界1249名杰出科学家和1928项重大科研成果的创始者在年龄上有一个阶段划分：科学创造的最佳年龄区是在25～45岁，最佳峰值年龄在37岁前后。更为精准的数据是，在诺贝尔奖的大部分获得者中，物理学家的平均年龄为35岁，化学家的平均年龄为39岁。

当然，科学家只是识社会精英中的一类，他们也是最能代表智商的一类人。普通人对科学家总有一种崇拜的情感，因为他们代表人类的思维精英，可以办到我们办不到的事情。上面的统计显示，科学家往往在青壮年才能够有所成就，还有更为典型的“大器晚成”的例子。

1859年11月24日，达尔文在伦敦出版《物种起源》时，年已50。他最早的科学著作，也是在45岁以后才开始出版的；易卜生的《玩偶之家》，在他51岁享誉世界；更为晚成的例子是美国遗传学家摩尔根，他的基因学说是在49～60岁之间完成的，67岁才获得诺贝尔奖。

这样的事实让我们看到，人生在青少年时期可能没有什么重大的收获，命运的转机很可能在你已经成年、感到没有希望的时候到来。但是机遇只眷顾有准备的人，达尔文22岁就离家登上“贝格尔号”去环球科考，易卜生21岁开始自费发表戏剧作品，摩尔根20岁时以最优异的成绩获得了动物学学士学位，24岁就获得了博士学位。他们因为没有放弃早年的努力，才会有后来的成功。

婉转巧妙地纠正孩子的错误

不要说“你总是这样粗心大意”，这样会使女孩认为自己控制不住自己。“你这次看得太快了，如果你肯再看慢些的话，我会非常高兴的。”还有一种情况，当一个女孩除了数学之外，各科的学习成绩都挺好的，女孩有可能会认为自己是个笨学生。这个时候，家长可以这样对女孩讲：“你是一个好学生，数学仅仅是几门功课中的一门，只要多花点时间成绩会好的。”

教给孩子激励和暗示自己的方法

父母可以教给女孩一些控制紧张的方法，在女孩开始紧张的时候，可以反复默念一些建立信心、给人以力量的话，或是随身携带座右铭，时时提醒、激励自己，在面临困境或是诱惑的时候，利用绕口令，以组织自身的心理活动，获得精神力量。

像卡尔·威特一样培养女孩的天才

美国哈佛大学的发展心理学家加德纳认为，人的智力是多元的，每个人都在不同程度上拥有八种基本智力。具体包括：言语—语言智力、逻辑—数学智力、视觉—空间智力、音乐—节奏智力、身体—运动智力、人际—交往智力、自我反省智力和自然观察智力。

每个女孩都是一个独特的个体，都有一种或一种以上的特殊本能、技能或特质，有自己的智力强项和弱项领域。女孩的智力强项领域就是她潜在的天赋与才能所在，只是有待我们去发掘。

所以做父母的首先要相信你的女孩是独特的，并以赏识的目光来审视她。不要拿女孩的弱项与其他孩子的强项来比较；不要刻意将她们塑造成你要她所变成的样子；不以家长的标准、愿望、喜恶来培养你的女孩。

古罗马诗人卡特鲁斯说："上天赋予每个人素质。"

人的天赋素质虽然不能人为地培养和造就，但可以去发掘。父母在日常生活中，只要用心就能发现女孩的天赋。

卡尔·威特认为：孩子的天赋当然是千差万别的，有的孩子多一点，有的孩子少一点。没有一个孩子生下来就注定会成为天才，也没有一个孩子注定一生庸碌无为。一切都取决于后天的环境，取决于后天的培养和教育，父母则是其中最为直接和关键的因素。事实上，是父母操纵着女孩的前途和命运，决定着女孩的优劣成败。父母的信心和正确得当的教育观念是填平孩子之间天赋差异的关键所在。

对孩子的表扬和激励应该在日常生活中有所体现

不要只在女孩考了100分时才说上一句："考得不错。"那么，女孩认为这时受表扬是理所当然的，丝毫不感到意外。如此一来，即使以后总得100分，女孩的上进心也会慢慢消失。父母可以换个方法表扬孩子，要抓住要点或者"投其所好"地进行表扬。比如："今天确实不错，你学习了两个半小时。"

教育是慢而坚决的艺术

孩子有了缺点和错误，可以慢慢纠正、慢慢改，但是不允许不改正、不纠正。你可以给孩子制定一个规则，如果孩子违反的话，你可以轻轻惩罚，再犯再惩罚，但不能容许一而再、再而三地纵容。大多数有坏习气的孩子，都是因为一开始出现状况的时候，家长没有及时管教，使她们形成了坏习惯。

从女孩出生那天起开始教育

在中国的教育制度下，常常能听到有的父母这样一本正经地说："我的孩子考得不好，学习成绩又这样差，而人家的孩子却学习得那么好，那是因为人家的孩子的家长都毕业于名牌学校，他们有好的遗传因素，而我只有认命了！"

这便是中国式教育的一个缩影，或许不少父母都把孩子成绩不理想等因素归结为遗传和宿命，却没有意识到早期教育的重要性，如果他们的孩子能够从出生那天起开始教育，那么现在倍感骄傲的肯定是他们。

著名教育专家巴甫洛夫说过："婴儿降生的第三天开始教育，就迟了两天。"

日本当代教育家井深大经过观察研究发现，日本不仅从小学到大学的教育出了问题，更为严重的是，在幼儿教育上，充斥着许多似是而非的观念。如有人认为，幼儿教育只是为了培养优秀人才，对于一般的孩子就不必花那么大的精力；还有的母亲认为，自己的女孩不是那种天才型的孩子，因此，在养育女儿时，只要尽力把女孩的体力培养好就行了；还有一类母亲，她们尽管肯定幼儿所具有的无限潜力，但仍然顽固地坚持已有的观念，认为一个小孩即使在幼儿期的启蒙教育中奠定了良好的潜力开发基础，但是，想在现实的学校教育体制下发展她们的更大潜能也值得怀疑。

这样的教育现状令井深大忧心忡忡，他开始大声呼吁："为了孩子的未来，天下所有的父母亲们，应向现行的育儿观念提出挑战。如果天下父母们仍然抱持传统的观念，对孩子的教育不闻不问，就无法革新孩子的脑力，使他们脱胎换骨。而且，孩子的教育从出生的那一瞬间即已开始，因为对于一个毫无能力的孩子，他的可塑性是最高的。"

关于孩子早期教育的论点，还有一个经典的故事可以作为佐证。

作为生物学家的达尔文，在育儿教子方面也是见解独到，深受人们信服。一天，一位英国少妇希望自己的孩子能成才，可她不知道什么时候开始对孩子教育比较好，于是，她抱着自己的孩子去请教伟大的学者达尔文。

"达尔文先生，您是世界上著名的大科学家，今天特意来向您请教一个问题，我的孩子什么时候开始教育最好呢?"

"亲爱的夫人，"达尔文瞅了少妇一眼，关切地问，"你的孩子已经多大了?"

"她还小着呢，才两岁半。"

达尔文叹了口气，不无惋惜地说道："唉，夫人，你对孩子的教育已经晚了两年半了!"

这位创立了进化论的著名科学家，非常重视对孩子的早期教育与良好家庭氛围的创造。在他的精心培养下，他的5个儿子中有3个成为名人：乔治成为天文学家；弗朗西斯继承父业，成为科学家；霍勒斯则成为物理学家，被英国皇家学会封为爵士。

早期教育的力量是伟大的。井深大还指出，婴儿长到两三岁时，已有了他的"自我"，也就是说进入所谓的反抗期了。这一来，就不那么随便地顺从父母，父母愈是责罚，他的反抗心愈强，父母见了也愈生气，从而形成恶性循环。

针对这种情况，作为成功的教子典范的老卡尔同样认为，儿童潜能是递减的，比如说生来具备100度潜在能力的儿童，如果从一生下来就给他进行理想的教育，那么就可能成为一个具备100度能力的成人。如果从5岁开始教育，即便是教育得非常出色，那也只能成为具备80度能力的成人。而如果从10岁开始教育的话，教育得再好，也只能达到具备60度能力的成人。为了不失时机地给孩子以发展其能力的机会，要让孩子尽早发挥其能力。老威特从儿子出生那天就开始了教育。结果证明，他培养了一个成功的儿子。

因此，对家长来说，如果想要培养女孩超常的能力，千万不能错失孩子婴幼儿时期的关键教育。

关注孩子的非智力因素

女孩综合素质的培养和提高，真正起关键作用的是非智力因素，而不是智力因素！父母平时更应该关注女孩是否养成了好习惯，是否塑造了好性格，女孩的生活能力、学习能力、自制能力、应变能力等各方面的能力是否达标，女孩的心理素质如何，等等。非智力因素高的女孩，将终身受益。

关注孩子的内心世界

父母与女孩之间的代沟明显表现为双方谈不到一块儿。与跟老年人谈话相比，跟女孩谈话似乎更需要一种类似天赋的才能。在和女孩交谈之前，你必须主动并自然地与女孩接近。开始同女孩接触时，应该有意识地与女孩保持一段距离，只对她们偶尔地注意一下，表示一下好感；等到女孩对你的存在习以为常，感到你并无恶意后，再寻机同女孩接近。要真正与女孩很好地相处，你还必须了解女孩心理、生理上的特点，懂得她们喜欢什么，不喜欢什么。

激励孩子探索新事物

在家庭生活中，细心的家长经常会看到对待不同的新鲜事物，女孩的反应具有一定的差异。有的事物令女孩表现出自信、勇敢、大方的一面，有的事物令女孩感到害怕，表现得非常胆小懦弱。究其原因是女孩的心理与外界客观因素的影响关系密切，并与她幼儿时期的自我评价处于初步形成的阶段有关，年龄越小的孩子自我评价水平越低，她们常常依附于成人对自己的评价来认识自己，并当做评价自己的依据。有些跟不上成人对她的要求，就会产生自卑感，因此家长的评价对女孩的自信心影响很大。

在这方面，家长应以正面鼓励为主，允许女孩尝试错误，允许女孩宣泄情绪，并进一步鼓励她们去探索新事物。

意大利教育家蒙台梭利有一篇文章写道：

有一天，一群孩子玩耍嬉闹，有说有笑。在他们围成的圈子中间放着一个水盆，盆里漂浮着许多有趣的玩具。只有一个刚刚两岁半的小女孩独自一人站在圈外，不难看出，这个小女孩对圈子里的游戏充满了好奇。

我饶有兴趣地在远处观察着她。她开始尝试着慢慢走近其他孩子，靠近一些的时候她想挤进去，但她没有力气，怎么挤也挤不进去。于是她仍然站在圈外着急地看着周围，在她那张小脸上呈现的表情非常有意思。

这时候，她的目光突然落在了不远处的一张小椅子上，显然，小女孩决定把椅子搬到这群孩子的后面，然后爬上这个椅子，再看看里面发生了什么趣事。于是她开始向椅子走去，脸上露出充满希望的神情。

就在这时，她的爸爸突然出现了，走过去一把抓住了她，并轻松地把她举过其他孩子的头顶，让她看水盆，嘴里还说："来，我可怜的小家伙，你也看看吧！"

小女孩虽然看到了那个水盆和漂浮物，但是她脸上原来的那种非常有趣的欢欣、探索和期望的表情，一下子消失得无影无踪，剩下的只是"相信有人会替我做"的孩子的那种呆滞的表情。

从这个小孩的表现来看，她开始的时候对人群中的水盆产生了强烈的探索欲，而且她自己想方设法去满足自己的探索欲望。但是她的爸爸打破了她快乐的探索过程，让她丧失了体验成就感的机会。本来她可以通过自己的努力去克服障碍，体验实现自我价值的快乐，然而这个机会却被父亲在无意中剥夺了。

不要禁止女孩的各种尝试

每一个女孩在成长的道路上，都会遇到许多新鲜的事物。面对这些新事物，她们总会主动地去探索、尝试，因为只有通过自己不断地探索和尝试，她才会获得生活的体验，获得成功的体验。这也是女孩本能的需要，使得女孩们竭尽所能、集中精力地去探索新事物。即使是很小的孩子，都有追求自我实现的需求。遗憾的是，一些父母或禁止孩子做各种尝试，或出于保护她们的目的，剥夺了孩子探索和尝试的权利，那么，女孩就无法获得成功的体验，无法深刻体会自己所要了解的事物，永远无法追求自我实现的价值，变得越来越没有自信。

家长要能够热情地鼓励女孩探索新鲜事物

每一个女孩在探索新事物的时候，都会伴有不同程度的恐惧心理，她们害怕自己做不好。如果父母出于保护女孩的目的，就会对她们说："算了，太危险，不要做了。"女孩想要探索新事物的自信心就会被父母的呵斥吓跑。如果父母鼓励女孩说："没事，去试试吧！"鼓励女孩探索新事物，同时还教给女孩必要的防护方法和知识，就可以在保护女孩不受伤害的情况下，让女孩尽情体验探索的乐趣，增强自信心，并在女孩"自我教育"的过程中逐步完善自己。

有益的玩就是学，有趣的学就是玩

"有益地玩就是学，有趣地学就是玩。"这句话说的是让女孩在乐趣中学习。可是现在生活中的很多女孩，她们的童年是在忙碌中度过的，丝毫没有快乐可言。父母过分在意分数和名次，极大地抑制和扼杀了女孩对学习的兴趣和热情。即便是对于音乐、舞蹈等特长技能的训练，也被许多家长以功利目标代替了兴趣的培养，导致女孩兴趣和学习动力的丧失。读书学习几乎是孩子唯一能做的事。

父母总以为如此这般便能培养出一个天才，然而，他们忽略了一件重要的事，那就是要让女孩能够有兴趣地学习，因为只有这样才能有良好的效果，否则只能使女孩失去学习热情。兴趣是最好的老师，兴趣是推动女孩探求知识、从事学习活动的原动力，兴趣对发展能力十分重要，稳定、浓厚的兴趣，是促进女孩在某一领域能力发展的一种极为重要的因素。当然，培养女孩对学习产生浓厚的兴趣并不是一件很容易的事。

塞德兹在很小的时候也曾和其他年龄相仿的孩子一样对学习没有兴趣，那时候，无论父母怎样引导，都不能把他从贪玩拉到热爱知识、自觉学习的轨道中来。直到有一天，他真正懂得了知识的重要性。

一天，父亲给塞德兹带回了几块眼镜片，有近视镜片，也有老花镜片。塞德兹对新奇的事物一向感兴趣，他把镜片架在自己的眼睛上玩，没过一会儿就大叫眼花，只好把镜片举到离眼睛较远的地方才能看清楚镜片后的东西。父亲任他玩耍，不去管他。当他一只手拿着近视镜片，一只手拿着老花镜片，一前一后地向远处看时，他看到了什么呢？远处的尖塔突然来到了他眼前。

他高兴地大叫："快来看啊，爸爸，礼堂的尖塔就在这里！"

从此，他懂得了望远镜的原理并亲手制作了他的第一架望远镜。就这样，通过不断地游戏和动手玩耍，赛德兹的潜能得到了很好的开发。

与此同时，在开发塞德兹的想象力和创造力上，父亲也设计了各种各样的游戏。例如送给塞德兹一个小玩具，用橡皮筋作动力使玩具飞入空中。塞德兹非常喜欢，马上就联想到它与飞机的相似之处。他照着这个玩具仿制了几个，都能成功地飞起来。塞德兹正是在这个玩具的启发下，明白了飞机飞上天的原理，并开始制作航空模型。

教育女孩，不要胡乱给孩子灌输术语和公式，而要诱导她们自由地发挥出潜能。对于女孩来说，最佳的诱导方式是和她们一起玩乐，一起做游戏。孩子在玩耍中能学到多少知识，发挥出什么样的能力，是怎样想象都不过分的。

所以，不要限制女孩兴趣的发展，也不要以为她喜欢玩耍就是没出息的表现，对于女孩的兴趣应该给予支持和鼓励。让女孩在乐趣中学习，既学得开心，又激起她源源不断的求知欲。这样女孩的学习自然是"不用扬鞭自奋蹄"。

自己先做个爱学习的家长

孩子是家长的影子，这句话在开家长会的时候能够看出一二，有的家长会主动坐到前排，边听边记，保持安静，尊重老师的讲话，回到家中之后还会反思一下老师讲的内容，相信这些家长的孩子肯定是学习中的用心者。而有些孩子不爱听课，总是喜欢往后面躲，生怕被老师点名，不爱记笔记，上课没有纪律，回家也不复习……想想，这不是和家长的习惯一一对应着的吗？

鼓励孩子坚定自己的选择

有的女孩原本对某项课程很感兴趣，但是在学习的时候由于受不了辛苦就产生了逃避心理，在这个时候家长怎么办呢？最好的做法是态度坚决地告诉她："当初是你自己说要学的，既然选择了这条路，那就必须要坚持。"这样的做法对大多数的女孩来讲还是可行的。不过也有一些女孩，她们在选择之初就比较迷糊，不知道自己是否真的喜欢，在试过之后，才发现原来并非自己所爱，如果是这样，那就不能用强硬的方法来逼迫她了。

先观察后培养，不要着急为女孩"塑形"

挖掘闪光点，发现"天才"

俗话说："孩子都是自己的好。"但真的让家长说出自己的孩子到底有哪些过人之处，许多家长却说不出个所以然来。

历史上很多的有名的人都很注重对孩子幼年时的培养。

比如居里夫人对两个女儿的教育就是刻意发掘天赋的成功范例。

在孩子刚学说话时，居里夫人就开始对她俩进行了探索性地发掘。女儿刚上小学，居里夫人便让她俩每天放学后在家里进行1小时智力活动，以便进一步发掘其天赋。

当两个女儿进入赛维尼埃中学后，居里夫人让女儿每天再补一节"特殊教育课"——在索尔本的实验室里，分别请老师教给她们化学、数学、文学、历史、雕塑、绘画、4门外语和自然科学，而每星期四下午在巴黎市理化学校里，由居里夫人教女儿物理学。

经过2年"特殊教育课"的观察鉴别后，她发现：大女儿伊蕾娜性格文静、朴实、专注和自然，着迷于物理和化学，明确自己的使命是要当科学家并研究镭。小女儿艾芙性格活跃、充满幻想、情绪多变，居里夫人先培养她学医，再引导她研究镭，又激励她从事自然科学，可她对科学不感兴趣，艾芙的天赋是文艺。

多年后，居里夫人的大女儿伊蕾娜·居里因"新放射性元素的合成"荣获诺贝尔化学奖，而小女儿艾芙·居里也成为一位优秀的音乐教育家和人物传记作家。

倘若每一个做父母的都能像居里夫人那样，迅速挖掘女孩的天赋，顺势引导，就能为她成才打开通道。

如何发现女孩的天赋是每个家长都关心的问题。

其实只要注意观察，家长们都能发现女孩在某一方面的优势，世界上从来就没有一无是处的孩子。

同时，比发现女孩天赋更重要的，是挖掘和引导。发现女孩的天赋并将天赋变成实实在在的能力，这才是家长最应该做到的。

从细微处察觉女孩的语言能力

科学家认为，事实上，每个女孩都有自己的特长、天赋，关键在于是否表露出来。家长们平时可以细心观察。比如女孩是否善于背诵较长的诗句篇章？当你第二次给女孩讲述同一个故事时，如果不小心说错某一个地方，女孩是否能立刻察觉？当你带女孩走街串巷时，她是否能指出曾经到过的地方？如果一些类似问题你都答“是”，说明你的孩子记忆力相当不错，在语言方面应该有一定天赋。

从日常生活中发觉女孩的特长在哪里

女孩是否一听到音乐就会跟着翩翩起舞或小声哼唱？女孩的日常举止动作是否优美协调？女孩是否能很快学会骑自行车、滑板车之类？显然，答“是”的家长可以相信，女孩有一定的音乐天分，平衡能力也相当不错，舞蹈也许是发挥她的长处的地方。

当女孩在玩玩具时，你是否发现她会自动按颜色大小分类？当女孩开始涂鸦时，你是否观察到她对色彩有鲜明的喜好，喜欢用鲜艳的色彩涂色？这些都说明她很可能在绘画方面会有所发展……

多彩的童年——歌德成才的启示

在文学艺术领域，曾经有过一位影响力非凡的人物，他的家庭教育不仅有父亲的指导，还有很多其他方面的感染和培养。他就是德国的天才诗人、作家，恩格斯眼中的文艺领域“奥林匹亚神山上的宙斯”——歌德。

1749年8月28日，歌德出生于莱茵河畔的法兰克福。他出生时家境殷实，父亲曾为莱比锡大学法学博士，当过地方官。母亲是法兰克福市长的女儿，一位典型的贤妻良母，爱好文学。

歌德4岁开始跟随父亲读书识字，并且跟随家庭教师学习多门外语。7岁编出饶有诗趣的《新帕利斯》童话，8岁就能阅读德文、法文、英文、意大利文、拉丁文、希腊文等多种文字的书籍，14岁创作剧本，25岁发表了一部用时4周完成的小说《少年维特之烦恼》，后来风靡全球。歌德早年的成就让世人给他“天才”的称号，但是真正让他卓尔不凡的，还应归功于良好的教育环境带给他的快乐童年。

从歌德出生开始，父亲就有了一套自己的教育方式。当歌德还是婴儿时，父亲就抱着他去郊外散步，有意识地让他接触自然。在路上，父亲总是耐心地给小歌德讲解遇到的各种事物，培养他的观察能力和认识能力，使歌德获得不少自然知识。后来歌德专门研究过自然科学，并撰写有关植物形态学和颜色学的论文。歌德一生都保持着对自然科学的浓厚兴趣。在父子俩休息的间隙，父亲为歌德朗诵歌谣。这些歌谣既好念，又易为儿童接受，每次外出歌德都能背上一两首。随着外出次数的增多，歌德的口语能力也不断提高。歌德稍大一些，父亲带他到各地旅游，每经一处，父亲总是讲讲当地的历史、风土人情。如果旧地重游，要求歌德将所知内容复述一遍，以加深记忆。旅游开阔了歌德的眼界和见识。

母亲平时喜欢给歌德讲故事，但是她的故事并不同于书上的那种来龙去脉清晰的故事，而是每讲到关键处，小歌德正听得津津有味，她就停下来，要孩子自己设想下面发生的事。如果猜得不对，也不说出答案，就让他继续想，直到找出合理的答案为止。

歌德的父母经常鼓励孩子与邻家的同龄人共同学习。他们一起作诗，在星期日聚会品评诗作，歌德的诗总是得到伙伴们的赞扬。他们还举办演讲活动，小歌德站在椅子上，面对家庭的亲朋好友们时，一开始有些紧张，但很快就变得口齿伶俐、声情并茂，极富感染力。

外祖母也是歌德的好伙伴，她请人在家中演木偶戏，还送给歌德一套表演浮士德故事的木偶戏玩具。歌德和其他孩子精心排演这个剧目，分配角色、背诵台词，很快他们又决定自己动手给木偶做衣服、装饰，自己编剧并排演。

歌德在大自然中学习生命科学，在游戏中学习历史、文学以及组织活动的技巧，在表演中尝试各种角色的人物，体会各种感情，这样丰富的经历让他的内心从小就拥有敏锐的感知力，对他日后的艺术创作大有好处。

在歌德的回忆录中，他写道："这种儿童的玩意和劳作从多方面训练和促进了我的创造力、表现力、想象力以及一种技巧，而且是在那样短的时间，那样狭小的地方，花那样小的代价，恐怕没有别的途径能够有这样的成就了。"可以看到，歌德个人也是非常赞成父亲的教育方式的。

很多家长用心良苦地教育自己的女孩，但是女儿往往不领情，也没有学到多少知识，只是觉得委屈。当女孩也自觉从中获益无穷的时候，家长的教育才算是真正成功的教育方式。歌德的家庭挚爱孩子，也珍惜孩子的童心，让他在成长中感受到快乐，这一点从来不因为任何事情而改变。不仅如此，家庭里每位长辈都积极地创造一种途径来让女孩感受快乐，在快乐中成长，这种精神尤为可贵。

奔波劳碌的父母满身疲惫地回到家，将自己的礼物递给孩子就不再关心，这样的礼物，还不如将快乐的感觉带回家里。无论谁有多么崇高的育人理想，首先要做的，就是让女孩在快乐中成长。

和孩子来一次亲子瑜伽

小女孩活泼好动，经常四处走动，缺乏集中能力和耐性，令不少父母感到头痛不已。这个时候，父母可以带着女孩来一次亲子瑜伽，瑜伽能够有效地锻炼女孩的平衡力、节奏感、空间距离，可以让女孩拥有更加灵活、敏捷的身手，以及神经与肌肉的协调能力。

关注孩子，无论时间长短

作为家长，首先要有责任意识。当这种意识被树立起来之后，就可以见缝插针地教育女孩了。在送女孩到学校的时候可以给她讲一讲马路上的见闻；可以在和女孩一起看电视的时候与她讨论相关的社会问题；让她发表自己的看法等等。每天下班后有半个小时到1个小时与女孩一起活动，或者，每周安排3～4个小时与她一起进行户外活动。

夏洛特·梅森家庭教育：在游戏中感受快乐

全心全意地为女孩健康成长创造条件的父母，先不要急于去为女孩存钱出国，审视一下你的家庭，看看你的家庭是否充满快乐，因为夏洛特·梅森告诉我们，快乐的氛围是孩子成长的重要因素。

夏洛特·梅森是英国著名教育家，她被誉为“家庭教育之母”。梅森认为家庭对于社会而言，最重要的工作就是抚养和指导儿童。为人父母是一件很重要的事情，任何事业上的提升和尊严都不能替代家庭教育的地位。因此，父母要与孩子一起长大，要引导他一点点走向独立和成功，首先要创造健全的家庭环境。快乐的家庭氛围是养育孩子的原则，如果孩子快乐，他在很大程度上就会成为好孩子。

现代教育的不幸莫过于此，家长处心积虑地为女孩安排各种课程，但是女孩们自己并不喜欢；每次上学之前，家长像例行公事一样开始动之以情晓之以理，好说歹说才将女孩送出家门；看到可怜的成绩单，全家老小连吃饭的心情都没有；因为孩子的不良表现，家长开始争论是谁之过……争吵和冲撞将家庭变成了情感战场，这时候最受伤害的，就是心智还没有成熟的孩子。在女孩的眼中，家庭是她生活的主要场景，父母是她世界的全部，当女孩目睹了家庭的不和谐，尤其是发现所有的不愉快的起因都是自己的时候，她的心里将蒙上一层阴影。因此，为女孩创造快乐氛围的第一步，就是千万不要在女孩们面前吵架！

快乐的家庭氛围有助于女孩放松心情，很好地吸收知识、成长身体。除了避免伤害，家长所能做到的另外一件事情就是与女孩积极地互动，有意识地引导女孩去体验亲情、友谊、智慧等。而这就需要父母重视游戏。

游戏是女孩成长中的“工作”，一个不喜欢做游戏的孩子，成长的步伐就会相对较缓。游戏不仅能够启发女孩的观察力、想象力与创造力，让家长借此了解女孩的想法、互动模式是否正确安全，更重要的一点就是，游戏可以让女孩找到适合自己的角色，体验到快乐。

爱玩是每个女孩与生俱来的天性，几乎所有的女孩都曾因为玩耍而闯下大祸、小祸，遭到大人的呵斥与责罚。“我家孩子太爱玩了！真头疼！”当你因为女孩天生俱来的“本事”而大伤脑筋或感到麻烦，甚至担忧她因此而玩物丧志时，家长极有可能弄错方向了。

上天既然赋予每个女孩玩耍的本能，自然有其用意。动物在玩耍中练就捕食、逃生的本领，女孩也会在玩耍中探索世界、学习成长。女孩借由玩耍，碰触对她而言是陌生且充满各种可能的人、事、物；也借由玩耍，反复尝试和练习，对她来说，熟悉世界的运作模式，即使那个游戏的世界在大人看起来毫不起眼，但是对女孩来说，从中却有许多不同的发现和挑战。

家长们要了解家庭教育与学校教育的区别

学校教育的重点是要向学生们传输知识，而家庭教育则不应该把注意力集中在孩子的作业本和考试分数上。在家庭的日常生活中，父母更应该关注的是女孩的性格，而性格的培养应该从女孩的习惯、兴趣等方面入手。

把孩子带到大自然中去，让孩子体会生活的美好

父母可以找个机会带女孩到农村感受田园风光，让她了解播种和收获，看到劳动之美，认识各种蔬菜，避免“米是一袋一袋地长在田里”的常识错误。投入到大自然的怀抱，呼吸到清晨的新鲜空气；看到山间的雾霭、小草上的露珠、漫天的彩霞、袅袅炊烟；听到小河的水声、牛羊的叫声、虫鸟的鸣啼；闻到荡漾在田间的泥土清香，庄稼、草木散发的芬芳；品尝新鲜的瓜果蔬菜。帮助她全身心地感受大自然之美，培养她良好的审美能力，以及热爱大自然的情感。

帮助女孩确立一个切合实际的目标

目标和梦想一样是一个人成功路上的里程碑。目标能给你一个看得见的靶子，当你一步一个脚印去实现这些目标时，就会有成就感，就会更加信心百倍，向高峰挺进。成功学专家拿破仑·希尔说过：“不甘做平庸之辈的人，必须要有一个明确的追求目标，才能调动起自己的智慧和精力，全力以赴为自己的目标而行动。”因此，我们在教育女孩的时候，要帮助女孩树立一个切合她自己的目标。人生如果失去了目标，就像航船失去了航向，最终会在人生的大海中迷失。

有一年，一群踌躇满志、意气风发的天之骄子从哈佛大学毕业了，他们的智

力、学历、环境条件都相差无几。临出校门，哈佛对他们进行了一次关于人生目标的调查。结果是这样的：27%的人，没有目标；60%的人，目标模糊；10%的人，有清晰但比较短期的目标；3%的人，有清晰而长远的目标。

25年后，哈佛再次对这群学生进行了跟踪调查。结果是这样的：

3%的人，25年间他们朝着一个方向不懈努力，几乎都成为社会各界的成功之士，其中不乏行业领袖、社会精英。

10%的人，他们的短期目标不断实现，成为各个领域中的专业人士，大都生活在社会的中上层。

60%的人，他们安稳地生活与工作，但都没有什么特别的成绩，几乎都生活在社会的中下层。

剩下的27%的人，他们的生活没有目标，过得很不如意，并且常常在埋怨他人、抱怨社会、抱怨这个“不肯给他们机会”的世界。

其实，他们之间的差别仅仅在于25年前，他们中的一些人知道自己的人生目标，而另外一些人则不清楚或不很清楚。不知道或者不清楚自己人生目标的人，在人生前行的路上就会迷茫，因为迷茫而浪费宝贵生命，在有限的时间内取得的成就就会大打折扣，甚至会一事无成。

在生命中没有一个目标的人，很容易受到一些微不足道的诸如忧虑、恐惧、烦恼和自怜等情绪的困扰。所有这些情绪都是软弱的表现，都将导致无法回避的过错、失败、不幸和失落。因为在一个权力扩张的世界里，软弱是不可能保护自己的。

所以，每一个女孩都应该在心中树立一个目标，然后着手去实现它。她应该把这一目标作为自己思想的中心。这一目标可能是一种精神理想，也可能是一种世俗的追求，这当然取决于她此时的本性。但无论是哪一种目标，她都应将自己思想的力量全部集中于她为自己设定的目标上面。她应把自己的目标当做至高无上的任务，应该全身心地为它的实现而奋斗，而不允许她的思想因为一些短暂的幻想、渴望和想象而迷路。

训练你的女孩为自己设定目标

如果你的女孩尚且年幼，那你不妨教会她在做每一件小事时都给自己设定一个可行的目标，比如搭积木，有的孩子搭得又快又好，有的孩子却反反复复也搭不出一个样子，这就是有目标和没有目标的区别。因此我们不妨在女孩动手做一件事前，总能先提示性地问问她：“你要做的是什么？要做到什么程度才可以呢？”这样习惯成自然，渐渐地，女孩就会懂得凡事都给自己确立一个目标了。

引导你的女孩设计适合自己的目标

如果你的女孩正在为不知方向而犯愁，那你不妨问问她下面几个问题来启发她们。比如说："你想在你的一生中成就何种事业?""如果把它作为自己终生的事业，怎样做到在有利于自己的同时，也对别人有帮助?""阻碍你实现自己目标的因素又有哪些?""你为什么没有现在去行动，而是仍然在观望?"等等这些问题。当她们认真、慎重地思考上述问题之后，你会发现，她对于寻找、定位自己远大的目标，将有着切实的帮助。

千万不要过早地为女孩贴"负面标签"

不要苛求女孩"十全十美"

也许是由于望女成凤心切，大人们往往对自己的女孩很苛刻，但也比较容易忽略女孩的感受。在工作中，他们总是要求自己的领导能设身处地地替自己考虑这个，考虑那个，但一回到家庭生活中，目标就转移到孩子的缺点上，这也不是，那也不是。继而要求女孩应无条件地服从自己的意志，照着父母的完美计划成长。实际上，这种做法的结果无疑是在推着女孩朝逆反的方向发展，因为女孩会一天天成长起来，有了审视自己的目光，有了自己的世界观、人生观和价值观取向，便有了反抗的心理，对于父母的苛求和指责，便会经常说"不"。

作为父母应该知道，我们自己本身实际上也不是十全十美的，每个人身上也存在着这样或那样的缺点与不足，我们的孩子自然也不例外，为什么总是看不到呢?

如果我们真立志要做个好父母的话，首先就是要理解女孩的感觉，尊重女孩的选择，说不定女孩在某方面的不足正好可以成就其他方面的才能。父母要有眼力去发现女孩的特点。

由此看来，父母在教育女儿的时候，眼光同样很重要，父母们应该让自己多具备一些伯乐精神，及时发现女孩身上的特别之处。利用女孩自身的优点引导她，把她所有优秀的品质发挥出来，帮助她完成人生的自我超越，而不是只盯着某方面的不足不放。

有一项统计表明，从19世纪到20世纪的200年中，能够真正称得上"天才"的孩子只有寥寥的十几位。应该说，世界上大部分的孩子都是很大众化的，不是十全十美的。

责备只能使女孩消极地应对身上不良的行为、习惯。所以，做父母的不要总是苛求自己的女孩十全十美！最重要的是要让她们实实在在地学习，实实在在地做人，实实在在地做事，实实在在地成长，她们才会拥有完美的前途！

帮助女孩发现她自身的优点

如果家长能换一种教育方式，把每个女孩身上的特质和性格罗列出来，然后一一告诉女孩你是多么欣赏她们，让她们感觉到自己是不能代替别人，别人也无法取代她们的，而且也觉得你看到了她们身上与众不同之处。那么，你的女孩就会越来越自信，也就会越来越完美了。

注意和孩子说话的语气

如果家长把女孩抱在怀里告诉她你为她而骄傲，经常不断地给予她表扬，那女孩的感觉是否会更好一些呢？家长和孩子进行交流的时候，不仅在她做得好的时候要表扬。当她做出努力之后，尽管未达到预期的目标，也要进行适当的鼓励，在和女孩说话的时候让她永远感受到如沐春风般的温暖。

用赏识的眼光看待孩子

一位哲人曾经说过这样的话："人的精神生命中最本质的要求就是渴望得到赏识。"对女孩来说，训斥只会压抑幼小的心灵；只有赏识她们，才能开发出潜能。

没有种不好的庄稼，只有不会种庄稼的农民；没有教不好的孩子，只有不会教的父母。赏识教育的本质是生命的教育，是爱的教育，是充满人情味、富有生命力的教育。

每一个孩子都拥有巨大的潜能，但孩子出生时都很弱小，好像生活在一个巨人的世界里。德国著名心理学家阿德勒也透露过他在念书时，认为自己完全缺乏数学才能，对数学毫无兴趣，因此考试经常不及格。后来偶尔发生的一件事，让他的潜能开发出来了。他出乎意料地解出了一道连老师也不会做的数学难题，这次的成功改变了他对数学的态度，找到了数学天才的感觉。在老师和家长的赏识中，他成了学校里的数学尖子。

所以，家长们只有赏识自己的孩子，她们才会焕发出生命中无限的潜能。

哈佛大学的心理研究专家做过这样的实验：有两组孩子，先让他们一起长跑消耗体能，然后一组接受严厉的批评，另一组得到热烈的称赞，随之进行体能检测发现，被批评的那组孩子无精打采，体能处于崩溃状态；而被表扬的那组孩子精力旺盛，体能得到迅速恢复，充满自信。

这个实验可以作为我们教育的反思：父母在教育女孩时应多给她们一些适当的赏识，学会赏识、赞美你的孩子，这对她的心理发展十分有利。让女孩知道父母对她们的关注和认可，既能快速抚平她们身体上以及心灵上的创伤，也能促使女孩的心理朝良好健康的方向发展。

适当的赏识与鼓励是必要的，但父母也要注意千万不要对女孩赏识过了头。一个孩子如果受到的赞美过多，心理便会膨胀，就会找不准自己的定位，从而也就不知道自己的言行是否符合一定的社会道德规范，这样的孩子在人格上往往是不完善、不成熟的，心理上也会十分脆弱，在今后的人生路上可能会经不起生活中的风雨与挫折。一个完备的人在成长中是需要经历一些磨难的，只有经历磨难并且能够从磨难中铸就刚强性格的人，才能适应未来的生活。

不要吝啬夸奖孩子

多对女孩说赞美的话，鼓励的话，少说贬损的话，批评的话。当女孩有少许进步的时候，应该及时给予肯定，帮助她们树立前进的信心；当她们做错了事情，应在批评的同时，换一个角度找一个亮点来鼓励孩子。当女孩有一件事情令你感动的时候，你应该马上把你所想的告诉她，让她知道你一直在关注。

放大孩子的优点

家长应该经常赞美女孩的一些做法，让孩子觉得自己很能干，特别有能力。当女孩具有了这样的自信的时候，在做事的时候就会表现出跃跃欲试的心态，处处想表现自己，证明自己。

第七章 如何听女孩才会说，怎样说女孩才会听

营造温暖的交流氛围

多听听女孩的想法

物质生活条件越来越好的今天，不少女孩的成长却出现了“三大三小”现象，即生活的空间越来越大，生长的空间越来越小；房屋的空间越来越大，心灵的空间越来越小；外界的压力越来越大，内在的动力越来越小。

这些奇怪的现象，应该引起父母的注意，给女孩自由的成长空间，并不是一句空话！

随便找一个学校的校门口等着，一到上学、午饭、放学的3个时间点，一定会有很多家长聚集在学校门口等候自己的女孩。

家长们纷纷感慨：“现在的孩子真是不听话，补习班昨天又没上”“孩子们越来越不好教育了”“电视上的那些学习机，对我们家孩子不管用”……

是孩子们越来越难教了，还是我们的教育方式出现了问题？

程君今年7岁了，刚开始读小学。

一次，程君在姨妈家认识了一个新朋友玲玲，她比自己小半岁，但是已经学习舞蹈3年了。玲玲在家长的鼓励下表演了一段拉丁舞，这下刺激了程君妈妈的神经。

“我们的女儿成天像个男孩子，和小区的孩子们打打杀杀，不成样子。我看见老马家的女儿去学舞蹈了，跳得很有气质，不然我们也送女儿去学习？”

和爸爸商量之后，妈妈马上就给程君报了舞蹈课。

但是天生好动的程君根本不听老师的指挥，不仅上课讲话，学习也不专心。不到两周，程君就说什么也不上辅导班了，妈妈在家里急得直跺脚，但眼前的“假小子”一点改观都没有。

妈妈将程君送进学校，本来是想早点培养女儿的气质，但孩子就这样被糊里糊涂送进了培训班，属于自己的课余生活突然被打乱了，因而学习的积极性也不

高，妈妈想要达到的效果也完全不能达到。

程君现在正是好动的年纪，要让她安静下来，除非把她的注意力集中，寓学于乐。如果不考虑女孩现阶段的特点和兴趣爱好，盲目地将女孩送进培训班，并不能解决任何问题。

送女孩上培训班是如今的家长为女孩安排课余生活的首选。的确，很多女孩从班上学到了知识，但是女孩的心灵却没有因此而变得成熟丰盈，到头来心灵还是没有得到足够的发展。

许多家长将培养女孩的重点放在增长知识上，为了让女孩学习，家长们不惜节衣缩食，尽一切力量来改善女孩的学习环境。

父母纯粹的爱是什么？其实非常简单，如果真的想要女孩成长和学习，就给她空间，让她朝着健康、能干和情绪稳定的方向发展，这才是爱的真正意味。

但是父母现在的情况是，以管教和约束为方式来养育女孩，这与爱的本意背道而驰。

薇薇今年高考，成绩还不错，可以挑一所重点大学。

这本来是皆大欢喜的事情，但是她整个暑假都过得不开心。原来，一家人在填报专业上发生了很大的分歧：薇薇想学自己感兴趣的教育学，但是父母总觉得新闻专业更适合女儿，他们希望她成为一名记者，于是坚决主张薇薇报新闻专业。

“这是你的人生大事，爸爸妈妈有经验，你就听我们的，我们绝对不会害你。”妈妈开导薇薇。

“正是因为这是我的人生大事，我才一定要坚持学自己喜欢的专业。你们总是说我没有经验，但是你们给我锻炼的机会了吗？从小到大，哪一次不是你们决定的，这一次我绝对不让步！”

最终，薇薇还是没能拗过家长，双方各做让步之后，薇薇报了一所离家最远的大学的新闻专业。

薇薇的反问值得家长深思。很多时候，家长都是因为“为了孩子好”这个想法，剥夺了孩子成长应有的空间，让孩子在父母设计的世界里成长。

给女孩一个成长的自由空间，是现代教育家们共同呼吁的一项理念，其中就有著名教育家蒙台梭利。蒙台梭利将“自由教育”列入自己的基本理念，称这样的教育方法是“以自由为基础的教育法”。

正如蒙台梭利所主张的，让孩子拥有自由，首先是让他们领悟到纪律和秩序的重要性。怎样让孩子区别好坏，唯有说教显然是达不到目的的。

对女孩管教过严，就像养在鱼缸中的热带金鱼，三寸来长，不管养多长时间，始终不见金鱼生长。女孩在父母的“鱼缸”中永远难以长成大鱼。要想女孩健康强壮地成长，一定要给女孩自由活动的空间，而不让她拘泥于父母提供的一个小小的“鱼缸”。随着社会进步，知识的日益增加，父母应该克制自己的想法和冲动，给女孩自由成长的空间，让女孩健康顺利地成长。

帮助女孩养成凡事自己决定的习惯

在一些小事情上就让她自己去做决定，并让她承担因为自己的决定而带来的各种结果，久而久之，即使女孩在面对选择大学专业这样的问题时，家长也可以放心地说：“这是你自己的事，你自己决定就好了。”

家长要尊重女孩的想法

女孩有自己的想法，作为家长我们要给予支持和鼓励，而不是经常泼她的冷水。家长真诚的鼓励会让女孩更加乐于分享自己的想法，有利于建立一个民主的家庭氛围。同时，家长也不要总是一副高高在上的姿态，要相信我们未必比我们的女儿更出色，不管是现在还是将来。

不要太介意孩子的“顶嘴”

能够同父母进行争辩的女孩，她在以后的人生道路上会表现得比较自信、有创造力和合群。父母千万不要介意女孩“顶嘴”，而应审时度势，并加以耐心引导，使争辩变得更加有意义。

有一位妈妈抱怨说：“最近我女儿特别爱顶嘴。比如，在从学校回家的路上，我们到一个公园去玩了一会儿。当我说：‘咱们回家吧’，她不干，还会反问我：‘为什么我非要听你的，而你就不能听我的？’女儿特别喜欢小动物，总想养一只小狗，我不让，说小狗身上有细菌。但是她却说：‘你说得不对！电视里说过，小朋友和小动物多接触可以提高抵抗力。’每当这时候我都会很着急，但是又不知道该怎么对待孩子。”

争辩能够帮助女孩变得更自信和自立。在争辩的过程中，女孩会感受到自己受到重视，知道怎样才能贯彻自己的意志力。那么，当你的孩子“顶嘴”时，你是不是会做出如下的反应呢？

女孩的突然“顶嘴”，让你在感到气愤的同时是否反省过自己对于女孩的态度应该改变一下？

在与女孩发生争辩时，你是否注意控制自己的语气与耐心，给女孩以空间让她发表自己的观点和意见，之后再加以合理引导？

随着女孩一天天的长大，有的家长渐渐觉得女孩不如以前听话了，变得难管了。无论大事小事，动不动就与家长顶嘴，家长说东，她偏说西。这令家长感到十分的为难和恼火。女孩顶嘴该怎么区别对待呢？

实际上，女孩的顶嘴是有其原因的，随着年龄的增长，当女孩进入青少年时期，就已经具备一定的独立思考能力，所以，从这时起，她们不再愿意别人把自己当做小孩子来看待，不愿意处于被照顾的从属地位。这时，如果对女孩有过多地干涉，就可能出现两种结果：一种是与成人对立，干脆一切都不听你的；或者是影响独立性的发展，养成依赖性，形成依赖的不良习惯。

中国的父母由于受千百年传统观念的影响，总觉得小孩子见识少、阅历浅、不成熟，形成了“父母说话小孩子听”的定论，不少父母要自己的女孩必须“言听计从”，否则就认为有失父母威信和尊严。

德国汉堡心理学家安得利卡·法斯博士通过多年的实验观察后证实：隔代人之间争辩，对于下一代来说，是走向成人之路的重要一步。能够同父母进行真正争辩的女孩，在以后会比较自信、有创造力，也会更加合群。

女孩在与父母争辩的时候，往往是她们最为得意的时候。这样做对于她们来说至少有两个好处：一是当女孩最来劲、最高兴、最认真时，对她们的大脑发育是有好处的；二是这样可以营造家庭的民主气氛，增加女孩各方面的能力。这样的女孩会具有很强的交际能力和其他方面的能力，对将来的发展是大有好处的。

总之，如果一个女孩从不与人争辩，总是与世无争的样子，那么，她的勇气、智商、口才、进取心、自信心等就值得怀疑了。因此，从某种意义上说，争辩是女孩的一门必修课，而这门课最好在家里进行。在争辩的过程中，父母要有热心和耐心，让女孩在争辩中不断成长。

不要把和女孩争辩当成丢面子的事

有的父母之所以受不了女孩和自己争辩，原因就在于他们觉得这样是对自己一家之长的权威的挑衅。父母们应该树立一种观念，要允许女孩和自己争辩，因为这并不是什么丢面子的事情。父母如果担心女孩争辩的话，她会不听话，不尊重父母的选择等等，其实这样的想法是多虑的。

家长要为女孩的“顶嘴”而感到高兴

家长大可不必为女孩顶嘴而生气恼火，倒不妨为此而感到高兴。因为女孩开始顶嘴就意味着她已经长大了，并且有了独立思考的能力，这不正是家长所期盼的吗？有的父母不能接受女孩顶嘴的原因是担心自己的权威受损。父母不要总按原来女孩三四岁时的标准来要求已经长大的女孩，应该认识到：屈从的时代已过去，取而代之的是说服的时代。

为自己的错误向女孩道歉

父母如果做错了事，从不向女孩承认自己的缺点、过失，女孩就会产生“父母说的永远正确，但实际上老是出错”的观念，久而久之，对父母正确的教诲也会置之脑后。

父母如果在做错事后总能郑重地向女孩认错、道歉，女孩就会懂得承认错误并不是一件可耻的事，就会提高分辨是非的能力，尝到原谅别人的甜味。

“花花，我和你讲了许多次要守时守约，否则会浪费别人的时间，也给别人留下不好的印象，你不这样认为吗?”

“的确不好，不过，也没有什么大不了的。”

母亲有些生气了：“怎么能说没什么了不起呢？你养成这样的毛病，长大会怎么样呢？还有谁会信任你呢?”

看见母亲生气，花花也有些沉不住气了：“你是大人了，不是也过得很不错吗？没见你有什么麻烦呀?”

“你是什么意思?”母亲没想到话题会转到了自己身上。

“你大概忘记了，好几次你答应来参加我们学校的活动，我都告诉老师你会来，你却到活动结束了都不见人影。”

“那是因为我临时工作上有事情，而且那些活动也不是非参加不可……”母亲注意到女儿不屑的、甚至有些讥讽的表情，尴尬地停住了。

接着她说：“花花，我没有意识到自己的行为对你造成的影响，我当时的确有急事不能来，但我应当事先或事后向你解释一下，或者去向你的老师解释，我真的很抱歉，你能原谅我吗?”

花花有些感动：“没关系，我知道你很忙。下次打声招呼就可以了。”

“你们下一次家长座谈是什么时间？我一定把工作安排开。当然如有意外我会和你联系，好吗?”

“好的，谢谢!”

父母就是女孩行为的榜样，当然父母也不一定是完美无缺的，也会犯错。当父母犯错被女孩指出时，及时真诚地道歉是至关重要的。

不少父母认为自己是“一家之主”，需要保持自己的“形象”与“威信”，因此不愿意甚至从来都没有想过在女孩面前承认自己的缺点和错误。比如说有些父母明明知道自己做错了事，冤枉了女孩，或者说误导了女孩，还总是想着给自己护短，不当回事儿。这就违背了做人的基本原则，也是家庭教育之大忌，次数多了，父母就会在女孩的心目中失去威信，更不用说让她听从你的教导了。

比如当女孩“闯祸”后，一些父母由于一时冲动，往往会对女孩进行不恰当的、过重的批评或惩罚，事后又往往会后悔。这时，倘若父母能真诚地向女孩道歉，补救自己的“过失”，不仅能够使女孩心悦诚服，而且还会更加乐于接受父母的批评，引导她更好地发展。

有一位母亲回忆说：

自己的女儿今年12岁，暑假才读完小学。虽然我很疼爱她，但在她12年的学习、生活里，我还是因为她的一些过错打过她几次。每次挨打，都是她表示“痛改前非”之后我才罢休，从来也没有为此自责过，还常常为自己“教女有方”而沾沾自喜。近日，因为一件小事我一时性起又打了她。但这次女儿却没有逆来顺受，而是出人意料地一边哭，一边跟我讲理，直到我感到理屈向女儿道歉后，这场“风波”才宣告结束。

有一次我在看电视的时候，女儿突然喊我，说有几道填古诗题答不上来，要我帮她解答。我便过去坐在她的写字台前看了看题，顺手拿起了她的自动铅笔往上面填写答案。但我马上把注意力集中在这个自动铅笔上，这种铅笔外表看似一种一次性的自来水笔，在笔的顶端可以安装与之配套的“铅”，省去了传统铅笔削笔的劳作，可能是这种原因，现在的孩子们都很喜欢使用这种铅笔。但这种铅笔的铅杆很细，稍一用力就会折断，孩子很难练好字。

因为我的这种想法，我曾多次要求女儿不要再使用这种铅笔，但女儿一直坚持使用。由于不是什么原则问题，我也是说说算了。谁知当我拿起笔去填写答案时，铅笔“嘭”的一声断了，随着铅笔的折断，我的火“腾”地冒了上来，几乎是同时，“啪”的一声我把铅笔摔在了写字台上，并大声呵斥正高高兴兴地在地板上自己下围棋的女儿：“我说过多少次了，不让你用这种笔，你还是用！”

受到惊吓的女儿看到我把她的笔摔了，还大声训斥她，突然一边哭，一边跟我讲理：“你摔我的笔干啥？你为啥摔我的笔，这是我花14块钱买的……”

尽管女儿的哭声和表情充满了对铅笔的疼爱和其命运的担心，但看到女儿不服管教，我还是火冒三丈，一步跨到女儿跟前，在她屁股上打了两巴掌。

看着女儿哭得更凶了。这时我想起第二天上午女儿要参加初中升学考试，心里想：今天打她合适吗？要影响她明天的考试怎么办？但做母亲的面子又放不下来，就气冲冲地告诉女儿：“笔摔坏了明天我给你买！”

女儿胆怯地望着我，但明显地不服气，继续哭着说：“买到又怎样，我到初中就不再使用这种铅笔了。你知道吗，这是我小学时期使用的最后一支铅笔，我还要用来作纪念的。你再买还是这一支吗……”

听到女儿这样说，倒使我意识到了问题的严重性。我隐隐感到自己摔坏的不仅仅是女儿的一支普通的铅笔，而摔碎的是女儿对小学生活的深深眷恋和梦想。

我终于对自己的“情不自禁”开始后悔了。

实际上，人类就是在不断地犯错误并且不断地改正错误的过程中取得进步的，所以，作为父母不妨坦陈自己的缺点或错误。

有一位母亲在教育自己的女孩时，曾经多次将自己在成长过程中犯过的错误告诉女孩，并详细地分析主客观原因，尤其是分析自己的一些缺点在产生这种错误中所起的作用，其目的就是让女孩在今后的人生道路上不再和她一样，以类似的个人“缺点”犯同样的“错误”。

每位家长身上都蕴含着改变女孩命运的神奇力量。当你自己从内疚、自责和愤怒中解脱出来的时候，你也解救了你的女孩；当你终止了旧的家庭模式给你的束缚时，你就等于给自己、也给了女孩一份厚礼。她会记住自己的父母是如何勇敢地对待自身的缺点，这种勇气与坦率会鼓励女孩做终生的探索与自我培养，而不至于迷失方向。

家长可通过道歉帮助女孩树立信心

父母应该意识到：当自己向女孩道歉时，就等于在教女孩相信她自己的洞察力。如果父母不停地批评她、辱骂她，女孩就会形成一种对生活本质甚至是对世界的负面看法。作为父母应该让女孩懂得，任何人都会犯错误，即便是父母也一样，每个人都要对自己的错误负责。通过道歉，家长塑造了自己关爱他人的行为模式。

主动地向女孩道歉

比如，当家长犯了错误，即便是不太严重的错误，事后也一定要向女孩道歉。答应了女孩的事情如果做不到，则马上向女孩说明原因，以得到女孩的谅解。在道歉的时候，态度应当郑重和真诚。

记住你被女孩赞扬的时刻

很多家教书中都鼓励父母要多多赞扬女孩：“你的问题提得很有思想。”“你做得太棒了！”不管女孩的表现怎样，乐观的父母们总要把目光朝向好的一面，给女孩一些鼓励和信心。但是很少有书籍提到家长被女孩赞扬，有的家长似乎是永远的强者，可以为女孩遮风挡雨，把最美的一面留给女孩，因而忽略了女孩的赞扬；有的则难以适应现实生活的种种压力，忍不住将怒气也撒向女孩，根本得不到女孩的赞扬。

其实，任何人的努力都会被其他人觉察到，父母的努力女孩也一定会有所感知。只要再尝试将女孩引向更好的教育，只要再努力改善家庭的关系，家长一定能够发现女孩会时常赞扬父母，女孩对父母的赞扬是完全真实的，发自内心的。当父母们得到女孩赞扬的时候，请记住她的话，这可以成为父母们继续坚持的动力。

妈妈不在家的时候，这个时候就需要爸爸做饭给女儿了。看着爸爸穿上围裙，女儿咯咯地笑了：“原来爸爸也能做饭啊！”

看到桌上摆着各种汤菜，女儿兴奋地拍手："好棒哦，今天我要吃一碗饭！"要知道，女儿平时怎么也不肯吃完一碗，每次都会剩下许多。看着女儿吃得津津有味，爸爸也觉得很有成就感，想到自己平时没有时间分担家务，爸爸暗暗决定，周末一定多在家给孩子和妻子做饭。

很多家长在初为人父母的时候或许受到过这样的告诫：不要轻易地赞扬你的女孩，但是当孩子表现出色的时候，也不要吝啬自己的赞扬。有的父母出于对女孩的爱，常常随口就会说出赞扬的话，这样反而失去了赞扬的魅力。而女孩赞扬父母，不会有太多考虑，觉得很满意很惊喜，就会实实在在地把感受说出来。正是因为童言无忌，孩子的赞美才更加值得父母相信和斟酌。

首先，女孩学会赞美父母，这是一种感情上的互动，在和别人交流沟通的时候，女孩也会去赞美他人。懂得赞美的人是知道感恩和报答的人，往往能赢得别人的喜爱，也能结交很好的朋友。如果一个人从来不赞美别人，只会让周围的人感到没有动力、难以应付。

另外，女孩赞美父母的时候，多是父母的做法超出了孩子的预计，让孩子感到很惊讶。爸爸能做饭本来是很平常的事情，但是在女儿看来却很了不起，爸爸有此反思，感到自己平时对家庭太缺少照料，正是女儿的赞美让爸爸回到了家庭生活当中。如果一个小小的礼物就能赢得孩子的赞美，父母也应该反思自己平时对孩子的关注是否不够。赞美的后面有很多潜台词，如果想要了解自己的孩子，就要学会聆听孩子的话语。

当然，孩子的赞美最终的作用在于温暖父母的心灵。发自内心的赞美都是令人欣慰的，尤其当心爱的孩子能够感受到自己的付出时，父母的心中也会觉得没有白疼他。

但是，孩子的赞美有时候不一定是直接的陈述，它可能变个模样出现。孩子很喜欢一件衣服，其实也是在赞美妈妈挑选得很合心意；孩子享受吃饭，也是在赞美妈妈的手艺；孩子把不会的题目拿给爸爸，是在赞美爸爸的知识丰富……孩子身上的良好习惯、得体的言语都可以理解为一种赞美，是在用行动赞美父母的教育。

经常给女孩一些出其不意的惊喜

女孩在赞美家长的时候，十有八九是因为父母做了一些她以前没有想到或者是预料到的事情。所以，父母可以试着多为女孩创造一些惊喜，多让女孩发现自己的另一面，她会觉得自己的爸爸妈妈不仅很亲切，而且感觉丰富有趣。

当被女孩赞扬的时候也说一些赞扬女孩的话

如果有一天，女孩说："妈妈你真好。"这个时候家长最好能够给予一个感情上的反馈，则能更好地完成互动，比如可以对女孩说："是呀，我家妞妞这样听话，听话的孩子当然要得到夸奖啦。"这样的话印在女孩的心中，她不仅很开心，而且会在潜意识里告诉自己：要做一个好小孩。

说女孩想听的，听女孩想说的

80∶20，与女孩对话的黄金法则

不知道家长们是否经历过这样的情况：当你拖着疲惫的身体，努力地打起精神，准备和女孩好好沟通的时候，不是被女孩三言两语打发了，就是被噎得半天回不过神来，不但不能达到了解女孩的目的，还惹了一肚子气，以致逐渐丧失了和女孩谈话的兴趣。家长们会感觉到自己越来越不了解女孩，越来越不知道该怎样教育女孩。因此，父母们一定要学会与女孩交谈的技巧，而这个技巧，就是有名的"二八"法则。

1897年，意大利经济学家帕累托偶然注意到了英国人的财富和收益模式，他发现，社会上的大部分财富被少数人占有了，而且这一部分人口占总人口的比例与这些人所拥有的财富数量具有极不平衡的关系。于是，帕累托从大量具体的事实中归纳出一个简单而让人不可思议的结论，如果社会上20%的人占有社会80%的财富，那么可以推测，10%的人占有了65%的财富，而5%的人则占有了社会50%的财富，这样我们可以得到一个让很多人不愿意看到的结论：

一般情况下，我们付出的80%的努力，也就是绝大部分的努力，都没有创造收益和效果，或者是没有直接创造收益和效果。而我们80%的收获却仅仅来源于20%的努力，其他80%的付出只带来20%的成果。

显然，"二八"法则向我们揭示了这样一个道理，即投入与产出、努力与收获、原因与结果之间，普遍存在着不平衡关系。小部分的努力，可以获得大的收获。起关键作用的小部分，通常就能主宰整个组织的产出、盈亏和成败。

所以，在做事情的时候最好是把自己的精力花在重要的少数问题上，因为解决这些重要的少数问题，你只需花20%的时间，即可取得80%的成效。而和孩子谈话，亦是如此。

家长和女孩能够顺利地交流思想，对于相互之间保持良好关系非常重要，任何一个家长都希望女孩能跟自己讲讲她们内心的感受，这样家长就可以理解和帮助她们了。但是，有多少家长能够保持经常和孩子交流呢？

得到的回答常常是："当然啦，我们经常说，可她一点也不听。"

其实，家长们所谓的交谈，其中很大一部分是唠叨、批评、说教、哄骗、威胁、质问、评论、探察、奚落……这些做法不管出发点是多么好，都只会使亲子间的相互关系更加紧张和充满敌意。试想，如果女孩是你的朋友，你总是板起面孔不管不问地说一大堆，那么你们的友谊还能维持多久呢？

家长要想收到最好的交谈效果，最好的方式是根据女孩的年龄和成熟程度把握好谈话的“度”。美国著名的成功学大师在教导人们怎样对话的时候，建议人们把80%的时间留给对方来发言，把剩下的20%的时间拿来提一些能够启发对方说下去的问题。可以说，对话的过程重在倾听，而家长们更是要懂得这个法则。

家长们常常犯一个重要的错误，就是他们说得实在是太多了。他们过早地对女孩进行长篇大论式的谈话，并且还常用一些女孩听不懂的词。那些在女孩很小的时候就开始对她们讲大道理的家长会发现，随着女孩的年龄增长，她们会变得越来越不好管教。当她长到十几岁时，她的妈妈又试图用严厉的惩罚来对待她，但是已经听惯了大道理的女孩甚至比一般的女孩更不能接受这种惩罚。

对待年龄小的女孩，侧重于管教

如果女孩只有两岁，家长们肯定无法向她解释清楚电源为什么是危险的。如果看到女孩的手已经伸向了电源线，家长要赶快用猛力把她的手拉开并且对她说“不可以，危险”，这样的做法会使女孩更加清楚家长的意思。

对待年龄大的女孩，则侧重于疏导

如果家长不对一个13岁的偷偷抽烟的女孩详细地解释尼古丁的害处，而是简单地责罚她，并不能收到很好的效果。在这些女孩的心理世界中，她们需要大量的空间去表达自己、需要耐心的听众，家长们一定要多多倾听，让她们说出自己的想法，并且及时解答她们的疑惑。这就像大禹治水，重在疏导，而不是想办法用东西堵塞。

三思而后言，不在气头上说话

妈妈和客人正在客厅聊天，女孩拿着试卷走上前来。“又考那么低！看看这分数！还好意思拿到我面前，真丢人！”妈妈抖着哗哗作响的试卷，像在寻求客人的同情。客人略显尴尬。

“看书去！怎么还不去！你真是笨得够呛！”

看到女孩没有动静，妈妈更加生气：“我说错了吗？一直都这样，我看是改不了了！我也不抱什么希望了！”妈妈气愤失望的表情让女儿无地自容。

生活中总有这么一次又一次愤怒的时候，于是伤害女孩的话也随口而出。

“女孩还小，一两次考得不好是正常的情况，别这么说她了。”面对客人的担忧，妈妈说："小孩子不说她就不懂，非得我来骂她两句！"

其实年龄不是评判的标准，家长看似无意的言语其实已经渗透到孩子心灵深处了。

"孩子就得经常说，要不就忘，你看上次我跟她老师提了一次她尿床的事，以后不是再也不尿了吗？6岁的孩子，说出来我都觉得丢人。"

自己尚且觉得丢人，更何况是作为当事人的孩子，不仅要忍受母亲的唠叨还要承受自己被当众揭短的难堪。

"你看看你，笨手笨脚还老忘东忘西的，上次打碎水杯，这次又丢了鞋！有哪件是好事啊？"面对一屋的客人，妈妈的嗓门一点都不小。

对于女孩，妈妈总是忘记一个事实：她和我们一样，也是个独立的个体，是一个和我们一样有着自尊的"人"。

先来设置一个场景，假如在公司的年终晚会上，有一个同事突然大庭广众之下笑说"你的舞怎么跳得这么差啊，就像是大象在扭动"或"你唱歌可真是难听"时，你是怎样的反应？

实际上，你当众愤怒地揭女孩的短时，她此刻的感受和你假设的场景是没有区别的。

其实任何人都会犯错，家长的不宽容让女孩日后也变得苛刻，对别人的要求也会多。当众揭短，女孩容易自卑，甚至永远走不出家长对自己的描述和定位。或者有的女孩抱着"无所谓"的态度，破罐破摔。既然已经这样了，大家也都达成共识，改了又能怎么样呢？

而且，因为家长一次又一次在气头上说的话，会使女孩认识世界的渠道发生了倾斜。在成长初期，女孩往往通过家长这个窗口来认识世界，来完成和巩固对自己的判断。家长的当众评价无形中对女孩认识世界造成了一定的错误指向，女孩会认为这个世界苛求完美，不会保护个体的尊严，在以后的生活中，女孩也极容易将此要求延续到和他人的交往中，甚至以后自己组建家庭后，她的家教模式也会受到严重的影响。

最后，女孩的小心灵也会惧怕赤裸地暴露在众人之前。家长如果是爱女孩就要真正的为她着想，停止嘴中的不满，尤其在众人面前。当问题出现时，家长不妨寻求解决的办法，这样远比批评有效。明确地告诉她，她做得不对，她要为自己的过错负责，建立了孩子的责任意识的同时又转移了自己的愤怒。

伟大的教育家洛克说："父母越不宣扬子女的过错，则子女对自己的名誉就越看重，因而会更小心地维护别人对自己的好评。如果父母当众宣布他们的过失，使他们无地自容，他们越觉得自己的名誉已受到打击，维护自己名誉的心思也就越淡薄。"

气头上的话，总是会放大过去的小抱怨，家长们千万要管好自己的嘴巴。

家长们不要因为自己一时口快造成永久的伤害

在家庭教育中，教育者的心态和教育的出发点直接影响着教育结果，所以不要因为她是你的孩子，就蛮横地在众人面前让她的缺点一览无余。或者因为无法掩饰你愤怒的情绪，就无辜地伤害女孩。女孩的自尊心有时就像是透明的玻璃物，碎了就很难粘和起来，伤害也许是永远的。

家长要克制自己不要在盛怒的时候批评女孩

有的时候家长也会明白女孩的自尊心非常敏感，不能伤害她。但是有时候看到女孩还是老样子的时候，就忍不住怒火攻心，恶语相向了。怎样避免这种情况？很简单，当你觉得自己在气头上的时候，就忍住怒气，离开女孩。当你有意识地躲避女孩，就会少说很多令她伤心的话。这也是一个无可奈何的解决方法。

女孩为什么不告诉你她在想什么

一位读小学的女生说，她很害怕放假："放假在家里，父母都上班了，只有我一个人在家，我很孤独也很害怕，没有人和我说话。爸爸妈妈回到家里，说的第一句话就是：'作业写完了吗''这一天你都干什么了'，他们从不知道我在想什么。晚上睡觉我从不拉上窗帘，因为我要和星星、月亮说话。我很想上学，因为学校里有同学，和同学在一起我感到很开心。"她不敢把自己的想法告诉爸爸妈妈，她说："他们根本不了解我。"

听到这个女孩的话，家长会不会觉得心酸呢？既为女孩的苦处难过，也为自己做父母的失败而伤心。每个父母都爱自己的女孩，可是，如果女孩连想法都不敢和父母讲，这就是父母爱的结果吗？

很多家长不知道自己的女孩在校的学习和表现情况，不知道女孩最近又交了哪些朋友？女孩的零花钱是怎样花的，女孩晚上外出在干什么？跟谁在一起？女孩的星期天在干什么？"我根本不知道她在想什么？"这是家长们最苦恼的。可是家长为什么不知道孩子在想什么？原因在哪里呢？女孩为什么宁愿向外人倾诉，也不把心里话告诉自己的父母？做父母的难道不应该反省一下自己吗？

有一位家长说："我工作很忙，一天累到晚，孩子确实顾不上。没办法，我只能用物质来弥补，她想要什么我给她买什么，可是孩子在想什么我确实不知道。"有些家长是单位上的"顶梁柱"，忙得顾不了孩子；还有一些父母生下孩子后推给老人或者保姆照看，忽视了父母在孩子成长过程中的作用。这类孩子由于缺少父母在心理上、品德上、精神上的爱抚、教育，造成孩子缺乏爱心和同情心。现在有的孩子在物质上很富有，但是在精神上却相当匮乏。在孩子成长过程中，父母的理解和关爱绝对不是高档玩具、保姆，甚至各种辅导班老师能够替代的。所以，家长与其不惜花钱给孩子买这买那，送孩子学这学那，不如多抽出一点时间陪陪孩子，不要让孩子陷入“情感真空”。

还有相当多家长对孩子说得最多的是“要好好学习”，中学以后，家长和孩子之间的谈话内容基本上是“学习”这一个主题。当孩子学习暂时出现困难时，有的家长不是积极鼓励，而是拿别人的孩子作对比，孩子敞开的心扉也许会因为家长一次敷衍的应答或粗暴的对待而从此关闭。有些家长为了维护其尊严和权威，往往对孩子实行命令主义，总要摆架子，树权威，个性固执，作风专横，孩子一开口就说她讲错了，孩子一动手，就说她什么都不会，对孩子过多地批评、指责，极少鼓励、赞扬。这种家庭教育方式让孩子怎么开口跟你讲心里话呢？

甚至还有些家长对孩子过于严厉，动不动就惩罚，罚扫地、做家务；罚不准吃饭、不睡觉；罚不准看电视、玩游戏。孩子稍有过失，动辄训斥，甚至打骂。这种粗暴惩罚的家庭教育方式造成孩子心理扭曲，性格冷漠，不要说跟家长沟通了，严重的会使孩子出走，交上坏朋友，走上截然相反的道路。因为孩子在家庭里得不到温暖，得不到尊重，得不到幸福，稍有诱惑，就会被坏人利用，受骗上当。

反省了自己的所作所为，父母们还能埋怨女儿与自己疏远吗？

和女孩交谈时，家长们尽量不要评断或批评她们所说的任何事情，因为没有必要把女孩提到的每一种生活经验，当成是她们应有所警惕的事情。假使家长在和女孩交谈时出现争辩、咆哮、喋喋不休、火气十足等情况，那么亲子之间的沟通也将因此受阻。

很多时候，关切女孩的感受更甚于给她们忠告。比如，家长可以这样问女孩：“你看起来很生气”，或者“你好像有点不好意思”。类似这种说法，可以让女孩知道家长正在关心她们，也因此促使她们愿意开口说话。

一旦女孩打开话匣子，家长们一定要用心聆听。可以把工作摆在一旁，关掉电视机或者放下手头正在做的事，纯粹和她们交谈。只要家长的关心恰到好处，女孩一定会打开她的心扉的。

巧用时间和女孩进行沟通

当家长和女孩坐在餐桌旁、房间里，或者和孩子单独相处，这正是家人畅谈一天大小事情的最好时机。如果女孩年龄还很小，家长可以利用她们就寝前的这一点时间，和她们讲悄悄话，亲热一番；要是女孩的年龄较大，家长也可以利用这个时候，心平气和地和她们就某事进行沟通。

多用些心思，多了解女孩

如果家长们想提供给女孩有益的指引，就得了解她们生活状况的方方面面：

她有哪些朋友；她和朋友在一起的情况；她在校学习情况；她和老师的相处状况；她有哪些兴趣；她有哪些困难……只要家长用了心，关心得恰到好处，女孩很容易会向家长打开她的心扉的，毕竟，她们需要家长的关爱和帮助。

当女孩提出你无法解答的疑惑时

游戏使女孩的综合能力大大增强，并且对新事物的好奇心也会被激发，尤其是到了快要入学的年纪时，女孩可能会变成一个“十万个为什么”，遇到任何事情都喜欢问问“为什么”：

“为什么有的豆子是青色的，有的却是黄色的?”

“为什么我早上刷牙在吃饭前，晚上刷牙在吃饭后?”

“为什么妈妈穿裙子，爸爸从来不穿?”

“为什么别人在看漫画，我却要在家里画画?”

一般的家长都会感到不胜其烦甚至是招架不住，就算有耐心的家长，也未必有能力一一解答女孩的问题。当女孩提出家长也不知道的疑问时，怎么办呢?

父母们一般会这样想：如果在女孩面前暴露出无知，就会威严扫地，这原本是人之常情。因此即使父母不知道问题的答案，也会编出一套说法，或者说“你以后就会明白了”，敷衍了事。

家长这样的心理可以理解，但是不能提倡。其实，父母在女孩心中的威严并不完全建立在“博闻多识”这一条上，对事情的态度、对女孩的信任和尊重、在工作上取得的成绩、夫妻之间的评价都会影响到女孩对父母的认识。如果一位爸爸在平时的生活中很积极，面对家庭的困难也毫不气馁，对妈妈和孩子都呵护备至，常常得到邻居的称赞，那他在孩子心目中就会有很好的形象，即便遇到问题不会回答，孩子也不会因此改变对爸爸的崇拜。

另外，承认错误固然是一种勇气，而承认自己的无知则更需要勇气。当家长在女孩面前真实地说出自己也不知道的时候，女孩与家长的距离或许会更近。让女孩明白世界上没有全知全能的人，即使是成年人也有很多不明白的事情，这样也可以避免女孩从小过于崇拜父母、长大后对父母失望的落差心理。

当然，承认自己不知道还只是回答问题的第一步，如果就说一句“我也不知道”然后就走人了事，确实会让女孩感到失望。怎样弥补无语的状态呢？当女孩的提问兴头在没有回答的情况下大减时，家长们不妨说一句：“虽然我现在不知道答案，但是我知道在哪里可以找到答案。让我们去图书馆寻求神秘的答案吧！”听到家长的这番话，女孩会马上兴奋起来，想去图书馆探个究竟。

陪女孩发现问题、探讨问题，答案是什么并不是最重要的，关键是让女孩练习独立思考、判断的能力，学会运用资源去解决问题，她才能享受明白事理的喜悦。

家长总认为孩子什么都不懂，其实，孩子的心灵深处绝对不是一片空白，尽可能地将你知道的道理用简短的话解释给孩子，就能激发他心中的思维系统。当他有疑惑的时候，你可以告诉他："为什么不听听老师的说法"，"你尽量去理解，也不用着急，以后会有很多机会来学习的。"这绝不是逃避责任，而是在为孩子缓解无知的焦虑。

独立解决问题的能力是拉开人与人之间的差距的重要指标，当孩子向你提出难以回答的问题时，不要回避或假装知道，尽管把真实的情况告诉他，让他学会独立去解决问题，这样的孩子才能成长得更扎实、更健康。

爱提问题的孩子，一般都是善于思考的。所以，家长们千万不要打击女孩提问题的积极性，如果家长经常说"你脑子里想的都是什么乱七八糟的啊"或者说"你怎么总是这么多废话啊"，这些话会刺伤女孩的自尊心，并且会使她不再愿意发表自己的古怪想法，对她的成长是极为不利的。作为家长，更应该鼓励女孩多提出问题，并且赞叹她的奇思妙想。

向女孩"索要"关爱

不懂得爱父母的女孩很难学会爱别人，这一点尤其值得家长重视。因为随着独生子女的增多，自私自利，以自我为中心的"小公主"也逐渐增加，这些女孩只懂得无止境地索取，心安理得地接受父母和他人的爱，却吝啬得不肯付出一点。

一位妈妈给3岁的女儿买了盒新鲜的点心。小女孩津津有味地吃着，爸爸走过来说："什么好吃的？让我尝一尝。"没有想到的是，女孩按住盒子盖大叫："不给，不给。""小东西，别这么自私，给一块。"爸爸故意从盒中抢了一块点心咬了一口。结果女孩大哭起来，非要爸爸吐出来不可。妈妈连忙跑过来哄着："宝贝别哭了。都是爸爸不好，咱们打爸爸。"女儿大叫着："坏爸爸！坏爸爸！"最后在爸爸连声的"认罪"中，女儿才破涕为笑。

这个故事中，不仅女孩的做法让我们感到很无奈，妈妈的做法更加让我们深思。难道我们就不可以从女孩那里得到一些关心吗？我们作为家长为什么只是一味的奉献，但是却不告诉女孩爱别人才是她今后走向幸福生活的必需？善良和同情是女孩的天性。其实1岁前的婴儿就有情感反应，别人哭她会随着一起哭；一两岁的幼儿看到别人哭，就会拿自己喜欢的玩具去安慰，这表明她已能清楚地分辨自己和他人的痛苦，有了想减轻别人痛苦的本能，这是爱心先天的自然流露。可如果后天得不到很好地培养，她们的爱心就会逐渐消失。有一对父母在这方面的做法希望能对家长们有所启发：

一鸣的父母为了培养一鸣的良好品格，让一鸣从小就关心父母，不小气、不自私，每次吃东西父母都要她和父母分着吃。有一次，一个朋友从外地带来了一筐橙子，父母要求一鸣每次吃橙子都要拿出3个，最大的两个给父母，小的留给自己。开始一鸣每次都做到了，可是，当筐里只剩下三个橙子时，一鸣却舍不得了。这时爸妈就告诉一鸣：越是好的东西少的时候越能考验人，这时，你能想到把好的、大的橙子给长辈，才是真正的好孩子，要求一鸣继续坚持以前的做法。最后，一鸣是一边哭着一边把大的橙子分给父母，而且眼泪汪汪地望着父母，希望他们不要把橙子吃下去。这时，妈妈给爸爸使了个眼色，一瓣一瓣地把橙子吃掉了。两个橙子到底是什么味儿，谁都没吃出来，因为他们也“心疼”。但从这以后，一鸣遇事总是先想到爸妈，逐渐养成了关心父母的习惯。

如今的孩子，大多是独生子女，得到了太多的关注与爱，可是很多家长却常忽视孩子的爱心教育。爱心是要父母精心培育的。有一位母亲在这方面做得很好：

我常跟女儿说的一句话就是：有女孩真好！女儿小时候长得比较胖，刚学会走路时，我抱她上楼梯就很困难，所以我就有意识让她知道：自己能做的事情一定要自己做！要让她知道，在家里爸妈的想法也非常重要，做事情要学会为别人着想。在关键时候要充分发挥她在家里的作用。比如，每次回家，都要让她力所能及帮我拎一点东西，让她知道，妈妈一个人拿着很累，需要她帮忙，而且她也应该帮妈妈。有时候心情不好的时候，就告诉她，要体谅一下妈妈，不要让妈妈烦，妈妈很容易发脾气。往往这个时候她就会很主动地说一些我喜欢听的话，还会表现得特别乖。

让女孩分担一些家庭中的事情

父母不应该让女孩在家中当特殊人物，养成衣来伸手、饭来张口的坏习惯。父母要让女孩知道，家庭中的事务每位成员都有义务承担。要循序渐进地教女孩做些力所能及的事，比如擦桌子、摆放碗筷、摘菜叶、洗手绢等。在女孩稍大些时，还可以让她分担相对重要的家务，既让她获得成功感，又使她从小养成勤劳的好习惯，并从中体会到父母为家庭付出的辛劳和养育之情，体会到爱是需要付出的。

爸爸妈妈要相互“串场”

若是爸爸和自己女孩说：“孩子啊，你爸爸不容易，你要好好孝顺你爸爸。”或者妈妈经常对女孩说：“孩子啊，妈妈天天忙里忙外的真不容易，你以后一定要好好心疼你妈妈啊。”其效果不如爸爸妈妈之间相互夸赞，爸爸对女孩说妈妈好，妈妈对女孩说爸爸好，这样的话，女孩既懂得爱爸爸又懂得爱妈妈了。

让女孩在平等的氛围中表达

帮助女孩合理宣泄感情

女孩是天真无邪的，她们的喜怒哀乐很真实，也很强烈，这往往直接支配着她们的行为。同成人一样，女孩常常利用多种情绪来表达自己的需要与愿望。烦恼、攻击、挫折、愤怒这些侵犯性情感是点燃攻击性行为的导火线。因此，父母和老师应当更多地体察和理解女孩的情绪变化，为她们创造一定的条件，帮助她们将这些不良情绪发泄出来。

很多父母都认为，女孩没有太多学业上的负担，不愁衣食，受到的照顾无微不至，她们不会有什么压力。怎么会抑郁呢？其实，现在的女孩在得到铺天盖地的爱的同时，却越来越失去了随心所欲地玩的自由；在得到大量玩具的同时，却失去了与父母拥抱、游戏和谈话的机会；在幼儿园，教师与女孩、女孩与女孩之间有时会有一些矛盾发生，如受到批评、不能与小朋友友好相处，这些都会使女孩产生压力感。

在女孩的眼里，这是一个陌生的世界，每天都会有很多新的事物发生。女孩正以惊人的速度吸收各类不同的信息，结果她每天都发现很多不可理解的事情。爸爸妈妈可能会离开一段时间，不知去了哪里，还会不会回来？白天在街头看见一只大黑狗，晚上睡觉时就会想，狗会不会趁我睡觉的时候走进我的房间咬我呢？或者会不会有魔鬼躲在我的床底下呢？妈妈送我上幼儿园，爸爸、妈妈都不去，为什么我要去呢？幼儿园是什么地方？这些忧虑使女孩不安和恐慌。

有的女孩在小小年纪就遇到了感情上的重大打击，如亲人去世、父母关系紧张或离异、考试失利（特别是未考上理想的学校）等，往往会出现情绪上的强烈反应。此外，学习成绩不好，长相不出众，总认为自己处处不如人，不受老师重视，不引人注目等，也会使女孩产生一种失落感。

抑郁使女孩感到孤立、恐惧和不快乐。女孩抑郁起来并不知道自己哪里不对，只知道自己的感觉糟透了，不像以前的自己，心里的那种感觉会越来越糟糕。甚至有一些女孩还会通过饮酒、上网聊天、吸烟等来排解抑郁，但是这样的结果往往会使她们的抑郁加重，还有一些人试图自杀。

在日常生活中，父母要培养女孩开朗、自信、合作的性格，与女孩建立互相平等、互相尊重、信任的关系。父母不以家长的权威强迫、压制女孩，尊重女孩的意见。当女孩从父母那里体验到父母对她的尊重时，她就懂得了要尊重别人。

即使当女孩发生了比较激烈的事件时，父母也不能用简单粗鲁的方式处理，这会使女孩萌生愤怒感，非但不能解决问题，而且会造成破罐子破摔的不良后果。这时，父母应耐心地与女孩沟通，倾听女孩诉说，减轻女孩的心理压力，同时要帮助女孩正确地面对事件，妥善处理好与同伴的关系。

父母应该帮助抑郁的女孩缓解情绪

尽管并不是每个女孩都有患抑郁症的可能，但也应该引起父母的特别警惕，当女孩遇到困难、情绪压抑的时候，我们应该及时告诉女孩，不要把烦闷锁在心里，有不开心的事情要说出来。此外，还可以教给她一些宣泄情绪的小窍门，比如让她大哭一场，或者做一件自己喜欢的事情，还可以和好朋友倾诉等。

帮助女孩找到发泄情绪的合理途径

当女孩感到情绪郁闷但是无法发泄的时候，父母可以通过一些方法来帮助她们。比如说，可让女孩用语言发泄情感，创设悄悄话角，当她们感到愤怒时，独自大喊大叫，舞动自己的手臂。又如：可让女孩通过运动形式表达情感，设立体育角，当她们想打人的时候，就打陀螺，用沙包击靶子，或戴上手套任意打击沙袋，也可任意在垫子上翻滚，这样使女孩将自己的情感发泄到一个合适的替代对象上，从而得到心理的满足。

不可以用命令的口气和孩子说话

在我们的周围，总会看到这样的现象：

“去，给我回家写作业去!”

“不准说话，赶紧吃饭!”

“今天必须去辅导班听课……”

在父母教育女孩的过程中，很多家长都忽略了，女孩是发展中的个体，具有独立的人格和鲜明的个性心理特征，在向周围世界学习的过程中，她们处于主体地位，是学习的主人，家长应培养富有创造性和主动精神的女孩，让她们在探索中发现，在发现中提高和成长。

因此，了解女孩、尊重女孩、激励女孩、诱导女孩是成功的教育方法，强迫责令，以成人为中心，往往使女孩被动，收不到好效果。命令的方式应慎用，绝对不能滥用。

对此，女孩家长在与女孩的沟通过程中要注意自己的方式，如何说女孩才肯听，如何听女孩才肯说呢?

仔细分析一下，女孩不愿意听从家长命令的原因，不外乎这几种：

1. 当女孩玩得开心之时，家长硬性命令女孩去洗脸，孩子不去，成人便强硬拖着女孩去洗，孩子很委屈，有时还大哭大嚷。其实，只要好言相劝，或能使女孩快快洗了脸又来玩，或稍等片刻再去洗，让孩子再玩得开心一些，这样反而更好。

2. 当女孩用手抓饭吃，妈妈打了一下手，女孩哭了，正在哭得喘不过气来之时，爸爸命令女孩："不要哭，闭上嘴！"女孩怎能一下子憋住这口气呢？纵然成人是一番好心去教子，但实际上起了摧残心灵、摧残健康的副作用，这种命令是女孩不能执行，听从不了，也不应该听从的。

3. 有时一些可听从、可不听从的命令多了，反而会强化女孩不听从命令的习惯。家长在命令女孩时，应该注意不多用、不滥用"命令"，一旦运用便要求女孩认真执行，鼓励肯定女孩执行命令的优点。"命令"要下在女孩有可能接受、有时间准备、又能尝试成功的点子上。尽可能让女孩会乐意去执行，而且会完成得挺好。当命令执行不好的时候，要帮助女孩检查原因，改正错误，并鼓励她下次完成好。

家长也可以尝试着把自己在工作单位执行命令的情况，编成小故事，讲给女孩听，启发女孩的学习和模仿能力。

对家长而言，和女孩交流沟通绝对不是一件无足轻重的小事，它关系到家长与女孩之间的和谐关系，关系到对女孩求知欲的培养以及对其人格的尊重。但遗憾的是：现代家庭教育中，与女孩的有效沟通总是被忽视。

父母应该重视与女孩的沟通，这样才能走进她的内心世界，知道女孩在做什么、想什么，才能更切合实际地为女孩的成长提供一个良好的环境。与女孩沟通就应该像对待大人那样对待女孩的提问。

这个时候，父母首先应意识到不能马马虎虎回答女孩提的问题，而要尽量拿出合乎道理的解答。大人采用有逻辑性的、科学的回答方式，是想让女孩能正确认识问题。但在女孩看来，无论对其做什么样的回答，都不能全部消除其疑问，因此，大人就没有必要一定坚持回答的正确性。

同时，很多人会问，如何用沟通代替命令，跟女孩成功地沟通呢？

教育专家给我们的建议如下：

第一，成功的家庭沟通，应该注意以下因素：理解、关怀、接纳、依赖和尊重。理解要求父母孩子双方能够设身处地地为他人着想；关怀不但存在于内心，更要切实付诸行动；接纳要求考虑到每个人的个性，懂得欣赏人们身上的优点；依赖是要做到既信任别人也信任自己；而尊重是指尊重他人特别是孩子的权利，尊重他们的意见和选择。

第二，要建立一种积极健康的家庭沟通交流关系，应该改变父母是决策人，孩子是接受者这样僵化的家庭角色的分配。父母在家庭教育中应该懂得进行角色交换，每一个家庭成员都可以对他表述的愿望予以积极地辩解。

当女孩能够参与讨论家里的通常是成年人的问题时，她才能够更好地理解父母，而父母一方面可以调动孩子的主动性，使自己清楚地认识孩子的才干，另一方面可以得到有关自己教育的反馈信息。

综上，父母与女孩通过沟通，才能让女孩明白“理解、信任、承诺、准时”等观念的重要。通过沟通，最容易让女孩站在他人的立场上思考，也最容易让女孩养成理解他人的习惯。只有这样，女孩才有可能成为一个全面发展的优秀人才。

家长要学会沟通的艺术

做家长的要学会沟通的艺术，当你的女孩“倔脾气”上来时，不要一味地责骂，学会与女孩交朋友，因为在女孩面前我们不仅仅是父母，还是女孩的朋友。家长应该设法巧妙地从与女孩的对抗中解脱出来，不应该继续与女孩抗衡下去，在女孩缓过了顶牛情绪，心平气和，情绪良好之时，也会接受意见，改正错误。

善于做自我批评的家长会使女孩心服口服

如果家长的命令不合适，应该做自我批评，这样会使女孩心服口服，因为平等的亲子关系，会给双方以好的感受。如果不来个缓解过程，既伤了心、又伤了身体，大家情绪都不好，甚至造成成人与女孩之间的隔阂。

“蹲下来”和孩子说话

成功的家庭教育，一定是民主的教育，与女孩平等相处，特别是交流的时候，最好家长能够蹲下来与女孩的目光平视，以平等的姿态与女孩相处，对女孩正确的想法和行为给予充分的肯定。

林俊访问澳大利亚归来，那里的许多人和事仍历历在目，如一些家长蹲着同小孩子谈话，和孩子在一个水平高度上面对面地谈话，给他留下了很深刻的印象。

一个周末，学校的一位秘书尼蒂请他到她家作客，他又一次见到这动人的情景。尼蒂有一双可爱的儿女，当他们准备乘车一同去超级市场时，4 岁的女儿因为哥哥先坐进汽车而不高兴，尼蒂在车门口蹲下来，两只手握住女儿的双手，脸对脸，目光正视着孩子，诚恳地说：“罗艾姆，谁先坐进汽车并不重要的，对吗?”罗艾姆看着妈妈会意地点点头，钻进了汽车并挨着哥哥坐了下来。第二天上午，我们和孩子们去公园玩。当罗艾姆同哥哥跑跑跳跳，要到湖边去看戏水的鸭群时，不小心绊了一跤，眼泪在她的大眼睛里滚动着，马上要流出来了。这时，尼蒂又很自然地蹲下来，亲切地对女儿说：“你已经不是小宝宝了，是不是？你已经是个大孩子了，绊一下是没关系的，对吗?”这时，林俊也学着在一旁蹲下来，面对着罗艾姆说：“是的，你是个大孩子了，对吗?”孩子一下子就收住了眼泪，很自豪地玩去了。这时，林俊禁不住同尼蒂谈起了这样的教育方式。她说：“与孩子说话当然要蹲下来呀！他们年龄小，还没有长高，只能大人蹲下来，才能平视着说话。在我小的时候，我的父母就是这样同我们说话的。我们认为，孩子也是独立的人，因为他们比我们矮一些，我们就应该蹲下来同他们说话。”

可是，在我们国内，却常常可以看到父母站在那里，大声呵斥孩子：“过来！别摸！”“去！去！去！别烦我”等等居高临下、命令式的语言语调。从说话态度来看，中国父母比外国父母威风得多，可在孩子心目中的父母，却并不可敬，使得双方的沟通效果反而很不好。

其实，是否蹲下来与女孩说话，只是一种方式问题，重要的是在父母心中，是否把女孩真正当做和自己一样，具有独立人格的个体，这才是问题的本质。这会影响到家长能否以正确态度对待与教育女孩的一系列问题。

你是否也会蹲下身来与女孩交谈，有没有发觉女孩不愿意对你敞开心扉？如果发现她总是不愿与你交流，就该反省一下自己了。

看了文中尼蒂的事例，对这位母亲的做法有何感想？你赞同她这样做吗？

每次女孩有事要问，或是欲与之谈话时，你是居高临下、严肃地说话，还是俯下身平等地看着孩子说？

你认为家长有必要树立并维持家长的威严吗？

很多家长之所以与女孩交流的效果不好，就是因为家长与女孩交谈时，往往以长者自居，对女孩缺乏应有的尊重。大多数父母总喜欢把女孩当做小“豆包”，没有在情感上给她们公平的待遇。殊不知，女孩早已有了自己的思维与尊严，她们渴望与大人平起平坐，渴望大人把她们当做平等的个体来看待。

家长们已经习惯了站在成人的立场，以成人的思维方式为女孩分析问题，告诉她们应该如何去做，这会使她们怯于亲身去体验。如果家长坚持认为自己的知识渊博，总是滔滔不绝地向女孩灌输，不厌其烦地纠正女孩的错误，就限制了女孩自己去积累知识的机会。而且这种认为女孩这也不行那也不行的态度，会极大地打击她们的积极性，使她们丧失自信。学会站在女孩的角度思考问题。家长将自己所要表达的爱，是要对方接受的，千万不可因“爱”而生“碍”。

父母要做到平等地对待女孩，就要抛弃那种居高临下与女孩谈话的姿态，而要蹲下身子，以平等的态度对待女孩，与女孩的目光平视。

人与人之间的交往需要在思想上和感情上平等交流，无论是蹒跚学步的女孩，还是已经上学的女孩，都有这种渴求。平等，不仅在大人之间，大人与女孩之间也需要平等。

纪伯伦说：“孩子来自你的身体，但是不属于你……你可以给他们爱，但不能塑造他们的思想……你们是弓，你们的孩子是从弓上发出的生命箭矢。”

教育女孩，首先要尊重女孩

要教育女孩，首先要尊重女孩，在与女孩交流时要平等，在此基础上才会努力地去理解她的想法。这种平等的关系会使女孩愿意同父母交流，并能听得进父母的说教，这是做好子女教育的首要条件。为了做到这些，我们在对女孩的教育上要尽可能地多一些人性化，从女孩容易接受的事和有关的问题出发，给她提建议，让她明白哪些该做、哪些不该做。女孩最初受人尊重的感觉是从父母那里得到的，尊重别人的意识也是在日常生活中经过多次的训练、教育和不断地强化而逐渐建立起来的。而且只有那些能够得到父母的尊重与爱的女孩，才会懂得如何去尊重别人、爱别人。所以，家长请不要忽视女孩的"平等观"，爱她就要让她知道你很尊重她。应放下长辈的架子，蹲下身来与女孩交谈，而不要总给女孩"高高在上"的压迫感。

用了解与希望倾听的语气与女孩说话

家长们用了解、希望倾听的态度与孩子们谈话，就是向孩子表示尊重她们的能力，尊重她们的独立性。尽管父母认为女孩所做的许多事情不尽如人意，但是，也不能因此显出不屑一顾的样子，更不应该挑剔指责过多。作为父母，应这样和女孩沟通："我想听听你对这件事是怎样理解的？""让我弄清楚是不是理解你所说的。"如果家长肯丢掉成年人的认识框架，愿意从女孩的角度来理解她们的世界，并给予引导，就会使她们通过自己的经验学到知识。千万不要以父母的权威压抑女孩。

不要和女孩一样任性

任性似乎是女孩子的天性，若遇到什么不顺心的事，小嘴一撅，就哭个不停，生气的父母实在受不了，竟也学着和女孩一起任性起来，拉她，扯她，骂她，打她，却不会心平气和地和她谈上一谈，很多时候女孩的任性是善意的，如果父母也学着任性，那就不应该了。

美国儿童心理学家威廉·科克的研究表明，孩子任性也是一种心理需求的表现。他指出，随着生理发育，幼儿开始逐渐接触更多的事物，但是却不能像成人那样对这些事物做出正确的判断和评价。

女孩只会凭着自己的情绪与兴趣来参与，尽管这些事物往往是对她不宜、不利，或者是有害的。

而家长多以成人的思维去考虑女孩参与的结果，完全忽略了女孩参与的情绪和兴趣。实际上，这种情绪和兴趣，正是女孩心理需求的一种表现方式。

5 岁的苏苏看到邻居小朋友的一辆遥控小汽车很好玩，回到家后，便向妈妈提出了要求："妈妈，我要小汽车。"

"好，"苏苏妈满口答应下来，"明天去买，今天商店关门了。"

"不，我要小汽车，我现在就要。"苏苏坐到地上，哭叫起来。

"你这孩子，怎么这么不听话。"苏苏妈急了，一把拉起苏苏，"都答应你了，你还想怎样。"

然而，苏苏却一直没有安静下来。

她反反复复地重复着那句话："我要小汽车。"

这件事情从表面看来是苏苏太任性，在无理取闹。其实真正的原因是她看到那个小汽车上有个小灯在一闪一闪的，她很想知道那个小灯为什么会闪亮，这是一种好奇的心理需求。当这种心理需求得不到安抚和满足时，苏苏只能以哭闹来表示抗议。

处于独立性萌芽期的女孩，一切事物都想亲力亲为，想弄个透彻，这原本是好事。但是，这种"亲力亲为"的心理，往往会在不合实情中表现出来。这种任性，实质上是一种与家长对抗的逆反心理，其根源又在于家长初始没有重视她的心理需求。

面对这种情况，家长切不可简单地以女孩任性来对待。只要家长了解女孩的心理需求，并认同这种需求，给以足够的重视。

例如，上文中苏苏的妈妈，就完全可以和女孩聊聊那辆小汽车，聊聊车上的小红灯，并对明天和女孩一同买、玩小汽车进行想象。相信解决女孩的任性并非难事。

一般说来，女孩产生任性的原因主要有两个：

首先，由于女孩的认知水平不高，不善于从他人的角度考虑问题，她们只能考虑自己的需要、自己的情感，尤其是三四岁的女孩，由于活动能力比 3 岁前大有进步，于是在活动中追求自主，力图表达自己的意志，因此，常常不肯按照家长的意图来办事。

另外，如今的父母大多过于宠爱女孩。女孩要什么，父母就给什么，甚至一些不合理的要求也迁就答应，养成了女孩以自我为中心的习惯，一旦遇到不顺心的事情，女孩就会大哭大闹，直到家长让步为止，渐渐地，女孩发现了，只要自己坚持，家长就会让步，自己的要求就会满足，于是就养成了任性的性格特征。

从心理学的角度来看，任性是儿童意志薄弱、缺乏自控能力的表现。

但是，女孩的任性并不是天生的，而是家长不良教育方式的结果。有些家长抱着侥幸心理，认为女孩现在还小，有点小性子也没有关系，等女孩大了自然就会好了。

有一些家长，则以自己的任性来对付女孩的任性，"你越不听，我非要你听不可”；还有一些家长，每当女孩任性的时候就互相推诿，爸爸说是妈妈惯的，妈妈说是爸爸宠的。于是，女孩不是出现狂躁、郁闷等异常情绪，就是毫无顾忌地张扬任性。

美国心理学家斯考特·派克认为，家长对孩子的溺爱和对宠物的爱有着惊人的一致性，可以说是一种父性或母性的本能。它并不需要努力，也不需要经过意志抉择，并且对心灵的成长毫无帮助，所以不能算是真爱。虽然溺爱也能帮助建立亲密关系，但要养育健康而心智成熟的孩子，还需要更多的东西。

派克认为：爱不光是给予，它是合理的给和合理的不给；是合理的赞美和合理的批评；它是合理的争执、对立、鼓励、敦促、安慰。所谓合理，是一种判断，不能只凭直觉，必须经过思考和有时不怎么愉快的取舍决定。

并且，这样做的人经常会处于一种两难的困境当中，一方面要尊重所爱的人在生活和人格上的独立，一方面又要适时提供爱的引导。

这种真爱复杂而艰巨，需要认真思考，需要不断创新。相反，溺爱不管看起来是多么富有牺牲精神，也是懒惰的、缺乏思考、陈旧、僵化，而且一成不变。最懒惰的就是放纵型的溺爱，因为这样做的父母放弃了思考，而让没有控制能力的女孩去发号施令。

爱是合理的给予合理的不给，面对女孩不合理的要求，父母要学会对女孩说“不”，但是当面对女孩善意的任性时，父母就应该心平气和地同她讲道理了。在父母给女孩的道理中，她能体会到一些棍棒教育不出来的东西，也只有这样的父母才会培养出一个耐心而懂得交流的女儿。

添加适量的肯定和激励

不拿自己的孩子和别的孩子随意比较

有一些女孩子自尊心极为强烈，也很敏感，但她们同时也很好强，不愿意服输，总想做那个佼佼者。所以，父母的有些话仿佛一根针，深深刺痛了她们的心，在这种情况下，她们很有可能会一蹶不振，甚至自毁前程。有些时候，这些现象完全是因为父母的不当比较造成的。

有的女孩，我们认为她“笨”，可能仅仅是我们拿她的弱项和其他孩子的强项比较的结果。

很多时候家长们只看到女孩弱项的一面，而没有发现她们的强项。如果哪一天家长发现了她们的强项，那么，她们就会变成这方面“前程远大的高才生”。所以，家长不要因为女孩在某一方面“不可造就”，就将其整个人及今后的发展全部否定了。

小花是个内向的孩子，从小生活在爷爷奶奶身边。

爷爷奶奶有他们自己的工作要做，没有多少时间注意小花，因此小花就越来越沉默了，整天一副心不在焉的样子。

后来小花又回到了父母身边生活，但妈妈脾气暴躁，常常会责骂她。而让小花最难过的就是，妈妈总喜欢用比较来证明她有多没用。

“你简直白活了这么多年，看看你的成绩，真让我为你感到难过。你看看隔壁的小佳，她和你念同一年级，年龄比你小 2 岁，可成绩却比你好。”

小花的学校举行游园会，邀请家长一起参加，孩子们为家长表演了一场舞台剧。

小佳是主角，她打扮成公主站在舞台中央，而小花则扮演一位端水的仆人，而且由于紧张，小花还在舞台上摔了一跤，惹得家长们哈哈大笑。

回到家以后，小花的妈妈又开始责骂起女儿来：

“怎么搞的？你为什么要在大庭广众之下丢人！看看人家小佳，打扮成漂漂亮亮的公主！你呢，卑微又丢脸的仆人！你为什么就不能学学小佳……”

在母亲的责骂声中，小花脸色惨白地缩在椅子上，心里只有一个想法：该死的小佳！没有她，妈妈就不会再这样责骂自己了。

在以后，小花就对小佳产生了严重的嫉妒心理，生活得越来越压抑，最后患上了心理疾病。

很多家长都喜欢攀比，别人的孩子上一个什么班，那自己的孩子绝不能落后。其实，这种不根据女孩实际情况而盲目攀比的行为，最后的结果只能是害了女孩。

“别人行，你为什么就不行？”这是许多家长训女孩的口头禅。

某女士一说起女儿的学习，就显得特别激动：“我们做父母的舍不得吃舍不得穿，一心只想女孩好好读书，可她就是不争气。我姐姐的孩子比她还小 1 岁，学习从来就没让父母操过心！我横看竖看，我们的孩子不比别人差啊，别人行，她为什么不行呢？”

没有一个女孩愿意承认自己比别人差，她们希望得到成人的肯定，她们对自己的认识也往往来自于成人的评价，而这种肯定式的评价对女孩自信心的培养亦是尤为重要的。

父母总是强调女孩比别人差会使女孩经常自我否定，当女孩遇到困难就会恐慌、退缩，从而对女孩的心理造成伤害。

家长要学会欣赏女孩，不要总是拿自家的孩子与别人比较，孩子之间是无法比较的。每个女孩都是自然界最伟大的奇迹，以前既没有像她们一样的人，以后也不会有。

由此，家长们要让自己的女孩保持自信！不论好坏，都要鼓励女孩在生命的交响乐中演奏属于自己的乐章。这是最大化女孩潜能的重要通道，也是最大化女孩自信的源泉，更是使女孩实现人生价值的必由之路。

曾经有一位家长，自己是大学教授，才高八斗，对女儿要求极严。

别人家的女儿钢琴弹得好，他马上叫女儿学钢琴，女儿钢琴上不去，他就气急败坏；他又让女儿报考奥校，希望在理科思维方面一举成名，结果落了空，他极为沮丧，觉得养女儿没有什么意义，整天在家里苦着个脸。

其实，女孩的发育是健全的，只是她的兴趣不在这些方面。女孩说喜欢一个人待在屋里浮想联翩，幻想自己上九天、下五洋。这样的女儿，在她父亲看来，既不争气，也不中用。

而主张“人性教育”的专家认为，这样的女孩优点集中，尤其是哲学思维发达，性格敏感，想象力丰富，如果从事文学、哲学和历史方面的学习，一定大有前途。

每个孩子的智能发展是不均衡的，每个人都有各自的强项和弱项。如果孩子找到自己的最强项，使潜力得到充分发挥，便可取得骄人成就。

有一个女学生，她的父母看到邻居家的孩子因为一篇作文而被南开大学免试录取，于是，父母便强迫孩子学语文、写作文，不料一个学期下来，孩子的写作能力并没有多大起色。

在和别人的攀比中，孩子的自信心也一点一点被消磨下去，最后彻底失去了学习的兴趣。不得已，父母把孩子送到了一位教育专家那里。

在和这个学生接触的过程中，专家发现她并不像他母亲所说的“是个笨孩子”，除了有点自卑意识外，并没有其他学习障碍。

经过一段时间的教育，这个学生对化学产生了浓厚的兴趣，专家就鼓励她去做实验，去探索、去发现更多的为什么。

这个学生的智慧火花一下被点着了。后来，这个学生考上了一所高校的生物化学专业，毕业后又考上了另一所高校的研究生。

家长要包容自己的女孩，包容就是不去指责女孩的缺点，更不要拿女孩的缺点与别的孩子的优点比较，这样做只会刺伤女孩的自尊心。更不要以别的孩子的标准来苛求自己的女孩。当女孩老拿自己跟别人比的时候，做家长的应引导女孩做正确的比较，让女孩树立对自己的信心。

鼓励女孩“自己只和自己比”

常言道：“人比人，气死人。”这个世界永远是天外有天，人外有人。如果女孩喜欢和别人做比较的话，那就永远没有出头之日了。家长们应该这样告诉女儿："不论是学习还是生活的各个方面，自己只和自己比，不要和别人比，你肯定比不起。但是，你自己和自己比的话，只要让自己每天进步一点点就足够了。"通过家长这样的劝慰，女孩就会专心于让自己每天努力取得进步，自然会变得越来越上进。

永远不要说自己的女儿差

不少父母老想给女孩树立榜样，拿自家女孩的不足与别人的长处相比，这是一种盲目的教育心态，父母的这种教育方法容易使女孩产生挫败感，不利于培养女孩的自信心。

用女孩的方式去爱她

爱自己的女孩恐怕是这个世界上所有父母都能够做到的事，但是真正会爱女孩的父母却不多。因为爱也是一门艺术。尤其是对于女孩，要爱得适时、爱得适度、爱得得法都有一定的讲究。

爱女孩，首先就要从了解女孩开始，因为自己的女孩自己最清楚，这是大多数家长这样认为的，可是我们真正了解女孩多少呢？

我们了解她的欢乐吗？

我们了解她的寂寞吗？

我们了解她最讨厌的事吗？

大部分的家长都把眼光放在了5年、10年、20年甚至更长的时间之后，希望从小抓起，让自己的女孩成为一个好学生，好孩子，有用的人，出色的人。可是，家长们不能忽略的是，真正的爱应该以女孩的方式爱她，并不一定要女孩按照我们的期待来成长，而是让她成为一个快乐的人。

女孩在成长中最需要的是什么？女孩和男孩在成长过程中的需求有哪些不同？不知有多少父母问过自己这个问题，又有多少父母能够给出答案呢？

打个比方来说吧，女孩和男孩看到同一条河流，男孩注意到的是它的速度和水量，目测它的深度，并估量自己是否可以穿过它到达彼岸；而女孩会注意那些跳跃的浪花、晶莹的水珠，有的还会脱下鞋子跳进河里，顾不得水流里是否暗藏危险。

因为男孩与女孩本身的区别，决定了父母教育女孩与男孩方式的不同。

文文一家到郊区野餐。

在爸爸的鼓励下，文文开始寻找各种各样的小动物，并且捕捉它们，要带它们回家做标本。在看到一只野兔时，文文的哥哥兴奋得大叫："快看呐，有一只野兔，可惜我们离它太远了，不然我们一定能将它抓住，做一顿美味的野兔大餐。”

听到哥哥的话，文文也开始紧紧盯着那只兔子，目光中充满怜爱。

午餐的时候，哥哥把他们看见野兔的经历讲给妈妈听，语气中充满遗憾，没想到文文却说：

“为什么要吃掉那只兔子呢，也许他们也是一家人出来晒太阳，享受今天的好天气呢。你想想，要是有人把你带走，爸爸妈妈该多么难过！同样的道理，我们怎么能从野兔的家庭里夺走一个成员，更别说残忍地吃掉它了。”

从这个故事也可以看出，一般男孩富于攻击，女儿富有爱心，因为女孩思考问题迥异于男孩，所以女孩父母需要依据自身的性别特质来教养女孩。

男孩有一个特点是靠行动来表达自己。但女孩不同，她是靠语言来表达自己，同时，她也是在与父母的交流与沟通中来获取父母对她的爱。其实，当女孩还在摇篮里时，就强烈地希望父母与她交流，因此，当一个女婴感受不到父母对她的爱时，她就会哭闹不止，但当父母凑到她面前，跟她讲上几句话时，女婴便会停止哭泣，转而用笑声和挥动的手脚来向世界宣告：她因得到父母的爱而兴奋。

女孩与男孩相比，女孩更注重父母对自己的评价。所以当女孩在某一方面取得成绩的时候，父母应该及时地给予鼓励与表扬。

女孩和男孩的不同并不仅限于此，由于大脑的细微差距以及大脑中某个部位的发育先后顺序及程度不同，也造就了女孩与男孩的差异。

有时，女孩比男孩更敏感。“听”是女孩得天独厚的心智能力，因此女孩对噪音的反应更强烈，同一种声音在女孩听来要比男孩听到的响亮两倍；在触觉方面，最不敏感的女孩也要比最敏感的男孩得分高；女孩的视觉记忆更好，在黑暗中女孩看得要比男孩清楚；女孩的味觉和嗅觉也比男孩敏感：女孩有更多的味蕾，更容易受到气味的吸引。正因为此，女孩更擅长调动自己的听觉、视觉、触觉、味觉和嗅觉等，捕捉到那些微妙的、不容易被人发觉的信息以及更为具体的细节，建立起自己的直觉系统。

这些都是父母应该细心关注的地方。

每一个女孩都能够发现使生活变得更丰富的诀窍，但是首先，她要能够感受到生活的温馨安宁。同时，女孩天生就有一种娇弱的特质，就像是鲜花，在盛开之前，需要更多的精心呵护；女孩是温柔的代名词，是世界的调和剂。如果女孩没有一个安定的生长环境，就难以拥有柔和的心灵。社会需要女孩来培养一种特殊的“亲密关系”，把所有的元素都糅合在一起，生成一个固定的整体，但是如果不被爱，女孩也就不会理解爱的内涵，也就难以完成这一历史性使命……

女孩需要父母更多的呵护与关爱，需要自始至终精心的培育。要想让女孩健康、快乐地成长，做父母的就要时刻按照女孩喜欢的方式爱她，让女孩感受到父母是多么在乎她、多么爱她，让她在健康和谐的环境下成长起来。

家长可以根据女孩的优势加以引导

有些父母还应根据女孩的空间感和抽象思维能力不如男孩这一弱势加以培养。女孩更为薄弱的抽象思维能力使得她们在数理方面的学习较男生困难。当数学不再只是四则运算，必须学习、运用抽象的概念和理论时，女孩的语言能力便派不上用场了。因此，家长不妨有意识地让女孩多玩三维立体积木和游戏，以增强的她空间思辨力。

赏识教育也有分寸

时常会听到有些家长说这样的话："我的女儿太出色了，聪明绝顶，又那么漂亮！"

母亲这么夸女儿，一旁的女儿则羞愧得简直无地自容，这都什么和什么啊！

似乎，现在的父母觉得好孩子都是夸出来的。

不可否认，赞美确实能起到巨大的激励作用，不只是女孩，大人也一样，如果女孩在工作中得到表扬和夸奖，那么积极性也会大增，随之创造的是更多的价值。被夸奖被赞扬代表着被认可，被夸奖的人也更深入地认识到自己的价值。但是夸奖也要把握适当的"度"，掌握一定的艺术。过分夸奖或者夸奖不当的结果可能适得其反。

心理专家马丁认为：过分夸奖同贬低一样，不能帮助人树立自信，还会让人变得脆弱。所以家教中也应当注意避免过度夸奖。正确的夸奖方法应是先仔细观察，了解女孩所做出的努力和成绩，在此基础上，审其进步程度，有针对性、目的性的夸奖这才是正确的夸奖，而过度夸大，吹捧千万不可盲目使用。

赏识女孩一定要有限度，惩罚女孩一定要有分寸，并且需要有明确的操作方式。如果父母过分夸奖女孩会使得她很难正确认识自己，不知道自己真实的潜力有多大。当然，因为父母的过分夸奖，懂事的女孩会去努力但能力达不到就容易产生压力，甚至会有失败感。

此外，如果过分地夸奖或炫耀女孩的长处，时间久了，易使女孩产生或比谁都强的心理，不允许或不能接受别人超过自己的事实。大人在夸奖女孩时一定要实事求是，不要夸大其词，并在表扬女孩时应给她指出不足之处。

一位母亲忧虑地对老师说："我们并没有给我的女儿什么压力，也很少责备她，更不会疾言厉色。我们奉行以奖励代替责备，为什么孩子会越来越忧虑呢？"

老师单独和这位念中学一年级的孩子交谈，发现她担忧自己不能名列前茅，所以很用功。她经常失眠，觉得压力很大，甚至想休学。

“我很怕考不好，所以每天读到深夜。”女孩说。

“你觉得学习有困难吗？所学的功课你不会吗？”老师问。

“不是，是怕考不好。如果落到三名以外，我会觉得很没有面子。我就是怕输掉！”

“你父母亲要求你考前三名吗？”

“没有。是我自己担心考不好，我就是很在意成绩。”女孩哭了起来，“我怕失败，那很没面子。”

“对谁来说，你会觉得没有面子？”

“我怕对不起爸爸妈妈！怕得不到他们的欢心。”女孩泣不成声。

这位名列前茅的女孩，因为长期生活在父母和亲人的夸奖之中。由于一直保持好名次，她未曾尝过父母没有夸奖的滋味。她怕失去夸奖，并把这个惧怕当成了一种严重的威胁。

可见，过度的夸奖，给女孩带来了心理负担，慢慢地会加重女孩的心理压力，使女孩变得焦虑，遇到困难容易退却，缺乏信心。所以，千万不要看到女孩有一点小成就，就常常将夸奖挂在嘴边，动不动就表扬、夸奖。

著名作家毕淑敏曾写过一篇题为《请为你的夸奖道歉》的短文，说的是她的一位朋友到北欧访问，周末到当地教授家中做客。

这位朋友一进屋，看到了教授5岁的小女儿，这孩子长得非常漂亮。

朋友带去了中国礼物，小女孩有礼貌地微笑道谢。朋友抚摸着女孩的头发说：“你长得这么漂亮，真是可爱极了！”

教授等女儿退走之后，严肃地对朋友说：“你伤害了我的女儿，你要向她道歉。”朋友大吃一惊，非常不解地看着教授。

教授说：“你是因为她的漂亮而夸奖她，而漂亮不是她的功劳，这取决于我们两口子的遗传基因，与她个人基本上没有关系。

“你夸奖了她，孩子很小，不会分辨，她就会认为这是她的本领。而且一旦认为天生的美丽是值得骄傲的资本，她就会看不起长相平平甚至丑陋的孩子，这就成了误区。

“不过，你不要沮丧，你还有机会可以弥补，你可以夸奖她的微笑和有礼貌。这是她自己努力的结果。”

朋友听后，感觉的确很有道理。

不要认为教授对女孩太严苛，事实上他是非常赞同赏识教育的。只不过他认为，表扬不可过多过高，不能让孩子情绪过热，过多的赞美会让孩子产生错觉，要么认为自己比任何人都要出色，要么就逐渐形成压力，为了夸奖而去做。

女孩的父母对女孩的赞美应该就事论事，不可过分夸大其辞。父母在赞美女孩优点的同时也要适当泼点冷水，提醒女孩改正缺点。最好是了解女孩做事情的过程，把她做某件事情的良苦用心和艰难努力都看在眼里，然后再夸奖女孩。

赞美要把握好时机和尺度

当女孩在表现出色的时候、取得进步的时候、需要鼓劲加油的时候，可以不失时机地赞美她。甚至在指出女孩的不足之前，也要先千方百计地肯定她的成绩，让女孩看到自己的优点，才有勇气、才能自信改正自己的缺点。

对于女孩的夸奖最好能够适可而止

过多过分的夸奖，会带给女孩不必要的困扰。夸奖具有启发性和鼓励作用，但夸奖过多，会带给女孩压力，形成焦虑。所以家长在平时对女孩的夸奖要适可而止，而且应用欣赏、交谈、聆听等方式代替过多的夸奖。著名教育家老卡尔·威特给父母们的忠告是：我们不能让女孩在受责备的环境中成长，但是也不能让她们整天泡在赞美里。

理性看待女儿的说谎

教育女孩要诚实是家庭教育中的重要内容，要想让女孩诚实，家长应该多注重平常的小事，而不应等到发现女孩说谎之后再来补救，做父母的应当允许女孩犯错，但是要心平气和地与女孩一起分析犯错的原因，帮助女孩克服说谎的毛病。

现实中，由于各种原因，有时女孩会说谎。作为家长，如何对待女孩说谎呢？是大声斥责、严厉批评，还是心平气和地引导女孩知错的心理觉醒呢？

当你发现女孩说谎时，是否想过用间接婉转的方式，来使女孩从内心深处认识到自己说谎是错误的，从而产生要诚实的良知？

女孩子说谎实在是一个严重的问题。而且一旦说谎成为了女孩的习惯，那就很难戒除了。所以，面对女孩说谎的问题，父母们一定要抱着认真的态度去处理。

教育说谎话的女孩，一定要注意批评的技巧，切不可一味地批评和打骂女孩。

当发现女孩说谎时，父母一定要弄清楚女孩说谎话的原因，一般情况下，女孩说谎是模仿成人行为的结果。父母在日常生活中由于应付某些特殊情况而不得不讲假话时，女孩如果不加分析、判断就会全盘模仿。

此外还有可能是为了逃避责任，免遭打骂和惩罚。女孩有时是在环境的压迫下才说谎的，而且只有发现说谎可以逃避责任、免遭打骂和惩罚时，才真正有意识说起谎来。

针对这一点，家长可以对女孩说："说谎的人会失去别人的信任。"以此来增强女孩的自律意识，使女孩能够自觉地改变说谎的坏习惯。

家长要把握女孩说谎的心理原因

并非女孩的所有谎言都与“品德不端”有关。许多时候，女孩说谎的最初原因可能在家长身上，也可能是无意中模仿大人的不实之词；或出于自我保护的本能；或为了迎合家长的过高期望，满足某种虚荣心。当发现女孩说谎的时候，作为家长要正确理解并加以引导，根据不同情况客观分析，对她进行正确的教育引导，即使女孩犯错，只要说了真话，就应肯定她的表现，并引导她不断完善自己。

对于女孩无意识的说谎，家长不要过分追究

有时候对于女孩的无意说谎，家长不必过于追究，因为随着认识能力的提高，这种现象会慢慢消失。而对于有意说谎的女孩，则要严肃对待。有意说谎通常带有明显的欺骗目的，当她们知道一旦讲出事实真相将要受到惩罚时，就可能用谎言来掩盖事实；或者，当女孩意识到不隐瞒事实将得不到社会承认或家长表扬时，也可能采用说谎的手法。

第八章 破解女孩九型人格——找到属于她的那一格

你的女孩是哪类性格

通过女孩的外在探视内在

4个半月的小宝宝刚睡醒，躺在婴儿床上“哇哇”大哭，当妈妈刚把小宝宝抱起来把尿的时候，小宝宝就“哗哗”地尿开了。把完尿小宝宝还是大哭不止，妈妈便把小宝宝放在床上，将冲好的奶粉放入孩子口中，小宝宝立刻停止哭闹大口大口地吸吮起来……

宝宝的这种行为是逻辑思维的肢体外在表现形式。

小宝宝长到5岁了，在游乐园玩了一天的她兴冲冲地跑到爸爸妈妈身边大声说道：“妈妈，我饿了，有什么好吃的吗?”

宝宝的这种行为是逻辑思维的语言外在表现形式。

当小宝宝长到8岁的时候，在学校参加了一天植树活动的她大步跨进家门，拿起桌上的苹果一边吃一边对妈妈说：“妈，我今天干了好多活都快饿死了，先吃个苹果，家里还有什么吃的没?”

宝宝的这种行为被人们称为逻辑思维的综合性（语言+肢体）表现形式。

当妈妈说：“我今天工作很忙，下班没有时间去买东西，等会咱们就吃饭了。”小宝宝一看妈妈连菜都还没有摘，委屈得眼里充满了泪水：“哼，你连饭都还没做呢，我不管，我肚子饿。”说完就哭了起来，于是妈妈只好马上带着小宝宝去了小区外面的麦当劳。当小宝宝喝着可乐啃着汉堡的时候，高兴得直对妈妈说：“妈，你太好啦!”

任何一个女孩，当她面对自己要表达的目的时，总会表现出自己的喜怒哀乐。不管哪种类型的表达方式，都有一个共同的目的，那就是都想通过自己的表达让父母了解自己的想法和目的。

女孩逻辑思维的表现方式和情绪表达是与生俱来的。这些表现方式最初可能只是女孩“抓”“吸”“哭”等本能的条件反射。随着她们一天天地长大，身体里积累的信息量不断增加，女孩们便开始尝试着用语言及情绪等更加高级的方式来表达自己的愿望。

有的父母看到女孩好奇地拿剪刀把作业本剪得破破烂烂，就禁不住大怒：“你这孩子就是爱搞破坏。”看到女孩在墙角盯着一群蚂蚁发呆，就指着女孩说：“看你这个没出息的样。”看到女孩大哭着非要和爸爸妈妈一起睡，就大声呵斥：“这么大的人了，应该学会独立，自己去睡！”

父母常常不能真正理解女孩的行为，看到她做了一些“不合常理”的事，不问青红皂白就骂起来，就像上面列举的几种情况，但这些都是不可取的。

不管是女孩逻辑思维的综合表现，还是喜怒哀乐的具体体现，父母只有积极地去探寻这些问题背后的真实原因，透过现象看到女孩的真实渴望，才能顺应她们的思维发展规律去加以培养，有效地帮助女孩成长。

父母要能冷静地看待女孩的一切表现

就在父母那看似不经意的呵斥声中，女孩自身的一些隐性特质也许还没来得及呈现端倪就被抹杀掉了，严重者甚至会扭曲女孩的成长。女孩某些反常的行为和变幻的情绪，其实是她们在积极地去尝试、去复制、去抓取一切可能的信息，为成长做准备。

女孩身上有趣的动物性格

大人们习惯在言谈中用某些比喻来形容自己的女孩：她们像大象一样的严肃沉稳，她们像个兔子一样的温柔可爱，她们像个猴子一样的聪明活泼……其实研究起来，不光是这样的比喻，女孩的性格与动物的习性还真的是有共同之处的，这些共性被研究者们称为是“动物性”。想了解自己女孩所隐藏的是哪一种动物性吗？做个测试就知道了：

1. 公车靠站，车上已经载满了人，下一班车要一刻钟后才到，孩子会怎么办呢？

不想再等下去了，再挤也要上车——请答第 2 题

人太多了，还是等一班吧——请答第 4 题

2. 旅行途中的孩子突然头很痛，这时正好有热心人拿药给她吃，她会如何抉择呢？

说声谢谢后马上吃药——请答第 6 题

找理由拒绝对方的药——请答第 3 题

3. 某部电影很让孩子很感动，她有何反应呢？

会跟身边的人讲故事情节，推荐给别人——请答第 12 题

将感动藏在心里，不与小朋友们分享——请答第7题

4. 一辆红色的面包车开到湖边，孩子会认为里面坐的是什么人？

一家人——请答第3题

歹徒——请答第5题

5. 画面上有一颗桃心，孩子会联想到什么呢？

爱心——请答第12题

扑克牌——请答第8题

6. 孩子的朋友说要去参加一个聚会，孩子会怎样呢？

要求带她一起参加——请答第9题

除非朋友主动说要带她去，不然的话就保持沉默——请答第10题

7. 和朋友一起逛商店，钱是朋友主动付的，好像花了不少钱，孩子会有什么感觉呢？

觉得过意不去，之后会跟好朋友平摊费用——请答第10题

朋友埋单天经地义，会道谢但不出钱——请答第12题

8. 参加同学会的时候发现自己最要好的朋友没有来，孩子会怎么办呢？

觉得很没趣，早早回家吧——请答第13题

硬着头皮敷衍到底——请答第12题

9. 孩子希望自己多少岁的时候可以成功？

21～25岁——请答第11题

26～30岁——请答第10题

10. 星期天在家，手机和座机同时响起，孩子会怎么办呢？

先接其中的一个——请答第15题

两个一起接——请答第16题

11. 如果孩子抽奖中了一栋别墅，孩子希望它位于何处呢？

海边或湖畔——请答第14题

小岛上——请答第15题

12. 拥挤的车厢里一位女孩子被人踩到脚了，孩子认为她的表情应该是怎样的呢？

疼得叫起来——请答第16题

非常生气，责怪对方——请答第17题

13. 跟孩子不是很要好的一个朋友请她吃饭，孩子会有什么感觉呢？

对方发财了——请答第21题

必然有事相求——请答第17题

14. 孩子的朋友送了一份孩子不是很喜欢的礼物给她，她会怎么做呢？

平静地说谢谢——请答第 18 题

假装很开心的样子——请答第 19 题

15. 门口的超市大打折，孩子会让你怎么做呢？

疯狂大采购——请答第 18 题

不一定要买什么——请答第 19 题

16. 孩子是否将人家送给她的东西转送给他人？

有过——请答第 19 题

从来没有——请答第 20 题

17. 一位小朋友单独在等出租车，凭直觉孩子认为他要去做什么呢？

去和朋友聚会——请答第 16 题

回家——请答第 21 题

18. 突然有人从背后重重地拍了一下孩子的肩膀，她认为这个拍她的人是男生还是女生呢？

男生——请答第 22 题

女生——请答第 23 题

19. 孩子比较喜欢喝冰红茶还是珍珠奶茶呢？

珍珠奶茶——请答第 18 题

冰红茶——请答第 20 题

20. 孩子和好朋友一起乘车，会主动帮对方买票吗？

会——请答第 24 题

不会——请答第 21 题

21. 对于酷酷的异性，孩子有接近的想法吗？

有——请答第 25 题

没有——请答第 23 题

22. 一男一女在街上牵着手走路，孩子认为他们是什么关系呢？

兄妹——A

好朋友——B

23. 玩家家酒的时候，孩子比较喜欢扮演爸爸妈妈还是小孩呢？

喜欢扮爸爸妈妈——E

喜欢扮小孩——C

24. 在游乐场玩耍，孩子比较喜欢玩以下哪一个游乐项目呢？

摩天轮——F

秋千——D

25. 孩子跟朋友在一起好像总有说不完的话题似的？

是的——G

不一定——请答 24 题

A. 梅花鹿：谨慎小心，待人和蔼可亲

外冷内热的梅花鹿做事谨慎小心，很少鲁莽行事，这类型的孩子有完美主义倾向，自尊心又强，最瞧不起懦弱的表现，更不喜欢让别人看到自己的缺点，外表看似冷漠，其实却有颗温柔坦诚的心，是慢热型的人，偶尔也会被周遭的人或事感动得落泪，也不排除歇斯底里发泄情绪的时刻。

B. 海龟：协调性强，对人温柔体贴

海龟的协调性比较强，做事脚踏实地，内心温柔细腻且易碎，所以经常要承受过大的压力又不大愿意将烦恼说出来，这类孩子的个性为内向害羞，一般来说，很少与人发生争斗，更不喜欢在众人面前出风头，举手投足间充满温柔恬静的味道。

C. 折耳猫：注重外表的时髦派

爱出风头的折耳猫，有着异常可爱的外表，不论走到何处永远都是众人的焦点，这类型的孩子感知流行时尚的能力超好，懂得如何打扮自己，展现自己的优点，虽然有点臭美，但绝不会盲从，因为天生的好品位，所以很擅长打造属于自己的风格，言行举止略显夸张的她也是社交高手。

D. 牧羊犬：忠心，目的性比较强

牧羊犬对主人百分百忠心，为了完成工作不惜付出一切，这类型的孩子非常遵守规章制度，对于朋友拜托的事都会如期完成，人缘很不错，有教养又懂礼貌，也不喜欢出风头，只要做职责范围之内的事就尽情沉醉其中。

E. 金丝猴：知性外表下有颗坚强的心

金丝猴具有大智慧，非常聪明，所以这类型的孩子大多理性又有才华，自信的他们就算有再大的成就也不会骄傲，虽然从内心来说，也很希望得到同学老师的赞赏，却表现得很沉稳，一副宠辱不惊的样子，他一旦遇到自己喜欢的事就会大把大把地投入时间和精力，甚至有可能到废寝忘食的地步！所以父母要注意提醒孩子劳逸结合。

F. 长颈鹿：知性优雅，默默等待爱情

长颈鹿是个冷静的思考者，这类型的孩子喜欢研究问题，为人成熟稳重，进退自如，绝不会做出令长辈大跌眼镜的事情来，人缘不错，大家都很喜欢他，不管遇到什么状况，他都能冷静处理，但也因为在一些小地方上过于保守，可能会白白错失不少机会，所以父母要注意培养孩子勇敢的品质。

G. 野象：自由奔放的霸道主义者

野象从小就生长在丛林里，非常热爱自由，高大醒目的外表很是抢眼，这类型的孩子开朗乐观，自由奔放，颇得众人的喜爱，而且他具有积极进取的精神，为人坦率直接，行事果决，不管遇到大事还是小事，都不会犹豫。

当父母知道了女孩的这些性格特征和缺点后，赶快付诸行动，帮助女孩扬长避短，完善自己的性格吧。

人格的九种类型

爱因斯坦曾经说："一个人智力上的成就很大程度上取决于人格的伟大。"那么，什么是"人格"？什么是"性格"？什么又是"个性"呢？

在心理学的范畴中，人格就是指个性，即每个人不同于其他人的特征的总和。人格完整所指的就是构成人格诸要素的健康发展。一个健康的女孩，其所思、所言一定会协调一致，具有积极进取的人生观。对于每个生活在这个社会的女孩来说，健康完整的人格都必不可少并且至关重要，这关系到她们能否健康而愉快地享受生活。而性格的概念与人格不同，性格具有很大的社会性，形成比较晚，可塑性大。

女孩在以后能否成功，不在于受教育程度的高低，不在于人生经验的丰富，也不在于性格特点的构成，而在于是否拥有健康完整的人格。而性格的培养则有助于人格的形成，比如说培养学习型的性格，有利于形成思考型的人格；培养沉静的性格，有利于形成温顺型的人格；培养坚韧不怕吃苦的性格，有利于形成刚毅的人格。

人格是女孩自身存在的最终价值的所在。当我们所追求的一切功利或者世俗的东西，随着时间的流逝，仅仅以一种符号的形式存在和表现时，人格便成了衡量一个人自我成就的标准。因此，培养孩子的人格健康，让他们找到更好的生活取向，成为家长必须关注的焦点。

看看你的女孩属于哪一种人格

一般来说，人格被分为九型，而女孩则必然属于其中一型。而这就是女孩的基本人格类型。这九种类型分别如下：

类型特征	优点	缺点	主要表现
完美型	有条理，负责，能够自我控制，追求完美，注重细节	自我批判过度，爱钻牛角尖，苛刻	不玩稍有破损的玩具；作业字迹工整；要求自己必须考100分才能得到奖励；非常注重老师的表扬；容易内疚自责
助人型	有爱心，乐善好施，随和，善于处理人际关系	占有欲强，不懂拒绝，缺少主见爱随大流	喜欢小动物；爱帮助别人，但不考虑自己的实际能力
成就型	自信，适应力强，注意力集中，卓越，有干劲，察觉力强	自恋，爱炫耀，争强好胜，逃避失败，害怕被人洞悉自己的内心	学习观察能力很强；在小朋友们面前非常注重自己的形象；爱在大人面前表现自己；喜欢出风头受到老师的关注

类型特征	优点	缺点	主要表现
自我型	具有独特性、创造力强，有主见，自信	情绪变化无常，对批评过度敏感，易忧郁、妒忌	认为自己才是正确的；生活中我行我素追求独特；情绪变化很快，易激动；经常沉迷于自己的幻想当中；喜欢向老师父母提出奇奇怪怪的问题
理智型	遇事冷静，条理分明，观察敏锐，求知欲强，分析能力突出	沉默寡言，欠缺活力，反应缓慢，固执死板	喜欢和身边的同学保持一定的距离；不喜欢参加课外活动；对《十万个为什么》类型的书很感兴趣
疑惑型	做事谨慎负责，团体意识很强，务实，守规	不轻易相信别人，多疑虑，安于现状，缺乏创造力	对父母依赖性很强，不喜欢单独活动；在学校遵守校纪校规；对待学习踏实认真
活跃型	热情开朗，乐观，积极主动，具有感染力	做事欠缺耐性，易冲动，定力很差	贪玩，很容易对电子游戏上瘾；多才多艺，喜欢带动朋友之间的气氛；不喜欢受老师、父母的管教；学习特长时老半途而废
领袖型	果断，自信，不拘小节，独立，勇敢有闯劲	具攻击性、以自我为中心，报复心强	父母叫不要做的事情，偏要去做；喜欢指挥同学干这干那；经常成为班级活动的带领者
和平型	随和，接受能力强，有耐心，协调性好	做事缓慢，懒惰、抑压，优柔寡断	怕见生人，害羞；没有爸妈的督促就完不成家庭作业；不喜欢和同学争辩，也不爱出风头

正视女孩的独特之处

每个女孩的成长环境都是独一无二的，所以同类型的女孩之间可能会有很多的共同点，同时也一定有一些只属于自己的独特之处。在这其中，没有哪一种类型比较好，也没有哪一个类型比较差。事实上每一个类型的女孩都有其各自的优缺点，父母不应该用“类型特点”来限制女孩，或者武断地认定女孩未来的发展状态。

五分钟进入“红黄蓝绿”

用颜色来代表女孩的性格，准确吗？

人类对色彩的感知与人类自身的历史一样漫长，而有意识地应用色彩则是从原始人用固体或液体颜料涂抹面部与躯干开始的。到17世纪60年代，牛顿通过有名的“日光——棱镜折射实验”得出白光是由不同颜色光线混合而成的结论之后，颜色的本质才逐渐得到正确的解释，并由开普勒奠定的近代实验光学为色彩学的产生提供了科学基础。而感知心理的研究为解决色彩视觉问题、心理物理学的方法为解决视觉机制对光的反映等问题，提供了重要的前提条件。进入20世纪后，色彩学在现代光学、心理物理学、神经生理学、艺术心理学等基础上获得了长足进展，一直到现在，色彩已经被广泛用于性格学。

按照心理学理论对于颜色的划分，红色和黄色代表张扬；蓝色和绿色代表含蓄。所以在性格色彩中，人们把外向性格定义为红色和黄色，而蓝色和绿色则定义为内向性格。这些色彩划分与人对颜色的偏好无关，它们在此只是一个代表的符号。

人的性格是复杂的，通常其中的一或两种色彩占主导位置，它们代表了一个人的核心需求和起决定作用的个人风格。每个人都会在不同环境下发挥出不同"红黄蓝绿"行为，同样，每个女孩的日常行为举止也无时无刻不在深受四色性格的影响。这 4 种色彩代表的不同性格类型的孩子分别为：

红色：善于表达，活跃气氛。他们及时行乐，不思忧患，积极乐观，做事闪电般开始，反应迅速。同时富有煽动性，往往是孩子王。而且待人真诚，充满创造力。但这种性格的孩子自控力差，缺乏持久性，畏惧压力爱逃避责任，也就是九型人格中的领袖型、成就型。

黄色：自信坦率，富有责任感，以目标结果为导向同时控制力强。这种孩子有全局观念而且意志坚强精力旺盛。但他们容易犯自以为是的毛病，常常目中无人妄自尊大还缺乏耐心。与此类似的是九型人格中的活跃型、自我型。

蓝色：这种性格色彩的孩子做事稳重，深得老师父母的信任。他们善于分析，喜欢寻找深层次心灵沟通的小伙伴，同时低调、不张扬，甘愿留在幕后，而且他们做事审时度势，神思熟虑关注细节，很善于发现问题的存在。但他们优柔寡断，容易消极悲观，性格敏感多疑，还爱挑毛病，苛刻较真。九型人格中的理智型、疑惑型、完美型就偏向于这种性格色彩。

绿色：富有同情心、宽容、崇尚和平。这种颜色的孩子讲求平衡和谐，善于化解冲突，容易与人相处，友善并富有合作精神，承受压力性强。但这样的孩子无趣乏味，做事步调缓慢，而且胆小怕事没有主见还不思进取。与此相同的是九型人格中的和平型、助人型。

通过颜色从另一个角度了解女孩

对女孩性格色彩的认识，可以帮父母提高在教育中全方位了解女孩的能力，帮助她们建立良好的人际交往，同时让父母不仅知道女孩的行为（女孩在做什么），而且让家长们领悟到女孩的行为动机（为什么要这样做），从而更好地促成女孩深层次的自我觉醒和改变。

从性格成型的源头来培养女孩

捕捉孩子成长的敏感期

默默的妈妈在无意之中发现，近来自己的女儿特别喜欢观察别人的鞋子款式，并且从鞋柜里翻出爸爸妈妈所有的鞋子一一试穿。当家里来客人的时候，她就会跑到人家面前说："阿姨，您的鞋子为什么是黄色的呢？"

爱女心切的妈妈以为自己的女儿喜欢黄色的鞋子，就一连给她买了3双各种款式的黄色鞋子，但是过了一个月之后，默默突然失去了对鞋子的好奇，开始对鱼缸里的金鱼产生兴趣，妈妈对默默的行为感到有些纳闷：这个孩子，是怎么了？

其实，家长不必大惊小怪，这只是女孩在某一个成长阶段呈现出的敏感期。所谓敏感期，就是指在女孩的成长过程中，儿童受内在生命力的驱使，在某个时间段内，专心吸收环境中某一事物的特质，并不断重复实践的过程。

在敏感期，女孩内心会有一股无法抑制的力量，驱使女孩对她所感兴趣的特定事物产生尝试或学习的狂热，直到满足需求或敏感力减弱，这股力量才会消逝。所以敏感期时，儿童以一种特有的强烈程度接触外部世界，在这一时期，她们能轻松地学会每件事情，对一切都充满着活力和激情。

而顺利通过一个敏感期后，女孩的心智水平便从一个层面上升到另一个层面。所以如果父母捕捉到了女孩成长阶段中的敏感期，并利用这个阶段的女孩并不懂得过度掩饰自己的内心加以引导，这将是培养女孩性格及能力的一个黄金时期。

那么父母们要怎样来捕捉女孩的敏感期呢？

一个人的基本人格类型是不会变的，即使在现实生活中，因为某些因素而有了种种变化，即使你的基本人格型有某部分的隐藏或是调整，却不会真正改变。因此，要捕捉孩子的敏感期，就要仔细地观察，排除孩子表面的行为习惯，洞悉更深层次的内容。

故事中，默默对生活中非常微小的东西很感兴趣，其实是她内心对知识的探索，这是女孩用自己的特殊方式不断探寻、接纳的过程。这个时期的父母，就应该配合女孩的自身发展，通过女孩的动作透视她的情感及情绪。耐心地告诉女孩，各式各样的鞋子是怎么做成的，有什么不同的材料，金鱼为什么长着大尾巴……在解答女孩无数疑问的时候，其实就是在培养她们形成独立、细致的性格。

通过女孩的言语行动来看穿她的内心

女孩在日常生活中完成某些动作和表情的速度，与每个人的年龄息息相关。例如，一个5岁的女孩撒了谎，对妈妈说："窗帘不是我弄脏的。"她很可能会在说完之后立刻用一只手或双手捂住自己的嘴巴；如果不想听父母的唠叨，她会用手捂住自己的耳朵；如果看到可怕的东西，她会捂住自己的眼睛。

而当女孩逐渐长大以后，这些手势就会变得更加敏捷而越来越不容易察觉，这是因为在撒谎的过程中，人们的潜意识虽然会一直散发出紧张的能量，从而引发与口头语言相矛盾的手势，但成年后，随着年龄的增长，肢体动作和面部表情就会随之变得不再那么明显。所以，同样是解读内心世界，5 岁的孩子就比 50 岁的成人容易得多。父母如果能洞察到女孩的肢体语言所表现出来的敏感，就能很容易抓住她们内心的想法和感受，这无疑是一个穿透女孩内心世界的强大工具。

告诉女孩：将命运内化为性格

英国有位作家毛姆曾说："习惯形成性格，性格决定命运。"人生就是性格的悲喜剧。一个人要想改变自己的命运，就得先改变自己的不良性格；挑战命运，首先要从挑战自己的性格开始。如果想要让自己的女孩命运能够更好，那就要先改变女孩的性格。

性格可以决定命运，这一点我们可以从孔子的学生子路身上得到证实。子路的性格十分豪爽，为人也很耿直。子路的为人也是后人得以敬重他的原因之一，但可惜的是，他刚烈的性格造成了他的不幸结局。

但是，孔子曾经和学生们说过，子路的性格很容易落得不得好死的下场："若由也，不得其死然。"难道只是巧合吗？

人生的悲剧归根到底是性格的悲剧，《三国演义》里的关羽，过五关，斩六将，英勇无敌，但是最终因为性格骄傲而自负，败走麦城而死。俄国作家果戈理长篇小说《死魂灵》笔下的泼留希金，他的家财堆积到腐烂发霉，但是他每天依然过着乞丐般的生活。总之，在生活中，性格的悲剧屡见不鲜。

性格与人的健康息息相关。比如《红楼梦》中的林黛玉，就是因为她的性格多愁善感，喜欢忧郁猜疑，最终积郁成疾而死。《三国演义》里的周瑜是东吴的大都督，他是活活被诸葛亮给气死的。话说回来，如果身经百战的周瑜具有良好的心态，诸葛亮就是有天大的本事也气不死他。

孔子曾说："五十而知天命。"并不是说他已经可以预知天命，而是说他已经通达了各种道理，懂得自己应该怎样做。实际上，这就是将外在的命运内化为自己的性格。他把握住了自己的性格，也就握住了"天命"。

无常的生命中，总会有一个不变的法则——性格决定命运。父母要告诉自己的女孩：不可以怨天尤人，不要无谓地等待徘徊，而是要努力地塑造自己的性格，把握住自己的命运，不要成为性格的牺牲品，跌入自己导演的悲剧中。

帮助女孩建立一个"榜样资料库"

父母们首先要选择一个或多个能够真正激发女孩的名人。也许他们的梦想和自己孩子的梦想极其相似，也许他们遇到的障碍也是孩子最惧怕和担心的。尽可能多地让女孩学习他们怎样在艰难状况下保持前进的步伐，以及他们是怎样战胜艰难险阻才实现梦想的。找一些这类人的照片，把这些照片挂在女孩通常自我反省的地方，激发她积极向上的精神。

自然的指引与环境的牵引

有一位母亲，她有一对双胞胎，但是性格差别特别大。姐姐性格沉稳老实，妹妹却调皮捣蛋。而且她们的喜好也各不相同，姐姐喜欢看书学习喜欢干净，而妹妹却喜欢街舞喜欢唱歌喜欢热闹的地方。两个孩子的差别如此悬殊，妈妈会感到很纳闷：俩人从小就是吃一样的饭，穿一个款式的衣服，买同样的智力启蒙书看，为什么性格上的差别如此巨大?

对于女孩性格形成的问题，相信很多父母都会带有疑问：到底是遗传因素还是环境因素呢?究竟是什么原因在作怪?

现代心理学普遍用5种量度来综合评价一个人的性格：友好程度、严谨程度、外向程度、神经质程度和开通程度。除此以外，人还会有“根本性格”，即心理遗传学中性格的深层部分，比如活泼、开朗、冷静、急躁，等等，它们受遗传的影响很多。经过科学家研究，双亲与孩子性格的类似性表示如下：

父母 孩子	冷静	活泼	忧虑	合计
冷静＋冷静	110	91	73	274
忧虑＋活泼	21	0	0	21
冷静＋活泼	45	89	0	134
活泼＋活泼	1	51	0	52

然而，这种“根本性格”的形成，又与家庭气氛密切相关，一个家庭轻松民主或严肃沉闷的氛围，会潜移默化地影响着女孩最终性格的形成。就拿上面的那对孪生女来说，她们具有相同的遗传物质，其遗传相似度可以认为是100%。她们又在同一个家庭由同一对父母养育，发育、生长环境类似，那么很自然的，她们的性格差异归因于先天因素。但是随着女孩的慢慢长大，在社会生活中接触的范围扩大，她们的性格便会趋向于社会性，受环境的影响也就加深。

但是，外在的环境由两个部分组成：共享环境和非共享环境。毫无疑问，在同一个家庭长大的姐妹，她们有共同的父母和亲属，这是共享环境，但她们可能上不同的学校，有不同的老师和同学，这是非共享环境。用公式表示为：共享环境＋非共享环境＝个体差异。这就是很多女孩的性格常常表现为混合型的原因，于是性格再开朗的女孩也有内向的时候，而平常急躁的女孩在处理事情中偶尔也会表现出冷静的方面。

遗传因素和环境因素实际上是无法截然分开的，它们混杂在一起交互发生作用。所以区分影响性格的因素有多少属于遗传的影响，有多少属于环境的影响，是不可能的。遗传、环境，以及经常被忽视的随机因素，都对孩子的人性有重要的影响。

父母要为女孩成长创造更多的非遗传环境

平均来说，大约50%的性格差异是由于遗传导致的，或者说，遗传因素对性格的影响大约占了一半。遗传学家把这个数字称为遗传率。至于剩下的一半，则归于环境因素的影响。值得我们父母注意的是，在很大程度上，环境往往是我们自己创造并让女孩被动地接受其影响的。所以父母一定要给女孩创造有益于良好性格养成的成长环境。

不须改变，改善即可

如果说人的性格是一种天性，那么想要彻底改变是非常困难的。父母要做的就是不要想着如何去改变女孩的性格，而是如何去改善性格的缺陷。

请看下面的一段故事：

有人养了一头驴和一只哈巴狗。驴子关在棚子里，虽然不愁温饱，却每天都要到磨坊里拉磨，到树林里去驮木材，工作繁重。而哈巴狗会演许多小把戏，颇讨主人的欢心，每次也都能得到好吃的作为奖励。

驴子在工作之余，难免有怨言："为什么命运对我如此不公平。"一天，机会终于来了，驴子挣断缰绳，跑进主人的房间，学哈巴狗那样围着主人跳舞，驴子又蹦又踢，不仅撞翻了桌子，还把碗碟摔得粉碎。驴子觉得这样还不够，它居然趴到主人身上去舔他的脸。这下可把主人给吓坏了，直喊救命。邻居听到喊叫急忙赶到时，驴子正等着奖赏呢，没想到等来的却是杀身之祸。

无论驴子是多么地忸怩作态，都不及小狗可爱，甚至还不如从前的自己。盲目地模仿别人只会南辕北辙，甚至是送命。同样的道理，作为家长，不应该总是想着如何改造自己的孩子，不应该总想着让自己的孩子超越天性。

如何改善女孩的性格呢？首先我们应该意识到是要主动改造而不是被动改造，如果是想强迫女孩改善，就要说"你不要那么胆小，这样不好"或者说"活泼一点，改一改你的脾气"，谁都不喜欢自己被命令，特别是当父母强迫女孩去干一件事情的时候，往往容易引起女孩的逆反心理："你让我往东走，我偏偏要往西走。"只有让女孩主观意识上想改善，她们才能够自觉地去做。

其次，要引导女孩向不同性格的人来学习。因为每种性格都有其缺点，学习别人的优点来丰富自己，无疑是个完善性格、不断成长的好方法。在这个"取其精华，去其糟粕"的过程中，女孩不但能够锻炼自己的心态，发现别人的诸多优点，还有利于和他人建立良好的人际关系。

此外，父母也可以通过调整饮食的方法来改善女孩的性格。科学家经过研究发现，人的大脑需要产生适量的能量——神经信息传递因子，而这些物质正是依赖女孩平常的饮食而获得的。其中，某些营养成分的不足或者是过剩都会影响到女孩这种能量的水平，从而影响到性格和行为习惯。得到这个结论之后家长们就可以明白，女孩身体或是精神上的毛病是可以通过简单的调节相关信息因子而得到矫正的。

总之，家长们千万不要抱着非要改变女孩性格的想法来教育她们，而是应该最大限度地让女孩在自己的基础上尽自己的努力改善性格的不足之处。

家长应学会通过饮食改善女孩的性格

通过调节饮食营养可以相应程度地改善孩子的性格，比如固执的孩子应该减少肉类食物，可以多吃点鱼；蔬菜以绿黄色为主，少吃盐；焦虑不安的女孩应该多吃富含钙质和B族维生素的食品，并要多吃些动物性蛋白质；恐惧抑郁的女孩不妨多吃些柠檬、生菜、土豆、带麦麸的面包和燕麦等。

家长还可以制作科学的饮食改善女孩的精神状态

性格不稳定的女孩是因为长期缺钙才造成心神不定，所以应该多吃一些含钙、磷较多的食物，如大豆、牛奶、苋菜、炒南瓜子、海带、木耳、紫菜、田螺、橙子、河蟹、虾米等；而斤斤计较的女孩是因为大脑中缺少B族维生素而整天唠叨不息，故需要多吃粗粮，或牛奶加蜂蜜，常饮用会有好的效果；至于胆小怕事的女孩，主要是因为缺少维生素A、C和B族维生素等，所以宜多吃辣椒、笋干、鱼干；还有那些做事虎头蛇尾的女孩，通常是因为缺乏维生素A和维生素C，所以应多吃含维生素A丰富的猪、牛、羊、鸡肉、鸭肝、牛羊奶、鸡鸭蛋、河蟹、田螺等食物，还要多吃富含维生素C的辣椒、红枣、猕猴桃、山楂、橘子、苦瓜、油菜、豇豆等。

用个性教育开放女孩的人生

在游戏中专注的背后

豆豆今年4岁，平常活泼好动，一会儿哭着要跟妈妈去买菜，一会儿又闹着要和爸爸去串门。不过爸爸发现，好动的豆豆只要玩起玩具来，就全神贯注不吵也不闹，悄悄一看，豆豆不是拿着天线宝宝在地上揉来揉去弄得一身灰，就是把积木扔满地。有一次带豆豆去院子里玩的爸爸发现，女儿竟然在花台边专注地玩泥巴，弄得身上满是泥点自己却浑然不知。于是爸爸赶紧把豆豆拉回家换衣服洗手，结果干净衣服才穿上，一眨眼的工夫豆豆又跑花台边接着玩泥巴去了。

一个孩子，为什么如此专注于玩泥巴？又为什么能够在游戏中获得沉静呢？这是因为她们在玩的过程中同时进行智力的自我创建。女孩对于自己感兴趣的事，总是不厌其烦地去尝试，这个在大人眼中的枯燥举动，其实是女孩正在进行专注的训练。正是这个玩泥巴的过程锻炼了女孩的专注能力。

很多家长看到自己的孩子玩泥巴，总会当场阻止并横加斥责。这些年轻的爸爸妈妈只知道泥巴会弄脏了女孩的衣服和手，不干净还给自己带来麻烦，却不知这并不是单纯地玩泥巴，而是在认真完成一种工作。“工作”的目的是训练孩子的手眼协调、做事聚精会神、有秩序地完成一件事情的能力。同时女孩也借助四肢的活动，使自己的人格、智力与体能得到发展。

孩子不仅是喜欢玩泥巴，如果家长们用心观察一下即可得知，女孩更喜欢反复地玩，父母就觉得奇怪了：“难道孩子就不嫌烦吗？”实际上，反复也是女孩的智力体操，只有通过反复，才能够发现它内在的规律，这个规律就是要女孩自己去体会而不是从家长老师嘴里面学到。

所以，即便豆豆只是在专心地玩泥巴，家长看到之后也应该感到高兴才行。正是因为豆豆内心那股对这种体验的渴望促使她去做，虽然可能会做得不好。或许在开始的时候孩子根本就捏不出像样的东西，那只是因为她的手脑还没有完全协调。家长只要耐心地观察一段时间就会发现，她已经可以捏出个物品的雏形了。当然，女孩不会总是专注于玩泥巴这一件事情，或许过了几个月之后她会突然对其他的什么东西感兴趣了，那就表示她的兴趣点又转向了另一个发展方向。

不要阻止女孩想要做的事

当女孩正在神情专注地严肃面对那件“工作”的时候，父母千万不要以为那是毫无意义的事情而横加阻止。不要在女孩醉心于某件事情的时候打搅她，直到她的注意力转移到别的事情上。而且父母们也一定要为她刚刚完成的那个工作叫好表扬才是。

保持孩子思维的灵活性

在日常的生活中，我们常常可以看到这样的现象：女孩在上小学的时候，在班上的成绩特别好，但是到了中学以后，尽管还是一直很努力地学习，成绩却走下坡路。反之，有的男孩在上小学的时候成绩不好，但是进入中学之后成绩斐然。

这个现象背后的原因是什么呢？当自己的女孩成绩下降了，父母们更是为此事感到迷惑不解。有的人提出过这样的解释：上小学的时候，功课都比较容易，女孩们只要顺从父母的意思，好好努力，就可以得到好成绩，这样的女孩通常比较乖，比较听话。到了初高中以后，课程的难度加大了，需要个人思考的成分越来越多。这个时候女孩的成绩如何，父母是无法逼出来的。因为随着课程难度的增加，需要个人思考的成分也越来越多，单凭死记硬背是无法解决学习中的问题的，各学科都越来越多地要求女孩们拥有灵活的思维方式。

有一个老师给同学们出了这样一道题目："树上有10只鸟，开枪打死1只，还剩几只？"

这是一个流传很广的脑筋急转弯。孩子们大概都听到过答案，因此几乎所有的孩子都抢着说"9只"或"一只不剩"，只有玛尼没有吭声，她安静地坐着，显然是在努力思考。

老师问："玛尼，你觉得是几只呢？"

玛尼一本正经地问老师："在这个城市里打鸟不是犯法的吗？"

老师："我们假设不犯法。"

"那打枪人使用的是什么手枪呢？是无声手枪吗？"

"不是。"

"枪声有多大？会不会震得耳朵疼？"

"肯定会疼的，80～100分贝。"

老师被问得有点摸不着头脑："这些问题跟还剩几只鸟有关吗？"

"有关的，老师。"玛尼继续问道，"您确定那只鸟真的被打死啦？"

"确定，拜托，你告诉我还剩几只就行了，好吗？"

"好吧，树上有没有关在笼子里的鸟？"

"没有。"

"边上还有没有其他的树？边上的树上有鸟吗？"

"没有。只有这一棵树。"

"有没有残疾的或饿得飞不动的鸟？"

"没有。"

"鸟里边有没有聋子，听不到枪声的？"

"没有。"

"有没有傻得不怕死的？"

"都怕死。"

老师很不耐烦地问："玛尼，你到底知道还剩几只吗？"

"还有最后一个问题，老师。算不算怀孕的小鸟？"

"不算。"

"哦，如果您的回答没有骗人，打鸟人的眼也没有花，"玛尼满怀信心地说：

“打死的鸟要是挂在树上没摔下来，那么就剩一只，如果掉下来，就一只不剩。”

作为家长，我们不应该为故事中的玛尼鼓掌吗？因为玛尼没有被思维所禁锢，而这样的一种思维正是家长要培养女孩拥有的，父母所要做的并不是像故事中的老师那样不耐烦，而是要引导女孩扩展自己的思维。思维是一种思想活动的规律，也就是我们通常所说的思维方式。作为家长，我们最好能帮助女孩谋求心理上的稳定，应当让她们及早知道一些支配她们大脑的思维规律，最好让她们感觉到这是与生俱来的能力。让她们知道一旦有了某个思想，便会沿着自己的路线发展，在大脑中确立自己的存在形式，并由此产生一系列与此相关的思考。

你身边的女孩一定也曾经像玛尼那样喜欢提出许多古怪的问题，这是她们乐于探索客观世界过程中必然出现的心理现象。女孩每次向家长的提问，都是一次求知活动，在女孩主动求知的时候，家长一定要给予充分的重视，并且能够耐心细致地回答。当女孩向父母提问的时候，父母一定要鼓励女孩，支持她们大胆地发问。

家长要以正确的态度来回答女孩的问题

对女孩的提问，家长是否立即回答一定要根据女孩提问的内容和性质决定。如果女孩提出的问题较难，则应该由家长向女孩作出正确的解释，如果一时不能立刻回答，也要在较短的时间内把问题搞清楚立即回答。对女孩提出较容易的问题或经过努力可以找到答案的问题，家长一定要鼓励女孩自己想，或者由家长启发女孩利用已有知识和经验找出答案。遇到没有固定答案的问题，家长还可以与女孩相互讨论，以获得正确的答案。

多鼓励女孩运用自己的求知和思考来解决问题

当女孩问家长：“为什么铁不能浮起来，而木块能浮起来呢?”家长最好不要直接回答，而是给女孩提供一个能装水的容器和天平，启发女孩称水、木块、铁块的重量，鼓励女孩：想一想为什么？当女孩发现了木块、水、铁的重量不同时，实际就找到了正确答案。女孩从提问到自己寻求答案这个过程，实际上就是一次成功的思维能力训练过程。

发现＋引导＝1＋99

有人曾经说过，这个世界上没有不聪明的孩子，只有不能教孩子的家长。女孩在小的时候就如同是一棵小树，小树长歪了长斜了，作为大人的就应该扶一把或者是拉一把。小树并不知道自己哪一部分能够长得最好，父母就应该引导女孩把最有潜力的部分发挥出来。其实说起来，很多时候小树生长需要的不是父母强制性地浇水施肥，而是需要父母对其生长方向的引导。

当女孩的潜能在她们小小的身体里转化成为兴趣被父母发现之后，用正确的方法去引导她们接下来的发展才是最关键的。

教育家塞得兹在这方面做得很好，他认为发现一个孩子的兴趣并不困难，困难的是如何去引导女孩下面的路。所以要想拥有一个100分的孩子，必须要明白的是“引导”就占了99分。于是塞德兹总是认真耐心地回答孩子的问题并加以引导，绝对不会像很多父母那样因为嫌麻烦而应付了事。

一天，小塞德兹手里拿了一本关于达尔文进化论的少儿读本，书中用生动的笔调描述了生物进化的过程，并且配有极为有趣的插图。

“爸爸，进化论中说人是由猴子变来的，这是对的吗？”儿子问道。

“我不知道是否完全对，但达尔文的理论是有道理的。”

“可是既然人是由猴子变的，那么为什么现在人是人，猴子仍然是猴子？”儿子问道。

“你没有看见书是这样写的吗？猴子之中的一群进化成了人类，而另一群却没有得到进化，所以它们仍然是猴子。”塞德兹说道。

“这恐怕有问题。”儿子怀疑地说。

“什么问题？”

“既然是进化论，那么猴子们都应该进化，而不光是只有一群进化。”

“为什么这样说？”

“我觉得另一群猴子也应该得到进化，变成一群能够上树的人。”

“那是不可能的，因为事实上是猴子当中的一部分没有得到进化……”塞德兹说。

“为什么？”儿子仍然不放过这个问题。

看到这里，你可以想象一下，如果你是塞德兹，面对这样没完没了又毫无意义的问题，是不是早就已经厌倦了？

塞德兹却尽自己所知向他讲明其中的原因：“据我所知，一群猴子由于某种原因不得不在地面上生存，它们的攀缘能力逐渐退化，而又学会了直立行走，经过漫长的进化变成了人类；另一群猴子仍然生活在树上，所以没有得到进化。”

“我明白了。可是为什么要进化呢？如果人能够像猴子那样灵活，不是更好吗？”儿子又开始了另一个问题。

“虽然在身体和四肢上猴子比人灵活，但人的大脑是最灵活的。”塞德兹说道。

“大脑灵活有什么用呢？又不能像猴子那样可以从一棵树跳到另一棵树上。”儿子说道。

“身体灵活固然好，但只有身体上的优势是远远不够的。大脑的灵活才是最重要的，因为只有这样才能创造出文明。”

“为什么要创造文明？”儿子问道。

“因为文明代表着人类的进步。”塞德兹说道。

在父亲的引导下，小塞德兹的问题如同潮水一般涌来，他的很多问题在成年人看来是非常可笑且没有根据的，但是即便是这样，塞德兹也尽力不让儿子失望。用塞德兹自己的话说：其实并非他的耐心比其他人要好，只不过他能够认识到认真回答孩子问题的重要性。因为只有这样才能够引导孩子从感兴趣的东西里挖掘出钻研的精神。而有目的地引导会让孩子不知不觉地学会求知的方法。

每一种兴趣都会引导女孩培养某种特长，让她们学会从中去获得新的知识、方法才是最重要的。发明大王爱迪生聪明吗？不聪明，小学都没毕业学校就不要他了，但他有一个了不起的妈妈，爱迪生的妈妈懂得教育的秘诀，注重培养孩子的兴趣并引导他的发展；诗人郭沫若小学时语文不及格，说明他小时候也是一个很普通的孩子，就因为他对诗文感兴趣并发展下去才成了大文学家。所以说，兴趣是最好的老师，只要能把女孩的兴趣引导下去，让女孩喜欢学习、主动学习、努力学习，你的女孩说不定就是未来的爱迪生，或者是未来的郭沫若。

多与孩子交流，多问孩子的想法

凡事不和女孩商量就自作主张，这是很多家长都会出现的问题。家长总是认为自己为女孩做出的选择就是最对的，就是最好的。可是，女孩也有自己的安排和打算。所以，当家长的，最好是凡事和女孩多商量商量，认真地询问女孩的理由，认真地倾听她们内心的想法。如果女孩的想法有偏颇，家长可以引导女孩换个角度来看待问题，比如“刚才叔叔训斥你了，这种做法不对。但如果叔叔不关心你，那就没有必要管你了，更不会训斥你。你说对吗？”在和女孩交流的时候注意语气，心平气和地交流效果最好。

走出完美主义教育的误区

与孩子一同走出完美的误区

有很多家长对完美主义的女孩教育操之过急，这也是导致女孩性格畸变的一个重要原因，家长们总是希望自己的女孩每次考试都得100分，有的家庭经常带女孩参加各种比赛，希望获大奖，结果女孩压力太重却无法承受。现在儿童、青少年的心理负担问题由于学习的激烈竞争而显得十分突出，十多岁的女孩，因为在小学里学习好，到了初中成绩跟不上就吃安眠药自杀，每年的大学生中因实现不了父母和自己的崇高理想而自杀的人也不在少数。所以，改善女孩的完美主义倾向，父母也得和女孩一起行动，一起走出完美的误区。在这方面，塞德兹的教育方法仍然值得提倡：

在一次由学校组织的体育比赛中，小塞德兹得了倒数第一。

那一次的比赛，是同年级中的比赛，也就是说一年级的孩子们就仅限于一年级，比赛在不同的班之间进行。二、三、四、五年级也是相同的比赛办法。这样一来，早于同龄人入学的小塞德兹首先就在年龄上吃了亏。小塞德兹报名参加了50米短跑，他当然不是别人的对手。

事后小塞德兹难过极了，因为他把这件事看得很重很重。

大约过了一个星期，儿子仍然闷闷不乐。见他这样，塞德兹认为有必要帮助儿子纠正错误的看法。

“儿子，你还在为那件事难过吗？”塞德兹问他。

“我真是太笨了，竟然得了倒数第一，太丢脸了。”儿子难过地说。

“是啊！得最后一名是不怎么光彩，可是你想过其中的原因没有？”

“是什么原因呢？”儿子问。

“因为年龄。你想想看，你的对手都是比你大的孩子，这个很正常……”

“可是我不能因为年龄小就比他们差呀。”儿子不服气地说，“虽然我比他们小，可我的功课比他们都好，只有体育一样不行，这多丢脸呀。”

“不，你这样说并不正确。智力是能通过教育和勤奋得到发展的，但年龄是任何人也不能改变的。他们跑得比你快完全是因为他们年龄大，个子高。他们的腿都比你的长许多，如果跑得还没有你快，那不是太糟糕了吗？”塞德兹说。

“这也有道理，可是我毕竟是最后一名。同学们都在嘲笑我。”儿子还是很难过。

塞德兹知道儿子的性格，他是一个对自己要求极其严格而且从不服输的人，常常固执得去钻牛角尖。于是，塞德兹进一步对他进行开导：“虽然你现在是最后一名，我想这并不能表明你的体育不行，因为这完全是年龄造成的。我敢肯定，等你长到十一二岁时，一定会比那些孩子跑得快。”

“真的吗？”儿子问。

“当然是真的。因为那天我问过你们的体育老师。他说你的失败完全是因为那场比赛对你不公平。他还说你的体育成绩在同龄的孩子中是最好的。他还专门给我看了成绩单，年龄与你相仿的同学无论在哪一方面都比你差。”

小塞德兹顿时从失意之中走了出来。

现在社会和家庭的独生女儿越来越多，这就使得许多家长心态改变很大，不能再以平常心养育女儿。他们不能接受女孩的失败，其实，不要怕女孩失败，要多想想失败所带来的好处。

以生产汽车、摩托车而闻名于世的大型企业本田公司的创办人本田宗一郎上小学时，在班里是“后进生”。无论让他做什么，都总是失败，学习成绩也不理想。然而，对这段经历，本田先生本人是这样认为的：“正是因为当时的失败，才培养了我能进行独立思考，具有灵活性和创造性的大脑。”他说：“从别人那里学到的东西与自己经过深思苦想得来的东西相比较，其价值和应用的广泛性是大不一样的。”

不要奢望自己的孩子“太完美”

由于完美主义孩子的家庭都在潜意识中深深地浸透着一种“望子成龙，望女成凤”情结，家长对孩子有一种“超值期待”，于是从生下孩子的那天起，父母就希望孩子是个天才，当孩子想做某件事情时，过高期待良好结果的父母便会在事前经常对孩子说“弄错了可不行”“别弄错了”。事实上，这样做不但没有起到鼓励的作用，反而给孩子增加了心理压力，让他们也对自己产生过高的期望，就这样，无意当中父母和孩子就一起走入了完美的误区。

注重女孩身心成长的发展规律

女孩的身心发展是有规律的，所以教育也有一定的规律，这就要求家庭教育既要尊重一般的教育规律，又要尊重女孩的身心发展规律，不能盲目为女孩设定目标，也不能对女孩产生过高的期望，这才是对完美主义女孩的正确教育。

告诉女孩：我爱你的全部，包括缺点

7 岁的小女孩梦梦特别在意别人指出自己的缺点，有的时候叔叔阿姨们逗梦梦的时候会说：“梦梦你看，小表妹的胳膊比你的要长，眼睛也比你的要大。”回到家之后，梦梦得知多吃蔬菜可以长高，就强烈要求妈妈给她做很多蔬菜吃。有的时候梦梦不做作业，妈妈说：“你真的是太贪玩了，要是改掉这个坏毛病就好了。”于是梦梦第二天的时候会特意在妈妈下班回家之前把作业做好，并一定要得到妈妈的夸奖才肯罢休。

由于天生消极的倾向和对完美的追求，完美主义性格的女孩对自己的评价非常苛刻，她们总将事情私人化，常常自找烦恼。这些女孩的思想就像是一个调到负面位置的收音机旋钮，着意收集一些别人的批评。如果她们听到教室里有人提及自己的名字，就会认为同学在说她们的坏话。事事要求完美、整齐划一的她们无法容忍自己身上的一切缺点。她们不会像活跃型、助人型、和平型孩子那样对自己的不足小而化之，对于她们来说，缺点就像碧玉上的瑕疵，刺眼而可恶。她们好像天生就有一个放大自己缺点的放大镜，并固执地认为正是这些无法让人容忍的缺点导致她们不招人喜爱。

对缺点的敏感和拒绝，使这样的女孩下意识地想把自己的不足掩盖起来，并刻意地做她们认为正确的事情，从而导致女孩像一个戴着面具生活的人。

对于女孩的这一性格缺陷，形成原因往往是因为父母的过分贬低："考这么点分，一看你就是没出息的孩子！""你看小林，为什么你总是比不过他？""你真是让我心寒啊，给你请了那么多的辅导老师，花了那么多的钱，到现在还连这么低级的曲子都不会拉！""你天生就笨！"无时无刻地贬低让女孩无时无刻不处在自卑当中。越是自卑，她们就越想掩盖这份自卑，于是变得敏感多疑，不愿介绍自己的不足。

有的父母对于女孩并不是很有耐心，就拿问问题来说，当女孩做了错事问："妈妈，我是不是很不听话？"千万别说她们的问题愚蠢。完美主义的女孩本来就会感到，她的问题即使是真的存在也是很愚蠢的，她为自己的情绪化而不知所措，并且知道每个人都会觉得她的问题是荒谬的。由于这些感觉，她不会告诉任何人她为什么苦恼。如果父母坚持问，她们最后还是会告诉你，但是如果她鼓起勇气向你诉说，而你却评价道："对啊，你很不听话！"那对她的心灵将是莫大的伤害！

充分地肯定自己的女孩

其实当孩子不听话时，她们也并不是坏孩子，只能说她们这种在有些时候不听话的行为是一种不好的行为。永远都不要对你的孩子说："你这么做就是个坏孩子。"这种方式会让她学会把自己整个人当成一个坏人来看待，也会让女孩学会在做了一件错事或者坏事的时候就觉得低人一等，甚至轻视自己。在这种情况下父母可以这么说："我不喜欢你这么做。妈妈很喜欢你，也很爱你，但是我不能容忍你的这种行为。"

帮助女孩端正对缺陷的想法

对于女孩自身的缺点，家长要让女孩产生这样的想法："有时候我会犯错误，可有时候我也会做对很多事情，所以无论我做了什么，我还是我自己""我这一辈子还会犯错误，因为我并不完美，我是一个有缺点的人""缺点没有什么大不了，我有能力从错误中吸取教训，下次一定能做得更好""我所犯的错误并不能用来评判我这个人的价值"。当女孩产生这样的价值认同的时候，她就不会因此而自卑了。

第九章　女孩贵在自重自爱——用心培养自尊女孩

提升女孩的自我觉察

不断强化她的自我价值观

我们让孩子刻苦学习，目的是树立“实现自我”的价值观，而不是为了获得物质的丰硕而学习，如果是那样，当孩子达不到物质目标的时候，就会选择“人生投机”行为。这样的孩子，不但不能实现自我，而且也难找到幸福。物质的富有，经过努力是可以获得的，但失去自我的人，很难获得精神的富有。

我们的孩子，有的个子矮，有的个子又太高，有的长相差，有的皮肤黑，有的太胖，有的太瘦，甚至有的还有生理缺陷。这诸多不利因素，使得许多小朋友对自己的容貌自卑，这是不对的。外貌美不是永存的，心灵美才是永恒的。一个不爱自己的人，更无法得到别人的爱。一个人的人格魅力，才是最受人崇拜的。张海迪，双肢截瘫，她以坚忍不拔的毅力，在医学上，写作上，创造出惊人的成就，谁都会称赞她美。一个歌星如果人格有缺陷，歌迷也会抛弃他。家长对于女孩的形象问题也要动脑筋，尽量让她体现出一种与众不同的气质。

让女孩知道自己的独特

告诉你的女孩，每个人都是世界上独一无二的，都是世界上最优秀的，没有什么障碍能阻挡有成功信念的人。

注重基本价值观的培养

父母需要主动地将基本的价值观和行为方式教给女孩。以便于女孩在社会上成长。当然，在这方面，身教胜于言传，我们可以做女孩的好榜样。

给她选择的机会

很多家长抱怨孩子缺乏自信心和自立能力，却没注意到可能是自己的教育方式有问题。想让孩子听话，家长的着力点就是做一个“我的话孩子愿意听”的父母。家长在家庭教育中应该注意细节，采取正确的教育方法。无论是学习、购物、吃饭、穿衣等生活的各方面，家长都应该给予孩子选择的机会，促使孩子在完整的选择过程中成长，这样有利于培养孩子的自主性和自信心。

给儿童选择的机会，孩子才会感到自己对生活是有一定控制力的，这是增进儿童自信的三个因素之一。

我们经常认为，听话的孩子就是最好的孩子，叫她做什么她就做什么，叫她怎样做她就怎样做，因此可以省去父母的操心。有的父母也习惯为孩子设想一切，安排一切，孩子稍有不从，就脸色一变，横加指责，甚至唠叨起来没完。殊不知，这会造成孩子唯命是从、没有主见的性格，不会主动探索，甚至不会主动思考。当现实生活要求孩子必须做出决定的时候，孩子就会缩手缩脚、信心不足。

选择能力，是人的重要能力之一；给孩子选择的机会，既会培养孩子的选择能力，也会增进儿童的自信心。

给孩子选择的机会，要循序渐进。

幼儿时期，可以让孩子在父母圈定的范围内，选择吃什么、穿什么等。如父母拿来香蕉和橘子，让孩子选择一样，并且只能选择一样，孩子就会知道，自己是有选择权利的，并学习根据自己爱好选择、对选择负责的技巧。

孩子稍大些，父母不妨把孩子房间的布置交给孩子，怎么装饰自己的房间，怎么玩，都让她自己说了算。让她们清楚，那是她们自己的空间，在自己的空间里，自己是自由的，是有选择权的。

在经济条件允许的前提下，允许孩子对为自己购买的物品进行选择；在不造成伤害的前提下，允许孩子坚持自己的观点和行为，并为自己的观点和行为负责。

孩子上学以后，也会遇到一些问题。当孩子因此征求父母意见时，父母可以提出建议，但只要不出格，应该允许孩子自己做出决定。

即使父母或老师做出的决定，特别是与孩子有关的家庭事务、班级事务，也应该征求孩子意见。当孩子的意见没有被采纳时，要向孩子解释成人决定的依据。

孩子对现实生活的参与越积极、越有效，孩子对于处理社会事务的信心就越强。

在孩子自己做出选择前

给孩子更多机会去选择，尽可能少提或者不提意见，真正让孩子做主，让孩子从中自然地积累经验。

在孩子进行选择时

给孩子足够的时间，不提太多的意见，即便她们选错了，除非是对她们造成伤害的，否则不要轻易纠正。不要害怕出“问题”，这是她们成长的必要途径和成本。

在孩子完成选择后

假如孩子的选择是适合的，家长和孩子一起高兴。假如选择有误，家长也不要指责和讽刺，孩子自己已经从中获得教训。最好的方式就是：什么也不说，下次依然给她们机会，相信孩子下次一定会更好。

鼓励女孩对自己作客观的评价

所谓正确地评价自己，是指孩子能初步运用社会既成的道德标准、行为准则来评判自己的行为，正确估价自己的才能、自己在家庭和幼儿园的地位等。它对儿童良好个性的形成具有重要意义。

研究表明，3 岁孩子已经具有初步的主客体分化能力，开始具有“自我意识”，一方面他们逐渐能够区别“自己”与“他人”的不同，通过把自己与别人比较来确认自己，这明显地表现在伙伴关系中；另一方面，也为孩子能把社会上既成的道德规范、行为准则、长辈对他们的态度、奖励与惩罚等作为参照来评价自己，同时，提供了心理上的可能性。

儿童历史性知识较少，理性思维水平低。因而在评价自己时经常带有情绪性，极易受暗示，往往把成人的言语、表情等作为评价自己的依据。判断自己的行为时只考虑行为后果，缺乏对动机的思考，而且在自我评价中难免带有偏激性和不稳定性，只会简单地肯定和否定，或者一会儿肯定，一会儿又否定。

家长在教孩子正确评价自己时，一方面，应丰富孩子的感性认识，设计具体的情景来提高孩子的认知水平，应经常带孩子到公共场所，让孩子接触一些人物个性鲜明的电影、电视故事、图书等，并抽时间与孩子一起评价里边的人物；另一方面，要客观地评价孩子的行为，一定要说明为什么这样评价她。有时也可让孩子分析自己，家长再对她的评价给以补充，纠正。

在这一过程中，家长要注意引导孩子根据自己的行为动机来评价自己。当孩子想帮你把碗放到桌上却不小心摔在地上时，你不要发火，而要告诉孩子：“你是在帮我们的忙，我知道你不是存心摔碎碗的，下一次不要拿那么多……”对孩子确实没有能力做的事要及时提醒，以防孩子产生挫折心理，影响她对自己的评价。

一般来说，孩子总认为家长让她做的事是她能做并且能够做好的。如果家长事先未经考虑，让孩子做力不能及的事，势必使她的自尊心、自信心受到伤害，产生失败感，影响她正确地认识和评价自己。

帮助孩子发展正面的自我评价是父母所能给予孩子的最好的礼物，也是孩子一辈子的礼物！孩子若觉得自己很能干，很有成就，而且对自己的评价很好，也就培养了孩子的高情商，为孩子在未来社会中成为一个快乐的强者打下基础。

孩子的自我评价是从童年开始的，然后随着年龄的增长而不断发展。父母是孩子发展自我评价的最关键因素，能影响孩子发展出积极的或消极的自我评价。

如何帮助孩子建立积极的自我评价呢？重点在父母所必须有的态度、技巧和行为上。

1. 建立父母自尊心。首先要建立父母的自尊心，建立父母的良好自我感觉，正视自己的优缺点，爱自己、爱别人，这样才能帮助孩子建立自尊心。孩子小时会受到父母方方面面的影响，父母若不注意对孩子自尊心——正面的自我评价的培养与建立，则孩子可能会发展成一个负面的消极的人。罗曼雷特说：“我们对自己的看法是从成串的记忆而来的。从小时候，我们就开始对自己，别人及整个世界产生概念及态度。我们的自尊心也是由一连串的态度所组成的——有些是有益的，有些则没有。我们的心会记住每一次经验。也许我们没有察觉，但事实却是如此。”

2. 从尊重开始。建立孩子的自尊要先从尊重孩子开始。小孩虽然不成熟，但她们也是人，和我们一样有感觉，需要被尊重。尊重表示看重对方的价值。每个孩子都是具有独特天赋、气质与个性的个体。去挖掘孩子的想法和感觉是件很有趣的事。孩子是个很好的思想家，而且对生命的看法也很新鲜、很乐观。

3. 重视感觉。不要否定或疏忽孩子的消极感受。如果你的孩子很生气，就对她说：“你的声音听起来好像在生气。”那她就会把心扉打开，告诉你她为什么生气。承认怒气是处理怒气的第一步，否定怒气则无法处理怒气、解决问题。除了倾听孩子消极的感觉（就像愤怒）以外，要特别注意让她有时间把这感觉消除掉。你生气时，有时候需要一段时间才能平静下来，小孩子也是一样。

挖掘女孩与众不同的特质

认真研究你的孩子，发现她们之间的差异，并且欣赏她们的特质。把每个孩子身上的特质和性格列出来，然后一一告诉每个孩子你是多么欣赏她们。

尊重女孩的想法及意见

孩子都有一些奇奇怪怪的想法。孩子会老老实实地把她心里的想法以及她为什么会有这种想法告诉你。她们需要别人倾听与尊重她们的想法，但这并不表示你一定要认同。你平常和她们在一起时，要能听得进她们的意见。

注意培养女孩解决问题的能力

不要老是想为孩子解决问题，让她们自己决定并尝到决定后的结果，以后她们才会作出好的选择。在某些小事上准许孩子有正反两面的考虑，并且让她们自己来决定。

积极正确地评价女孩

尊重她的情绪

婴儿时代，女孩常常用哭来表达她们感情上或身体上的痛苦。如尿布湿了，感觉到饿了、冷了，或者是孤独了，女孩都会哭。这时，由于女孩还不会表达，父母总会去耐心地寻找原因，直到婴儿不哭不闹为止。

当女孩会说话之后，她们哭闹的原因也复杂起来，有时是因为她需要父母的关注、有时是她感觉父母不再爱她了、有时还可能是因为她与小伙伴之间发生了误会等。但此时的父母开始不相信女孩，他们开始否认女孩的情绪。如他们经常这样对女儿说：

"你一定不是这样感觉的！"

"你一定是装的！"

"没事的，打针一点都不痛！"

……

于是，在情绪被父母否定之后，女孩开始变得不再喜欢与父母合作，她们有时甚至会像小男孩那样跟父母对着干。这时，女孩的父母开始疑惑了："我的女儿为什么越来越不听话呢？"

其实，并不是我们的女孩越来越不听话，而是她们长大了，她们有了自我意识。当她们的感觉、情绪被父母否定后，她们就会不高兴，于是便有了不与父母合作的行为。所以，要想让我们的女孩一直做"乖乖女"，父母就要学会尊重她们的自我意识、尊重她们的情绪。

一个4岁的小女孩对爸爸说："爸爸，我不想去看医生，医生会伤害我的。"

"我知道，去看医生，医生就有可能给你打针。你很怕打针是吗？"

"嗯，我不想打针，打针很痛。"小女孩很认真地说。

"爸爸知道打针很疼，爸爸小时候也这样认为，不过你不用怕，爸爸会在你身边一直陪着你的。"

终于，在爸爸的耐心引导下，小女孩同意去看医生。

与男孩相比，女孩要敏感得多，当她的感觉和情绪被父母否定之后，她的反应要比男孩强烈得多。因此，有时，认同她的感觉和情绪，往往是促使女孩更乐意与父母合作的主要因素。

给女孩提供发泄情绪的管道

孩子是需要情绪发泄管道的，因此，家长们应该注意为女孩建立疏导情绪的方式，比如让孩子去户外大喊大叫地疯跑等。有的时候女孩们会破坏东西，这也是和她们的情绪息息相关的。家长们应该善于读懂这背后的“隐语”，不要急于批评和改正孩子的错误。

情绪发泄与批评之后，一定要让女孩诚实无讳地面对现实

要在女孩情绪平复后，耐心地跟她分享事情的始末，找出存在的问题，帮助女孩慢慢养成自我控制情绪的能力。

家长可以尝试在游戏中让女孩宣泄深藏的情绪

在活泼大笑之后，孩子会感受到父母对自己的爱，感到安全。此时，孩子会用某种方式袒露内心的郁结。比如，她可能坚持要穿一件还没洗好的裙子，是因为她想通过这种方式让家长知道她的烦恼。此时家长应该关心地接近孩子，孩子可能会抓住这个机会大哭一次。这时父母必须有极高的耐力。这种发作，很可能是好事。发作后，孩子会卸掉一个负担，她们会和家长更亲近。

最大限度减少批评

不管孩子是否优秀，做父母的都应该以平常心对待孩子。只有把孩子当做一个平凡的人，当你在发现孩子的优点和长处时，你才可能发自内心地去赏识她，当你发现孩子的缺点和错误时，才能抱着理解的态度给孩子尽可能少的批评。

楠楠是个好动的孩子，前几天，她总是在客厅里踢球。为这事，妈妈多次与她发生过争执，可是楠楠依然我行我素，想踢就踢。这一天，爸爸下班回来，发现女儿在客厅里踢球，就说：“楠楠，你的球技又有长进了，真棒！”楠楠听了这话高兴地不得了，踢得更认真了。

爸爸放下包，见楠楠还在认真地踢球，就说：“你这样踢下去会把地板弄糟的，妈妈会很难过的，她现在忙着做饭，等一下还要忙着拖地板，多辛苦啊！”楠楠听了爸爸这番话后，感受到妈妈的不容易，觉得自己的做法确实不对。于是，她不好意思地收起了球，说：“爸爸，我要现在就帮妈妈把地板拖干净。”

这时爸爸站了起来，和女儿一起拖地，还高兴地说：“女儿长大了，真懂事。”楠楠得到了爸爸的表扬很开心，她感受到自己身上对家庭的责任。她说：“爸爸，以后我不会在客厅踢球了。”

每个家长发现孩子不正确的行为时，心里都不会舒服。如果你直截了当地对孩子不正确的行为进行批评，孩子会感到很沮丧。因为有时候孩子做出错误的行

为并不是有意的，或许她们根本没有意识到自己的错，所以你的批评会伤害孩子。相反，如果她知道自己错了，自然会很听话地改正不正确的行为。

变指责为期望

如果孩子不讲卫生，你与其指责孩子脏，不如对孩子说："大家都喜欢和讲卫生的孩子玩。"让孩子明白，你希望她讲究卫生。这样，你就维护了孩子的自尊心，孩子也会自觉地朝大家心目中的好孩子的方向努力。如果你指责孩子，孩子会认为自己是个坏孩子，是不讨人喜欢的，这样她的自尊心就受到了伤害，她很可能采取对抗的态度应对你的指责。结果会使孩子的问题越来越糟糕。

不急于纠正孩子的"出格"

当孩子做出一些"出格"的行为时，你应该首先去欣赏孩子的出格，而不是立即纠正孩子。比如你让孩子画太阳，孩子却画了一个蓝色的太阳。这时候你应该表现出惊讶的表情，说："哦，太棒了，真是与众不同。"接着，你再问孩子："为什么要把太阳画成蓝色的呢？"这时候，孩子可能骄傲地告诉你："我从海水里看到的太阳是蓝色的，所以我就画了个蓝色的太阳。"听了这些话，你还会纠正孩子的"出格"吗？不会的，你会为孩子的观察力和创造力感到骄傲，并继续给孩子赞赏。相反，如果你看到孩子的"出格"行为时首先就打击孩子："这是什么？你搞什么呀？哪有蓝色的太阳？"这样你就伤害了孩子，孩子会觉得很委屈，因为她确实见过蓝色的太阳。所以，爸爸们不能急着纠正孩子的"出格"，而要用欣赏的眼光看待孩子的"出格"。

误解孩子后要及时道歉

人无完人，家长们有时候会受到情绪或其他一些原因的影响，没有正确理解孩子的意思，结果批评了孩子，给孩子造成了伤害。当你认识到自己的错误后，要及时向孩子道歉，请求孩子的原谅。要知道，亡羊补牢为时不晚。你真诚的道歉能够化解恶言恶语对孩子的伤害。

孩子做错事时，直接指出错误，但是不要用批评的语气

孩子总是会做错事的，这时你直接说出孩子错在哪里就可以了，没有必要添油加醋，甚至翻旧账，对孩子进行喋喋不休的说教。你也没有必要情绪化地处理孩子的错误，尤其是你的语气要保持平和，这样才是对事不对人的表现，让孩子明白你是针对她的错误，而不是针对她本人。只要有可能，家长们都应该在语言表达上要尽可能用正面的积极的语言，发自内心地赞美孩子，客观公正地指出孩子的错误。尽量给孩子少一点指责和批评，多给孩子一些赞扬。

尊重她爱玩的天性

露露有个表姐，学习、性格、自制能力都不错，而且颇有“领袖气质”。去年暑假露露的父母把露露交给她。大孩子管小孩子绝对比家长直接管教有效。没多久，孩子就被管得服服帖帖，据露露说表姐本事大得很，功课上有问必答，做游戏花样百出，玩电脑只赢不输，她从表姐那里学来不少“玩经”，表姐是她模仿的“偶像”。一个暑假下来，孩子玩得尽兴，写日记、做作文也有了内容。在玩的过程中，露露处处以表姐为榜样，这种效用也延伸到她的学习中。她对妈妈说，“表姐成绩那么好，我要向她学习！”

爱玩并不一定与学习相冲突。反而过度地压抑，会让女孩过度抵触，造成消极的情绪。

欣欣的妈妈草拟了一个计划，如果欣欣按计划学习、玩耍，那下次就适当延长她出去玩耍的时间，要是她违反了规定，那下次出去玩的时间就要被扣掉。几天下来，欣欣还真做得不错。不过看她学习的时候还是很不情愿的样子，欣欣妈妈还在考虑要不要把她的小伙伴们请到家里来，一起学习，让她们比赛谁做得好做得快，小孩子就需要这样变着花样哄才行。

适当的奖励和协调，可以使孩子的游戏时间更合理分配。但这不是长久之计，一味的奖励政策，会让孩子对奖赏制度产生一种变本加厉的欲望，最根本的解决办法，还是让孩子可以自我认识，自我调节。

琳琳的妈妈一直把女儿当小大人来看待，跟她说话时也尽量用平等的语气，暑假到了，妈妈也事先跟琳琳声明，让她自己管理自己。因为妈妈对琳琳很信任，她自己也很自觉，还自己写了个作息时间表贴在墙上，让爸爸妈妈监督。几天下来，琳琳做得还不错，妈妈也就放心了。

音乐巨人贝多芬说过：“使人幸福的是德性并非金钱。”那么，对于一个孩子来说，违背她的意愿，过早地过多地逼着她去参加各种各样的兴趣班和辅导班，她会幸福吗？有些父母亲在孩子很小的时候就给她报了钢琴、画画、舞蹈、书法兴趣班，还报了游泳，甚至跆拳道，“怎么样，我对你够重视了吧？我舍得为你投资，你可不能让我失望啊？”另一些父母看到别家的孩子都在学，那自家的孩子也得去学，总不能让自己的孩子“输在起跑线上”吧？于是社会上出现了前所未有的“儿童启蒙教育热”。孩子们的双休日没有了，忙得像只陀螺。到她们正式上学了，变得只会习惯性地听从老师和父母的安排，被动地接受学习。她们的创造性呢？她们的主动性呢？试问，如果你就是那位孩子，你还会有那么多的创造性和主动性吗？

给我们的孩子一些自由支配的时间吧，让她们去亲近大自然，享受春天和煦的阳光，让她们切实感受到自然的美丽，生活的美好。让她们玩吧，如果你想让你的孩子成为一个健康的公民，首先要尊重孩子们爱玩的天性，把玩的权利还给孩子们！如果你自己能以玩伴的身份给你的孩子提出一些有益的建议，和你的孩子共同成长，那是最好不过了。

历来，教育专家都提倡“寓教于乐”，特别对于一个未成年的孩子，更应该用“在玩中学，在学中玩”一类有益的方式激励孩子们自发地热爱学习。千万不要用围追堵截的方式，使得孩子们从小萌生“怕学习，怕老师”的想法，那真的会毁了孩子的一生。

在她做好准备之后再给予引导

当父母在聊天时抱怨孩子过于依赖父母，性格太骄纵，担心孩子长大后走入社会受不了压力的时候，有没有想到，孩子之所以变成今天这样骄纵、蛮横无理外加依赖父母，是由于父母过于宠溺，过于为孩子操心造成的？

我们都知道，孩子如果过于依赖父母，性格上又霸道无理的话，长大出社会后是会吃亏的。如果父母意识到，自己目前正在做的一切事情，都可能影响到孩子的未来的话，应该立马“刹车”，改变自己对待孩子以及教育孩子的方式。

父母为孩子包办一切，绝对是孩子自尊心的杀手。

太多的中国家长，对孩子的饮食起居照顾得无微不至，为孩子的课余时间安排众多的学习项目，音乐、绘画、舞蹈、外语……家长们希望孩子将来有远大前程的心情可以理解。但这种越俎代庖的方法，会使孩子在生活上产生依赖性，在学习上产生被动、消极的情绪。这极不利于孩子的成长。孩子必须独立承担她生命里的责任。父母的过度保护是对孩子创造力的无情扼杀。一个孩子别的什么事都不做，只是学习绝不可能成为天才。如果从小到大家长什么都替孩子做好，在孩子成年以后，在群体中会感觉自己一无是处，毫无自信，根本没有能力把事情做好。

还有许多父母，在不自觉之中把孩子变成了实现自己理想的工具，而不是真心关注如何实现孩子的人生理想。

曾有一位妈妈向专家咨询，她说：“董博士，请问让孩子课余时间学技能班对不对？”

那位专家回答说：“学什么是她自己的选择，如果孩子愿意就是对的，孩子不愿意就不对。”

“可是我女儿也没有说她愿意不愿意，我说让她去，她就说行。”

“那你没有问她吗？”

“没问过。”

“孩子最后学了吗?”

“还没有……我觉得学钢琴不错，书法也挺好，又想学芭蕾，哪个我也不想放弃……”

大家注意到了吧，这位母亲说“我觉得”，“我不想放弃”，我们有多少家长因为自己生命中有遗憾，就硬把意志强加给孩子，把孩子当成完成自己理想的工具!

放开包办的手

如果你真正爱你的孩子，真的为孩子考虑，就请放开为孩子包办一切的手，不要用爱的名义断送孩子一生的幸福。

不要过分溺爱女孩

过分溺爱孩子，最终只会是毁了孩子。无论孩子在做任何事情，父母只需要在旁引导看待事情以及处理事情的方式，而不需要太亲力亲为，最后变成父母包办了一切，这样孩子的独立能力就无法得到锻炼，霸道无理的性格也不会得到改善。所以，请父母给孩子一定的空间，适当地放开孩子的手，让孩子独立去面对学习和一切事情吧。

通过爱和规则表现对女孩的关心

惩罚她，但不可以羞辱她

一天，乔治教7岁的女儿凯丽怎样使用割草机。当他正在教凯丽如何在草地尽头将割草机掉头时，他的妻子叫他接电话。乔治刚刚转身，凯丽由于控制不住割草机的抖动，把割草机推到了草坪边的花圃上，所过之处，大约2尺宽的一片花草已被夷为平地。

乔治回头看到发生的一切之后，非常生气。这是他花了很多时间和精力，好不容易侍弄出的令邻居们羡慕的花圃。他开始对女儿吼叫：“你这个笨蛋，什么时候能不干这种让人笑话的蠢事!”

这时，妻子很快走过来，把手放在乔治的肩膀上说：“亲爱的，请记住，我们是在养小孩，不是在养花。”

花已经死了，还有被棒球砸碎的玻璃窗户、被孩子不小心碰倒的灯以及掉在厨房地上的碟子，它们都已经破了，都已无法挽回。此时，我们不要再去打碎一个孩子的心灵，如果她们充满活力的内心变得麻木，这种无法挽回的损失才是真正的遗憾。

可惜的是，在许多情况下，孩子有时出了差错，常常遭到父母或老师的指责，甚至讽刺和挖苦。

“白吃了十几年饭了。”

“你父母给你吃什么长大的。”

“你多能呀!”

“你简直是个饭桶！垃圾！废物!”

敬爱的父母们，当你用这种讽刺挖苦的方式教育孩子的时候，你可曾想到这会影响孩子一生的性格。你的孩子，即便她不像你心中想象的那般优秀，但记住：性格比成就更重要！健康的性格才是她一生幸福的基础。

孩子作为一个独立的人，应该受到尊重。挖苦、侮辱孩子，不是体罚却是“心罚”，是一种“语言暴力”，是一种精神虐待。虽然，每个家长都疼爱自己的孩子，但家长没有认识到孩子虽然还不太懂事，可她们也有情感、有委屈、有苦恼、有失望、有悲伤，做父母的应当去理解孩子的想法，才能引导她们健康成长。

恶言恶语，强迫威胁，甚至挖苦讥讽，大都是那些年轻母亲在气急了的时候、恨铁不成钢的情况下，训斥子女时常采用的方法。但是，她们通常也是最不能为孩子，尤其是那些反抗性或自尊心强的孩子所接受的。这不但不能把孩子教好，反而会把事情弄僵，在不知不觉中给孩子不良的影响。

尊敬的父母一定要知道，为发泄自己的怒气随意说出的那些带刺的话，那些侮辱性的话，会构成对孩子的精神威胁，会伤害她们的心灵，摧毁她们堂堂正正做人的勇气，其后果是断送了她们的前程。

孩子们正处在成长的黄金时期，懵懂的她们尚未建立正确的价值观和世界观，做错事、说错话甚至犯下“惊天”错误，都是在所难免的，也需要来自成人世界的理解和呵护。这时候，老师需要做的恰恰是，积极地、正面地引导她们人生的道路该如何走。自然，惩罚是引导方式的一种，否则放任、纵容孩子的言行会宠坏她们，使她们任意妄为，甚至变坏。一旦这些孩子踏入社会，就会在工作和人际关系方面都会面临重重困难。但是惩罚必须有个尺度，特别是不能让孩子在心灵上觉得受到羞辱，否则容易使孩子产生叛逆心理，对权威产生抵触情绪。但动员全班学生来搜集、指责一个学生的缺点，让她在班上成为“不受欢迎的人”和众矢之的，能不在她的心上留下永久的伤害？让学生咀嚼难以下咽的烟头，能不在她们的心上留下永久的伤害？

那么，处在没有树立是非观念的阶段的孩子，家长如何让她们深刻认识到自己的错误，并且达到良好的教育效果呢？适当的惩罚其实可以尝试。

惩罚宝宝，是每个父母培养孩子、纠正孩子错误的方式之一。俗话说得好：

没有规矩不成方圆。孩子犯错误，自然需要父母的教育和惩罚。但惩罚宝宝也要讲求科学方式，一旦惩罚不当，不但对宝宝的行为起不到规范作用，更可能使宝宝的行为逆向发展。如何在家庭教育中有效惩罚宝宝，下面十个方法科学又智慧。

规劝

案例：与同伴吵架、抢夺玩具……

方式：先放下手边的工作，并走到孩子身旁，让孩子知道你正在注意和关注；然后询问孩子争执、吵架的原因，并耐心听完孩子的想法；灌输孩子打人、抢夺是不正确的行为和观念，并要求孩子学习说“请、谢谢、对不起”。

建议：勿以很大声音去压住或威胁孩子；勿直接将孩子拉开，然后大声训斥孩子不是；言语间避免伤孩子的自尊心。

打手心

案例：打架、乱丢东西……

方式：用报纸制作一纸棒，外观可包上一层包装纸；赋予它一个名称，如警惕棒等；放在固定的地方作为警惕。

建议：在心情好的时候制作，可与孩子一起讨论制作警惕棒的原因；处罚孩子时，先让她说出自己错在什么地方；提醒处罚的原因；注意安全问题，打的部位以手心、屁股为主，其他部位则应避免。

罚坐

案例：吵闹不休、吵架……

方式：在处罚区上摆上软垫或一张椅子，可取个名字；准备闹钟或时钟，计时处罚时间。

建议：处罚地点不正对大门、不在太明显地方；限制处罚时间，或让孩子讲处罚多久；处罚完后，让孩子说出今天被处罚的原因。

帮忙做家务

案例：乱画，乱丢东西、玩具……

方式：准备一条抹布、扫把、盆子等清洁用具，让孩子学习清理和养成整洁的习惯。

建议：父母应随时注意孩子的安全；较小的幼儿可由父母一起带领做家事；训练孩子养成物归原处的习惯；询问孩子在帮做家务时学习到什么。

画画

案例：喜欢骂人、抓人、踢人、咬人等小动作。

方式：依家庭的情况，在固定处摆放一张小桌子（此处罚桌最好不要是平常使用到的书桌、餐桌、客桌等，以免孩子日后使用到这些桌子时，会产生害怕、恐惧的心理）；准备一本画册及颜色不同的画笔，让孩子画出、写出心中的想法。

建议：当孩子有伤时，先处理受伤部位再处罚；让孩子将发生的时间和做错的事情画下来；大人先控制自己的情绪，可从孩子的画中了解到，孩子犯错的心理想法；此为艺术治疗法，不会伤害到孩子自尊心。

罚站

案例：故意从高处往下跳、车上跑跑跳跳。

方式：在家中规划一个处罚区，可取个名字；地上铺上软垫；准备一个时钟或闹钟，计时孩子处罚的时间。

建议：处罚地点不宜太明显或正对大门，以免伤及孩子自尊；与孩子讲处罚时间不宜太久，否则会造成孩子更顽皮的反效果；视孩子的高度来决定垫子高度；处罚完后，询问孩子被处罚原因，让孩子自己知道做错了什么。

看书、写字

案例：暴力倾向、说谎、顺手牵羊……

方式：选择固定处罚区铺上软垫或摆放小桌子；在处罚区里面放铅笔、画纸、彩色笔、故事书、色纸等；让孩子自己先写字或看书，化解孩子愤怒的情绪。

建议：当有不能马上放下的工作时，可先叫孩子到处罚区去反省；别怒斥孩子的不是，与孩子先隔离，缓和彼此的情绪；等情绪平复后，询问孩子犯错的动机。

没收心爱的东西

案例：吵闹不休、乱丢东西、不收玩具……

方式：将孩子乱丢的物品予以没收，作为惩罚。

建议：父母可以先放下手边的工具来陪伴女孩，让孩子知道妈妈正在注意和关注；告诉孩子将乱丢的物品收好、停止吵闹，否则将有所处罚；让孩子说出为什么犯错和妈妈生气的原因。

排珠子

案例：针对耐心不足、乱丢东西等情况。

方式：准备一个盒子、盘子，里面有红色、绿色等彩色的珠，几个塑料罐子；让孩子在处罚桌上，将各种颜色的珠子摆放在正确位置。

建议：如果孩子本身很叛逆，视情况针对孩子来处罚，可先罚站、罚坐再做处罚；此目的在训练孩子养成物归原处的习惯；可训练手眼协调、分辨能力；完成后，让孩子知道被处罚的原因。

禁止某些权利、要求

案例：不爱刷牙、挑食、乱丢东西……

方式：暂时禁止孩子碰触爱吃、爱玩的东西，作为惩罚。

建议：不以威胁、愤怒的态度大声对孩子说；让孩子知道禁止这些的原因，当孩子日后表现佳时，恢复其权利。

孩子成长过程当中，难免都会犯错，无论是无心的或是故意的，当父母在处罚孩子时，关键是把握原则，控制情绪。另外，还需注意一些事情，以免造成不良的后遗症。

1. 安全问题，处罚物品的材质避免过于坚硬。
2. 控制自己的情绪反应。
3. 处罚的地点应选择不明显、不正对大门地方，以免伤到孩子自尊心。
4. 注意措词、语气，勿以威胁、恐吓的话语对孩子说。
5. 处罚内容需彻底执行，不宽容、妥协。
6. 处罚后，安抚孩子，让她知道父母对她的关心和关爱。

不要以好行为作为认可她的条件

小红和妈妈一起坐公交车，车到了一站，上来了一个老奶奶。小红很主动地站起来，把座位让给了奶奶。妈妈很高兴，夸奖了小红。小红不好意思地笑了笑。

晚上回到家里，妈妈高兴地把这件事情告诉给爸爸听，爸爸也夸奖了小红。小红很开心，但还是说："这些都是尊老爱幼的基本嘛，学校里都有教的。"

周末妈妈带小红到了奶奶家，又把让座的事情将给奶奶听。奶奶使劲夸小红懂事。小红有些得意了。

相信家长们都已经明白，妈妈在第一次夸奖小红的时候，是对小红正确行为的一种肯定。而下面两次，其实带有过分褒奖的性质。本来，尊老爱幼是每个人应该做到的。小红给老奶奶让座的行为，值得肯定。但家长不应该过分夸大这种行为，让孩子觉得，给老人让座是一种特殊的行为。长此以往，孩子会建立一种思维模式，对于一些本来很普通的事情，期望过高，如果做到了没有得到肯定，孩子会很失望。这样，许多基本的品质得不到加强，反而有可能被削弱。

家长肯定孩子正确行为的出发点固然是好的，但一定要掌握表扬的"度"。

过分的夸奖会助长学生的骄傲自满心理。"你真棒，你真聪明，说得好，真好，非常好，太好了!"对于这样的评价语言，相信孩子第一次听到会激动半天，但我们不想想听到第十次、第二十次甚至于更多时，孩子会作何反应？长期处于夸奖和表扬的氛围中，孩子很容易产生骄傲自满的心理。特别是教师不切实际地对学生进行表扬和夸奖，也会影响学生们正确的思想道德品质的形成。

夸大的表扬不利于孩子专心致志学习品质的养成。孩子取得一点点的成绩，有了小小的进步，就受到家长的大力表扬，似乎能给她们继续进步的信心，但这也很容易让孩子产生一种满足和不再进取的心理，导致她们在学习上产生一种随意应付和浅尝辄止的态度，不利于专心致志和刻苦认真的学习品质的形成。

过分夸奖会淡化批评教育的作用。如果孩子长期处于表扬和夸奖氛围之中，形成了自满自尊的心理，当遇到家长的一点批评教育，她们的心理可能就承受不了，很容易出现问题。因此，“好孩子是夸出来的”这一命题并不是千真万确的。

表扬女孩要实事求是，避免任意夸大

孩子们都喜欢表扬和夸奖，但实事求是的表扬更有教育意义。如果家长从实际出发，表扬孩子的每一句话都是真实可信的，被表扬的孩子才能深受感染并产生进步的动力，激发前进的欲望。因此，教师和家长对学生表扬之前，要注重对事实进行深入地调查研究和全面了解，不可随意地、不切实际地对孩子任意进行表扬和夸奖。

表扬要具体，要表扬出孩子在具体行为中反映出的精神

对孩子的表扬要具体实际，才更有说服力，切忌用宽泛简单的语言对学生进行表扬，如“你太好了”“你是最棒的”，等等，这些语言就没有针对性。要结合学生进步的实际表现进行表扬，例如：“你帮助其他同学，这样做是对的”或“你今天上课很认真，进步不小。”这些赞扬的话语内容具体，可以很好地激励她们快乐生活。

表扬的形式要多种多样

表扬通常以口头表扬为主，但不仅限于此。手势、表情、纸条等都可以使用。不同形式的表扬可以收到异曲同工的效果。如表扬女孩有进步，可以说“嗯，不错！”可以向她竖大拇指；可以向她显露惊喜之色；可以向她微笑点头。让女孩在无声的关爱中有新收获，有新进步。夸奖女孩不一定要用夸张的语言，有时候，一个温馨眼神、一个赞许微笑、一个肯定的点头都能让她们找到自信，体会被肯定、被尊重的感觉！

第十章　养育女孩的“技术难题”——如何让女孩自立自主

陪伴女孩，而不是替她成长

以逸“代”劳，别大包大揽

女孩子与生俱来的乖巧甜美对于父母来说是无法抗拒的魅力，而在计划生育的大背景下，父母对于独生女儿的宠爱往往会让她们偏离了养育女孩的正确路线，甚至有父母觉得女孩就应该娇生惯养，最好肩不能挑，手不能扛，事事能听父母的规劝引导——这是非常危险的，当今社会，女孩不可能一辈子生活在父母的庇护下，总是要离开家出外求学、生活的，因此，从小训练女孩子的独立生活意识和独立生活能力是非常必要的。

那么，如何才能很好地培养女孩独立自主的精神和能力呢？一个方便有效的方法就是有意识、有控制地在女孩日常学习生活中“放权”，让女孩尽量独立处理自己能力之内的事情，家长只是适时充当引导者和辅助者的角色，而不能让女孩子产生依赖心理，比如在女孩制订学习计划时提出建议，在女孩遇到学习困难时鼓励她自己寻找解决办法等。

从小培养女孩独立自主的能力，一方面可以让父母省心，另一方面，会为女孩将来的学习、生活和工作打下坚实的基础，所以，当今的城市家庭，尤其是独生女儿的爸爸妈妈们，一定要懂得在女孩的教育中“以逸待劳”，不要事事亲力亲为，适当让你的女儿发挥自己的能力，聪明的女孩子往往会带给我们别样的惊喜。

小雪的妈妈是家庭主妇，从小到大，小雪的一切事务基本都由妈妈包揽了。爱女心切的妈妈给小雪制定了严格的时间表，每一分钟做什么都安排得井井有条，从早晨起床先穿哪一件衣服到晚上睡前，从学习日的作息到周末舞蹈课后的娱乐活动，小雪都是听着妈妈的指挥按部就班地进行着，妈妈对听话的小雪也是疼爱有加。

小学五年级时，小雪的姥姥突然重病，平时乐观开朗的妈妈一下子变得十分悲哀消沉，妈妈为了能好好照顾姥姥，不仅搬到了姥姥家住，因为姥姥行动不便不能去医院，妈妈还得天天为姥姥治疗的事情奔走于医院与姥姥家之间，这样一来，妈妈就完全没有时间来管小雪了。临走时，因为小雪的爸爸在外出差，妈妈就将小雪托给邻居赵阿姨照顾。没有了妈妈在身边，小雪一下子失去了生活的指挥者，不知道该如何安排自己的生活。赵阿姨自己的女儿已经离开家去外地上大学了，看到小雪不知所措的样子，平时对小雪妈妈教育方式比较了解的赵阿姨开始试着慢慢减少小雪的依赖性。

首先就是让小雪回想之前妈妈列出的时间表，结合自己的实际情况，划出现阶段自己可以决定的部分，比如每天穿什么样的衣服，家庭作业有困难不是问妈妈而是第二天去学校问老师，等等，然后照着“小雪表”执行。小雪是个很听话的孩子，就严格地照做了。渐渐地，赵阿姨发现，小雪自己安排的学习、生活不仅没有变得乱七八糟，反而因为是自己安排的缘故而更井井有条了。

在逐步学会自己照顾自己的同时，小雪也感受到妈妈平时照顾自己的生活有多么不容易，她开始想到，现在妈妈要照顾生病的姥姥一定更累吧？我能不能帮帮妈妈呢？在赵阿姨的帮助下，小雪学会了做一些简单的饭菜，一个周末，小雪提着自己做的饭菜来到了姥姥家，并对着惊讶不已的妈妈说：“妈妈，我终于长大啦。”

不要小看女孩子的自理能力

放一点权给女孩子，让她自己安排力所能及的生活，比如穿着、做作业的时间、玩耍的伙伴，等等，可以与女儿一起制定她的学习、生活计划，但制定过程的主角一定得是女儿，父母只是提出建议或担任女儿征求意见的对象。这样慢慢地，父母会轻松一点，女孩也会成长得更好。

随时引导

孩子毕竟是孩子，缺乏判断是非好坏的能力，需要父母时时的关注和引导，“放权”不等于“放任”，而是在一旁观察、引导女儿自理能力的成长，遇到女儿犯了错误，一定要及时指出或是暗示女儿自己改正。

习劳知感恩——让女孩多做家务活

关于女孩子做家务的问题，很多年轻父母都头疼过，有的是心疼不让女孩子做，有的是想交给女儿做又不知道让她做什么、什么时候做。小时候让她做吧，怕女孩子拿不动水壶，折断了扫帚；长大一点吧，女孩子又开始嫌脏嫌累了，结果就是，很多女孩子都有不爱做家务甚至不会做的缺点，也不觉得做家务会累、会繁琐，反而认为家务事就是爸爸妈妈做的事，不懂得体谅自己的父母。

如何解决这个问题呢？其实从刚刚列出的几种情况中可以看到，女孩子不爱做家务，常常跟父母小小的不忍心或是担心有关。其实，女孩子没有我们想的那样柔弱，一定年龄段的女孩子对于家务活还非常好奇，抓住这两点，父母们完全可以放手让女孩子做一些力所能及的家务，比如擦擦桌子、摆摆碗筷之类的事情，幼儿园大班阶段的女孩子就可以胜任了。不用担心女孩子做不好，只要她迈出了“做”的一步，就是进步。父母可以对女儿的家务活进行鼓励，也可以奖赏激励，但一定注意不能让女孩子在脑海里将“家务活”作为“可以得到奖励的事情”，应当培养她们劳动的意识和习惯，一旦树立起劳动的意识，女孩子会自觉地去完成家务活的任务。

儿童认知发展的规律表明，在2～7岁时的儿童，各种感觉运动行为模式开始内化而成为表象或形象思维。此阶段的主要特点有三：相对具体性，不可逆性，自我中心性。其中“自我中心性”一点，具体讲即是儿童只能站在她的经验的中心，只有参照她自己才能理解别的事物，而认识不到还有他人或外界事物的存在，也认识不到自己的思维过程。故2～7岁的思维阶段又称为自我中心思维阶段。教育处于这一思维阶段的女孩子，让她有亲身的体验是最有效的方法。做家务时，女儿一边会模仿父母平时做家务的样子，一边会凭自己“累”“繁琐”“辛苦”等体验去感知父母做家务时的感受，有了这样的体验认知，不用父母说，女儿会自己主动学会感恩平时照顾自己的父母。

元元读小学四年级的时候，语文老师布置了一篇课堂作文《我第一次做家务》，几乎从来没做过家务的元元傻眼了。平时老师让写春游、花草，元元都能写得很好，因为她有真实的经历，可这一次，元元绞尽脑汁也写不出来了，只有胡乱编造了一篇洗碗的作文交了上去。老师看了之后就明白元元肯定没洗过碗，于是在点评作文的课上，老师布置了一项附加作业，回家后做一件家务事，跟自己第一次做家务时比较一下，有哪些方面比第一次做这件家务时要做得好一些了，写下感受交给老师。

当天晚饭后，元元主动向爸爸妈妈提出洗碗。真正洗起来，元元才知道，家务活不是那么好做的，洗完了碗，手油油的，很不舒服，腰也酸酸的，也才明白，爸爸妈妈平时下了班还要做家务有多么辛苦，自己不做家务是不应该的。在交给老师的“感受”中，元元写道：“昨天是我第一次洗碗，今后，我会尽力帮爸爸妈妈多做家务事，他们太辛苦了。”

与女儿约定，让女儿和父母一起承担家务

孩子的公平心理非常强烈，如果父母只是一味地让孩子做家务而自己在一旁看着，会让孩子产生强烈的不满，就算父母平时做得再多，她也会视而不见。因此，可以与女儿“约法三章”，比如妈妈做饭，爸爸洗碗，女儿就负责摆放碗筷和

收拾桌子，一家三口自己的内衣自己负责洗，等等。

表扬女儿劳动的行为，给她积极的暗示

女孩子都是喜欢表扬的，尤其是她认真做的事情，父母都应给予积极的表扬并耐心地教会女儿她所负责的家务的技巧，让女儿明白自己在做一件让爸爸妈妈高兴的事情，这种事情她是很乐意一直做下去的。

让女孩当一天家

让女孩当一次家不仅可以锻炼女孩面对问题的能力，而且还能让女孩获得一定的技能和技巧，这不仅是一次道德教育，更能提供一个广阔无垠的思想世界。

根据一项抽样调查显示，某个城市的高中生近六成起床不叠被子；五成从不倒垃圾，也不扫地；七成不洗碗，不洗衣服；九成从不洗菜做饭。还有部分高中生什么家务也不做，个别人连整理书包都还要家长代劳，更别说给他一次当家的机会。

针对女孩做不了家务，当不了家的情况。一些家长给出的理由是：她还只是个孩子，她现在的任务就是学习，这些事等她长大了再学着做也不迟。

这些家长的一片“苦心”，使孩子们不仅不会做家务，还养成了衣来伸手、饭来张口的习惯，以为别人为自己做什么都是应该的，却不知道自己也有关心与帮助别人的一份责任。

独立生活能力差，是当前我国儿童普遍存在的问题。究其原因，大多归之于“独生子女”。其实在西方发达国家，许多家庭也是独生子女，但他们对待女孩的态度则与我国的父母很不相同。

女孩小时，正是孩子品性形成与发展的重要时期，极具可塑性。孩子虽小，却也具有独立的人格，也是家庭中的一员，父母应该适时教育，加以指导，让孩子在家里承担一定的责任。

有一个懂事善良的小女孩，名叫曼丽。

在她5岁的时候父亲已经过世，陪伴着她的，只有穷困的母亲和一个2岁大的妹妹。

她很想能帮上母亲的忙，因为母亲挣的钱总是难以养家糊口。

一天，曼丽帮着一位先生找到了他丢失的笔记本，于是这位先生给了她10块钱。

曼丽把钱放到一个谁也找不到的地方。她母亲一直教育她要诚实，绝不能拿任何不属于自己的东西。

她把这10块钱用来买了一个盒子、三把鞋刷和一盒鞋油，接着她来到街角，

对每位鞋不太干净的人说："先生，能让我给您的鞋擦擦油吗！"

她是那样的彬彬有礼，因此人们很快便都注意到了她，并且也十分乐意让她替鞋擦油。第一天她就挣了5块钱。

当曼丽把钱交给母亲的时候，母亲情不自禁地流下了热泪，喃喃地说："你真是一个懂事的好孩子，曼丽。我以前不知道怎样才能赚更多的钱来买面包，但是现在我相信我们能够过得更好了。"

从此以后，曼丽白天擦鞋，晚上到学校上课。她挣的钱已足以负担母亲和妹妹的生活了。

俗话说："穷人的孩子早当家。"穷人家的孩子，由于家境贫困，从小就经历了痛苦和磨难，因而较早地体味到生活的艰辛，从而更加珍惜现在，努力创造未来。

从这个意义上说，女孩能否早日"当家"，其实并非只取决于家境，而是看她有没有经受过艰辛的经历。我国古人也指出："父母之爱子，则为之计深远。"因此，对家长而言，只有立足于现在，适时地让女孩吃点苦，才能帮助女孩将来早当家。

在此，家长为了女孩将来能更好地适应社会，让女孩了解父母的辛苦与不易，在女孩上小学高年级或初中时，周期性地让女孩当一天（或两三天）家，是一个行之有效的办法。

为女儿提供当家的机会

家长可以找一个周末，让女孩为第二天的生活与活动安排做一个预算与计划，然后从第二天早上起床开始，就由女孩上岗指挥与组织一天的家务与游玩。父母则在女孩指挥下加以配合，需要多少钱，买什么菜，到哪里玩，坐什么车，走哪条路线，均由女孩来筹划。

女儿当家后的总结

父母要放手、信任，不要干预，即使女孩安排得不是很合适，也不要当即否定，而是等第二天再与她一起总结，先让她自己提出改进意见，然后再补充。相信女孩对这样的活动定会兴致很高，也会十分用心和负责任，快乐与收获定会出乎家长们的意料。

不要放任女孩的小毛病

现在的家庭里，大多数只有一个孩子，而女孩更是往往被父母娇惯着长大，因此，即使有时发现孩子的一些小毛病，父母也会因为溺爱而迁就，甚至强化这些小毛病。有时，父母会觉得孩子还小，这些小问题以后可以慢慢解决，殊不知孩子越大某些小毛病就会越顽固，越难以解决。况且，我们要知道，任何的小习惯、小毛病都是孩子性格成长中的一部分，有时小时候的一些小毛病会成为孩子长大后严重的缺点，有时甚至会影响孩子的一生。

欣欣从小就爱吃甜食，尤其是糖果之类。因为父母的疼爱，她几乎天天都会吃一些糖类的零食。然而，欣欣最不喜欢的就是每天晚上睡觉之前要刷牙，几乎能赖就赖掉了。一开始，妈妈觉得这只是一个小小的坏习惯，小孩子不喜欢刷牙可以理解，所以也就没有强制要求欣欣每天晚上必须刷牙，只是想起来的时候提醒一下，想不起来的时候就算了。就这样过了几年，有一天欣欣在吃东西的时候突然牙疼，她跑到妈妈身边。

“妈妈，我的牙好疼啊。”欣欣捂着嘴说。

“过来，让妈妈看看。”妈妈让欣欣张开嘴，发现欣欣已经有两颗很大的蛀牙了。

在带着欣欣到牙科医院看过之后，医生告诉欣欣的妈妈，欣欣已经有3颗很严重的蛀牙，以及两颗稍微轻微的蛀牙，并且由于已经换了乳牙，这些蛀牙会陪伴欣欣一生，以后甚至有可能需要补牙。在经历了痛苦的补牙过程之后，欣欣对之前晚上不刷牙的习惯感到非常的后悔，而更后悔的是欣欣的妈妈。因为没有在欣欣小的时候就纠正她的一些小毛病，而让她以后都要遭受蛀牙的困扰。

然而怎么样才能注意到孩子的小毛病，从而帮助孩子改善这些小毛病呢？首先，做家长的应该从细节上注意孩子的举动，尤其是小的时候，在一些小毛病还未养成时。同时，要注意孩子的性格，尤其是女孩子，常常比较慢性子，容易撒娇。在纠正孩子的习惯的时候，一定不要被孩子牵着走，有时候需要适当强硬一些，才能帮助孩子改变某些旧习。

除此之外，让女孩明白某些小毛病不改就会成为大毛病也很重要，让她们明白这些道理，然后约法三章，并且坚持去做。通常8～12岁是养成习惯的最佳时期，但是也是小孩最容易习得某些坏习惯的时期。因为此时的女孩缺乏辨别好坏的能力，很容易受到周围的人的影响，如果父母能够制定明确的规定，告诉孩子哪些事是该做的，哪些事是不该做的，更加有助于孩子从小养成正确的习惯。

家长可以对女孩进行适当的奖惩

适当的奖惩措施也是非常有效的，让女孩明白承诺的重要性，在出现不好的习惯的时候适时制止，在出现正确的行为的时候适当奖励，会让孩子倾向于自我控制，从而达到改正孩子小毛病、养成正确的习惯的目的。

家长要对女孩的行为严格监督

鼓励是养成习惯中很重要的一环，但是不能一味地鼓励从而纵容女孩的一些坏毛病，因为有些小毛病也许在成长的过程中会成为影响女孩一生的因素，因此，纠正女儿改正小毛病，父母的严格监督是非常关键的，只有时时督促，时时提醒，女儿的小毛病才能“长痛不如短痛”，快速改正。

鼓励女儿参与到家庭决策中来

一位女孩的父亲讲述了这样一件事情：

女儿5岁的时候，每当我跟她妈妈商量一些关于女儿的事情，比如入学、学校老师时，女儿总会打断我们，不停地想吸引我的注意力：她一会儿指着自己的玩具对我说：“爸爸妈妈，快看，我给我的洋娃娃做饭了！”我们常常是应付地点点头：“好，继续玩吧。”一会儿又会跑过来问：“爸爸妈妈，你们在说什么呀？”为了避免她继续问下去，我们常常说：“这是大人的事情，小孩子不懂。”她一会儿又装作不小心摔倒，坐在地上哭个不停，希望我们把她扶起来。

……

最后我跟她妈妈都忍无可忍了，只有躲到楼梯间里去商量。

后来我听了一个关于亲子关系的讲座，才意识到这种做法对女儿是多大的伤害。小孩子不懂得什么叫“大人的事情”，尤其在女孩儿的心目中，平时跟爸爸妈妈的关系相较于男孩子来说更加亲近，她跟爸爸妈妈是平等的，是没有秘密的，彼此间的交流应该是无时无刻都开诚布公的。而跟女儿有关的家庭决策，谈论的是关于女儿的事情，女儿当然认为她应该参加。

我们知道，女孩是渴望得到关注的，别人的关注能让她找到自我认同的感觉。尤其是来自于很有权威的关注，更是意义不同。对女孩子来说，爸爸妈妈凑在一起谈论事情，便是最权威的事情了，如果自己能够参与进去，便会高兴不已。一些不太紧急重要的家庭决议，如果能让孩子参与进来，对于女孩子自尊心、自信心的树立会起到很好的作用。虽然父母有时会觉得两个人商量起来更方便一些，但爸爸妈妈们应该想到，被你们排除在外的孩子心里会有多么难过。如果父母对女儿参与要求毫不关心，一开始，小女孩会采取某些小伎俩，或通过哭闹的诡计来引起父母的关注。但如果这一目的不能达到，女孩就会感到十分困惑，她会认为父母不爱她了，不愿意理她了，她会因此而感觉到被欺骗、生气，甚至还会产生内疚的心理：究竟我做错了什么？父母为什么不愿意理我？我怎样做爸爸妈妈才会更喜欢我，让我加入他们的讨论呢？

如果女孩长期生活在这样的心理下，她就会自觉不自觉地为自己贴上这样的标签：不够听话、不够聪明、不够可爱、不够讨人喜欢……一直如此，会使得女孩拥有了一颗极度自卑的心灵。相反，如果父母能向女儿敞开家庭决策的大门，为女儿提供一个除了向父母撒娇、询问之外还能向父母提供自己意见的平台，对于女儿的健康成长会很有帮助的。

为女儿开放家庭决议

女儿是家庭的一员，不要因为女儿小就认为女儿不懂“大人”的事，为女儿开放家庭会议，她会安静地听，反而会比将女儿撇在家庭会议的门外表现得更好。再者，如果商量关于女儿的事情，有女儿的参与决议，她会更积极主动地去实行，因为这是她自己认可的决定，不是父母强加于她的。

鼓励女儿对父母提出建议

父母是女儿生活的引导者，同时，女儿也可以成为父母生活的“辅助者”，鼓励女儿对父母提出建议，女儿会很认真地思考，这样，一方面可以让女儿感受到父母对她的重视和喜爱，一方面，女儿的眼光往往能为家长们提供别样看问题的角度。

如何让女孩不再黏父母

女儿与父母的依恋关系是正常的，也是必须建立的。

依恋是形成亲密关系的基础，依恋是婴儿与抚养者之间一种积极的、充满深情的感情连接。它对于激发父母和照顾者更精心地照料后代，对形成儿童最初信赖和不信赖的个性特点有着重要的影响。依恋是女孩出生后最早形成的人际关系，是成人后形成的人际关系的缩影。因此，父母要与孩子建立良好的依恋关系。既不能对女儿太强硬，也不能让女儿太过于黏人。

孩子在出生后的第一年对她是至关重要的，母亲的接纳、喜欢、拥抱、躯体抚慰和精神关注，将促进孩子与母亲形成信任、安全、温暖的关系，这样的依恋关系能让孩子变得健康、活泼、开朗、自信和自尊。如果母亲性格强硬，动作粗糙，情绪不好，对孩子疏于照料（让孩子处于饥、渴、冷、湿等不安状态），或不愿意亲自陪伴孩子，把孩子寄养在别处，甚至虐待孩子，那么孩子就可能很难与人形成良好的依恋，心理发展延缓甚至出现自闭倾向。有很多不能形成依恋的孩子，在成长中会慢慢出现边缘型人格障碍或自恋型人格障碍等。

当然，也不能走向另一种极端，即养成女儿黏人的习惯，只愿意跟着父母，尤其是母亲，而不愿意面对朋友、老师或是陌生人，这对于女儿的性格养成也是有害的。如果女儿太过黏人，做父母不要强硬反对，需要慢慢引导。

妈妈正在厨房烧菜，圆圆像条小尾巴似的在妈妈身边蹭来蹭去，妈妈担心不小心伤着她，于是对圆圆讲：“圆圆，厨房里很危险的，你先出去玩，一会妈妈做好饭就陪你，好不好？”

“我不！我要跟妈妈在一起！”圆圆撅着小嘴。

“圆圆乖，你看厨房里这么小，万一妈妈不小心碰着圆圆了怎么办?”

“我就不!”

无论好说歹说，圆圆就是不肯出去玩。

平时，圆圆就跟妈妈特别亲，无论是吃饭、玩耍还是睡觉都要妈妈陪着。一见妈妈不在，她就会到处找，甚至妈妈洗澡时，她也要守在门外。刚上幼儿园的那会儿，圆圆根本就不愿意离开妈妈，无奈之下，妈妈在幼儿园陪了她整整一周，她才慢慢地肯去幼儿园了。现在，即使每天去幼儿园，圆圆也对妈妈依依不舍，从幼儿园回家后，她就会寸步不离地守着妈妈。

圆圆的爸爸因为工作忙，平时都是早出晚归，因此，圆圆的吃喝拉撒都是由妈妈操持的，这无意中养成了圆圆特别依恋妈妈的习惯。

与父母形成良好依恋关系的孩子具有以下的特征：在母亲离开时会哭闹，在母亲回来时会高兴；如果母亲在场，通常以母亲作为认识世界的起点；如果在玩耍，会不断地回到母亲身边寻求安慰；通常比较合作，较少生气，会友善地对陌生人。

这样的孩子容易形成积极的人格。主要表现为：人际关系中，开朗活泼，有自信和自尊，懂得爱别人，能与人“共情”，没有暴力倾向，善良，宽容，知道自我的边界，不对别人过度要求。能正确解读父母教育自己的信息，打得也骂得，孩子不会忌恨父母，一般也不会让父母太伤心。依恋不够的孩子打不得也骂不得，因为父母这样做会激发孩子内心深处对父母的不信任。

对于需要和母亲加强依恋的孩子，母亲最好不要做的事

对孩子身上的某些行为、特征、习惯不满意，忙着纠正孩子，让孩子感觉很糟糕，没有安全感。很长一段时间里不要批评孩子，如果什么事非说不可，也要这样说：“孩子你这样做很不错啊，不过，妈妈还有一种方法，你想不想试试?”

急于向孩子或让孩子表达亲密感，结果遭到孩子拒绝，引发大人的挫败和孩子的焦虑害怕。

拒绝原来曾与孩子形成依恋的人（如老人、阿姨），嫉妒孩子对那个人太好，让孩子在客体关系发展中产生混乱的感觉。

扔掉孩子随身携带的旧手帕、毛绒玩具、漫画书，给她买更好的。其实，这些东西对孩子内心平静很重要，是一种对父母依恋的替代品，要暂时保留，耐心地等待孩子自己失去兴趣。

对于太过黏人而需要减少依恋的孩子，建议父母亲有意识地从孩子的生活中“消失”

可以送孩子去夏令营或是参加需要跟其他孩子在一起时间比较久的活动，让

孩子明白，不在父母身边，她也可以过得很好。

过度保护的孩子长不大

惠施和庄子都是魏王的好朋友。一天，魏王分别送给他俩一些大葫芦的种子，对他俩说：“你们把这些种子拿去种在地里，会结出很大的葫芦。比比看，你俩究竟谁种的葫芦大，到时候我还有奖赏。”

惠施和庄子都高兴地领受了，并去种在地里。

为了能种出比庄子更大的葫芦，惠施非常用心，而且每天都施肥、除草。庄子的葫芦就种在不远的地方，但他从不施肥、除草，只是到时候来看看，见没有什么异常，就做别的事去了。

没过多久，惠施的葫芦苗一棵一棵地相继死去，最后，一棵也没成活。而庄子的葫芦苗却长得格外好，慢慢地，都开花结了果，而且，长出的葫芦都很大。

惠施觉得很奇怪，就跑来请教庄子：“先生，为什么我那么用心地栽培，所有的苗都死光了，而您从来都不曾好好地管理，反而长得那么好呢?”

庄子笑着答道：“你错了，其实我也是在用心管理的，只不过与你的方法不同罢了。”

“那你用的是什么方法呢?”

“自然之法呀！你没见我到时候也要去地里转转嘛！我是去看看葫芦苗在地里是不是快乐，如果它们都很快乐，我当然就不用去管它们啦。而你却不管它们的感受，拼命地施肥，哪有不死之理啊?”

“这么说来，还是我害了它们?”

“就是啊！你的用心是好的，可是你不用自然之法，怎么可能得到自然万物的拥戴呢?”惠施恍然大悟。

这个故事对当今的家庭教育会有所启迪。在孩子成长的道路上，存在着一个非常温柔的陷阱，就是那些过分庇护孩子的父母亲自挖掘的，掉进陷阱里的孩子，由于被剥夺了犯错误和改正错误的机会，从而也失去了长大成人的权力。

保护孩子是父母的天性，没一个父母不对孩子倾注着满腔的热爱。没有父母的保护，孩子是很难长大成人的。然而，过度的保护则没有益处，只会使孩子变得软弱无能，缺乏自主性和独立性。

据报载，一名8岁的小女孩，仅仅因为偶然的迷路，她母亲便痛下“不再让女儿离开自己一步”的决心，并辞去公职，留在家里照看女孩。这样的事例，在生活中是很少见的，但家长对孩子过分呵护，凡事顺着孩子，生怕孩子饿着、累着、受委屈的现象却不是个别。我们在一些小学门口观察发现，家长早送晚接，更有甚者，干脆帮小孩做家庭作业，收拾学习用品，帮小孩值日打扫学校卫生区等。一个四年级的学生上课没带课本，老师问她为何不带课本，她却振振有词地说："还不是我妈，忘记装了！"

有一位母亲，在孩子很小的时候和丈夫离异，这位母亲便把全部的爱转移在孩子身上，好吃好穿的任她挑，在家想干什么就干什么，想要什么母亲就帮她买什么，恨不得把天上的月亮也摘给她。母亲的娇惯和纵容，使她滋生了"唯我独尊"的心理。在学校里霸道十足，不听老师的话；在家稍不如意，就拍桌子摔碗；在社会上经常与人打架斗殴，最终走上了抢劫的犯罪道路。

另外，我们要说的是，父母过度保护孩子的做法其实是一种自私心理的反映。因为过分溺爱的背后，一定会有对孩子行动的禁止和干涉。父母们总是按照自己的意愿去爱孩子，总是站在大人的角度去判断何事该做，何事不该做，从来没有问过孩子是否真的就需要这样的保护。尽管这些都是出自于对孩子的爱心和关怀。但是父母们有没有想过，孩子会在这种连续"禁止"中，逐渐失去表达自己要求的能力，甚至会变成"无力量""无意欲""无关心"的"三无人类"。从某种意义上说，过度保护孩子，是一种无形的剥夺。剥夺了孩子独立生活的权利，剥夺了孩子自主选择的意愿。这是一种悲哀！

过分保护导致如今孩子某些生理、心理机能退化。一些家长一方面在学业上拼命给自己孩子"加压"，另一方面又为她们在生活上尽可能地创造很好的条件，这便导致现在的孩子大脑"发达"，四肢无力。在舒适的环境中，孩子身体中的某些机能正在逐步退化。因为她们生活的需要很容易得到满足，几乎不用克服什么困难，不用付出，也就没有发展。孩子成长过程中用于发展自己能力的机会就这样被剥夺了。

真心地关注女孩的需要，不要把自己的意识强加于孩子

父母们应该放低自己的姿态，听听孩子内心深处的声音，真正将自己的关怀和保护用在刀刃上，给孩子们多一些自由成长的阳光、温度、水分、空气……别让你的孩子在"腻歪"了的爱中苟延残喘，倍感"生命不能承受之轻"。

留给女孩独立的空间

不管我们做父母的多么想保护孩子，她们一旦融入集体生活，就有一种强烈的独立意识，她们会把这种过分的关心看成是很没面子的事。可以说，当孩子们离开家长时，平时在父母温暖的怀抱下软化的独立意识开始得到了复苏。那些向来将孩子"含在口里怕化了，捧在手中怕摔了"的父母需要认真地去思索了。

帮助女儿甩开坏习惯

引导女儿从小养成好习惯

俗话说，三岁看老。从小养成的好习惯会对女孩产生一生的影响。著名的教育家叶圣陶先生就曾说过：“我们在学校里接受教育，目的在养成习惯，增强能力。我们离开了学校，仍要在多方面接受教育，并且要自我教育，其目的还是在养成习惯。习惯越自然越好，能力越增强越好。”当今的社会竞争愈加激烈，如何让孩子尤其是女孩在未来的生活中脱颖而出就显得尤其重要。而奠定孩子一生基础的就是良好的习惯，因此如何让女孩从小养成良好的习惯就成为了家长们的热点话题。

好的习惯有时可以决定人的一生的价值，培养女孩从小养成好的习惯是非常重要的。而培养孩子的好习惯，首先必须从家庭教育入手。培养女孩良好的习惯并不是一天就能做到的事，必须长期训练和培养。同时，培养孩子从小养成良好的习惯一定要讲究方法。父母，是孩子模仿的对象，父母的一言一行、一举一动都会影响孩子，当这种被动的模仿变成了主动的习惯，纠正就会难上加难。因此父母的言传身教在孩子养成良好习惯的过程中起着非常重要的作用。

琪琪是一个非常害羞的小女孩，上课的时候几乎从来都不主动回答问题。妈妈问她为什么，她都说因为害怕在很多人面前讲话。妈妈一直想要改正琪琪这个小毛病，但是无论怎么努力，琪琪始终在很多人面前都很害羞。

有一天，琪琪的幼儿园举行灾区捐款活动，那天去了不少家长，突然老师对琪琪妈妈说想请她上台作为家长代表讲几句话。面对突如其来的邀请，毫无准备的妈妈，看着那么多的家长，无故地怯场起来，本想回绝老师，可是看到女儿期盼的眼神，妈妈突然想到“言传身教”，于是她鼓足劲上台即兴演讲。果然从那时起，老师给琪琪的评价成了：“上课积极回答问题，而且不乱喊，都是举手回答的。”看到老师这样的评语，妈妈曾问过琪琪，现在上课怎么敢回答问题了，琪琪说：“妈妈都上台了，我也可以，我现在一点也不害怕了。”瞧，这就是“言传身教”的奇特功效，好多妈妈都在提同样的问题：“我的宝宝上幼儿园胆怯，我该怎么办？”其实妈妈可以模拟一个舞台，妈妈上台表演给宝宝看，宝宝看在眼里，自然学在心中。要知道，宝宝的模仿能力是最强的。

好的习惯会让孩子受益一生，好的习惯会影响孩子的生活方式以及个人成长道路。那么怎么样让孩子养成好习惯呢？

第一，重在预防，父母要有意识地引导孩子从小养成好习惯。有些家长认为孩子的习惯培养要顺其自然，小孩子有一些坏习惯是很正常的，只要长大了，就会变好的。实际上，什么事情都是重在预防，如果你在孩子年幼的时候能够有意识地进行引导，让孩子从小就养成良好的习惯，那么，就不用在孩子染上坏习惯的时候而烦恼。

第二，不断强调，父母要有意识地提高孩子对好习惯的认知。孩子在年幼的时候，对于好习惯、坏习惯是没有概念的，这就需要父母在有意识地引导过程中，不断地向孩子强调好习惯的重要性。

第三，榜样示范，父母要用自己的好习惯去感染孩子。就像例子中提到的那样，孩子具有模仿心理，只要身边的人和事物引起她的好奇心，她都会去模仿。因此，父母应当经常在行为举止谈吐等方面做好示范。

第四，抓住关键期，轻松预防孩子出现坏习惯。当孩子刚出现一些坏习惯的时候，许多父母不仅不进行教育，反而引以为傲，这使孩子误以为，自己的行为是正确的，从而使坏习惯越来越牢固。

从某种程度上说，好的习惯是人生的重要指导。叶圣陶先生曾说过："什么是教育？简单一句话，就是养成良好的习惯。"因此作为父母一定要在孩子的习惯培养上下大工夫。六岁以前是孩子人格陶冶最重要时期，这个时期如果父母培养得好，以后只要顺其自然，孩子就会朝着优秀的方向发展，父母一定要记住，习惯成了不易改，倾向定了不易移，态度决了不易变。

好习惯贵在持之以恒

其实习惯就是不断地强化某种行为，直到它变为一种定式。父母要不断地引导孩子养成好习惯，纠正坏习惯，时时监督提醒孩子。

淡化批评，学会暗示

父母要学会宽容对待孩子的坏习惯，避免纠正坏习惯过程中的亲子冲突。要想纠正孩子的坏习惯，必然会引起孩子的反抗。怎样避免产生亲子冲突呢？父母要在教育的过程中使用暗示的方法，于无声无息中进行教育。

让女孩照顾花草或者是小动物

拥有小动物的孩子往往更容易接近，更容易结识新的朋友，因此与他人交流的机会也更多。成年人在帮助女孩照顾小动物的过程中，也能与孩子分享乐趣，从而加深亲子关系。拥有小动物的女孩，更加有同情心、责任感和交际能力。因为相对于女孩来说，小动物和植物是更为弱小的，它们更需要照顾。经常照顾小动物的女孩不会再以自我为中心，她们会学会关注和帮助弱势群体，体现出她们的同情心与爱心。同时，在与小动物的相处过程中，小动物也会成为女孩倾诉的对象，在这个独生子女占多数的时代，小动物和植物会帮助女孩摆脱孤独，获得安慰，让孩子在自己的世界获得安全感。

安安是一个被娇惯坏了的小女孩，做事总是先考虑自己。在安安生日的时候，有人送了安安两只荷兰鼠，因为安安从来没养过小动物，对荷兰鼠的兴趣非常大，妈妈即使反对，也只好硬着头皮陪她饲养了。安安这下可乐坏了，每天都早早起来，床也不赖了，生怕小老鼠饿坏了；放学后，也不大会在游乐城流连忘返了，她要赶紧给她的小老鼠喂食去。小老鼠食用的蔬菜叶子都要用水浸泡，妈妈总记不住这茬儿，安安强烈批评妈妈办事不力，开始自己动手；并且还自己学会了用“刨子”削苹果喂小老鼠。当两只小老鼠为了一块胡萝卜争抢时，安安像个大人似的：“小可爱，你们要乖哦，一人一块，不能抢哦，你们是好朋友呀！”妈妈觉得安安怎么一下子像换了一个人？从前只考虑自己的坏习惯没有了，变得有爱心，也更有责任感了。同时体会到了养育的辛苦的安安，也更加理解爸爸妈妈平时的辛苦了。

后来安安还养了小蝌蚪，安安养了蝌蚪之后，趴在那儿会一看老半天，且常常会有一些惊奇的发现。每隔一个时间段，就可以观察到小蝌蚪明显的变化。每次变化的发现，都会让安安大为惊奇。蝌蚪先长前腿还是后腿，尾巴是缩短的还是掉下来的，这些问题都不言自明了。妈妈也辅助她用相片和文字记录下蝌蚪每个阶段的变化，尝试让安安口述“观察日记”“喂养心得”，让孩子养而有获，感受神奇的生命过程。

饲养小动物、照顾小植物可以让孩子们感受到生命的崇高，也可以培养她们良好的观察习惯。在小动物面前，女孩子们是强大的，担任喂养教化的工作，可以培养她们的责任心，也是她们自我教育的良机。她们会把小动物当成自己的朋友，会让她们觉得快乐，安全和信赖，更会让她们明白生命的可贵和可爱。

走出教育女孩的误区

很多父母都会有这样的误区，认为小动物很脏，有很多看不见的细菌，即使是花草植物等也会有很多小虫子，如果让女孩接触，传染疾病或者被蚊虫咬到，是得不偿失。或者认为，照顾小动物、小植物等需要花费很多的精力，小女孩年纪还小，一定会让大人帮忙，而养一个小孩已经非常麻烦了，还要养动物，更是烦上加烦。其实，这些问题在小动物、小植物能给孩子带来的益处面前都不算什么。

鼓励女儿给小动物做记录

小动物不仅是女儿的倾诉对象，也为女儿认识生命世界打开了一扇门，鼓励女儿给小动物做成长记录，可以让她更仔细地观察小动物，培养对大自然的热爱，更可以作为女儿集中注意力的训练。

试着把生活安排得有条不紊

由于现在多是独生子女，很多父母对孩子过于溺爱，很多父母喜欢为孩子安排一切，觉得孩子没有安排自己生活的能力，需要父母的帮助才能安排好一切。尤其是女孩，更是在家里受到宠爱，从小几乎没有自己决定过任何事。这样做实际上是剥夺了孩子从小安排自己生活的权利。

在这样的生活环境下，孩子只会越来越依赖父母的安排。然而，孩子不会一辈子活在父母的帮助里，没有安排自己生活能力的孩子在以后的生活中只会是一团糟。因此，让孩子逐渐认识到安排自己生活的重要性，学会合理地自主地安排自己的生活，不仅是孩子身心健康的重要条件，更是为孩子以后的生活顺利打下了基础。

上五年级的洋洋是个很乖的女孩，学习成绩算是中上水平。她的爱好就是阅读课外读物，看各种各样的书籍。

暑假到了，洋洋更加疯狂地看起课外书了，每天去书店一待就是一整天的时间。按照常理来说，孩子喜欢读书是个很好的习惯。可是洋洋的父母却为此非常的苦恼。因为洋洋把时间全部放在了阅读这些课外书籍上，根本就没有时间去顾及课内的学习内容，很多时候甚至连作业都没有完成。妈妈每次催促洋洋完成作业，洋洋都会说："我正在看书呢，作业待会儿再做。"

就这样每次暑假的作业，洋洋都是留在最后几天才紧赶慢赶地做完，速度是有了，但是根本没有质量可言。爸爸妈妈知道洋洋爱看书是好习惯，但是，因为看课外的书占据了大部分时间，而导致没有时间学习课内的知识，就是一个比较严重的问题了。

洋洋的这种情况，相信很多家长都遇到过，怎样让孩子树立正确的时间观念，懂得在适当的时间做适当的事呢？首先，可以要求孩子制定一个时间计划表。时间表的内容应该包括在家什么时间起床、什么时间上学、什么时间放学回来、什么时间休息，睡觉、复习功课用多长时间等。父母应该通盘考虑、合理安排、忙而不乱，还要教育孩子认真遵守、持之以恒。这样养成了按照计划做事的习惯，就会有井井有条的感觉，而不会显得做什么事情都是一团乱。但是安排这样一个时间表的同时，也要注意张弛有度，不能事事都安排好。要留一些空余时间给孩子，以应对突发状况。

每个人都是在时间的长河中开始人生的旅途，每个人的生命都需要自己把握，谁能够把握自己的生活，谁就最能接近成功的终点。所有希望孩子成才的父母，都应该培养孩子做自己的主人，这会使她们终身受益。

与女孩一起制定时间表

学会安排时间是安排生活的重要一环。让孩子明白时间管理的重要性，明白一寸光阴一寸金，是学会安排自己生活的第一步。孩子自己制定了一个时间表，可以使她的学习、生活有秩序地进行。

严格监督女孩提高做事效率

时间表制定了，但很多孩子毅力、耐力欠缺，这就需要父母及时检查孩子的计划执行情况，督促女孩们完成预定目标。

帮助女孩纠正爱拖拉的习惯

娜娜是个非常可爱的小女孩，安静听话，只是她有一个坏毛病，那就是无论做什么事情，都喜欢拖拖拉拉。早上6时左右起床，却要磨蹭到8时出门；做作业时，边做边和同学说悄悄话；椅子上仿佛有钉子，坐在上面能“扎”起几十次……日常生活中，妈妈对娜娜说得最多的一句口头禅莫过于“快，快，快”了。一天晚上，妈妈开着车，带娜娜回家，娜娜脱了鞋，舒服地躺在车后座上听音乐。到了车库，妈妈停好车，叫娜娜下车，可她就是磨磨蹭蹭地半天也没有穿好鞋。妈妈一急，就大声催她快点。娜娜不喜欢大声对她说话，妈妈一大声，她就干脆停下来了，之前虽说慢，好歹还有进度，这下子好了，完全停下来了。妈妈不得已只得放下两只手里拎着的东西，迅速地帮她穿好鞋子，火速拉她下车，完了，还在她屁股上拍了两下。这样一来就把喇叭按响了，这时娜娜开始哭了，妈妈不吭不响地拎起东西，开始往家走。娜娜跟在后面，一直哭，直到家门口。

相信这种情况，众多父母并非第一次遇到。爸爸妈妈们经常感到纳闷：孩子做事为什么这么拖拉？怎么才能改正孩子这些不良习惯呢？

其实孩子会有拖拉的坏习惯有些是本身的性格特点，有些是受到了家庭的影响。所以首先，家长必须起到榜样的作用，自己要改变以往做事慢慢腾腾的坏习惯，养成雷厉风行、干净利索的习惯，让“快”这个字贯穿在生活之中。因此，家长可以尝试跟孩子比赛，在做家务的时候看谁先做完，或者谁能在规定的时间做完。久而久之，孩子拖拖拉拉的毛病必然会有所改变。

同时，更要树立孩子能够完成某件事的自信。作为家长在教育孩子方面要有耐心，要多和孩子沟通交流，当孩子有进步的时候不要吝啬自己的表扬，多鼓励，适当的时候给予一些小小的奖赏，这点很重要，不要急于求成，更不要把她和其他孩子作比较，要知道再调皮的孩子也有她的长处和优点，要善于发现和及时地做正确引导，现在都是独生子女，过分的溺爱是没有好处的，到将来后悔就晚了。

拖拉的习惯有时不是马上就能改变的，也不是完全靠父母的纠正就能改变的，让孩子明白拖拉的坏处，靠自己的决心改变才能取得效果。

切勿操之过急

改正孩子爱拖拉的毛病，当务之急不是催促，而是放任。就好像治理洪水的方法不是堵，而是疏。很多家长都抱怨孩子穿衣服慢，早上的时间分分秒秒都要赶，孩子穿衣服总是弄得当妈的手忙脚乱。其实，之所以有这样的局面，有些时候恰恰是因为妈妈太着急了。类似的情况，你越催她，她越不会做。

和女孩沟通的时候要追根溯源

多跟孩子沟通，了解到她们拖拖拉拉的真正原因，尊重孩子的需求，做好引导。孩子在某种事上拖拉一定有她拖拉的原因，找出原因，帮孩子克服心理压力，才能真正从心理上帮助孩子克服拖拉的毛病。

物归原处，杜绝随手乱放

有小朋友的家庭是很容易看出来的，往往沙发上放着玩具，桌子上有很多零食，孩子的用具随处可见。有了小宝贝，再想让整个家庭保持二人世界的浪漫和情调已经成了一件不可能的事情。但随着孩子的长大，有的家庭恢复了规整，有的家庭却“十面埋伏”，总能在某个角落冒出孩子的书本、文具来。

其实，只要方法得当，孩子的东西是能够很好地归类的。

有一个小孩子在家里的时候总是丢三落四，不停地找妈妈要东西，这也不见了那也不见了，孩子一边放，妈妈就一边收，结果谁都不知道东西去哪儿了。

但是很奇怪，孩子在学校里面从来不丢东西，从家里带过去的文具和饭盒，总能完璧归赵，从来不缺胳膊少腿。孩子的科目很多，教科书、参考资料、试卷、作业、强化练习，等等，也从来没有少过。这让妈妈很奇怪。

“聪聪，你们在学校都是怎样放东西的?”

“我们每个小朋友都有一个柜子，上面贴了自己的名字，大家都把东西放在自己的柜子里。其他的东西都是装在自己的书包里，别人我就不知道了。”

“哦，原来是这样。”妈妈开始考虑给孩子设计几个专用的柜子。

她给孩子买了一个雕花的大木箱，里面可以放很多东西。“这是你的魔法宝盒，我们把所有的玩具都放进去吧，娃娃留在外面。”然后妈妈给复印纸盒子贴上了好看的包装纸，上面写着“文房四宝”四个字，“往后，所有的文具就放在这个文房四宝盒里面好了。”然后买了几个大大的粘钩，贴在孩子房间的门背后，孩子够得着的地方，让孩子把书包都挂上去，随手可以拿走。

这个办法大大缓解了女儿找东西的痛苦，而且孩子还觉得很有意思，自己又动手做了几个“多宝格”，仿照故宫中的多宝格样子，把大大小小的零碎都放了进去。她的小世界越来越清晰了。

聪聪上小学时，已经渐渐有了自控的能力。

对于那些低龄的孩子来说，妈妈们要培养孩子物归原处的习惯，先要自己做好示范。比如说，孩子要灰太狼玩偶的时候，妈妈最好能每次从同一个地方比如摇篮下面的储物层拿出来，这样孩子就能形成灰太狼放在储物层的概念。她们自己就会动手拿。如果孩子忘了放回去，妈妈可以提醒她：“灰太狼可能想要回家啦。”孩子就能明白妈妈的意思是要把灰太狼放回到原处，也很愿意帮助灰太狼回家。

其实人小时候的培养都是生活习惯的培养。小时候培养了良好的生活习惯，孩子在独立之后，更能掌控自己的生活。这种投资是利益长远的，值得妈妈们耐心地培养。

提出建议，并帮助孩子实施

正如故事中的妈妈一样，她对聪聪提出了解决随手乱放这个毛病的有效措施，并敦促聪聪实行，有了一定的成效之后，又跟孩子一起改良原有的措施，一步步帮孩子纠正了随手乱放的毛病。

适时表扬，耐心培养

心理学家说，一个习惯的培养需要 21 天的重复，也就是说孩子要培养一个哪里拿哪里放的习惯，大概需要 3 周的时间。妈妈需要有耐心，不能 1 周之内总是大发脾气说“提醒了多少次你都记不住，真是没用的东西”这样的话，这只会打消孩子的积极性，对培养好习惯一点效果也没有。孩子一两次没有做好也没关系，当她有意无意地物归原处了一次之后，妈妈最好能表达一下高兴的心情：“这次我很快就找到你的球鞋了，真好。”孩子也会觉得自己的行为给家人带来了方便，也会感到骄傲的。

自己的事情，就让女孩自己决定

大多数的小女孩都会依赖父母，而大多数的父母也喜欢让女儿依赖自己，但明智的父母应该懂得：孩子总有一天要长大，独立是孩子的必然发展趋势，这与孩子的性别无关。父母对于女孩的爱，应该更加理智，更加放松，让女孩学会自己决定自己的事情，虽然粘人的女孩子在小时候会显得很可爱，但长大之后，父母能为她们提供的庇护越来越少，只有独立的女孩子才能在社会中勇敢地生存下去。理性地爱我们的小公主，才能让她们真正成长起来。

在青青很小的时候，父母对她的爱就充满了理性。他们很早就培养青青自理的能力，甚至全家人出去玩的时候，2 岁的青青也会背一个小背包，里面放着自己的奶瓶和婴儿湿巾。

青青学步的时候经常摔跤，每一次父母都会说："乖女儿，你自己能站起来，是不是？"等青青自己站起来，父母就会说："宝贝，你真棒！"

有一次，青青一家去朋友家做客，告辞的时候，大家在门口换鞋，发现调皮的小狗把青青漂亮的蝴蝶结鞋带弄丢了。"换双鞋吧。鞋码多大？我女儿有一双新鞋。"朋友夫妇热情地帮忙。青青的父母听到朋友的建议，婉言回绝道："这是她自己的事，让她自己来处理吧。"

只见 4 岁的青青镇定自若地从头上摘下橡皮筋，比划了一下，有些笨拙但却稳妥地把橡皮筋缠在鞋上。鞋子又可以穿啦！朋友夫妇看到这一幕，想到自己衣来伸手、饭来张口的女儿，不禁陷入沉思。

其实，在女孩的养育过程中，有很多"美丽的陷阱"，会让家长"误入歧途"。例如，很多家长认为，女孩天性弱小、依赖性强，这是性格方面的不足，因此需要给予她们更多的保护，使她们免受失败之苦。有些家长还认为，女孩子就应该表现出顺从的一面，不能太过有主见。这些想法都是不对的，同男孩子一样，女孩子们也需要独立，更需要主见，勇敢而有决断力和行动力的女孩子才是我们真正的"公主"。

持着这样的态度的家长，往往会不自觉地就向女孩传达了这样一个信息："你是弱者，你需要保护，没有我们，你什么也做不好。""你需要表现得柔顺，这是女孩的本分。""不要逞强，不要独自决定事情，要问爸爸妈妈。"多么危险的暗示！这样暗示的结果就是：女孩不再相信自己能够做到，而是理所当然地依赖，小时候依赖父母，听父母的话，长大后依赖丈夫，对丈夫百依百顺，心甘情愿地做别人的附属品。

给予女儿理性的爱

在前面，我们一直强调父母要给女孩更多的爱，但更多爱并不代表要代替女孩去决定、不给她机会去独立面对这个世界……要知道，女孩也需要自立、女孩也需要吸取生活的经验、女孩也需要独立、女孩也需要成长。父母们应该给女孩更多爱，但必须有一个前提：在不把女孩看成"弱者"的基础上。只有在父母理性的爱的呵护下，女孩才能独立，才能更快成长。

留给女孩自己思考的空间

让女儿能够自己决定，自己思考，不要把父母的意识填入女儿的小脑袋中，发挥女儿自己的创造力和想象力。对于她自己能够解决的问题，大胆放手。

让女孩明白：是勤劳使生活富足

《战国策·赵策》中“触龙说赵太后”一文中，触龙向溺爱幼子的赵太后提出，国君的子孙往往难以继承父业，就是因为他们自小养尊处优，地位高而没有功勋，俸禄丰厚而没有劳绩，占有满屋的珍宝却不知道劳动的艰辛，从而劝赵太后“爱其子，则为之计深远”。现代社会的家长们，也应“爱其女，则为之计深远”，为了女孩的全面成长，为了女孩子能够更好地生活，父母应从小培养女孩爱劳动的习惯。劳动可以无声地教会女孩子许多只有亲身体验才能了解的事情，也可以潜移默化地训练女孩多方面的能力，促进女孩全方位发展。

劳动可以让女孩获得生存技能，锻炼意志品质，增加知识，促使女孩早日成才。父母要让女孩明白，劳动最光荣，劳动是一切幸福的源泉。同时，劳动可以使女孩的双手和大脑得到协调发展，使女孩的脑细胞得到更多的刺激，加快脑细胞的发育，促进女孩的智力培养。劳动还可以减少女孩的依赖心理，促进女孩独立意识、创造意识的形成。

姜会3岁多时，一天妈妈在家扫地，她歪着脑袋津津有味地看着，像欣赏一件艺术品。妈妈看到她的神情，笑着对她说：“宝贝，过来试一试!”她真的跑了过来，夺过妈妈的扫帚，像模像样地扫起来，当然，有些瓜壳、纸屑成了“漏网之鱼”，可妈妈丝毫没有责备她。而是一边讲解要领，一边耐心地给她做示范。没多久，她居然也能把地面打扫得干干净净了。

妈妈着实表扬了她一番，还给了她一颗糖作为奖励。从那以后，她总喜欢学着干一些力所能及的事儿，而且积极性也越来越高。

像故事中的姜会一样，许多女孩子喜欢模仿爸爸妈妈的行为，父母们可以利用这一点，及时进行引导，激发女儿劳动的兴趣，将劳动变成一种乐趣而不是强制性的任务，让女儿自己慢慢体会劳动的内涵。有的父母怕女孩弄巧成拙，帮了倒忙，就不让女孩自己动手去做事，这样就扼杀了女孩的劳动积极性。经常带着女孩做她力所能及的事，让女孩感到劳动的乐趣，会使女孩受益匪浅。女孩真正自己做事后，会将快乐的情感深化为自己的内在意识，从而将勤劳变成一种习惯，进而变成一种优良的品质。

家长可以先养成正确的教子观念

要让女孩形成勤劳的品质，父母首先要有正确的教子观念。要认识到劳动对于女孩一生的重要意义，重视对女孩劳动习惯的培养。不要因为女孩娇弱，便不给她劳动的机会；女孩稍花些时间做家务，不会影响她的学业。

寓教于乐是教育的艺术

让女孩在劳动中体会乐趣，保持女孩劳动的积极性。女孩具有极强的模仿能力，许多女孩刚会走路，就想拿着扫把扫地，就要帮着父母洗菜、洗衣服，对此父母要对女孩及时进行鼓励，正确引导和培养她的劳动兴趣，强化女孩的劳动观念。

懒惰绝不是女孩的好品质

有一句谚语："早起的鸟儿有虫吃。"无论对女儿多么娇生惯养，父母也绝不会认为懒惰是女孩的好品质。劳动观念的培养，需要父母对女孩从小就进行，教会女孩勤劳，就是给了女孩一个成功的法宝。让女孩儿懂得"懒散如酸醋，会软化精神的钙质；勤奋像火炬，能燃起智慧的火焰"，没有勤劳的品质，即使家财万贯，也有坐吃山空彻底穷困的一天。唯有勤劳才能使女孩生活富足。

某科学研究所曾对23名小学生进行调查，结果发现：中国小学生每天平均劳动仅1分钟，而韩国的是0.7小时，美国的更高达1.2小时。可见我国孩子参加劳动的时间是很少的。美国的家长们对孩了劳动教育的理念就是：自己养活自己。无论家里经济状况如何，美国孩子到12岁以后，就必须给家里的庭院剪草坪，给别人送报纸，以换取一些零花钱。18岁后，就必须离开家长独立生活。微软巨头比尔·盖茨就一直在训练自己的孩子独立谋生的能力，并承诺死后将遗产全部捐给慈善机构，让自己的孩子完全脱离父母的庇护。在日本，有一句教育孩子的名言：除了空气和阳光是天赐的，其余的一切都要通过劳动获得。

中国的情况却恰恰相反，因为不重视劳动教育，许多女孩逐渐养成了依赖、懒惰的恶习。很多父母出于疼爱女孩，也为了让女孩能有更多的时间学习，自动承揽了全部的家务劳动。上学放学，有爷爷奶奶、父母帮女孩背书包；甚至有的父母心疼女孩，代替她写作业。长期这样，女孩必然养成生活上"饭来张口，衣来伸手"，学习上不爱动脑，知难而退的懒惰习惯。现在的女孩普遍存在生活自理能力差，自己的事不会干或干不好的现象。这是因为父母溺爱女孩而事事包办，女孩因而懒惰，缺乏动手能力。

孩童时期是培养女孩自理能力的关键期。通常女孩到三四岁时，已经萌发出自信心和独立性，许多事情都要求自己动手做，这时父母要及时鼓励女孩，及早让女孩学会自己的事情自己干，在实际生活的实践中，培养女孩勤劳的习惯。让女孩自己的事情自己干，从小培养女孩勤劳的习惯。

受益一生的自立教育

让女孩娇而不弱

小女孩是父母的小公主，她们好像天生就胆小：她们怕黑，晚上睡觉时非要跟爸爸“抢”妈妈；她们说话细声细气，不敢争取自己的正当利益：她们娇气，受不得委屈，有一点点伤就哭个不停……正因为如此，胆小和懦弱好像总是喜欢这些小女孩，于是小女孩受到小男孩的欺负便成了常事。

另外，女孩的胆小还会因父母而起。一种情况是，家长对女孩过分的溺爱会促使她们胆小。“宝宝不要动，小心烫着你!”“想吃梨？妈妈给你削，刀子会伤到手!”家长的过分保护会给女孩消极的暗示。在家长的溺爱下，女孩会变得娇纵、不可一世；再者，由于很多事情女孩都没有亲自体验过，她会对实践产生畏惧心理。这样的女孩在面对“侵略”时，常常只会躲避。还有一种情况是，当女孩哭时，很多父母经常这样吓女儿：“狼外婆来了，专吃爱哭的小孩子!”年幼的女孩很容易对家长的戏言信以为真，并且产生深深的恐惧。对生活带有恐惧心理的女孩，是很难有勇气面对别人的欺负的。在被欺负的时候，她的恐惧心理会卷土重来，给女孩幼小的心灵枷上一个巨大的阴影。

有这样一个故事：

4岁的小女孩桐桐非常胆小。有一次，妈妈带她去社区的小广场玩，旁边突然跑过来一个2岁多一点的小男孩，他直勾勾地盯着桐桐手里的小皮球，非常好奇的样子。桐桐看见了，不自觉地把球往身后藏，然后壮着胆喊：“你不许抢我的小皮球!”小男孩好像看出桐桐的胆小，冲上来就抢，桐桐吓得号啕大哭。妈妈连忙说：“小弟弟，你怎么可以抢东西呢?”又对桐桐说：“小弟弟比你还小呢，你为什么怕他？来，和小弟弟握握手，大家做个好朋友。”

小男孩做个鬼脸，跑了。从那以后，他只要看到桐桐经过，就会跑过来打她一下，或者把桐桐手里的东西抢走。而桐桐看到那个小男孩，总会不由自主地躲得远远的。

又有一次，桐桐正在楼下的车库里玩，看到那个小男孩朝这个方向走来，便马上对爸爸说：“爸爸，快把车库的门关上，那个小哥哥要打我。”

桐桐竟然将比她小的孩子升级为“哥哥”了。这也正是很多女孩家长感觉头痛的事，由于女儿的文静、胆小，常常在学校受那些“坏孩子”的欺负，自己又不好插手小孩子之间的事情，但又不知道怎样才能让胆小的女儿保护自己。对于这个问题，桐桐爸爸的解决方法是：

晚上，爸爸认真地问自己的宝贝女儿："那个小弟弟比你小，怎么会是小哥哥呢？你能告诉爸爸你为什么这样怕他吗？"

"因为他总抢我东西，还老打我。"桐桐有点委屈地说。

"如果你按爸爸说的去做，小弟弟就不敢欺负你了。下次小弟弟再抢你东西，你就大声地对他说'不许欺负我'，然后再把东西抢回来！"

第二天，桐桐跟爸爸出门，远远地看到小男孩走过来，爸爸就对桐桐使了个眼色，躲到一边。小男孩过来了，看到桐桐手里的玩具熊，就上来抢。桐桐鼓起勇气，大声说："你不许抢我的东西！"然后用力把玩具熊夺回来，小男孩由于没有站稳，而摔倒在地上。小男孩没想到桐桐变得这么"勇敢"，这次他居然坐在地上哭了起来！

并不是所有的女孩都天生胆小，这与孩子的性格有关，当然与父母从小对她的教育也有很大的关系。家长要想让女孩变得娇而不弱，就要告诉她：躲避不能解决任何问题，用正确的方法去面对那些"纸老虎"，你才能永远不受欺负。

鼓励女儿自己面对困难

女儿遇到困难向父母寻求帮助的时候，父母要做的，不是替女儿解决问题，而是让女儿明白父母是她坚实的后背，无论她做什么父母都会帮助她、引导她，首先树立女儿的安全感，进而鼓励女儿自己面对困难，解决问题，少依赖父母。

提出有效的建议

女儿自己面对困难，不等于父母就在一边喊口号，女儿毕竟是女儿，缺乏生活经验，父母是她可以依靠的最坚实的屏障，对于遇到的问题，父母可以提供一个开诚布公的讨论的平台，跟女儿一起讨论，或是提出建议，引导女儿认可并自己来实行。

告诉女儿，化眼泪为行动来解决问题

前文的例子中，桐桐的爸爸为我们教育女儿树立了很好的榜样，那就是一定要让女儿擦干眼泪，让她们明白眼泪是解决不了任何问题的，女孩子需要的是化眼泪为行动来解决问题。面对哭泣的女儿，做父母的一定要先冷静下来，不要吓女儿，也不要大吼大叫，更不要不闻不问，这时的女孩子最需要的是时间，是鼓励。小女孩忘性大，哭一阵子就会自己停下来，父母不必急着围着女孩问这问那，而是等她冷静下来之后，再引导女孩说出自己的内心需要，免不了是要安慰几句的，但更多的是让小公主们明白问题还没有解决，还需要勇敢地解决。有这样一个故事：

在英语夏令营里，6 岁的若彤是个不敢说话的小女孩。面对美国来的老师，她总是远远躲在一边，遇到什么需要的就去找在夏令营工作的妈妈，上课如果有什么需要找美国老师的，也只是拉拉老师的衣角，然后指指自己想要的东西。每次老师一试图鼓励她说英语，她就低着头，逼得急了，还会哭，妈妈看在眼里，非常着急。

一次午休时，妈妈带若彤去美国老师的办公室玩，就要离开时，若彤拽住妈妈的衣角：“妈妈，再玩一会儿吧。”眼睛却一直盯着办公桌上漂亮的洋娃娃。妈妈看出了她的心思，却装作什么也不知道，故意这样对若彤说：“只能玩 5 分钟，5 分钟后我们就回教室。”5 分钟马上就要过去了，小若彤终于忍不住了，她用很小的声音对妈妈说：“妈妈，我……想要那个……洋娃娃。”妈妈抓住机会对她说：“如果你能向美国老师要这个洋娃娃，我想他很乐意给你的。但是如果你不愿意说的话，我也没有办法啦，因为这不是妈妈的，也不是妈妈想要的呀。”

小若彤望望美国老师，又望望洋娃娃，再望望妈妈，“不知道……该怎么说……”

“很简单，跟妈妈学，doll，洋娃娃……”

……

终于，小若彤在参加了英语夏令营一个星期之后向美国老师说出了完整的句子。

做父母的一定要在女儿小的时候就对她灌输这样一种思想：争取是一种能力。当女孩希望得到某种东西或机会的时候，当女孩的权利被侵犯的时候，当女孩面临各种压力的时候……争取不一定获得，但放弃就意味着失去。在女孩小的时候，父母就应教会她说出自己的内心需要。

一位教育学家在自己的书中写道：“成功是一种感觉，一种态度。‘我能行’是成功者的态度，‘我不行’是失败者的态度。人改变了态度，由‘我不行’变为‘我能行’，就会获得成功的感觉，最终改变自己的命运。”

的确，当女孩缺乏自信，眼泪泛滥的时候，即使面对比她弱小的对手也会退缩不前，即使自己的玩具被抢走也不敢要回来……这样的女孩，实际上是把自己放在失败者的假想里，未出征先言败，又何谈将来的成功呢？

耐心等待女儿自己擦干眼泪

看见女儿哭了，家长一般有两种自觉的反应：心疼无比，许下各种愿望让女儿停止哭泣；心烦意乱，呵斥女儿停止哭泣。这样提供另外的刺激让女儿停止哭泣的办法是不正确的，小女孩的注意力集中时间本来就很短，再因为外在刺激而转移的话，她往往会忘记自己啼哭的最初原因，或是在脑海里将“哭”等同于

“奖励”。正确的做法，应是留给女儿自己擦干眼泪的时间，当她冷静下来的时候，再询问她。

不过，留给女儿自己冷静的时间，不等于完全忽视女儿的眼泪，小女孩是爱哭，但她的哭不是毫无来由的，父母不要认为哭是不好的，不理她就行，而应该引导女儿把眼泪换成解决问题的动力。

镇定是女孩的另一种勇敢

女孩子更容易慌乱，尤其是在不熟悉的环境中，这是一个不争的事实，想必很多女孩家长对此也深有体会。因此，在我们的耳边，也经常响着父母们不解的声音：

“女儿很容易紧张，如果让她在亲朋好友面前唱歌、跳舞、讲故事，她总是手忙脚乱了半天也开不了口。”

“女儿从小就害羞，家里来了生人（包括不经常往来的亲属），她会很快躲到了妈妈的背后，把脸藏起来。”

“女儿在幼儿园从不主动表现自己，回答问题不积极，老师逼急了还要哭。”

……

在日常生活中，女孩父母们经常会发现自己的孩子在家中活泼大方、能说会道，可一旦到别人家里或碰到生人，就会局促不安、胆怯慌乱，做什么事都要成人代劳。对此，父母们也很无可奈何：“这孩子，在家里挺大方的，怎么出来就变样了？”

为什么会出现这种现象呢？其实，从心理学角度来说，孩子在1～2岁时都要经历正常的害羞期。孩子在这个年龄段出现的害羞是属于一种正常现象。但当孩子过了这段害羞期，甚至到了学龄期仍然害怕人多的场合，不能调整自己紧张慌乱的心态，父母就应对此多加关注、多加引导了。因为这时候孩子表现出来的紧张和怯场，虽和天生的生理因素有关，但也和父母的教育方式有着莫大的关系。

对于女儿的怯场行为，许多父母不仅不能体贴女儿的心情，反而横加指责，这会极大地伤害女儿的自尊心，同时也会给孩子打下“我就是害怕，我就是不勇敢的”的心理烙印。

晓晓是个害羞的孩子，每次遇到熟人一逗她，她不是支吾着说不出话来，就是哭着跑开了。因此爸爸每次带晓晓出门，回家后都少不了批评晓晓一顿：“你怎么这么不争气，连句完整话都说不出来。”这以后，为了避免尴尬，爸爸越来越少带晓晓出门了。

晓晓很伤心，却又不知道怎么办。有一次，又有客人来家里做客，带来了一个活泼可爱的小妹妹，小妹妹跟晓晓同一个幼儿园，比晓晓低一个年级，非常大方，蹦蹦跳跳地来拉着晓晓的手要一起唱一首她们在幼儿园学过的歌，晓晓起初不敢，但经不起小妹妹恳求，就答应了，小妹妹高兴地拉起晓晓跑到客厅，两人一起为大人们唱了歌，又跳了舞，爸爸妈妈和客人们都很高兴，大声称赞，晓晓很高兴，也玩得非常开心。

客人走了之后，爸爸对晓晓说：“晓晓，你今天的表现太棒了！爸爸终于知道晓晓也是个大方的孩子，只是爸爸平时老是批评你，对你的鼓励太少了，现在爸爸跟你说对不起，明天我们就一起再去那个小妹妹家玩好不好？爸爸妈妈跟叔叔阿姨还想看你们俩表演呢！”晓晓高兴地答应了。

孩子之所以会形成容易紧张、懦弱慌乱的性格，与父母的少鼓励、多指责有很大关系。这样的孩子一般都会自信心不足，父母一味地指责只会让孩子的自信心再次受到打击。可以想象，一个自信心严重受创的孩子，又怎么可能变得开朗大方呢？

怯场是很多女孩子都需要面对的一个问题。对此，父母们千万不要着急。只要面对孩子的慌乱行为，我们不犯“不体贴反指责”的错误，采取循循善诱、增加锻炼机会等教育方法，我们的小公主自然会成长为一位勇敢大方的优秀女性。适当地给予孩子一些外在因素的刺激，等孩子有了进步就马上给予肯定和鼓励，我们的小公主会逐步摆脱怯场自卑的心理，变得阳光又勇敢起来。

让女孩放宽心态

在一定的年龄阶段（一般是 3 岁之前），孩子在陌生人面前容易紧张是正常的反应，家长千万不要大惊小怪，也不要认为女孩出了什么问题。孩子会慢慢成长，过了慌乱期，很多孩子都会渐渐开朗大方起来。

鼓励是最好的镇静剂

要是随着年龄增长，女儿还是表现出怯场、怕生、容易慌乱的特征，就是缺乏自信的表现，这时候，父母千万不要指责她“见不得人”，或是当着女儿的面对客人们说“她是我们家脸皮最薄的”，这会对女儿产生消极的暗示。在女儿手忙脚乱、不知所措的时候，父母要做的，就是鼓励，就是不厌其烦地支持和鼓励你的小公主。

让女孩做家庭的“女主角”

要想让女孩子告别害羞、告别腼腆，培养女儿大方、端庄的气质，父母就必须给予她更多与人接触的锻炼机会。这其中，让女儿做家庭的“女主角”就是最直接、最有效的一种方式。父母可以经常请亲戚朋友到家中做客，给女儿创造当小主人的机会，一方面可以提高女孩的自信心，一方面可以趁机教教孩子如何待人接物。对那些在生人面前易胆怯的孩子，父母不必急于求成，可循序渐进地教她们，在孩子做好前一步的前提下再提高要求，不要强迫孩子做她不能胜任的事。等孩子习惯了前一种做法，可自然过渡到下一步。此外，在做客之后，父母还要抓住时机对孩子的表现进行表扬。

乐乐的妈妈告诉乐乐，明天家里要来客人，他们知道乐乐是个很聪明乖巧的孩子，想看看乐乐，既然是来看乐乐，当然是由乐乐来当小主人了，爸爸妈妈会随时配合乐乐的。乐乐听了，很高兴地抓着妈妈问这问那："是什么样的叔叔阿姨呀?""我应该怎么做呀?""我可不可以唱幼儿园老师教的歌给他们听呀?"妈妈都一一回答了。

果然，乐乐表现得出奇的大方，客人们都很高兴，爸爸妈妈就更高兴了。

在做客之后，父母千万不要吝啬自己的表扬。哪怕孩子的表现还没有达到你的要求，也要力求表扬到位。父母的表扬、父母的礼物，不仅是对孩子的认可和鼓励，更可促使孩子向着更好的方向发展。

客人走了之后，妈妈对乐乐说："女儿，你今天真棒。客人都夸你了，爸爸妈妈真为你高兴。"听了妈妈的表扬，乐乐马上显出高兴的样子。妈妈接着说："明天爸爸要把你一直很喜欢的那个小熊文具盒买给你，作为你这次优异表现的奖励。"乐乐高兴地抱住了妈妈："谢谢妈妈，我下次还可以做得更好。"

其实，不仅是家里来了客人，一家三口的日常生活也可以适当地让小女儿来做做主，比如问问女儿爸爸第二天打哪种颜色的领带好看，或是让女儿当一天家，等等，给予女儿展现"身手"的机会，同时也灌输给她"我很能干"的意识，对于女孩今后的学习生活会有莫大的帮助。

孩子也有"知情权"

客人来之前，提前一天或半天告诉孩子这是什么样的客人，什么时候会来，他们很喜欢你，想看看你，爸爸妈妈还告诉他们你很喜欢唱歌（或是其他女儿擅长的东西），客人们想看你表演……诸如此类，充分表现出对孩子的尊重，也可以调动孩子的积极性。

让女孩从最基本的小事做起

家长可以循序渐进地教会孩子怎样才是好的待客之道，可以以询问的方式，也可以以建议的方式，与孩子达成"小主人共识"，比如小主人应该向客人问好，为客人送递茶水，帮助大人招待来客，与客人交谈或为客人表演节目，等等。

培养女孩不畏挫折的坚强个性

让女孩明白：吃苦就是吃“补”

有一个家庭条件不错的女孩，上完高中就直接被父母用30万送进了美国的一所大学。她的英文不成问题，经济上也没有困难，但是不到3个月就坚持要回家念书。在这期间，她总是不断地给家里打电话，抱怨生活不习惯，很多事情要自己操心，美国的老师太严格，论文不好过，等等。在美国的这段时间，她几乎天天在网上和国内的同学们聊天，关在家里吃零食，连旅游都不愿意，因为要自己查找很多东西。就这样，她又回到了父母身边。

但这个女孩的妈妈认识到自己平时太少让女儿自己做事情了，以至于现在完全离不开父母。她提出让女孩到另一个城市去读书，一定要让她学会自立生活。

现在有很多的父母都喜欢把女孩子送到国外去。从20世纪初开始，就有很多家庭开始注重开阔女孩的眼界，鼓励女子留学。

但是，也有越来越多的家长发现，女孩们去了国外，不是出现适应困难的问题，就是花钱太过铺张浪费。据说，美国为了照顾很多陪读的中国妈妈，专门为中国留学生安排可以和父母一起住的宿舍。

是我们的孩子适应上真的有问题吗？但为什么孩子们可以马上适应新的网络环境和“火星文字”，可以马上和千里之外的陌生人成为知音、无话不谈？看来不是孩子的适应能力差，而是现在很多女孩太娇气，不愿意吃苦。

有人说，富养女孩，难道还要女孩吃苦吗？富养不是惯养，要培养能上能下、大气稳重的女孩，就要让她首先能够吃苦。

被誉为“国际美容教母”的郑明明从小生活优越，她的父亲在印尼的华人圈子里很有名望，优裕的环境培养出郑明明优雅的气质，更培养了她勤于思索的习惯。很小的时候，郑明明就习惯于把自己打扮得漂漂亮亮，而且她对美的事物也很敏感。

按照当外交官的父亲的设想，女儿将来应该是个“高等知识分子”。可是郑明明坚持要为自己负责，于是瞒着父亲，到了日本著名的山野爱子学校，开始了美容美发的学习。

因为得不到父亲的支持，她只带了300美元只身到日本，这些钱在交完学费、住宿费后就所剩无几。到了冬天，她的同学都穿着各式各样的皮衣，而她只有一件破旧的黑大衣。她穿着这件唯一可以御寒的大衣从住处乘地铁去学校，到了校门还要赶紧把大衣脱下叠好，生怕穿坏了就没有钱买新的了。

从日本的学校毕业以后，郑明明来到了香港，租了间店铺，成立了蒙妮坦美发美容学院。“万事开头难，刚开始的时候，我每天早睡晚起，至少工作11个小时。那会儿我一人身兼数职，既是老板，也做工人；既迎宾，也要洗头。”郑明明回忆自己刚刚创业的时候，微微一笑，露出洁白的牙齿：“可是忙碌之余，我还有个雷打不动的习惯，就是到了晚上就把白天顾客留的姓名、特征、发型等资料建成档案，以后经常翻阅，也便于下次和顾客沟通。”

正当郑明明的贵夫人化妆品在印尼打开市场，准备在雅加达建立蒙妮坦的分支机构时，一场大火却将仓库连同化妆品毁于一旦，郑明明耗光了老本，并且欠了很多债。

痛定思痛，事后整整一年，郑明明在香港的店里，带领大家埋头苦干，白天做生意，晚上教学生，每天只限一个半小时处理私事，其余时间除了吃饭、睡觉，全部花在工作上。经过一年多的苦干，她不但还清了银行贷款，手上还有了积蓄，脸上的阳光终于驱散了那场大火的阴影。

“我父亲很爱玩不倒翁，他说，奋斗的过程，会不断碰到一大堆困难，只要像不倒翁一样不断站起，理想就会实现。”

苦难可以打磨出坚强的男子汉，也可以培养出有韧性的女孩。人生之路不可能一帆风顺，没有哪个女孩可以在父母的城堡中生活一辈子。但是眼下，很多女孩子由于缺乏锻炼的机会，很难学会忍受挫折和失败带来的负面情感，会因为一件很小的不如意的事情而发脾气，或者总是用眼泪来逃避问题。这样的女孩，不是我们要“富养”的。

女孩在成长时期太顺利了未必是好事，不能吃苦接受磨炼的孩子长大后很容易丧失斗志。只有放开保护的羽翼，让孩子多尝些“苦头”，她才能变得更坚强。

面对问题，化眼泪为行动

古典文学作品中喜欢形容一个女孩温婉美丽，就说她似弱柳扶风，泪光点点，如梨花带雨。眼泪是很多女孩的撒手锏，遇到不如意的事情就会发发小姐脾气。哭是女性的发泄方式，但是总是喜欢哭的女孩可不招人喜欢。

吴健雄出生在江苏太仓浏河镇，那是一个典型的江南小镇，小桥流水，烟雨蒙蒙。她的父亲是一位开明人士，曾在著名的上海南洋公学读书，参加了蔡元培先生主办的倡导“学术自由、兼容并蓄”的爱国学社，并加入孙中山先生的同盟会，参加上海商团。

父亲是个多才多艺的人，他自己动手装了一台收音机，让吴健雄听到无线电广播的声音，还为她买百科小丛书，给她讲述科学趣闻。当时很多人还相信“女子无才便是德”的古训，开明的父亲却鼓励女儿上学读书。吴健雄七岁时便进校受启蒙教育。父亲在课余常带女儿出去玩，寻觅家乡的历史古迹，向女儿讲述三宝太监郑和率船队下西洋的故事。

在苏州女师读书时，吴健雄第一次聆听了胡适的演讲。胡适的讲题是《摩登妇女》，他的话语让坐在台下的吴健雄眼界大开，当得知胡适第二天在东吴大学还有一场演讲的时候，吴健雄又到东吴大学再次聆听。胡适对社会改造、对新时代妇女的见解，让吴健雄大为赞叹。大师的智慧，点亮了一个普通女生内心对知识和世界的好奇之火。

1929 年，吴健雄以优异的成绩从女师毕业，被保送到南京中央大学。但当时规定要教书一年才能入学，她就跑到上海的中国公学读书。那时胡适并不认识她，只听说过“吴健雄”这个人是一个成绩优秀的学生。

有一次历史考试，胡适担任监考老师，他发现坐在前排的一个女生两个小时就答完了题，第一个交卷。胡适浏览了一遍她的试卷，十分满意，就把卷子送到教务处，正巧遇上另外两位老师，胡适兴奋地说：“我还从来没有见过一个学生，对清朝 300 年的思想史能理解得那么透彻。”胡适决定给她 100 分。那两位老师也说有个女生十分聪颖，常得满分，当三个人各自把那位女生的名字写下来，一对照，写的都是“吴健雄”这个名字。

从此，胡适对吴健雄寄予了很高的希望。1936 年，吴健雄离开战乱的祖国到美国加利福尼亚大学读博士，那时候她还是一个英文都不太流利的姑娘。但是几年之后，她已经能在世界上最好的物理实验室里工作了。

到美国参加哈佛大学 300 周年纪念演讲之际，胡适还专门去看望了吴健雄，并给她写了封长信：“你是很聪明的人，千万珍重自爱，将来成就未可限量”，“你在海外驻留期间，多留意此邦文物，多读文史的书，多读其他科学，使胸襟阔大，使见解高明。”

读书人是“家事国事天下事，事事关心。”吴健雄虽为一介女流，但也对祖国命运非常关注。吴健雄的大学时代正是民族危亡的时期，她足不出户地用功看书。大一时发生了九一八事变，莘莘学子愤怒了，纷纷拥向街头游行示威。物理系同学推荐品学兼优的吴健雄做游行请愿的领头人，她当仁不让。

吴健雄平时以俭朴著称，但为设“吴仲裔奖学金”，她捐出近 100 万美元巨款。

有时候，假装没有看见女孩流泪

在美国，很多家庭都主张用“Time out”的教育方式来处理孩子们发脾气的问题，就是当孩子开始发脾气的时候，把她一个人扔在一边不管他，等她自己觉得没有意思了，也就冷静下来了。女孩子都有一种“表演”的情结，你越是在意她的一举一动，她就越是想表演给你看。就像有些人在有客人的时候会格外娇气，只有家里几个人的时候就很正常一样。这是人之常情。不过，也正因为如此，当女孩因为一件小事情而流眼泪的时候，如果她是故意给你看的，你就假装没有看见好了。像往常一样看看报纸、喝茶聊天，就像把她忘了一样。当没有观众的时候，她就自己停下来了。次数多了，她也会觉得没有意思的。

关键时刻站在女儿的身边

不过，一定要注意的是，当女孩在真正受了委屈或者很脆弱的时候，爸爸妈妈还是要第一时间站在她身边。不必急着让女儿擦干眼泪，而是耐心地引导女儿说出事情的原委，再一起讨论解决的办法。

给女孩上一堂生活教育课

让女孩从小适度地知道一点忧愁，品尝一点磨难，懂得生活的艰辛对女孩来说不是什么坏事，同时，对培养女孩的承受力和意志，对女孩的健康成长或许更有好处。

要让女孩了解点家情，让她知道你在做什么样的工作，从而学会体谅大人持家的不易。现在的社会，由于企业经济的不景气，父母下岗已成为一个社会问题。父母就更应让女孩了解自己的家庭情况，甚至是经济情况，让她知道父母工作的艰辛。

即使你是一个清洁工，也应该明明白白告诉你的女儿，不必有任何的自卑，不必怕孩子知道了在同学面前抬不起头来。有必要的话，做父母的还可以带自己的女儿去看看自己的工作环境与工作情况，让女孩亲眼目睹你工作的辛苦与劳累，告诉女孩这样做一天可以赚多少钱，让女孩更懂得珍惜所拥有的一切，这不是一次活生生的教育吗？

张曼曼今年12岁，是小张村张思田、王桂英夫妇12年前领养的一个女儿。就在抱养张曼曼两年之后，69岁的张思田便相继得了肺炎、肺心病、心脏病、脑血栓等多种疾病，丧失了劳动能力，已经有10年的时间没有迈出自家的大门，常年靠药物来维持生命。

由于张思田失去了劳动能力，家中的6亩责任田退掉了5亩，只留下1亩地由张曼曼和母亲耕种。张曼曼的母亲王桂英今年已经71岁，并患有脑血栓和胃炎，12岁的张曼曼是家中最棒的劳力和顶梁柱，两年前只有10岁的张曼曼便挑起了支撑这个家的重担。

张曼曼家的收入主要来自她耕种的1亩地和她养的18只鸡下蛋卖的钱。

另外，王桂英与张曼曼母女俩捡破烂也是这个家庭一项重要的经济来源。由于王桂英年龄大了，走不远，每次捡到的只是一些农药瓶、塑料布，一个月下来还卖不了20块钱。平常家里吃的菜基本上是靠张曼曼放学后在村内集市上捡来的菜叶子。

为了能省一点钱让张曼曼上学，张思田吃的药基本上全是王桂英老人自己拿着样品到田地里去挖的，实在挖不到的才到药店里买一点。

无论生活多难，张思田、王桂英夫妇还是让张曼曼和村里的其他小伙伴一样按时上了小学。“穷人的孩子早当家”，别看张曼曼只有12岁，但是地里种、收、管理，张曼曼样样在行。

由于家中没有牛耕地，她就用小铁锹翻；锄地拿不动锄头，她就用镰；家里没有钱买肥料，她就去拾粪。为了做到干活学习两不误，张曼曼每天早上五点钟就起床开始做作业，做完作业再到2里外的地方用脚蹬三轮车拉水，然后做饭、喂鸡、给父亲熬草药，再去上学，放学后再到地里干活或者去捡破烂、拾菜叶子。

“我们这个家能维持下来，多亏了这个孩子，都12岁了还连个雪糕也没吃过！人家这么大的孩子到处跑着玩的时候，她还要考虑怎样让我们俩吃饱。”提起这些事张思田已经泣不成声。“这些事都不该是一个12岁的孩子该干的事啊！”

张曼曼很聪明，学习成绩从小学一年级到六年级一直名列前茅，用班主任张震的话说“从未下过前三名”。无论学习多忙、地里的活多累，张曼曼的脸上始终挂着微笑。

也许和同龄的孩子相比，张曼曼显得非常成熟懂事。虽然这个例子有些极端，可是我们不能不承认，明白生活的不易的女孩更懂事，跟父母更贴心，对日后的生活更能应对自如。

对女儿坦诚相告

现实中有些父母尽管自身有许多生活艰辛和身体病痛，但他们总是竭力在孩子面前掩饰，误以为这是爱孩子，却不知是在害孩子。作为家长，当遇到不如意的事情时，应该把实际情况实实在在地讲给女孩听，让女孩明白生活的艰辛。让孩子直接面对，和家长共同承担起家庭生活的艰辛。要通过活生生的事实告诉女孩，生活就是这样，它既会造就幸福，也会带来痛苦。

让女儿树立正确对待挫折的态度

生活中有苦才有乐，家长不要刻意去掩饰生活的另一面，而应让女孩从小学会分担你的痛苦艰辛，理解生活的不易，长大后她才会珍惜眼前的生活，才会以真诚之心关爱别人。我们生活在这个世界上，唯有直面人生，通过自己最大的努力，才能掌握命运，创造美好的未来。家长要教育女孩从小懂得这些，这才是对女孩最大的关心和爱护。

不可忽视女孩的生存能力训练

有一些家长很重视对男孩生存能力的培养，但对女孩就是另外一种情况了。许多孩子的父母，千方百计地给女孩创造安逸舒适的生活条件，致使有的女孩到了中学，甚至到了大学，离开了父母就不会独立生活，处处表现出懦弱、畏缩、无能，这样的女孩将来恐怕难有出息。

一个缺乏独立生存和自理自立能力的女孩，就很难成为生活中的强者。家长的责任应该是教女孩掌握生存和自我保护的本领，使她们有勇气去面对生活中可能出现的危险与挑战。

"物竞天择，适者生存"是自然界和人类社会的普遍规律。如今，我们的不少女孩这种意识越来越缺乏。她们犹如温室里的花朵，生活自理、自控、自救、自我防范等方面的能力很差，所以屡屡发生女孩被拐骗、触电而死、溺水身亡等悲惨事件。

这并非仅仅是个"安全意识"问题。它至少还从一个侧面表明，家庭、学校对于学生生存能力的培养是不成功的，诸如此类的事件频发给我们的"生存教育"敲响了警钟：过分的呵护只会让女孩失去基本的生存能力，不理性的爱只会弱化女孩天赋的潜能。

有这样一个真实的故事：

在某省城宽阔的大街上，一清早就停放着一辆威严的警车和一辆豪华客车。警车上坐着警察，可客车里坐的却不是犯人，而是佩戴红领巾的少先队员。客车周围簇拥着黑压压一大群前来送行的人，男女老幼约有上百人。

只见车下的人一个劲地往车上递大包小包各式各样的食品，还喋喋不休地千叮咛万嘱咐："别到处乱跑"，"不要喝生水，别吃不干净的东西"，"水杯、饭碗用自己的，不要用老乡的"，"睡觉盖好被子，别着凉"，"晚上上厕所带好手电筒"……

警车开动了，与客车一同离去。而直到车辆消失在大街的尽头，送行的人们仍旧站在原地，眼含热泪，眼巴巴地望着车开去的方向，很久都不愿离去，此情此景颇为"悲壮"，犹如生离死别。

其实，这只不过是某单位组织的一次小学生社会实践活动：从省城挑选 20 名小学生到边远山区学习生活一周，同时从边远山区挑选 20 名小学生到省城学习生活一周，即进行短期的"易地留学"。

看到眼前这种情况，观众无不感叹地说："现在的孩子养得也太娇了，将来他们怎么能独立生存呢?"

这种担心绝非杞人忧天。其实，有许多孩子的父母，很不重视孩子生存能力的培养，将孩子护在怀中，便限制了他们发展能力的空间，使他们在未来的社会中束手无策。同时，父母过于紧张的保护意识，也容易使孩子对生活产生恐惧感，认为外面的世界充满不可抗拒的威胁，形成怯懦的性格。

云南弥勒县 14 岁的女孩被强盗扔进 20 多米深的山洞，但她却凭着坚强的意志力和良好的生存能力，靠吃洞中的青苔和岩洞水，在暗无天日的山洞中度过半月之久，最后终于获救；哈尔滨 10 岁的女孩莹莹遭遇绑架，一路上她假装昏迷、记住路标，趁坏人不注意，终得逃脱……

这些典型事例都是我们对女孩进行生存教育的生动素材，只要家长们舍弃短视、功利、肤浅的教育方式，将爱女孩的眼光放得更长远些，切实地在生活中注意培养女孩面对生存的态度和能力，赋予女孩坚强的品质，便一定能收到最佳的教育效果。

锻炼女儿的身体

很多女孩子不喜欢运动量大的户外体育运动，如长跑、游泳等，但这样的体育运动对于孩子的生长发育和身体健康都是极为有益的，作为家长，可以鼓励、可以要求她们，但最好的方法，是抽出时间和女儿一起定期进行运动锻炼。

对女儿大胆放手

适当让女儿参与一些户外训练，让女儿有机会面对跟平时生活不一样的生存环境，训练女儿随机应变的能力，有了这样的基础，即使遇到危险，女儿也能很好地自救。

第十一章　风靡哈佛的情商课——让女孩做情绪的主人

高智商不如高情商

智商统治不了成功学

人类在关于怎样才能成功的问题上，从来不曾停止探索的脚步。熟悉电影的人们一定都会记得《阿甘正传》，这是一部好莱坞大片，男主角汤姆·汉克斯更是凭借它而一举夺得奥斯卡“小金人”。那么，汉克斯在片中饰演的角色是怎样的呢？为何这部影片至今还常常为人们所津津乐道？

影片中的男主角名叫福雷斯特·甘，他从小就是一个有点行动不便的男孩，准确地说是有点残疾。然而不幸的事情不在这里。他的母亲到处为他找学校，却没有一所学校愿意接收他，原因在于他的智商只有75。但是后来阿甘凭借他的执著、善良、守诺、勇敢的个性，一度成为美国人民心中的英雄。

故事也许是虚构的，却向我们揭示了这样一个道理：智商的高低与人生的成就不能直接画等号！阿甘的重情重义、执著乐观的个性，是他成功的重要能量，这便是来自于情商的魅力。

心理学家霍华·嘉纳说：“一个人最后在社会上占据什么位置，绝大部分取决于非智力因素。”许多材料显示，情商较高的人在人生各个领域都占尽优势，无论是谈恋爱、人际关系，还是在主宰个人命运等方面，其成功的机会都比较大。

资深学者丹尼尔·戈尔曼宣称：“婚姻、家庭关系，尤其是职业生涯，凡此种种人生大事的成功与否，均取决于情商的高低。”一份调查报告披露，在贝尔实验室，顶尖人物并非是那些智力超群的名牌大学毕业生；相反，一些智商平平但情商甚高的研究员往往以其丰硕的科研业绩成为明星。其中的奥妙在于，情商高的人更能适应激烈的社会竞争局面。

与社会交往能力差、性格孤僻的高智商者相比，那些能够敏锐了解他人情绪、善于控制自己情绪的人，更可能找到自己想要的工作，也更可能取得成功。情商为人们开辟了一条事业成功的新途径，它使人们摆脱了过去只讲智商所造成的无可奈何的宿命论态度。

丹尼尔·戈尔曼博士用了两年时间对全球近500家企业、政府机构和非营利性组织进行分析，发现成功者除具备极高的智商以外，其卓越的表现欲与情商有着密切的关系。在一个以15家全球企业，如IBM（国际商业机器公司）、百事可乐等数百名高层主管为对象的研究中发现，平凡领导人和顶尖领导人的差异，主要是来自情绪智能。

卓越的领导者在一系列的情绪智能，如影响力、团队领导、政治意识、自信和成就动机上，均有较优越的表现。这就是为什么人们不是推举一些特别聪明的人做领导，而是推举一些能关心别人、与人关系融洽的人做领导的原因。相比之下，情商高的人更能为众人办事，也更能发挥群体的积极性。

用正确的思想和理念来指引

一个人事业上的成功，需要有正确的思想和理念的指引。真正具有建设性的精神力量，蕴藏在左右一生命运的情商中。每时每刻的精神行为，会对命运产生决定性的影响。情商高的人生活更有效率，更易获得满足，更能运用自己的智能获取丰硕的成果；反之，不能驾驭自己情感的人，内心激烈的冲突，削弱了他们本应集中于工作的实际能力和思考能力。

注重后天情商的培养

绝大多数人的智商是差不多的，而后天的情商教育与情商培养可以改变你的生命轨迹，引领你走向卓越、超越平庸。当你信任情商的力量时，情商就会带给你意想不到的奇迹。

智商高≠情商高

智商曾一度统治过成功学的领域，人们在感慨谁智商高谁就能成功的同时，不禁有些迷茫，原因在于发生在我们身边的一个个高智商神话的破灭。细心的人们应该还能够回忆起类似于清华大学学生刘海洋泼熊的事件，不绝于耳的许多国内高等学府的学生因不堪各种压力跳楼自杀，因一点小事而愤然用刀砍死同学的事件……太多的天之骄子的言行让我们震惊，我们不禁要问：

难道是这些学生不够聪明？或是他们不能意识到问题过后的严肃性结局？这是一个不言而喻的结论，因为我们都明白问题的根源不在于他们的智商，而是他们不懂控制自己的情绪，以致情绪失控；不知道调整自己的心理状态，于是在面对人生逆境时选择了结束自己的生命……

这些自我控制与面对人生挫折的心境，为我们揭开了情商的神秘面纱。所有的这些高智商人物的悲剧，原来可以避免，或者他们将来可能会取得更加卓越的成就，但因为情商不高，最终做出了令人扼腕叹息的事情。

众多实例证明：高智商者不一定取得成功，智商的高低与一个人成就的必然联系，一再受到质疑。

而情商的高低，可以决定一个人的其他能力，包括智能能否发挥到极致。情商比智商更重要，如果说智商更多地被用来预测一个人的学业成绩的话，那么，情商则能被用于预测一个人能否取得事业上的成功。优异的学业成绩，并不意味着你在生活和事业中能获得成功。

达尔文在他的日记中说："教师、家长都认为我是平庸无奇的儿童，智力也比一般人低下。"但他成了伟大的科学家。

爱因斯坦在1955年的一封信中写道："我的弱点是智力不好，特别苦于记单词和课文。"但他成了世界级的科学大师。

洪堡上学时的成绩也不好，一次演讲中他说道："我曾经相信，我的家庭教师再怎样让我努力学习，我也达不到一般人的智力水平。"可是，他却成了杰出的植物学家、地理学家和政治家。

凯文·米勒小时候学习成绩不好，高中毕业时靠着体育方面的才能，才勉强进入芝加哥大学学习。许多年后，在他公开的日记中有这样的记述："老师和父亲都认为我是一个笨拙的儿童，我自己也认为其他孩子在智力方面比我强。"可是，凯文·米勒经过多年的努力，却成为美国著名的洛兹集团的总裁。

事实已经证明，情商对人的成功有着至关重要的作用。在许多领域卓有成就的人当中，有相当一部分人，在学校里被认为智商并不高，但他们充分发挥了他们的情商，最终获得了成功。

提高自我激励的能力

情商是成才活动的动力机制。情商的核心动力——自我激励的能力，就是主体善于激发活动的动机。良好的动机，是成才活动的内在动力，它可把兴趣、自信、乐观、热情等情绪因素调动起来，发挥整体效应，形成内部动力机制，对成才活动起着发动、加强、维持的内驱力作用。如：兴趣能内在地驱使主体从事喜好、有趣、新的活动，激发钻研、探索和成功的欲望，并将这种活动维持在最优的状态。自信往往表现为对自己的肯定，坚信自己一定能成功，主体可通过自我鼓励、自我强化不断战胜成才活动中的困难。

情商是成才活动的"支撑柱"

在成才活动中，会遇到许多困难和阻力，这需要情商的"支撑柱"作用。情商控制冲动的能力越高，人越能忍受挫折，承受压力，意志更坚强。当遭遇挫折、失败时，情商高的人能冷静、客观地分析失败，找出问题的症结，吸取教训，坚定成功信念，在积极的情绪状态下，进一步实施成才活动。

高情商的女孩更受欢迎

绝大多数人认为人际关系是令他们头痛的事，奇怪的是你越觉得它讨厌，你就越不容易搞好它。于是，我们会羡慕那些总受人们喜欢的人，不知他们的成功秘诀在哪儿。其实，差别就在于情商的高低。

高情商者不仅会受到他人的喜爱，更易得到别人的帮助。

卡耐基告诉我们：成功＝15％的专业知识＋85％的为人处世的技能。当然也有人会说是80％的人际关系，但无论是哪个数据，都只是为了说明人脉的重要。因为一个不受欢迎的人是无法得到成功的拥抱的。

斯巴达克是个奴隶，因为不堪忍受奴隶主惨无人道的压迫，率领奴隶起义，得到成千上万奴隶的响应。后来，起义失败，许多奴隶被俘虏。一位以胜利者自居的将军指着背后的十字架，趾高气扬地说："谁指认出斯巴达克，我就可以免除他一死。"沉默了良久，一位奴隶站出来，说："我就是斯巴达克！"在这位将军还没有反应过来的时候，又有一个奴隶站了起来说："我是斯巴达克！"紧接着，一大片奴隶都站了起来，大声说道："我就是斯巴达克！"洪亮的声音回响在大地和白云之间。

是什么力量让奴隶宁肯去死，也不愿意说出谁是真正的斯巴达克？因为他们有一个强烈的共同的愿望：无自由，宁愿死！斯巴达克受人们的欢迎与热爱、敬重，他与人们在心中结下了一种伟大的友谊，人们愿意为了这种友谊付出自己的生命。

俗话说："交一个朋友比得罪一个人强。"这话有一定道理。因为100个朋友不算多，而冤家只要一个就很多了。所以，平时就要做一个广受他人欢迎的人，这样才会有人在你遇到困难时伸出援助之手。否则，别指望他人的帮助，别人不对你落井下石已属厚待了。

秦穆公有一个最大的爱好就是喜欢马。有一次，穆公最喜爱的一匹马跑丢了，不久有人报告说这匹马在岐山之下被"野人"捉住。穆公知道后，就兴冲冲地到岐山之下去找马。结果，穆公最喜爱的马已经被这伙"野人"当美餐吃掉了！见到这种场面，穆公心如刀割。但是，他虽然十分气愤，却说出了一句令人意外的话来："吃马肉不喝酒会伤身体的，快给他们拿点酒来！"于是派人抬来几大桶酒给"野人"助餐。

不难想象，围着篝火又吃又喝的一群"野人"那种手舞足蹈的高兴劲儿，大家尽兴而散。

一年以后，秦穆公率军队同晋国军队打仗。晋军人数很多，一时将秦穆公围在韩原（今陕西境内），眼看就要将秦穆公活捉。危急时刻，忽然从晋军后面杀出一支生力军，一下子把晋军打得七零八落，解救了穆公。待解围后，穆公才得知，这支生力军不是秦国的正规部队，而是去年分食马肉的岐山下的“野人”。这些人因得到穆公的恩赐，念念不忘他的好处，刚刚听到他有难，就赶来解围。这就是“行德爱人则民亲其上，民亲其上则皆为其君死矣”。

秦穆公脱险归根结底是由于一年以前的一个恩惠，他以自己的行动向我们展示了一个高情商者的魅力。

对于一个国王来说，自己心爱的马被“野人”所食，一般人肯定会控制不住情绪，把“野人”杀个痛快，但若如此又会给秦穆公带来什么呢？难道能换回他的良驹吗？显然不能。所以说情商的高低决定一个人所思所为的差异，而这一切都决定了你给他人留下的印象、受欢迎的程度。

一个人在生活中经常会遇到种种不如意，有的人容易因此大动肝火，结果把事情搞得越来越糟。而有的人则能很好地控制自己的情绪，泰然自若地面对各种刁难，在生活中立于不败之地。就如同故事中的秦穆公一样，最终靠控制自我情绪而赢得了人们的敬重。

情商就是这样一种管理情绪的艺术，如果希望得到他人的欢迎，就要学会了解和管理自己的情绪。掌握并认真利用好这门艺术，将会令女孩受益一生。

情商是思维活动的“激发器”

心理学家认为，愉快而稳定的情绪，有利于促使脑细胞的兴奋和血液循环，能使人的大脑处于最佳活动状态，思路开阔，思维敏捷，解决问题迅速，灵感也容易出现，人的潜能得到充分发挥，智力活动效率提高。同时，对情绪的自我认知感觉能力可以培养人们对直觉的自知力。而直觉是创造性思维活动的基本形式之一，它使主体能敏锐地察觉到事物之间的本质联系，提出独特的见解和科学的预见，对创造性活动尤其是科学研究有着重大作用。

情商能为成才主体提供良好的生理前提

生理素质是主体进行成才活动的前提和基础，对主体成才活动起促进或延缓作用。情商的重要内容之一就是具备控制自己情绪的能力，这种能力越高，主体越能及时摆脱焦虑、愤怒、抑郁、悲痛等不良情绪，保持冷静、乐观、热情、开朗等积极的心态。心理医学研究表明：在积极的情绪下，人的中枢神经处于最佳功能状态，人体的内脏及内分泌处于平衡状态，整个躯体协调，充满活力，能为神经系统填充新的力量，充分发挥有机体的潜能，提高脑力劳动的效率和耐久力。相反，长期处于不良情绪下，往往会引起人体病变，引发疾病，延缓、阻碍成才活动。

女孩不比男孩差

宋代才女李清照，擅长书、画，通晓金石，而尤精诗词。她的词作独步一时，流传千古，被誉为“词家一大宗”，而她的人格像她的作品一样令人崇敬。她既有巾帼之淑贤，更兼须眉之刚毅；既有常人愤世之感慨，又具崇高的爱国情怀。她不仅有卓越的才华，渊博的学识，而且有高远的理想，豪迈的抱负。她在文学领域里取得了多方面的成就，形成了自己独特的艺术风格——易安体。真可谓“不徒俯视巾帼，直欲压倒须眉”。

世界著名的女科学家玛丽·居里，研究放射性现象，发现镭和钋两种天然放射性元素，一生两度获诺贝尔奖，有一般科学家所没有的社会影响。作为成功女性的先驱，她的典范激励了很多人。

杰出的女政治家玛格丽特·希尔达·撒切尔，她是英国保守党这块“男人的天地”里的第一位女领袖，她是英国历史上第一位女首相，而且是创造了蝉联三届，任期长达11年之久的记录的女首相。英国自19世纪初叶利物浦勋爵连任三届共15年以后，再没有任何一位首相有过如此之长的执政时间。她是英国历史上第一个以其所推行的一套政策而被冠之以“主义”和“革命”的首相，也是20世纪最优秀的首相之一。

这样杰出的女性还有很多，她们在社会中担任着重要的角色，为人类的发展作出了不可磨灭的贡献。她们的成就，与历史上杰出的男性相比，丝毫不逊色。她们就是女孩们树立信心的典范和榜样。

1820年5月12日，南丁格尔在父母旅行于欧洲的途中，在意大利的佛罗伦斯城出生。她父母以此城弗洛伦斯·南丁格尔名为她取名。南丁格尔毕业于剑桥大学，谙熟数学，精通英、法、德、意四门语言，除古典文学外，还精于自然科学、历史和哲学，擅长音乐与绘画。南丁格尔自幼便在家庭里接受教育。她在当主妇、文学家、护士三者之中选择了当护士。

18世纪50年代，英国、法国、土耳其和俄国进行了克里米亚战争，英国的战地战士死亡率高达42%。南丁格尔主动申请，自愿担任战地护士。她率领38名护士抵达前线，在战地医院服务。她竭尽全力排除各种困难，为伤员解决必需的生活用品和食品，对他们进行认真的护理。仅仅半年左右的时间伤病员的死亡率就下降到2%。每个夜晚，她都手执油灯巡视，伤病员们亲切地称她为提灯女士。战争结束后，南丁格尔回到英国，被人们推崇为民族英雄。

1860年，南丁格尔用政府奖励的4000多英镑创建了世界上第一所正规的护士学校，随后，她又创办了助产士及经济贫困的医院护士培训班，被人们誉为现代护理教育的奠基人。1901年，南丁格尔因操劳过度，双目失明。

1907年，英王颁发命令，授予南丁格尔功绩勋章，成为英国历史上第一个接受这一最高荣誉的妇女。后来还发起组织国际红十字会。1908年3月16日南丁格尔被授予伦敦城自由奖。

弗洛伦斯·南丁格尔的一生，历经整个维多利亚女王时代，对开创护理事业作出了超人的贡献。她毕生致力于护理的改革与发展，取得举世瞩目的辉煌成就。这一切，使她成为19世纪出类拔萃、世人敬仰和赞颂的伟大女性。在中外历史上，能以坚持的信念，排除一切困难并建立特殊功业的人物向来不多，现代护理的鼻祖及现代护理专业的创始人弗洛伦斯·南丁格尔就是一位伟大女性，她对世界的贡献绝对不逊色于任何一个男性。

不要处处强调性别差异

很多家长都认为，女孩们比男生更需要保护，在日常生活中，无论是家长之间的交谈，还是与子女的交流中，都不自觉地给孩子灌输了性别差异的概念。这样会给女孩们一种心理暗示，即我是女生，很多男生能做的事我做不到。这种心理暗示非常不利于女孩的自我认识，很有可能在遇到挫折时首先以性别差异为由打退堂鼓。因此家长们在教育孩子的时候，应该注意这点。应该多鼓励女孩们，给她们树立更大的信心。

区别对待，树立正确教育理念

虽然我们不鼓励性别差异观念的灌输，但是在家长教育孩子的时候，仍旧应该注意到，女孩与男孩在思考问题的方式上是有所差异的。比如，多数女孩子在高中以前也许成绩很好，但从高中开始，家长们发现，本来很“优秀”的孩子成绩开始下滑了，而很多以前顽皮的男生们成绩开始突飞猛进。这并不是女孩比男孩儿差，而是因为思维方式的差异，导致女孩们在适应高中课程的时候，需要一个过程。在这个阶段，家长们应该多鼓励女孩们，注意她们良好学习方式的培养和保持。差异是客观存在的，但绝对不是性别决定优劣。

让女孩知道，女孩应该比男孩更懂得自重

当人们谈论起一个女孩，最常赞美的品质之一就是纯洁，纯洁是女孩子最宝贵的财富。因为女性与男性的生理特征不同，女孩更容易受到伤害。因此，家长一定要让女孩从小就知道，懂得自重的女孩才能获得人生的幸福。

中国古人经常把“君子”作为人格培养的典范，北宋周敦颐的《爱莲说》很好地诠释了君子的形象：“出淤泥而不染，濯清涟而不妖。”而这种高洁，最根本源自个人的持重。尤其对于女孩来说，这种自重更加可贵。

最近妈妈觉得，女儿小琴的举止有些神秘。放学回家之后，就马上回到房间里关起门，吃饭的时候，也不像以前那么有说有笑了，而且开始注意自己的打扮。妈妈觉得小琴很可能是有早恋的苗头了，因此决定和她谈谈。

周末，母女二人在家里看电视剧，刚好有男女主角拥抱的镜头，妈妈看到小琴的脸红了，于是拉起她的手，轻声地问："小琴，你是不是有喜欢的男孩子了？"小琴很紧张地摇摇头。妈妈说："没关系，妈妈先给你讲个故事吧。妈妈读中学的时候，有一个特别好的朋友，她长得很漂亮，学习成绩也好。那时候，妈妈知道她很喜欢一个男生，两个人还偷偷出去约会。你知道后来发生什么了吗？"小琴撇撇嘴，说："肯定是因为早恋，成绩下滑，没考上大学呗。"妈妈说："呵呵，你猜错了。后来啊，他们都考上了很好的大学，大学毕业之后，就结婚了。他们还生了一个特别聪明漂亮的女孩儿呢。"妈妈一边说，一边抚摸着小琴的头。小琴想了想，笑了："妈妈，您说的故事里的人，就是您自己吧？"妈妈说："小琴真聪明。我和你爸爸就是在中学的时候互相有好感。当时班里也有其他同学谈恋爱，听说还有同居的。但是我们当时的约定是：一定要考上好的大学之后才能在一起。所以，早恋不一定都是负面的，关键是我们要自重自爱，不能随便轻浮。有些女孩子，年纪轻轻就谈了很多男朋友，还有些女孩对自己的身体不负责，甚至影响了以后的生活。这些，我聪明的女儿肯定都明白的，对吧？"小琴脸红了，深深地点了点头，说："妈妈，这些我都懂。我们学校开了生理卫生课，你放心，我懂得怎样自重自爱。我也会像您那样，不会耽误了自己的学业。"

纯洁自爱的女孩像是含苞待放的花蕾，美好、惹人怜爱。家长们都希望自己的女儿可以获得一辈子的幸福。因此，家长们一定要让孩子懂得，身为一个女孩子，自重自爱直接关系到未来人生的幸福。

选择合适的谈话时机

很多家长发现女孩有不正常的举止时，往往非常心急，比如会偷偷撬开孩子的房门，或者偷看孩子的日记，或者在孩子情绪不稳定的时候步步逼问。这些都只能让孩子产生叛逆心理，非常不利于沟通。正确的做法是：选择一个比较放松的环境氛围，以平常的语气进行询问，不要居高临下地批评或者教育，而是要让孩子明白，家长的出发点是为了不让她们受到伤害。

敏感话题不要时时回避

很多家长对于"性"感觉难以启齿，其实孩子们非常需要家长的指导。比起学校、网络等其他途径，家长对子女性教育的效果是最直观最好的。正确的引导有助于女孩子对于自身生理的进一步认识。可以多给她们举例子、讲故事，这样才能让她们从心底认识到自尊自重的可贵。

让女孩告别“小刁蛮”

不要让女儿陷入孤僻的陷阱

随着经济发展，年轻的家长工作压力普遍增加，用于关注孩子的时间骤减，孩子很可能因为过多地独处而通过电视等媒体形成性格定势。很多年轻父母虽然学历都不低，但仍然对家庭教育缺乏最起码的知识。他们未参加过任何形式的家长座谈会或培训，所读书籍也仅仅局限在3～5本之间。因此自己没有能力和方法来增进父子或母子关系。

研究表明，父母感情不和、家庭冷暴力是威胁当代儿童精神健康的重要因素之一。缺乏父母关爱或过于严厉、粗暴的教育方式，子女得不到家庭的温暖，会变得畏畏缩缩、自卑冷漠、过分敏感、不相信任何人，最终形成孤僻的性格。而缺乏必要的社会交际技能和方法，也会让孩子在人际交往中遭到拒绝或打击，如耻笑、埋怨、训斥，使她们的自主性受到伤害，便把自己封闭起来。越不与人接触，社会交往能力就越得不到锻炼，结果就越孤僻。

孤僻症可能使孩子失去主动思维，在认知的学习中孩子们可能变得被动、不再爱动脑筋，更不利于孩子将来抽象思维的发展。孩子变得沉默寡言、行为举止怪异，学习能力、思维能力、交际能力、判断能力等下降。丧失交流能力，长期不与人交流或答非所问导致交流能力下降，严重者会逐渐丧失交流能力。

父母注意自己平常对孩子的评价和态度。父母要是动不动就批评、否定孩子，甚至指责训斥孩子，孩子就会丧失自尊心和自信心，会认为自己很笨或行为不好，几经反复，这种自我体验就会沉淀下来，使孩子形成自卑孤僻的性格。总认为自己什么都不会、都不行，谁都不如，从而一个人缩在一旁不敢出声、心情压抑。所以父母对待孩子要尽量采用一些积极的评价，比如“虽然你不是做得最好的，但妈妈仍要表扬你，因为你是最努力的一个了。”“你要是再加把劲的话，一定做得更好!”这样注意评价，多肯定和鼓励孩子，如爱抚、夸奖，都会收到出乎意料的效果，使孩子自信、开朗起来。

增加孩子的“参与”意识。父母要多与孩子进行情感交流，鼓励孩子陪同父母外出采购、参与做饭或帮邻居取报、取奶、送信等，以让其与人进行交往及培养其助人为乐的品德。

帮助孩子在她的圈子中建立良好的人际关系，为以后的社会交往打下坚实基础。教育孩子学会关心他人。在家庭教育中，父母要经常鼓励孩子、同学、邻里友好相处，使孩子在与别人相处的过程中，学会与人平等、友善、和谐地交往。

鼓励她们多参加集体活动，让孩子感受集体主义精神，淡化以自我为中心的小我意识的局限性。

父母对孩子要既爱又严，建立规范。在日常生活中，父母要爱严结合，建立规范，不要给孩子养成自私自利、眼里只有自己没有他人的坏毛病。教育孩子心中要有他人，为别人着想。在家里懂得关心父母、老人。在外面，引导孩子去关心别人，关心左邻右舍，关心、帮助同学，尊敬老师，在公共场所关心他人。当孩子做得对时，父母要及时给予肯定、赞许、表扬的回复，表现出为孩子的行为而感到自豪，让孩子觉察到自己做了符合道德标准的行为，产生积极的情绪体验，她就会再接再厉的。

帮助孩子克服依赖心理。父母应该要求孩子克服依赖性，促其自理，帮之自强，教之自立，从日常生活、劳动做起，让孩子养成爱劳动的习惯，培养其独立能力。自立的孩子，不但能克服孤僻，而且不管到哪里都会受到欢迎的。

没有爱，就没有教育。爱是生命的主旋律，父母要帮女儿树立安全感与自信心，鼓励她发展自己的特长，赞扬她的进步和成绩。不要对孩子提出过高的要求，只要她能达到力所能及的目标就可以了。

要让孩子避开孤僻的陷阱

为孩子创设一个良好的家庭氛围。如果父母双方不和睦，经常吵架的话，孩子的心灵就会受到创伤，或者得不到应有的关怀和培养，就会因此而整天沉默寡言、闷闷不乐，从而性格变得孤僻。因此，家长应给孩子创造出一个和睦、融洽、民主的家庭环境，让孩子真正感到自己是家庭中的重要一员，让孩子体验到家庭生活的温暖和欢乐。

扩大孩子的生活空间

家长应让孩子从“自我”的小圈子里走出来，让孩子多与邻居的孩子一起玩耍、游戏、生活。父母可以利用节假日之类的业余时间带孩子到游乐园、动物园、公园等地方玩；带孩子去串门、走亲戚，减少孩子对不同人、不同情境的陌生感，增强其交往欲望和兴趣，性格就会朝着活泼、开朗、大方的方向发展。

学会低头，不失为一种明智的选择

在一条南北走向的峡谷上，西坡长满了松、柏、女贞等树，而东坡只有雪松。造成这种景象的原因其实很简单，东坡的雪总是比西坡的雪下得大，当雪积到一定程度的时候，雪松那富有弹性的树枝就会向下弯曲，直到雪从枝上滑落。这样反复地积，反复地落，雪松完好无损。其他的树因无此本领，便无法在东坡存活。

我们从小所接受的教育是“永不低头”“永不言败”，否则你就是懦夫。其实，

“学会低头”是一种人生智慧。面对外界的压力，雪松尽力地去承受，当承受不了的时候，暂时弯曲一下。能屈能伸，刚柔相济，正是这种气度和风范，使松树经受了一场场暴风雪的洗礼。

被称为“美国之父”的富兰克林，年轻时曾去拜访一位前辈，那时他年轻气盛，抬头挺胸迈着大步，一进门，头就狠狠地撞在了门框上。出来迎接他的前辈看到他的狼狈样，笑笑说：“这是你今天拜访我最大的收获。要想平安无事地活在这世上，你就必须时时记得低头。”从此，富兰克林把“记得低头”作为毕生为人处世的座右铭，最终功成名就。而唐朝的柳宗元严正刚直，抨击官场丑恶锋芒四射，结果遭到种种打击，在事业上遭到严重挫折，还被逐出京城长安，流放到南方边境。到了晚年，他才有所感悟。因此他说：“吾子之方其中也，其乏者，独外之圆者。固若轮焉，非特于可进，亦可退也。”意识到自己行事不够圆滑，总是一味地高调，不懂得避让，因此不但没有惩奸除恶，还使自己的事业受到了极大的影响。

一个人固然不能没有自己做人的准则，但一味“方正”，不会“圆通”，该“低头”的时候不能“委曲求全”，就不能进退自如，而会陷入被动。只有强度而没有弹性和韧性的钢材称不上好钢；负重前进的车轮，必须是圆形，还得加上润滑剂。我们在为人处世上倘若过于“有棱有角”，直来直去，凡事没有变通的余地，一味的刚强，一味的强撑，只会给自己带来不必要的伤害甚至牺牲。

低头不是妥协，而是战胜困难的一种理智的忍让；低头不是倒下，而是为了更好更坚定地站立。该低头时就低头，调整一下目标，改变一下思路，就能巧妙地穿过人生荆棘，发现柳暗花明又一村的无限风光。

要让女孩懂得，能屈能伸并不是忍辱负重

家长要让孩子知道，适当的低头并不代表屈辱。女孩子的自尊心很强，千万不要让她们觉得变相的“屈服”是一种耻辱。低头是为了更好地达成目标。家长要培养孩子正确理解成功的涵义，“曲线救国”是为了让付出和回报更合理地分配。

言传身教很重要

如果父母都是强势的人，那么子女很容易性格倔强。如果父母都是善于有所退让以达到更好效果的人，孩子也会从父母身上深刻理解到这种品质。比如在谈到各自工作的时候，应该避免表现出强硬的立场，而是应该多谈论一些认识并分析、解决问题的方法，这样，孩子们耳濡目染，能更直观地认识到适度低头的益处。

良好的自制力——当面对诱惑的时候说“不”

幼儿园的老师给孩子做了一个抵制诱惑的糖果试验：

给每个孩子发一块巧克力糖，告诉他们要等20分钟后才能吃，如果按照要求做，就可以再得到一块糖。结果有的孩子抵制不住巧克力糖的诱惑，没过20分钟就把糖吃掉了，而有的孩子却能转移注意力，去玩游戏或看书，坚持等20分钟后再吃，最终得到两块糖。

进一步观察发现，这些得到两块糖的孩子在老师上课时，极少打断或插嘴；兴奋、激动、生气或沮丧时，能让自己很快冷静下来，极少做出鲁莽的举止，有耐心，自觉性强。而那些只吃到一块糖的孩子却没有上述特点。

这项研究结果告诉我们，一个人要取得卓越成就，实现人生目标，应具备控制冲动、抵制诱惑的能力，而这种能力是可以通过后天培养教育来获得的。

日常生活中随处都可能遇见“诱惑”，个人面对它时是会忍不住想要立即满足一己的欲望，还是会克制蠢蠢欲动的私欲，尽力作出符合伦理价值的行为？正清楚地显现出此人“人品”的高下！

心理学的研究告诉我们：个人在面对诱惑情境（如糖果实验）时，较能自我克制、愿耐心等候，以得到更大的奖励者，在长大成人之后，也是较受欢迎、较勇敢自信、较可靠负责者。可见“抗拒诱惑”的能力，是师长们在教养过程中，不可掉以轻心的一环。

个人的能力再怎么卓越，专业知识再怎么丰富，如果在生活中经不起诱惑，则他便有可能利用一己的能力、知识做起内线交易、掏空公司资产之类的损人利己行为，终究是难以获得大众信任，无以承担重责大任。

在亲子互动过程中，管教方式是需视孩子的不同年龄与其身心发展状态而调整的。但“不能放纵”与“不能滥用权力”则是用以贯穿所有不同方法的核心原则。道理就在于个人能否培养出自我克制的习性与抗拒诱惑的能力，是与这两个原则唇齿相依的。让我们形成这个共识：“爱孩子，就是要从小培养她有抗拒诱惑的能力。”

延缓满足是测定孩子自我控制水平的一种手段，缺乏自控的孩子常常不能等待一段时间以得到自己更想得到的东西。为此，家长可采用延缓满足的方式，训练孩子的自控力。如把一盘诱人的草莓放在孩子面前，孩子马上想伸手去拿，这时可对她说：“先把它们画在纸上再吃，好不好？”多创设一些此类情境，训练幼儿有意转移注意力，使她感觉到能够控制自己的行为，逐步学会自我控制的能力。

给孩子树立一个延缓满足、善于等待的榜样也能有效改善孩子的自我控制水平。善于模仿、易受感染是儿童的重要特点，让孩子学习那些不为小奖励所动而选择延缓后得到更大奖励的孩子，慢慢便会养成善于等待，善于控制冲动的习惯。家长应该给孩子树立良好的榜样，父母不能等待、情绪不稳定时，孩子也往往难以抑制自己的冲动。

在培养孩子的自控能力时，家长要坚持说理和奖励相结合，让孩子学会用道理来控制自己的行为。同时，尽量不要对孩子的努力给予可观的物质奖励，应帮助孩子建立一种内在的奖励制度，让她对自己做好的事情感到满意。真正的自控来自于孩子的理解，也许刚开始讲道理时，孩子并不能真正明白，但随着经验的积累，意识逐渐内化为一种原动力时，孩子自然也就明白了其中的道理。

在日常生活中培养孩子的自控能力

可从日常生活中的点滴小事入手。如孩子在玩玩具时，看到家长端出一盘香喷喷的蛋糕，她丢下玩具想马上就吃。这时，家长可制止她，要求她先把玩具收拾好，把手洗干净，才可以吃蛋糕。在生活习惯养成方面，如要求孩子不挑食、准时睡觉、准时起床等，做到长期一贯要求，不做无原则的迁就，培养孩子的自控能力。

在游戏中培养孩子的自控能力

如果孩子回家后，喜欢做模仿幼儿园学习、生活的游戏。这时家长可让她扮演老师的角色，像老师一样有耐心有礼貌。在交通安全教育的游戏中，让她扮演交警，要求她像交警一样笔挺站立 15 分钟，指挥交通。喜爱游戏是孩子的天性，在游戏中培养孩子的自控能力，往往能取得极佳的教育效果。

不要当爱抱怨的女孩

当一个人的嘴巴停止表达负面的思想，心灵就会产生其他更快乐的念头。一个人的心灵就像一座意念工厂，随时都在运作，若是负面的想法缺乏市场，工厂就会重建改组，转而生产快乐的思想。

有的时候，人生所历经的磨难，恰恰是生活赐予的财富。正是这些磨难使人变得更加成熟强大，更真切地感受幸福。

不抱怨生活，将收获快乐的人生；不抱怨家人，将拥有惬意的生活；不抱怨工作，将体味成功的喜悦；不抱怨同事，将享受和谐的环境；不抱怨朋友，将品味真挚的友谊。

当然，不抱怨并不是漠视错误的存在。灵修导师托利在《一个新世界》中说：为了助人改正而告之别人的错误与缺点，不能与抱怨混为一谈。我们也不能为了防止抱怨，而容忍不良的品质和行为。告诉服务生：你的汤是冷的，请加热——只要你专注于当下的事实就不会有自我中心的问题；“你竟敢把冷掉的汤端给我?”——这就是抱怨了。

想一想，如果一个女孩满腹牢骚，满嘴抱怨，即便她再美丽优秀，都会大打折扣。抱怨会让女孩变得阴沉，对生活容易不满足，幸福感会很低。这样的女孩，周围的人都会回避她，对她以后的生活都非常不利。

格雷厄姆说：绵羊每咩咩地叫一次，它就会失掉一口青草。你抱怨越多，消极的思想出现的次数越多，你就越难摆脱破坏你健康心态的敌人，你就越难摆脱破坏你幸福的敌人。

告诉女孩抱怨之前先想想

其实很多事情并没有我们所抱怨的那么严重，抱怨的习惯一旦养成，就很容易跟随一个人一生。因此，家长尤其要注意孩子这方面的表现，当发现孩子出现负面情绪的时候，要及时纠正。要告诉孩子，想抱怨之前，先想想：这件事情真的有那么糟糕么？我真的除了抱怨，就没有别的办法面对了么？这样，积极情绪会逐渐建立，从而使负面的牢骚慢慢地消退，直到孩子养成良好的习惯。

家长积极健康的心态很重要

家长们一定要注意，当你们抱怨的时候，女孩们正在你们的身边观察着你们。如果家长们自身的态度积极乐观，遇到问题很少抱怨，这种家庭成长起来的孩子心态一般都会很健康。所以，当我们一边教育孩子的时候，也要同时反省自己，是不是平时牢骚太多！

反省与进步紧密相连

《论语》中《学而》篇记录曾子说的话："吾日三省吾身。"经常反省自身，才能够补不足。认识到自身的缺陷，才能及时调整，不断完善自我。

妮妮很喜欢小金鱼，家里鱼缸里的金鱼经常被她背着爸爸妈妈拿出来玩。爸爸妈妈偶然看到时很生气，但是妮妮对爸爸妈妈的教育根本就听不进去，仍是我行我素，爸爸妈妈决定让孩子自己认识到自己的错误。

过了不长时间，鱼缸里的金鱼因为被妮妮拿出来玩，都死了，爸爸妈妈并没有去批评妮妮，也不买新的金鱼。爸爸妈妈问妮妮："你知道我们为什么不买新的金鱼吗?"妮妮想了想，说道："因为我把金鱼捞出来给弄死了。爸爸妈妈你们去买吧，我知道错了，我再也不把它们捞出来了。"

爸爸妈妈很高兴孩子意识到自己的错误了，就带着孩子一起去买了金鱼。此后，妮妮再也没有把金鱼弄死，而且在其他小朋友来家里玩，想要捞金鱼的时候，妮妮还会给他们讲金鱼也是小生命，要爱护它们。妮妮的进步爸爸妈妈都很欣慰。

再来看这个故事：

老师来思思家里家访了，因为最近思思上课总是爱睡觉，无精打采的，老师来看看是不是家里发生了什么事情。思思的妈妈立即意识到孩子是因为玩游戏睡觉晚，才导致现在的状况。

妈妈向老师道了歉，将老师送走后，妈妈没有立即批评思思，而是将电脑从她的卧室中搬走，还以减少她一个月的零花钱作为惩罚。思思虽然很不高兴，但她也知道这次自己的错误在哪里，也甘心接受了妈妈的惩罚。

通过这件事情，思思真正认识到了很多事情是不对的，她有意识地控制了自己的游戏时间，成绩也慢慢提高了。

父母要让孩子懂得，如果是自己办错了事，就该自己负责，从而使其引以为戒。有的孩子弄坏了别人的文具，父母会为犯错的孩子掏钱，让她为同学买新的；有的孩子打球时打碎了邻居家的窗户，妈妈主动拿钱补偿，这样的做法只会助长孩子不负责任的恶习。

父母不要事事为孩子承担，孩子做错了事情，要鼓励孩子认真分析错误，主动承担后果，同时，父母还要允许孩子为自己辩解，当然，给孩子辩解的机会，并不是教孩子推卸责任。孩子在辩解的过程中，不仅让父母了解到了事情的真实情况，还锻炼了孩子的反省能力。

让孩子自觉地对自己有害于社会或他人的行为感到羞愧和内疚，是一种改变其行为的合理方式。羞愧和内疚是主要的负面道德情感，这种情感体验会更加深刻地促进孩子的反省，其教育效果远比父母直接的正面教育有效得多。

父母可以尝试从正反两个方面唤起孩子的反省意识，在生活中经常为孩子灌输诸如正直、善良、勇敢等正面道德情感，也让孩子体验羞愧、内疚等负面道德情感，而且羞愧、内疚等负面道德情感与正面情感相比，更能在孩子的心中留下深刻的记忆，可以促使孩子不断自我反省，区分好坏、是非和美丑，从而改正自己的错误。

让孩子学会总结经验教训，其实就是在帮助孩子养成自我反省的习惯。孩子将别人心爱的玩具弄坏了，小朋友不和孩子玩了，孩子如果会想："如果是我的玩具被他弄坏了，我会怎么做?"当孩子开始这样想的时候，她就已经慢慢地在学会自我反省了。

另外，孩子考试成绩好的时候，她也会在心里对自己最近的表现进行评价和定位，然后将自己好的行为继续付诸实践，取得更优异的成绩；如果孩子的成绩不理想，遭到很多人的批评，她也会想自己哪些地方做得不够好，应该如何改善。

孩子将结果和过程结合在一起进行自我反省的时候，她们再次行动时就会先考虑再行动，并且会对自己有个更清楚的认识，也会自己判断事情的结果会是怎样，如果最后事情的结果和自己的预想出现偏差，她们就会反思自己的行动了，从而调整自己的状态。

家长不要总是越俎代庖

很多父母喜欢替女孩作总结，这无疑会掺杂成人的主观价值观，还代替了孩子思考，剥夺了孩子自己反省的空间，是不可取的。父母要引导孩子进行自我总结和自我反省。这样孩子会乐于接受，从思想上对自己的坏习惯进行反思。

家长的批评要适当

当孩子做错事时，父母不要一味地斥责，这样容易引起孩子的反感，甚至会激发起孩子的逆反情绪。父母可采用冷静的态度，从侧面引导孩子进行自我反省，认识自己所犯的过失，从而帮助孩子形成正确的是非观念。父母也不要在外人面前指责孩子，对孩子的批评要符合实际情况，不要夸张，做过多更坏的推断，这样才会真正让孩子学会反省。

告诉女孩：说“对不起”真的很管用

孩子在游乐场玩得正开心，突然哭着向你跑过来，你忙问原因，孩子委屈地说：

“刚才有个小朋友踢到我的腿了。”

“他不是故意的吧。”

“可是他没有和我说对不起。”

“对不起”这三个字虽然看起来平平常常，但却蕴藏着无穷的力量。

试想，当你在路边散步时，突然被一个骑自行车的人给撞到了，正当你怒发冲冠准备发火的时候，那人轻轻地对你说声：“对不起!”你要生的气是不是就生不起来了。在我们的生活中，当我们相互之间发生了什么不愉快的事情时，如果我们都能够做到礼貌，时时多讲两句对不起，许多大事就可以化小，小事便可以化无了。

而且，更重要的是，让女孩学会说“对不起”，其实就是教育孩子要勇于承担自己的责任。一个做错了事而不敢去承担的人，就是一个没有责任感、没有价值感的孩子，她无法找到自己的生命在社会中的地位与重要性，也找不到前进的方向，就失去了创造成就的动力，最终将一事无成。这样的孩子是可悲的，这样的妈妈也是失败的。

迪亚坐在靠近门边的书桌前写作业，外面风很大，作业本被风吹得“啪啪”直响。于是迪亚不得不一次次跑去关门，每次关上没多久，一阵猛烈的风就又把门吹开了。

这时，邻居有事来找妈妈，她没有进门，便和妈妈俩人站在大门外闲聊起来。

恰巧此时门又被风吹开了，迪亚跑过来用力关门，只听外面传来一声痛苦的叫喊声。

迪亚打开门惊恐地看到，门外的妈妈五官痛苦地扭曲在一起，看到迪亚出来，妈妈暴怒地冲她扬起了手。原来，刚才妈妈的手放在门框上，迪亚突如其来的关门，差点把妈妈的手指夹断。

迪亚吓坏了，以为这次一定免不了一顿暴打。但是妈妈的巴掌一直没有落下来，迪亚的脸颊感受到的也仅仅是一阵掌风而已。

事后，手指受伤的妈妈对迪亚说："当时我实在痛得厉害，原想狠狠地打你一个耳光。但是，转念一想，是我自己把手放在夹缝处的，错的人是我，凭什么打你？"

迪亚的妈妈用自己的行动告诉了迪亚一件事情，那就是要勇于承担自己的责任。

有的妈妈认为女孩做错事时道不道歉并不重要，只要孩子下次注意就可以了，但是当错误产生时，妈妈一旦无原则地让步，对孩子姑息放任，其实就是变相地提示孩子，自己的错误可以不用承担。

每个人都不是天生就具有责任感的，都是在适宜的条件和环境下萌发的，并随着年龄的增长和心智的逐渐成熟而形成的。因此说，家庭是孩子责任感赖以滋长的土壤，妈妈对待孩子的态度以及教育方法，是孩子的责任感能否形成的重要条件。

为了教育好自己的孩子，妈妈需要注意以下几点：

当女孩犯错时，家长一定要她说"对不起"

当孩子犯了错误时，千万不要偏袒她们，而是应该让她们为自己的行为担起责任。逃避责任，只会让孩子留下人生的硬伤，甚至一错再错。比如孩子吃饭的时候打翻了自己的碗，要向妈妈说"对不起"；不小心踩到了小朋友的脚，也要马上道歉，说"对不起"。

要给孩子做最好的表率

妈妈错怪孩子的时候，也要勇于向她们道歉。比如你发现自己晾在阳台的衣服不翼而飞了，你以为是孩子淘气藏了起来，便不听孩子的解释把她教训了一顿，当你发现衣服其实是被风吹到了楼底下的时候，不能放不下面子就这样算了，想反正她是个孩子，你应该马上向她道歉，孩子便能感同身受，下次自己遇到这样的事情，才会勇于承担。以身作则，是教育孩子的最好方法。

教孩子做一个和善的人

当自己受到触犯的时候，要勇于原谅别人的错误，学会换位思考，比如在餐厅吃饭，一个小朋友不小心把饮料泼在了孩子身上，这个时候可以教孩子想一想，如果你是她的话，一定已经非常内疚了，我们就不要再责怪她了。让孩子做一个大气、宽容的人，才能得到幸福和快乐。

帮女孩摘掉“善变”的帽子

做事贵在善始善终

曾经有个老木匠准备退休了，他告诉他的老板自己年纪大了，不想再做盖木房子的手艺了，他知道这样收入会少些，但还是决定退休，想和老伴过过清闲的退休日子，享受晚年的生活。虽然他也会惦记这段时间里，还算不错的薪水，不过他还是觉得需要退休了，生活上没有这笔钱，也是过得去的！

老板舍不得他的好工人走，问他看在多年的交情上是否愿意再帮忙盖“最后一栋房子”。老木匠答应了，但是看得出来老木匠的心已经不在盖房子上面了：他用的是软料、次料，出的是粗活，手工非常粗糙，工艺做得更是马马虎虎。老木匠终于草草地完成了“最后一栋房子”，他请老板来验收。

老板来到房子前面，见到老木匠，手里递过一把钥匙给老木匠，拍拍老木匠的肩膀，诚恳地说：“这是你的房子，是我送给你的退休礼物！”

木匠惊呆了，他震惊得目瞪口呆，羞愧得无地自容。

《诗经》中说：“靡不有初，鲜克有终。”意思是说做人、做事没有人不肯善始，但很难善终。细细体味此言，其中的确蕴涵着深刻的哲理和警示。对于孩子们来说，学习一门新的语言，培养对音乐的爱好，参加舞蹈班等，最初都是热血沸腾的。但是很多孩子随着学习的深入渐渐觉得苦、累、枯燥，于是中途放弃。只有那些坚持到最后的孩子，才有可能出类拔萃。培养孩子们知难而进、坚持不懈、善始善终的精神，是让孩子通往成功之路的关键。

人们都说：好的开头是成功的一半。这只是一个善始，要真正的成功，善终才是美丽的结局。做任何事都需要善始善终的精神，谁能笑到最后，谁才是最美。

能够善始善终的人必定是有用之人，定能为社会的进步作出贡献。爱迪生发明灯泡时，为了找到最佳的灯丝材料，先后用了上千种不同的金属材料。不幸的是一次大火将他的实验室化为灰烬，一切资料都变成一缕青烟，但是他没有灰心。经过不懈的努力，最终灯泡成功面世了。

善始善终需要恒心、毅力做后盾。女孩只要能善始善终，定会得到成功的青睐。

家长缺乏教育孩子独立担当的意识，过度照顾，包办太多，不让孩子做事，做不完做不好就替她做。久而久之，就难以养成善始善终的习惯。

逼使孩子做她不感兴趣的事情，或者要孩子机械重复做单调枯燥的事情，孩子就不能激发做事的热情，做事就难以善始善终。

批评指责过多，表扬激励过少，孩子的自我评价就很低，感到自己这也不行那也不行，缺乏自信心，也就缺少把事情做到底、做好的勇气。

要想孩子做事善始善终，首先要使孩子对所做的事有兴趣，“兴趣是最好的老师”。有了兴趣，才可能激发孩子善始善终的欲望，把事情办好。

在家庭事务和学校生活中定岗定位，对自己的行为敢担当，做事做到位。有责任感的人才能有始有终做好事情。

孩子完成任务要表扬鼓励，让孩子体验成功的快乐；没把事情办好，要引导寻找原因，避免无休止地指责埋怨，以保护孩子的自信心。

制订计划，奖惩分明

善始善终，恒心和耐心是必要条件。要帮助孩子制订计划，确定目标，规定要求，作出奖惩，持之以恒，这样才能激发孩子做事有始有终，善始善终。

家长的定期督促有助于孩子的坚持

孩子好奇心强，什么都想去摸摸、去试试，但是随意性很强，做事总是虎头蛇尾或有头无尾。所以教给孩子做的事情，哪怕是很小的事情，爸爸妈妈也要有检查、督促以及对结果的评价，以便培养孩子持之以恒、认真负责的好习惯。例如，当孩子要养些花草动物时，家长在答应前，可以让孩子承诺定时浇水或给小动物喂养等。

不吃“后悔药”，将视线盯紧前方

胖子和瘦子进行踩铁轨走路比赛，看谁走得又快又远。胖子体胖、腿短，瘦子体轻、腿长。大家异口同声说：“不用比了，胖子肯定输，瘦子肯定赢。”然而比赛结果大出人们意料：胖子赢了，瘦子输了。

原来，瘦子低头走在窄窄的铁轨上，盯着两脚，越看心越颤，越走腿越软，越走越后悔，走一步摇三摇，当然走不快，也走不远。胖子呢？圆滚滚的大肚子挡住了往下看的视线，既然看不到铁轨，他只得朝前看，朝前走。他也看不到脚下的危险，自然不会后悔这次比赛，自然走得轻松，一会儿工夫就将瘦子甩得远远的。

这个故事不正是说明了向前看、不后悔，才能走得远、走得快么？

世界上没有时光机，因此，我们不要幻想着吃后悔药，做过的事情，如果感觉不正确，那么我们也应该放眼未来，争取在日后矫正路线重新制订计划。

家长要注意，成长期的孩子因为性格还没有成熟，挫折很容易让她们失去信心。所以一定不能让孩子沉溺在后悔中，而是应该鼓励她们朝前看，为她们多树立信心。

后悔并不能改变事实，反而会增加心理负担，让女孩留下阴影，举步维艰。

把眼光放向前方，投向未来，并不是说盲目乐观，而是要在未来调整思路，弥补过去的失误。

家长对于孩子的选择，一定要鼓励她们坚持下去。

身高仅 1.55 米的邓亚萍手脚粗短，很多人说她不是打乒乓球的材料，但她从没有后悔自己的选择，凭着苦练，以罕见的速度、无所畏惧的胆色和顽强拼搏的精神，13 岁就夺得全国冠军，15 岁时获亚洲冠军，16 岁时在世界锦标赛上成为女子团体和女子双打的双料冠军。1992 年，19 岁的邓亚萍在巴塞罗那奥运会上又勇夺女子单打冠军，并与乔红合作获女子双打冠军。1993 年在瑞典举行的第四十二届世乒赛上与队员合作又夺得团体、双打两块金牌，成为名副其实的世界乒乓球坛皇后。邓亚萍的出色成就，改变了世界乒乓球坛只在高个子中选拔运动员的传统观念。时任国际奥委会主席的萨马兰奇也为邓亚萍的球风和球艺所倾倒，亲自为她颁奖，并邀请她到洛桑国家奥委会总部做客。1997 年后，她先后到清华大学、诺丁汉大学和英国剑桥大学进修学习，很多人质疑她运动员的身份是她进入这些学校学习的通行证，但是她依旧没有退缩，以优秀的成绩获得英语专业学士学位和中国当代研究专业的硕士学位。

家长不要一味指责孩子

教育孩子的时候，千万不要出现这样的词汇："你看，叫你不听话，现在后悔了吧？"不要让孩子产生心理暗示，一味受到指责，沉溺在后悔和内疚中。可以让她们吸取教训，训练她们自己分析错误的能力，为未来制定正确的目标。

多给女孩讲励志的故事

多给女孩讲励志故事，通过真实的人物事件加强她们对未来的信心和把握。让她们和年长的人多交谈，不要只局限在狭隘的视野范围之内。

消除女孩的多疑心理

有一棵大树，上面有个鸟巢住了两只鸟——一只公的，一只母的。它们为了储存冬季的粮食，采了很多水果回来，将巢放得满满的。

有一天，因为阳光很强，这些水果被晒得脱水而使体积变小了。公鸟从外面采果回来时，看到原本满满的水果，怎么变少了呢？就对母鸟说："我们一同辛苦地采水果，为什么你独自吃了而不告诉我？"母鸟说："我没有吃啊！"公鸟说："水果明明减少了，你怎么说没有吃呢？"母鸟委屈地说："我真的没吃啊！"

公鸟一生气就用嘴一直啄母鸟，啄得它遍体鳞伤。母鸟受不了这样的虐待，伤心地飞走了。之后，忽然下了一场大雨，水果因雨水浸泡又膨胀起来，和原来一样占满了鸟巢。这时公鸟才知道自己误会了母鸟，觉得很后悔！它在鸟巢旁一直啼叫，希望呼唤母鸟回来。虽然昼夜不停地呼唤，但是再也看不到母鸟的踪影了。

这则故事，可以警惕我们：信任是待人处世不可或缺的因素。凡事要冷静思考，要懂得包容、体贴他人；莫让“疑念”占据自己的心而言行失当，造成遗憾。

有宽大的心量，做人做事才能圆融，也才能保持心境的安宁自在。希望大家时时多用心，在日常生活中努力自我锻炼开阔、坦诚及慈悲的胸襟。

孩子的多疑，大多来自对成人世界的不信任。如果家长对自己的孩子不信任，也容易造成孩子对家长、对外界世界的不信任。

孩子世界是成人世界的折射，孩子多疑，不是孩子的错，是因为成人世界太多疑。

两个才4岁多点的孩子在井边玩儿，那井在村中间的小竹林旁，有4米深，井沿很低，只40厘米。一个孩子掉了下去。

另一个孩子看见井边有根长长的竹竿，竹竿一端有个铁钩子，是大人挂水桶用的，她立即将竹竿伸到井中，用钩子钩住了玩伴的衣服领子。一边扯开嗓子大喊“救命”。

成人赶来了，落井孩子得救了。可就是这样机智又勇敢的小小“司马光”，也有人质疑。竟然有人问：是不是你把她推到井里去的？

孩子瞪大眼睛，使劲摇头。

成人多疑，甚至怀疑女孩。孩子多疑，成人不以为然，甚至觉得孩子聪明，可以少吃亏，将来少上当受骗。

大家庭，除夕宴，孩子给老人拜寿，成人给孩子发压岁钱，其乐融融之时，忽然出现让众人瞠目结舌的一幕。有个5岁的孩子，当场拆开一个红包，抽出百元大钞，一张，一张，对着灯光看。孩子的母亲尴尬地训斥道：这孩子，钱有什么好玩儿的？孩子理直气壮：我看看是不是假钞。一家人哄堂大笑，甚至有人表扬孩子的聪明。小孩子得意洋洋，认为自己的怀疑精神受到了肯定。

这种情况其实非常的危险。孩子受到鼓励，性格很容易朝着趋利方向发展，为了受到更多的肯定，这种所谓的“小聪明”会变本加厉，很可能造成多疑。

多疑的女孩子，会因为计较太多失去原本的快乐。

家长要注意培养女孩对美好的感知能力

通过音乐、美术等艺术方面的学习，让女孩在获得知识的同时感知世界的美好。相信美好的女孩一定不会是多疑的女孩。

让女孩确信你的爱

有的时候孩子总怀疑父母不爱自己，这种对亲人信任的缺乏会导致女孩对一切事物的不信任。因此，家长应该多用肢体语言如拥抱，多与女孩聊天，建立孩子对家长的信任感。当孩子在家庭中感到信任，感到幸福，会最大限度地避免陷入多疑的症结。

帮助女孩克制优柔寡断

早晨，一只山羊在菜园子外面徘徊，它想吃里面的白菜，可是有一道栅栏把它挡在了外面，它进不去。这时，太阳徐徐东升斜照着大地，在不经意中山羊看见了自己的影子很长很长。它以为自己很高大，于是便想：我这么高，干吗不去树上吃果子呢？可是当山羊走到果树边的时候，已是正午，太阳当头，山羊看见自己的影子很短，心里想："我的影子这么短，看来还是去吃白菜的好。"于是它又匆匆忙忙转身往回跑。等跑到菜园子的栅栏外时，太阳已经偏西，它的影子重又变得很长很长。"我干吗非要回来呢？"山羊又想，"凭我这么大的个子，吃树上的果子是一点问题也没有的。"

有时候，我们也有像山羊的那一种想法，想想这个也好，想想那个也不错，可最后呢却是像山羊那样一无所获，因此，只要你做出了自己的选择就不要轻易改变，否则会一事无成。

非洲草原上，金合欢树尽情地舒展开树冠，犹如一把硕大的遮阳伞。树下鲜嫩的青草吸引来了一群黑斑羚，在它们看来，这里无疑是相对理想的休憩场所——既可以享受到荫凉，又能够品尝可口的美味。当然，对于食植动物而言，危险也是无处不在的。瞧！不远处的草丛中，就埋伏着一头猎豹。

猎豹从逆风处，蹑手蹑脚地向羚羊靠近——这是大型猫科动物在捕猎时所采取的惯用伎俩，并且每次都需要事先盯上某一只猎物，然后对准它猛冲过去。

这一回，猎豹心想："数量这么多，我到底应该盯住哪一只呢？看——那只，单单顾着低头吃草，暂时丧失了警惕，就去抓它吧……哦，不，在它身旁，还有一只雄性，头上仅剩下一只犄角，另一只角，估计是在打斗中，被对手折断的，想必这羚羊的反抗能力，会大大下降，大概不难捕捉……嘿！还有更好的呢，那只倚在树干上的羊，膘肥体壮，看哪！它身上的肉多么厚实。捕猎的目的不就是为了吃到更多的肉嘛，我杀死了它，能饱饱地吃上一顿，两天内都不用再为进食发愁了……再等等，还有更合适的吗……"

这时，树顶的狒狒们居高临下，它们发现了猎豹的身影，便立即发出警报。

黑斑羚顿时集合在一起，朝一个方向撒腿猛跑。猎豹见此情景，只得遗憾地接受眼前的事实，它晓得：追捕已经来不及了，而出其不意的伏击及短距离冲刺——才是它的撒手锏。

猎豹来到树下，它不像花豹那样掌握爬树的本领，它仰面指责狒狒们多管闲事——破坏了它的计划，使它失去了几乎到手的美餐。其中一只狒狒回答道："你真活该！谁让你犹犹豫豫的，在草丛里蹲了这么半天，也不发动攻击。假如你能找准时机，该出手时就出手，那你此刻早就尝到羊肉的滋味了。"

处事优柔寡断是人的性格和思维判断不确定造成的。父母应注意培养女孩的果断和魄力，避免她形成优柔寡断的性格。

不要对女孩管束太严

管束过于严厉，会让孩子只懂得顺从，循规蹈矩，失去自己判断事情的能力，遇到事情的时候，很容易举棋不定，错失良机。

鼓励女孩自己做决定

很多家长喜欢帮孩子决定一切。当孩子提出异议的时候，往往以她们年幼不成熟为理由进行否定。这样，孩子真正自己面对问题的时候，就会怀疑自己的能力，优柔寡断。家长们应该以大方向引导为主，可以通过诱导孩子思考，形成正确的思维判断模式。

磨炼孩子的坚强意志

意志品质主要靠后天的教育培养。一个幼儿和小学低年级孩子会表现出意志品质的初步状态。小学三四年级开始，意志品质的各个因素发展很快。因此，必须从小抓紧意志品质的培养，一点也不能放松。那么，父母们应该怎样进行培养呢？有专家表示：意志品质应在家庭教育的实践行动中培养。

尝试成功，体验成功的快乐，是激发孩子进取心的又一要素。目标对激发进取心十分重要。没有目标便没有动力。但目标必须适当，目标过低没有推动作用；目标过高而达不到，便会挫伤信心。因此，父母应协助孩子制定适当的目标。

一般而言，性格懦弱的孩子，意志品质大都较为脆弱，做父母的就更应放手让她自己活动，积极鼓励她，有意识地培养孩子克服困难的能力。而对于天性活泼、好表现自己的孩子，也要多指点，多约束，给她创造"逆境"，多设障碍，以磨炼孩子勇于克服困难的品质。

教女孩勇敢地面对困难，让女孩与挫折握手言欢。面对挫折，要做得更好。但孩子经受挫折并不是越多越好。在挫折教育中，有一种似是而非的说法："要让孩子在不断的挫折中接受挫折教育。"似乎孩子经受的挫折越多越好，其实这是一种误区。心理学家们这样为挫折定义："挫折是个人从事有目的活动时，由于遇到障碍和干扰，其需要不能满足时的一种消极的情绪状态。"既然挫折是一种消极的情绪状态，就绝不该是越多越好。因为，过多的挫折，会使孩子失去自信心，变得自卑和软弱，所以，挫折教育无论是数量和质量，都不应该超过必要的限度。

孩子需要激励。哈佛大学心理学家威廉·詹姆士研究发现：一个没有受激励的人，仅能发挥其能力的20%～30%，而当他受到激励后，所发挥的作用相当于激励前的3～4倍。这些激励不仅要来自于外部（父母），更要由内部（孩子自己）发出——自我激励。

毅力也称意志力或坚持力，是成才者必须具备的最重要品质之一，日本家长普遍十分重视孩子毅力的培养。

孩子看"小人书"时，不妨要求她们从头至尾看完后再换另一本。孩子画一幅画时，务必请她们有始有终。孩子学洗自己衣服时，绝对不准借口累或手疼而半途而废……长此下去，习惯便成自然，"坚持"也不再是难以克服的困难了。

在物质条件过分优裕环境中长大的孩子大多缺乏毅力，由此可有意让孩子吃点苦，如上学挤公交车、在赤日炎炎下赶路，等等。

女孩的兴趣常常会很快转移，因而不少孩子今天学钢琴、明天学电脑、后天再学绘画，到头来却什么都没有学好。心理学家指出，这种"三天打渔，两天晒网"式的学习对培养毅力往往起负面影响。

培养女孩自己解决问题的能力

虽然，孩子在进行尝试中会遭遇失败的经历，但父母是不能为了"爱"她而代替她从事探索活动，仍应让她独自活动。只有让孩子学着自己解决所遇到的困难和障碍，等女孩最终实现目标后，她才会在兴奋中体验那份与众不同的成功和满足，从而达到增强孩子克服困难的勇气和具有不达目的不罢休的决心的目的。

及时鼓励，哪怕是点滴的进步

不要把女孩看扁，她们成长的过程中需要被发现、被肯定、被激励。要让孩子体会成就感，要挖掘女孩的潜能，就要懂得为其喝彩。因此，对于孩子的点滴进步，父母都应及时给予肯定和奖励，而不是等到孩子完全达到要求后再表扬。父母应善于发现孩子的点滴进步，告诉孩子，"你真棒"。

培养一颗勇敢的心

勇敢是每个女孩必须具备的品质。在成长的过程中，父母不应该把孩子完全包裹在羽翼下小心地保护起来，而是必须让女孩们知道，独立地面对困境的勇敢品质，才是健康成长、取得成功的关键。

中国的父母，在女孩出嫁之前，都把她们当成小孩子，当出现问题的时候，总是代为解决。这种让孩子与现实世界脱节的培养教育，造成了很多孩子缺乏心理承受能力，无法面对挫折困境的事实。

孩子总是有需要独立面对世界的一天，对于女孩来说，不应该让“柔弱”再成为主宰她们的性格。勇敢的品格，需要从小开始培养。小到摔倒了让孩子自己爬起来，大到面对困境的时候，可以让孩子独立地思考问题，获得解决的方案。

身为家长，应该相信，女孩们的勇敢，并不啻于男孩子。我们熟知的体操运动员桑兰，不正是乐观面对逆境的勇敢女孩的诠释么？

勇敢并不是莽撞盲从

勇敢并不是不经思索的莽撞盲从，而是面对逆境时坚定乐观的心态。家长应该鼓励孩子在遇到困难的时候不要轻易地放弃，更不能教孩子如何回避问题。正确的做法，是鼓励孩子正视问题，认真思考。一旦做出了选择，就要坚持下去，用坚强的意志力，支撑起勇敢的心。

培养女孩勇敢的心，要从点滴做起

孩子摔倒了，不要马上过去扶起来，而是鼓励她们自己站起来；班级的小测验没有考好，不要一味地批评，而是要鼓励她们坚持学习，争取下次有好的成绩；教孩子基本的生存技能，即便有一天灾难来临，她们也会临危不惧……小到生活的琐事，大到生存的考验，每一个瞬间，家长都有机会去培养女孩们勇敢的品质。勇敢的女孩懂得如何更好地照顾自己，照顾身边的人。勇敢的女孩，能够冷静地处理问题，正确地对待人生不同的阶段。女孩拥有了勇敢的心，才能成为自己的主宰！

给女儿插上快乐的翅膀

懂得快乐的孩子才能驾驭人生

不快乐的人即使看到阳光也不会感受到灿烂，所以忧郁的眼睛只会看到灰色。不快乐的人在遇到困难的时候总是把问题往不好的方面想，继而退缩、停止不前。不快乐的人不自信，她不会镇定地迎接挑战。不快乐的人遇到问题时往往惊慌失措，毫无主见。

你的孩子是否有这样的时候？或悲观忧郁，或在困难面前退缩迟疑和惊慌失措？如果是，那么你的孩子需要学习快乐的智慧。因为快乐的人始终拥有积极乐观的心态，因此也就拥有积极思考和主动应对的动力，也就会具备对人生的掌控能力。

张山和张义是兄弟俩，很小的时候他们就失去父母，相依为命。哥哥张山整天闷闷不乐，总是抱怨生活。弟弟张义却乐呵呵的，快乐地忙来忙去。不幸的是，一次火灾从天而降，虽然得救，但他们却被大火烧得面目全非。

哥哥经常唉声叹气："被烧成这样，我以后怎么见人？还怎么养活自己？还不如死了算了。"弟弟则经常劝哥哥："我们能捡回这条命，就证明我们的命很珍贵，我们是幸运的，应该让我们的生活更有意义。"

哥哥一直自卑自闭，他无法面对别人对他的嘲讽，对生活完全失去了信心，最后吞食了大量的安眠药，结束了自己的生命。弟弟张义却时常提醒自己："我生命的价值比谁都高贵。"无论遇到多大的冷嘲热讽，他都咬紧牙关昂首挺过去，坚强乐观地生存下来。别人见到的他始终是一副快乐的样子。

一天，弟弟为别人送货，途中见到一个人不小心滑进河里，他救起了这个人。为了报答救命之恩，这个人决定帮助他。凭借着诚信经营，张义从一个积蓄微薄的送货司机，逐渐发展成了拥有一个有数百万资产的运输公司的老板。

相同的经历，同样的不幸却有着不同的命运，理由很简单，就是看是否拥有快乐的心情和乐观的心态。不幸不可避免，但是命运却由自己掌控。用悲伤的眼睛看世界，又如何能看到生命中的阳光？威廉·詹姆斯曾说过："这一代最伟大的发现是：人类若改变本身的心态，就能使生活本身发生变革。"所以，作为父母，培养一个懂得快乐、有着乐观心态的孩子尤为重要。

普希金说过：一切都是暂时的，转瞬即逝……因此，在我们身处顺境时，要学会惜福与感恩；身处逆境时，要学会坚忍和等待，要相信逆境只是暂时的。告诉自己：一切都将会过去。

懂得了快乐，你的孩子就能主宰自己的人生。

家长对于女孩的赞美要有创意

当孩子表现很好时，不要只是说"很好"。赞美要具体一些，说出细节，指出有哪些地方让人印象深刻，或是比上次表现更好，例如，"你今天主动跟警卫伯伯说早安，真的很有礼貌。"不过，赞美时也要注意，不要养成孩子错误的期待。有些父母会用礼物或金钱奖赏孩子，让孩子把重点都放在可以获得哪些报酬上，而不是良好的行为上。父母应该让孩子自己发现，完成一件事情所带来的满足与成就感，而不是用物质报酬来奖赏她。

教导她关怀别人

快乐的女孩需要能感受到自己与别人有某些有意义的连接，了解到她对别人的意义。要发展这种感觉，可以帮助孩子多与他人接触。你可以和孩子一起整理一些旧玩具，和她一起捐给慈善团体，帮助无家可归的孩子。也可以鼓励孩子在学校参与一些义工活动。专家指出，即使在很小的年龄，都能从帮助他人的过程中，获得快乐，并养成喜欢助人的习惯。

鼓励她多运动

陪你的孩子玩球、骑脚踏车、游泳……多运动不但可以锻炼女孩的体能，也会让她变得更开朗。保持动态生活可以适度舒解孩子的压力与情绪，并且让孩子喜欢自己，拥有较正面的身体形象，并从运动中发现乐趣与成就感。

让孩子感受到生活的美好

有人说生活枯燥乏味，有人说生活盲目空洞，还有人看着耀眼的太阳，还在抱怨阳光没有温暖。很多时候，不是生活不给我们惊喜，而是我们的心不愿意静下来去感受。所以灰色的心情下看到的任何事物都是灰色的。生活并不会像想象中那样单调和没有颜色，生活的美好正等待着每一个人一点点去挖掘。

塞尔玛陪伴丈夫驻扎在一个沙漠的陆军基地。丈夫奉命到沙漠里去演习，她一个人留在陆军的小铁皮房子里，天气热得受不了——在仙人掌的阴影下也有华氏 125 度。她没有人可聊天——身边只有墨西哥人和印第安人，而他们不会说英语。她非常难过，于是就写信给父母，说要丢开一切回家去。

她父亲的回信只有两行，这两行字却永远留在她心中，完全改变了她的生活。这两行字是：

两个人从牢中的铁窗望出去，一个看到的是泥土，一个看到的是星星。

塞尔玛一再读这封信，觉得非常惭愧。她决定要在沙漠中找到星星。

塞尔玛开始和当地人交朋友，他们的反应使她非常惊奇，她对他们的纺织、陶器非常感兴趣，他们就把最喜欢但舍不得卖给观光客人的纺织品和陶器送给她。

塞尔玛研究那些引人入迷的仙人掌和各种沙漠植物、动物，又学习有关土拨鼠的知识。她观看沙漠日落，还寻找海螺壳，这些海螺壳是几万年前在这沙漠还是海洋时留下来的……原来难以忍受的环境竟变成了令人兴奋、流连忘返的奇景。

是什么使这位女士内心发生了这么大的转变呢？

沙漠没有改变，印第安人和墨西哥人也没有改变，但是这位女士的念头改变了，心态改变了。一念之差，使她把原先认为恶劣的情况，变为一生中最有意义的冒险。她为发现新世界而兴奋不已，并为此写了一本书，以《快乐的城堡》为书名出版了。她从自己造的“牢房”里往外看，终于看到了星星。

生活中总是存在很多美好的事物，让你的孩子像塞尔玛一样去发现沙漠中的星星，那就首先要给她快乐的心情、培养她乐观的心态，然后再带领着她去触摸和感悟世界。

卡尔·威特小时候，甚至还在妈妈肚子里的时候，父亲老威特就特别注重对孩子进行美感的培养，老威特总是带着威特一点点地认识生活，让威特的眼睛里总是焕发出迷人的光彩。

“在妻子的妊娠期，我让怀孕中的妻子沉浸在爱中，沉浸在优美的音乐、优美的大自然与美术作品间，欣赏文学作品尤其是诗歌，生活在舒适雅致和睦美满的家庭环境里，所有这些带给母亲的感受都会通过遗传传递给胎儿。

“在对威特的教育中，我经常带他去大自然，让他亲自感受大自然的一山一水，一花一草，让自然的美丽精致呈现在他的面前，以此来启迪他的心灵，并唤起他对人的品德的爱慕。社会生活也是教育威特的一个重要方面，我经常会引导他在生活中感受人与人之间的友爱和谐。我和妻子还注意家庭环境的营造，努力让威特生活在一个和谐、自由、充满爱的环境中。威特充满了朝气，他总是好奇地看着这个世界，我们要做的就是带他走进来。”

生活就像一幅美丽的画卷，所有的美丽会在我们的眼前徐徐展开，但是别忘了带着发现美丽的眼睛，让你的孩子浸入生活，感受那一份美好吧。

心中充满阳光，世界才不会黑暗

心中充满阳光，世界在我们的眼里就不会黑暗。即使身处逆境，阳光心态也会给我们带来希望。

一位老画家画技炉火纯青，尤其是他画的鸭子极为传神。有人问：“听说您曾受到迫害，当时那样恶劣的环境下，您是怎么提高自己的画技的呢？”

“那时我被下放到农村放鸭子，那段时间受尽了别人的嘲讽，连亲人也冷若冰霜。起初我满是绝望，但慢慢地，我发现所有的鸭子弯弯的眼睛看起来就像含着无尽的笑意。我心里顿时温暖起来，毕竟还有这一百多只鸭子在冲我微笑。久而久之，我便喜欢上了鸭子，我观察着它们的一举一动，在心里不断勾勒，画技反而提高了。”老画家笑着说。

无论我们的处境如何，世界是怎样黯淡，生活总有它温暖的一面。只要心中充满阳光，就不惧怕生命中的磨难。心中有希望，就永远不会被打败。

孩子的成长之路上，有顺境，也有逆境，有成功，也有失败，对其态度的不同，发展方向也会大不相同。霍金就是一个很好的例子，他不能行走，不能说话，也不能写字，但他并没有放弃，而是充满追求，从而受到千百万人敬仰。你的孩子是否总是受到一点挫折就退缩了？害怕挫折不是最终的解决办法，应鼓励她振作精神，继续前进，否则她会认为这是个黑暗的世界，从而裹足不前，走向绝望。

当你毕生的积蓄在大火中瞬间化为灰烬时，你一定会悲痛欲绝。但是，一位老人的反应却让众人大吃一惊。一场大火吞噬了他毕生的研究资料和所有的财物，他却高兴地告诉夫人和孩子："看，也许我们这一辈子也就见到这么一回。"

这就是爱因斯坦，虽然这场大火让他的心血化为乌有，但是大火并没有摧毁他，他以超然的态度看着自己的心血的离去，几年之后，他又"东山再起"。

爱因斯坦的态度让人钦佩，罗斯福的心态更让人折服。

美国总统罗斯福家被盗，家里一片狼藉，很多东西不见踪影。朋友写信安慰他，劝他不必太在意。罗斯福给朋友的回信上说："亲爱的朋友，谢谢你的来信，我现在很平静。感谢上帝，让贼偷去的是我的东西，而没有伤害我的生命；感谢上帝，让贼只偷去我部分东西，而不是全部；感谢上帝，最值得庆幸的是，做贼的是他，而不是我。"

爱因斯坦和罗斯福的精神和态度很值得我们每个人学习。

人生之路，坎坷不平，拥有阳光心情，快乐心态的人才能积极地面对各种不幸，并战胜它。所以让心里充满阳光吧。

打造"阳光小美女"

家长的理解与支持，信任与鼓励，都是让女孩快乐的源泉。让孩子在一个充满欢声笑语、有充分自由的家庭成长，更容易让她树立不怕艰难的决心，笑对困境。

一起日光浴

阳光的温暖能给万物生命的力量。让孩子多到室外去，体会大自然的温情，是给她的身体注入最原始活力的绝妙方法。家长们不妨多多策划一些郊游，和孩子一起晒晒太阳吧。

失落的时候，帮她找回积极的情绪

有个年轻人去微软公司应聘，而该公司并没有刊登过招聘广告。见总经理疑惑不解，年轻人用不太娴熟的英语解释说自己是碰巧路过这里，就贸然进来了。总经理感觉很新鲜，破例让他一试。面试的结果出人意料，年轻人表现糟糕。他对总经理的解释是事先没有准备，总经理以为他不过是找个托词下台阶，就随口应道："等你准备好了再来试吧。"

一周后，年轻人再次走进微软公司的大门，这次他依然没有成功。但比起第一次，他的表现要好得多。而总经理给他的回答仍然同上次一样："等你准备好了再来试。”就这样，这个青年先后5次踏进微软公司的大门，最终被公司录用，成为公司的重点培养对象。

如果这个年轻人在前几次受到拒绝之后就失落放弃，便不可能获得最终的成功。

什么东西比石头还硬，或比水还软？然而软水却穿透了硬石，坚持不懈而已。也许，我们的人生旅途上沼泽遍布，荆棘丛生；也许我们追求的风景总是山重水复，不见柳暗花明；也许，我们前行的步履总是沉重、蹒跚；也许，我们需要在黑暗中摸索很长时间，才能找寻到光明；也许，我们虔诚的信念会被世俗的尘雾缠绕，而不能自由翱翔；也许，我们高贵的灵魂暂时在现实中找不到寄放的净土……那么，我们为什么不可以以勇敢者的气魄，坚定而自信地对自己说一声“再试一次”！

曾有人做过实验，将一只最凶猛的鲨鱼和一群热带鱼放在同一个池子，然后用强化玻璃隔开，最初，鲨鱼每天不断冲撞那块看不到的玻璃，奈何这只是徒劳，它始终不能过到对面去，而实验人员每天都放一些鲫鱼在池子里，所以鲨鱼也没缺少猎物，只是它仍想到对面去，想尝试那美丽的滋味，每天仍是不断地冲撞那块玻璃，它试了每个角落，每次都是用尽全力，但每次也总是弄得伤痕累累，有好几次都浑身破裂出血，持续了好一些日子，每当玻璃出现裂痕，实验人员马上加上一块更厚的玻璃。后来，鲨鱼不再冲撞那块玻璃了，对那些斑斓的热带鱼也不再在意，好像它们只是墙上会动的壁画，它开始等着每天固定会出现的鲫鱼，然后用它敏捷的本能进行狩猎，实验到了最后的阶段，实验人员将玻璃取走，但鲨鱼却没有反应，每天仍是在固定的区域游着。它不但对那些热带鱼视若无睹，甚至于当那些鲫鱼逃到那边去，它就立刻放弃追逐，说什么也不愿再过去，实验结束了，实验人员讥笑它是海里最懦弱的鱼。

不要被假象迷惑住你的智慧的灵光，经历了痛之后依然要执著，那才是坚强的！成功往往就在于最后一秒的坚持中。

耐心＋循循善诱

家长面对孩子的失落情绪，最重要的是要有耐心倾听。让孩子把心中的委屈和不满都表达出来，舒缓了她们的情绪之后，再加以疏导。为她们认真地分析原因，和她们一起寻找正确的方法，为她们树立信心。

注意孩子的求救信号

很多孩子在遭受挫折之后，变得沉默，不爱吃东西，这些都是她们对家长发出的求救信号。如果家长们工作太忙，忽略了这些表现，或者说没有引起足够的重视，孩子的心理会受到较大的伤害。因此，家长们平时应该多关心女孩们的“小举动”，有的时候，并不是没有新衣服穿、想吃好吃的东西那么简单。家长们切忌简单处理，草草了事。

让女孩永远有乐观的心态

乐观是一种心态。平日里，一个人从小到大，无疑会经历无数大大小小的事情，顺境与逆境、快乐与悲伤、理想与现实，等等，一切都会表现在心情上，值得开心的时候，开心是自然的，而不顺心的时候，想要开心起来可能会难许多。人要想开心的时候多一些，关键还是心态，如何面对每天所发生的一切。

一切的和谐与平衡，健康与健美，成功与幸福，都是由乐观与希望的向上心理产生与造成的。忧愁、顾虑和悲观，可以使人得病；积极、愉快和坚强的意志和乐观的情绪，可以战胜疾病，更可以使人强壮和长寿。

乐观本身就是一种成功。乌云后面依然是灿烂的晴天。种子不落在肥土而落在瓦砾中，有生命力的种子决不会悲观和叹气，因为有了阻力才能磨炼。

培养女孩乐观的心态，是她一辈子幸福的砝码。

世界上有一批虽身处逆境，心态乐观，自强不息，奋斗向上，最终获得辉煌成就的人。古希腊著名演说家德摩斯梯尼，原先患有口吃病，幼年结巴，语音微弱，演说时常被人喝倒彩。他始终对自己信心百倍，为了克服疾病，每天清晨口含小石子，呼喊练习，终于成为口若悬河、辩驳纵横的演说家。

德国著名天文学家开普勒。4 岁时出天花，留下一脸麻子的后遗症，后又患猩红热，高烧烧坏了眼睛，成了高度近视。他终身受疾病折磨。但他从未失去自信，在贫病交加中大无畏斗志昂扬20余年。建立了行星运动三定律，为牛顿发现万有引力打下基础。

美国著名的女作家海伦·凯勒，幼年因病造成又聋又瞎。她自信自强，14 岁攻克多种外语，通晓德、法、古罗马、希腊文学。20 岁考入著名的哈佛大学。

塔哈·侯赛因，埃及作家，文学评论家，3 岁时就双目失明，他顽强自信，留学法国，成为埃及历史上第一位博士。作品有小说《鹧鸪的叫声》《不幸的树》《失去的爱情》和自传性的《日子》等。还写有文学评论《阿拉伯文学史》等大量作品，被誉为“阿拉伯文学支柱”。

在逆境中不失乐观，古今中外屡见不鲜：屈原被流放写成《离骚》；孙膑受刑后著《孙膑兵法》；司马迁遭宫刑写《史记》；贝多芬耳聋后谱出《英雄交响乐》；奥斯特洛夫斯基在失明、瘫痪中写出《钢铁是怎样炼成的》；张海迪幼年因病高位截瘫，她自信努力，成为作家、翻译家；被誉为科技“铁人”的高士其，他在病情不断恶化，从半身瘫痪到全身瘫痪，失去讲话能力的情况下，他还创作了60多万字的科学小品和科普论文，创作了两千多行诗歌，著述新书十几本。

和他人融洽相处者的内心世界较为光明美好。父母不妨带女孩接触不同年龄、性别、性格、职业和社会地位的人，让她们学会和不同类型的人融洽相处。当然，孩子首先得学会跟父母和兄弟姐妹融洽相处，跟亲戚朋友融洽相处。此外，父母自己应与他人相处融洽，做到热情真诚待人，不势利卑下，不在背后随意议论别人，给孩子树立一个好榜样。

即便是天性乐观的人也不可能事事称心如意，也不可能永远快乐。父母最好在孩子很小时就着意培养她们应付困境、逆境的能力。要是孩子一时还无法摆脱困境，还可以教育孩子学会忍耐，或在逆境降临之时寻求另外的精神寄托，如参加运动、游戏、聊天，等等。

拥有自信与快乐性格的形成息息相关。对一个因智力或能力有限而充满自卑的孩子，父母务必发现其长处并发扬光大，并审时度势地多表扬和鼓励。来自父母和亲友的正面肯定无疑有助于孩子克服自卑、树立自信。

家庭的气氛，家庭成员之间的关系，在很大程度上会影响女孩性格的形成。研究表明，孩子在牙牙学语之前就能感觉到周围的情绪和氛围，尽管当时她还不能用语言来表达。可以想象，一个充满了敌意甚至暴力的家庭，是培养不出开朗乐观的孩子的。

不要对孩子限制过严

作为父母，当然不能对孩子不加管教、听之任之，但是控制过严又可能压制儿童天真烂漫的童心，对孩子的心理健康产生消极作用。不妨让孩子在不同的年龄阶段拥有不同的选择权。只有从小能享受选择权的孩子，才能感到真正意义上的快乐和自在。

鼓励孩子多结交朋友

不善交际的孩子大多性格抑郁，因为时时可能遭受孤独的煎熬，享受不到友情的温暖。不妨鼓励孩子多交朋友，特别是同龄朋友。本身性格内向、抑郁的孩子更适宜多交一些开朗乐观的朋友。

培养孩子各方面兴趣

一个孩子如果仅有一种爱好，就很难保持长久的快乐感觉。试想：只爱看电视的孩子一旦晚上没有合适的节目时，心头必然会郁郁寡欢。相反，如果孩子兴趣广泛，看不成电视时可读书、看报或做游戏，同样可乐在其中。

让女孩远离自卑

不是每个女孩都能成为备受瞩目的焦点。大部分的孩子，都是以普通人的身份成长着。在每个群体中，总是有那么几个孩子，她们经常受到老师、其他成年人的夸奖。面对着这样的落差，有些女孩会产生自卑的心理。自卑的心理暗示会慢慢积累，导致孩子做事丧失信心，举步维艰。家长们应该尽量避免这种情况的发生。

1914年7月4日，在美国西雅图市举行的国庆庆祝活动现场，出现了一架飞机，在空中做着各种精彩的表演。人群中爆发出一阵阵掌声和呐喊——20世纪初期，飞机还是一个绝少有人接触的新鲜事物。

飞机降落后，飞行员马罗尼便被潮水般的人群围住了。人们不但羡慕他的勇敢，更是对飞机这个怪物能够翱翔于高空充满了好奇。

这时，马罗尼笑着问周围的群众："有谁愿意和我一起飞上天去试一试吗?"连问3遍，无人应声——对飞机这种新鲜事物，人们好奇的同时，也对它生有无穷的恐惧：这东西飞在空中，上不着天下不挨地，谁知道它会不会摔下来?

这时，一个青年人勇敢地站出来，大声对马罗尼说："先生，我想我可以同你一起飞上天!"

飞机在马罗尼的操纵下，稳稳地飞上了天空，然后在空中做着各种精彩的动作。那个青年人尽管平生第一次飞上天，心里有些害怕，可还是好奇地问这问那，不住地观察马罗尼驾机的每一个动作。20分钟过后，在人们的欢呼声中，飞机稳稳地降落下来，青年人面带微笑走出机舱，他大声向周围的人们呼喊："真的不错，可以上去试一试!"

观众包括飞行员马罗尼都为年轻人的勇气报以热烈的掌声。这个年轻人从此对飞机产生了浓厚的兴趣。不久，他就萌生了制造飞机的念头。在好友的帮助下，他用当地廉价的木材制造新型的轻便飞机。1916年，这个青年人制造出了世界上第一架浮筒式小木飞机。在人们惊讶的目光中，青年人亲自驾着自己研制的飞机进行飞行试验，一举成功！此后，这个青年人在西雅图郊区正式成立了"太平洋航空产品公司"，1917年改名为"波音公司"。这个敢于挑战蓝天的青年人就是"波音"公司的创始人——威廉·爱德华特·波音。90多年来，波音公司始终致力于新产品、新技术的探索和开发，从民用飞机、军用飞机到航天飞机、运载火箭、全球通信卫星网络、国际空间站，成为全世界最大的航空航天公司。第二次世界大战中赫赫有名的B—17（绰号"空中堡垒"）、B—29轰炸机，以及东西方冷战时期著名的B—47和B—52（绰号"同温层堡垒"）战略轰炸机，美国空军中比较出名的KC—135空中加油机以及E—3（绰号"望楼"）预警机均是波音公司的产品，就连美国总统乘坐的专机"空军一号"也是由该公司出产的波音707以及波音747改装而成的。

不管这个世界上有多少"不可能"，只要敢于"站出来"、敢于"站起来"，那么就会有创造奇迹的诸多"可能"！梦想翱翔、敢于翱翔的人，才能最终在万里长空纵横驰骋、自由翱翔。

鼓励孩子的信心，是摆脱孩子自卑心理的最有效手段。

农夫家养了三只小白羊和一只小黑羊。三只小白羊因为有雪白的皮毛而骄傲，而对那只小黑羊不屑一顾："你自己看看身上像什么，黑不溜秋的，像锅底。""依我看呀，像炭灰。""像盖了几代的旧被褥，脏死了。"

不但小白羊，连农夫也瞧不起小黑羊，常常给它吃最差的草料，时不时还对它抽上几鞭。小黑羊过着寄人篱下的日子，也觉得自己比不上那三只小白羊，常常伤心地独自流泪。

初春的一天，小白羊和小黑羊一起外出吃草，走得很远。不料寒流突然袭来，下起了鹅毛大雪，它们躲在灌木丛中相互依偎着……不一会，灌木丛和周围全铺满了雪，一片雪的海洋。它们打算回家，但雪太厚了，无法行走，只好挤做一团，等待农夫来救它们。

农夫发现四只羊羔不在羊圈里，便立刻上山找，但四处一片雪白，哪里有羊羔的影子。正在这时，农夫突然发现远处有一个小黑点，便快步跑去。到那里一看，果然是他那濒临死亡的四只羊羔。

农夫抱起小黑羊，感慨地说："多亏小黑羊，不然，羊儿可能要冻死在雪地里了。"

每个孩子都有值得骄傲的一面

也许你们家的女孩不漂亮，但她有善良的品质；也许她学习成绩差强人意，但她有着敏感的洞察力；也许她做事情比较慢，那说明她考虑问题比较谨慎……每个孩子都有着值得肯定的一面。家长们平时一定要注意，不要夸大孩子的缺点，忽视、无视孩子的优点。变相的肯定，帮助孩子树立起自己能够驾驭方向的信心。正确客观地评价孩子的成绩，不要一味地说丧气话。

梦想并非遥不可及

丑小鸭历经千辛万苦、重重磨难之后变成了白天鹅。是金子早晚会发光。命运其实没有轨迹，关键在于对美好境界、美好理想的追求。人生中的挫折和痛苦是不可避免的，要学会把它们踩在脚下，每个孩子都会有一份属于自己的梦想，只要他们学会树立生活目标，在自信、拼搏中，他们会真正地认识到自己原来也可以变成"白天鹅"，也可以像丑小鸭一样实现心中的梦想，人只要有了梦想，那么，困难也不再是困难了。

第十二章　成为稀缺的“好女孩”——让美德成为女孩的一部分

品德教育是重中之重

培养完美的女孩以德育为先

一个女孩如果集知识、技能、美貌于一身，那么她肯定能获得众人的羡慕，但是，如果她缺少了美德，那么即使她拥有的再多，她也得不到别人的尊重。美好品德的培养，是培养一个完美女孩不可或缺的一环，也是应该首先受到重视的一环。“美德出良才”，德育就是铸魂，品德决定着女孩的成才方向。女孩拥有美德之后，她的知识、技能、美貌等，才会更加地耀眼。

雪莱说：“道德中最大的秘密就是爱。”有品德的女孩，首先要爱人同时还要懂得自爱。品德是金，是一个人内心真正的财富。收获品德的女孩，将收获整个人生。为什么说品德是女孩人生最宝贵的财富？“德不孤，必有邻”，有品德的女孩会拥有真诚的友谊。

俗语说：“三岁看大，七岁看老。”女孩正处于成长时期，她们的道德观、人生观、价值观具有很强的可塑性。如果父母教育引导得当，又能以自身树立良好榜样，女孩就能在潜移默化中逐步树立起高尚的道德观，成长为德才兼备的优秀人才；如果父母不重视对女孩的品德教育，听任她们接受不健康的暴力、颓废、色情等东西，那么她们的一生将被毁掉。

贝多芬曾告诫后人：“把‘德性’教给你的孩子。使人幸福的是德性而非金钱。”孩童期是女孩个性、品德开始形成的重要时期，错过这个时期，许多良好的品性很难形成。父母应在女孩的心灵中播下道德的种子，且越早越好。

父母可以让女孩通过阅读图书、听故事、看动画片等辅助手段，进行全方位的德育渗透教育，通过书中、故事中的人物行为，帮助女孩树立道德标准，去认识哪些行为是正确的，哪些是错误的，从而正确处理人际关系及生活中的事情，如故事《花花的草帽》中花花的草帽不小心被风刮跑了，很多小朋友帮她捡草帽，反映了小朋友们乐于助人的品质。

父母要言行身教，为孩子树立榜样

俗话说：孩子的行为表现，是父母行为的一面镜子，因此父母要时刻注意自己的言行。父母是女孩品德教育的第一任老师。女孩幼小的心灵像一张纯净的白纸，父母在上面所画的内容，实际上就是父母自身的道德准则和修养，父母自身品德修养的高下对女孩成材与否的影响至关重要。父母先立德，方能培育出德行高尚的女孩。古人说：“其身正，不令而行；其身不正，虽令不从。”父母的言传身教和以身作则，对完美女孩品德的培养有着独特的、不可代替的作用。

通过各种感官渠道，对女孩进行渗透式德育教育

女孩通过读、听、看，能够逐渐建立一种正确的道德行为，养成良好的道德习惯。父母面对女孩多加引导，让女孩在进行这些活动的过程中掌握正确的做事方法和原则，帮助她们建立正确的道德标准。感官教育是最直观的德育教育，长期坚持，必定收到良好的教育效果。

人品学问，需要自幼奠定

孩子爱欺负其他小朋友？

孩子满口脏话、出言不逊？

孩子待人没有礼貌？

如果你在为这些问题烦恼，说明孩子的品行教育已经引起了你的重视。在孩子很小的时候，许多父母总认为没有必要教孩子关于人品学问的东西，因为她们还小，什么都不懂，等长大自然就明白了。可是，孩子的日常生活行为与态度，一旦形成习惯，就会成为孩子性格中的一部分，它势必会影响孩子的学校生活、生活习惯、人际交往、品德、意志等各方面的发展，甚至会影响孩子的一生。如果家长忽视日常生活的教养，疏忽生活教育，不重视品行的培养，那么孩子将不会友善待人，也不懂得自爱。

具有良好德行的人指的是品德、健康、才能三位一体的人。只重视对孩子身体的锻炼，孩子将成为四肢发达、头脑简单的人；只重视智能教育，孩子会弱不禁风；只重视品德教育，孩子可能会成为懦夫。这三种人对社会、对人类都是无用的，因此，孩子的教育必须全面进行。

教育孩子不仅要发展她们的智力，同时要培养她们的品德。我们已有了大量关于早期教育造就天才的个案，如一些大音乐家、美术家、科学家的产生，都离不开早期教育。而在这些教育中，父母起着举足轻重的作用，主要是因为父母是陪伴孩子的第一人，也是陪伴时间最长的人，父母的一言一行都成为孩子模仿的对象。如果父母不注意培养孩子的德行，就是没有尽到做父母的责任。比如，母

亲喜欢逛街打扮，女儿也必然这样；父亲脾气坏，儿子也好不到哪里去。

林则徐是家喻户晓的民族英雄，他高尚的道德和渊博的知识就与父亲早期对他的教育有很大的关系。

林父40得子，但是他并没有因此娇惯儿子。林则徐刚满4岁时，虽然家境贫寒，但林父还是每天带着他一起到自己受聘的私塾，对他进行早期的启蒙教育。林家的生活十分清贫，但是林父就算典当衣物，也要让儿子学习。有一年春夏之交，青黄不接，林父将家中仅有的一点粮食借给了别人，自家人却饿着肚子。父亲的言行举止深深地印在了林则徐的脑海中。后来，他在官场上注意了解民间疾苦，作风清廉刚直，不与贪官污吏为伍，这当然不是偶然的。清苦家庭的勤奋作风，对林则徐道德品质的培养起了很大的作用。

林则徐在父亲的精心教导下，知识学问根基扎实，德行高尚，早早立下以治国平天下为己任的远大志向，养成百折不挠的坚强意志。20岁那年，他乡试中举。然而初次入京会试落榜，他回乡后仍勤学不止，终于在嘉庆十六年再试中进士，由此开始了他的政治生涯。他一生谨记父亲对他"齐家治国平天下"的教导，用自己的才学和品德，为国家的兴盛和富强呕心沥血，作出了不朽的贡献。

尽管父母都知道品行的重要性，有时候却不懂得该如何去培养孩子的道德情操。其实，品行往往是在生活中孕育出来的，要让孩子变得高尚，首先就得从小陶冶孩子的情操，让孩子成为一个品格高尚的人。

正如有人所说，孩子的心灵是一块奇妙的土地，播撒思想的种子，就会获得行为的收获；播撒行为的种子，就能获得习惯的收获；播撒习惯的种子，就能获得品德的收获；播撒品德的种子，就能得到命运的收获。因此说，孩子的命运掌握在父母的手中。父母应严格要求自己，做孩子的表率，努力培养孩子的德行，为开拓她的美好前程积极创造条件。

总之，现在社会上许多事业有成的人士之所以成功，其主要原因就是因为他们具有受人欢迎与尊崇的品德。品德高尚的人不用花多少时间去宣传自己，因为他们本身所具有的良好品德就是一块吸引人的招牌、一块吸引人的"磁铁"。人们都喜欢具有高贵品德的人，排斥品行恶劣的人。良好的品德就是影响力，就是力量，就是通行证。良好的品德可以帮助你获得事业的成功，赢得友谊，获得尊重与爱戴。一个道德高尚的人即使不能成就非凡事业，也不会完全失败，因为大家会信任他、帮助他；相反，一个品格堕落、道德水平低下的人，也许有很好的能力、聪明的头脑，能取得一时的胜利，却不会赢得人们长久的尊敬。

所以，培养孩子高尚的道德情操，这是每一个望女成凤的父母必须努力做到的。

克服孩子讲粗话的毛病

要培养一个良好的品质，首先要克服孩子爱讲粗话的毛病，这既是对孩子自身素质的提高，也是对他人的一种尊重。孩子出口成脏，往往是日积月累形成条件反射，父母可以先让孩子认识到这是种不好的行为习惯，然后加以督促和采取一些奖励性的手段来监督孩子。比如孩子平均一天要说10句粗话，你就说，要是你明天只说8句，爸爸就带你去动物园看小猴子。等孩子只说8句的时候，你再用其他奖励方式逐次减少，直到她不再说为止。

以环境为媒介来塑造孩子的人格

平常多给孩子讲优秀人物的故事，让她学习别人身上的优点，达到完善自我的目的。当孩子把良好的道德转化为一种生活习惯之时，离成为一个高尚的人这一目标就不远了。

给孩子建立一个“品行表”

家长们平常在街头巷尾相遇，都爱谈论自家的孩子：

“我家女儿什么都好，就是不讲礼貌，还爱骗人。”

“这有什么呀，学习好就行啦。”

“哎，现在孩子还小，也只能由着她去了。”

有的家长认为，现代社会，是个言行自由的时代，孩子懂不懂礼貌没有关系，只要学习好、有能力，就能在社会上取得成就。其实，这是种非常错误的观念。培养孩子应该是全方位的，这其中，非智力因素，即现在人们常说的情商，也是促进天赋朝着能力转化不可忽视的重要环节。哈佛教授提出：孩子的道德品行需从她们诞生的第一天开始培养。做事必须先做人，孩子的品行一定要排第一位。那么怎样培养她们的品行呢？建立一个“品行表”是个不错的选择。

有一天，维尼夫雷特把一个珍贵的娃娃丢在草坪上，被小狗给咬坏了。因此，她哭叫着把它拿到妈妈那里。妈妈抱起她，说着“真可怜”。但是，妈妈决不说给她买新的，还教训她说：“把那么好的娃娃放到草坪上，这是多么残忍啊。假若我把你放到野外，被老虎和狮子吃掉的话，妈妈该有多么心痛呀！”

还有一次，维尼夫雷特要到朋友家去，问妈妈可以不可以。妈妈说，可以，但要她必须在12点半以前回来。但是，那天不知为什么，她12点半没有准点回来，而是过了10分钟才回来。妈妈什么也没说，只是指了指手上的表让她看。维尼夫雷特知道迟到不对，道歉说：“是我不对！”吃完饭，她赶紧换衣服，准备去看她们每到星期二都要去看的戏剧、电影等。妈妈让她再看看表，并说：“今天因时间太紧迫来不及了，戏是看不成了。”她流眼泪了。妈妈只对她说了句：“这真遗憾！”妈妈这样做是为了让她知道，妈妈说话是算数的，并且都是为她好。

品行教育一定要注意行为习惯的培养，随时随地并坚持不懈。斯托夫人认为，让孩子懂得这一道理非常重要。她就是按照这一原则教育自己的孩子维尼夫雷特的。为了使维尼夫雷特养成良好的品行，斯托夫人还给她绘制了“品行表”，一周一张，内容有13项：服从、礼节、宽大、亲切、勇敢、忍耐、真实、快活、清洁、勤奋、克己、好学、善行。

如果维尼夫雷特做了与这些项目相符的行为，就在那天的一栏中贴上一颗金星，反之，则贴上一颗黑星。每星期六数一下，若金星多的话，下周内就可得到和金星数相等的书、发带、鲜果等，如果是黑星多，就不能得到这些物品了。

这个“品行表”，在星期六统计之后也不准她将其扔掉，这样做是为了使维尼夫雷特下决心，在下周消灭黑星。这样做也有利于培养孩子积极的心态，因为如果长期保留黑星，会使孩子感到沮丧。所以，对孩子进行系统的品行教育，使其掌握基本的行为准则，不仅可以使孩子丰富礼仪知识，掌握符合社会主义道德要求的礼仪规范，懂得在实际生活中按照礼仪规范表现自己的行为，而且可以使孩子把内在的道德品质和外在的礼仪形式有机地统一起来，成为名副其实的、有较高道德素养的现代文明人。

培养孩子注重自身的修养

父母在日常生活中要注意督促孩子勤剪指甲、勤洗澡、勤洗头、保持自己衣服的整洁；平常的言行举止要优雅得体；在公共场合不大声打闹喧哗，遵守公共秩序；见到长辈不要忘记打招呼。父母对孩子的文明礼貌不但要从小培养，还要从点滴做起，正如俗话所说：“少成若天性，习惯成自然。”

教孩子礼貌地与人交往

礼仪不仅可以美化人生，而且可以培养人们的社会性，同时还是社会生活和交往的需要。礼仪的不良行为有两种表现，即羞怯忸怩和傲慢自大。要让孩子避免这两种情形，就要教会孩子不要轻视自己，也不要轻视别人。平常不要把自己的价值估计过高，要谦逊地接受别人给予的评价，也要尊重别人，不要狂妄自大。家长们也可以为自己的孩子量身定做一个“品行表”，让孩子成为一个懂得人情世故，行为文质彬彬、高雅友善的人。

孝顺的女孩最讨人喜欢

“百善孝为先”，这是中国的一句古话，就是说孝敬父母在各种美德中是占第一位的。女孩懂得孝敬长辈，才是一个有责任心的人。但是很多年轻的父母只看重女孩的兴趣开发、技能学习，通常都没把培养女孩敬老爱老列入家庭教育的项目。这将会阻碍女孩的健康成长，以及美好品德的养成。

“老吾老，以及人之老”，爱自己的父母，才能由此延伸，去敬爱天下的老人。如果女孩连自己的父母都不爱，是很难再去爱他人、爱祖国的。女孩在家里养成孝敬父母的好习惯，到社会中，才有可能做到承担责任，关心他人，与人合作，真正立足于社会。

在俄罗斯的一个校园小区里，生长着一朵非常漂亮的花，这朵花被那里的人称为“快乐之花”，人们都很喜欢，都舍不得去摘。大家每天走过那朵花的旁边，都会忍不住赞叹一声，这朵花也给大家带来了不少快乐。

一天，小女孩莎莎正要摘这朵花，这个时候一个老师发现了，问小女孩：“为什么要摘这朵花？”小女孩回答：“我奶奶病了很久了，一直没有好，我想让她看见花，然后快乐起来。”小女孩为自己的行为显得有些难为情。这个时候，老师给那个小女孩摘了3朵其他的花，并很欣慰地对小女孩莎莎说：“我奖给你3朵花，第一朵奖给你，你是那么的好，那么的孝顺。后面两朵奖给你的爸爸妈妈，他们能把你教育得那么好。”小女孩接过老师的花，高兴地回去了。

小女孩并没有因为要摘花朵而受到指责，相反，还受到老师的奖励。因为她的那颗孝顺老人的爱心，无时无处不打动着人们，这种女孩无一例外都会受到大家的喜爱。

司汤达说：“老来受尊敬，是人类精神最美好的一种特权。”尊老爱老是中华民族的传统美德。做一个孝顺的女孩，将受到更大的欢迎。何乐不为呢？

建立长幼有别的合理家庭关系

合理，是指全体家庭成员之间的关系首先是平等的，相互尊重的，尤其父母要尊重女孩的独立人格，在处理女孩自己的事情时，一定要充分听取女孩的意见。同时，家庭又是一个整体，要有人来当家长，管理安排家庭的生活。父母是家庭生活的供养者，有丰富的生活经验，自然应当成为家庭的核心和主事人。女孩应当在父母的指导下生活、学习。

让女孩了解父母为家庭的付出

很多女孩不知道父母工作的情况，不知道父母的钱是怎么来的，只知道向父母要钱买这买那，认为父母让她们吃好、穿好、用好是天经地义的，这样，女孩肯定不会从心里孝敬父母。父母应当有意识地、经常地把自己在外工作的收入和情况告诉女孩，说得越具体越好，让女孩明白，父母的钱得来不易，女孩就会珍惜自己的生活，并从心底产生对父母的感激和敬重。

从小培养女孩孝敬父母的行为习惯

孝敬父母的一般要求是：听从父母的教导，关心父母的健康，分担父母的忧愁，参与家务劳动，不给父母添乱。要把这些要求变为女孩的实际行动，父母就应当从日常小事抓起。如：问候下班回家的父母；当父母劳累时，主动帮助父母或请父母休息；父母有病时，应主动照护，多说宽慰话，替他们接待客人等。

鼓励女孩的点点爱心

让女孩拥有一份同情心

同情心是关怀、助人、分享以及道德感等社会品格养成与社会交往技能组成的基本元素，没有同情心的孩子就不会体会别人的感受，自然也谈不上关心别人，与别人分享了。同情心是分担和感受别人忧伤的一种能力，是对是非观点提供支持的一种非常关键的情感，孩子有了同情心就能增强对别人想法的理解，孩子才有可能更深入地感受到别人的痛苦、困难，这种感受可以让孩子更宽容、更能理解别人的需要，并在别人有困难的时候主动想到帮助别人。而缺少同情心的孩子往往会变得冷漠、孤僻、不合群以及挑剔，他们也就难以站在别人的角度分担别人的痛苦或需要。因此，家长们对孩子们同情心的培养就显得至关重要了。

同情心是一种美德，从女孩子还小的时候，家长们就要培养她们的这种美德。拥有了同情心，女孩子在做事的时候，就总能设身处地地为别人着想，同时也能赢得别人的同情，最重要的是拥有同情心的女孩肯定是一个善良的女孩。

美美从幼儿园回家后对妈妈说："我们今天在假山上玩的时候，发现了一只死的小刺猬，特别可怜，老师说肯定是烧树叶时被烧死了。小刺猬会有多疼呀！我们班小朋友都哭了，张老师和我们一起把它埋了。"

"那你哭了吗？"妈妈故意问她。

"我没哭出来。"美美看着妈妈，有些不好意思地说。

"没关系，你难受就说明你有同情心，有同情心不一定都要哭的。"妈妈帮助美美校正着她的想法。"你说它特别可怜，就说明你同情它。会同情别人是件好事。上次姥爷生病的时候，你不是把你的好吃的给姥爷吃了吗？这说明你是一个有同情心的孩子。"美美听了妈妈的话，若有所思地去玩了。

培养同情心的过程需要在孩子的生长环境中营造一种富有人情味的家庭氛围、幼儿园的生活氛围。

培养孩子的情感感受力

让女孩从小感受到家庭的氛围，为女孩营造一个有人情味的家庭环境，是培养女孩情感感受力的重要手段。没有人希望自己的孩子养成一种孤傲、怪癖、冷漠的性格，要让孩子知道如何感受别人的痛苦，了解别人的需要，学会理解和宽容，并且在别人需要时主动伸手援助。两岁女孩在看到别人哭时会把自己的小汽车送给哭的人，并小声说“不哭，不哭”，对女孩最初的这种移情行为的积极肯定，就是对女孩情感感受力的培养。

用故事、图书向孩子传达同情心

给女孩讲道理有时是行不通的，女孩对机械的说教并不感兴趣，也不理解，而故事和图画书的情感体验更适合女孩的理解，用故事和图画书吸引女孩，与女孩一起理解故事的内容和画面的内涵，故事中与女孩年龄相似的人物的感受会激发孩子的同情心，在女孩能用语言表达自己的感情时，就鼓励孩子将听故事、看图画书的感受讲出来，关注孩子的心理感受，就会有助于孩子同情心的培养。

让女孩关爱小动物

在有条件的情况下，与女孩一起照顾小动物，也是培养孩子同情心的一种好办法。孩子和动物有天生的接近的本能，在照顾小动物的过程中，培养孩子的同情心、爱心，进而将这种情感迁移到对社会、对更多人的关爱。这种同情心的培养和渗透就为以后的道德发展奠定了基础。

鼓励女孩分享她的快乐

“这是我的，不许你们玩！”再乖巧的女孩，也可能说出这样的话来。

其实，一朵花不可能点缀一个春天，家长应该学着培养女儿乐于分享的意识，让“我们一起玩”取代之前的独享和蛮横！

家长应让女孩体会到分享的快乐，使孩子明白分享并不等于失掉自己拥有的东西。当孩子乐于与他人分享的时候，她的快乐就变成了双倍的快乐，她的忧伤也只剩下一半，而她的经验会得到再一次的验证。

阿琳准备参加学校举行的舞蹈比赛，这次她选的舞蹈是西部牛仔舞，阿琳希望能借小晴的皮靴上台表演。可是，小晴不舍得，因为那双靴子是美国的姑妈给她寄回来的生日礼物，平时小晴也不舍得穿。现在阿琳开口向自己借靴子，而且是要到舞台上蹦蹦跳跳的，要是弄坏了，怎么办？那可是有钱也买不到的呀！

小晴没有立刻答复阿琳，推说自己先回去问问妈妈的意见。

回到家里，小晴和妈妈商量了起来：“妈妈，你觉得我应该借给她吗？要是弄坏了，怎么办?”

妈妈没有正面回答女儿的问题，她笑着说：“别人也借给你东西吧？那次，阿琳还把最喜欢的芭比娃娃借给你玩了好一阵子呢。你还记得吗?”

小晴听罢妈妈的话，脸红了起来，说道：“对呀，阿琳对我可是从来不吝啬的，我太小气了。”

看到孩子脸红了，妈妈接着说：“懂得分享，人生往往更加快乐，所以，越珍贵的东西，越要懂得与人分享。”

听完妈妈的话，小晴立刻给阿琳打电话了：“靴子我明天就给你拿去，你可要好好比赛，争取得第一名……”

妈妈在一旁，欣慰地笑了……

生活需要分享，快乐和痛苦都需要有人分享。作为父母，你教导孩子学会与人分享了吗？当孩子与伙伴玩耍时，你是否教孩子与他人一起分享玩具？当孩子遇到高兴的事情，你是否鼓励她去说给伙伴听？

如果女孩能够做到乐于分享，那么她们将获得融洽的人际关系和快乐的生活！

现在的许多女孩可能都不知道什么叫分享，父母也许在这方面欠缺必要的引导和教育。舐犊之情使为人父为人母的家长都宁肯亏了自己也不愿怠慢自己的孩子。好吃的、好玩的、好用的尽数都往孩子面前堆。一边担心着孩子会发展为不关心别人的冷血儿，一边又在做着阻止孩子学会分享的事。

经常会发生这样一幕：

孩子诚心诚意请父母分享，父母却坚决推辞，哪怕只是象征性的分享，也不肯接受，谢绝孩子的一份好心。

久而久之，孩子也就没有了谦让与分享的习惯。

父母自己首先要学会分享，坦然地分享，成为与孩子分享的伙伴、与孩子分享的对象。

许多父母很少与孩子一起非常融洽地大笑，这就说明父母不会与孩子分享快乐。父母不妨看看她最喜欢什么，然后尽量参与进去。如你可以和她开玩笑，对她开的玩笑发笑，对你做过或想过的傻事发笑，一起看笑话，和她一起看情景喜剧等。

家长的示范，是一种无声的语言

家长是孩子最好的榜样。在日常生活中，家长关心别人、帮助别人，自然会给孩子潜移默化的影响。父母要做与人分享的模范，经常主动地关心和帮助别人。做了好吃的点心分给邻居尝尝，毫不吝惜地借给别人需用的物品等，这些小事都会为培养孩子的分享意识起表率作用。这些行为都无声地鼓励着孩子与人分享，这样的孩子也会有人愿意与她们分享。

让女孩懂得与人分享

父母要经常告诉孩子“越是珍贵的东西，越要懂得与朋友分享。”鼓励孩子无私地帮助他人，并和他人分享自己的一些好吃的零食，分享一些珍贵的小玩意，甚至分享自认为很棒的一些想法。

人际关系中的“互惠心理”

人的心理其实是很微妙的，当得到别人的好处或好意后，总想以相同的程度回报别人。这种心理叫做“互惠心理”。这是人类社会中根深蒂固的一个行为准则。互惠心理其实也有些像坐跷跷板，不能永远固定某一端高、另一端低，就是要高低交替。一个永远不肯吃亏、不与别人互惠的孩子，即使赢了，从长远来看，她也得不到多少好处，因为没有人愿和她玩下去了。

和女孩一起感恩生活

想必有些家长们听过这样一个故事：

一个小城发生了饥荒，小城中所有贫困的家庭都面临着危机，温饱成了他们需要解决的最大问题。

小城里最富有的人要数面包师罗伯特了，在人们眼中，他是个好心人，这次，为了帮助人们渡过饥荒，他首先把城里最穷的20个孩子叫来，对他们说：“你们每一个人都可以从篮子里拿一块面包。以后你们每天都在这个时候来，我会一直为你们提供面包，直到你们平安地渡过饥荒。”

每天，那些饥饿的孩子争先恐后地去抢篮子里的面包，有的为了能得到一块大点的面包甚至大打出手。他们心里只想着要得到面包，当他们得到的时候，立刻狼吞虎咽地把面包吃完，甚至都没想到要感谢这个好心的面包师。

好心的面包师常常会注意到一个叫露丝的小女孩，她穿着破旧不堪的衣服，每次都在别人抢完以后，她才到篮子里去拿最后的一小块面包。她总会记得亲吻面包师的手，感谢他为自己提供食物，然后拿着它回家。

面包师想：“她一定是回家和自己的家人一起分享那一小块面包，多么懂事的孩子呀！”

这天，那些孩子和以前一样抢夺较大的面包，可怜的露丝最后只得到了昨天一半大小的面包，但她仍然很高兴。她亲吻过面包师的手后，拿着面包回家了。到家后，当她妈妈把面包掰开的时候，一个闪耀着光芒的金币从面包里掉了出来。

妈妈惊呆了，对露丝说：“这肯定是面包师不小心掉进来的，赶快把它送回去吧。”

小女孩拿着金币很快来到了面包师家，对他说："先生，我想您一定是不小心把金币掉进了面包里，幸运的是它并没有丢，而是在我的面包里，现在我把它给您送回来了。"

好心的面包师微笑着说："不，好孩子，我是故意把这块金币放进最小的面包里的。我并没有故意想要把它送给你，我希望最文雅的孩子能得到这块金币，是你选择了它，现在这块金币属于你的了，算是对你的奖赏。希望你永远都能像现在这样知足、文雅地生活，用感恩的心去面对每一件事。回去告诉你的妈妈，这枚金币是一个善良文雅的女孩应该得到的奖赏。"

懂得感恩的女孩是幸福的，在她感恩的同时，会得到双倍的快乐与幸福。懂得感恩的女孩能够认真对待生活，哪怕是在最艰难、最痛苦的时候也能坚持住，因此最后她总能获得意想不到的结果。

"感恩"就是一种美好的生活态度，一个不懂得感恩的女孩不会懂得幸福的滋味。而那些常怀感恩之心的女孩，她们总能感受到生活的美好。

不知你有没有观察过女儿的行为？她是自己吃饱了喝足了就什么也不管，还是能够主动关爱他人，懂得"滴水之恩，当涌泉相报"？

请不要认为"感恩"是女孩可有可无的品质，要明白，不懂得感恩的女孩也就品尝不了被关爱的幸福。

教育女孩感恩，首先要教育她感恩父母。家长可以给女孩讲动物反哺的故事：乌鸦长大后，还返回来喂自己的老父母，就像当初父母喂自己一样。鸟类都能做到感恩父母，更何况人类？人类不仅要感恩父母，还要感恩每一个帮助过自己的人。

家长还可以告诉孩子，感恩在生活的点点滴滴中清晰可见，比如帮爸爸妈妈分担家务，当朋友遇到难题时鼎力相助，下雨时给别人撑起一把伞，等等。告诉孩子，懂得感恩是最平凡的举动，也是最高尚的行为，应该抓住每个感恩的机会。

有一个母亲的做法，就很值得提倡：

铭铭快8岁了，当年，妈妈在生铭铭的时候难产，情况危急。医生们采取了果断的措施，经过全力抢救，终于使母女俩脱离了危险。

因此，每年铭铭过生日的时候，妈妈就会带着她到医院看望当年保她们母女平安的医生，感谢他们的救命之恩。如果因为有重要的事情不能去医院，她就会让铭铭打个电话问候医生。

父母要教育孩子不仅对于曾经有过"大恩"的人抱有感恩之心，并且对于别人看起来微不足道的小事，也常怀一颗感恩之心。

多年前，一个单身女子的隔壁住着一户穷人。一天晚上，当地停电了，单身女子点起蜡烛。不一会儿，突然听到邻居小孩敲门。

她打开门，小孩紧张地问：“阿姨，请问你家有蜡烛吗?”女子以为小孩子是来借蜡烛的，于是对孩子说：“没有！我这已经是最后一根蜡烛了。”正当她准备关上门时，小孩微笑地说：“阿姨，我就是来给您送蜡烛的。”说完，从怀里掏出两支蜡烛。“妈妈和我怕你没有蜡烛，所以我给您送两支过来。”单身女子问小孩：“你告诉阿姨，为什么要给我送蜡烛呢?”小孩儿说：“阿姨，您平时的灯光总能通过窗户照亮我家。我妈妈说我们要懂得感恩。”

犹太父母认为，真正的感恩是发自内心的感激，他们相信，只有懂得感恩，孩子才会去帮助别人，关爱他人，才不会成为一个“自私鬼”。

在犹太家庭里，每当和孩子闲聊时，父母总是有意地让孩子说出自己需要感谢的人或事，这样，孩子就会把这些人和事牢牢地记在心里，在合适的时机给予他们回报。不仅如此，孩子在感恩的过程中，也学会去帮助别人，同别人分享快乐。这种美好的品质不仅给她带来心灵的慰藉，而且还会使她的人际关系更加融洽。

不妨从一些细节开始，教会女孩感恩

父母教孩子学会感恩应该从生活的一些细节开始，通过日常生活的点滴，逐渐培养孩子的感恩之心，如教育学生主动帮助老师擦黑板，要尊敬老人，理解父母，为父母分忧，帮助别人，同时也铭记别人对自己的好，等等。总之，点点滴滴都能当成感恩教育的素材。

珍惜孩子爱的表达

父母为女孩做了很多事情，许多女孩向父母表示“您辛苦了”的时候，父母往往说：“你在学校里好好读书就行了”或者“你不再让我们生气就行了”等，父母这样的话语会把女孩自发的感恩之心扼杀掉。

让女孩感受别人的痛苦和快乐

“爱自己”“看清自己的痛苦与快乐”容易做到，可是“就像爱自己那样爱别人”“感受别人的痛苦和快乐”，就有些难度了。

父母对女孩的美德教育往往到此戛然而止。但是，如果想让别人爱你的女孩，务必从现在起让她明白：只有设身处地地为他人着想，懂得换位思考，你才会获得更多真挚的友谊。

所谓换位思考，就是要把自己设想成别人，站在别人的角度考虑问题。很多时候甚至需要暂时抛开自己的切身利益，去满足别人的利益。

而在现实生活中，孩子们习惯于从自己的特定角色出发来看待自己和他人的

态度与行为，而且习惯于自我中心式的思维方式，从而引发出一些不必要的冲突和矛盾。比如，晨曦的奶奶突然病逝，晨曦情绪非常低落。当晨曦来到学校后，很多朋友这样“安慰”她：“她是怎么死的?”“你奶奶以前对你好吗?”“天哪，没想到这么快就死了?”……这些孩子的出发点当然是关心，但因为没有站在晨曦的角度思考问题，结果使晨曦心理受到莫大的伤害。如果大家都能从晨曦的角色去思考一下，都能将心比心地换位感受一番，那么，结果就会完全不同了。

家长在平时的教育中，应该告诉女孩：唯有感同身受地去倾听别人的烦恼、痛苦、快乐、幸福……才能使别人愿意与你交流、沟通，并真切地感觉到我们对于他人的尊重。

当然这种“感同身受”一定要发自内心的，不带任何利己成分。如果关爱别人，目的是希望从别人那里捞取更多的好处，那么这种关爱是丝毫没有意义的。

春秋时期，管仲和鲍叔牙是一对好友。两人合伙做生意，管仲少出资而多分利，鲍叔牙知道管仲是为了奉养老母，而不是贪心；鲍叔牙听取管仲谋策，遭到失败，鲍叔牙认为是时机不对，而不是管仲无能；管仲三次被罢官，鲍叔牙认为是君主不明，而不是管仲无才。管仲三次打仗三次逃走，鲍叔牙说他不是胆怯而是因为家有老母无人照顾；最后管仲辅佐的公子纠兵败被杀，别的臣子都自杀殉主了，管仲却宁可躲进囚笼受辱，鲍叔牙说他不是无耻贪生而是忍辱负重以成就宏图大志。

像鲍叔牙这般将心比心、善用换位思考，实属难得。无怪乎管仲慨叹：“生我者父母，知我者鲍子!”

只有理解他人，感受他人的痛苦和快乐，才能与人为善。如果不懂得欣赏他人，就难以接纳和理解他人，更谈不上奉献爱心。

父母要让女孩明白：与人相处时，充分尊重彼此之间的差异，学会替别人考虑，这样就会取得事半功倍的效果。

在女孩与朋友之间因为某些事情发生分歧时，不妨帮她一起分析其中的原因，看看分歧点在哪里，为什么两个人的想法会不同，接着建议孩子这样思考：“我要是处在他的情况下会有什么感觉？会有什么反应?”最重要的是让女孩学会体谅他人，从他人的角度看问题。比如，为了让别人听清楚你的声音，不妨提高说话的声调；为了不让对方伤到，递给他剪刀的时候可以把把手那一边冲着他；当对方总是脾气暴躁、对人苛刻的时候，想一想是不是他最近工作压力太大……

正像俗语所说的那样：“穿别人的鞋，才知道痛在哪里。”鼓励女孩站在对方的立场上关爱对方，了解他人的真实处境，切身地感受他人的喜怒哀乐，这样女孩才能成为一个真正受欢迎的孩子。

告诉女孩，要常常把自己假设成别人

换位思考的实质是对交往对象的切身关怀，深入对方的内心世界。它是一种理解，也是一种关爱。建立在换位思考基础上的相互理解和关爱，能够很好地促进彼此间的团结与合作。立场不同、所处环境不同的人很难了解对方的感受，因此对别人的失意、挫折、伤痛，不宜幸灾乐祸，而应给予关怀与了解。

告诉女孩一些正确的“对话技巧”

有时候，女孩也很想去帮助小伙伴，也很想进行换位思考。但由于阅历以及其他方面的原因，她们往往是心有余而力不足。父母可以教给她们一种对话技巧：想帮助朋友，首先要把自己当做他，安静而专心地倾听他的倾诉，并且在适当的时候用一些简单的词语回应他们的感受，比如“嗯，是这样……哦……”当然父母不需要直接反复告诉女孩这种对话技巧，只需要在平时的家教中用上这种技巧，使孩子从中受益。如此，孩子在人际交往中，自然会模仿这种有效的方法。

让女儿为你洗一次脚

一个懂得爱父母的女儿，将来才能够真正地懂得去爱别人、爱生活，以至于爱整个世界。如果一个女孩连她自己的爸爸妈妈都不爱的话，那她将很难真正地爱一个人。这一点是尤其值得家长们重视的，因为现在大多数的家庭里都是独生宝贝，自私自利、以自我为中心是这些独生女儿们的通病。如果她们从小就只是在没有节制地索取父母给她的爱，却不懂得付出的话，那将来父母只好自食苦果了。

有一位妈妈给她4岁的小女儿买了一盒新鲜的糕点。

女儿津津有味地吃着，这个时候妈妈走过来问她一句：“好吃吗?”

“嗯，好吃。”女儿一边吃着，一边头也不抬地回答。

“那给妈妈一块好吗?”妈妈在一旁逗她。

女儿一听妈妈要拿走她的点心，马上按住盒子的盖子大叫：“不给，不给。”

“小东西，年纪不大，倒是蛮自私的。来给妈妈一块吧。”妈妈故意从盒子里抢出一块咬了一口。结果女孩大哭起来，非要妈妈吐出来。

这个时候，可想而知妈妈的感受……

善良是一个孩子的本性，如果不是父母的教导无方，为何这与生俱来的品行会在日后日渐消退，以致荡然无存了呢?

有一所中学给学生们布置了一道作业：回家之后给父母洗一次脚，其中一个女孩是这样写的：

一天晚上，我端着一盆温水走到正在看电视的妈妈身旁。

“妈妈，我帮你洗一次脚吧。”

妈妈先是愣了一下，接着高兴地说：“好啊，我的女儿终于长大了，知道孝顺妈妈了。”

我有些惊讶，原来这么小的事情竟会给母亲带来如此大的快乐！

我慢慢地脱掉穿在妈妈脚上的鞋子和袜子，缓缓把她的脚放入水中，拿起手巾在她的脚上擦了又擦。

妈妈连声说：“真舒服啊！能有你这样的好女儿，妈妈真是幸福！”

这时候，我却忍不住流泪了。若不是学校这样要求，我会想到帮妈妈洗一次脚吗？泪水模糊了我的双眼，我深深自责，感到非常愧疚。

“乖女儿，”妈妈喊了我一声，“行了吧？”

我这才回过神来：“哦，行了，行了。”

我立即帮她用干手巾擦干了脚。看着这既粗糙又布满伤痕的脚，我的泪水又禁不住淌下来。妈妈为了这个家日夜操劳，岁月早已在她的脚上留下了无情的沧桑印记，而我这个粗心的女儿竟到今天才发现。

妈妈满足地看着我，帮我拭去眼角的泪水。

“别哭，好孩子。”她慈祥地安慰我。

“妈妈，我下次放假回来再帮你洗脚好吗？”

“好，好，再洗，再洗。”她的脸上露出了无限的喜悦。

让你的宝贝女儿也为你洗一次脚吧，这样做不仅可以弘扬中华民族的传统美德，更是给了女孩一次尽孝道的机会，因为在平日的生活里，女孩的妈妈包办了大堆的家庭事务，把她们的生活安排照顾得无微不至，造成了她们只知道享福，不懂得给予。

当女儿的双手握住妈妈脚的那一刻，会有很多女孩能真切地体会到妈妈平日的辛劳，那双脚、那双手不再像年轻时候那样绵软细致，而成了如今的模样。当女孩怀有一颗感恩的心的时候，将来才更容易做一个对社会有用的人。

其实，在日常的生活中，妈妈也要想办法让女儿懂得，每个家庭成员都要互爱互助。在平日里就要循序渐进地教女孩做那些力所能及的事情，比如擦擦桌子、摆放碗筷、摘摘菜叶、洗小件的物品，等等。同时，妈妈要学会变通地向女孩“索要”关爱，让女孩有关爱父母的意识，从实际行动中体会到父母为家庭付出的辛劳和养育之情，体会到爱是需要付出和回报的。

爸爸妈妈要“互唱赞歌”

“女儿，妈妈每天都很辛苦，养你长大不容易。今天晚上你来给妈妈洗洗脚吧。”这样的话，相信任何妈妈都不好意思当面对女儿说。那怎么办最好呢？别忘了，家中除了妈妈，还有爸爸。当妈妈不在现场的时候，爸爸就可以大大地向女儿鼓吹“为母洗脚”理论了。“女儿啊，你妈妈每天在家操劳很不容易。这两天她的脚上生了冻疮，你去市场里给妈妈买一瓶泡足药水，然后晚上帮她好好按摩一下，好不好呢？”当爸爸心平气和地和女儿商量，相信女儿一定不会拒绝。同样的道理，妈妈也要在爸爸不在现场的时候多和女儿夸奖爸爸，这样一来，女儿既爱妈妈，又爱爸爸，家庭的氛围就会越来越和谐，亲情也会越来越浓厚了。

懂包容的女孩更有福

用博爱包容周围的一切

爱是道德的最高准绳。它是道德的核心和基点，社会进步和发展的动力。一个没有爱心的女孩，必然是没有责任心、进取心、孝心的人。

现在的女孩大多是独生子女，在家中都是“小公主”，整天被长辈的爱包围着。父母苦自己、累自己，也要满足女孩的各种要求，而家中又没有可以分享的兄弟姐妹，这种种因素，极易使女孩形成自私、冷漠、缺乏爱心的自我中心思想，心目中只有自己，不关心他人，不会与同伴合作互助，这会严重影响女孩的健康发展，因此，对女孩的“爱心”教育迫在眉睫。

“瑞恩的井”是对博爱的最好诠释。

“妈妈，请给我70元钱。”1998年的一天，6岁的加拿大女孩瑞恩·希里杰克刚一放学，就迫不及待地冲进家，向妈妈伸出手说，“我要给非洲的孩子挖一口井，好让他们有干净的水喝。”

原来，这天老师在给一年级学生上课的时候，讲到：“在非洲，许多孩子住在条件很差的草棚里，由于没有足够的食物和饮用水，又缺少药物，许多儿童在饥饿、疾病中等待死亡。如果能捐出70元钱，就能帮他们挖一口井。”

“他们不应该过那样的生活。”一整天，“70元一口井”一直在瑞恩的脑子里转着。“我一定要为他们挖一口井。”瑞恩下定了决心。

面对瑞恩的请求，妈妈说：“瑞恩，70元可不是小数目，得靠你自己去挣。”瑞恩爽快地答应了。

妈妈在冰箱上放了一个旧饼干盒，并为瑞恩画了一个积分表，上面有35个格。饼干盒里每增加两元钱，瑞恩就可以涂掉一格。妈妈说：“瑞恩，记住，你只能靠做额外的家务活来赚这些钱，愿意吗？”瑞恩点了点头。

瑞恩的第一项工作是为地毯吸尘。哥哥和弟弟都出去玩了，瑞恩干了两个多小时。妈妈“验收”后，往饼干盒里放了两元。几天后全家人去看电影，瑞恩一个人留下来擦了两个小时窗子，又挣了两元。爷爷知道了瑞恩的梦想，雇他去捡松果；暴风雪过后，邻居们请她去帮忙捡落下的树枝；考试取得好成绩，爸爸给了奖励……瑞恩把所有得到的钱，都放进了那个饼干盒里。

35个格子终于被涂掉了。4月下旬的一个早上，瑞恩抱着装有零钱的饼干盒，把辛辛苦苦挣来的70元交给募捐项目的负责人。

女孩就这样在父母每天的点滴呵护中，知道了什么叫“爱”，学到了如何生活、如何做人。只有得到了父母亲友的充分的爱，女孩的心中才会充满爱，才会爱自己、爱他人。

要让女孩充分感受到爱

“没有无私的、自我牺牲的母爱的帮助，孩子的心灵将是一片荒漠。”女孩天生敏感、脆弱，她会本能地感受到他人对自己的善恶。女孩最喜欢爱她的人……也只有爱才能培养她。当女孩看到并感觉到父母对自己的爱的时候，她会努力听话，不惹父母生气，也会变得更有爱心。

让女孩学会爱父母

天下没有哪个父母不爱自己的女孩，可并不是所有的女孩都能始终如一地爱自己的父母。现实中不乏这样的案例，父母对女孩百般关爱，结果却是女孩和父母反目成仇，憎恨父母，打骂父母，甚至伤害父母，这是非常值得父母反思的。父母在爱女孩的同时，一定不要忘记培养女孩的爱心，而女孩爱他人正是从爱自己的父母开始的。

不要让嫉妒破坏女儿的心境

当别人比自己强、比自己好、比自己的东西多时，孩子的嫉妒心容易萌生——

“妈妈，弟弟的苹果比我的大!”

“妈妈，姐姐干吗又买新衣服了?”

“妈妈，茵茵这次去区里比赛，什么奖都没得到。”

孩子这就是在告诉你，她在嫉妒同伴。那么，遇到这种情况我们又要怎样教女孩们克服嫉妒心呢?

有一位四年级的学生小敏和她的朋友晶晶去参加区里组织的小学生演讲比赛。去的时候两人手挽着手，有说有笑。回来时，小敏独自走回来，且脸色不大好看。

妈妈知道女儿肯定未获得名次，正想去安慰她几句，猛然想起一定是晶晶获了奖，小敏正在妒忌她呢。

想到这里，妈妈亲切地搂着女儿说：“还记得上次吗？你俩一起去少年宫参加‘六·一晚会汇演’，你的舞蹈获了奖，而晶晶的提琴独奏没有获奖。她是怎么做的？她照样高高兴兴地到我们家来，一进门就向我报喜，说你那天表演得真好。可是你今天却怎么啦？”

小敏的脸上泛起了羞愧之色。

妈妈便建议道：“去请晶晶到我们家吃饭，让我们为她的成功庆祝，好吗？”后来小敏在饭桌上真的庆祝晶晶参赛获奖，为学校添了光彩。晶晶说：“其实我觉得你讲得比我好，我真怀疑评委弄错了呢。”小敏开心地说：“明明是你讲得好，我太紧张，都把爱因斯坦讲成了‘爱类吃蛋’。”

于是，两个人大笑一场，仿佛什么事都没有发生一样。

看来，微笑和赞美是嫉妒的最好解药。我们的父母常犯的错误便是当着孩子夸奖她的同伴，这种“赞美他人”的结果，除了引起孩子的反感外，还会激发孩子的嫉妒心。不再把伙伴带回家，或不跟她们的朋友好。正确的做法是，引导孩子正确评价别人、赞美别人，这是开阔孩子的胸襟，激发孩子上进心的有效途径。

当孩子回来赞扬她的同伴时，她的心是健康明朗的，父母应当热情对她的评价给予鼓励，使她明白这是一种良好的品德。有道是：“经常赞扬别人，从别人那里得到赞扬也特别多。”而在赞扬声中成长的孩子，总是比较自信、乐观、豁达。

斯宾诺莎曾经说：“嫉妒是一种恨，此种恨使人对他人的幸福感到痛苦，对他人的灾难感到快乐。”他还说：“在嫉妒心重的人看来，没有比他人的不幸更能令他快乐，亦没有他人的幸福，更能令他不安。”嫉妒只会让人在心中产生恨意，因为见不得别人比自己更快乐，更幸福，嫉妒就像魔鬼一样能控制一个人的心性，最终使得一个人心胸狭窄，斤斤计较。一个嫉妒的女孩，不仅会破坏自己的心境，还可能让大家对她敬而远之，久而久之，嫉妒的女孩也就被孤立了。豁达的心境，才能海纳百川，才能有容乃大。教女孩们做一个远离嫉妒，心胸豁达的女孩吧。

培养女孩的宽阔胸怀

当孩子跌倒后，被扶起后仍然痛哭不已，母亲便在孩子摔倒的地方重重踩几脚，说：“踩死你！该死的！谁叫你摔痛我的宝宝！”孩子即刻破涕为笑。这看来是小事，许多父母都这样做。可是我们想想孩子的心理便会觉得这样做是错误的。孩子摔倒本是她自己的过错，你这样做无疑是叫她转移心中的怨恨，正确的做法应该是告诉孩子：“嗨！没什么！”从小培养孩子宽阔的胸怀。

要让孩子学会微笑和赞美

真诚地赞美别人，特别是赞美同伴，赞美对手，这需要一种宽阔的胸怀。女孩的嫉妒心总是随着年龄的增长而增长。因此，从小培养孩子赞美他人的习惯很重要。

让好女孩懂得善待自己，进而善待他人

每一个人生活在世界上，往往要处理好两种关系，一种是人与自己的关系，第二种是人与他人的关系。季羡林先生曾这样说过：当我们待人处世时，应当想到别人的时候比想到自己的时候稍微多一点。只有处理好与自己的关系，与他人的关系，然后才能成为幸福快乐的人，才能成为成功的人。

一个善待自己的女孩，必是一个充满自信与乐观的人，能体验到自己的存在价值的女孩。即对自己的能力、性格、情绪和优缺点都能做到恰当、客观的评价，对自己不会提出苛刻的非分期望与幻想；成功时不苛求自己，失败时不追悔自己，凡事从大处着眼，不在意一城一池的得失，把握现在，迎接下一次挑战。人生也许是平凡的，却能从自己的身上找到闪光的地方，生活也许是平淡的，但心里永远都充满温暖的阳光。

一个善待自己的女孩，必是一个不断完善自己的人，是一个讲责任的女孩。也许她不是天才，但她肯定是一个有着炽热追求和拼搏精神的人；也许她不是世上最聪明的人，但是最有抱负和最勤奋的人。

一个善待自己的人，还要善待他人。人与人之间的关系就是唇齿相依的关系，在生活中，对人多一份理解和宽容，其实就是支持和帮助自己，善待他人就是善待自己。我们常讲：授人玫瑰，手留余香。当今社会人与人之间需要的是合作与互动。孟子曾经说过："君子莫大乎与人为善。"只有教会孩子先去善待别人，善意地帮助别人，才能处理好同学关系，长大后才能处理好同事关系，从而获得相互的愉快合作，提高学习与工作的效率。那些慷慨付出、不求回报的人，往往容易获得成功；那些自私吝啬、斤斤计较的人，不仅找不到合作伙伴，甚至有可能成为孤家寡人。善待他人，应学会宽容，"海纳百川，有容乃大"，宽容是人生处世的一种艺术，宽容者豁达大度，乐观向上，自然善待自己。

一天，一个贫穷的小男孩为了攒够学费正挨家挨户地推销商品。劳累了一整天的他此时感到十分饥饿，但摸遍全身，却只有一角钱。怎么办呢？他决定向下一户人家讨口饭吃。当一位美丽的女孩打开房门的时候，这个小男孩却有点不知所措了，他没有要饭，只乞求给他一口水喝。这位女孩看到他很饥饿的样子，就拿了一大杯牛奶给他。男孩慢慢地喝完牛奶，问道："我应该付多少钱？"女孩回

答道：“一分钱也不用付。妈妈教导我们，施以爱心，不图回报。”男孩说：“那么，就请接受我由衷的感谢吧！”说完男孩离开了这户人家。此时，他不仅感到自己浑身是劲儿，而且还看到上帝正朝他点头微笑。

其实，男孩本来是打算退学的，但他放弃了这个念头。

数年之后，那位美丽的女孩得了一种罕见的重病，当地的医生对此束手无策。最后，她被转到大城市医治，由专家会诊治疗。当年的那个小男孩已是大名鼎鼎的霍华德·凯利医生了，他也参与了医治方案的制订。当看到病历上所写的病人的来历时，一个奇怪的念头霎时闪过他的脑际。他马上起身直奔病房。

来到病房，凯利医生一眼就认出床上躺着的病人就是那位曾帮助过他的恩人。他回到自己的办公室，决心竭尽所能来治好恩人的病。从那天起，他就特别地关照这个病人。经过艰辛努力，手术成功了。凯利医生要求把医药费通知单送到他那里，在通知单的旁边，他签了字。

当医药费通知单送到这位特殊的病人手中时，她不敢看，因为她确信，治病的费用将会花去她的全部家当。最后，她还是鼓起勇气，翻开了医药费通知单，旁边的那行小字引起了她的注意，她不禁轻声读了出来：

“医药费——一满杯牛奶。霍华德·凯利医生”

善待他人，更应学会换位思考，推己及人，人我合一；将心比心，两心相通。善待他人，应尽量体会别人的难处，体会学校、家庭、社会的难处，要学会释怀，善待他人也就是善待了自己。

家长要让女孩学会将心比心

家长要教育女孩学会设身处地地为他人着想。比如，让孩子学会换位思考，让孩子多想“如果我是她，我会怎么做”这样的问题。只有将心比心，才能懂得如何善待他人。

宽容就是推己及人，己所不欲，勿施于人

善待他人，需要善良和宽容作为背后的支撑。培养孩子平正宽和的心态，要教育她们好的东西懂得与人分享，和别人有了矛盾的时候要宽容大度，不要事事计较。

心胸狭隘的女孩最可悲

雨果说：“世界上最宽阔的是海洋，比海洋宽阔的是天空，比天空宽阔的是人的胸怀。”只有胸怀宽广，才能容纳天空、海洋。心胸狭窄的女孩是最可悲的。心胸狭窄，她的世界就像墙角的花一样，也就变小了。

这是一个母亲教育孩子的故事，虽然故事的主人公是外国人，但它告诉人们

的道理却是相同的，那就是：把孩子培养成为一个心胸开阔的人。

苏珊以优异的成绩考上了大学，在其学校生活的每个阶段，她都是深受其他学生拥戴的学生领袖。但在她身上却丝毫不见一些“佼佼者”身上常见的清高、孤傲、盛气凌人，相反，她为人谦和，从内心深处尊重欣赏她身边的每一个人。一天晚上，她邀请几个朋友到他的房间里吃晚餐。在吃饭过程中，一个朋友发现了她桌子上的一个座右铭。座右铭只有三个字：我第三。这三个字被镶嵌在一个精致的框架里，朋友们觉得很奇怪，便缠着苏珊问个不停。苏珊无奈，只好给大家解释起来：在我离开家的前一天晚上，妈妈给了我这个精美的框架，并嘱咐我一定要将它放在我每天都能看到的地方。我希望我能永远记住这句话，记住妈妈对这句话的解释。“我的女儿，”妈妈告诉我，“什么时候都不要忘记，上帝第一，别人第二，你永远只是第三。”

由于宗教与信仰的不同，苏珊的妈妈让女儿记住上帝第一，别人第二，而你自己只是第三。引申这种含义，我们在教育孩子的时候也可以这样告诫女孩们：祖国第一，别人第二，而我们自己只是第三。

当今的独生子女在每一个家庭里大都享有无上的“特权”，有父母、爷爷奶奶、外公外婆三对夫妻的精心照顾，大家都围绕着这个中心转，所以大多数的独生子女大都以自我为中心，很少去想他人、考虑自己之外的事情。当这一代孩子成人走向社会之后，又有多少人能够以健康的体魄和健全的心智来融入社会、建设国家呢？一个心里没有他人的人会有国家、会有他人？苏珊母亲尚且能如此教育自己的儿子，我们何尝不能呢？

让我们的孩子心里都有祖国、有他人，装下除了自己以外的更多的东西，宽阔自己的心胸、完善自己的心智、健全自己的体魄，成为一个利国利民利家利己的人。

这是一个关于战场归来的士兵的故事。他从旧金山打电话给他的父母，告诉他们：“爸妈，我回来了，可是我有个不情之请。我想带一个朋友同我一起回家。”“当然好啊！”他们回答，“我们会很高兴见到的。”不过儿子又继续下去：“可是有件事我想先告诉你们，他在战争中受了重伤，少了一条胳臂和一只脚，他现在走投无路，我想请他回来和我们一起生活。”“儿子，我很遗憾，不过或许我们可以帮他找个安身之处。”父亲又接着说，“儿子，你不知道自己在说些什么。像他这样残障的人会对我们的生活造成很大的负担。我们还有自己的生活要过，不能就让他这样破坏了。我建议你先回家然后忘了他，他会找到自己的一片天空的。”就在此时儿子挂上了电话，他的父母再也没有他的消息了。

几天后，这对父母接到了来自旧金山警局的电话，告诉他们亲爱的儿子已经坠楼身亡了。警方相信这只是单纯的自杀案件。于是他们伤心欲绝地飞往旧金山，并在警方带领之下到停尸间去辨认儿子的遗体。那的确是他们的儿子没错，但惊讶的是儿子居然只有一条胳臂和一条腿。

这是一个悲惨的故事，如果故事中的父母能够胸怀宽大，接受那位受伤的士兵，其实也就是自己的孩子，那么这样的惨剧也就不会发生了。女孩子们或许能从这个故事中获得什么启发，心胸狭隘最终可能就是以悲剧收场。

心胸狭隘对个人来说，会使受挫折能力降低，情绪低落，无法结交更多真心的朋友，是有百害而无一利的。要改变这一不良性格，建议从以下几个方面入手。

帮助孩子确立一个积极的目标，正确处理人际关系

不妨告诉孩子，如果能确立一个积极的目标，把眼光放久远些，自己眼前的得失就不算什么，遇事也就不会斤斤计较了。自古以来，“强中更有强中手”，如果认识不到这一点，不愿结交和自己意见相左或强于自己的人，那么女孩就只能永远在自己的小圈子中徘徊。只有开阔心胸，坦诚交友，才能使自己发展进步。

让女孩学会袒露心底想法

家长可以这样告诉女孩：如果对某人有看法和猜疑，不妨坦诚地和对方交换意见，诚恳地把自己的疑问提出来，心平气和地和对方交谈，当疑团解开时，自己的内心就会舒畅。

让女孩学会欣赏比自己优秀的人

每个人身上都有优点与缺点，爱看到优点的人比总看到别人缺点的人会更快乐、也更受欢迎一些。所以，我们鼓励每个人多去看别人的优点，多去欣赏别人，它带给别人自信的同时也愉悦了自己。一个会欣赏别人的人，是自信的、快乐的、勇敢的、开放的。而这项本领，可以、也需要从小培养。很多家长认为，让一个不懂事的孩子懂得欣赏别人，难度很大。其实并非如此，生活中的点点滴滴都是极好的素材，就看你怎么使用。

欣赏是一种理解的延伸，是一种知性的壮美，是一种无穷的力量。一切力量本身都是有局限性的，因为它们产生着迟早将和它同等或超过它的力量。欣赏他人则简单地始终在起作用，它不产生阻碍它的对立关系。它消除现存的对立关系，它排除误解和不信任，通过呼唤真诚与宽容，从而强化了自我。因此，欣赏他人始终是一种真正的力量。这种力量的源泉在于一个人“心中有光”，有一颗仁慈、宽容、博爱之心，有一份热诚、坦荡、无私之情。

欣赏别人是一种美德。培根说过：“欣赏者心中有朝霞、露珠和常年盛开的花朵，漠视者冰结心城，四海枯竭，丛山荒芜。”古语有云，“欲将取之，必先予之”，“爱人者，人恒爱之”。人与人之间的关系往往是相互的，与人为善，也是与自己为善。在工作或生活中，同事朋友之间，需要相互理解，更需要相互欣赏，当你用欣赏的眼光看别人时，别人也会向你投来欣赏的眼光；当你用鄙视的眼光看别人时，别人也会向你投来鄙视的眼光。

一个暖洋洋的中午，丽莎和爸爸在公园散步。正走着，丽莎看见一个滑稽的老太太，很不合时宜地裹着大衣，围着围巾。丽莎轻轻地拽了一下爸爸说：“爸爸，你看那个老太太的样子多可笑啊。”

哪知爸爸的表情却特别严肃，他沉默了一会儿说：“丽莎，我突然发现你缺少了一种本领——欣赏别人的本领。这证明你在与别人的交往中少了一份真诚和友善。那位老太太穿得很厚，也许是因为她大病初愈，身体还不太舒服。可你看她的表情，她注视着树枝上一朵丁香花，表情是那么的专注，这说明她热爱春天，热爱大自然，你不认为这很让人感动吗？”

说完，爸爸领着丽莎走到那位老太太面前，微笑着说：“老太太，您欣赏春天时的神情真的令人感动，您使春天变得更美好了！”

那位老太太听后激动地说：“谢谢您，先生。”说着，还从提包里取出一小袋甜饼递给了丽莎，说：“可爱的小姑娘，这个给你……”

事后，爸爸对丽莎说：“一定要学会真诚地欣赏别人，因为每个人都有值得我们欣赏的优点。当你这样做的时候，你就会获得很多朋友。”

这个故事说明的道理很值得我们去思索，但要注意欣赏别人不要刻意，这应该是一种发自内心的行为。会欣赏别人的女孩，就会得到别人的欣赏。

欣赏就像清晨洒在玫瑰上的露珠和阳光，赞美和鼓励的话说起来毫不费力，却能够成其大事。对别人说一句欣赏的话也许只需要几秒钟，却能够产生巨大的功效，甚至能够让一个人受益终生，那个人也许正是你自己。

一个会欣赏别人的人，首先要会欣赏自己，而要会欣赏自己，就要有自信，要有自信，就要有成功的感觉，要有成功的感觉，则要能做到，也就是经常有完成自己能力范围内的任务的机会。而当她完成时，还能及时地从周围的人中得到具体的反馈，对她的努力与进步表示肯定。

所以，对家长来说，重要的是多提供一些难度与孩子能力相当的事给孩子去完成。其中又有一定的技巧，一个很重要的方法是把学习或要完成的东西进行分解，而不是要求孩子一步到位。

比如走路，所有的孩子都不是一下子就会走路的，如果要求她一开始就会走、走得好，对她的自信只能是一个打击。而应把走路这件事分解为很多块，比如扶着东西走、走走爬爬、走得摇摇晃晃、走时摔跤不多了……孩子每完成一个阶段，都是付出努力的，这个时候要给予鼓励。

在孩子的学习与探索中，有一个问题要注意，就是很多家长常帮倒忙，总是忍不住要伸手去帮孩子，其结果是剥夺了孩子发现自己的机会与权利，这对自信心的构建没有丝毫的好处。其实，在成长中，每个孩子都会自然地去发现自己，并从中感受自己的能力，比如婴儿的翻身，她很努力地翻，但开始时总是不能成功，在一边的家长如忍不住用手推一下，帮她一把，这样做的结果是让她体验不到自己翻过去的成就与快乐，而事实上，孩子是完全可以自己完成翻身这个动作的，而且她还会找到一个令自己最舒服、最有效的翻身方法，在完成翻身这个动作过程中，她会体会、并找到自己的优势。

多给孩子经历的机会

家长要做的，就是给孩子一个鼓励的眼神，或跟她说：“宝宝，你这次翻得不错啊，你好努力哦。”让她知道她的努力你是明白的，就足够了。这样，孩子会有勇气继续尝试新的东西，她的自信也会建立起来。而孩子知道被人欣赏是一件很舒服的事后，她才会去欣赏别人。

孩子经历时要给予正面引导

只有同样努力过的人，才会欣赏别人的成就与努力，因为只有努力过，才知道要做到某个程度，是需要花很多工夫的，是很难的。小朋友多去经历，才能知道其中的难处，而且在这种经历中，得到正面的、积极的引导，才能学会欣赏别人，如果在她经历时，总是遇到挫败，她会放弃。家长首先要会欣赏自己的孩子，要认同、肯定孩子的每一点努力与付出。在这样的环境中成长，孩子自然而然地也会欣赏别人。

女孩也需要有点大将之风

女孩要做得正，行得直

正直和诚实是孪生兄弟，他们总是形影不离。这可是人们非常喜欢的两兄弟，正是他们的存在，成就了很多流传千古的佳话。

巴菲特曾给所有员工写过一封信，要求大家将所有违反法律和道德的事情都上报给他，为此他还专门留下了自己家里的电话。“我们要以最好的方式做最好的事情。”在这封公开信中，巴菲特说。出于对诚实和正直的追求，巴菲特后来屡屡出言批评华尔街的行径。这一点他在回忆录中说得很清楚：“如果让公司亏钱了，我还能理解，但是如果让公司名誉受损，那我将毫不留情。”事实上，在充满了巨大金钱诱惑的市场中，要做到这一点并不是那么容易。否则，华尔街怎么会有现在这种状况呢？巴菲特的投资向来没有鲁莽的，他不仅研究股票的未来发展状况，而且还会对持有股票的关键人物做一些分析。这成了他投资之前必须要做的事情。巴菲特喜欢正直的人，为此他一再忠告自己的子女，一定要做正直的人。

正直这个词，与真诚、诚实、忠诚、正义等词都有共同点，那就是为人令人敬佩和信任。巴菲特向来推崇的做人观点是：第一坦白，第二坦白，第三还是坦白。一个连这点勇气都没有的人，不值得跟他打交道。

因此，家长要教育他们的女儿，一定要做正直、真诚的人。

对朋友、对工作伙伴，甚至是对自己的亲人，说话做事如果总是绕圈子，躲躲闪闪，反易叫人疑心。光明正大，实话实说，态度诚恳、谦卑、恭敬，最终人家肯定会信你。做人没有必要为了一点小利去故意讨好别人。一个真诚的人最终是会使人折服的。

正直的人一般都一身正气。做一个正直的人要办事公道，有正义感。就是说，你的所作所为要符合社会道德和良知规范。不贪图私利，不受人事关系所左右。

家长要让女孩知道，哪怕因为自己的正直和真诚，一时看不到既得的利益，也要坚持这样的做人标准，不能有丝毫的动摇和转变。时间一长，等人们了解了你，认识了你，他们一定会主动跟你联系，这个时候财富的到来就是水到渠成。

正如巴菲特所说："正直，勤奋，活力，如果你不拥有第一个品质，其余两个将毁灭你。对此你要深思，这一点千真万确。"

父母是最好的榜样。父母在子女面前的表现，可以影响孩子的性格。比如父母不对其他人说谎，答应孩子的事情都能做到，处理事情、与人交往表里如一。这样，女孩们就会向父母学习，她们会懂得，这个社会的秩序和规范是有意义的。

相信在父母的表率下，在家庭的教育下，女孩一定可以成为正直的好姑娘。

讲讲身边的人和事

家长要多给女孩讲身边正直的人和事，这样会让孩子感受到事件的真实性，更有收获。

鼓励女孩和正直的人多交朋友

家长在日常生活中，通过观察，可以发现哪些孩子具备正直的品质，让自己的孩子与这样的孩子多接近，孩子们之间的相互影响会产生非常积极的效应。

训练孩子分辨是非的能力

很多时候，孩子的行为方式取决于她自己的判断标准。要让女孩成为正直的姑娘，父母必须注意培养女孩分辨善恶曲直的能力。比如在日常生活中遇到事情，明确指出哪样是对，哪样是错。在女孩出现认知错误的时候，要及时纠正。

女孩不可有傲气，但是不能无傲骨

“人不可有傲气，但不可无傲骨。”艺术大师徐悲鸿的这句话道出了一个深刻的人生哲理。的确，人不可有傲气。有了傲气的人，往往会自命不凡，认为自己能干，比别人高出一筹，从而目中无人。这就是他今后失败的先兆。有了傲气的人，当成功的时候，赞扬、奉承之词迎面扑来，他就会飘飘然，听不进批评和忠告，辨不清真假与是非，最终还是失败。对于这种人来说，成功无异成了“毒药”。

但是做到了没有“傲气”还应当有“傲骨”。什么是傲骨呢？就是应当有志气，有自信心，有顽强不屈的性格。人生的道路是坎坷不平的，失败和挫折随时会降临，冷眼、讽刺就会随之而来。对待这些是唉声叹气地把原因归于“自己天赋不足”，从此一蹶不振呢，还是不怕嘲讽，寻找原因，迎着困难而上？这就要看是否有“傲骨”。自信是成功的第一步，有傲骨、有信心的人，失败后并不气馁，相反，她们会在新的基础上不断探索。

徐悲鸿在洋人面前没有丝毫奴颜媚骨。他20岁成名，被法国犹太富翁看中，专邀他到“哈同花园”画像，在优厚的待遇面前，他断然拒绝，保持了“江南布衣”的本色；在赴法留学专攻美术期间，他遭到了洋学生的歧视，被诬为“生就的当亡国奴的材料”。徐悲鸿面对挑衅，义正词严地予以回击，并以虚心好学换来了一个个优异成绩，折服了对手，表现了崇高的民族气节；回国后，徐悲鸿不为高官厚禄所诱惑，也不被政治上的高压所屈服。他坚持走自己的路，用自己高超的技艺为祖国服务，为中华民族争光。

傲骨，是不动声色、虚怀若谷的自然流露，很难让人看得见，摸得着，是“人不可貌相，海水不可斗量”的真实写照；傲气，是哗众取宠，盛气凌人的表演，举手投足，惟妙惟肖，是“不可一世，趾高气扬”的最好注释。有傲骨的人，只会使人感到亲近，感到和蔼，感到一种力量和尊严；有傲气的人，却会使人疏远，难以接受。或敬而远之，或躲而避之，使人感到压抑和难堪。

傲骨是一种气质，一种风度，一种人格，一种素养，一种知识和道德综合后的存在，是人性中很高档次的境界；傲气，是一种浅薄，一种庸俗，一种褊狭，一种土财主式的夜郎自大的心态，一种歪门邪道和一知半解结合后的反映，是人性中很低级别的台阶。

傲骨，终生保护你的正直、善良和自信；傲气，随时损害你的形象、声誉和身心。

父母要让女孩正确认识周围环境。周围环境包括：家庭环境、学校环境和社会环境。环境时刻在潜移默化地影响着女孩的思想和行为，对于女孩的成长至关重要。

随着经济、科技的发展和信息社会的到来，女孩每天都接收着大量的信息。父母应教育女孩观察自己周围的生活细节和社会现象，思考这些现象产生、存在的原因，比较分析周围人物的言行，哪些是文明高尚的，哪些是庸俗卑鄙的，总结出正确的观点和立场，做到真诚待人，不卑不亢，自尊自爱，谦虚谨慎。

把气节教育作为家庭教育的核心

父母要从小培养女孩的正气。正气是指做人要有正义感，要正直，要有忠贞爱国的精神和民族气节。“养正气，扬正气”是中华先贤坚持的道德修养标准；为政刚直，为人正直，处世正派，是中华民族崇尚的道德观念。父母要让女孩明白做人的基础和准则，为民族的进步和复兴不断学习，不懈追求，努力成为建设祖国的合格人才。

让女孩正确认识自己，加强主观修养

气节修养，不是与生俱来的，也不是一时的心血来潮。它是人通过自觉意志的鉴别、选择，逐渐形成的，是一个长期曲折的过程。父母应该让女孩正确认识自己，加强主观修养，培养和坚定自己的气节观。父母不仅要对女儿的生活精心照顾，还要注重培养她的精神世界。他们教孩子分清荣辱、明辨是非，正确认识善与恶、美与丑的关系，处理好公与私、义与利的矛盾，保持坚定的道德纯洁性。正确的“气节观念”的形成，必须从认识自身入手。弄清人为什么活着和应该怎样活着的问题，明白做人的道理，女孩才会自觉地维护人格尊严和民族气节。

让女孩虚心接受各方面的正面教育

父母要让女孩在分析鉴别的基础上，虚心接受来自父母、老师和社会的正面教育，学习各种科学基础知识，吸取正确健康的价值观念，多做对社会有益的事，积极向正义的美好的事物靠近，与坏人坏事做坚决的斗争。

改掉女孩“两面派”的作风

所谓“两面派”孩子，并非是成人世界中常说的那种表里不一、有目的有企图故意为之的人。

孩子的“两面派”，其实是她适应不同环境的结果，也是她长期与他人相互作用的结果，是孩子在不同的环境中表现出的不同行为。

孩子的“两面派”多表现为在幼儿园里和在家里不一样；老师面前和家长面前不一样；父辈家长面前和祖辈家长面前不一样。在发展领域方面，孩子的“两

面派”一般更多地出现在行为习惯的培养上。常常听到有家长抱怨：“家里吃饭不喂不吃，吃一口还要跑三圈；在幼儿园里不但能自己吃，吃得还很快呢。”

“幼儿园里主动帮老师整理玩具，可在家里却把自己的玩具乱扔一地。”

“两面派”的行为可能是幼儿最初对权威的顺从、对自我情感的压抑，到后来寻找途径进行自我放松的过程的体现，这会严重损害幼儿的身心健康。

孩子人际智能是强项，“两面派”孩子其实很聪明，不仅社会认知能力强，能够看懂成人的脸色，了解成人的脾气和态度，体察家长和老师的心理活动；而且可以根据成人不同的情感、态度、要求和行为方式，调整自己的应对方式，以此获得成人的表扬和奖赏。一般来说，人际智能是这类孩子的发展强项。

幼儿期的孩子还处于他律的阶段，自控能力远不如成人。如果外界环境对孩子的限制较多，孩子会在他律的约束下，表现出好孩子的一面。相反，如果外界环境对孩子较为纵容的话，孩子则会任由自己的喜好，做自己想做的事。

孩子自我意识在增强，随着孩子的年龄增长，自我意识的发展，孩子的自尊感和荣誉感也逐渐地发展起来，孩子在幼儿园里会有一定的竞争意识。因此，孩子为了在集体中获得认可，往往在幼儿园老师和小朋友面前会表现得乖巧懂事、热爱劳动、乐于助人；到了幼儿园之外的地方，就会放松自己，表现得和幼儿园大不相同，有时甚至会变得任性、不讲理。

教师的教育如果难以发挥幼儿的主动性和积极性，那么幼儿就会始终处于被动接受教育的地位，成人提出的社会规范就不会内化为幼儿自觉的行为。因此，一旦离开了特定的教育情境，孩子就会忘记应该做什么，不应该做什么。最后导致在老师面前和不在老师面前不一样的后果。

幼儿园的老师在爱孩子的同时，依旧对孩子有严格的要求，对每一个幼儿都一视同仁。而家长往往较为疼爱自己的孩子，视孩子为“小太阳”。在家里，家长不能以幼儿园的纪律要求来约束孩子，造成孩子幼儿园与家庭中的表现大不一样的后果。

孩子的祖辈和父辈家长对孩子的教育往往是不一致的。由于经历不同、所处时代不同，祖辈和父辈的家长往往在教养观念、教养方式以及对孩子的态度上存在很大的差异。一般的情况下，祖辈对孩子的要求较低，父辈对孩子的要求则相对要高。这种差异会让身心还未成熟的孩子们困惑不解，有时甚至让孩子们不知道怎么做才是对的和好的。因此，孩子在与爸爸妈妈和与爷爷奶奶或外公外婆在一块儿时，面对不同的成人，有不同的表现。长此以往，就养成了孩子“两面派”的作风。

孩子是在经验的积累中成长的。家长要学会放手，提供更多的机会让孩子真正做到“自己的事情自己做”。同时，包容孩子一次又一次的错误，直到她最后成为小能手。切忌为了省时省事，事事包办代替。

当孩子表现出“两面派”的行为时，家长要试着和孩子讲道理。尝试问孩子：“你在幼儿园里也是这样的吗?”“如果你的老师和好朋友看到你这样，他们会怎样想?”家长要学会多用提示法，指导孩子进行自我教育。孩子“两面派”并不可怕，只要你掌握了以上提到的“变脸法宝”，就一定能让孩子改变“两面派”的习性，做到幼儿园与家里一个样，老师面前与家长面前一个样，做一个名副其实的好孩子。

火眼金睛——看得到孩子的进步

孩子是在正面、积极的环境中进步的。孩子的进步，哪怕只是很微小的进步，都要及时给予肯定和表扬，以增强孩子动力。

身体力行——做好孩子的榜样

孩子特别喜欢模仿成人。因此无论何时何地，都要时刻注意自己的言行，避免出现“两面派”的情形，使自己努力成为孩子敬爱的且值得学习的好榜样。切忌责怪孩子那些连自己都做不到或做得不好的地方。

家园接轨——塑造孩子的好行为

孩子的良好行为，是需要长时间培养的。因此，家长应了解幼儿园的作息制度和生活常规，即使在家里也要像在幼儿园一样要求孩子。

知足的女孩最快乐

老子说：“知足常足，终身不辱；知止常止，终身不耻。”用一句通俗的话来说，就是“知足常乐”。知足者，才会快乐幸福；不知足的人，常会痛苦不安，自取其辱。

知足的女孩，才会有良好的心态，能坦然面对生活的挫折，真心拥抱成功的喜悦，全心感受花鸟虫鱼、四季轮回的大自然的秀美。知足的女孩，会在待人处世中充满和谐、平静与真诚，使人生多一份从容与达观。

有一位谁也打不败的赛马手，整整在赛马场里做了30年，人称赛马场上的常青树。有人为了给他写书，对他进行采访。当问及他人生的座右铭时，他的回答让人费解：“记住你生活中最寒冷的那个日子!”

采访者接着问：“那你生活中最寒冷的日子是什么时候?”

他将采访者带到自家后院的一座老式马棚里。马棚里又臭又脏，地上泥泥水水，根本无处下脚，与赛马手漂亮气派的大宅子极不相称。

赛马手指着泥水地上的一堆马粪对采访者说：“你敢躺在上面吗?”说话之间，

他自己已经躺在上面了，头枕着一堆又臭又脏的马粪。

采访者惊呆了。

赛马手躺在马粪上说：“你不觉得这里很舒服吗？我生命中最寒冷的日子，是我成为赛马手很久以前的一天。那天晚上，天气总该有零下二十几度，滴水成冰。两天没有吃饭的我，人虚弱到了极点，走在路上，我只想躺下来。可我知道，只要躺下，我就会被冻死。但我身无分文，没有别的出路。于是，我钻进了这座马棚，我本以为马棚里会有草，让我暖和一点，但马棚里光秃秃的，只有马槽里有少许的一点马料。不过里面总比外边暖和，于是我躺了下来，就蜷缩在这堆马粪上，和现在一样。

“我的身边是几匹退役下来的赛马，它们老了，或许很快就要被主人杀掉。半夜，我被饿醒了，我爬到马槽边上，从里边找到一小块豆饼。我啃着冰凉的豆饼，望着头上的星星不停地想，我早晚会被冻死，因为这个冬天，肯定会有比今天更冷的天气，我怎样才能结束这样的生活呢？那时我还是一个孩子，身边的赛马让我自然地想到壮丽辉煌的赛马场，让我看到获胜的赛马手们得到的大把奖金，那就是衣物和食品，就是暖烘烘的屋子和舒适的床被。我想，如果我也能成为一名赛马手……

“隔天，我去了这个城市的赛马场，没有人要我。我对他们说，我干什么都成，只要不被冻死，只要有一口马料。真的，这就是我最初的底线。

“第一天，我吃的就是马料。他们不相信我能承受非人间的待遇。而第一天的活儿，是掏马屁股，一匹赛马 7 天没有拉屎了，它患了便秘。主人让我把手上涂满肥皂，不断地伸进马屁股里去掏马屎。

“就这样，整整 7 年，我干起了整个赛马场里最脏、最累、最没有人干的活儿。一点点，我从第一天掏马屁股，直到后来成为了一名赛马手，从赛场上的倒数第一，变成了前三名的赛手。

“一晃就是十几年，我曾被别的赛马手不断地击败，甚至两三年里再也拿不到名次。大家嘲笑我，说我老了，赛马场是年轻人的天堂，他们劝我退下来，我也很沮丧。每当这时，我就来到这座马棚。我很早就把它买了下来，而且一直保持着它原来的样子，又臭又脏，屎尿成堆。但我要保持着我的底线，无论多么困难，我想我的生活，都不会比这更糟了。

“每次来到这里，我都会感到知足。你知道，那个时候，我很有可能根本度不过那个寒冷的冬天，我的生命很有可能就在那一天夜里结束，可后来我又赢得了很多很多。是这个底线摆平了我的一切，让我感到满足，并信心百倍。我的生活曾是这样糟糕，赛马场上的任何失意，都不会比这更糟了，那我还怕什么，还在乎什么呢？就是失败，也比这个底线美好了上千倍。

“人，重要的是怎么去比较。我设定了这个底线，它就像一把尺子，是这把尺子让我舒心，永远不会再被生活打倒。

“有了这把尺子的对照，我的生活什么时候都是美好光明的，难道不是吗？我感谢这里！我常躺在这堆马粪上，只有你真实地躺在这上面，你才会懂得感恩，才会觉得，你现在的一切是多么地美好！”

知足常乐，应该是每个女孩追求的精神境界。而贪婪的女孩，是不会真正快乐的。知足才能使女孩看淡尘世的物欲、烦恼，不慕虚荣，把名利得失置之度外，凡事都能以诚相待。

让女孩学会珍惜眼前

当女孩觉得自己不幸时，永远有人比女孩更不幸。其实女孩拥有很多，却没有感觉到幸福，因为她们认为这一切都是理所当然。父母要让女孩摒弃不知满足的坏习惯，自觉珍惜自己目前所拥有的一切。

教女孩去掉虚荣，淡泊名利

父母要告诉女孩，淡泊名利，是做人的崇高境界。现实生活中，有的人默默无闻地在自己的工作岗位上像老黄牛一样耕耘着，视名利淡如水，看事业重如山；有的人却是名利思想严重，得到了得意洋洋，得不到便心灰意冷；还有的人为了名利不择手段，让人鄙视。父母要让女孩学习前者。淡泊名利是一种境界，而追逐名利则是贪欲的表现。淡泊名利，就是要超脱世俗的诱惑与困扰，实实在在地对待事物，豁达客观地看待生活。不计较名利，无求而自得，才是女孩走向成功的起点。

教女孩远离虚荣

在这个飞速发展的高科技、高竞争时代，众多父母在孩子的智力发展方面下足了工夫，却忽略了对孩子勤俭节约的美德的培养。

11岁的小乐长得很漂亮，弹得一手好钢琴，是个人见人爱的女孩。但是，她也是个十分“奢侈”的孩子，衣服不是“耐克”就是“阿迪达斯”，总而言之，从头到脚都是名牌。有些时候给父母她买来不是名牌的衣服，不管多好看，她都一概不穿，还为此哭闹了很多次。

父母对她这点也十分头疼，实在不明白为什么孩子这么小就如此热衷于名牌，而小乐的理由就是：“让我穿这些，我怎么出去见人啊？我的同学都穿名牌，我要是没有，人家会笑话我的。我不穿，要不我就不去上学。”

不仅如此，小乐还“逼”着爸爸给她买手机和高档自行车，原因也是“同学都有”。小乐不是一个特例，这已经成了现代社会的一个普遍现象。尤其是出生在经济条件稍微好一些的家庭的孩子，从小就习惯了玩高档玩具，吃“洋”面包，穿名牌衣服，然后同学之间也相互攀比，比谁的衣服牌子更有名、谁的自行车最高档、谁的MP3存歌最多、谁的爸爸的车更气派。

孩子这种沉溺享乐的比较，是典型的攀比心理，这对她的成长有着消极的影响。事物的发展都是由量变到质变的，如果父母掌握不好教育孩子的尺度，听之任之，久而久之就会让孩子陷入物质追求的泥潭无法自拔。她今天可能要求买高档玩具，明天则有可能是更奢侈的东西。长此以往，当她日益增长的要求无法得到满足的时候，孩子可能就会为了满足虚荣心而走上犯罪道路。

所以，如何让女儿养成勤俭节约的习惯，摈弃虚荣攀比的心理，帮助女儿清除人生道路上的隐患，是家长们义不容辞的责任。

陈小茵现在只要看见别人有的新东西，也会回来和妈妈死缠硬磨的要去买。妈妈知道这是她的虚荣心在作怪，每次都不想满足她的无理要求。但是又怕孩子在别人面前没有面子，最终都是以妈妈妥协而告终。

有一次，妈妈无意中听到小茵在和几个小朋友吹嘘，说自己家里很有钱，用得东西都是哪些牌子的产品。妈妈一听就直打哆嗦，因为孩子在撒谎，她所说的自己家里根本就没有。他们家也只是一个普通中等收入的家庭。收入都是固定的，每个月的消费也是计划好了的。孩子因为虚荣，在别人面前吹嘘自己，连妈妈听后，也觉得特别不好意思。

孩子的虚荣心与自尊心其实有密切地联系，虚荣心是为了能够满足自己的自尊心，而采用一种虚假的方式，去获得荣誉和普遍关注，是一种不健康的心理情绪。在消费过程中孩子会因为虚荣心，走入攀比消费的误区。其实孩子想获得尊重的需求，可以通过各种正当的方式来满足。

父母想要女孩杜绝虚荣心，可以帮孩子找到一些可以用来满足自己自尊的方式。比如发掘孩子的特长，让孩子提高学习成绩，让孩子参加公益慈善活动，让孩子乐于助人等。通过这些活动，都能够给孩子带来荣誉感和关注度，从而满足孩子的自尊心。

虚荣心过强的孩子，喜欢通过拥有物质来展现自己的实力。孩子在拥有这些物质的时候，就会萌生错误的消费观和人生观。错把对物质的拥有与对幸福的获得挂钩，错认为高档昂贵的商品才是最佳的消费选择。孩子的虚荣心会严重地侵蚀孩子的金钱观，让孩子的眼中充满物欲。

孩子的虚荣心过强，会让孩子走上贪图享乐、撒谎欺诈，甚至少年犯罪的道路。孩子不明白金钱要通过劳动而获得，不愿意通过勤劳节俭来积累自己的财富，从而在物质诱惑面前，做出一些铤而走险的事情。

父母若发现孩子是出于攀比，向自己提出的消费要求时，千万不要去鼓励和支持。在攀比的过程中，孩子的虚荣心是最容易滋长的。父母对于孩子的溺爱，让孩子的物质要求得到了更快地满足。孩子通过炫耀自己在物质上的拥有，喜欢和别人在物质上攀比，以此来满足自己的虚荣心。这不仅会扭曲孩子的价值观，也会让父母背上沉重的经济负担。

对于孩子这种喜欢被人尊重和关注的心理，父母要做出正确的引导。父母可以将孩子用于攀比消费的钱，作为孩子特长培训的投资。让孩子能够拥有一技之长，在特长展示中获得被关注被欣赏的心理需求。父母正确地引导，有利于孩子能力的发挥。

虚荣心也是撒谎和欺诈的罪魁祸首。父母要想让孩子远离虚荣，就要注意对孩子诚信品质的培养。一个诚实的孩子，如果因为虚荣心想撒谎时，就会努力地进行克制。因为诚信要求在孩子的心目中，地位也是很高的，两者一对决，就能够更好地预防孩子出于虚荣而撒谎。

让孩子认识虚荣的危害

父母要让孩子认识到虚荣的危害。孩子多通过一些欺骗和虚假的方式，来维护自己的自尊心，这样容易造成孩子撒谎成性。这种品质让孩子无法客观真实地认识到自己，也会造成对他人的欺骗。一个虚荣心过强的人，也会让人觉得特别浮夸不真实，不利于孩子的人际交流沟通和与人维持良好的人际关系。

培养孩子的勤俭朴素作风

父母要想让孩子拒绝虚荣，就要从小注意培养孩子勤俭朴素的作风。这是孩子对物质的一种态度，能够用自己的劳动来换取相应的物质，能够对财物抱持珍惜的态度。这样的孩子才不会被虚荣所侵蚀。虚荣和物欲是紧密挂钩的，一个勤俭朴素的孩子能够更好地把握住自己。

对女孩的品质教养

诚信比聪明更可贵

郭沫若小时候很淘气，但是很孝顺。有一次，他的妈妈得了一种“晕病”，郭沫若听说芭蕉花可以治这种病。但是这种花卖得很贵，并且难得一开，于是他就和哥哥一起跑到一座花园内找这种花，恰好那座花园里的芭蕉开了一朵大黄花，郭沫若和哥哥把花偷偷地摘下来送给了妈妈。妈妈虽然知道郭沫若这样做是孝顺她，可是儿子的行为很让他伤心。从此，郭沫若再也不偷拿别人的东西了。

华盛顿小时候不慎砍倒了一棵父亲很喜爱的樱桃树，华盛顿勇敢地承认了这件事并得到了父亲的谅解。

诚信是做人的根本。诚信应该从小养成，诚信的宝宝会获得更多的信赖以及友谊。

每个父母都希望自己的孩子具有诚信的习惯，不喜欢孩子撒谎。但是，许多孩子却是说的一个样，做的另一个样；当面一个样，背后另一个样。其实孩子的这种不诚信的行为并不是天生的，而是由后天的某种需要引起的，比如为了满足吃的需要、玩的需要甚至是为了逃避受批评、受惩罚。

进行诚信品质教育需要父母借助实例、故事的形式讲给孩子听，让孩子明白诚信对一个人来说是非常重要的，不诚信会带来什么恶果，诚信会有什么收获。要告诉宝宝，诚信自有它的报偿。如果你付出诚信，就会收获信赖；如果付出虚伪，就会得到欺骗。

孔子说过“言而无信，不知其可”。自古以来，诚信就受到人们高度赞赏。每个人都不可避免地要与别人打交道，信守诺言是与人交往合作的首要原则。

诚信是立人之本，是最基本的人格修养。它需要培养，更需要教育。中外教育心理学家都认为：幼儿期是良好道德行为习惯形成的最重要时期。诚信教育是德育的一个重要内容，也是适合时代特征对未成年人实施德育的一个切实有效的突破口。因此，我们必须从幼儿期抓起，注重女孩们的诚信教育，使之养成良好的道德行为习惯。

给女孩树立诚信的榜样

首先，父母自己要诚信。以诚信培养诚信，其道理是不言自明的。在日常生活中，父母对待孩子一定要诚信，不要说话不算话。有位母亲经常警告孩子，如果撒谎，就用针把她的嘴缝起来。有人问这位母亲：“如果孩子真的撒谎了，你真会缝上她的嘴吗?”显然，这位妈妈对孩子说的话本身就是不现实的，用这种方式来教导宝宝不要撒谎是非常不可取的。

对女孩的教育要长期坚持

诚信品质的教育必须从小时培养并坚持不懈。大人应该教导孩子从小就做一个诚信的人，要始终如一地要求孩子，教导孩子出现缺点和错误时要勇敢承认，接受批评，绝不隐瞒。

对孩子进行诚信品质的教育

诚信是人的立身之本，父母应该加强对孩子进行诚信品质的教育，从小就教育孩子守信用、负责任。告诉孩子，一个言而无信的人，是没有人愿意和她合作的。

谦虚的女孩惹人爱

爱因斯坦是20世纪世界上最伟大的科学家之一，他的相对论以及他在物理学界其他方面的研究成果，留给我们的是一笔取之不尽、用之不竭的财富。然而，就是他这样一个人，还是在有生之年中不断地学习、研究，活到老，学到老。

有人问爱因斯坦，说："您老可谓是物理学界的空前绝后了，何必还要孜孜不倦地学习呢？何不舒舒服服地休息呢？"爱因斯坦并没有立即回答他这个问题，而是找来一支笔、一张纸，在纸上画上一个大圆和一个小圆，对那位年轻人说："在目前情况下，在物理学这个领域里可能是我比你懂得略多一些。正如你所知的是这个小圆，我所知的是这个大圆，然而整个物理学知识是无边无际的。对于小圆，它的周长小，即与未知领域的接触面小，他感受到自己未知的少；而大圆与外界接触的这周长长，所以更感到自己未知的东西多，会更加努力地去探索。"

1929年3月14日是爱因斯坦50岁生日。全世界的报纸都发表了关于爱因斯坦的文章。在柏林的爱因斯坦住所中，装满了好几篮子从全世界寄来的祝寿的信件。

然而，此时的爱因斯坦却不在自己的住所里，他在几天前就到郊外的一个花匠的农舍里躲了起来。

爱因斯坦9岁的儿子问他："爸爸，您为什么那样有名呢？"爱因斯坦听了哈哈大笑，他对儿子说："你看，瞎甲虫在球面上爬行的时候，它并不知道它走的路是弯曲的。我呢，正相反，有幸觉察到了这一点。"

爱因斯坦就是这样一个谦虚的人，名声越大，他就越谦虚。

没有一个人能够有骄傲的资本，因为任何一个人，即使他在某一方面的造诣很深，也不能够说他已经彻底精通，彻底研究全了。"生命有限，知识无穷"，任何一门学问都是无穷无尽的海洋，都是无边无际的天空，所以，谁也不能够认为自己已经达到了最高境界而停步不前、趾高气扬。如果那样，则必将很快被同行赶上、很快被后人超过。

骄傲是一种不良的心理状态，特别是聪明的女孩常容易产生骄傲自满的情绪，父母应该给予积极地引导，使其心理健康发展。在现实生活中，孩子往往由于学习成绩较好或者某方面有特长而经常受到家长和老师的表扬，这种太多的表扬常常会误导孩子，使她们不能正确认识自己，于是就会滋长骄傲情绪。她们会因此夸大自己的优点，看不到自己身上的问题，而把别人看得一无是处；她们听不进别人的善意批评，总是处于盲目的优越感之中，就会逐渐地放松对自己的要求，因此导致成绩下降，表现也就不再那么优秀了。对这样的孩子，家长应该及时予以纠正，让她们正确认识问题。

盲目骄傲自大的人就像井底之蛙，视野狭窄，自以为是，严重阻碍了自己继续前进的步伐。科学家巴夫给青年人的一封信中这样写道：“切勿让骄傲支配了你们。由于骄傲，你们会在应该统一的场合固执起来。由于骄傲，你们会拒绝有益的劝告和友好的帮助。而且由于骄傲，你们会失掉客观的标准。”当然，我们要让孩子分清楚自信和骄傲的区别。

自信是一种积极的人生态度，它能使人乐观上进；而骄傲是对自己的不全面认识，是盲目乐观，常会让人不思进取。对于父母来说，应该培养孩子的自信心，但不能让她们滋长骄傲自满的情绪。形式上两者有很大的相似性，常会让人迷惑，孩子们常会把自己那点小得意看做是自信的表现，这时父母应该让孩子分辨出两者的区别。

家长应该让女孩认识到骄傲也是健康成长的绊脚石，任何成绩的取得只是阶段性的、局部的，只能作为一个起点。在学习上，知识是无边的海洋，如果一时一事领先就忘乎所以，恰恰是知识不够、眼界不宽的表现。“满招损，谦受益”，家长应有意识地给孩子介绍一些成功者的经验，告诉他们古今中外凡是有所作为的人都是在取得成绩后仍能保持谦虚奋进的人。

小兰已经小学五年级了，是个爱学习的女孩，由于学习成绩在班里一直名列前茅，因此非常自负。在家里，小兰认为自己已经是个大人了，对于父母说的话越来越不放在心上。在学校里，小兰也非常清高，不太愿意与成绩不好的同学一起玩，觉得跟他们在一起没什么意思。对于任课老师，小兰也不太尊敬，她认为老师的水平不过如此，自己自学都能够学到很多知识。唯一令小兰比较敬重的是她的班主任侯老师。侯老师是一位快退休的语文老师，他对小兰非常好，经常给小兰介绍一些学习方法，讲一些名人的故事。

有一次，小兰在一篇交给侯老师的周记中表现出自己看不起同学的思想，她还提到了一次与数学老师发生的争执，原因是数学老师批评小兰做作业不够仔细。

侯老师后来在小兰的本子上是这样写的：

“有人批评你，并不是他看不起你，而是他希望你进步。因为，他不批评你，你不会怨恨他，他批评你，你则会怨恨他，而他却选择了批评你，原因就是他希望你进步。侯老师也是这么希望的。”小兰深受触动，后来，她果然慢慢改正了自负的毛病。

批评往往直指一个人的缺点，如果一个人能够接受批评，她就能够比较清楚地看到自己的缺点。对于女孩来说，她在评论自己时常会出现偏差，原因是“不识庐山真面目，只缘身在此山中”，若能经常听取别人的意见或建议，就能不断充实和完善自己。

父母要教育孩子，取得了一定的成绩，这确实是自己努力的结果，但是不要忘记这里也包含着家长的培养、老师的教诲和同学的帮助。

另外，不正确的比较也容易滋长骄傲情绪。在班集体中，若以己之长与别人之短相比较，这样比较的结果，自然容易沾沾自喜，自以为什么地方都比别人强，因而看不起别人。父母应该开阔女孩的胸怀，引导她们走出自我的狭小圈子。带她们到更广阔的地方走走，陶冶她们的情操；让她们了解更多的历史名人的成就和才能，以丰富的知识充实头脑，使之变骄傲为动力。

许多人都看过《卡尔·威特的教育》这本著名的书，这本书写于1818年，是世界上论述早期教育的最早文献之一。

卡尔·威特生下来时是一个智障儿，但他的父亲老威特运用一种与众不同的教育方法，使小威特8岁时，就已经掌握德语、法语、意大利语、拉丁语和希腊语5种语言，同时，小威特还通晓动物学、植物学、物理学、化学，尤其擅长数学。小威特在9岁时就考上哥廷根大学。当他未满14岁时，就被授予哲学博士学位。16岁时又获得法学博士学位，并被任命为柏林大学的法学教授。

对于这样一位才华出众的天才，父亲老威特非常注意培养孩子谦虚的习惯，他禁止任何人表扬他的儿子，生怕孩子滋长骄傲自满情绪，从而毁了他的一生。

帮助女孩全面认识自己

孩子产生骄傲往往源于自己的某方面特长和优势，父母应该先分析这种骄傲的基础：是学习成绩比较好、有某方面的艺术潜质，还是有运动天赋什么的。然后应让孩子认识到，她身上的这种优势只不过限定在一个很小的范围内，放在一个更大范围就会失去这种优势，正确的态度应该是积极进取，而不是骄傲懈怠，并且优势往往是和不足并存的，同时应该努力弥补自己的不足。

说谎不是明智之举

说谎是人类出于自我保护的本能反应，孩子说谎是一种意识行为。孩子几乎在刚会说话的时候，就会说谎。他们通过否认事实来逃避责任和处罚，或得到某种好处，多是本性的流露。个别孩子从一年级就经常因为不写作业而被老师找家长，他的理由是“我忘带了”。一个孩子真的有那么大的忘性吗？显然不是，是因为他贪玩，没有完成作业，为了逃避老师和家长的批评，他撒谎了。

据调查，从4岁开始，孩子就有了判断正误的意识，会认识到说谎不对。当我们在面对小孩子说谎的情形时，先不急着处罚小孩，不妨静下心来仔细想想看孩子为什么会说谎。

孩子的谎言不外乎有以下几种情况：敌意性的谎言、防卫性的谎言、补偿性的谎言、掩盖性的谎言。随着年龄增大，孩子开始区分说谎的程度，一旦让他们意识到说谎会免受惩罚，甚至可以获得好处，情况就会变糟。实验表明：5 岁时，92%的儿童认为说谎不对；11 岁时，只有 28%的孩子认为说谎不对。虽然，好多家长希望把孩子教育成为诚实守信的人，但是他们自身的行为却强化了孩子去说谎。做父母的如果说话不算数，孩子便会学着欺骗人。孩子从无意识说谎到有意说谎，这期间，家长起了很大的作用。

假设有一对夫妇希望他们的孩子将“撒谎是不对的”这一点铭记在心，用一个很明确也很严厉的、恐吓性的威胁通常会很有效，但这样做无法得到孩子自觉的认识——他不想说谎是因为他自己相信“说谎是不好的行为”。因此，为了让孩子彻底不说谎，我们需要采用一个更巧妙的方法。

对一个胆小的孩子来说，一个简单的要求——“撒谎是很坏的，小宝贝。所以我希望你不要说谎”可能就够了；但对另一个自尊心很强的孩子来说，也许有必要加强一下——“因为如果你撒谎的话，我会很失望的”；对第三个调皮的孩子来说，也许还要加上一个温和的警告——“恐怕我不得不做出我不想做的事情来”。一个了解孩子的父母或老师都应该知道，什么样的“理由”会对孩子起作用，这个“理由”既能够让孩子愿意按照我们的要求去做，又能够让她们对自己的行为负责。

一旦小孩子说了谎，我们必须先冷静地面对，找出孩子说谎的真正原因，然后对症下药，用一个恰如其分的方法来解决孩子的说谎问题，这才是最根本的解决办法。记住：与其用威吓让孩子短暂地顺从，不如让她自己领悟后自觉执行。希望在老师和家长正确的教育下让所有的孩子不再撒谎，做诚实守信的人。

了解她才能教育她

小女孩愿做什么，能做什么，希望得到什么，你一定要了解。了解了小女孩的心理与能力，然后让她去做。在做的过程中，你要帮助她去发现问题，克服困难将事情做成功，而得到奖励。要消除她说谎的动机，鼓励她诚实地去做。

和孩子一起做诚信的人

父母或教师要以身作则，去做诚实的事，不要在小孩子的面前说谎。我们要做好的榜样，坏的榜样千万不要做。

切勿贪图小便宜

有一则有趣的故事。有一乡下的青年，因为牙齿坏了，来到街市寻找牙医欲拔掉那颗坏牙。他问牙医说：“拔一颗牙齿要多少钱？”牙医说：“一颗 500 元，拔两颗 800 元。”青年想虽得跑一趟街市，只拔一颗浪费时间和金钱，既然拔两颗比较便宜，就拔两颗省得再跑一趟又省钱。所以就拔了两颗牙。本来只一颗牙坏，因贪便宜而拔了两颗，是聪明或不聪明，是便宜还是不便宜呢？

以前有个老太太，非常崇敬吕纯阳（吕洞宾），一直吃素念佛，积德行善，天天念叨吕纯阳，想以此得仙人点化。

吕纯阳感知后，便化作一个卖姜小贩来考验老太太诚心与否。

老太太将卖姜小贩迎进门，叫称一斤姜。卖姜小贩说：“我不认识秤，你自己称吧。”老太太似乎有点不相信，便把姜放在秤盘里叫卖姜小贩看重量，卖姜小贩说自己看不清。老太太于是在秤盘里放了二斤姜，对卖姜小贩说：“看看，就一斤姜。”

卖姜小贩没有任何异议，收下一斤姜的价钱就回去了。

老太太窃喜不已，讥笑天下竟有这样蠢的人。第二天老太太起来，发现家门口写了几行字，赶忙叫识字人读一遍：早也念吕纯阳，晚也念吕纯阳，吕纯阳来卖姜，两斤当做一斤卖！

老太太听罢，悔得要死。为了贪小便宜，多年功德白费。

平时家长应该找机会与孩子正式地讨论关于偷窃问题：不动别人的东西是我们所生存社会的公共准则，大家都必须遵守。

“那我确实很喜欢那件东西怎么办？”——顶多走近它多看几眼或者伸手摸摸它就足够了！任何一个人不可能得到自己希望的一切事物，每一个人都不得不学会自己克制自己的欲望，身边的每个人都在克制着自己的欲望，你并不是世界上唯一不能满足愿望的人，日常生活中谁都会遇到自己心爱的东西，人人都不问自取的话，社会就乱套了，你自己心爱的东西都会被别人拿走。

“那我通过什么正当途径来获得呢？”——买，自己努力学习好本领，将来长大了自己挣钱买！小孩子注重的应该是精神食粮，我们大人看哪个孩子好的标准是谁的精神世界最丰富、谁懂的道理最多、谁知道的事情最多、谁最善良正直、谁最乐观向上、谁的成绩最好等，而不是看谁的玩具最多、文具最好、衣服最贵等，因为这些都不是她自己挣的，都是她父母买的。

“那我确实是无意把同学的东西带回家了”——家长立即表现得深恶痛绝以及对失主的歉意与难过，十分严肃认真地迅速做出决定：赶紧还给人家，向人家道歉，解释清楚，要求保证接受教训，今后永不再犯！

让孩子在体会被惩罚之中感受教育，或者让孩子将其最心爱之物找来，当面扔进垃圾堆：“请你感受一下属于你的东西永远不属于你的滋味”。

事后，父母应耐心找孩子谈话，了解她为什么拿人家的东西。针对问题进行教育。例如，儿童真正需要的是情感和关注，而不是某件东西；那么，父母或老师就应更多地给予热情关怀，让她感到温暖体贴，逐渐克服为了求得人们注意而产生的偷窃行为。如果孩子的偷窃行为是由于父母乱放钱物的引诱，或是偷了没有及时被家长发现给予制止所引起的；那么，父母一方面应减少或消除这种引诱，另一方面要细心观察并发现儿童的不良行为，及时给予教育。

不要只是粗暴地辱骂她或严厉地惩罚她，或者限制她的一切行动，冷淡、厌弃她，不去细致地了解她所以产生偷窃行为的内在理由。贪图小利会让女孩们目光短浅，无法获得长期的成功和最终的幸福。

家长要让女孩永远记得“贪小便宜吃大亏”的道理

家长要告诉自己的女孩：不属于自己的，不应该自己得到的，就不要出于各种目的去占有。这样的信条值得一生奉行。

做女孩的表率

家长们高尚的人格，平日中良好的生活习惯，就是女孩们的一个表率。如果有贪图小便宜的父母，今天看了邻居家的葱很好，顺手拿了一根，明天因为买东西少付了钱而欣喜若狂，这样的家长教育出来的孩子，也会像他们一样贪图小利。

节俭的人更珍惜人生

现在很多孩子不懂得节俭，随便浪费的现象相当严重。在某所小学里，教师和校工在校园内捡拾的物品堆满了一间屋子，大至皮夹克，小至铅笔、橡皮。学校多次广播要求学生去认领，却没有人去。在一次家长会上，校领导讲了这件事，最后只有几位家长带着孩子去认领，其他物品仍旧堆放在屋子里无人问津。孩子不懂得节俭，这不能怪孩子，我们大人有责任。家长因为疼爱“独苗苗”而迁就孩子的乱花钱自不必说，有些家长自身也产生了不健康的消费心理——攀比、从众、喜新厌旧。时代变了，人们的消费观念确实应该改变，但盲目花钱、随便浪费永远都是不好的，是不良品质的反映。每个家庭的经济情况不同，教育孩子把钱用在有利于孩子的发展上是每个家长都要认真思考的问题。不管为孩子花钱多少，都要用以下三条标准来衡量：是否高效益地使用金钱、财物，合理消费，用所当用；是否有利于孩子的发展，形成和建立良好身体素质、心理素质、文化素质；是否杜绝了奢侈浪费。

爱国华侨领袖陈嘉庚的一生闪烁着爱国主义的光辉和俭朴廉洁的美德。他曾经慷慨地捐出上千万元的钱来支援祖国的抗日战争，兴办教育事业，在集美建造了100多幢校舍大楼，而他自己的生活却非常俭朴。他在集美只有一座小小的住宅楼，其工作室内陈设更为简单：两只式样不同的沙发，没有像样的办公桌，仅在旧沙发上搭一块木板，就在上面起草文件和阅读书报。他使用的被子、蚊帐和穿的皮鞋，都是补过的。他冬天穿在身上的那件棉背心，是抗日战争时期做的，从南洋一直穿到福建，到北京开会还穿着它。他常告诫身边的工作人员："该花的钱，几千几万都得花；不该用的，一分钱也不能浪费。"

教育女孩正确认识金钱的含义

要让孩子从小懂得钱是什么，钱是怎么来的和怎样正确地对待钱财。

教孩子学会积累

孩子手里的零用钱、压岁钱应该计划使用，适当积累。让孩子在存钱、用钱的过程中养成节俭的好品质。

教孩子懂得量入为出

要让孩子明白，花钱必须有经济来源，花钱要看支付能力如何。即使家庭经济富裕，也要坚持前面提到的三条标准。

赶走贪婪的恶魔

不知从什么时候开始，女孩会觉得爸爸"考第三名给你买玩具"的奖励太廉价了，这次考好想要玩具车，下次考好想要辆真正的自行车，再下次希望要的是真真正正的汽车。女孩们不再需要玩具，因为那太廉价了，根本满足不了女孩，家长不妥当的行为让女孩们变得越来越贪婪了。这种心理是很可怕的。

有这样一个寓言故事：

狐狸和狼是死对头，在动物王国中，它们一直在明争暗斗，渴望更高的位置和权力。但是狼比狐狸走运，狼被提拔了，狐狸却什么也没得到。

怎样搞掉狼呢？狐狸冥思苦想，终于想出一条计策。

狐狸去拜见狼，诚恳地说："狼大哥，过去我有对不起你的地方，是我错了，你一定要原谅我呀。"

狼见狐狸登门认错，很得意，摆出一副大仁大义的样子说："没什么，过去的事情就别提了，咱们团结一致向前看。"

狐狸与狼倾心长谈，并积极为狼出谋划策，临走时，非要留下点小礼品不可。狼觉得也不能太不给狐狸面子，就收下了，反正狐狸也没有什么要求。

狐狸隔三差五来走动，每次来都带些礼品，不轻不重，狼渐渐也就习以为常了。

有一天，狐狸对狼说："现在羊和牛在争一块草地，羊跟我关系不错，你看能不能帮羊说句话？"

这件事狼是知道的，不是什么大事，就替狐狸办了，之后，狐狸拿了更多的礼品来感谢。

长此以往，狐狸求狼办的事也越来越多，当然礼品也越来越多，不知不觉中，超过原则的范围也越来越远。

终于有一次，狐狸让狼办一件很危险的事，许诺事成之后定有重谢，狼不干。狐狸取出一个小本，上面记着狼每次受贿的时间、事由等，各种证据俱全，这些就足以毁掉狼的前程。不得已，狼答应再帮这一次忙，下不为例。

没有下一次了，狼东窗事发，将在狱中度过自己的余生。

对欲望的永不满足，不停地诱惑着人们追求物欲的最高享受，直至吞噬人们的情感、理智。

特蕾莎修女和故事中的“狼”恰好相反，她创建的组织有四亿多的资产，可自己连袜子也舍不得穿，天主教的教皇曾经送给了特蕾莎修女一辆轿车，可修女却将它拍卖出去，把所得的钱全部捐给了穷人。

特蕾莎修女一生获得了无数的奖金，她把它们全部捐献给了穷人。

1979 年，诺贝尔奖评委会宣布把诺贝尔和平奖授予特蕾莎修女，这意味着她从此会成为一个富翁，而且是一个有着至高荣誉的富翁。可特蕾莎修女却将那笔 19 万美元的和平奖奖金，全部交给了修会，修会用这笔钱为印度的麻风病人设立了一个防治基金。特蕾莎修女连一美分都没有留给自己。不仅如此，她甚至卖掉了那枚在世人看来无比珍贵的金质奖章，所得的钱也是如数用在了穷人身上。

我们再来看一个小故事，可能你会对特蕾莎修女的精神有更进一步的了解：

在一次医科考试中，有个叫安德瑞雅的修女获得了金奖，她兴致勃勃地把奖章拿给特蕾莎修女看，想让特蕾莎修女分享她的喜悦，特蕾莎修女却问她：“那么，小姐妹，你想用它来干什么呢？你应该明白，这个奖章对你没有意义。你不会去开诊所，你也不会在自己的名字后写上什么学术头衔，你是个为穷人工作的修女，一枚奖章能有什么用场呢？”安德瑞雅一下子就明白了，她把这枚漂亮的奖章退了回去。结果，她获得了一种自由的感觉——荣誉又何尝不是一种捆绑或负担。

生活就像一杯水，它本来清澈无比，如果我们不停地往里面放糖，那么，这杯水最后就会变得让我们难以下咽。

幸福的衡量不以索取为目的

家长可以让女孩参加公益组织发起的夏令营，让她们看到那些无私奉献的人们的精神状态。感受到无私的美好，有助于抑制贪婪“因子”的成长。

适可而止体现在生活的每个方面

女孩不懂得节制欲望，与物质消费社会的一些宣传息息相关。家长必须让孩子懂得，不是所有的欲望都是可以无边际地得到满足。所有事情只有适度，才能合理。

不说空话

我们周围经常有这样的朋友，他们喜欢立志，却立不了常志。刚刚说完“从现在开始，一定好好学习”，一会儿就又玩起了游戏。刚表决心，一定要认真听讲，5分钟以后思绪就开小差到了几千里地之外。我们总是在不经意间说了一个又一个的空话、大话。但小孩子不同，她们一般都能说到做到。

孩子们总能教我们很多做人的道理，“不说空话”就是其中之一。她们好像明白，做事得尽早着手，干完后再去想，因为一个实干者胜过一百个空想家。

有一个很落魄的青年人，每隔三两天就到教堂祈祷，而他的祷告词几乎每次都相同。

第一次，他来到教堂，跪在圣坛前，虔诚地低语：“上帝啊，请念在我多年敬畏您的份上，让我中一次彩吧！”

几天后，他又垂头丧气地回到教堂，同样跪着祈祷：“上帝啊，为何不让我中彩呢？请您让我中一次彩吧！”又过了几天，他再次去教堂，同样重复他的祈祷。如此周而复始，不间断地祈求着，直到最后一次，他跪着说：“我的上帝，为何您听不到我的祈求？让我中彩吧！只要一次就够了……”就在这时，圣坛上突然发出了一个洪亮的声音：“我一直在垂听你的祷告，可是，最起码你也应该先去买一张彩票啊！”

这是一个流传很广的笑话，可它说明了一个基本的道理：任何时候，只具备完美的计划与决策是远远不够的，成功的关键是积极的行动。人生事业的建立，不只是能知，更在于能行。即使拥有再伟大的目标，如果不付诸行动，也只是画饼充饥，谁也无法帮你。

在西部边远地区有两个和尚，其中一个贫穷，一个富裕。

有一天，穷和尚对富和尚说：“我想到南海去，您看怎么样？”

富和尚说：“你凭借什么去呢？”

穷和尚说：“一个水瓶、一个饭钵就足够了。”

富和尚说：“我多年来就想租条船沿着长江而下，现在还没做到呢！你凭什么去？”

第二年，穷和尚从南海归来，把有关南海的事告诉富和尚，富和尚深感惭愧。

在做一件事之前，很多人都会想：现在已经万事俱备了吗？结果在绝大多数时候他们都放弃了最初的想法，因为他们发现所拥有的有利条件实在太少了，在一步步说服自己放弃的同时连最后的想法都会失去。

如果只有梦想而不愿为梦想付出努力、付诸行动，那么，梦想也只能停留在原处，终究没有实现的那一天。

让女孩懂得务实，量力而行

说大话来自对自己能力的过高估计，长此以往，孩子会形成一种习惯，喜欢说大话。家长要让女孩对自己的能力有个评估，这样，才能防止孩子养成说大话的习惯。

发现问题，要及时批评

孩子说大话，家长一定不能姑息。应该在第一时间制止，做到防微杜渐。

第十三章　女孩就是要精致——“如花美眷”的成长细节

女孩要“精养”

美丽形象是女孩的资本

古代哲人穆格发曾说：“良好的形象是美丽生活的代言人，是我们走向更高阶梯的扶手，是进入爱的神圣殿堂的敲门砖。”

同是女孩，有的女孩富有魅力，人见人爱，而有的女孩却哀叹自己满腹才学，无人赏识；有的女孩能够展现真我，活出精彩，也有的女孩却怨苍天无眼，命运不济。为什么同样的人生，却有着不同的境遇、不同的结果呢？

生活经验告诉我们，虽然每个女孩都想追求完美的人生，但很少有女孩会真正去注意自己在生活中、社会交往中的形象。一个注意自身形象并自觉保持好形象的女孩，总能在人群中得到信任，总能在逆境中得到帮助，也必定能在人生的旅途中不断找到发挥才干的机会，最终做到时刻用自己的风采魅力影响别人，活出自我真正精彩的人生。

所以说，好形象是女孩一生的资本，充分利用它不仅能给你的日常生活添色加彩，更有助于提升你的个人魅力及影响力。

女孩的形象，无论好坏，也都是充满着独特影响力的。因此，形象是女孩向世界展示自我的窗口，向社会宣传自我的广告，向别人介绍自我的名片。别人从女孩的形象中获取印象，而这个印象又影响着他们对女孩的态度和行为。同时，每个人都在这个最基本的互动过程中追逐着自己人生的梦想，实现着生命的价值。

告诉女孩，要重视自己的美丽形象

有人曾说：“形象是女人的招牌，坏形象会毁了女人一生，而好形象令女人的魅力迅速提升。”很多追求成功的女孩只注重培养能力，而忽略了对自身形象的塑造，结果必定会影响自己的发展。如果她们能静下心来，认真地打造起自己的好形象，那就好比是给自己的人生打造了一块金字招牌，能够让女孩在风高浪险的生命历程中从容地经营人生，从容地成就人生。

让女孩当个“水嫩娃娃”

当冬天来临的时候，气候变得异常干燥，这个时候女孩的皮肤也不免会变得干燥。父母在日常生活中最好也能多留心保护女孩的皮肤，帮助她做好保湿措施。

父母们应该为女孩选择什么样的保湿品呢？春天的保湿品与冬天使用的保湿品有所不同。冬天的气候比起春天更加干燥，水分蒸发得更快，所以使用的保湿品油性要大；而在春天，皮脂分泌开始变得旺盛，身体内部不再缺少油分，而是缺少水分，所以要选择油分低的补水性保湿品。

另外，通过轻度地去角质，也可以让皮肤焕发光彩。在整个冬天，身体的新陈代谢会变慢，所以肌肤的老化角质不容易脱落，相反容易贴在皮肤的表面，使皮肤更加有光泽。如果能够适度采取温和的磨砂，对于恢复女孩皮肤的光滑柔细很有帮助。在这个季节，适度地采取措施帮助女孩去死皮是很有必要的，但是要注意的是，由于女孩的皮肤娇嫩，一定要采取性质温和的细颗粒磨砂膏，达到清洁皮肤的目的。

不仅如此，皮肤的护理要由内而外，父母们要注意帮助女孩调整饮食，让女孩的皮肤焕发光彩。

第一，清晨补水很重要。并不是每个人都要一大早起来喝一杯凉水的，很多女孩把起床后饮水视为每日的功课，觉得它润肠通便，降低血黏度，让整个人看上去水灵灵的。早上起来后喝一大杯水是没有错。但实际上，还有更加科学的做法。

早晨补水没有统一规定，同时也要因人而异。消瘦、肤白、体质寒凉的人，早晨不适合饮用低于体温的牛奶、果汁或冷水，可以换作温热的汤或者粥。早晨空空的肠胃，不适合喝鲜榨果汁，即使是在夏季也要配合早餐一起饮用。

早晨补水忌咸。煲得浓浓的肉汤、咸咸的馄饨汤等都不适合早晨喝，这只会加重早晨身体的饥渴。

第二，多喝看不见的水。有的人看上去一天到晚都不喝水，但身体却并不缺水，肌肤还是白白嫩嫩的，那是因为她们从食物中摄取的水分已经足够供应身体所需。

翻开食物成分表不难看出，蔬菜水果的含水量一般超过70%，即便一天只吃500克果蔬，也能获得300～400毫升水分。加之日常饮食讲究的就是干稀搭配(也可以理解成我们常说的“三菜一汤”)，所以从三餐食物中获得1500～2000毫升的水分并不困难。因此，父母可以引导女孩充分利用三餐进食的机会来补水，并且多选果蔬和不咸的汤粥，补水效果都不错。

第三，告诉女孩要记住那些利水的食物。所谓利水食物是指能增加身体水分排泄的食物，如西瓜、咖啡、茶等。这些食物含有利尿成分，能促进肾脏尿液的形成。还有粗粮、蔬菜水果等往往含有膳食纤维，能在肠道结合大量水分，增加粪便的重量。而有些辛辣刺激的成分，如干辣椒等则会促进体表毛细血管的舒张，让人大汗淋漓，使体表水分流失。补也好，利也好，都是身体使水分达到平衡的手段。

另外，须告诉女孩不要等到口渴的时候才补水。当人感到口渴的时候，丢失的水分已经达体重的 2%，这个时候补水已经太迟了。正确的补水时间应该是：运动前、中、后都要补水。具体做法是：运动前 2 小时补 250～500 毫升；运动前即刻补 150～250 毫升；运动中每 15～20 分钟补 120～240 毫升；运动后按运动中体重的丢失量，体重每下降 1 千克需补 1 升水。

人格是魅力的源泉

人格魅力，是指一个人具有的较为完美或者独特的人格并由此对他人产生号召力、亲和力和吸引力。而人格，则由思想、修养、道德、意志、气质、情感及性格等诸多方面元素综合而成。在这方面，有一个人尤其值得推崇，那就是特蕾莎修女。

特蕾莎修女的个人魅力，让世界震撼。很多与她接触过的人都有一个共同的感受，那就是，她身上有一种神奇的魅力，只要与她接触，你就会不由自主地被她抓住，被她吸引。这就是特蕾莎修女的感召力所在。这种感召力并不是因为她所讲述的天堂，而是因为她的简朴、真实、自然，因为她在真诚的微笑之中所流露出的适度批评，因为她毫不做作、毫不掩饰地表现出来的人格。

南斯拉夫发生内战，在战区还有一些妇女、儿童没有逃离出来。特蕾莎修女请求指挥官停火："你们这些男人要打到什么时候？战区的妇女与小孩逃不出来。"指挥官很无奈地表示："我想停火，可对方不停，我也没有办法！"特蕾莎说："那只好我走进去了。"当特蕾莎走进战区以后，双方发现伟大的特蕾莎走进战区，立刻停火！当特蕾莎带着妇女与儿童离开战区后，双方又开始激烈交火。这事传到时任联合国秘书长的安南的耳朵里，安南深深地叹了口气说道："这件事，是我无论如何也办不到的！"

读到这里，很多人会对特蕾莎修女感到不可思议，但是特蕾莎修女凭借着她自己的个人魅力让这些不可思议的事情发生了。她的魅力就连戴安娜王妃也自叹不如。

戴安娜王妃去印度访问时约见过特蕾莎修女，回国后她说："当我与特蕾莎修女握手时，才发现特蕾莎没有穿鞋，而我却穿了一双白色的高跟鞋，真羞愧呀！"

1997 年，在戴安娜的葬礼吸引世人目光的时候，特蕾莎去世的噩耗传来，引起了全世界更大的震动：在印度，成千上万的普通人冒着倾盆大雨走上街头，悼念他们敬爱的特蕾莎修女，政府宣布为她举行国葬，全国哀悼两天，总统为此宣布取消官方活动，总理亲自往加尔各答敬献花圈，发表吊唁演说；从新加坡到英国，从新西兰到美国，各国元首和政府首脑纷纷发表讲话，为这位“仁慈天使”的逝世感到悲痛；联合国教科文组织专门发表声明向她致敬，罗马教廷专门举行弥撒为她追思；菲律宾红衣主教梅辛称她为“代表和平、代表牺牲、代表欢乐”的使者。

可见，人格魅力是何等的重要，一个人如果拥有极强的人格魅力，就算他只是一介平民，人们依然会尊敬他，崇拜他。

处处做孩子的榜样

家长是女孩最直接的老师，明智的父母们都应该以自己的实际行动来影响女孩，而不是依靠空洞的说教。父母要做到的是表里如一、言行一致，绝不能说一套做一套，也不能是当面一套、背地一套的伪君子。任何不允许女孩做的，父母首先要自己不做才行。

通过游戏培养孩子的爱心

游戏是女孩最主要的活动形式。因此，家长可以通过游戏促进女孩的情感发展，培养她们的同情心。可以通过角色游戏，让孩子扮演病人、医生、爸爸、妈妈等角色，体验生病时的痛苦，体会医生给人治病的快乐；感受妈妈做家务的辛苦、爸爸下班归来后的劳累等；从而懂得要热爱、关心自己的父母，去同情、帮助有困难的人。另外，也可开展其他的情景游戏，如在下雨的时候和没有雨伞的人共撑一把伞、在拥挤的公交车上给需要帮助的人让座等，来培养女孩互助友爱的精神，使她懂得只有众人快乐才是真正的快乐。

为了形象，也要在乎“小节”

所谓女孩的仪态美，是指女孩的仪表、姿态所显示出来的外在美。仪表，主要是指装饰及装束；姿态，主要是指行为举止的姿势形态，表现在日常生活的小节当中。大哲学家培根曾经说过：“形体之美胜过于颜色之美，而优雅的行为之美又胜过于形体之美。”

如果你的女孩拥有优雅端正的体态，敏捷协调的动作，优美的语言，行之有效而又大方的修饰，甜美的微笑和具有本人特色的仪态，即使是容貌平平，也会给人留下美好的印象。

所以说，一个受人尊重的女性，并不是最美丽的女性，而是仪态最佳的女性。

给女孩讲讲吃的仪态美

吃的仪态可看出一个女性的家教修养。

1. 在公共场合吃饭时切忌高谈阔论，影响邻桌的客人，更不可因小孩不听话而动怒打骂。

2. 在饭桌上切忌谈论一些不雅的事情。

3. 切忌吃饭时发出吧嗒嘴的声音。

4. 要注意拿筷子的样子、喝汤的姿态、嚼饭菜的口型、拿碗的动作等，均应以自然为主，千万不可为了“美”而做作。

给女孩讲讲站立的仪态美

1. 正式站姿。这种站姿一般适合于在正式场合，肩线、腰线、臀线与水平线平行，全身对称，目光直视，所表达的是一种坦诚的、谦和的、不卑不亢的形象。

2. 随意站姿。这种站姿要求头、颈、躯干和腿保持在一条垂直线上，或两脚平行分开，或左脚向前靠于右脚内侧，或两手互搭，或将一只手垂于体侧，表达了淑女的含蓄、羞涩、收敛。微微含胸、双手交叉于腹前，手微曲放松，则表达了一种性感女性的曲线之美。倾斜的肩、分开的脚、突出的胯无论从哪个方向来看都具有一种动感，有时又表达了一种健壮的肢体美。

3. 装扮站姿。这是一种具有艺术性和表现欲望的站姿，在表达情感上最为生动，有时甚至会感到夸张。在T型舞台上、艺术摄影中常可以见到这种站姿。头斜放，颈部被拉得修长而优美，一手叉在腰上，脚左右分开，重心在直立腿上，向人们展示一种自信的美，一种艺术的美。

给女孩讲讲坐姿的仪态美

优美的坐姿，要求上身挺直，两眼平视，下巴微收，脖子要直，挺胸收腹，脖子、脊椎骨和臀部成一条直线。另外，一切优美的姿态让腿和脚来完成。

上身随时要保持端正，如为了尊重对方谈话，可以侧身谛听，但头不能偏得太多，双手可以轻搭在沙发扶手上，但不可手心向上。双手可以相交，搁在大腿上，但不可交得太高，最高不超过手腕两寸。左手掌搭在大腿上，右手掌搭在左手背上，也很雅致。

不论坐何种椅子，何种坐法，切忌两膝盖分开，两脚尖朝内，脚跟向外。翘大腿坐时，尤其是一脚着地，一脚悬空时，悬空的一只脚尽量让背伸直，不可脚尖朝天。女孩子最忌两脚成“八”字伸开而坐。

给女孩讲讲笑的仪态美

对女孩来说，笑也很有讲究。在日常生活中，常看到有些女孩不注意修饰自己的笑容，而影响了自己的仪态美。笑有很多种，如拉起嘴角一端微笑，使人感到虚伪；吸着鼻子冷笑，使人感到阴沉；捂着嘴笑，给人以不大方的印象。

要想笑，嘴角翘。这是公认的美的笑容，达·芬奇的名画《蒙娜丽莎》中的微笑被誉为永恒的经典微笑。美丽的笑容，犹如三月桃花，给人以温馨甜美的感觉，发自内心的笑是快乐的，但切忌皮笑肉不笑，或无节制的大笑、狂笑。

家长们要多注意引导女孩注重自己那些看似是小节的行为举止，修饰自己的一言一行，通过美的肢体语言、美的表情、美的仪态来展现风采，进而美化心灵，从而成为有气质、有修养、有风度、有魅力的新女性，以赢得他人的尊重，获得事业和人生的成功。

让女孩懂得选择适合自己的服装

一个有穿着品位的女孩，绝不会一味地追求昂贵和时髦的衣服。比如一个身材矮胖、腿部粗短的女性，穿流行的窄腿裤或超短裙是肯定不合适的，她应当选择色泽较深，花纹单纯或直条纹的稍宽裤管的长裤或长及小腿以下的长裙，裙摆遮住粗壮的小腿肚为宜，脚下可穿高跟鞋，使裤管遮住鞋跟，这样可使身材看起来修长一些。衣料的质地也很重要，身材丰满或个性活泼的女孩，宜穿柔软材质的衣服，而较硬材质则比较适宜瘦小的女孩穿。

从小节处着眼，将服饰改造得更加适合自己的女孩

短的衣服，适于身材高挑的女孩，丰满的女孩式样应力求简单，有时不妨戴一条长项链，也可起到拉长身材的作用。身体瘦小的女孩，式样还可以有些变化，如可在小圆领上加些飘逸的荷叶边，但切忌衣服不合身。

小女孩也要讲究自己的头发

女孩要想有一个美好的形象，头发是不可忽略的部分。

头发是另一种气质的投影，健康、亮丽的秀发往往能够吸引不少人的目光，同时也能衬托出美丽的容颜，散发出与众不同的神韵和气质。

要想有一头富有弹性且乌黑亮丽的秀发，适当的头发护理是必需的。如果父母能够根据自己女孩的发质情况执行正确的美发方法，那么女孩就会拥有一头飘逸的秀发了。

一般来说，人们把发质分为以下几种：

第一种，油性发质。油性发质的特征是：发丝油腻，洗发后第二天，发根就会出现油垢。头皮如厚鳞片般积聚在发根，容易头痒。

油性发质由于皮脂分泌过多，而使头发油腻。这种发质的形成大多与激素分泌紊乱、遗传、精神压力大、过度梳理以及经常进食高脂食物有关。这些因素可

使油脂分泌增加。一般来说，发质细的女孩，油性头发的可能性较大。这是因为每一根细发的圆周较小，单位面积上的毛囊较多，皮脂腺同样增多，故分泌皮脂也多。

如果女孩的头发细长、油腻，第一天洗完后，第二天清晨起来就发现整个头发黏糊糊的，像抹了一层油似的，那么她的头发应该是油性发质，需要经常清洁。

第二种，干性发质。干性发质的特征是：油脂少，头发干枯、无光泽；易缠绕，且容易打结；头发松散，头皮干燥，容易有头皮屑。特别在浸湿的情况下难于梳理，通常头发根部颇稠密，但至发梢则变得稀薄，有时发梢还开叉。这样发质的头发往往很僵硬，弹性较低，其弹性伸展长度往往小于25%。

干性发质的形成常常是由于皮脂分泌不足或头发角蛋白缺乏水分造成的，经常漂染或用过热温度恤发，天气干燥也是形成干性发质的原因。

第三种，中性发质。中性发质的特征是：不油腻，不干燥；柔软顺滑，有光泽，油脂分泌正常，只有少量头皮屑。如果没有经过烫发或染发，保持原来的发型，总能风姿长存。如果女孩的头发不油腻，不干燥，那么她的头发是中性发质。

第四种，混合性发质。混合性发质的特征是：头皮油但头发干。这种发质的头发靠近头皮1厘米左右以内有很多油，越往发梢越干燥甚至出现开叉。

帮助女孩认清自己的发质，选用真正适合的洗发、护发方法，对头发的健康美观很重要。对比上面4种不同发质的特点，看看女孩的头发属于哪一种类型。

由于四季更迭以及环境各异，女孩洗发的次数也相应地有所不同。一般来说，干性发质皮脂分泌量少，洗发周期可略长，一般7～10天洗一次。油性发质皮脂分泌多，洗发周期略短，一般3～5天洗一次。中性发质皮脂分泌量适中，一般5～7天洗一次。

在保养头发之前首先要了解自己的头发属于哪一种发质，这就如同皮肤保养的道理一样，头发的类型是由头发的天然状态决定的，即由身体产生的皮脂量而决定，不同的发质有不同的特性。了解头发的性质，是护理头发的第一步。

帮助女孩保养明亮的双眸

如今，青少年近视的发生率高达50%～60%，并且近视眼的人数连年攀升，已经成为影响我国人民健康的重要问题。

很多家长忧心自己女孩也会患上近视眼，不仅给生活带来了极大的不方便，而且即便再明亮有神的眼睛，只要戴上一副眼镜也会失色不少。

近视眼是怎样形成的呢？一旦女孩不小心成为近视眼，又该如何正确对待呢？对于这些常识父母们最好能有一个大致的了解，防患于未然，尽量做到不戴眼镜或者是降低眼镜佩戴的度数。

近视眼也称短视眼，看远处的东西，正常视力范围内别人能看清的，近视眼患者却看不清，而看近处的东西时，则和视力良好的人没有什么差别。这种眼睛只能看近不能看远。

近视眼一般分为假性近视和真性近视两种。假性近视具有治疗（含休息）则消失，不治又复发的特点。虽然治疗时各种方法可能都有一定效果，但所有效果都不能持久。不过，不管怎样，假性近视还是有治愈的可能和希望的。

成为真性近视前常常有一段时间是假性近视期。

而如果一旦成了真性近视，则往往不通过一定的手术就不能再恢复到以前的好视力了。

现在的女孩有的从2～3岁便开始入学接受学校教育。随着近距离用眼时间的逐渐增大，女孩眼睛的望远能力就逐渐弱化，慢慢地就会出现睫状肌麻痹，视物成像在视网膜前，形成近视，也就是所谓的“学校近视”，再加上年级越高、度数越深的现状，有人甚至戏称说：今世“进士（大学生）”尽是近视。

据有关资料显示，青少年近视眼以长期用眼距离过近引起者为多见。青少年眼睛的调节力很强，当书本与眼睛的距离达7～10厘米时仍能看清物体，但如果经常以此距离看书，写字就会使眼睛的调节异常紧张，从而可形成曲折性（调节性）近视，即所谓的假性近视。如果长期调节过度，使睫状肌不能灵活伸缩，由于调节过度而引起辐辏作用加强，使眼外肌对眼球施加压力，眼内压增高，眼内组织充血，加上青少年眼球组织娇嫩，眼球壁受压渐渐延伸，眼球前后轴变长，超过了正常值就形成了轴性近视眼，即所谓的真性近视。

家长要引导女孩防止用眼过力

有的女孩习惯连续三四个小时用眼不休息，甚至直到深夜才睡觉休息，这样不仅影响身体健康，对颈椎等部位不利，同时会使眼睛负担过重。眼内外的肌肉由于长时间处于紧张状态而得不到休息，久而久之，眼睛的肌肉不能放松而呈一种痉挛的状态，看到远处就会感到模糊而形成了近视。有的女孩只要是过了暑假视力就会下降，就是这个原因。因此，家长要告诉女孩，看书写字或者是看电视40～50分钟的时候就应该休息片刻或者是向远处眺望一会儿。

家长要促成女孩养成科学用眼的好习惯

家长要告诉女孩，不可以在光线太强或者是太弱的地方看书。因为如果光线过强，阳光辐射到书面上会引起强烈的反射，刺激眼睛，使眼睛不适，难以看清楚字体。相反，如果光线过弱，很容易引起眼睛的疲劳而导致近视。另外，家长们还要嘱咐女孩不可以边走路边看书，这样做对眼睛不利，也不要躺在床上看书。

佛靠金装，人靠衣装

不要让女孩当时尚的奴隶

女孩适当地追求漂亮，让自己的魅力得以与时俱进，对时尚的追逐、对自然的崇尚，是女性的永恒话题，而漂亮、随意、活力，也是年轻女孩的专利。

为了能够在纷繁的时尚潮流中脱颖而出，女孩必须要把握几条重要的原则：

第一，要注重时尚的和谐。

时尚应当与自己的年龄相符合。不同年龄追求不同的时尚，女孩要根据自己的年龄特征来选择适当的时尚服装；其次，时尚也要有自己的性格与和谐，只有当内在的性格与时尚追求和谐一致的时候，女孩的美才能得到充分的体现。就如同旗袍给人以文静的感觉，“假小子”式的女孩就不适宜穿着；再次，要注意使时尚与所处的环境相和谐。即在选择时尚服饰时，应与一定场合的气氛相和谐。

第二，抓住时尚的精髓。

时尚有其特定的内涵，非经提纯不能窥见其全貌，为此家长首先需要帮助女孩对时尚进行“提纯”。要从它的核心部位入手，将它的实质构成寻找出来、挖掘出来，为已所用。

时尚的女孩应当善于抓住流行色。流行的引领是服装，服装的引领是色彩。选用一两种流行色与基本色一起搭配，就能够做到既保持了自我又跟上了时尚。

时尚的女孩应当善于用细节点缀自己。选购裘皮大衣、添置羊绒套裙不必考虑流行色，但可以配上流行色的套衫或围巾，甚至一枚别针、一对耳环、一副项链，那上面的一点点流行色彩，就可以使女孩具有流行特质。

时尚的女孩应当善于自己创造流行。寻找流行目标，关爱自己，展现魅力，把自己当做是流行的晴雨表，偶尔别出心裁的装束，不小心就制造了新一轮时尚。

很多女孩为了盲目地追赶时尚，不惜重金，弄得自己看起来好像是一派风度，感觉却是越来越糟。究竟要把自己放逐到什么位置上，自己心里也没有分寸。而事实上，只有当一个女孩的内涵和外表协调统一的时候，她才会是最美的。

时尚与美并不是完全对立，一个不盲目追随时尚的女孩可以变得更美。聪明的女孩不会盲目追随，而是根据自己的内在精神需求与性格气质，从纷繁芜杂的时尚风潮中升华而出，而获得永久的魅力。

告诉女孩，不要成为时尚的奴隶

俗话说：“有人创造流行，有人跟从流行。”因为有众多的人迷信流行，因而有了大众时尚。有的女孩为了追求时尚，往往不考虑自己的年龄、形体、肤色，甚至盲从一些标新立异的时装。做时尚的奴隶是可悲的，父母要教会自己的女孩用眼睛观察自己，相信自己所拥有的不同之处，如果仅仅生活在他人的时尚观念中，所拥有的只能是盲从。

让女孩懂得“着装四大要领”

衣着最为重要的要素是整洁干净。但是现在的女孩们，人人都在赶时髦，常常会忘记穿衣服的一切基本原则和要领：整齐清洁、质地优良、适合需要和舒适满意。

整齐清洁是着装的第一大要领。俗话说：“人要衣装，佛要金装。”服饰在仪表中具有重要的地位，凡是要留给人一个外表美的形象，着装是不可忽视的。不过，不管多么新款的时装若不够整洁，将大大影响穿着者的仪容，无论是上班还是普通上街的便服，都应该以整齐清洁为原则。

质地优良是着装的又一大要领。衣服和皮肤亲密接触，如果质地不好，比如有些衣服起毛球，或者脱毛掉色，就会大大影响着装的美观。其实，有时不仅影响美观，还会影响身体健康。一般来说，贴身的衣服都要求是纯棉的为最好，当然了，如果经济条件允许的话，纯丝的也是不错的选择。再者，冬天穿的衣服如果不是纯棉或者纯丝的材质，而是有化学成分的或者纤维的材质，就会产生静电。

至于适合需要和舒适满意，前者是指穿着要和身体、体形相协调，根据自己的体形特点做到扬长避短。而且饰物佩戴和配件使用等方面，必须适应具体的时间、地点和目的的要求；后者则是说要根据自己的爱好、情趣、个性和审美观，按照着装的基本要求选择合意的服装，穿出自己的风格和魅力。

在选择面料方面，考虑到女孩的成长发育，哪些面料是比较舒适耐穿，又符合女孩的运动需求的呢?

首先就是棉布类制衣，各种棉纺织品制作的时装、休闲装、内衣和衬衫都比较适合正在成长中的女孩来穿着，它的优点是轻松保暖，柔和贴身、吸湿性、透气性甚佳，适合女孩在学习和运动的过程中来穿着。

其次是混纺。混纺就是将天然纤维与化学纤维按照一定的比例，混合纺织而成的织物，可以用来制作各种图案。它的优点是可以吸收棉、麻、毛和化纤等各自的优点，而且由于成本较低，价廉物美，所以大受人们的欢迎，是制作各种服装的适用材料。

另外还有一类材料是麻布。麻布是以大麻、亚麻、黄麻、蕉麻等材料纤维制成的布料，是制作夏季时装的首选，它的优点是强度高、吸湿、导热程度好，透气性佳。

当然除此之外，依据家庭的情况，也可以灵活地为女孩选择其他制品的面料。像化纤这样的面料制作出的服装虽然色彩鲜艳，但是很难登上大雅之堂，而丝绸、呢绒、皮革等材料虽然高档，价格往往不菲，需要家长们依据自己的家庭收入情况来安排。总是，“衣贵洁，不贵华”，为女孩选择衣服，应该与家庭的环境相称才会看上去更加得体。

风格是必要的信仰

风格一般说来与女孩的性格很相关。一个女孩是什么样的性格，从穿着上都可以体现出一些明显的相通之处。

一般说来，女孩的服饰风格有以下的几种：

1. 自然型。这样的女孩为数还是不少的，她们给人潇洒、健康、有活力的印象，而且这类的女孩往往神态亲切，直线形的身材颇有运动感，性格随和大方，在不刻意的修饰中表现出洒脱的魅力。她们比较适合宽松的、不需要太多装饰的服装，中性打扮，一般来讲也不化妆。她们回避华丽、可爱，突出自然、休闲。

2. 前卫型。这一类的女孩看起来的年龄往往比实际年龄偏小，即便是穿上成熟的服装之后，也会出现与自身个性不符的情况，这是由于她们甜美的面部以及可爱的身材造成的，只有那些轻柔的少女服饰，才能把她们甜美可爱的魅力表现出来。

3. 华丽型。这一类的女孩五官甜美、女人味十足、眼神妩媚、身材圆润，适合华丽高贵的女性化服饰，给人大气、夸张的感觉。她们适合穿着做工华美的服装，华丽、光泽感强、细腻的面料，曲线感强、夸张的女性化图案，戴华丽、醒目、夸张的饰物，也可以选择较为饱和、华丽但不过于深暗的色彩，最好用类似色彩搭配。可以强调腰部和臀部曲线，贴身而合体才能尽现妩媚性感，在所有场合穿衣服都可以略夸张。

4. 古典型。一丝不苟的古典型女生，往往五官端正、面容高贵，甚至有一种都市成熟职业女性的味道，她们需要选择一些精致而正统的服饰来衬托自己。选择服装时，整体应该遵守严谨端庄的风格，适合做工精良、剪裁合体的套装，直线剪裁，服装剪裁要简洁大方，忌夸张，越简单的款式越好，适合穿职业装，用丝巾做套装领部的点缀。

5. 戏剧型。这类女生全身充满了鲜明的个性，打扮入时、引人注目。戏剧型人脸部轮廓线条分明，五官夸张而立体，身材看起来比实际身高显高。标准戏剧型女生整体总给人以夸张大气的印象，存在感强，性格大胆、极端、有个性、与人较有距离感。她们适合穿包身、性感的衣服，曲线的鞋，夸张的饰品，夸张的青果领、大褶皱的连衣裙，中间收腰，下摆很宽的上衣；枪驳衣领、大尖领、方领，双排扣，适合有光泽感的面料，各种呢料、丝绒、皮革和闪光面料，软硬适宜，避免尼龙面料。

6. 优雅型。这类女孩的面部轮廓柔美、圆滑，五官精致，有曲线感，脸部质感较轻盈，身材圆润，走起路来很优雅，给人以小家碧玉的感觉。优雅型女生，无论身材和面庞曲线，都给人女人味的印象，因此，柔软的布料和曲线裁剪的服装都很适合她们。

鞋子是搭配的重头戏

鞋子的作用是不可以忽视的，很多家长并没有注意过鞋子的重要性，觉得反正鞋子是穿在脚上的，别人会注意不到。而实际上，如果鞋子能够与衣服搭配得当，就可以穿出一番别样的美感。如果鞋子和服饰搭配不好的话，很有可能让自己的形象大打折扣，所以从某种意义上来说，鞋子是搭配的重头戏。

鞋子在与服饰相搭配的时候，主要是考虑到款式和材料两个方面。女孩经常穿的鞋子，主要有哪些类型，又怎样搭配为宜呢？

第一款：靴子。靴子一般分为长筒靴，中筒靴和短筒靴，适合与牛仔裤、脚蹬裤这类式样紧瘦的裤子搭配，不宜与西裤、宽筒裤搭配。另外，装饰较多且时髦的高筒靴只适合个高腿长的女孩，对于腿型好看的女孩来说，短裙搭配中筒靴最为洒脱。

第二款：轻盈便鞋。圆头或小方头的便装皮鞋舒适清朗，一般由头皮、小牛皮、磨砂皮等质料制成。如果你的女孩喜欢崇尚潮流，又不想失去淑女风范，它将是女孩最佳的选择。

第三款：木屐式便鞋，那3公分高的粗跟在木质地板上可踏出犹如古筝般的乐声，若配以双肩吊带中式长裙，像是典型的东方美人款款而来。

第四款：经典女鞋。这一类鞋子深深对应了女孩以精巧的饰品和精美的服装构成的那分精致和美丽。在此类鞋款中，色彩一般以黑、灰等暗色为主，皮革以质地细腻、柔软、光亮的小牛皮为首选，偶尔也尝试翻毛皮与鳄鱼皮。

第五款：厚底女鞋。厚底女鞋看上去又厚又笨又重，许多女孩之所以对它情有独钟，原因之一恐怕是此鞋可以帮助她们获得物理意义上的高度，使她们在人群中“鹤立鸡群”。

第六款：休闲运动鞋。休闲运动鞋会让女孩在闲暇时段感受到生活的轻松，它多采用聚胺脂类新型材料，轻便透气，便捷自如。高帮复古球鞋于前卫中透出古典之美，可与简洁优雅的裙子相配，橡胶鞋底向前延伸上翘至鞋尖，若与T恤相配，青春亮丽之美无法言说。

不论是在学校还是在某些活动场合，穿牛仔裤是很多女孩的选择。那么，牛仔裤与鞋子的搭配要注意哪些问题呢？

1. 直筒牛仔裤。此类牛仔裤最好配低帮的皮鞋、休闲鞋和旅游鞋，注意皮鞋最好是圆头或大头型的。颜色方面的搭配，如果是黑色或深色的牛仔裤，建议配黑色、褐色的皮鞋、休闲鞋和旅游鞋；淡色的牛仔裤相对应的配淡色的鞋子，这样做尽量使颜色对比度平衡而不失调。

2. 喇叭牛仔裤。此类牛仔裤尽量选择长一点，最好能盖住脚踝，选择尖头的低帮皮鞋为最佳。

3. 小裤脚牛仔裤。此类牛仔裤也是最时尚、最前卫的裤型。裤子建议不要太长，因为所要搭配的是皮靴、高帮皮鞋、高帮休闲鞋或高帮旅游鞋。

根据女孩的身材选择合适的鞋

厚底鞋若搭配得当，可穿出别具一格的美感来，但身材娇小的人若穿上厚底鞋，则可能会使原来的玲珑、纤巧、细弱的美感荡然无存，给人滑稽之感；而身材本来就高大的女性，厚底鞋会令她们处于高耸入云的境地。所以对这款鞋子的选择要慎重。

尽量保持鞋子与服装的统一

如果家长觉得帮助女孩为衣服搭配颜色是件辛苦的事情，那么最万无一失的做法就是选择和衣服同色系的鞋子。还有一种方法就是，为女孩挑选百搭颜色的鞋子，比如黑色、白色和褐色。

怎样帮助女孩选择饰品

当女孩穿上了漂亮的衣服时，如果能够根据衣服的设计在合适的部位增加一些小饰品作为点缀，一定可以使女孩增色不少。

但是，家长在帮助女孩挑选饰品的时候需要注意，不仅在选择颜色上不能弄得七彩斑斓，也要注意不能一次性佩戴太多的饰品，否则的话会起到相反的效果。

具体说来，首饰可以分为戒指、耳环、项链、手镯、别针、袖口、领针、腰链、脚环，等等，关于饰品的佩戴更是一门学问，在很多时候它甚至比服装本身还重要，如果佩戴得宜，有如画龙点睛。

女孩因为脸型、身材、性格、气质的不同而具有不同的风格倾向，然而人本身所具有的风格往往决定了她适合哪一种款式风格的服装和首饰。

1. 优雅型。这一类的首饰富于曲线美，有易碎感，如小花排列的手链、精雕细刻的戒指，等等，适合线条圆润、气质优柔文雅、极富女人味的人。优雅风格的人可用有飘逸感的轻质面料的裙装来搭配透明、娇贵的仿真首饰，如琼瑶小说中清丽脱俗的女主角。

2. 古典型。这一类的首饰正统、精致、高贵，适合面部端正、气质高雅的女孩。紧贴颈部的珍珠项链、一分硬币大小的扣式耳环等都能与古典型的质地高档、直线裁剪的服装相配，完全可以体现出传统的闺秀风范。

3. 天然型。这一类的首饰粗犷、自然，多用树叶等形状作为别针、坠子造型，适合身材高挑、具运动员风格的女孩。当女孩佩戴这样的首饰时，建议装扮应该力求线条简捷，质朴大方、不留豪华设计痕迹。整体风格闲适、潇洒。

4. 前卫型。这一类的首饰造型小巧、新奇、别出心裁，极具个性，适合小巧玲珑、活泼好动、有俏皮少女或男孩儿气质的人。前卫风格的人可用奇特质地的面料做超短设计打扮自己，定能独树一帜。

5. 温婉型。这一类首饰多采用蝴蝶结、花瓣、花心型造型，线条流畅柔美。适合身材适中、圆润、性感、有着洋娃娃般迷人双眼的人。浪漫风格的人最好穿紧身、性感设计的服装，多用大波纹的蕾丝做装饰，配上花型设计的耳环，细细的、有漂亮坠子的项链。

爱美是女孩的天性，特别是对女孩子而言，都希望能够把自己打扮得美丽动人，除了发型之外，饰品也是很重要的一方面。往往一件搭配得当的小饰品，会起到意想不到的作用，可以说是点睛之笔了。

现在卖饰品的地方随处可见，无论是实体店还是网上商城，而每个店铺中的商品更是琳琅满目，花样不断翻新。家长们尤其要注意根据女孩的自身特点帮助她们选择，小到一个发夹，都要和女孩的气质相配才好。

家长要根据女孩的体型选择适合的饰物

体型小巧的女孩子，就不宜搭配体积大的饰品。这样会给人一种不和谐的感觉，也可以讲是反差太大。比如耳饰类，体型小巧的女孩子应该搭配耳钉、长度稍短的耳坠，如果搭配大型的耳环或长线耳坠的话，很容易把别人的注意力引向耳饰的长度与自身身形的比较之中，扩大了自身的缺点，实非明智之举。

家长要根据女孩的性格特点选择合适的饰物

不同的人，在性格方面也有很大的差异，有的女孩子温文尔雅，有的女孩子活泼可爱，在饰品选择方面，也不能光追求新鲜。佩戴饰品是为了好看的，为了提升自身的气质与形象，不根据自身性格特点选择饰品，盲目搭配，往往不能体现其应有的价值，花钱不说，而且费力又不讨好。

家长要注意帮助女孩控制饰品的数量

饰品的搭配不要求多，只要有一两件精巧的配饰点缀即可，如果超过三件，就不免有些庸俗不堪了。饰品佩戴的原则是点缀和调节，使之与自己所要展现的气质合拍。

培养女孩的仪态之美

等成了小胖妞再塑形就晚了

有一种父母，在女孩小的时候，由于爱女心切，所以给她最好的享受，把一个原本漂亮可爱的小姑娘喂养成了胖胖的样子，后来女孩长大了，变得臭美了，天天对自己的体型不满意："妈妈爸爸，你们怎么把我喂得这么胖啊！"听到了女孩的抱怨，父母们心里不免有几分不满："让你多吃一点，不是为你好吗？"

但是说实话，如果一个女孩从小没有节制的发胖，而父母不加警觉的话，那将来肯定会是个问题，因为没有一个女孩是不爱美的。等到女孩子着急自己的体型以至于到"有病乱投医"的心理时，家长们才知道自己以前的纵容是多么地不明智。

有的时候，女孩往往希望通过这种"美容整形"的方法快速达到自己瘦身的目的，通过手术的方式矫正，以达到期望的样子。通过抽脂、形体雕塑等方法，让自己变得更加漂亮。

据说，在韩国有很多从艺的明星都愿意去做这种五官整形手术。这些年，因为韩剧的流行和韩国影视明星的美丽容貌受到大众的喜欢和追捧，使得亚韩整形之风盛行。不过，这些整形术常常是从事特殊工作的特殊人群才需要，比如演员、模特和专业的礼仪人员，等等，一般人最好别选择手术美容整形。因为这不仅是对人的身体的一种考验，也是对金钱的一种考验——一个整形手术常常花费十分昂贵。

不管怎样，这些需要动刀子的手术未免显得有点吓人，而且免不了会有一些后遗症或者是并发症之类，甚至有一些手术干脆以失败而告终。女孩小小年纪，怎么能够经受住这种手术带来的心理折磨和生理残害？

时下还有一种流行的减肥方法，叫做节食。然而女孩正是在处于人体生长发育最为旺盛的时期，身体中总是需要充足而均衡的营养，而节食势必会带来营养缺乏，从而给身体造成极大的伤害。

首先，节食会使人体的各种维生素摄入不足，谷类中含有丰富的维生素 B2，如不足时会出现口角炎等病症；而蔬菜中则含有大量的维生素 C，缺乏时会造成坏血病症；维生素 D 缺乏则可引起骨代谢异常，身体长不高，甚至骨骼变形；维生素 A 缺乏则会出现夜盲症。

其次，节食会引起蛋白质摄入不足，女孩的青春期发育一般较男孩子早，同时伴有明显的内分泌变化。蛋白质不足的后果最为严重，造成负氧平衡，从而使发育缓慢、消瘦，抵抗力下降，智力发育也会受到一定的影响，严重者还会出现营养性不良水肿。

最后，节食还会导致人体所需的热量不足，处于青春期的女孩机体代谢旺盛，活动量大，机体对营养的需要相对增多，每日所需要的热量一般不少于 12552 千焦，如果达不到这一要求，就会对生长发育产生影响，青春期的热量应高于成年期的 25%～50%。

青春期的女孩身体正在发育，无论用什么样的方法来达到减肥的目的，都是残酷的。因为肥胖的形成并非是一朝一夕，一时心急想让自己立即变瘦，谈何容易？

所以，家长在养育女孩的时候最好能有一种意识，就是在喂养的过程中强调营养均衡，以免过犹不及。

家有胖女儿，引导她发现生活中的美

如果女孩总是嫌弃自己体型太胖，但是又找不到太好的解决方法的话，父母只能安慰女孩，告诉她胖也是一种美。并不是说胖是不美，瘦就是美。社会的审美标准总是变化的，比如在唐朝的时候就是以胖为美，所以告诉女孩不要过于自卑，不管长成什么样子，都是独特的自己。

学舞蹈的女孩更加舒展

无论女孩学习什么样的舞蹈作为一项才艺，都可以增强女孩的气质和魅力，而且舞蹈对于塑造形体有很大的帮助。对于女孩自身来说，练习舞蹈，既可以让自己多掌握一种技能，同时还可以使身材得到锻炼，何乐而不为呢？

如果一个女孩想让自己的体型更加优美有曲线，练习舞蹈无疑是最好的选择，原因有以下几点：

1. 练习舞蹈可以锻炼肌肉。舞蹈可以对肌肉进行全面性、综合性的刺激，舞蹈动作可以兼顾到头、颈、胸、腿、髋等部位。舞蹈还同时具备了有氧运动的效果，使练习者在提高主肺功能的同时，达到减肥的目的。

2. 练习舞蹈和其他的体育活动相比具有更强的趣味性。相对于跑步、游泳的枯燥来说，通过练习舞蹈更能带给女孩无尽的吸引力和新鲜感，还有更加良好的健身效果。

3. 练习舞蹈可以增强身体的协调性，并培养良好的节奏感。舞蹈自身都有一整套的连贯动作，流畅而轻快，整齐而有韵律感，对于乐感以及灵巧度的锻炼有很大帮助。而舞蹈的趣味性也更容易让人集中和专注，忽略掉运动疲劳。

4. 练习舞蹈有助于培养气质。由于舞蹈是一种极具表现力的运动，所以通过

练习，可以培养出优雅的气质并增强自信心，并且舞蹈还是缓解情绪的好方法。

正因为如此，很多人都把练习舞蹈比喻成为“带着笑容去训练”的体育项目。在舞蹈课中，人们则更为关注是否能够在练习中表现得更加愉快和尽兴，所以练习舞蹈对于放松心理也有很大的帮助。

练习舞蹈不仅可以增强女孩的外在美，同时还可以使女孩的体质得到改善。

1. 舞蹈锻炼能够锻炼身体，有益健康。对于不同年龄的女孩来说，跳舞都是一项非常好的运动，坚持舞蹈练习不仅可以强身健体，增强抵抗能力，而且可以使自身的关节和肌肉得到锻炼，减慢身体骨骼的衰老。

2. 跳舞可以使心肺功能得到增强，促进血液循环。曾经有一个舞者讲述她的心得：“当伴随着音乐翩翩起舞的时候，我忘记了一天的疲劳和工作的烦恼。虽然气喘吁吁，汗流浃背，但却可以使全身得到放松。现在我的精神面貌有了很大的改观，体质也增强了许多，感觉浑身充满着活力，心里充盈着快乐。”

总之，通过学习舞蹈，不仅使女孩得到良好的形体训练，而且对于心灵更是一种美的陶冶。多年的实践证明，学习舞蹈的女孩经过长期地训练之后，她们的身体外形通常会变得更加曼妙。身材更加挺拔，举手投足间处处表现优雅的感觉，无疑就是长期练习舞蹈的结果。

帮助女孩选择适合她的舞蹈

舞蹈作为艺术的表现形式之一，包含着丰富的形式，有不同的种类、不同的样式、不同的风格。根据舞蹈的作用和目的，舞蹈可分为生活舞蹈和艺术舞蹈两大类。这些舞蹈种类繁多而复杂，又具有不同的艺术特点，还可以再细分为古典舞蹈、民间舞蹈、现代舞蹈、当代舞蹈和芭蕾舞等很多种类，家长在帮助女孩选择的时候要注意综合她的爱好及体型特征。

擦亮女孩的气质招牌

气质是女孩征服世界的利器，就如同一座山上有了水就立刻显现出灵气一样。一个女孩只要具有了气质，就会立即显出与众不同，引人注目。

著名化妆品牌羽西的创始人靳羽西说过：“气质与修养不是名人的专利，而是属于每一个人的。气质与修养也不是和金钱权势联系在一起，无论你是何种职业、任何年龄，哪怕你是这个社会中最普通的一员，你也可以有你独特的气质与修养。”那么，家长应该着重培养女孩的哪些气质呢？

1. 人格之美。

女性的气质魅力是从人格深层散发出来的美，自尊、自爱、端庄、贤淑、善解人意、富于同情心等都是女孩美好的人格特征。相反，轻浮、自私、唧唧喳喳和鼠肚鸡肠的女孩，即使容貌再漂亮，也不会惹人喜爱。

2. 温柔的力量。

说到温柔，人们自然会想到圣母的画像，想起在极其柔和的背景中圣母玛丽亚温柔而圣洁的微笑。这微笑向人们展示了她的善良、无邪、温柔和博爱，她巨大的艺术魅力亘古不衰。男人们最喜欢的大概不是女人的外貌，而是女人的阴柔之美。

3. 学识和智慧。

读书和思考可以增加女孩的魅力。知识和修养可以令人耳聪目明，也会给一个女孩增添不凡的气质。学识和智慧是气质美的一根支柱，有了这根支柱，完全可以弥补容貌上的欠缺。

4. 坚韧的品质。

温情并不是主张女孩子要一味地顺从、依赖、撒娇，女性也要有个性、有主见、有行为的自由。这种独立性是一种情感中的柔韧和追求中的坚定，是一种意志上的自制力，是一种既不流于世俗又深深地蕴涵着理性的行为。那些见异思迁、毫无主张、遇到挫折便哭哭啼啼的女孩，即使长得再漂亮也不会有人喜欢的。

对女孩而言，气质是一种永恒的诱惑，因为气质并不是仅仅依靠外貌而得到的，而是需要丰富的智慧与常识，拥有傲人的气度与素质。

在生活水平日益提高的今天，用来美化包装女孩的手段可谓是层出不穷，而真正高贵脱俗、优雅绝伦的气质，需要的是全方位的修养和岁月的沉淀。像一抹梦中的花影，像一缕生命的暗香，渗透进女孩的骨髓与生命之中，让她们能够在面对岁月的无情流逝时，仍然能够拥有一份灵秀和聪慧，一份从容和淡泊。

女孩的气质主要通过后天培养

女孩的气质有一部分是先天的或者说是与生俱来的，其次，后天长期的潜心修养也很重要。而刻意模仿、临时突击则是难以从根本上改变气质的，弄不好“画虎不成反类犬”，成为效颦的东施，反而不美。

第十四章　女孩更需要雅致——关注外貌还需培养气质

气质女孩的构成要素

礼仪——仪表是修养的外衣

一个女孩的修养除了体现在气质上之外，礼仪也是展露女孩人格魅力的外在表现之一。

仪表的整洁是女孩学习礼仪的第一步，自己打扮得整洁干净，也是对他人的一种尊重，毕竟谁都不愿意和一个邋遢肮脏的人讲话。无论女孩的长相是否美丽，父母在平日的家庭教育中，都应该教女儿学会保持面容干净。

此外，在衣服的穿着方面也有一定的礼仪。女孩的衣服可以不昂贵，但是必须穿着得体。作为未成年人，父母需要告诉女孩，她的衣服应该与年龄相符合。不能在这个年龄段打扮得过于花哨，更不能过分地涂脂抹粉。

除了仪表之外，女孩的言行举止也需要有礼仪的约束。父母总不希望从一个外表光鲜的女孩口中说出骂人的脏话，也不愿意看到自己的女儿随地吐痰、乱扔东西。因此，父母还需要传授给女儿一些关于言行方面的礼仪。

关于言谈，一个文雅的女孩子，她所说出口的话总是给人一种清新自如的感觉。相反，一个不注意言辞修饰的女孩子，往往容易说出让人反感的话语。父母需要教给女孩的是，无论是与谁说话，女孩的态度都应该是诚恳的，而且需要使用礼貌用语。过于沉默或者话太多都不是礼貌的表现。

仪容仪表以及言谈举止我们都已经略微提到。在家庭教育中，父母还需要结合实际来增强女孩子在礼仪方面的意识。例如，家中来了客人就是检测女孩礼仪学得如何的一个很好的机会。首先，父母需要让女孩知道，客人如果看到一个脏乱不堪的家庭会作何感想。所以，女孩需要先将自己的房间甚至整个家打扫干净，然后再准备好茶水准备迎接客人的到来。

客人来到之后，女儿要热情地对客人表示欢迎，用词和表情都应该表现得大方得体。还要与客人主动地进行交流，以展现小主人的风采。待到吃饭的时候，女孩要懂得先招呼客人用餐，而不是自己抢先端起饭碗。客人要离开的时候，女孩还需要起身送客，并且欢迎客人下次再来。

礼仪的学习是一个长久的过程，不同的场合需要不同的礼仪。因此，在教导孩子学习礼仪的时候，父母要随时提醒女孩用文明的言行来表达自己，不可松懈。时间久了，孩子所学到的礼仪也就自然地成了她为人处世方面的一个好习惯。

父母是女儿最好的礼仪教师

在任何方面，如果父母做的合理得当，父母就是孩子最好的老师。礼仪也是如此。因此，父母在平时不但要监督女儿保持文明，自己也要以身作则，无论何时，都不能有丧失礼仪的情况出现。

重要的是培养女儿文明懂礼的意识

世界上各个国家都有自己的文明以及与之相适应的礼仪规范，作为一个普通人，我们不可能了解以及掌握全世界的礼仪。所以，在教育孩子的时候，父母需要重点培养的是女孩的礼仪意识。有了这样的意识，无论走到哪里，女孩都会知书达理。

温柔——女孩的致命武器

温柔，是一种修养，是一种品性。不是所有的女人都具有温柔的特质，然而温柔却是上帝赋予人类爱的起始。温柔是一种能力，更是一种真情的流露，它在感情的装饰下显得更加美好。

有两个女孩子。一个生长在富裕的家庭，由于父母工作忙碌，所以女孩就整日自己待在家里。除了上学以外的其他时间，女孩都在家里看电视，或者就是跟自己的小猫玩。女孩与其他的孩子不一样，她喜欢看打斗的电视剧或者动画片，受电视的影响，女孩的言行举止久而久之也变得粗暴了。她动不动就跟同学翻脸，跟父母吵架，烦躁的时候还打家里无辜的小猫。父母拿她越来越没有办法。

另一个女孩的家境并不富裕，家里除了一个玩具娃娃，什么可玩的东西都没有。可是女孩对这些并不在意，她没事的时候就去图书馆看书，在文学的海洋里释放自己的情感。因为读的书多，女孩子有着文雅的气质，她待人接物都像大人一样成熟，父母看了之后也觉得欣慰。无论什么时候，女孩说话都是用一种温柔的语气，哪怕是她生气了，却也从来不大发雷霆。

两个女孩有着明显的不同特质，一个暴躁无礼，一个却是温柔体贴。之所以会造成这样的差别，与各自父母的教育有着很大的关系。

由于父母忙碌，而且家境又好，第一个女孩从小就养成了骄奢的坏毛病，再加上无人管束，学了一些原本不属于女孩子的言行举止，于是女孩变得脾气暴躁，举止粗鲁；第二个女孩就不同了，她温柔的气质源于自身的修养。女孩没事的时候就去看书，与书中的人物共悲喜，在书海中寻求精神的高远。慢慢地，女孩的身上便有了温柔的特质。

看来，温柔更大程度上是后天修养得来的。温，温存与温和；柔，柔美与柔情。温柔是一个女孩子达到足够的修养之后所表现出来的一种气质，同时也是丰富的智慧与知识在她身上的体现。因此，在家庭教育中，父母要想培养女孩的温柔气质，就需要从女孩的内在修养着手。

温柔，是女孩的天性使然，但是如果在后天不加以培养，那也会失去上天赐予女孩的这一魅力的散发点。温柔是女孩子的致命武器，它可以让障碍及时地消除，让困难在温柔中融化。

怀孕中的妈妈需要知道的

据统计，妈妈在怀孕的时候如果能够始终保持平和的心态，而且言行举止都优雅得当，那么她生出来的女儿就会有一定的温柔气质。相反，孕妇如果有一个糟糕的脾气，那么她的这种状态也会影响到自己的宝宝。专家也说，女性温柔的激素会让腹中的孩子变得更美丽，性格更温柔。

凡事多想多思考

有的女孩特别喜欢表现自己，无论什么时候都抢着说话，抢着表达。但是，事实上这种做法并不可取。因为在着急的情况下所表达出来的行为与言语往往都是幼稚的。因此，我们建议父母在平时的教育中，要让女孩养成认真思考的习惯，而不是随便地表现自己。当言语在大脑中经过考虑后，说出来的话才会贴切。

大方——让女孩不再腼腆害羞

每个人都有过害羞的经历，甚至有的成年人，在一些场合因为尴尬也可能会表现出羞怯。因此，对于孩子羞怯的父母来说，首先，不能够认为孩子的羞怯是不正常的表现。羞怯或多或少也是人的一种天性，由于对事物的不了解而表现出来害羞的情绪，这也无可厚非。

父母需要弄清楚的是，腼腆害羞并不是什么坏事。因为腼腆的女孩往往有着细腻的内心，她丰富的情感世界正是因为腼腆而不为人知。许多著名的文学艺术家都有一个害羞的童年，这也是他们创作灵感的来源之一。

有时候腼腆未必不是好事，可是过于腼腆和害羞，就会影响孩子的交际能力，也会让孩子在学校或者其他场合感到困扰。因此，在家庭教育中，父母还需要有意识地帮助孩子克服害羞的情绪，让孩子在为人处世方面变得大方起来。

父母要想帮助孩子克服羞怯，那么首先就需要知道孩子究竟因为什么而害羞。有的孩子在熟悉的人面前并不会害羞，可是一旦在公开的场合下就会变得十分腼腆。这种羞怯产生的原因是父母平时没有注意对孩子在公开场合下勇气的训练。要想克服这样的情况，父母就需要鼓励孩子多参加一些集体的活动，多与同学交流，勇敢地表达自己的想法。

在一些家庭中，父母总是说这样的话："大人说话小孩子不要插嘴！"久而久之，孩子就不敢在他人面前表达自己的想法，也就会变得越来越害羞。所以，父母应该鼓励孩子大胆地说出自己内心的真实想法，而不是压抑孩子的讲话欲望。这样既可以锻炼孩子的思考能力与讲话方式，而且还能够让孩子变得有勇气。

还有些孩子之所以会有羞怯的表现，是因为她们对周围的环境感到不安全或者是有陌生的感觉。这同样也与父母有关。有些父母或者因为工作忙，或者因为其他的原因，平时没有给孩子足够的家庭温暖，长此以往，孩子就养成了孤僻的性格，不愿意与别人交往，慢慢地就会变得腼腆起来。

面对这样的孩子，父母需要给予她足够的关怀，让她感到有很多人都在关心着她，让温暖将孩子包围。时间久了，孩子腼腆的心理也就克服了。

另外也有一种情况是跟父母息息相关的。父母应该想一想，孩子的羞怯表现是不是与自己也有关系呢？有些父母本身就是有点害羞的人，或许父母在平时的言行中流露出来的羞怯感也在不知不觉中影响到了孩子。所以，要想帮助孩子克服害羞的心理，作为父母，首先就应该让自己从羞怯中走出来。

其实，羞怯最主要的来源是孩子对于自我的不自信。所以说，帮助孩子克服羞怯感最行之有效的方法就是先帮助孩子建立起自信。父母可以通过很多途径来让孩子树立起自信心。例如，平时父母就应该多多地对孩子表示赞扬，而且父母也要从心底里流露出这样的感觉。

抓住一次机遇，让女孩的大方继续下去

害羞的孩子并不是在所有的时候都表现得扭扭捏捏，如果孩子在一次演讲中表现得非常不错，那么父母就应该抓住这次机会，对其大加夸赞，并予以一些物质上的奖励，这样，孩子慢慢地就会对自己有信心，也就会变得大方起来了。

多带女孩出去走走，与女孩一同克服困难

狭窄的空间容易让人胡思乱想，在一个地方待久了，孩子也会感到厌倦。父母不如尝试着多带孩子到外面走走，旅行或者是郊游。孩子在玩的过程中不仅能够扩大眼界，而且还能够接触到不同的人和事，这对于增强她在为人处世方面的能力是很有帮助的。懂得了如何与人交流，当然也就不再腼腆了。

文静——好女孩不能是个"小捣蛋"

有的家长还在烦恼如何让自己的孩子变得活泼一点，可是另外一些家长却在

为孩子的调皮而感到无可奈何。每个孩子都有自身独特的性格，无论是安静沉稳还是活泼好动，父母在教育孩子的过程中，都需要把握住其中的度。

文静的女生似乎很招人喜爱，无论是坐着还是站着，无论是在家里还是外面，性格恬静的女孩子都有着优雅的举止与恰当的言语。她们喜欢安静，可以自己在一个地方默默地看书，玩耍的时候也不会过于疯狂。大多数父母都希望自己的女儿属于文静的类型，而不希望自己有一个调皮捣蛋的孩子。

或许有的孩子生来就比较安静，但是文静的气质也是可以培养的。在小的时候，女孩和男孩由于还没有对性别足够的认识，他们的表现可能根本没有男女之分。因此，父母要尽早地开始对孩子进行性别意识的教育。例如，父母可以对自己的女儿说：女孩子不能像男孩子一样疯疯癫癫地玩耍，安静一点更受人欢迎。

其实，孩子之所以安静不下来，也是有原因的。首先，因为年纪小，她的自控能力比较差，对于一件事的专注程度很低，而且保持专注的时间也很短。这就导致孩子在上课的时候可能喜欢东张西望，不集中精力听老师的讲课，或者就是前后左右地跟同学说话，成为课堂上扰乱纪律的“坏孩子”。针对这种情况，父母可以对孩子的专注力进行训练。一开始的时候，孩子注意力集中的时间可以短一些，然后再慢慢地加长，经过一段时间的训练之后，孩子的精力就能够保持比较久了，在上课的时候也就安静下来了。

另外，父母也可以在平时对孩子进行场合性的行为教育，告诉孩子在一些安静的场所不可以大声喧闹。例如在图书馆、课堂以及庄严肃穆的一些场合中，孩子都必须保持安静。父母不仅是要告诉孩子保持安静，还要让她明白为什么要保持安静。孩子知道了原因之后，今后在类似的场所中她就能够变得文静些了。

在家里的时候，父母要告诉孩子：东西不能够随便乱扔乱放，文静的女孩都是爱整洁、做事有条有理的人。除了在行为上，言语上的文静也是很重要的。父母要教育孩子在说话的时候保持一定的语调，因为过大的声音会让整个人显得吵闹，而声音太小的话也会让孩子看上去很胆小。

在自己家里要文静，到别人家做客就更应该如此了。除了要懂礼貌之外，在别人家做客的时候，孩子也不能乱动他人的东西，需要经过主人的允许。至于在别人的家中乱吵乱闹就更是不可以了。父母可以带着孩子到自己的朋友家去做客，当大人在谈话的时候，告诉孩子，她可以一旁安静地聆听，也可以静静地看书。

其实，文静是女孩的一种特质，文静的女孩子看上去给人一种清新淡雅的感觉，这种气质和感觉是需要时间来磨砺的。有的女孩可能在小的时候像男孩子一样疯狂，可是到了适当的年龄，她就自然地变得文静起来了。

父母不应该过于压制女孩活泼好动的性格

有的家长为了让自己的女孩变得文静，想尽办法让孩子安静下来，结果却忽略了孩子自身的感受，孩子也因此而变得沉默寡言起来。事实上，女孩子天生就有一种文静的气质，这种气质还没有表现出来，是因为年纪还没有达到。

培养女孩专注地做一件事

当女孩能够静下心来做一件事情的时候，她就不再捣蛋了。所以，父母可以根据孩子的兴趣爱好培养孩子某些方面的才艺，例如美术、音乐等。这样，孩子在用心地画画或者是弹钢琴的时候，自然就变得安静了。

安分——品位女孩不会“物欲至上”

星云大师说：“财富不仅仅指金钱，我们既有心外的财富，也有心内的财富。”可是现在的人却整天忙于增加金钱上的财富，而忽略了内心财富的积累。丢掉了心中的那一份清净，也就丢掉了知足常乐的好心态。因此，父母在教育女孩的过程中，应该注重女孩对内心品质的培养，而不是把“物欲至上”挂在口上，要孩子学做一个安分的女孩。

生活中却有不少的女孩，她们在得到这件物品的时候又要追着父母去买另一个，这些孩子的欲望永远也得不到满足。之所以出现这样的情况，其实与父母平时错误的教育是分不开的。一些父母认为，现在生活条件这么好，不能苦了自己的孩子，别人家孩子有的，自己的孩子就应该拥有。然而这却是一种极其错误的观点，最终导致了孩子物欲的纵横。

有这样一个故事：

有一个小女孩，她每天晚上在睡觉之前都喜欢让妈妈搂着她，并且给她讲一个故事。有一天在妈妈的故事快要讲完的时候，女孩突然就用妈妈的口气为这个故事画上了句号：“从此以后，王子和公主过上了幸福美满的生活。”

女孩随后又问妈妈什么是幸福，由于问题来得突然，妈妈一时间也不知道应该怎样回答，于是就说：“幸福就是每天快快乐乐的，不愁吃也不愁穿。”可是，女孩又问妈妈：“那你的那位同事阿姨不是很有钱吗？她为什么总是不开心，总是跟你抱怨呢？还有，我们隔壁的那个哥哥，他有一个幸福的家庭，所有人都对他好，可他为什么还总是哭哭啼啼的呢？”

听到这里，妈妈沉思了一会儿，于是镇定自若地回答女儿说：“同事阿姨和隔壁的哥哥都不懂得知足，所以才发现不了生活的乐趣，也觉得自己很不幸。”听到妈妈的回答之后，女孩似乎很开心，她满足地对妈妈说：“妈妈，我们真幸福！能够天天听你讲故事，真好！”

有品位的女孩往往是内心丰富的人，她所追求的是幸福和谐的人生，而不是在金钱上有过分的要求。其实，父母要孩子懂得知足也是有渠道的，让女孩在比较中感到满足就不失为一个好办法。例如，父母可以带着孩子到偏远地区做一下实地考察，让她看看这些地方的孩子都是如何生活的。相比起自己，这些孩子是多么困苦啊。女孩在看到这些之后，心中就一定会觉得自己幸福了。

此外，对于孩子在物质上的要求，父母还可以故意不马上给予她满足。等待的时间也是锻炼孩子耐心的好机会。一段时间之后，孩子的欲望就会减少，同时她也会发现，自己之前急切需要的东西，现在看起来似乎并不那么重要。慢慢地，孩子在向父母要东西的时候就会事先考虑清楚，这件物品到底是不是自己所需要的。

总之，一个在物质上安分的女孩，她的精力都能够更多地投入在学习或者其他更有意义的事情上。而当女孩的精力过多地放在追求物质上时，她的内心就会躁动不安，这对于青少年的成长是极为不利的。

知足常乐才有幸福降临

托尔斯泰曾说："物欲越小，人生就越幸福。"然而现实中，很多父母都会对生活有着各种各样的抱怨，更糟糕的是，他们的抱怨还是当着孩子的面进行的。有的说生活这么艰难，有的说工作一点都不顺心，还有的父母成天都羡慕富贵人家。在这样的家庭环境中，女孩又如何能够做到物欲上的安分呢？所以说，父母首先应该学会如何知足，这样，自己的女儿也就不会"物欲至上"了。

不要让女孩把注意力全部集中在对物质的追求上

事实上，许多家长除了整日奔波于工作地点与自己的家之外，就再也没有其他可以去的地方了。工作是为了赚钱，为了养家糊口，这当然没有错。可是生活并不是只有赚钱和工作，还有其他的美好事物等待着我们去发现。因此，不仅是孩子，家长也应该做到多多发现生活中美好的事物。在闲暇的时间可以带着孩子一同外出玩耍，而不是把注意力全都放在对物质的需求上。

在潜移默化中改变女孩的言谈举止

从小培养女孩的幽默感

幽默能够减轻人们心中的压力，是人们为了适应生活与环境所进行的情绪宣泄。有幽默感的女孩一般不会有暴躁的脾气，因为幽默中会让女孩变得大度。因此，在家庭教育中，培养女孩的幽默感也是帮助孩子成长的一个重要方面。

林语堂一向坚持用英文写作，他的作品散发着诙谐与幽默的特质，他也因此而被人们称为“幽默大师”。林语堂在生活也中是个幽默的人，这似乎是与生俱来的。无论做什么事，他都有自己的方式。

除了写作，林语堂还喜欢演讲，而且喜欢用心准备过之后才上台发表演讲。因此，林语堂对于那些即兴的演讲邀请，往往会表示拒绝。不过他拒绝的方式却也不失幽默，让人们很容易接受。

林语堂有一次受邀到一所大学参观，事后校长请他到学校的餐厅与学生们一同吃饭。校长觉得这是同学们难得的与大师交流的好机会，于是就请林语堂说点什么。可是这就把林语堂为难到了，他是最不喜欢临时讲话的。

于是，林语堂就给同学们讲了一个笑话：据说在罗马帝国时期，国王为了迫害人民，经常让人和兽一起搏斗，人最终都会被猛兽残酷地杀死。可是却遇到了一次例外，那一次国王又让一个人与狮子搏斗，可是这个人因为胆子大，所以根本就不害怕眼前的这头猛兽。他走到狮子的跟前，对狮子讲了一番话，没想到狮子居然走开了。

国王觉得很是蹊跷，于是又让那个人与老虎搏斗，可是结果仍旧一样。国王这个时候就问那个人为什么，只见那人不慌不忙地回答到：“陛下，我就是跟它们说，吃掉我容易得很，可是吃完必须要讲一番话！”林语堂的这个笑话逗得在座的所有人都哈哈大笑，校长懂得了其中意思而不好再要求什么了。

幽默能够化解一些尴尬的气氛，而且还能够让人的负面情绪在很短的时间里就烟消云散。有幽默感的女孩，她的身边不缺乏朋友，因为朋友都喜欢听她讲话，并在其中寻找快乐。

那么如何帮助女孩增强幽默感呢？阅读书籍无疑是一个不错的方法，因为读书能够扩大知识面，而知识又能够增加自身的智慧，幽默正是有智慧的体现。仔细观察，我们会发现，生活中极具幽默感的人往往都是聪明的人，有智慧的人。他们经历得多，读的书多，因为见多识广，所以幽默就自然地跟随着他们了。

其次，幽默感的培养还需要女孩懂得关心与体谅别人，因为幽默就是宽容的表现。父母要培养女孩乐观旷达的人生态度，还要培养女孩良好与高尚的情操，对生活与外界始终保持一个良好的心态以及乐观向上的精神。

俄国作家契诃夫说：“不懂得开玩笑的人，是没有希望的人。”只有懂得幽默真正意义的人才能够用幽默来化解生活中的苦难，才能够在忙碌中用淡淡的一笑来缓解自己情绪上的压力。

多看一些幽默的小故事

很多著名的人物都是有幽默感的。此外，还有许多的文学艺术大师都是幽默感极强的人。在平时的教育中，父母可以让孩子多看看这方面的书籍，以培养孩子对幽默的感知力。

培养孩子的观察能力

要想培养孩子的幽默感，父母还需要在培养孩子的观察能力上多下工夫。因为幽默本身就是对生活中细心事物的一个趣味总结，没有平时的观察，怎么会有幽默的总结呢？因此，当孩子看到一个事物的时候，父母需要教给她如何快速地把握事物的本质，并且用诙谐的语言将这种本质表达出来。

美丽的语言使女孩魅力倍增

会说话的女孩很容易被周围的人接受，即便是她有着一颗不成熟的心灵，但是由于她的话语在出口之前已经经过了一番美丽的修饰，所以别人听起来也会感到悦耳，从而十分愿意与她亲近。

一天夜里，国王梦到自己的牙齿全部都脱落了，他的内心十分不安，害怕有什么不好的事情将要发生，于是就请来了两个懂得解梦的术士前来为他解惑。国王说："昨夜里我梦到自己的牙齿全都掉了，这是怎么一回事呢？"

听到国王的问话之后，第一位术士不假思索地回答道："陛下所做的梦跟死亡相关。也就是说，在陛下所有的家人都死去之后，陛下才会死掉。"国王听到术士的答案之后大发雷霆，就派人"赏"了他100大板。

之后国王又问第二个术士，术士考虑了片刻回答道："陛下，您的梦是个吉祥之兆啊！意思是说，您是所有王室成员中最为长寿的一个！"国王听到这个回答之后很是满意，于是便奖赏了第二位术士50两黄金。

两个术士解梦的内容其实都是一个意思，可是第一个术士说完之后挨了板子，第二个术士却得到了很大的奖赏。究其原因，还是因为第一个术士没有第二个术士会表达。美丽的语言能够让女孩魅力倍增，因此，在家庭教育中，父母需要锻炼孩子的语言表达能力，不仅要让她学会表达，而且要善于用美丽的语言把自己的内心世界展现在别人的面前。

平时父母在教女儿如何更好地说话时，首先就要锻炼她的措辞。特别是在说一些别人不容易接受的话语时，更加要用比较委婉的语言表达。父母可以让孩子看一些趣味词汇的书籍，多掌握一些表达的用语。在教导孩子说话注意用词恰当的同时，父母也应该留心自己的说话方式，在批评孩子的时候不能够说伤害她自尊心的话语。

除了用词要恰当之外，女孩子在与人交流的时候，还应该有着流畅的表达能力。有的孩子言语表达能力差，说话总是磕磕巴巴，其实流畅地表达自己的能力是可以培养的。父母可以买一些故事类的书籍给女孩，每天晚上让女孩在看完一个故事之后就合上书，然后重新把这个故事叙述一遍。久而久之，女孩就能够用流畅的语言来表达了。

柔和的语调也是语言表达很重要的一个方面，因为尖刻与强调的语调都会让听的一方感到厌烦。聪明的女孩子在与他人交谈的时候都会时刻注意自己声音的速度与力度，力求保持柔和，让语言像音符一般从口中流淌出来。

说话很容易，可是用美丽的语言表达出来就不那么简单了。这是一种语言能力，需要父母的尽心培养才能够达成的一种美丽。

另外，父母要培养孩子欣赏别人的意识。因为赞扬往往是在欣赏的基础上才会从内心里流露出来的，当你欣赏一个人的时候，你自然地就会用比较优美的语言来表达心中的那份倾慕。

文明用语，从现在开始

好女孩的言行举止都应该是文明的，可是由于受外界环境的影响，不少女孩也跟着骂起了脏话。孩子原本是天真无邪的，造成她们说脏话的原因主要是受到了不良的影响，而这些影响主要又来自于两个方面。

父母首先应该注意自己的言行，因为父母偶尔从口中冒出来的脏话很可能就会被女孩学了去。由于孩子年纪小，对什么事情都有着强烈的好奇心，什么都想要去模仿，而且也极易模仿成功。再加上她们还没有明确的是非观念，所以当听到别人骂脏话的时候，自己也就轻而易举地学着说起来。

当听到自己的女孩会说脏话的时候，父母一定心中一惊，不过在感到惊讶的同时，父母也应该反省自身。是不是平时当着女孩的面嘴里用不文明的语言唠叨过别人，或者是直接当着别人的面就骂了脏话，等等。这些不好的言行在女儿眼里就是新奇的东西，她们会以家长意想不到的方式在不经意间表达出来。

因此，作为家长，首先就要给女孩一个良好的家庭环境。要做到这一点，父母双方都应该不断地提高自身的修养，在情绪不好甚至是恼怒的情况下也要用文明的语言进行适当的发泄。如果真的在女儿面前说了脏话，那就应该及时并且勇于向女孩承认错误，告诉孩子自己刚刚的言行是不文明的，不要让孩子进行模仿。

家庭固然是女孩成长的摇篮，但是社会同样是哺育女孩的大家庭。除了父母及亲人的不当言行会给女孩造成不好的影响之外，在学校以及其他的环境中，女孩也可能听到不文明的语言，而这些又是家长所不能够避免的。在这种情况下，防止和避免女孩不说脏话不如让文明用语的观念扎根于女孩的心中。

当然，家长也应该尽量避免女孩接触一些不好的个人与群体。例如不要让孩子跟喜欢说脏话的同学玩耍，因为孩子听不到也就不会模仿了。不过最主要的还是要增强孩子的免疫力，树立明确的是非观，而且在遇到同伴有不文明言语或行为时，孩子也可以上前去制止。这样也同样可以净化孩子的生活环境。

假如孩子说脏话的习惯一直改不掉，那么家长也可以适当地对她表现出失望的情绪，不过这种情绪应该控制得当，不能伤害了孩子幼小的心灵。当女孩看到父母因为自己的言行而不高兴的时候，她就会担心父母不再对她好，于是就会慢慢地纠正自己不良的习惯。在孩子一点一点地改掉说脏话的毛病之后，父母还要给予适当的表扬与奖励，以强化孩子的文明用语。

现代社会是一个文明的社会，著名的作家斯迈尔斯在他的著作中也曾经说过："女性的素质决定着整个民族的素质。"女孩的言语是否文明也影响着整个社会的发展。因此，在家庭教育中，父母必须对女孩的言语加以严格的监督。

把"文明用语"写入家庭的日常规章中

在家庭教育中，父母也可以与女孩签订一些协议，例如"孩子和家长都不能说脏话"等。一旦有谁违反了家庭的规章制度，谁就要受到相应的惩罚。相反，如果女孩在一段时间内都没有使用不文明的用语，那么父母就应该对其加以表扬。

父母应该及时纠正女孩的不文明用语

女孩当着父母的面使用了不文明语言的时候，有的父母并没有及时地加以纠正和制止，而是在事后才挤出时间来跟女孩谈这个问题。这种教育的方式我们并不十分推荐，因为说脏话本来就是一个随性的事情，所以，家长的纠正也应该及时，因为过了这个时间以后，女孩对当时的场景就会有一些遗忘，父母事后再纠正的效果也不太好。

不能嘲笑任何人

有一句名言是这样说的："人性最深切的渴望，是得到别人的尊重。"每一个人都希望自己能够得到他人的认可和赏识，不分年龄、不分性别，谁都不想被别人嘲笑。可是许多女孩并不懂得要尊重每一个人，当看到身体上有残缺，或者是外表有些与众不同的人时，女孩往往会把这样的人作为嘲笑的对象，例如班里比较胖的同学，或是成绩较差的孩子。

小女孩会嘲笑他人，原因是当女孩到了一定的年龄段，不再因为共同喜欢一个玩具或是一首歌而结交伙伴，她们会选择与自己年龄、外貌以及行为相似的朋友在一起玩耍。几个孩子联合起来感觉到力量上的增强，再加上嘲讽他人所带来的快乐，很快的，女孩就会喜欢上这种感觉。其实，女孩嘲笑别人更多的就是为了获得乐趣。

有这样一个故事：

一日，一个年轻的乞丐到一个富有之家去乞讨，正巧这家的女主人在家。于是女主人就让乞丐去后院搬砖头，砖头搬完了就会得到报酬。乞丐看着那一大堆石头，再看看自己残缺了的右臂，他不知道该如何是好。这个时候女主人用自己的左手为乞丐做了示范，于是乞丐开始搬砖头了。一直等到乞丐搬完，女主人给了他20元钱作为酬劳。年轻人在走之前不停地感谢女主人，可是女主人说不用谢，因为这是他通过劳动赚来的钱。

后来的许多年里，女主人也碰到过不少的乞丐上门向她乞讨，女主人都用同样的方法帮助他们。有的人照着做完后，女主人把薪酬付给他们，可是有的人在听到女主人的要求之后，就拂袖而去了。

过了很多年之后，女主人接到一个年轻董事长的邀请，到一处地段十分好的豪宅中去做客。女主人到了之后，她看到豪宅的主人是一个没有右臂的残疾人。这位董事长说自己就是当年的那个年轻乞丐，因为女主人的尊重，他从那个时候就知道自己也能够通过劳动来证明自己的价值。因为对女主人有着很深的感激之情，所以想要把这套豪宅送给她。可是无论如何，女主人都不肯收下董事长的这份礼物。她始终都在说："那是你用自己的汗水换来的薪酬，我并没有帮助过你什么。"

在日常生活中，我们每一个人对身体有缺陷的残疾人，都应该给予应有的尊重。正是女主人把年轻的乞丐当普通人看待，才让乞丐有了自信在社会上继续生活下去。因此，家长在教育女孩的时候，要多举一些事例，让女孩认识到每个人都是希望被尊重的，而且每个人的身上都有自己的闪光点。

一般情况下，女孩对待她眼中所谓的"弱势"者有着四种心态：一是别人的缺陷让孩子感到快乐，于是就模仿别人的行为与语言，例如口吃等；二是女孩会以自己的优势去帮助别人，可是这种帮助却是居高临下的；三是有缺陷的那个人让女孩感到害怕，因此而躲得远远的；与前三种心态相比，最后一种才是正确的，那就是用真正的同情之心与尊重来帮助他人。

在家庭教育中，父母应该告诉女孩，嘲笑别人是一种不礼貌的行为。不仅如此，还要让女孩从心底里去除这种不好的言行方式。让女孩知道：不论是谁，都有缺点和优点，就算是自己，也有某种程度上的缺陷。今天你轻易地嘲笑他人，或许明天就会有另一个人来嘲笑你。因此，学会尊重彼此，这才是最重要的。

父母应该帮助女孩克服嘲笑他人的毛病

在言传身教的过程中，父母可以按部就班地来让女孩消除心中对他人的偏见。例如，可以先让女孩在感情上同情被嘲笑者，让女孩想想，如果自己是那样的话心里会有什么感觉。然后在同情的基础上建立起女孩对被嘲笑者的尊重感，最后再让女孩把心中的那份同情与尊重付诸到行动上去，帮助之前被她所嘲笑的那个人。

在女孩心中树立平等的观念

家长需要通过说理、举例、实地考察以及给出具体的方法来去除女孩心中对他人的偏见。不仅这样，还要让女孩知道，生活在世界上的每一个人都是平等的，每个人都有自己的人格，每一个人都不希望被别人嘲笑。树立女孩的平等观念是非常重要的。

不要随便叫别人的绰号

不同的人对绰号有着不同的理解，有的人认为，如果绰号没有恶意，而且还能够增进彼此之间的感情，那么用绰号来称呼也很合适。可是有的人就不愿意别人给自己起绰号，他们对于这种称呼十分反感，有时候甚至会激起愤怒的情绪。

绰号，也叫做外号，一般都是根据某人的外貌特征或是性格特点等起的非正式名字。也许在小时候，我们或多或少也有过这样的经历：一个同学体形肥胖，大家就叫他“胖子”；或者一个特别瘦的孩子，他会被别人叫做“瘦猴”……可是不是每个人都能够接受别人给自己取的绰号，虽然有一些绰号根本就没有恶意。因此，到了一定的阶段，父母就需要对女儿这方面的言行有所注意了。

绰号有时候叫起来是为了表示亲切，可是在使用的时候也要注意场合。平日里跟同学可以打打闹闹，可是到了正式的场合，就需要丢掉平时的习惯，改用对方的正式姓名来称呼。

其实，女孩之间所取的绰号还是以褒义的为多，一般都是某人在某一方面特别出众，所以被其他人冠以与之相关的称呼。这是人与人之间表达亲切之感的一种途径。可是也不排除一些女孩恶意地给别人取外号，例如有同学说话的时候总是结结巴巴，孩子就叫这位同学“大结巴”。这种以他人缺点或者弱势而起外号的行为，不仅不礼貌，而且还会伤害到被取绰号人的自尊心。

在绰号表示亲切的情况下，私下的场合中可以相互称呼。当然，除了要注意场合之外，家长还需要教导女孩，尽量不要给别人取绰号，尤其是针对别人缺点的，就算是褒义的绰号，也需要在彼此关系不错的情况下才能考虑。

关于绰号，仁者见仁，智者见智，但是父母一定要告诉女孩：在叫别人外号的时候，一定分清场合和时机，不能带有恶意，更不能随便称呼。

叫别人绰号也要有尊重的态度

家长应该尽早在女孩的心中树立凡事尊重他人的信念，无论做什么事情，都要以尊重他人为前提，叫绰号也不例外。只有在尊重别人的情况下，即使是叫绰号，一般也不会让人感到不愉快。

对于不熟悉的人或者是长辈，不能随意叫绰号

熟悉的朋友之间，彼此为了更亲近或者是为了获取快乐可以叫绰号，因为彼此都了解对方的性情，因此也不会反感。可是对于自己不熟悉的人，就不应该随便地以绰号相称，以免引起不必要的误会。而且父母可以教育女孩：对长辈要有起码的尊重，不可以叫长辈的外号，更不能给长辈起外号。

好女孩有涵养，不能“点火就着”

一个人的脾气是从小养成的，受过良好家庭教育的女子，举手投足之间都有优雅的气息流露出来，让与之交往的人有一种舒心的感觉。可是脾气暴躁的女人就不会有太多的人青睐了。因此，从小培养女孩的涵养，不要轻易地发脾气，这也是父母在家庭教育中需要注意的一点。

女孩子通常都有着温婉的性格，但是由于如今很多女孩都是独生女，从小就像小公主一样“使唤”着家里每一个大人，稍不顺心就会大吵大闹，甚至摔东西打人。这样的孩子会因为一点点小事情就莫名其妙地发脾气，而且在当时会不管不顾，可事后又会后悔。她们的情绪反应往往很简单，也许别人的一个玩笑就能够点着火，这也是缺乏幽默感的缘故。

有个女孩特别容易生气，于是女孩的父亲就对她说：“在你想要发怒的时候，就在家门口的木桩上面钉上一颗钉子。”之后，女孩想要发火的时候，就照着父亲所说的，在木桩上钉上一颗钉子。过了三个月的时间，女孩发现自己的脾气比以前好了很多。这时候，父亲又对女孩说：“从现在开始，每当你想要发脾气的时候，就把钉在木桩上的钉子取下来一个。”女孩又按照父亲的建议做了，等到她把所有的钉子都拔出来的时候，差不多用了一年的时间。

由于每次想要发火的时候，女孩都不停地钉钉子和拔钉子，所以她没有跟任何人起过冲突，周围的人都觉得这个女孩的脾气变了，于是都愿意跟她亲近了。女孩自己也觉得自己变得温和了许多，她问父亲究竟是为什么，父亲指着门前的木桩对她说：“你看木桩上面的这些小洞，它们将永远也无法恢复到完好无损的状态了。就好比你跟别人发脾气，这些洞口就是别人所受到的伤害，一旦有了伤害，就不容易消除，就算你在事后向别人道歉，别人心中的伤痛却是无法痊愈的。所以说，要学会控制自己的情绪，不要轻易地跟他人发火。”

故事中的父亲为了矫正孩子暴躁的脾气，他所使用的是一种情境转移的办法。也就是说，当心中的怒火快要上来的时候，与其与对方发生激烈地争执而导致不愉快，倒不如把这股火气发到其他的地方，趁早离开惹自己发火的人或者事。

假如自己的女儿脾气不太好，那么父母就需要尝试着寻找一些解决的方法。

除了情境转移之外，还有一种理智的控制方法。父母可以告诉女孩：在你想要发脾气之前，在心中不停地告诉自己，再推迟一分钟、两分钟……慢慢地坚持下去之后，你的理智就会战胜心中的怒火而变得平静下来了。

乱发脾气不仅对自己不好，而且还会影响到人与人之间的情感。例如一个十分要好的朋友，在一次小矛盾中，你发了不该发的脾气，结果两个人的关系就冷淡了。或者事后你也会为自己当初的行为感到悔恨，可是已经伤害了的感情是很难弥补的。因此，父母需要教导女孩学会体谅他人，当站在别人的立场上思考的时候，心中的怒火也许就平息了。

用音乐来调节情绪

脾气暴躁的女孩，她们的情绪很容易被外界的环境所控制和干扰。为了减少外界对女孩的过多的影响，父母平时在家里可以放一些舒缓轻松的音乐，让女孩在音乐的调解下放松身心，舒缓紧张的神经。这对于稳定女孩的情绪是非常有利的。

让女孩时刻警示自己

俄国作家屠格涅夫曾说：“最好在发言之前把舌头在嘴里转上几圈。”屠格涅夫是在告诫那些脾气暴躁的人，可以通过时间的延缓来让自己的内心平静下来。父母也可以让女孩在自己经常看到的地方贴上诸如“冷静、息怒”等警示的字样，每当想要发脾气的时候就看看这些警示语，然后再用自己的理智加以适当地控制，时间长了，暴躁的脾气自然也就消失不见了。

培养质感，让女孩的气质立体起来

让女孩做个快乐的智者

心态的积极与否直接影响到女孩一生的幸福。悲观的人总是跟随着悲观的情绪最终走入悲观的世界，而乐观的人却始终追随着快乐的脚步寻找人世间最美的事物。在家庭教育中，父母应该引导女孩，让她做一个快乐的智者。

决定女孩性格是否乐观的因素有很多，其中最重要有两点：一是家庭因素，二是女孩自己的生活观念。

家庭的氛围欢乐与否，这对于一个女孩的成长来说至关重要。自呱呱坠地起，家庭中所有的一切都感染着女孩，凝重与欢快，忧愁与开阔，乐观与悲伤，吵闹与宁静……在父母眼中看似不经意的东西，实际上真实地影响着女儿的情绪。

因此，要想自己的孩子从小就有一个乐观旷达的好心态，父母从一开始就应该保持家庭中充满快乐的因子。这就要求父母去积极地营造快乐的家庭氛围，让孩子生长在健康的家庭环境中。

如果说家庭的氛围是影响女儿性格的外在因素，那么女孩自身是否认可自己，则是决定女孩快乐与否的内在因素。法国著名作家罗曼·罗兰就曾经说过："一个人的特色就是他存在的价值，不要勉强自己去学别人，而要发挥自己的特长。这样不但自己觉得快乐，对社会人群也更容易有真正的贡献。"

有些孩子之所以不认可自己，有着各种各样的原因，有的孩子因为成绩差所以觉得自己比别的孩子笨，有的孩子则因为长得不漂亮而觉得自卑……在这种情况下，父母就要善于观察孩子的心态，并且要适时地帮助孩子来认可自己。对于成绩不好的孩子，父母可以鼓励她继续努力，或者调整学习方法等。因为外貌而自卑的孩子，父母应该告诉她：一个人美不美最重要的是看她是否有一颗美丽的心灵，而不是单看外表。

另外，有一些孩子之所以会感到不快乐，是因为她还没有很好地融入周围的环境。例如，有的孩子刚刚进入一所新的学校，因为环境陌生，很有可能造成她与周围人抵触的情绪，因此也变得闷闷不乐。这个时候，父母要积极地引导孩子，告诉她在新的环境中也会结交新的朋友，让她主动地与周围的人进行交流。

同时，女孩还需要学会自己调节心情。有时候考试考得差是难免的，因为分数不佳而闹情绪的孩子大有人在。父母在开导的同时，还要教孩子如何调整自己的情绪，让抑郁在快乐中融化。除了成绩不理想以外，还有许多事情会让女孩感到不快乐，如父母没有满足她物质上的要求，与同学闹矛盾，等等。不同的情况有不一样的调节方式，父母要让孩子学会理解他人，这样，不快乐的情绪马上就会飞走了。

凡事都有其积极的一面，快乐的智者往往能够把事情不好的一面给忽略掉，而专注于好的一面。快乐需要调试，快乐更需要良好的心态去寻找与追求，做一个快乐的智者，这是培养女孩健康成长的一个关键。

让女孩知道：快乐与悲伤同样具有传染性

罗兰说："开朗的性格不仅可以使自己经常保持心情的愉快，而且可以感染你周围的人们，使他们也觉得人生充满了和谐与光明。"与悲伤的情绪一样，快乐也是可以感染别人的。与其用不开心的情绪影响原本开心的人，不如让自己快乐起来，与周围的人一同跳进快乐的丛林。

真正的快乐是从心底发出的

心灵快乐的人，脸上才会洋溢出幸福的微笑。布雷默说："真正的快乐是内在的，它只有在人类的心灵里才能发现。”因此，在家庭教育中，父母应该告诉女孩：面对生活，要始终保持真诚的微笑，一个内心光辉的人，即便是脸上没有笑容，心底所散发出来的快乐已足以让人青睐。

爱表现更要会表现

竞争如此激烈，每个父母都想自己的女儿将来在社会上能有立足之地，要想达到这个目标，父母就要不遗余力地对女儿进行培养。能够在竞争中脱颖而出的人一般都是综合素质较强，且能够恰当地在别人面前展现自己才能的人。因此，让女儿做个会表现自己，让他人了解、认识自己的人，就十分必要了。

有些孩子或者是因为胆子小，或是由于表达能力的不足，在旁人面前不能尽情地展现自我，这对孩子来说是一个困扰。事实上，很多诸如这样的女孩子都有着很好的才华，只是她们不知道如何将这些才华展现出来罢了。

栗颖就是这样的一个女孩子。由于父母工作忙，她在8岁之前都一直跟着奶奶在乡下生活。栗颖的奶奶是个心灵手巧的人，在剪纸与刺绣方面都有着精湛的技艺。栗颖从小就看着奶奶如何穿针引线，用不同颜色的线绣出美丽的花蝴蝶。时间久了，栗颖自己也学着做这些手工制品，在奶奶的指导下，她的刺绣手法也越来越娴熟了。

8岁之后，父母把栗颖接到了城里上学。由于到了一个新的环境，再加上栗颖本身胆子就小，话原本就不多的她更加沉默不语了。在学校里，栗颖也不和其他的孩子一起玩耍，只是一个人默默地坐在座位上发呆。班主任发现了之后，就把这样的情况反应给了栗颖的父母。他们听到之后感到很愧疚，因为自己的忙碌，都没有与孩子及时地沟通，所以才导致这样。

有一次，学校举办才艺大赛，老师要求每一个同学都在大赛中展现自己的风采。栗颖的父母得知这个消息之后，就鼓励栗颖将自己刺绣的才艺展现在师生面前。在爸爸妈妈的百般劝说之下，栗颖终于动手绣出了一幅漂亮的动漫图。栗颖的作品让爸爸妈妈都吃了一惊，他们知道女儿会点刺绣，可是不知道女儿的手工居然如此惊人。这幅刺绣图在比赛中获得了第一名，老师和同学们也十分惊奇地看着栗颖，原来这么一个沉默不语的女孩子会有如此的才艺。因为这幅刺绣图，同学们重新认识了栗颖，很多同学都愿意主动和她交往，栗颖也不再如之前那样沉默了，她变得开心起来。

正如栗颖一样，适当地表现自己不仅能够让更多的人了解自己，而且还能够展示自己不为人知的另一面。栗颖的父母由于忽略了对栗颖这方面的教育，因此差点埋没了孩子的才华。在家庭教育中，如果孩子是一个如栗颖一样不爱表现的人，那么父母就要帮助孩子勇敢地在人前展现自己。

与栗颖这样的女孩不同，还有一些女孩从小就爱在别人面前表现自己。她们天生就不怕陌生人，无论在什么场合下都敢于大胆地表达自己内心真实的想法。可是这样的女孩却往往会出现表现过度的情况，她们的直言不讳有时候可能会伤害到别人。因此，父母在这个时候就要教育女孩懂得“度”的艺术，了解什么叫含蓄之美。

总之，对于胆子小的孩子，父母要鼓励她勇于表现自己，还要亲自带着孩子做这方面的尝试，与孩子共同成长。而对于那些胆子本来就很大的女孩，父母则要培养她恰到好处地表现自己的能力，这样才能够做到让他人接受。

父母要为女儿创造表现的机会

有些孩子不敢在人多的情况下开口说话，针对这样的情况，父母平时应该多带孩子到人多的地方去，而且要让孩子成为众人瞩目的焦点。慢慢地，孩子就会适应在人群中的感觉。此后，父母就要开始训练孩子在人群前讲话。例如，父母可以让孩子参加一些演讲或者朗诵比赛，这不但能够锻炼孩子的胆量，而且还是锻炼口才的一个好时机。

表现的能力是可以培养的，父母要多给女孩鼓励

有的父母不懂得教育的理念，看到自己的女孩唯唯诺诺的时候，总是爱说“胆小如鼠”之类讽刺的话语，极度地伤害了女孩的自尊心。其实，表现的能力是可以慢慢培养出来的，只要父母用心，就没有不会表达的孩子。因此，在平日的家庭教育中，女孩在每次有所表现之后，父母都需要给予她适当的表扬，以增强孩子的自信。

帮助女孩发现生活中的美

正如法国大将军儒贝尔所说：“美！这是用心灵的眼睛才能看到的东西。”俄国作家契诃夫也说过：“人的一切都应该是美丽的：面貌、衣裳、心灵、思想。”美，是人类不断追求的目标。正因为我们每个人的心目中都有对美的期望，因此才能在共同追逐美的途中相识、相知。美，是联系人与人之间情感的纽带，更是维护人类社会和谐的不可或缺的力量。

一个人只有懂得了美，才能够拥有无限的生活情怀与遐思。而为了要追求美、了解美，我们首先需要有一双发现美的眼睛。这双慧眼要从小就进行培养，因为自我们降生到这个世界上之后，美就源源不断地展露在我们眼前了。对于一个女孩来说，善于在自己的生活中发现美好的因素，这是一件多么美妙的事情啊！

美的产生是我们的主观感觉与客观物象相结合的过程。因此，在家庭教育中，父母要培养女孩发现美的能力，就需要结合主客观两方面的因素同时进行。父母

可以带着孩子到大自然中去欣赏美景，不但用眼去看，还要用心去欣赏这自然之美。山川与河流、花草与鸟兽，只要用心，美的感觉就会如涌泉般冒出。

现代人大多生活在城市之中，欣赏自然风光的时间非常少。没有关系，城市本身也是一种美，一种人造的美。城市是展现人类智慧的地方，更是表现人们美好内心的一个窗口。如果没有机会欣赏自然的美景，父母也可以让女孩多发现城市的美丽。从宏伟壮观的体育场到优美雅致的咖啡屋，从高耸入云的钢筋建筑到马路两旁美丽的花丛……所有的一切，无不凝聚着人类智慧的美。

当然，外物的美好只是一种客体，要想真正地在心中感受到这种美，就需要我们有一颗能够感受美的心灵和一双懂得欣赏美的眼睛。因此，父母不但要让女孩多接触美的事物，还要让孩子对美有一种强烈的感知能力。因为只有主体的感知力与客体的美相结合的时候，才能够产生震撼人心的美。否则，缺少了任何一方，美都是不存在的。

在生活中，父母还要多鼓励女孩发现人性的美。其实，很多偶然的瞬间都足以表达这样的美。例如，在车水马龙的路中央，一位步履蹒跚的老人正拄着拐杖过马路。这时候，一个系着红领巾的少年在老人的身边停了下来，他轻轻地用手将老人的胳膊扶住，陪着老人一起过马路。这不就是人性之美吗？这样的美不需要鸿篇巨制来展现，只要你有一双善于发现的眼睛，人性的美就无处不在了。

爱默生曾说："为美而献身比为面包而活着要幸福得多。"我们相信，一个善于发现美的女孩，她也一定会成为生活中一道亮丽的风景线。

美的事物要用心去感受

很多人抱怨生活中已经没有了美，可真的是这样吗？在一个阳光明媚的上午，站在窗台上抬头看初升的太阳，阳光哺育着大地，哺育着城市中生活的每一个人，这难道不是一种美吗？父母应该告诉女孩：美无处不在，就看我们能否用心去感受美。

美也是用来思考的

美不仅仅是外物的表面，哲思的美才是更深层次的美。在平时的教育中，父母还需要让女儿懂得生活中的一些哲理，让女孩学会思考生活。在用眼睛欣赏美，在用心灵感受美的时候，我们还应该做到用大脑去思考美。

教给孩子正确的审美观

一般情况下，女孩从三岁开始就有了对自我和外界的审美意识。从心理学的角度来讲，这一时期被称为审美敏感的时期。如果父母在这一段时间内没有对女孩进行正确的审美观教育，那么女孩的审美慢慢地就会出现偏差，最终偏离正轨。

特别是女孩子，在审美敏感期内对自己的穿着打扮有着非常高的兴致，在这个时候，父母就应该给予她正确的指导，以免形成混乱的审美观。

妞妞一向是个乖巧的女孩，妈妈说什么她就做什么，吃穿住行，无论是生活的哪一方面，妞妞都听从妈妈的指导与建议。可是有一年冬天，三岁的妞妞突然不在妈妈的面前表现乖巧了。在外面冰天雪地的情况下，妞妞非要妈妈给她穿上夏天的裙子，嘴里还振振有词地说："没有什么衣服比裙子更漂亮！"

因为天气太冷，所以妈妈执意不肯让妞妞穿裙子。可是妞妞一直哭哭闹闹，妈妈也没有办法了。就这样，一连几天，每当早晨穿衣服的时候，妞妞都会要求穿裙子，妈妈也同样拒绝妞妞的无理要求。妈妈上班迟到，妞妞上幼儿园也迟到。终于，妈妈觉得这样下去不是办法，就对妞妞大声地呵斥道："这么小就这么爱臭美！长大后还不知道怎样呢！变成个坏女孩也说不定！"

妞妞听到妈妈的训斥后忽然就不再吵闹了。看到孩子安静下来，妈妈又在一旁继续说："女孩子要是小时候就把精力全都倾注在外在的修饰上，那么长大后一定不是个好女人。"妞妞似乎懂得妈妈的意思，以后再也没有要求穿裙子了。而且真的到了夏天可以穿裙子的时候，妞妞也不再要求。甚至妈妈给妞妞买回了非常漂亮的裙子，妞妞都执意不穿。

妞妞妈妈的教育方式无疑是错误的。冬天的确不适宜穿裙子，可是不能穿的原因只是因为天气寒冷，而跟长大后是否变为坏女人根本就没有联系。可是妞妞的妈妈为了制止孩子的无理取闹，用恐吓的方式给了孩子不良的教育，最终导致妞妞对裙子产生了错误的审美观念。妞妞原本可能成为一个优秀的服装设计师，可是经过妈妈错误的审美教育之后，妞妞对于裙子的兴趣就彻底地被抹杀了。

因此，当孩子在审美敏感期的时候，父母一定要用正确的教育方式对其进行审美指导。例如，有的孩子因为好奇，所以会拿妈妈的化妆品在脸上随意地涂来涂去，把口红当眼影，却又把腮红当做口红来抹。这些其实都是孩子爱美的表现，父母看到这样的场景之后，千万不能大声地训斥她，而是要悉心地进行教导，告诉孩子：这些化妆品孩子以后也是可以拥有的，但是在现阶段必须以学业为重，不能把注意力都放在穿着打扮上面。

当看到自己美丽可爱的女儿正孜孜不倦地倾注于爱美的情绪中时，父母不能够在一旁袖手旁观，也不能以训斥的形式加以遏制，而是要给予孩子正确的审美教育，让孩子的审美观朝健康正确的方向发展。

父母需要引导女孩欣赏朴素之美

孩子的好奇心永远都是无穷的。当她看到电视上的人花枝招展地走在路上，还引来众人的回头之后，女孩自己也想要尝试那样的效果。她可能会要求父母把她打扮成成年女子那样，也可能自己把自己画得像个唱京剧的花旦。这时候，父母就需要正确地引导孩子，让她学会欣赏自然与朴素之美。

注意不要打击女孩对美的好奇心

扼杀女孩的好奇心就等于扼杀了女孩的未来，因为孩子的好奇心很有可能是她日后成功的基石。假如女孩对化妆等事物流露出强烈的好奇时，父母不能硬性地压抑孩子的好奇，而是要给予她正确的指导，并且教给她正确的审美观念。说不定你的宝贝女儿将来会是一个出色的造型师。

情感丰富才是女孩独有的财富

说情感丰富是女孩独有的财富，这是有根据的。男人与女人还在妈妈的腹中发育时就已经开始有了明显的区别，这一点，美国著名的神经心理学家卢恩·布里曾丹在他的著作《女人的大脑》中就提到过。

卢恩指出，在母体怀孕的第八周开始，腹中的胎儿就会接收到性激素的影响。当性激素进入胎儿的大脑之后，雄性激素会降低与大脑交流中心的联系，而雌性激素则会增强这一点，强化情感、语言等表达能力。因此，一般情况下，女性比男性更具有表达的天赋，她们可以顺畅地将内心的情感表达出来，这也是情感丰富的另一种涵义。

情感丰富有许多优点，女孩子具有了这些优点之后就有着男孩子所无法企及的自身财富。情感丰富的女孩一般心思比较细腻，在学习上一丝不苟，做其他方面也能够趋近于完美。她们对自己要求往往非常高，不求最好，只求更好。

情感丰富的女孩还有着敏感的内心，她们对外界的感知力非常强，甚至从他人一个微笑的表情中就能够感受到这个人的情绪。正是因为这样，所以女孩子比男孩更能够体谅与倾听他人的诉说。情感丰富的女孩都有着一颗善良且乐于帮助别人的热心肠，因为她们能够感受到他人的痛苦和不快乐。

据了解，现代企业的老板都偏向于雇佣情感丰富的员工。因为这样的员工能够更好地跟团队协作，有了矛盾的时候也更加愿意接受他人的意见，而不是固执地听从个人的想法。当这样的员工受到老板或者同事的赞扬时，他们心中激动的情绪能够促使自身更加努力地去工作。假如同事在工作的过程中遭遇了什么麻烦事，他们也会给予同事最大的帮助，而不是袖手旁观。

因此，在家庭教育中，父母需要培养自己的女儿做一个情感丰富的人。这样孩子在家里能够体谅父母的辛苦，在学校能够自觉地遵守纪律，努力学习。当同学有困难需要帮助的时候，情感丰富的女孩会第一个向他伸出援助之手。

正是因为心思细腻，对外界事物的感知力强，也因为敏感，所以情感丰富的女孩都有着一个善于思考的大脑。她们凡事都想要做到尽善尽美，在生活中不断地总结经验与教训，通过一次又一次的经历来自我完善，最终走向成熟。此外，在日常生活中，父母还需要让女孩在遇到事情的时候多站在对方的角度考虑，因为情感丰富的人一般都会有很强的感受他人情绪的能力。

总之，情感丰富是一件好事，与情感丰富的人交流感情比同那些不善于表达情感的人更加有趣。所以说，情感丰富是女孩独有的财富，父母在家庭教育中更应该加强女儿在这方面的优势。

强化女孩的语言表达能力

在与女孩相处的过程中，父母应该善于发现孩子情绪的变化。假如自己的女儿是个内向敏感的孩子，那么她很有可能是一个情感极为丰富的人。然而由于内向，她内心丰富多彩的世界却不能够很好地表达出来。因此，父母需要着重加强女孩的语言表达能力，让孩子丰富的内心世界能够与外界进行互动。

培养女孩读书的习惯，学会思考

虽然说情感丰富是女性特有的财富，可是父母在后天的培养也是重要的。想要让自己的女儿成为一个情感丰富的人，那么就要求她能够有丰富的精神世界，多读书是一个很好的途径。在书中与人物一同体验人间的悲喜，感受人物的快乐与悲伤，一起哭、一起笑。读完一本书以后还应该多多思考，从中学到更丰富的人生经验。

第十五章 每个女孩都是“艺术家”——女孩的才艺培养

艺术是女孩最好的成长伴侣

莫让学艺成为孩子的负担

如今，让孩子学习各种各样的才艺成为很多父母生活中的重心所在。他们认为，学习各种才艺是素质教育的一种，因此，无论孩子愿不愿意，父母都逼迫着孩子进各式的才艺班。

从小学习一门艺术，不但可以陶冶孩子的情操，开发她潜藏的艺术才能，而且对于日复一日枯燥的课本学习都有着很大的调节作用。如果学的好，日后还可能在才艺方面有所作为。但是，家长在为孩子报才艺培训班的时候并不能自作主张，而是要根据孩子的特点，在与孩子协商的基础上再斟酌。

一位父亲在女儿两岁时，就让女儿学才艺，每天都规定女儿必须做什么，不准做什么。如果女儿不听话，就没完没了地唠叨。在这种环境里，女儿的确取得了不小的进步，不到10岁，就弹得一手好琴，还擅长书法绘画。

一次，女儿在绘画比赛中获得一等奖。父亲非常高兴，洋洋得意地说：“我太幸福了，10年磨一剑，工夫终于没有白费。”但是，当他看到女儿获奖的那一幅画时，惊呆了：在画上，有一只乖巧的小羊正在弹琴，在旁边站着一只龇牙咧嘴的大灰狼，在狼旁边标了这样一行字：“你得一直弹我爱听的曲子！不然，我就吃掉你！”他恍然大悟——乖巧的小羊，还有龇牙咧嘴的大灰狼——这是女儿在控诉自己啊！

有些孩子在看到钢琴这类漂亮的乐器，或是听到优美的音乐时，她自己也会想要用好看的乐器演奏出美妙的音符。好奇是孩子特有的天性，最初喜欢某样东西的时候大多都是因为好奇心所引起的。但是有的孩子在接触了一段时间之后，却发现她手中的乐器并不是自己真正喜欢的，也就不愿意继续学下去了。这个时候，家长应该多站在孩子的角度考虑，而不是以强迫的方式让孩子做自己不愿意做的事情。

事实上，很多父母在才艺学习这方面的意识本身就很模糊，多是随大流地对孩子胡乱地进行培养。他们看到别人家的孩子今天去学美术，明天又去学声乐，于是觉得自己的孩子也不能够落后，也让孩子去学。他们并没有想到，在孩子没有兴趣的情况下学习才艺，只会给孩子的生活和思想造成巨大的压力，别的一无所获。既耽误了学校里的文化学习，才艺方面也没有很大的长进，何苦呢？

每个人都有自己所擅长的领域，并不是所有的孩子都有艺术的天分。有的孩子可能对文学感兴趣，如果父母强迫孩子去学舞蹈，那根本就是南辕北辙，最终孩子将什么都没有学到。因此，在家庭教育中，父母如果想要自己的孩子学习才艺，就一定要根据孩子自身的条件以及兴趣来决定。

学习才艺不宜贪多，一门足矣

无论做什么事情，要想把这件事做得更好更精，那么就一定要花费大量的时间与精力在这件事情上，学习才艺也不例外。孩子的接受力本来就有限，再加上现在学校学习的负担也重，如果父母还让孩子在课余时间参加过多的才艺培训班，那么孩子就会不堪这种过大的压力。因此，对于真正有艺术天分的孩子，父母只需要让孩子扎实地学习一门才艺就已经足够了。

父母应该多倾听孩子的想法

不要认为孩子年龄小，不要觉得她们什么都不懂，更不要对女孩说：“我做的一切都是为了你，你现在反抗，长大后就知道是对你好了。”可是似乎很多父母都会说这样的话，让孩子年幼的心灵承担了太多的负重。孩子是追求自由的，可学习才艺的压力往往埋没了她心中对自由的向往，这对她的成长是很不利的。因此，父母在决定孩子是否学才艺之前，一定要多与孩子沟通，倾听她自己的想法，之后再做决定。

高雅不是“媚雅”

关于“媚雅”，很多人并不知道这是什么意思。已故作家王小波在一篇文章中曾经说：“这个词的意思我倒知道，是指大众受到某些人的蛊惑或者误导，一味追求艺术的格调，也不问问自己是不是消受得了。在这方面我有些经验，都与欣赏音乐有关。高雅音乐格调很高，大概没有疑问。我自己在音乐方面品位很低，乡村音乐还能听得住，再高就受不了。”

也就是说，“媚雅”之人本身欣赏不了高雅的美，可是却要故作高雅，硬着头皮学习“高雅”，无奈自己却是“媚雅”之举。可是很多家长就是这样，他们让自己的孩子学习孩子并不喜欢的东西，不管孩子怎样垂头丧气，还是硬逼迫着其去学。

有许多诸如此类的父母，他们不但自己不懂得某种艺术，更谈不上欣赏，可是非得把自己的这点虚荣心强加在孩子的头上，让孩子去学习自己没有获得的东西，让孩子承受着“嘱托前辈梦想”的压力。

要知道，无论艺术本身有多么高雅，可是自己不喜欢的艺术就是“媚雅”。难道作为父母，你愿意让自己的女儿变成“媚雅”之人吗？

艺术的学习是基于兴趣，而不是为了考级

专家认为，孩子学习艺术可以本着兴趣去学，而不是追求社会上流行的考级。考过钢琴十级的人，如果本身并不喜欢钢琴演奏，那么他弹出来的音符也只是没有灵魂的篇章。相反，只有一个人心中热爱一门艺术，那么他在艺术中所表现出来的东西才有来自灵魂的震撼和力量。

发现孩子的内在潜质，不要让女孩产生抗拒心理

孩子在学习自己不喜欢的东西时，往往会产生抗拒心理。鲁班小时候非常聪慧，他的父亲非常高兴，想要让他读书成才，不要跟自己一样再做木匠。可是鲁班并不这么想，他执意要做一个好木匠。父亲没有把自己的意志强加于鲁班身上，于是鲁班才有了后来的巨大成就。在现实生活中，父母应该多观察孩子，发现孩子的内在潜质，看孩子究竟喜欢什么，适合什么，而不是随大流地让孩子去学艺术。

艺术家就是能够听到蚂蚁跑步的人

著名的雕刻大师罗丹曾说：“对我们来说，自然界不是缺少美，而是缺少发现美的眼睛。”有审美能力的人，在别人眼中微不足道的东西，在他的眼中却是最美的风景。懂得欣赏美的人，他的生活往往更加充满了情趣。那一双慧眼，让默默无闻的蒲公英瞬间成为了风儿最青睐的伙伴，那一双艺术家的耳朵，甚至连蚂蚁的跑步声都听得到。

哪一个父母不希望自己有一个审美能力极强的孩子？可是偏偏却发现自己的孩子是一个没有美感的“普通人”。其实，“艺术家”三个字并没有我们想象中的遥远，只要有一双善于发现的眼睛，有一对巧于聆听的耳朵，那么就已经具有了艺术的潜质。

艺术家对平淡的生活往往具有一种强烈的感悟能力，他们有着敏感的内心，能够发现别人所看不到的美。因此，在家庭教育中，要想自己的女儿也有一颗艺术家的心灵，那么首先就应该培养孩子对外物的观察能力。

眼睛是心灵的窗户，透过孩子明亮的双眼，我们可以了解到她清澈的内心世界。同时，孩子那明媚的内心也能够通过眼睛这扇清新的窗户折射到外物上面，

把美好付诸于青草与花朵，把情趣交给蓝天和白云。大自然给予了我们太多的美，假如善于观察与发现，这些美就会融入到我们的内心。当然，除了自然景色之外，生活中的任何一种现象和场景都可以成为孩子观察的对象。例如，一个卖红薯的火炉旁，一对老爷爷老奶奶正在寒冬里相互取暖。这是多么美好的情景啊，人情的暖流在瞬间就可以温暖一个孩子的心灵，只要她善于观察。

因为有着强烈的好奇心，所以孩子的想象力是无穷的。家长在生活中应该学会开发孩子的想象力，这是促进孩子成才的一个重要因素。世界上很多伟大的艺术家都有着丰富的想象力，她们眼睛里所看到的，在心中会变成另外一个模样，一个更美、更深刻的样子。当看到女孩把一个图案涂抹成五颜六色的时候，千万不要对她说：“这些颜色一点都不搭配！”因为家长的这种做法会埋没孩子的想象力和创造力。所以，请允许孩子漫无目的地表达自己的艺术，孩子眼中的美好往往是成年人所看不到的。

优美的文学作品曾经让我们感动，动人的绘画也让我们两眼放光。艺术家就是能够听到蚂蚁跑步的那个人，作为家长，培养女孩的敏锐的观察能力是至关重要的。

父母不要问太多的“为什么”

其实，对于一个喜欢画画的孩子来说，她的很多作品可能都是随性之作。家长如果过多地问她为什么这样画，为什么那样画，这也许会让孩子自己也混乱。转而在以后的绘画中，孩子就会去在意这些“为什么”。这时候，她的想象力就会受到限制，作品也就跟着大打折扣了。

给女孩看一些有趣的书籍，以增强她的兴趣

市场上指导孩子艺术创作的书籍有很多，其中也不乏一些枯燥无味的“说教”，家长要避免买这些书，因为枯燥的读本很有可能让孩子的兴趣在不知不觉中消失。因此，父母在挑选书籍的时候，一定要选择那些趣味性强的类别。这样，孩子在看书的时候，就会使得原本就浓厚的兴趣又增加了好几倍，读书的效果可想而知。

腹有诗书气自华

美丽的容貌和优雅的气质，每个女孩子都想拥有这两样美好的东西。可是，上天赐予了我们固定的容颜，即便没有想象中的美丽，我们也应该不加质疑地接受它，因为这是我们独有的财富。除了容貌的漂亮之外，优雅的气质也是女孩子所追求的。然而，在很多女孩的眼中，气质只不过是来自于对外表的装扮。

培根说：“如果船的发明被认为十分了不起，因为它把财富、货物运到各处，

那么我们该如何夸奖书籍的发明呢？书像船一样，在时间的大海里航行，使相距遥远的时代能获得前人的智慧、启示和发明。”

腹有诗书气自华，书籍才是让女孩更富有内涵的营养品。妆化得再好看，衣服穿着再漂亮，如果没有诗书的底蕴，一个女子看上去也只不过是拥有外在的美丽罢了。相反，一个外表并不是十分出众的女孩，如果她饱读诗书，在知识的海洋里无尽地畅游，那她的身上自然地会带着深深的气质，散发出无比的清新与魅力。

不过，我们这里所说的饱读诗书并不单是说在学校里的学习，而是重在对书籍的兴趣。其实，现在很多孩子上学都是抱有强烈的目的性，为了中考、高考，似乎考试才是读书的唯一目的，似乎日后能够找到一份不错的工作才是上学的最大利益。可是，在更多的时候，读书并不只是具有这些功利性的目的。人类的文明无一不是靠着智慧繁荣起来的，而这些智慧经过亿万年地积累之后，通通都融汇在书籍中了。

在培养孩子对读书的兴趣时，除了在学校里对课本的学习，对专业知识的学习，家长更多地应该让孩子多看一些课外读本，以扩大孩子的眼界，丰富孩子的精神世界。不妨建议孩子在闲暇的时间里多跑跑图书馆，在那里找寻一些自己喜欢的读本，在安静的环境中静静地享受书籍带给自己的快乐。

孩子可以看一些文学大师的经典著作，也可以欣赏一些精美的散文……当然，对于一些言情武侠类的小说，我们就不建议孩子过多地阅读，因为这些书籍在文学的大军中只能算作是快餐一类，对孩子的成长并不能够起到很健康的影响。家长可以本着利于孩子对基础知识的学习、本着孩子的兴趣，在这些基础上为孩子挑选一些合适的读本。书读得多了，孩子的阅读和理解能力也会自然地增强。当然，更让家长欣喜的是，时间久了，你会发现自己的女儿有着一种书香的气息，那是一种格外清新高雅的气质。

书籍是人类智慧浓缩后的精华，读书多的人，会对真善美有着自己独到的体会，对人世间的事物也能够看得透彻。读书多的人，她可能在风口浪尖上波澜不惊地体味人生的美好，所谓的一览众山小，想必也只有饱读诗书者有这番体会了。

让女孩合理地安排读书时间

课外书籍的阅读当然非常重要，但是父母也应该对女孩加以时间安排上的指导。不能让女孩每天都沉浸在小说的世界里，这样会耽误学校的学习。家长可以建议女孩每天在做完功课的基础上做一些扩展阅读，围绕着自己的兴趣，少看一点。

读书需要长期坚持

对读书的兴趣也是需要培养的。有的女孩因为受到学校里枯燥学习的影响，导致她对任何的书籍都有一种厌倦与恐惧的心理。面对这种情况，家长就要想办法加以引导，让孩子从这种误区中走出来。家长可以选择一些趣味性较强的书籍给孩子看，循序渐进，慢慢地培养孩子对读书的兴趣。当然，最重要的一点就是坚持，因为气质的显现需要时间的历练。

生活与艺术零距离

用音乐陶冶女儿的情操

音乐能够陶冶人们的情操，让人们从烦躁中解脱出来，从压力中得到舒缓，并且达到修身养性的作用。毕达哥拉斯就曾说：“如果我们把各种优美的音调融合在一起，就能使各种行为缺陷转化为美德。”希腊著名的哲学家柏拉图也说过：“如果教育适当，节奏和和声比什么都深入人的心灵，比什么都扣人心弦。人人知道，当我们的耳朵感受音乐旋律时，我们的精神就会起变化。”

除了陶冶情操之外，音乐还能够起到一些规范人们行为的作用。例如，一些国外的公共场所就会播放一种叫做“文雅劝说者”的音乐，这种音乐的旋律是经过专家精心地研究与编制后才在公共场所加以播放，以起到约束不好行为的规范作用。另外，有的工厂和企业也用音乐给员工进行精神上的调节，在紧张的工作之后，播放一小段轻松舒缓的音乐，让疲累的大脑和身体得到适当地缓解，从而让员工恢复到最佳的工作状态。

作为一种有节奏的律动，音乐在人的大脑中能够起到让细胞起和谐共振的同步作用，同时刺激大脑皮质神经细胞的兴奋度，从而让人们产生不一样的情感体验，以达到陶冶情操的目的。可以说，在家庭教育中，音乐是帮助父母培养孩子的好帮手。父母可根据孩子不同的特征和状态，适时地播放一些音乐，净化孩子的心灵。

在阳光明媚的清晨，在悠闲而宁静的下午，在温暖的家中播放一些舒缓而温馨的音乐，让温暖与舒适将孩子包围，让她在音乐中享受体验家庭的和谐，亲人的美好。当然，我们所说的背景音乐并不是指满街响起的流行音乐，因为一些流行音乐的歌词对青少年的成长并不能起到健康引导的作用，相反，还会让孩子迷失自我。父母播放的音乐最好是纯音乐，优美舒缓，或者是享誉世界的名曲，这些大师级的作品一定会让你收到不错的效果的。

女孩正处于成长的关键时期，对于任何事物都有着极强感知力，音乐也是如此。如果家长能够时不时地播放一些好的音乐，这样就可以增强孩子对音乐的感受力。在节奏中享受艺术带来的美妙，在音符中思考一些人生的道理。当然，如果孩子的情感细腻的话，在音乐中，她或许还能够与作曲的人在精神领域进行交流，也能够通过音乐引起某些方面的共鸣。

纯音乐给人以很大的遐想空间，孩子在听音乐的过程中可以尽情地放飞自己的想象力，在音乐的国度中尽情地遨游。

父母可以利用音乐帮助女孩催眠

舒缓的音乐有助于人们放松紧张的情绪，如果孩子学习的压力过大，特别是面临升学考试的女孩，很有可能因为过于紧张而睡不着觉。这个时候父母就可以请出音乐这个好帮手，在孩子躺在床上的时候，播放一些节奏缓慢的轻音乐，让孩子闭上眼睛，放松心情。慢慢地，就会进入梦想。

女孩情绪差的时候，父母可以通过音乐来调节

有时候，因为对一些事情不满意，孩子的情绪会有或大或小的波动。无论是流泪哭泣、大吵大闹还是生闷气不说话，如果父母在这个时候拿女孩没有办法的话，不妨任由她做什么，而父母只需要放上一些舒缓的音乐就可以了。不知不觉中，你会发现女孩糟糕的情绪已经烟消云散了，洋溢在她脸上的还是之前快乐的笑容。

学会演奏一种乐器

贝多芬曾说："音乐是比一切智慧、一切哲学更高的启示，谁能渗透音乐的意义，便能超脱寻常人无法自拔的苦难。"或许年幼的孩子对贝多芬深奥的话语还不是很理解，但即便是不理解音乐与生命融为一体的那种崇高意义，孩子也能够在音乐中表达情感、宣泄感情以及与他人交流。

抒发感情的方式有很多，演奏乐器就是其中一种。所谓琴棋书画样样精通，父母想要培养才艺全面的女儿时，让她根据自己的兴趣挑选一种乐器进行练习就很不错。在心情不好的时候，通过自己弹奏一首优美的曲子，情绪便可得到舒缓，让孩子在音乐中重新找寻到生活的意义与乐趣。

由于乐器的种类实在太多，任何一个人都不可能样样精通，事实上，也没有样样精通的必要，尤其是对于学业繁重的学生来说，只要静下心来，学会其中的一样，能够充满感情地演奏就可以了，这不仅可以让自己的生活多一抹生动的色彩，也是与朋友交流的好方式。

根据女孩的实际情况选择适合她的乐器

很多家长都有这样的误区，认为西洋乐器比中国传统乐器更值得学，因为西洋乐器外观大气而精致，可是如二胡之类的传统乐器却看起来很不起眼。这样的

看法实属偏见，而且也是不了解中国传统乐器的精髓。原本孩子喜欢拉二胡，可是家长却非得让她选择小提琴，阻挠了孩子的兴趣。这里我们建议，在选择乐器的时候一定要按照孩子的想法走，这样她在学习的时候才能够因为喜欢而更加用心。

带着女孩亲自挑选属于她的乐器

在决定好学什么之后，家长还需要带着孩子亲自到乐器行挑选属于自己的乐器。购买的时候要让孩子全程参与，因为自己选中的她日后才会更加珍惜。把乐器抱回家之后，家长还需要告诉孩子，乐器就如同一个小小的生命，时间越久，与它的感情就越深厚，因此要格外地爱护。

在对弈中成为生活的智者

与球类运动、拳击以及其他靠体力来比拼的项目不同，下棋属于博弈的一种，它靠的不是力量，也不是身体的轻巧灵活程度，而是依靠大脑的智慧。下棋，比的就是谋略，能够活跃孩子的大脑，让她的思维更加灵活。

下棋，也不仅仅是一项娱乐或者竞技活动，而更是一种文化的流传。生活中很多成语与词汇都与下棋有关，例如“星罗棋布”“棋逢对手”“举棋不定”“丢卒保车”“丢车保帅”，等等。因此，让孩子学习下棋，这是了解中国文化的一个好方式。

美国有一位学者曾经写过一篇关于下棋与帮助青少年提高品性的论文，他在文中提到，学习下棋可以让孩子养成良好的修养，如洞察、远见、谨慎以及乐观等品质。所谓洞察，就是指在下棋的过程中，孩子需要观察每个棋子之间的关系以及自己的棋子所处的环境是有利还是不利。在这个基础之上，孩子还要考虑如何继续优势或是怎样摆脱困境等。

而所谓下棋中的远见，则是说，孩子在下棋的过程中每走一个棋子，都需要在心中考虑下一步该如何，以及对手将如何走。有时候，一步棋子可能关系到整盘棋输赢的命运。因此，有远见的人才边走边观察局势，以锁定最后的胜局。

除了洞察力与远见之外，下棋还能够帮助孩子练就谨慎的态度。在走一步棋之前就需要慎重考虑走过之后的后果，每一颗棋子都需要在认真思考过后才走。而且在走过之后不能反悔，棋子落下就是落下，没有后退的道理。谨慎的态度能够帮助孩子在下棋的过程中养成认真的习惯，人生也如同下棋，这种谨慎也会贯彻到生活的其他方面。

最后，下棋教给孩子的还有乐观豁达的人生态度。一盘棋下完的结果肯定是一方输，一方赢。所谓胜败乃兵家常事，下棋的输赢也是如此。孩子需要在下棋的过程中体味成功的快乐与失败的苦闷，但是无论快乐也好，苦闷也罢，都需要以一种豁达和乐观的态度来面对。与下棋一样，在日常生活中孩子也会遇到各种事情，有的让孩子感到快乐，有的却让她觉得痛苦。这个时候，就需要拿出下棋的精神，淡然地看待一切。

人生就像一面棋盘，而我们所走的路也正如棋盘上的棋子。有的人正因为走错了一步，整个人生满盘皆输，而有的人却在生活中步步为营。因此，让孩子在对弈中成为生活的智者，这就是下棋的艺术，更是生活的艺术。

通过对弈培养女孩专注的精神

一些孩子无论做什么事情都容易走神，特别是上课的时候，总是不知道老师在说什么。面对这样的情况，家长不妨让孩子学习下棋，让她在棋局中提到自己对事物的集中力，而且下棋的乐趣也足以吸引孩子。

凡事有度，家长不能让女孩沉迷于下棋

什么事情都要有个节制，下棋也是这样。虽然下棋有诸多好处，能够培养女孩在很多方面的品质，但是由于孩子还处于重要的学习阶段，因此不能为了下棋而荒废了学业。父母可以把下棋发展为孩子的一项兴趣爱好，在业余的时间里作为放松精神、调节情趣的一项活动，但决不能让孩子因为沉迷于下棋而耽误了功课。

书法，是写意人生

近年来，电脑已经在日常生活中越来越普及了，可是电脑在带给我们方便的同时，也对传统文化的继承方面有所冲击，例如书法。现在很多人都在用电脑办公，用电脑打字。懂得用电脑的人，基本上很少会再拿起笔来写字，更不用说用毛笔来练书法了。

书法在科技发达的现代社会，已经渐渐地褪去了它之前的实用性，而变成了一种美的象征。能够写一手好的毛笔字，对于现代人来说，那是才艺的展现。古代的文人墨客，他们留下来的书法作品，如今正在被收藏家们所收藏，通通成为了收藏家的财富，甚至是无价之宝。

其实，学习书法更能够让人的内心平和下来，多一点思考，少一些浮躁。对于孩子来说，学习书法还能够提高他们对于美的感知力。因此，家长在培养孩子的过程中，不妨根据兴趣，让她尝试着学习书法，走一走写意的人生。

书法是多种艺术的集合体，在白净的纸面上，那灵动的笔画和水墨的韵律相结合，在黑白的世界中蕴涵着无穷的生命力和文化内涵。练习书法，能够提高一个人的修养，更可以展现一个人的学识。此外，书法对于调节情绪也有很好的作用，当你感到愤怒或者不高兴的时候，写上一页毛笔字，那不快的情绪在不知不

觉中就隐没了。

在刻苦研习书法造诣方面，古代有不少故事，王羲之以及他的儿子王献之就是如此：

晋代王羲之从小学习书法，七岁就写得一手好字。成年后他仍然刻苦练习书法，即使闲坐时，也常常用指头在膝盖上比拟点画，时间长了，裤子都被磨得破损了。王羲之还虚心向别人学习，博采众长，成为我国历史上著名的书法家，人称“书圣”。其书法平和自然，笔势委婉含蓄，遒美健秀，后人评曰：“飘若游云，矫若惊龙。”其书法作品有《兰亭序》《官奴帖》《十七帖》《二谢帖》《奉桔帖》《快雪时晴帖》《乐毅论》《黄庭经》等。

王羲之的8个儿女都擅长书法，以最小的儿子王献之尤为突出。王献之7岁开始学习书法，几年后自认为已经写得一手好字，便在父亲面前炫耀，想得到几句赞扬。谁知父亲却显出轻视的神情，然后指着家里的18只大水缸说：“要想写出像样的字，你得写干这18缸水。”后来，王献之经过长年累月的练习，18缸水写完了，他的字大有长进。

一天，王羲之想试试儿子的功力，就从背后出其不意地拔他的笔，竟没有拔动，于是叹息着说：“这孩子前途无量啊！”后来，王献之终有所成。王献之的书法兼精诸体，尤以行草擅长。他运笔英俊豪迈，饶有气势，在书法史上与其父齐名，并称“二王”。他的书法作品有《洛神赋》《鸭头丸帖》《中秋帖》《东山帖》等。

要想练好书法，除了长期的坚持和刻苦研习之外，还需要掌握基本的技巧。如果父母本身在书法方面没有造诣，那么就可以为女孩请一个书法老师，或者是上专门的培训班。

除了前面我们提到的修身养性，练习书法的好处还有很多。从功利一点角度来看，书法是孩子所掌握的一门才艺，无论是参加各项才艺比赛还是在学校里的书写考试，对懂得书法的孩子来说都是有利的。此外，在今后的人生道路上，无论是找工作还是在工作的过程中，难免会有展示才艺的地方，适时地露上一手，对于提升个人的魅力度都是有很大的加分的。

当然，练习书法最重要的还是提高孩子的修养，因为书法本身就是一种无功利的修炼方式。在紧张的学习之余，孩子可以通过写毛笔字来放松身心，在艺术的长河中陶冶自己的性情，追求精神上的高远境界。

多给女孩讲一些书法大师的故事

由于孩子的年龄小，因此耐性也是有限的。有些孩子在练习书法的过程中往往不能够静下心来，刚练一会儿就想要出去玩。这时候，父母就需要抓住孩子的心理，给她多讲一讲书法大师刻苦研习的故事，让感动留存在孩子的心中，从而安静下来写毛笔字。

父母可以与女孩一同修身养性

如果孩子一个人练习书法感觉枯燥，那么父母不如也加入到其中。家长一周的工作是忙碌的，孩子一周的学习也是紧张的，到了周末的时候，如果没什么事情，父母和孩子不妨一同走进写意的人生，用书法放松身心的压力，在黑白的世界中陶冶情操。这样，既增加了与孩子之间的亲密度，而且还能够提高孩子对练习书法的专注程度。

尽情涂鸦，展现女孩的生活情趣

三味书屋中少年鲁迅曾用“荆川纸”蒙在小说的绣像上，将人物一个个描下来。他在回忆时风趣地说：“书没有读成，画的成绩却不少了，最成片断的是《荡寇志》和《西游记》的绣像，都有一大本。后来，因为要钱用，卖给一个有钱的同窗了。”这种情节，其实与你在课堂上偶然偷偷在笔记本上画一个小猫或者雪橇狗的往事有些相像吧。可见，这绘画中，确实有无穷的乐趣。

画画不仅不能培养美感和空间的把握能力，而且还能提高手眼以及大脑之间的协调力。孩子正在成长发育的关键时段，让身体的各个器官灵活起来是非常重要的。而且画画还能够激发孩子的想象力，既陶冶了情操，又锻炼了心智，何乐而不为呢？

孩子有着极强的模仿力，看到课本上有喜欢的图画，就想尝试着自己把它画下来。无论是照着画还是贴着画，对于提高孩子的审美能力都有一定的帮助。关于绘画方面的名人故事有很多，其中就不乏因为热爱画画而勤学苦练的例子。

“江南四大才子”之一唐伯虎的画画技艺很高，有一次，一个画家向他挑战，两个人在相同的时间里面，都完成了两幅非常好看的画，栩栩如生。正当大家争执不下谁画得好的时候，两只蝴蝶飞了过来，都围着唐伯虎的百花争艳图飞，还时不时地停上去。这时候，比赛的结果就出来了，唐伯虎的画骗过了蝴蝶的眼睛而当之无愧地成为了赢家。

日本16世纪的“画圣”雪舟，因幼时家贫，不得不进山当和尚，但他酷爱绘画，常因为学画而误了念经，以致一再触犯庙里的长老。长老见他为绘画走火入魔、“屡教不改”，大怒，将他的双手反绑，捆在寺院的柱子上。雪舟虽然行动受制，却不愿意因此放弃绘画，想到伤心处，不由得泪如雨下。那些泪水刚好滴落在地上，激发了雪舟的灵感，他居然伸出了大脚趾，蘸着泪水就在地上画了起来，画出了一只活灵活现的小老鼠。长老见了大吃一惊，终于认定这孩子日后必有出息，便不再限制他绘画。后来，雪舟果然成了一代宗师！

许多女孩对粉笔都有着很深的情结，因为从小就看到老师在黑板上用粉笔写啊画的，因此自己也有了强烈的好奇心，想要用粉笔诉说内心的情衷。她们会拿着粉笔乱写乱画，在黑板上、在墙壁上、在地上……这个时候，家长不能因为女孩弄脏了墙壁或者地板就大声地对其进行训斥，因为这会让她对涂鸦的兴趣有所丧失。家长最好用循循善诱的方式对女孩进行劝解，而且可以买一块小黑板，让孩子在上面尽情地涂鸦。

孩子的世界充满了无穷无尽的乐趣，与其让这些童年的乐趣随着时光的流逝而消失得无影无踪，倒不如让孩子拿起画笔尽情地涂鸦，以留住此时此刻的快乐与感受。

学习绘画，从素描入手

素描是学习绘画基础性的阶段，也是练习基本功的重要途径。因此，要想学好绘画就必须从素描练起。当然，对于孩子来说，素描的黑白色调也许会减少孩子的兴趣，但是如果真的是在绘画方面有潜力的孩子，家长就要想方设法让孩子带着兴趣学习素描。

让女孩多学习名家名作

学习名家名作并不是要求孩子能够模仿名人的作品，毕竟孩子还小，画不出难度高的作品。我们这里所说的学习，重点是学会欣赏。在平时的教育中，家长需要帮助孩子理解名作的内容，从结构、色彩、内涵等诸多方面进行诠释，这对于提高孩子对绘画的理解是十分必要的。

经常带女孩参观博物馆、展览馆

随着生活水平的提高，人们的业余生活也越来越丰富多样了，无论是大人还是孩子，在闲暇的时间里可供休闲的场所都有很多。在周末的时候，有些家长可能会选择陪女儿到游乐场去玩，有的则带着孩子去公园里散步，另外一些也可能去商场购物。但是却很少有家长想到可以带着孩子一同参观各种博物馆与展览馆。

对于孩子来说，比起博物馆和展览馆，她们当然更愿意去游乐场和动物园等娱乐性更强的地方去玩。但是作为父母，我们的出发点是培养和教育好女孩，因此，空闲的时候多带孩子参观博物馆就是一个不错的选择。

很多人都不了解博物馆的作用，有人进去只是走马观花地大致看看，因此也觉得没什么意思。比起中国的家庭，国外的父母会更喜欢带着孩子到博物馆去参观，因为他们有一种“博物馆意识”。所谓“博物馆意识”，是指公众了解博物馆的功能和价值，利用博物馆资源对孩子进行教育。所以，从小培养孩子的“博物馆意识”，是父母应该尽到的责任。

带孩子去参观博物馆有很多好处，其中最主要的是能够增长孩子的见识，扩充她的知识。特别是当孩子在学校中开始学习相关的知识时，为了理论联系实际，让孩子把书中的文字描述与实际的物体结合起来，去博物馆就是很好的一个途径。例如，孩子在学校里学习了一些天文知识，父母就可以带孩子到天文馆去参观学习；假如孩子在学校里学到了动植物的知识，那么带她去动植物标本的展览馆也不错。

有一位母亲，为了培养女儿广博的爱好的兴趣，经常带她去一些博物馆。女儿最喜欢的是自然博物馆，于是妈妈收集了许多与自然界动物、植物有关的资料，分成不同的专题，每次选定一个主题有针对性地带她去参观。女儿虽然去过很多次自然博物馆，但她还是很喜欢去。她酷似一个小小的生物学家，说起恐龙为什么灭绝、猿猴是如何变人的头头是道，她对自然界中动植物的观察也细致入微。

一次，女儿去故宫和天坛时，对古色古香的建筑十分好奇，不住地问：“这些大房子是怎么盖起来的?”为了解答女儿的问题，也为了激发她的求知欲，妈妈带她来到了古代建筑博物馆。她们边走边看，与此同时，妈妈给女儿讲：天坛祈年殿三重檐和金丝楠木大柱，故宫角楼 9 梁 18 柱 72 条脊，鲁班发明锯子盖宫殿，李春建造赵州桥……一个个有趣的历史故事与建筑常识有机融合，女儿听得津津有味，恨不得整个暑假都在这里度过。

一些家长带孩子去博物馆过于追求向她灌输知识，结果丢掉了趣味性，一两次过后，孩子就再也不想去博物馆了。而上述的这位妈妈就十分聪明，她为了增加去博物馆观看的次数，把想要女儿了解的知识都分门别类，而且讲解的过程也富有趣味性，女儿不仅增长了知识，而且也越来越喜欢跟着妈妈去博物馆了。

当然，父母不能急功近利地要求女儿在短时间里了解很多的东西，但是在去博物馆参观的时候，也不能有只是随便玩玩的心态，因为这样就丧失了对孩子进行培养与教育的大好机会。带女儿参观博物馆需要家长事先就有所准备，选择一些适合女儿年龄的博物馆，或者是与女儿目前正在学习的某一方面知识相关的博物馆，这样就更有针对性了。参观的时间也不易过长，最主要的是，父母不能够强求孩子参观。

从某种意义上讲，一座博物馆就是一部物化的发展史，通过与历史对话，我们不仅能够了解过去、展望未来，而且还能让自己的知识更加广阔，思想也更加开阔。

去博物馆之前，教给女孩基本的礼仪

博物馆是文化场所，不是休闲娱乐之地。因此，在进博物馆之前，父母事先

就要把相关的规章制度和礼仪教给孩子。例如，博物馆是安静的场所，进到里面之后不能大声喧哗。此外，博物馆中的物品一般都是文物古迹，是供人们参观所用的，因此，不能随便乱摸乱动里面的物品，以免弄坏，造成文化损失。

父母的小技巧可以增加女孩对博物馆的兴趣

孩子毕竟是孩子，需要一些精神和物质上的奖励才能够更好地配合家长的行为。为了培养孩子对参观博物馆的兴趣，家长不妨使用一些小小的鼓励政策。例如，每次去博物馆参观之后，如果有所收获，哪怕是一点点，父母都可以奖励孩子一点小礼物、小零食等，以鼓励她下次继续造访。

巧手灵心，巧女孩修炼有术

折纸游戏让女孩心灵手巧

当第一艘纸船从我们手中缓缓地浸入水面的时候，当第一架纸飞机在天空中放飞的时候，当第一个纸花篮中盛满了我们喜欢的糖果的时候……也许父母在回忆自己的童年时，自然地就联想到不可缺少的折纸时代。每一代孩子都有自己一代童年的快乐，但似乎无论是哪一代孩子，在某一时段都会对折纸产生浓厚的兴趣，有的孩子甚至是情有独钟。

曾几何时，各色的纸张在我们眼里是那么的具有吸引力，我们看着那光滑亮丽的纸面，脑海里早已想象着把它变成了花骨朵、小青蛙……简简单单的小纸片在我们心灵手巧的摆弄之下居然能够呈现出美妙的形态，如梦如幻，可爱极了。不可否认的是，折纸游戏能够给童年的孩子带来无尽的乐趣，同时也能够让孩子得到心智的锻炼，更加灵活地使用大脑和双手。

要让女儿在折纸游戏中变得心灵手巧，这还需要一个循序渐进的过程。女儿还在年龄很小的时候，父母就可以把纸张拿给她。先不要教她应该做什么，父母要先看女儿在面对纸张时的反应。一般情况下，年纪较小的孩子在拿到纸张之后都会以撕纸的方式寻找乐趣。把一张纸撕成纸条或是雪花片，然后漫天地挥洒，在飘扬的纸片中享受“胜利”的快乐。

这个时候，父母不要出面制止孩子的行为，因为这是孩子在对纸张的出现表示欢喜。孩子都是破坏的高手，父母越是制止，她就越是要做这件事。因此，家长不妨任其在一旁乱撕，自己却坐在一边用纸撕出有形状的东西。等到女儿看见之后就会感到好奇，这个时候家长再去引导着女儿撕出形状各异的小动物或者花儿，就显得更加有趣了。

待到孩子稍微大一点的时候，父母就可以教给她一些简单的折纸游戏，让她在纸张的世界中尽情地玩耍，发挥出最卓越的想象力。不过，做什么事情都需要慢慢地过度，从简单到复杂，折纸也是如此。一开始的时候，家长只需教孩子用简单的两三步就可以折出可爱物体的方法，等到孩子熟练的时候，再逐步增加难度。

折纸游戏长期玩下来之后，父母会发现女儿已经有了自己的一套折纸技巧。她能够把平面的纸张变成立体的形状，小猫、小狗、小兔子……在立体的世界中用空间的造型不断地创造快乐，丰富情节。父母还可以买一些专门教折纸的书籍给孩子看，或者跟孩子一同研究书上的折纸方式。最好是父母和孩子共同研发和开创几种新型的折纸游戏，更是其乐无穷。

在折纸的过程中，父母要不断地开发孩子的智力。例如，一个圆筒可以做出很多不同的东西，只需要在上下左右加上一些小零件，各式各样的折纸成果就会展现出不同的风采。此外，父母还需要激发女孩丰富的想象力和创造力，让她根据自己的想法折出更多更有趣的形状。孩子在折纸的过程中能够体会到无穷无尽的快乐，当她把一张纸变成一个艺术作品时，那种自我成就感就足以让她创作出下一个更好的作品。

教女孩在折纸的过程中保持耐心

有的折纸步骤比较复杂，孩子一次次地折，却一次次地失败。这个时候，父母要鼓励孩子，与她共同找出问题的症结所在，然后再继续试验，直到成功为止。在练习的过程中，父母还需要告诉女儿，做什么事情都要有耐心才会成功。等到女儿终于把复杂的折纸作品完成的时候，她的成就感就会异常的高。

父母给予女孩更多的是提示与指导

有的父母本身就是心灵手巧的人，在女儿不会折的时候，就自己折出一个成品来给女儿玩。这样的做法其实并不科学，因为女儿玩折纸游戏就是为了在快乐中学习技巧，如果父母代替她把作品完成了，那还有什么意义呢？因此，在孩子折纸的过程中，父母只需要在必要的时候做适当的提示与指导就可以了。

学习一个简单的传统编织

与折纸游戏一样，传统的编织手法也能够让女孩心灵手巧。可是随着服装产业越来越兴盛，为了图方便，一段时间里，很多人都放下了手中编织技术，转而走到各大商场里挑选自己喜欢的衣服和饰品，不再自己制作。

可是自己动手编织的潮流似乎在近些年又回来了，许多年轻人都喜欢亲自动手为自己、家人或是朋友送上一份小小的心意。家人和朋友在收到这样用心编织的礼物之后也倍感温馨，衣着穿戴心里都洋溢着温暖的感觉。

宋妮妮是小学六年级的学生，她很早就想送妈妈一件自己制作的生日礼物，可是又不知道送什么妈妈才会喜欢。有一次，她在放学回家的路上看到有个与她年龄差不多大小的孩子手里提着几团毛线正在走着，妮妮心中立刻有了好的想法。

原来妮妮的妈妈是一名城市清洁工，每天早上都要很早起床到街道上打扫卫生。天气暖和的时候还好，可是一想到在寒冷的冬天，妈妈还要顶着寒风在黑暗的街道上清扫垃圾，妮妮的心中就有说不出的痛。妮妮非常心疼妈妈，不想让妈妈因为寒冷而把自己冻坏，所以她在看到别人手中的毛线时马上想到了一个好主意：亲手织一条温暖的围巾和一双厚厚的保暖手套送给妈妈。

决定好了之后妮妮就开始行动了，离妈妈的生日还有一个月，妮妮一定要在妈妈生日之前完成她的礼物。于是妮妮先去了书店，找到相关的教编织的书籍，她选择了一本简单易懂的书买下了。然后妮妮又去了商场，挑选了好看又保暖的毛线。接下来的日子里，妮妮每天在完成功课之后就偷偷地在自己的房间里学习编织。没过多久，她认真的态度和耐心的学习终于有了成效，妮妮已经熟练地掌握了简单的编织技巧，她的围巾和手套就要大功告成了。

终于，在十二月一个寒冬的清晨，妮妮早早地就起来到妈妈工作的街道上去找妈妈。妈妈看到妮妮之后感到十分惊讶，不知道女儿一大早地跑来有什么事情。只见妮妮把藏在身后的围巾和手套拿了出来，她细心地给妈妈带上，并且在妈妈的耳边说：“妈妈，生日快乐！”妈妈感动地紧紧地搂住女儿，热泪盈眶。

妮妮是多么细心的女儿，又是多么用心地在为妈妈编织生日礼物，这样的举动有哪个父母不为之感动和欣慰呢？当然，父母让女儿学习编织的初衷并不是为了想要得到那份温暖，最主要的是让女孩在编织中享受生活，在编织中让心、脑、手尽情地互动起来，打造一个灵巧的自我。

在一个温暖的午后，母亲坐在沙发上编织着一顶活泼可爱的小帽子，身旁放着一杯暖暖的清茶。这样的场景是多么富有情调啊，当孩子看到母亲在编织什么东西的时候，她也会感到十分好奇，于是就有了要学习的想法。父母可以通过这种“不经意”的方式引起女儿对编织的兴趣。

初学的时候，父母不宜教给孩子过于复杂的编织手法，只需要让她在简单的传统编织中寻找乐趣，一步一步、一针一针地完成自己的小梦想。

用针编织的时候，提醒孩子注意安全

编织往往都会用到织毛衣的长针，由于孩子的安全意识不是很高，因此父母就需要不断地提醒孩子注意，不要让针扎到自己。父母最好在孩子编织的过程中都在一旁陪伴，以避免孩子意外受伤。

简单的手法也能编出各式的花样

在学习编织技巧的时候，当孩子熟练掌握简单的编织手法时，父母就需要指导孩子，不要只局限于一种或几种单一的物品编织上，而是要充分地发挥自己的想象力，用简单的方法编出更多花样的东西。

简单的烹饪让女孩引以为豪

俗话说："上得厅堂，下得厨房。"似乎好女人的标准就是既能够在职场中驰骋，在家里又能够做出一桌美味可口的饭菜。其实，无论是上厅堂还是下厨房，这些都是生活的不同方式。不要觉得厨房的活儿又脏又累，其实当你身处其中的时候还会觉得别有一番滋味在心头。

现在的孩子在家里都是父母的掌中宝，哪里舍得让她下厨房做饭呢？可是父母应该考虑得更长远一些，难道自己的女儿长大后成为一个懒惰又不会做家务的女人很好吗？

孩子没事在家的时候，或者父母正在做饭的时候，可以让孩子在一旁看着、学着，让她了解做饭的过程。或许哪天父母因为忙碌而不能回家做饭时，孩子自己也不至于饿着肚子一直等待。

五花八门的菜谱、菜系、调味料、蔬菜、瓜果……颜色清新而鲜艳，色泽浓郁而逼人，怎能不对我们产生诱惑呢？即便是一碗淡淡的米粥，如果是自己亲自下厨，而且是用心煮出来的，那么喝在嘴里也觉得美意无穷。其实，这时候喝粥已经不是单纯地品尝粥的味道了，而是在体味一种幸福，那种你寄托在这漫长熬煮过程中的一份心情，喝粥的人都能读得懂，也都会珍惜而享受。

让女儿学着做一两样简单的饭菜，不仅能够提高她的生活自理能力，而且还能多一门手艺，在煮饭的过程中享受生活，多么惬意啊。在周末的早晨，她偶尔也能够给父母一个小小的惊喜，亲自为她们做上一餐早饭，给劳累一周的父母奉献女儿的一点心意，父母也会倍感温暖。

告诉女孩：烹饪也需要用心

就像弹奏乐器一样，不用心弹奏的曲子听上去就没有灵魂。同样的，没有用心烹饪的饭菜吃起来也不会可口。做任何事情都需要用心去做，这是一种生活态度，更是一种积极而乐观的价值取向。

允许女孩尽情发挥想象力，做出与众不同的饭菜

孩子的想象力往往让家长目瞪口呆，她能够把酸甜苦辣咸全都集中于一个菜中，也能让一盘菜里装满了各式各样的水果和蔬菜。面对这种情况，家长除了适

当地在味道上加以指导之外，其他的就不要干涉孩子了。让她尽情地去发挥，在烹饪中施展自己的艺术才能。

在品茶和园艺中度过美好的下午

中国的茶文化和园林艺术都有着悠久的历史。古往今来，文人墨客对这两种陶冶情操、修身养性的生活方式无不爱戴有加。在周末悠闲而又宁静的下午，跟孩子一同品尝茶的清香，在一起养花赏花，是非常惬意的家庭生活。

品茶就是在喝茶中享受茶的芳香，并且在品尝的过程中能够上升到思想的高度，在喝茶中体味人生的道理，是一种非常优雅的艺术享受。中国是茶的故乡，茶文化因此也是中华文明的一个重要象征。因为茶有着深厚的文化底蕴，再加上喝茶也有利于身体的健康，现如今，品茶的潮流更是风靡全世界。

当然，品茶之所以用“品”而不用“喝”，就在于品茶的最终目的是达到一种精神上的享受，而不单单是为了解渴才去喝的。会品茶的人有着深厚的茶艺功底，也有着丰富的人生历练，在茶水中回味走过的漫漫长路，又在茶水中展望未来的美好。品茶需要有一颗淡然的心，在宁静中仔细体会，在安详中徐徐品味。

自然的生命力早已浸入了茶叶，茶文化同时也是几种艺术的集合体，包括了音乐以及文学，等等。在闲暇的时间里，一家人坐在一起，泡上一壶好茶，学点茶艺表演，父母与孩子一同享受茶文化带来的快乐与安宁，让家庭的氛围更加和谐、更加友爱。品茶不宜多饮，因为品茶本身并不在于喝多少茶水，而是要注重一种意境的达成。

除了品茶之外，父母还可以让孩子学一学园艺，也就是养花之类的小活动。在书桌旁边摆放一盆自己栽种的绿色植物，不但可起到净化空气的作用，而且清新的空气对大脑的清醒也有很大的作用。既能够专心地学习，又掌握了园艺的小技能，陶冶了情操，不是一箭双雕吗？

学习园艺也是一个快乐的过程，在这个过程中，可以全家人一起参与进来，父母与孩子共同研究养花的技巧，从中找到其乐融融的感觉。在家里面养花不仅能够让家庭的环境看起来更加清新，而且还可以增长孩子关于这方面的知识，亲近自然。

孩子在品茶和养花的过程中可能会提出大大小小的许多问题，家长在面对这些问题的时候都要细心认真地加以解答，以丰富孩子的知识面。在遇到家长也不懂的问题时，不要觉得难为情，告诉孩子没有哪一个人是知识全能，然后和孩子一起查阅相关的资料，共同学习。这既体现了父母的谦虚和乐学态度，也能够更加激起孩子的兴趣，孩子会想：这个问题连爸爸妈妈都不知道，我要是弄懂了该是多么伟大啊！

不过家长应该注意的是，不要给孩子讲过于难懂的东西，适当地讲一些基础性的知识就可以了。

在教女孩园艺的时候，难度要逐步扩大

“园艺课”同其他文化课一样，也需要一个由易到难、循序渐进的过程，当女孩学会种植一些简单绿色植物后，家长可加大难度，教给女孩在书房里养一盆君子兰。这似乎是一件雅事，能显示出小主人的书香之气。

无论是品茶还是养花，重在陶冶孩子的情操

对于小孩子来讲，关键不在于有多么深厚的品茶功底，或者有多么高超的养花技能。家长在教孩子这些的时候，最主要的还是让孩子了解茶文化与园艺文化，在亲身体验的过程中将这两种文化渗透到内心深处，以达到陶冶情操的目的。

第十六章　增强女孩的“免疫力”——不可缺少的财富教育

让女孩了解“钱”从何而来

认识“钱”为何物

男孩子想要拥有自己的一把玩具手枪，女孩子则希望拥有更多的布娃娃。无论是男孩儿还是女孩儿，小孩子都喜欢手里有点钱。童年的欢乐，总是有那么一小部分来自于拥有“钱”的美好。钱在孩子的心中并没有形成真正的概念，只是作为玩具、零食等实物的化身而出现的。

喜欢钱，没有错。因为生活中的各处都离不开钱，有了钱，就有了物质保障，这是安居乐业的基础。然而，金钱在激励我们为生活努力奋斗的同时，它也同时激发了我们对物质无尽的欲望，稍不留神，这欲望就有可能冲破底线，无声无息地坠入罪恶的深渊。钱，它在带给普通民众欢乐的同时，给予那些贪婪者的却是无情的摧残与毁灭。

钱是什么？所有跟金钱有关的罪恶都与没有正确的金钱观有着密不可分的关联。教育女孩，这也是首当其冲的问题。毕竟幼年的她还没有对于金钱的真正理解，这时候，作为父母，就需要给予孩子这方面的正确引导，让她知道何为“钱”。

这个世界上，有几种对待金钱的截然不同的态度同时地存在着。有一种人，他们把金钱与上帝等同。在他们的心中，有了钱，也就等于有了一切。亲情、友情、爱情……任何的感情都不如金钱实在，因此，对金钱无止境地渴望与追求成了这些人生活的目标。他们不惜放弃身体的健康，也不在意欺骗亲朋好友的真挚的情感，向钱看，成了他们生活的动力。如此的生活态度，一旦超越了道德的底线，那么随之而来的很可能就是人性的沦丧。为了钱，他们什么都做得出来。

还有另外一种人，金钱在他们的眼中只是作为交换物质的中介所存在的。钱财固然重要，然而却不如亲密牢靠的感情更为让人欣悦。因为钱财散尽还复来，可是感情没了，就再也难以恢复往日的深厚。他们也喜欢赚钱，然而人生的最高理想却不是拥有钱财。他们用富余的钱来救助需要帮助的人，用金钱创建有益于他人的事业。他们的理想，是要实现人之所以为“人”的崇高追求。

两种对待金钱不同的态度，也导致了人生的不同追求与价值取向。一个是万恶的始作俑者，一个却是真善美的源流。这样看来，钱，既有它的必需性，但同时也有善恶之分。教育女孩，我们不仅要让她知道钱从何而来，还要让她了解金钱的“善”与“恶”。

家长的金钱观对女孩最有塑造性的影响

孩子从接触到钱的那一刻起，父母对金钱的态度就已经在潜移默化地影响着她了。尤其是对于女孩子来说，在这样一个物欲横流的消费社会，身为父母，就一定要做好她的榜样。不贪慕虚荣，不嫌贫爱富，最主要的是，父母要以身作则，在平日的生活中就展现出一个优秀家长的风采。

让女孩做金钱的主人

俗话说：“钱不是个好主人，却是个好仆人。”为人父母，我们要让自己的孩子懂得驾驭金钱，而不是成为金钱的奴隶。在金钱的诱惑下，让孩子学会做它的主人，让钱财成为孩子的仆人。

讲讲工作的辛苦，财富需要双手来创造

在孩子未成年的时间里，父母理应该为孩子承担起一切的经济责任，给孩子一个良好的生长环境。可是在家庭教育的过程中，我们也不能够让孩子养成衣来伸手、饭来张口的惰性。因此，一种良好的家庭教育方式还需要家长积极地开动脑筋，以此来锻炼孩子的勤劳度。

在孩子的眼中，有钱的时光总是快乐的。可是，孩子衣食无忧的生活环境让她们的脑海中没有“钱是靠自己赚来”的概念。那么家长在这个时候就需要主动地来引导孩子，让她知道：“劳动创造财富”。

和大多数美国总统一样，尼克松的童年也可以看做是美国历史的缩影——没有多少祖先留下的资本，靠自己的努力才成功。尼克松的家境并不富裕，但是父母非常勤劳，这也影响了尼克松。他很早就帮忙操持家务，做力所能及的事，父母经常拿《圣经》中的“你必须汗流满面，才得糊口”这句话教育他。尼克松回忆说，童年的他每天早晨4点钟就起床，5点赶到洛杉矶第七街菜市场。他自己挑选水果和蔬菜，把价钱压到最低，选购好的货物用马车送回家，等这些货物洗净、分级，放到店铺，接着8点钟去上学。尽管很辛苦，但每次劳动后，尼克松都感到轻松和快乐。

很多父母都觉得跟自己的女儿算钱是一件很伤感情的事情，而且孩子那么小，

父母根本就不忍心要她们亲自劳动。这也是为什么很多家庭条件优越的孩子，她们逐渐地养成了依赖父母，不停地向家里要钱的坏毛病。因为没有亲手体验，这些孩子从小就不懂得赚钱的辛苦，又怎么能懂得勤劳致富的内涵呢？

所以说，家长一定要培养女孩的这种意识。在吃饭的时候可以随意地谈谈自己今天的工作，并且强调一下自己工作的辛苦。这样，坐在餐桌一旁的女孩们也就有了金钱来之不易的概念。这种方式既简单又轻松，是培养孩子的良机。

除了家长谈论自身工作的辛苦以外，在家庭教育中，还可以让孩子通过做一些事情来获得奖赏。这种奖赏不一定非要是金钱，因为金钱只是作为物质交换的形式而已。如果女孩心中想要得到一个物品，那么身为家长的你，就可以以劳动的方式让她来“自我获得”。这样，孩子从小就能够养成自己创造财富的良好素质。

让女孩知道：“君子爱财，取之有道”

所谓的“道”，其实指的就是劳动和智慧。家长必须让女孩认识到这点。无论是什么东西，即便是学习书本上的知识，都是需要靠自己的辛勤劳动来换得的。在人的一生中，所有的有意义、有价值的东西或者事物，都需要靠自己的劳动创造，因为这才是真正意义上的“财富”。

通过歪门邪道获得的金钱是可耻的

作为孩子的导师，家长在最早的时候就应该告诉女孩：唯有从正当渠道所获得的钱财才是合情合理的，而那些用非法、卑鄙的手段所得到的钱财通通都是让人唾弃的。我们之所以为自己所获得的财富引以为豪，就是因为那是通过我们自己的辛苦劳动得来的，来之不易。

带女孩到父母的工作场所参观一下

由于不知道赚钱的艰辛，有很多女孩在花钱的时候就表现得大手大脚。原本只需要花 1 块钱就能买到的东西，她却偏偏想要花 10 块钱买旁边那个更好的。钱不是自己挣的，自己当然就不知道挣钱是多么不容易，再加上那一点虚荣心，就会在同学之间产生严重的攀比心理。

刘怡今年 13 周岁，上初中一年级。不久前，她滋生了一种和别的同学比阔气、比花钱大方的思想。比如，学校组织校外参观，她听说有的同学带了 20 元零花钱，就要家长给她 30 元；以前，穿衣服要一般的裙子就好，现在则嚷着要买名牌的裙子，还说：“不少同学穿的是进口名牌，我买国产名牌已经是低标准了。”为了她上学方便，家里去年专门给她买了辆轻便自行车，结果没骑多长时间，她就又缠着要买更高级的车子。

刘怡对父母越来越过分的要求来自于她的攀比之心。其实，诸如刘怡这一类的孩子在现实生活中随处可见。她们往往生活在中等水平的家境中，父母都是工薪阶层。为了供孩子读书成长，父母往往不惜一切代价地把钱花在孩子的身上。

然而，父母的用心良苦却不为这些孩子所知。攀比的心理来源于“身在福中不知福”，像刘怡这样的青少年，她们由于不知道赚钱的辛劳，花钱的时候就会大手大脚。而且这样的孩子在家中不仅受到父母的宠爱，往往还在爷爷奶奶、外公外婆那里受到过分的溺爱。她们要什么就有什么，父母不给买的东西，她们就会到爷爷奶奶那里去索取。

为了避免孩子心中滋生出这种攀比的心理，父母在平时的教育中就要适当地采取一些策略。要知道，孩子之所以会变得索取无度，就是因为作为父母的我们在平日里没有教育得当。身为家长，就应该让女孩了解工作与赚钱的辛苦，更要让她们知道生活的艰辛。只有这样，她们才会体味父母的辛劳，花钱的时候才会三思而后行。

对于那些靠干体力活儿来养家糊口的父母更是如此，更应该让自己的女孩理解生活的不易。不过，一般出生在这样家庭里的孩子都是懂得体谅父母的辛苦的。倒是家庭条件较好的孩子们，如果不特别地对她们进行教育与指导，她们是很难理解应该怎样生活，花钱的时候也就变得无所谓了。

父母要对女孩进行这方面的教育，可以带着她们到自己工作的地方去参观一下。在参观的过程中，那些辛苦劳作的场面就会给她们年轻的心灵带来一种震撼的感觉。原来爸爸妈妈为了养家，为了让她能够读书成长，是花了多大的心血啊！体会了这点，今后再遇到花钱的时候，女孩们就会首先想到之前所见到的场景，那样的场景又会促使她们产生一种愧疚的心理，花钱也就不再那么随意了。

此外，父母在平时做些生计的时候也可以让女孩参与进来。比如买菜的时候就可以带着她，买什么菜需要花多少钱，都让她亲身参与到其中。这样一来，她就会慢慢地领悟，原来自己买一个汉堡的钱都够家里面吃一天的饭钱了。通过这些价格比较，女孩子不仅懂得了持家的辛苦，而且潜移默化之中，自己也养成了勤俭节约的好习惯。

在花钱之前让女孩先考虑一下她要买的东西是否是她真正的需要

事实上，很多的钱我们都花得冤枉，因为买到的东西在实际的生活中却发现派不上用场。特别是现在卖家的促销活动，令作为消费者的我们更是一头雾水，便宜的就赶紧去买，可是买回来了，却发现一点用处都没有。很多的父母都会这样，可是这样的行为孩子却是看在眼里的，她们在不知不觉中就会进行模仿。这样的恶性循环实际上都是父母造成的。因此，作为示范与榜样的父母首先就要做到三思而后行，并且告诉孩子，让她在买东西之前认真地考虑她是否真的需要。

要把相关的影片与事例多多地融入家庭教育中

很多电影电视都表现了贫穷家庭出身的孩子的艰辛路途。这些孩子不仅要维持生计，而且还要在困难的环境下保证学业的正常进行。他们生活的艰苦程度是一般家庭的孩子所无法想象的。让生活无忧的孩子们多看这方面的影片，他们就会从中感受到自己其实生活在多么幸福的环境中，也就不会再乱花钱了。

让女孩了解自己的家庭情况

父母靠努力工作所赚来的钱都是血汗钱，父母不是孩子们可以随意取钱的“银行”，更不是随要随有的“印钞机”。让女孩了解家庭的实际情况，这是她们懂得省钱的重要前提，也是消除攀比之心很好的方式。

每个家庭的情况有所不同。如果家境不是很理想，生活的压力较大，那么父母就可以尝试着把自己每个月的收入透露给孩子。在这个基础上，再让孩子慢慢地知道家里面每个月的开销，那么女孩很快地就会懂得一进一出之间的差距了。若是每月的开销刚好够家庭所有成员的支出，或者有时候还会超支消费，在这样的情况下，女孩在买一些不是必需的东西时，她就会考虑自己实际的家庭条件了。

梅梅是一个刚上初中的学生。她的母亲很早就得了某种综合征，失去了工作能力；爷爷瘫痪，奶奶年迈，行动也不是很方便。全家的生活重担全都落在了靠苦力赚钱的父亲身上。

在这样的家庭中生长，梅梅从未像都市独生女那样受惯了宠爱；相反，从懂事起，她就成了家里的主要“劳动力”和父母心中的支柱。第一天上小学，父亲把她送到校门口就返回医院照料母亲了，从此，父亲再也没有接送过她。年纪小小的梅梅每天自己步行半小时去上学，这被老师们视为“多年不遇”的稀罕事。可是，与她以后过的生活相比，这又算得了什么？

小小年纪的梅梅曾经两次把母亲从死神手里夺回来，医生们说，梅梅创造了医学“奇迹”。母亲饱受病痛折磨，家中负债累累。由于病情严重，医生也告诉家属“可以准备后事”了。母亲痛不欲生，几次想一死了之。梅梅含泪对母亲说：“自己有个患病的妈妈总比没有妈妈好。”激励母亲和自己一起坚强地活下去。

梅梅在学习之余打工贴补家用。她甚至从未想过用自己挣来的钱给自己买一顿稍微像样的午餐。她也还只是一个处于青春期的孩子，她也有自己物质的、精神的追求和需要，如果她把这些钱用在自己身上，父母也绝对不会责怪她半句，但是梅梅没有这样做。

在一边照顾家人一边打工的情况下，梅梅从来没有放松学习。从小学到中学，她一直担任班长，成绩在学校里始终名列前茅。在初三临近中考时，母亲又一次病危。她每天放学后，换乘4辆车，历时3个小时，赶到医院去陪伴妈妈，给母亲喂饭、擦洗、讲故事，每夜都要起来四五次照料母亲。凌晨4点，梅梅就得起床，再换乘4辆车去上学。这一年，梅梅考上了重点中学，后来又考上了名牌大学。

还在欢声笑语中玩乐的孩子们，哪里知道在城市的一角，还有像梅梅这样含辛茹苦的女孩。她没有童年中本应该享受的欢乐，更没有别的孩子手中漂亮的洋娃娃。可是家庭的困苦却丝毫没有阻挡梅梅在苦难中坚毅成长的决心。她救母亲于危难之中，她为父亲分担劳苦，而且从不落下自己的功课。这样的孩子，在当下的社会中又有多少呢？

其实，很多孩子的父母，他们的身体都未必很好。然而为了让孩子能够有一个快乐的童年与少年，他们都带病在工作中努力地奋斗，无视着自己的身体。如果孩子懂得体谅父母的艰辛还好，可是如果她们不懂得生活的艰苦，还是大手大脚地花钱，那么父母的辛劳岂不是白费了吗？

所以作为父母，我们有义务让孩子了解自己的家庭条件，让她们从小就懂得幸福来之不易的道理。而且要明确地告诉女孩，家境的贫苦并不代表她就比别人低下，相反，在艰苦的环境中走出来的孩子更应该有一颗顽强的心灵。用自立代替自卑，这样才能给自己一个美好的未来。

普通家庭：让女孩亲身体验持家的辛苦

父母可以每个月或者每周，抽出一天或两天的时间来让女孩亲自持家。把当天所需要的家用事先交到女孩的手中，根据自己手中的钱，让她在前一天就做好第二天所需要购买的条目。如此，女孩在精打细算之际就能够懂得父母持家的不易，从而为自己乱花钱的行为感到惭愧。

让女孩知道生活的成本

学费、书本费、文具费、水电费、买菜吃饭与搭车……衣食住行，生活中哪里少得了花钱？尤其是对于孩子还在读书的家庭来说，更是要花一笔不小的费用在孩子的教育上。如果父母双方都有固定的收入来源，那还好，可是如果没有一份稳定的工作，家庭的收入也不确定，那又如何是好呢？

更糟糕的是，家境并不富裕的孩子，她们甚至不知道父母养育孩子的辛苦，花钱的时候扮演着大方的角色，钱财散尽的时候又伸手去跟父母要。父母看到这样的孩子哪里能够不伤心呢？自己辛辛苦苦地工作赚钱，可是孩子却体会不到这其中的辛酸。

其实造成这样的家庭局面，并不能完全怪在女孩的头上。毕竟孩子是天真无邪的，她们懂得太少，如果没有大人进行指点，又有多少未成年的孩子懂得勤俭节约的道理呢？因此，父母要想拥有一个好孩子，那么就必须花费精力来对其进行有针对性的培养。

李嘉诚亲身教导自己的两个儿子，用自己端正的品行去感染他们。身为巨商，李嘉诚却带着两个儿子出门挤巴士，很少让他们乘坐私家车。有一次李嘉诚带着两个孩子外出，看到路边有个卖报纸的小姑娘正在专心读书，李嘉诚便叫孩子们学习小女孩认真的学习态度。孩子不理解父亲为何要让他们挤巴士，对此很是不满。李嘉诚就笑着对他们说：“在电车、巴士上，你们能见到不同职业、不同阶层的人，你能够看到平凡的生活、最普通的人，那才是真实的生活，真实的社会；而坐在私家车里，你什么都看不到，什么也不会懂得。”明白道理的两个儿子从此便乐于坐巴士了。

《礼记·学记》中有载：“玉不琢，不成器；人不学，不知义。然玉之为物，有不变之长德，虽不琢以为器，而犹不害为玉也。人之性，因物而迁，不学，则舍君子而为小人，可不念哉?”意思是：如果不对玉石进行雕琢，那么它们就不可能变为器物；同样，如果人不学习，也就不懂得道理。不过玉这样的东西有着自己恒久不变的特性，即便是不对其进行雕饰，它也还是玉。然而人就不同了，由于人性容易受到外界事物的影响，所以不学习的人就会舍弃君子不做，而做小人。这难道还不值得我们深思吗？因此，为了让女孩知道父母赚钱的辛苦，就必须对其进行适度的“打磨”。

让女孩知道生活的成本，很简单，时不时地带着她去“实地考察”一下，她的内心自然会有一杆秤。五块钱的冰激凌可以买到一斤番茄、一斤黄瓜、三斤白菜……这些用五块钱买来的菜可是够一家人吃一整天的了。五块钱可以买到这么多东西，比起一根小小的冰激凌来，可真的是“大材小用”了！

让女孩了解钱的价值

父母外出采购的时候可以带上孩子，让她在购买的乐趣中同时增强对钱的认识。在买东西的时候，父母还要特意地做一些价格比较。例如一盒巧克力 39 块钱，而这 39 块钱却可以买多少日常生活用品。这样比较下来，孩子就知道自己不应该乱花钱。

父母要清楚：女孩不懂得节约，那是因为你没有教育

每个女孩都具有很强的可塑性，如果自己的孩子在勤俭节约方面的意识不强，作为父母，请先不要埋怨她。父母需要反省，是不是自己在平日里没有注重对女孩多做这方面的教育？是不是自己的言行举止也不够成为女孩的榜样？在自我反

省与改进教育方式的过程中，自己的女孩也就自然而然地懂得节约了。

仇富的妈妈，预约了孩子贫穷的未来

父母不经意的语言或是行为往往都能够对身边的女孩产生不可预料的影响。所谓“有其父必有其子”，也就是说，好的言行不仅能够让父母在孩子心目中的地位提升，而且对孩子自身的成长都是受益无穷的。

仔细观察当下的社会，我们就会发现，很多人都有仇富的心理，他们看不惯富人的行为，哪怕那是善举，在他们的眼中都总是呈现为“虚伪”。

看见别人的大房子与别墅，他们的心中愤愤不平，抱怨上天为什么对自己如此不公平。在他们的心里，富人的财富都是通过不正当的渠道得来的，贪污、受贿……所有肮脏的词汇都在他们心中过了一遍。他们唯独没有想过，其实富人的钱财也是依靠辛勤劳动才获得的。

如果你是一个仇富的母亲，那么你的孩子很可能也变得与你一样。因为仇富的心理只能让人停留在狭隘的思想中，而不是积极努力地改变自身的生存环境。长此以往，你的贫穷始终都会跟随着你，你的孩子也在你仇富的思想中丧失了美好的将来。

一位男士，年纪轻轻就创造了巨额的财富。于是，电视台邀请他去做节目，主持人问他：“您如今已经是亿万富翁了，取得目前的成绩，您最想感谢谁？”

成功人士毫不犹豫地说：“我妈妈。没有她，我不可能会有今天这样的成绩。”顿了顿，他继续说道：“小时候，我家的生活条件很差，因为爷爷奶奶身体都不好，经常生病，爸爸妈妈的工资大部分都被用来给他们看病了。那时候，看到别的孩子吃零食、穿新衣服，我都很羡慕，但是家庭条件不允许，我只能暗暗地在心里想一想。”

“初中二年级，有一次下大雨，有不少同学都没带雨伞，放学后我们都在教室里等着雨停，没多长时间，我从窗户看到我妈给我送伞来了，她是走着来的。看到我妈来了，我收拾好书包下楼了。当我们走到校门口的时候，看到那儿停着两三辆小轿车，其中有一辆我知道是班上李炜爸爸的，他爸爸是商人，家里很有钱。我看见李炜很自豪地坐上那辆车走了，愤愤地说：‘看他那神气的样，不就是他爸爸有钱吗，经常拿着些新玩意儿在教室里跟大家炫耀，好像就他能买得起似的。’

“妈妈听了我的话说：‘怎么那么生气呢，他的钱也是他爸爸挣的，跟他没关系，你自己长大后努力赚钱不就可以了吗？’妈妈的话让我恍然大悟。

“虽然我妈妈没教给我太多的文化知识，但是她教给我乐观、积极的生活态度，还有对待金钱的态度，这让我在后来的生活中受益匪浅。”

母亲在家庭教育中所扮演的角色至关重要。因此，要想做一个好妈妈，那么她首先就要有一个正确的金钱观，正确地看待他人与自己的财富。在耳濡目染之下，自己的孩子也就与母亲的思想靠近了。一个从小在仇富妈妈的教导中成长起来的女孩，长大以后的她有很大的可能是变成如同她母亲一样的女人。而像例子中所提到的那位母亲，因为有着良好的素养，有着正确的价值取向与金钱观，所以她才能在儿子犯错的时候及时地给予纠正与指导，最终走向成功。

妈妈要做到：实事求是地看待他人的财富

“天外有天，人外有人。”无论对待什么，我们都需要有一颗平常心。别人的工资比我高，我就终日愁苦不堪地生活在阴影之中。何必呢？这样做不仅伤害了自己，而且对孩子也会产生不良的影响。在家庭教育中，身为妈妈的你一定要记住：正确地看待别人的财富，否则，你就预约了自己孩子的贫穷未来。

对于孩子不正确的观念要及时纠正

正如文中例子所展现的，成功人士在童年的时候对富裕家庭中的孩子有着很强的嫉妒心理，然而这种不正确的态度却及时地被他的妈妈发现了，而且妈妈教导他，对于他人的富裕要正确地看待。

不要让女孩掉进物质圈中

不要在女孩面前“露富”

喜欢“露富”的家长有两种，一种是真的有钱，另一种是没钱也要装阔。对于前一种家庭来讲，因为家境富裕而又喜欢显露，父母能够提供女孩所要求的一切，所以不知不觉中，女孩就会养成骄奢的坏习惯。而对于第二种家庭，其父母本身并不像是他们显露在外的那么富有，更多的是外强中干。对于孩子的无度的要求，父母通常也会给予最大能力的满足，可是终究因为能力不足而导致最后的悲剧。

美国总统西奥多·罗斯福的大儿子20岁时去欧洲旅行，一个多月的时间他把自己所带的路费差不多花光了，临行前他遇到了一匹非常好的马，正好它的主人要卖掉它。他太爱这匹马了，就把自己最后的一点路费拿出来买下了这匹马。然后他打电报让父亲寄点路费让他回家。罗斯福给他回了一封电报说：“你和你的马游泳回来吧！”儿子只好又卖掉了马。罗斯福反对男孩依靠父母生活。他希望自己的儿子能凭自己的本事自食其力。

虽然说女孩要“富养”，但是父母也不应当在女孩面前“露富”，因为这样很容易让孩子养成懒惰的习性。露富的父母是不明智的，真正有思想的父母，即便是家里再富有，他们在孩子的面前也不会肆意地摆阔。相反，由于家境富足，在这样的家庭条件下达不到对孩子吃苦耐劳与勤俭节约的教育，所以父母就应特意地花费时间与精力来培养女孩在这方面的意识。

悉尼一家妇产科医院曾出现过这样一幕：一对夫妻来做二胎产前检查，妻子进诊室见医生去了，丈夫便带着两岁的女儿在外面大厅等候。不一会儿，女儿闹着要喝水，于是那父亲便在身旁的自动售货机上顺手扯了一个免费纸杯，进厕所接了一杯可饮用水递到女孩手里。

父亲不是买不到饮料，自动售货机正出售一元一杯的可口可乐和橙汁，而他也不是买不起饮料，据说，他是一家体育用品公司的主管，年薪15万澳元。如今的社会竞争如此激烈，如果自己的女孩从小就有过度依赖父母的习惯，那么日后离开父母的日子里，她又如何生存呢？因此，再富有的家庭也不要过多地表现出富有，而是要让孩子从小就有依靠自己的意识。

不要让女孩习惯于在他人的伞下躲雨，包括父母

女孩依赖父母，这是再正常不过的，可是过度的依赖就会造成自我能力或多或少的缺失。作为父母，我们不能过度地在孩子面前充当“保护伞”的角色，更不能无条件地满足孩子的一切要求。

真正爱女孩的方式不是纵容

很多大企业家在孩子面前都不表现出富人的姿态，事实上，真正的富有之人，他们往往有着高尚的人格与风度，用自己的一言一行来感化子女，教育子女从小养成良好的生活态度。这才是爱孩子的最好方式，宠爱而不溺爱，让孩子在幸福的家庭中也能品尝到人生的五味。

制订花钱计划，不做购物狂

青少年对人对事有着极强的模仿力，买东西也是如此。看到电视剧中的女主人公在超市疯狂地采购，连标价都不看一眼就一股脑儿地往购物车中放，女孩的心中充满了羡慕之情。看到电影中的女主角身着漂亮的衣服走入高档时装店里，一件衣服都不试穿，直接就点着让服务员把自己想要的通通打包，女孩向她们投去讶异的目光。

看在眼里，记在心里，女孩也想要如同影视剧中的人物那样做一个购物狂。于是，在某日，当父母带着她到超市采购的时候，她也会不看标签地将大堆的东西扔在购物车中。作为父母，站在她身旁的你一定会对女儿如此的表现深感不满。

对她痛斥一番，然后再把购物车中的物品通通放回去，还是追根问源，了解一向乖巧的女儿为何会有如此行为？

明智的父母当然会选择后一种方式，因为女孩虽然是孩子，但是也是有自尊心的人，她也不希望父母当场劈头盖脸地给她一顿责骂。在家庭教育中，当父母遇到诸如此类的问题，一定要采取比较缓和而且让孩子容易接受的方式来引导她，帮她纠正错误的观念和言行。就小小的“购物狂”来说，父母也应该仔细地盘算一下，应该采用怎样合理的方式来教导女儿。

李燕有一个幸福的家，父母都是公务员，家里的情况也不差，是中等收入的家庭。因为父母教导有方，今年13岁的李燕生得落落大方，是一个很懂事、很漂亮的，非常招人喜爱的小姑娘。

李燕的父母从小就培养李燕自主料理自己生活的能力，包括在用钱方面。每次当李燕得了压岁钱之后，父母一般都会建议她把这些钱的大部分存在银行，这样等她上大学之后就可以拿出来作为学费使用。而剩余的小部分，则可以作为她平日里的零花钱。

李燕的父母为李燕所制订的是一个长远的用钱计划，那就是把压岁钱存起来作为将来上大学的学费，这不失是一个好的方法。为人父母，在教育子女花钱上一定要合情合理，不能逼迫女孩做她们并不想做的事情。在花钱方面，父母需要与女孩一同商议，制订一个双方都满意的计划。

现在的家庭中，几乎所有的父母都会给女孩一些零用钱。按天给、按周给、按月给……无论按照什么期限给女孩零花钱，父母都需要帮助她们做一个完美的计划，而不能在拿到钱的时候去做一个小购物狂，过了几天又伸手向父母要钱。父母可以明确地告诉女孩：本周的零花钱是多少，这一个礼拜内都不允许再要钱花。这样一来，女孩自然而然地就会在花钱的时候有所顾忌，而不是变得肆无忌惮。

制订花钱计划能够帮助女孩成为一个有条理的人

乱花钱的女孩往往在生活自理方面都是一团糟，她们搞不清今天的作业有哪些，不知道自己的衣服放在哪里，更不用说兜里的钱了，心里一定是没数的。因此，父母帮助女孩制订花钱计划，或者让女孩自己制订，这不仅能够提高她的理财能力，而且在其他方面也能够加强孩子做事的条理性。

拒绝成为女儿的“提款机”

没钱了，找父母要，这是时下多数女孩的做法。然而身为父母，却一定要了解，过度地纵容孩子其实是在为她掘生活的坟墓。自动提款机还需要密码才能取钱，那么，女孩如果想要从父母那里得到钱，也必须有自己的“密码”。

这“密码”可以是做家务，可以是成绩的提高，也可以是帮助他人……唯独不能是“空气”，也就是说，女孩不能什么都不做就直接从父母那里拿到钱。这样做不仅能够教育女孩，让她知道劳动是获得财富的唯一途径，而且还能够防止她滋生不劳而获的思想。

其实，不做女儿的“自动提款机”与制定合理的花钱计划是相辅相成的。因为计划合理了，孩子就不会乱花钱，不乱花钱，又怎么会随意地开口向父母要钱呢?

父母应该让女儿产生一种心理，即如果她的零用钱是乱花完的，那么当她开口再向父母要钱的时候，其内心就会有一种愧疚感升起。要想做到这点，方法还是很多的。例如之前我们就提到过，带着女孩参观一些比较辛苦的工作地方，让她知道钱财来之不易，没有辛勤的劳动就没有美好的生活。或者与女儿一同观看相关的影视剧，寓教于乐，作为父母的你，一定会有意想不到的收获。

让女孩在身边寻找榜样

三人行必有我师。同学与朋友之间，一定有人比自己孩子在花钱方面做得好。父母要有意识地进行发现，如果看到女孩的哪个同学在这一点做得不错，那么就要有技巧性地让女孩了解到这些。例如，父母可以无意中在孩子面前表扬那个同学。这样，孩子为了得到父母同样的表扬，也就会向那位同学学习了。

让女孩多参加一些义工活动，感受生活的不易

加入义工，无论是到孤儿院服务，还是作为志愿者帮助需要帮助的弱势群体，女孩从中都能得到很大的心灵收获。看到那些穷苦的女孩连书都读不起，女孩就会知道自己的生活是多么幸福，也就能够提醒她：乱花钱是罪恶的表现。

杜绝盲目消费，给女孩讲讲“性价比”

说到盲目消费，不由得让人联想到超市里的廉价促销活动。“跳楼价”“国庆特价”……广告牌上赫然地挺立着大大的数字，引来消费者疯狂地抢购。可是等到买了之后才发现，刚刚拼了命才拿到手的东西似乎自己根本就用不着。

这是很多人的经历，被广告诱惑，大家都在盲目消费，似乎在购买之前都没有时间仔细考虑清楚自己真正需要什么，就害怕考虑完了东西也被其他人一抢而光。特别是为人父母以后，由于生活的担子越来越重，遇到降价的商品就立刻跑去买，结果却发现自己花钱买回来的都是“废品”。

父母千万不能大意，因为自己的女孩正在学着同样的行为。她们在买东西的时候也学着父母不管不顾，不管便宜还是昂贵，只要自己喜欢，就一定要买到手。

因此，要想杜绝女孩盲目消费，那么父母就要自己树立起榜样。

没事的时候用通俗易懂的语言给女孩讲讲什么是“性价比”吧。也就是说，相同的东西，比如两款不同品牌的电脑，它们有着相近的性能，可是一个价格高一点，另一个则价格低一点。为了节约用钱，同时也不失其功能，我们宁可选择价格低但是功能却不差的那一个牌子，这台电脑的性价比就比较高。

把这个道理给女孩讲清楚以后，她在今后挑选商品的时候也会想起父母所说的“性价比”。例如女孩想要买一个文具盒，同样是盛装文具用，一个要 30 块钱，而另一个质量不差的却只需要 10 块钱。女孩就知道自己应该选择 10 块钱的那个文具盒，而不是多花 20 元钱去选择那款贵的。

另外，父母还要告诉女孩：在购买物品之前，一定要想清楚自己所要买的东西究竟有什么用，买回来之后是否能发挥很好的作用？而不是当“废品”一样地摆在家里，尤其是对于价格较为昂贵的东西。有的女孩，她其实已经有十几个布娃娃摆在家里了，可是每当逛街的时候，看到新的娃娃又总是想要，如何是好呢？

父母应该对这样的女孩有所规定，例如她每半年才能够有一个新的娃娃，或者说她做了值得表扬的好事时才能获得相应的奖励。这样不但杜绝了孩子乱花钱、盲目消费的习惯，而且还能够培养她的自控能力，达到一箭双雕的目的。

让女孩在买东西前先考虑五分钟

五分钟已经足够一个女孩子去思考她究竟需不需要眼前的物品了：一分钟想一想自己有没有同类的东西，第二分钟想想如果没有，那么这件东西对我有什么意义，如果有意义，那么第三分钟就应该考虑这家的是不是质量又好价格又优，如果是，那么女孩还需要花上一分钟来想想自己这个月的零用钱还够不够买，如果超支，那么她就需要慎重考虑了。最后，等到女孩考虑成熟的时候，再花最后一分钟来想想自己父母赚钱的不易。

要学会“货比三家”

事实上，很多女孩因为懒惰，在看到一件自己喜欢的东西时，就想要立马把它买下来，而不去考虑是不是同样的东西在别家会便宜许多。当她买了之后，才发现原来就在隔壁，她所买到手的物品要便宜一半多。因此，父母要培养孩子这种对比的意识，不然怎么知道哪样东西性价比高呢？

矫正女孩的享乐主义心态

在家庭教育中，父母对“享乐主义”要有清晰深刻的认识。因为只有父母的思想中没有“享乐”二字，那么女孩才不会受到享乐主义的感染。此外，父母还要告诉女孩生活并不是为了享乐，而在于自我价值的真正实现。

对于女孩来讲，她们的人生才刚刚开始，她们还处于为日后的生活打基础的阶段。学习与培养日后独立生存的能力才是这个阶段她们应该做的事情，而不是衣来伸手，饭来张口，更不是拿着父母的钱到处寻欢作乐。假如每个人都以享乐为生活的目的，人人都自私自利，为了获得快乐，甚至踩在他人痛苦不堪的肩膀上。人与人之间再也没有情感可言，社会将变得多么可怕。

父母还需要让女孩知道，贪图享乐不但得不到什么好处，而且还会造成财富与资源的极大浪费。例如，女孩用自己从父母那里挣到的“工钱”随便买东西，而买来的物品却没有一件是有意义的，这不是财富的损失吗？她完全可以把这些钱存起来，或者是买些学习用品和书籍，或者是为灾区的人民献上一份爱心。

历史上有多少君王是因为贪图享乐而导致国破家亡，刘禅乐不思蜀就是一个很好的例子。如果在青年的阶段滋生了享乐主义的思想，那对青少年朋友的危害是不言而喻的。不仅学业会一落千丈，而且在享乐主义的纵容下，女孩的人格与气质都会改变。可以说，一个天真无邪的女孩，当享乐主义占据她的思想后，罪恶就会在她的心中萌芽。

让女孩明白，她要自食其力

在教育女孩的过程中，尤其是能力方面，父母应该培养她靠自己生存的能力。因为被享乐主义沾染的人往往都是“寄生虫”，她们的享乐大多数是在榨取别人的心血与汗水。因此，女孩子如果有了自食其力的想法，那么她就会为了生活而考虑更多的事情，而不是贪图享乐。

生活不是为了享乐，女孩子也要有更高远的追求

由于许多父母的思想不正确，他们从小就教育女孩长大后要嫁到富有之家，这样就可以过上幸福与安稳的生活。然而，别人的财富终究不是自己的，更何况拥有更多的金钱并不是人生真正的目的。女孩的理想也可以高远，乐于奉献远比贪图享乐更受到人们的敬重。

慷慨做人，不当小气的女孩

慷慨是一种可以培养的品质与能力，当一个女孩有足够的能力以及一颗宽大的心胸时，慷慨自然而然地就存在于她的品格之中。作为女孩，父母尤其要从小培养她慷慨做人的道理。因为慷慨不仅能够给受到帮助的人带来快乐，而且施与者也会同样感受到欣慰和愉快。

有一个孩子坐在路边的一堆金子上面，他伸出双手，好像在向路人乞求着什么。这个时候刚好一位神仙路过，问孩子：“小孩儿，你有这么多的金子还需要什么呢?”。孩子说：“我虽然有金子，可是我不快乐，我想要亲情、友情和爱情。”

于是，神仙送给了孩子这几样感情。

一个月后，神仙又从这里经过，依旧看到孩子摊开双手乞求着。他问：“孩子啊，我已经把那么多你想要的东西给你了，你还没有满足吗?”孩子答：“我一点满足感都没有，我还想要成功和荣誉。”神仙听后又把这两样东西给了他。

又过了一个月，神仙经过这里，孩子照样伸着双手。孩子对神仙说：“哎，虽然我拥有很多东西，可是我就是没有满足感。”神仙听后语重心长地对孩子说：“那么你应该学着付出啊!”

果然，当神仙在一个月后再次经过这里时，他看到小孩儿正在把自己的金子送给穷苦的人们，孩子的脸上露出了甜美的笑容。他对神仙说：“原来满足感藏在付出的怀抱里啊。当我一味地乞求时，虽然得到了很多，却没有感到满足。可是当我付出的时候，我为我自己的行为而感到骄傲。”

想要做一个吝啬与小气的人，那很容易，在别人向你寻求帮助的时候，你只需要不闻不问、不管不顾就可以了。可是要想做一个慷慨的女孩，那就不是一件简单的事情了。因为慷慨是一种人生态度的培养，在于平日的修养与学识，更在于家庭的培育。一个慷慨的女孩，她会受到来自各方的欢迎，无论是同学还是亲人。

生活中只要保持一颗慷慨之心，那么无论你付出了多少，都会受到他人的赞扬。

慷慨是一种能力

不是所有人都是慷慨的，因为慷慨是一种能力。假如一个女孩连自己的生活都料理不好，那么她又如何有剩余的精力来帮助别人呢？因此，父母应该有意识地培养女孩的能力，因为只有足够的能力才能够在女孩的心中孕育出慷慨的精神。

女孩有多慷慨，要看父母

假如父母在平时对亲朋好友或是邻居都表现出大方、热情及慷慨，那么时间久了，女孩也顺其自然地有了慷慨的精神。

杜绝女孩摆阔

现在学生之间为了攀比炫耀，“摆阔”的场面随处可见。无论是城市还是农村，这似乎已经是“正常现象”。

一位读大三的贫困生，有一次放寒假之前，她的几位同学跟她说想到她的家里去住几天，想要观赏一下乡下的景色，顺便体验一下山里的生活。由于这位同学的家境比较贫困，而她本人的虚荣心又十分强，想要在同学面前“摆阔”。于是在答应同学们的请求之后，又对同学们讲："我需要先回家，你们来的时候我再去接你们，咱们先约定好地点与时间。"

到了相互约好的那一天，几个同学一起来到了这位同学的家中，大家都惊叹万分。原以为乡下的日子比较清苦，可是没想到同学的家里却是"致富大王"的景象。

原来，那位同学提前回到家后，就马上让家里人收拾屋子。为了让家里面看起来富有，她还从村里四处借来了许多家用电器。她的家里本来已经有两头牛了，可是这位同学还觉得太少，于是又从别处借来了10头肥牛。一夜之间，一个清苦贫困的家庭就变成了村里的"大户人家"。

这位同学的父亲看到自己女儿的行为之后十分感慨，他说："大学生不是有知识有文化的人吗？连她们都变得如此虚荣，这样下去，这个国家还怎么得了啊！"

摆阔与慷慨不同。慷慨是在自己的能力范围之内，给予他人物质上或者精神上的帮助。慷慨来自于内心高尚品格的推动，它的动力就是为了帮助需要帮助的人。摆阔就不同了，摆阔的人往往并没有阔气的家底，之所以要摆阔，完全是为了满足自己的虚荣之心。因此，家长在教育女孩懂得慷慨的同时，还要杜绝女孩随便摆阔。

乱请客是青少年朋友中常见的摆阔方式。今天请同学们吃冰淇淋，明天请一帮朋友去KTV唱歌，唱完歌之后还要出去撮一顿。女孩拿着父母的钱做着与成长阶段不符合的事情，如果不及时地帮助她们纠正，那么等到她们没钱的时候，为了满足虚荣心，或许还会去偷去抢。先是偷家里的钱，最后发展为到外面行骗犯罪。

要想杜绝女孩摆阔，父母首先就应该搞清楚女孩的真实动机。如果孩子是为了满足小小的虚荣心，那么父母就应该让她了解：她之所以会有这样的虚荣心，在于她的精力还没有完全放在该做的事情上，她的视线还没有从关注别人转移到专注自己。她的内心还存在着攀比的想法，因为摆阔就是为了让别人认为自己"有钱"。

另外，父母还可以充分发挥主观能动性。例如，父母可以跟女孩讲：摆阔可以分为好多等级，对于还没有经济能力的未成年人来说，随便请客吃饭只是摆阔的最低等级。其实，摆阔还可以有更高一级的形式，与同学分享你的精神世界就是其中之一。所以说，作为学生，多读书才能够丰富自己的内心，思想丰富了，就可以拿出来与同学交流学习。在知识上"摆阔"难道不比请客吃饭更有意义吗？

精神上的贫穷比物质的匮乏更可怕

大家都知道，许多大人物，他们小时候的成长环境都是十分贫穷的。然而，他们却能够在困难的家庭中长期地坚持学习，之所以能够做到这点，是因为大量的知识丰富了他们的内心世界，因此也就容不下虚荣心了。父母应该让女孩知道：在物质上摆阔是虚荣的表现，而精神上的富足才是真正的智慧。

建立自我，不攀比，不摆阔

因为没有足够的自我认识，很多女孩是通过他人来认可自己的。通过摆阔，女孩以为别的同学就会接纳自己。所以说，父母在教育的过程中需要时不时地帮助女孩来认识自身，让她知道自己的优点，懂得欣赏自己。

引导女孩用好每一分钱

“吝啬”让女孩能存点钱

吝啬，这是一个贬义词，毋庸置疑。然而当我们把“吝啬”加上引号之后，它的词性或许就会发生一点变化。而且不仅是词性变了，有时候，“吝啬”还能让女孩多存些钱呢。

如果想要借助于“吝啬”帮助自己多攒钱，那么首先，女孩就需要对自己“吝啬”一点，这也是最主要的。对自己“吝啬”，说起来也容易，可是真的做起来就不那么容易了。说容易，是因为这种方式不牵涉到第二个人，也就是说，只要女孩愿意对自己“吝啬”就已经足够。由于没有第二方，所以这种“吝啬”也就不会给别人带来不快，因此也就容易。

可毕竟女孩还是未成年人，要对自己“吝啬”，她的内心恐怕还下不了太大的狠心。因为控制力有限，所以女孩有时候对自己是“吝啬”不起来的。如果过不了自己的这一关，那么要落实在行动上的话，是根本不可能的。

其实，女孩要通过对自己“吝啬”来多存钱，这也不是不可行。只要在尺度上把握得当，实现起来就不那么困难了。比如，对自己“吝啬”可以从零食和衣服上做起。少吃零食与少买几件漂亮衣服就能够省下不少的零用钱。拿吃零食为例，如果女孩觉得困难的话，可以不用对自己太过苛刻，只要在平常的量上稍微减少一点就可以了。比如之前都是一天吃两根冰淇淋，那么从现在开始就改为一天一根吧，而省下来的那一根冰淇淋的钱就可以存起来了。

除了对自己“吝啬”能够多攒点钱以外，对别人“吝啬”也是一个不错的渠道。例如，有的女孩总是喜欢摆阔请别人吃东西，我们前面也讲过了，这是一个十分不好的行为。因为女孩的大多数零用钱还是来自于父母，并不是自己挣来的，用父母的钱请别人吃饭，这好像也不大合理。况且作为一名学生，最需要做好的就是自己的学业与功课，勤学习、多思考、多读书，这些才是学生应该做的事情。很多女孩把大量的时间花在吃喝玩乐上，这不仅影响了正业，而且还浪费了金钱。因此，少请客、少聚会，这就是我们所讲的对别人“吝啬”。

当然，父母在教育女孩如何攒钱的过程中，一定要把真的吝啬与能够帮助女孩多存钱的“吝啬”区分开来。吝啬是人性的弱点，对钱吝啬的人往往一毛不拔，无论是别人有难急需帮助还是平日里向他借一些钱，吝啬的人是绝对不会出手的。因为他们把钱看得比自己的命还重要，更不要谈什么交情与人道了，他们的眼里只有钱，哪怕是一分一毫。

小处吝啬，大处大方

这是“吝啬”一族所倡导的生活理念。也就是说，在生活的细小方面，如买小商品等，我们可以“吝啬”一点，能还价的尽量还价，能节俭的尽量节俭，以这样的方式节省一些开销。可是遇到大事情的时候就不能够再坚持吝啬了，例如有朋友需要帮助所以向你借钱，这个时候我们就需要发挥感情的优势，向困难者伸出援助之手。

只买对的，不买贵的

这是对于“吝啬”的另一种解释。在日常生活中，价格贵的东西不一定就是最好的。而“吝啬”一族在这方面就做得很好，他们往往能够发现淘宝的乐趣，对于自己喜欢的东西，他们会货比三家，直到找到价格满意、质量又不错的那一件为止。

教女孩一些省钱的技巧

对于钱的概念，有的女孩认为用零花钱买点自己喜欢的小物品就已经很开心了，然而另外一些女孩却认为攒足够多的钱去完成更大的愿望才是自己的目标，例如旅行。可是由于没有经济能力，再加上父母给的零用钱本来就不多，女孩的这些愿望实现起来往往比较困难。

为了让女孩的心愿能够通过“自食其力”来完成，父母在平时的教育中就需要在一旁帮点忙了。当然，父母的帮忙最好不要通过大方地赞助女孩更多的钱来实现，而是要想到更完美的方式。教给女孩一些省钱的小技巧就是一件好事，女孩在省钱完成自己心愿的同时还能够积累更多的日常生活经验。

省钱的技巧有很多，在家庭教育中，父母应该挑选那些适合女孩的方式来进行讲授。首先，父母应该让女孩知道，谨慎地结交朋友也是省钱的一个渠道。因为如果女孩的朋友本身就是一个喜欢乱花钱的人，那么在朋友的影响之下，自己的孩子也难免会变得乱花钱。相反，如果孩子的好朋友是一个勤俭节约的人，那么就会对她有很大的帮助。

其次，父母还需要控制女孩吃零食的量，最好是让她自己制定出一个计划。例如，一周内只能吃一包薯片，两天才允许自己吃一根冰淇淋等。经过严格地控制，女孩就能够省下不少的零花钱了。

建议女孩在每周父母给过零用钱之后把一小部分保存起来，这部分钱起码在一年之内是不能够乱花的。经过一年之后，当女孩打开自己的存钱罐就会惊喜地发现，里面居然已经存了那么多的钱。

在购物之前要先确认自己究竟要买些什么，并且把自己要买的东西整齐地记在一张卡片上。进入超市之后就根据卡片上的条目一样一样地拿所需要的物品，而不是随意地往购物车中放东西。这的确能够省下一笔开支呢。

同学之间难免也有一些“礼尚往来”，好朋友的生日也是需要送礼物的。这个时候，与其花上不少的钱为好友买一件礼物，父母不如建议女孩亲自动手为朋友制作一个生日礼物。例如，女孩可以学习亲自下厨做一些寿司，然后用保鲜膜装在盒子中，再用漂亮的丝带为盒子打上一个蝴蝶结。这样的礼物既美观又有新意，朋友一定会喜欢的。

最后，父母可以推荐女孩平日里养成记账的好习惯。这种方式看起来非常麻烦，但是实际操作起来却能够收到意想不到的效果。事实上，每天都记账的人在月末会发现自己的开支会少很多。

省钱是一门学问，要想驾轻就熟地掌握省钱的技巧，女孩需要经过长期的亲身体验。在家中，父母没事的时候可以与女孩一起讨论省钱的小窍门，这样既能够促进家庭的和睦，又能够为家里省下一笔开支，多么令人愉快啊！

有会省钱的父母就会有省钱的女孩

在成长的过程中，女孩接触最多的无非就是自己的父母了。如果家长平时对花钱就很节俭，而且积累了很多省钱的小窍门，也许你就会发现，自己的女孩早就在不经意间有了省钱的头脑。

让女孩养成节省的习惯

假如平时没有什么特别的需要，那么带在身上的零花钱越少越好。欲望往往是因为兜里的钱激发出来的，例如某次路过一个奶茶店，如果女孩身上带了钱，那么诱人的奶茶就足以让女孩口袋里的钱变成手中的一杯奶茶。可是如果孩子没带足够的钱，那么她的欲望也就随之减退了。

有投资意识的小“财”女

有很多人认为，家长不应该过早地让女孩了解她们将来所要继承的财产与事业，特别是对于有钱人家来说。然而，经验证明，给予孩子的理财教育却是越早越好的。美国人有一套针对孩子的不错的理财教育理念，有很多例子可以作为证明：

有一个名为劳拉的人说，由于他的孩子从小就喜欢吃麦当劳，所以在孩子七岁的时候，他把第一股麦当劳的股票作为礼物送给了孩子，之后的每一年都如此，而且额度也在不断地增加。经过一些年月的积累，孩子所持有的股票已经占到麦当劳公司的一定比例。

法尔瓦诺是新泽西银行的开创者，他在女儿八岁的时候就教育她要有理财投资的意识，还教导孩子怎样管理自己的大学教育基金。没想到的是，法尔瓦诺在女儿十五岁的时候离开了人世，幸运的是他已经教会了女儿如何生存。小法尔瓦诺已经完全有能力依靠自己的力量来管理父亲留下的产业了。

在琳琅满目的消费品市场上，各色极具诱惑的商品深深地吸引着未成年人，让喜欢追赶潮流的他们欲罢不能，口袋里的钱也在经历巨大的考验。在控制花钱欲望方面，比利时人有着相对较好的教育方式。

比利时是一个比较富裕的国家，然而生长于这里的孩子们却从八九岁开始就已经有了为自己的将来投资的意识。在管理钱财方面，孩子们往往非常细心，不到钱攒够的时候绝对不会买自己想要的东西。有很多孩子都会说，自己要等到商品降价的时候才去买。比利时的父母认为，善于管理自己的零用钱，这是培养孩子理财投资意识的小法宝。

如果孩子实在急着要买一件商品，可是钱还没有攒够，这个时候，孩子可以先开口向父母借钱，借助父母的帮助来完成自己的心愿。之后，孩子需要继续攒钱，直到可以偿还父母上次支持自己的数额为止。这种方式能够让孩子知道：任何事情都需要付出代价，自己的欲望得到满足的同时，他还需要在事后偿还钱财。这是控制孩子消费欲望的一个不错的方法。

此外，法国人在培养孩子投资理财意识方面也有自己的方式。法国的孩子从六岁开始就可以获得自己的零用钱，钱的额度也会随着年龄的增长而上升，法国孩子的零用钱数额比同年龄阶段的其他国家的孩子都要多一些。以一年来算，六岁的孩子大约有 600 法郎的零花钱，14 岁的孩子则是 1500 法郎，高中生甚至达到了 6000 法郎。法国父母会在孩子的小学阶段就帮助他们开设一个个人的银行账户，并且在里面打上一笔钱，然后就将这笔钱的管理权交给自己的孩子。父母此后就不再进行插手，孩子需要在钱财一进一出之间学会如何理财，如何投资。同时，他们也收获了一份责任心。

理财需要耐心来支撑

有个美国人讲述了关于他女儿的一件事。他的女儿是极具投资理财头脑的小“财”女，通过自己的劳动还获得了生命中的第一桶金。这个美国人告诉女儿，她的这笔钱应该放进她自己的退休账户，等到退休之后就可以有很大一笔收入了。

打一份工，赚两份钱

在教育女孩投资理财方面，家长也可以尝试着这么做：给女孩设立一个劳动基金，每当她做了家务之后，父母不仅要付给女孩“工钱”，而且还需要在她的基金账户中额外地加入这次做家务的劳动额度。例如，女孩拖一次地赚得两块钱的零用钱，按一块钱 50 分来计算，那么父母就需要在基金中投入 100 分。经过数年的积累之后，女孩就可以用基金中的钱来支付大学的学费了。

妥善处理女孩的压岁钱

过年发压岁钱，这是中国传统的习俗，也是长辈向晚辈表达关爱的一种方式。女孩们是最喜欢过年的了，因为这个时候她们都会收到来自各方的压岁钱，厚厚的钱攥在手里，又可以买自己想要的东西，真是一件令人兴奋的事情。

王子彤也是收压岁钱大军中的一员，她今年十二岁，因为家里比较富裕，每年的压岁钱都有好几千块。今年由于姑姑从国外回来，所子彤更高兴了，她又可以有一笔额外的“收入”。

之前过年收到的压岁钱都被妈妈“没收”了，说是要给她存起来作为以后上大学的费用。可是子彤每次被“没收”压岁钱的时候都十分不开心，她想象着商店里那一件件漂亮的衣服又被妈妈拿走了。今年子彤无论如何也不愿意再把钱交给妈妈了，她想要跟妈妈进行“谈判”。

“妈妈，我都十二岁了，为什么还不能保管自己的压岁钱呢?”

“没有说不可以啊，可是，你如何保管呢?”

子彤好像真的没有想过这件事，于是她无奈地摇了摇头。妈妈看出子彤脸上的变化，知道孩子不开心，于是就说：

“彤彤，有钱当然好，可是，如何使用钱也是一门学问啊。因为你要把钱花在该花的地方，这样才能够实现它最大的价值，不是吗?随便花钱谁都会，可是那既浪费又没有意义。”

“妈妈，我知道了，我可以把压岁钱分成五份，然后把其中的四份存到银行，剩下的平时买文具与书籍用，可以吗?”

“很好啊！那么就照着彤彤的想法去办吧，从今年开始，你的压岁钱就可以由自己管理了。”

听到妈妈的回答之后，彤彤开心地笑了。她觉得自己不仅年龄上长大了，而且在心里上也成长了许多。

其实，女孩在有了钱之后会产生许多想法，而这些想法却不易被父母所察觉。有的女孩想要去旅行，有的女孩想要去做一些有意义的事情，而父母却总是想着女孩要把钱挥霍掉。这不仅扼杀了孩子心中的憧憬，而且还阻碍了与孩子之间的情感沟通。

将压岁钱完全没收或者任由孩子自己支配都是不可取的。家长合理的做法应该像例子中子彤的妈妈那样，在与女孩协商的基础上，把压岁钱的支配权还给女孩，而自己也要与孩子约定好：假如被发现了乱花钱的现象，家长有权力出来适当地加以干涉，以保证压岁钱的正确使用。

把支配压岁钱的权力交给女孩之后，在父母的指导下，在自我的管理中，女孩能够获得更多的乐趣。她通过自己的管理一步一步将小小的理想实现，而且也不会乱花钱，还能够学会如何理财。因此，在管理压岁钱这件事上，父母要学会用民主的方式来对待。

正面支持，一旁监督

对于想要自己管理压岁钱的女孩，父母不妨试着采取支持的态度。沙子攥在手中越紧，它就越容易泄漏。教育孩子也是一样，你越是不让她做什么，她却偏要做什么。倒不如随了孩子的意，让她来管理自己的压岁钱。当然，作为父母，我们在正面支持的同时，还要做到在一旁默默地观察与监督。

父母要适当支持女孩新颖的想法

一些女孩的想法比较特别，也许她并不想要用它们来买漂亮的衣服与裙子，也不想要其他物质上的满足。她或许想要拿出其中的一部分钱来帮助需要帮助的人，或许是其他有益而无害的想法，对于这些，父母都应该予以一定的肯定和支持。

和女孩商定零花钱的数目

为了增强家庭的民主氛围，父母在决定给女孩零花钱的额度时最好与女孩一起商议。这样也会让女孩觉得自己是家庭中不可缺少的一分子，在增强她对家庭责任感的同时，也可以让女孩学会如何同他人商议事情。

心理专家建议家长，在给女孩零花钱的时候，首先要根据家庭的实际情况来决定。这个过程可以同女孩一起来完成。家长找个空闲的时间，把女孩叫到身边来，与她一同聊关于家庭的事情，问问女孩认为自己的家庭属于哪一个消费层次。父母也可以把自己每个月的收入额度告诉孩子，让女孩心中有一个“家底”的概念。这样，在与她商议零花钱的数目时，也就容易多了。

据统计，在比利时，平均只有6％的女孩会把自己的零用钱随便花光，可是85％以上的女孩都会根据家庭情况以及自身所指定的计划来管理自己的钱财。因为教育得当，所以女孩从小就养成了勤俭节约的好习惯，她们的自控力都非常强，一旦与父母商议了零花钱的额度，就不会再随意地乱要钱。

除了要按照家庭收入的情况来确定孩子零花钱的数目外，孩子的年龄大小也是确定零花钱额度的一个重要标准。毕竟，随着年龄的增长，孩子所需要的零花钱也会越来越多。这就要求家长在给女孩讲道理的时候要到位，更要实事求是。父母可以列举出一些实际的花销例子，如上小学需要花些什么，上中学又有哪些消费。在这些例子中，女孩就能够清楚地知道自己应该获得多少零花钱。

事实上，每个女孩都是通情达理的，只是在于家长如何加以引导。在与孩子一同将自己的家庭收入规划进某个等级，以及确定了女孩所在的年龄应该获得的零花钱范围之后，女孩所能够得到的零花钱数目也就基本可以确定了。因为在确定这件事的整个过程中孩子都全程参与，因此孩子也就十分愿意接受了，毕竟这是她自己协商出来的数额。

在确定零用钱的数目之后，家长还可以试着与孩子签订一份协议，以避免双方任何一方的反悔与不遵守协议中的条款。当然，协议中还应该清楚地表明：如果遇到了一些特殊或者紧急的情况，家长和孩子需要经过商议之后另作决定。协议中还可以做一些奖励性的规定，例如孩子成绩提高了能够多得多少零用钱，孩子做了好事之后又有多少奖励性的收入，等等。

每个女孩都是家庭中的小主人，与孩子商议零用钱数额的过程就增加了她们对“主人”的理解，也增强了她们对于家庭的责任心。与女孩所签订下的协议可以随着时间的推移而不断地进行修正与完善，这也是见证女孩成长的一个非常好的方式。

零用钱的额度应该符合女孩的实际需要

钱不能随意给，在家庭教育中，家长应该做多方面的实际考察与思考。之后，再决定给女孩零用钱的数额。如果不假思索地胡乱给钱，如果给多了，就会让女孩养成乱花钱的坏毛病；假如给少了，女孩又会对父母的不负责态度感到委屈，从而也会产生对抗的意识。这些对于家庭的和睦以及女孩的成长都是不利的。

充分地尊重与吸纳女孩的

女孩是父母的掌中宝，她们虽然年龄小，可是自我的意识却是在不断地增长。既然是商议零花钱的数额，那就是双方共同要完成的一件事。有的父母虽然打着“商量”的旗号，然而在实际操作的过程中却从来不听女孩的意见，只是一味地从单方面压制女孩的积极性。这种方式是极为不可取的，这不但伤害了她们的自尊心，而且还降低了家长在女孩心目中的地位。

方式得当，让女孩学会理财

揭示财富产生的秘密：勤劳

有哪个家长不希望自己的孩子长大成材？有哪个家长希望看到自己的孩子日后过着穷困潦倒的生活？为人父母，都对自己的女孩有着美好的憧憬，希望她们在社会上能够顶起一片自己的天地。父母的这些愿望，说到底就是希望女孩能够过上富足的生活，这“富足”，首先当然是钱财上的富裕，其次也是精神上的充实。

要想自己的女孩将来有所成就，那么在她小的时候，父母就应该灌输一个道理：所有的成就都来源于勤劳，只有自己双手创造出来的财富才是真正有意义的财富。父母要向女孩揭示财富产生的秘密，那就是勤劳。

小克莱门斯的老师玛丽是一位虔诚的基督徒，每次上课之前，她都要领着孩子们进行祈祷。有一天，玛丽老师给孩子们讲解《圣经》，当讲到“祈祷，就会获得一切”的时候，小克莱门斯忍不住站了起来，他问道：“如果我向上帝祈祷，他会给我想要的东西吗？”“是的，孩子，只要你愿意虔诚地祈祷，你就会得到你想要的东西。”

小克莱门斯当时的梦想是得到一块很大很大的面包，因为他从来没有吃过那样诱人的面包。而他的同桌，一个金头发的小姑娘每天都会带着这么一块诱人的面包来到学校。她常常问小克莱门斯要不要尝一口，小克莱门斯每次都坚定地摇头，但他的心是痛苦的。

放学的时候，小克莱门斯对小姑娘说：“明天我也会有一块大面包。”回到家后，小克莱门斯关起门，无比虔诚地进行祈祷，他相信上帝已经看见了自己的表情，上帝一定会被自己的诚心感动！然而，第二天起床后，当他把手伸进书包的时候，除了一本破旧的课本，什么也没有发现。他决定每天晚上坚持祈祷，一定要等到面包降临。

后来，金头发的小姑娘笑着问小克莱门斯：“你的面包呢？”

小克莱门斯已经无法继续自己的祈祷了。他告诉小姑娘，上帝也许根本就没有看见自己在进行多么虔诚的祈祷，因为，每天肯定有无数的孩子都进行着这样的祈祷，而上帝只有一个，他怎么会忙得过来？

听到朋友的坦白，小姑娘说出了一句影响他一生的话，这句话对任何祈祷者都适用：

“原来祈祷的人都是为了一块面包，但一块面包用几个硬币就可以买到，人们为什么要花费这么多的时间去祈祷，而不是去赚钱买面包呢?”

小克莱门斯决定不再祈祷。他理解了小姑娘的话中的含义——只有通过实际的工作，才能获得自己想要的东西，而祈祷永远只能让你停留在等待中。“我不要再为一件卑微的小东西祈祷了。”小克莱门斯开始了新的道路。

小克莱门斯长大成人，当他用“马克·吐温”发表作品的时候，他已经是勤奋而且多产的作家了。他再没有祈祷，因为在无数个艰难的日子中，他都记着：不要为卑微的东西祈祷！只有自己通过努力和辛勤的汗水换来的收获才是最真实的，也只有勤奋才是通向成功的必由之路。

小克莱门斯不是别人，他就是用自己的辛勤写作换来荣誉的马克·吐温。其实，不论是谁，经济学家、艺术家、科学家……所有成功人士，他们无一例外都是通过自己艰苦的劳动换来最终的荣誉。

培养女孩对劳动的热情

家长要有意识地建立起女孩对劳动的热情。下雪天可以带着她外出扫雪，帮助别人清扫门前的积雪；平时还可以让女孩养成讲卫生的好习惯，定时打扫自己的房间。让她把劳动视为光荣的行动，而不是养成好吃懒做的恶习。

让劳动的过程充满欢乐

正如刚刚提到的扫雪，父母其实可以与女孩一同参与其中。在扫雪的过程中，父母与孩子还可以通过玩游戏，例如堆雪人、打雪仗等增近彼此之间的感情。当然了，玩完之后一定不能忘了此次的目的是劳动，最后要把雪地清扫干净。

蛋糕法则：分享让财富增值

快乐与知识一样，只有懂得分享的人才能获得更多的乐趣。乐于分享快乐的人，他不仅让原本不开心的人变得开心起来，而且在看到自己的成就之后，内心的快乐又增加了很多倍。快乐同样是财富，是一个内心丰富之人的财富来源。有分享精神的女孩，往往能够获得更多的快乐，因为分享的过程本来就是一个良性循环。

想要让自己的女孩学会与他人分享，这看上去似乎是一件简单的事情，可是做起来却有些难度。假如女孩的年龄还小，那么家长就可以为她做一些亲身的示范：有了什么东西或者喜悦的事情拿来与女孩分享，或者与身边的亲朋好友一起分享。这样，女孩也就自然而然地领会了分享所带来的快乐。

有一个女孩过生日，自己挑了一个很大的蛋糕。由于平时爸妈不让她放开吃甜食，这回她想一个人把住自己的生日蛋糕的半壁江山。

结果晚上给女孩庆生之前，竟来了一群不速之客——爸爸的同事们。大家三三两两地赶来了，女孩背地里对爸爸说："唉，早知道就订一个更大的蛋糕了，这下子我的那份要被人拿走了。"爸爸看出来孩子是在为自己的损失伤心，于是安慰她说："叔叔阿姨们过来给你过生日，这是多好的事情啊，一块小小的蛋糕算什么。"女孩还是嘟着嘴。

等到许完愿吹熄蜡烛，叔叔阿姨们纷纷亮出了自己的礼物，有小闹钟，有彩笔，其中还有一盒精致的小蛋糕！女孩当即就说要打开来大家尝一尝，看来，获得的快乐已经大大超过了小损失的伤心了。

晚上临睡前，爸爸问孩子高兴不高兴，孩子说很高兴。爸爸问："你还为叔叔阿姨吃了你的蛋糕而难过吗？"女孩摇摇头。"当你把自己的蛋糕和别人分享了之后，别人也会把他们的好东西和你分享。就算叔叔阿姨们没有带礼物来，至少你多了几个朋友，朋友肯定要比蛋糕的保质期长久，是吗？"孩子点点头。

有什么能比快乐更重要呢？即便是财富，也不及内心的充实更重要。假如从小不注重女孩这方面的教育，而是让她养成了自私的脾性，那么以后后悔也来不及了。只有让女孩亲自体验到分享的过程，并且领略到其中那种欢乐，当女孩懂得与他人分享之后，作为父母，就可以感到欣慰了。

然而，在现实生活中，我们常常会看到许多父母不能与女孩在一起开心地玩耍。也就是说，这些父母不懂得与女孩之间一同体会分享的乐趣，他们不懂得与孩子分享快乐。其实，女孩只是一个单纯的个体，她们渴望得到父母的爱，更渴望从父母那里得到更多的快乐。偶尔陪女孩做做游戏，或者全家人一同外出野餐，这些不仅能够让家庭氛围更浓，而且还起到了教育女孩的作用，不是很好吗？所以说，只有父母想不到的，没有做不到的。

女孩应该懂得：分享也能够让"财富"增值

假如女孩手中有一个漂亮的布娃娃，当旁边的孩子都用羡慕的眼光看着这个娃娃的时候，如果女孩只是自私地护在自己的怀中，而不让朋友们都抱一抱，那么娃娃所带来快乐也就只有女孩一个人享有。可是，如果女孩懂得分享的乐趣，她就会让身边的朋友都同娃娃一起玩耍。这个时候，女孩一个人的快乐就变成了一群人的快乐，而且娃娃的价值也随之增大。

乐于与他人分享，是女孩心智逐渐成熟的表现

当女孩看到一个孤单的同学时，她愿意上前与同学一起交流，与她分享高兴的事情或是伤心的事情，这都说明孩子的心中已经有了仁爱。而仁爱的多寡又是

一个人心智成熟的重要标志。

避免攀比，理财是把有限变成无限

生活条件越来越好，每个家庭所拥有的东西也逐渐多了起来。今天这家买了房子，明天那家又买了车子，不知不觉，有不少人都被攀比之心笼络了去。看到别人买了什么，自己也想要拥有，不管这件物品是否真的对自己有用，只是为了满足那点小小的虚荣心而已。

女孩在学校中也面临着种种诱惑。因为同学们来自不同的家庭，也就有贫富之分，身上穿的戴的，学习用的……这些东西也就自然地有了好坏之分。加上在父母有意无意地攀比行为的影响下，女孩的心中也开始滋生这种“瘟疫”了。

其实也不奇怪，大人们都会有的行为，更何况是对于自控能力相对较差的女孩呢？因此，在家庭教育中，父母一定要以身作则，尽量不在女孩的面前表露出对别人家东西的羡慕。攀比之心的产生有着复杂的根源，但是父母的言行却对女孩有着不可忽略的影响。

例如，不少父母都会说这样的话：“看看人家就能，你怎么不行呢？”有意无意中脱口而出的话，其实已经伤害到了女孩的自尊心。而且这句话中也有着很大地与别人比较的成分，女孩的攀比心便可能由此滋生。

相传孔子有3000弟子，其中有名的有72人，然而他却对颜回爱戴有加。在孔子的眼中，颜回的一举一动都符合孔子的教学理念，所以孔子经常拿颜回作为榜样来教导其他弟子。一日，孔子对他的弟子们说：“贤哉，回也！一箪食，一瓢饮，在陋巷，人不堪甚忧，回也不改其乐。贤哉，回也！”孔子在赞扬颜回，认为颜回虽然住在简陋的地方，但是却独享其乐，不在意外人如何看待，更没有攀比之心，是一个贤德之人。

每个女孩都有自己的闪光点，何必与别人攀比呢？父母需要让女孩知道的是：也许别人穿的比你好，也许别人有你没有的东西，但是只要自己懂得合理地使用钱财，那么你想要的也终会得到。

没错，理财的目的就是把有限的财产无限地扩大。假如女孩懂得了这个道理，她就不会再在学校里与其他同学进行攀比了，而是专心地管理好自己，让自己合理地使用零用钱。这样，因为有效理财所省下来的钱，女孩就可以去买心中一直想要的东西了。这对年幼的女孩来说，无疑是一个小小的成就。

父母应该懂得欣赏女孩的优点

许多父母都在拿自己的女孩与别人的孩子做比较，殊不知，这对女孩的自尊心有着很大的伤害。没有哪一个女孩是希望自己比别人差的，孩子尤其在意自己在父母眼中是否优秀。因此，作为父母，不应该常常说出伤害孩子的话语，而是要对其多加鼓励。

让女孩转移视线：从看别人转为看自己

攀比心的滋生往往是因为过多地关注别人所有的，转而又想到自己所没有的。在懊恼之中，女孩也就慢慢地失去了自我。所以在家庭教育中，父母要逐渐地让孩子明白自己的生活目标：究竟是学业重要还是穿名牌更重要？孩子一旦知道了自己应该关注的事物，那么她就不会再把目光过多地投到别人身上，相反，她会更多地审视自我。

学会为自己的未来投资

太多的人把精力倾注于结果之上，他们想要财富，想要成功，然而却没有在意起步的时刻。很少人能够看到起点的魅力，而事实上，起点才是一个人迈向成功最重要的一步。曾经看到过刘心武的一篇散文，名为《起点之美》：

人生的终极点只有一个，然而起点却有许多。运动场上的起点是明显的，生活中的起点往往较为隐蔽。一个想向文坛进军的青年在深夜灯下铺开了稿纸，用手中笔郑重地写下了第一行字；一个刚到单位报到的大学毕业生，头一回走进办公室，他尽量大大方方地望着大家，大家都好奇而友善地望着他；一个才把趸来的川橘铺排在货位上的个体户，用戴着厚厚的棉手套的双手捂捂冻得发红的耳朵，瓮声瓮气地发出他的头一声吆喝："大橘子保甜——"一位才任命的局长，不大习惯地坐在来接他开会的轿车里，想同司机说句亲热的话却不知该拣哪一句说；一个非常走红的大明星，倚在沙发上读别人新送来的剧本，刚刚开始觉得里头的那个女主角有点嚼头；一个明天要应考的中学生，把捧着的课本贴在胸前，在忍痛关闭了的电视机前点着下巴背诵单词……

尽管在终点处会出现绝不平衡的场面，文学青年的稿子也许会被退回；走向生活的大学生也许会碰到许多的钉子；卖橘子的个体户这一回也许不能大赚；新上任的局长也许不久便调离；大明星的下一部戏也许会砸锅；中学生第二天应考时也许会失常；谁也保不齐在那等待着我们的终点上不会落伍、失败甚至被淘汰掉。

……

起点如此重要，又是那么的美妙。未成年女孩的未来是值得憧憬的，然而未来的美好还需要当下的付出才能够换来。因此，父母应该在女孩小的时候就增强她这方面的意识，努力是成功的基础，给未来投资，依靠的就是当下的勤奋与节俭。

女孩给自己投资可以从两个方面来讲。作为学生的她，现今最重要的投资当然是知识的增长。父母要让孩子懂得，知识是获得财富最丰厚的源泉，也是实现自我价值最有效的武器。因此，现在努力学习就是为了丰富自己的知识，也是给自己的未来最大的投资。

此外，青少年自我的投资还包括财富，这是生活不可缺少的动力。无论是通过劳动从父母那里得来的“工钱”，还是靠自己的力量在课余做兼职所得到的酬劳，抑或是过年的时候收到丰厚的压岁钱……只要管理得当，这些钱财都可以为女孩的未来进行投资。

当然，给自己的未来投资，除了知识与钱财之外，还需要培养独立生存的各方面能力。这些能力的培养需要家长从小的方面开始引导：做家务、照顾自己、独自完成学业，等等。这些都属于能力范围的培养。

正如刘心武在散文的最后所讲：“终点之美，属于优胜者。起点之美，属于每一个人。而自觉地进入起点并调动起自己的美来，也便是人生中的一种优胜。”起步的好坏决定着女孩的未来，所以说，从现在开始，父母就应该教导孩子如何对自己的未来进行投资。

投资，不仅仅是金钱意义上的

舍本求末是要不得的，现阶段女孩最重要的任务无疑就是学习，因此，在给女孩讲授关于未来投资的事情时，父母应该明确地指出：学习知识才是现阶段最好的投资。

投资不在多，方法得当最关键

许多父母为了培养女孩各方面的才能，于是就不惜一切代价地给女孩报各种各样的培训班，可是由于数量过多，超出了女孩的能力范围，到头来还是竹篮打水一场空。因此，投资应该有所侧重，而不是多多益善。

第十七章 “全能女孩”可望更可即——开发潜能有章可循

女孩的天赋早知道

天赋的征兆有哪些

人类是有灵性的动物，每一个孩子生来就有着专家们也无法预测的诸多能力。波士顿大学医学院的神经学教授霍华德·加德纳认为，人类本身具有六种基本天赋，但是一般的智商测验都集中在语言和逻辑数学这两种天赋上了。其他的四种，比如说是音乐、空间想象、身体动觉以及了解“人”的天赋也是很关键的部分。加德纳本人认为，天赋所包括的内容如下：

语言天赋

看一个女孩是否有很多的语言天赋，不用等她长大，从小就可以看出来，因为有语言天赋的女孩一般都是爱讲话的女孩。这样的女孩可能说着自己的话语或一种颠倒的话语到处玩耍；她也可能容易学会外语的短语和记住电视及书上的一长串单词；有时她还喜欢讲故事，这种有语言天赋的女孩往往在早期就自己学着读书。

音乐天赋

有音乐天赋的女孩对各种声音着迷，她喜欢听汽车喇叭、打字机键及洗衣机的声音，她会蹒跚行走去摸钢琴的键并且呆呆地站着听。其后，她会认出别人弹的或用管弦乐奏的她们所熟悉但没有歌词的歌，她能无困难地学唱新歌并且在伴奏下把它唱出来。

逻辑数学天赋

数学和逻辑方面能力强的女孩对范畴和类型着了迷。她比较爱问：这些积木相同的地方在哪里？不同的地方在哪里？她也善于下棋，喜欢抽象概念并很快学会等量（例如：两天等于 48 小时）。她会构想出仔细安排的、有纪律的幻想世界（《阿丽丝奇境历险记》的作者路易丝·卡罗尔就是一个数学家）。

空间想象天赋

有这种天赋的女孩是超常的想象者（观察者）。例如她很小就能正确地合乎透视画法地画出一个立体物体，比如牛奶箱子。

身体动觉天赋

这种天赋包括两种基本技能：如何设法使自己的动作优美及如何灵巧地操纵物体。有才艺的运动员和舞蹈家就是有这种天赋的人，许多工程师也是这种人。如果你的女孩对于翻筋斗、游泳和空手骑车这些活动很容易完成，她就可能有身体动觉天赋。这些女孩能很好地完成那些需要有灵巧运动神经的任务，例如接球、穿针，使用各种工具，拆卸和改装钟、收音机甚至计算机等。

了解“人”的天赋

识别一个女孩是否具有了解自己的天赋是困难的。有“了解自己”天赋的女孩在她们年纪大些时就体现出较强的生活自理能力，懂得怎样做计划并最大限度地发挥自己的能力。有这方面天赋的女孩会特别注意别人的变化，她会问：“这个为什么会令祖母伤心？”如果她在看有关侦探的小说或是电影，她会很快把坏人认出来。

总之，每个女孩都会具备其中的某种天赋，但是很难完全具备这六种天赋。作为家长，我们最好能够敏感地感觉到女孩的天赋，而不是为女孩的种种表现而叹气。

女孩顶嘴、顽劣与未来的意志力、判断力

在生活中，听话的女孩最讨人喜欢，但是任性而喜欢顶嘴的女孩往往会遭到家长的责怪和训斥。家长这种看似“管教”的专制作风，实际上是遏制了女孩的思维，扼杀了女孩的天赋，对女孩的成长只能起到副作用，这样的做法都有哪些不好的地方呢？

1. 使女孩形成认知障碍。犯了错误的女孩，因为没有真正认识到错误而与父母争辩。这时家长简单粗暴地不给女孩争辩的机会，不让其通过“辩”来分清是非，根本性的问题其实没有真正解决。由此，女孩的认识就会逐渐产生偏差。

2. 扼杀新思想。一个喜欢“顶嘴辩解”的女孩，往往能够将是非善恶权衡在自己的评判标准上，显示出求是明理的思想特质。许多女孩正是在这个过程中逐步学会了认识问题、处理问题的能力。但是家长的高压往往使女孩产生唯唯诺诺的心理，对女孩的成长非常不利。

3. 扼杀创造力。通过事实证明，喜欢顶嘴的女孩，隐藏着无穷的创造欲望，

总能做出出人意料的事。所谓的创造力是把别人不曾思考过的事自己思考完成。

女孩在 2～5 岁时正是自我启蒙期，开始动脑筋思考问题及观察事物，若在此时压抑她的反抗或消除其抗因，反而阻滞了女孩自由思想的能力。把眼光放在女孩的未来，就会明白女孩的反抗证明了女孩自己具有了一定的判断力，才能提出不同于己的意见，这会促进女孩智力的发育与成熟。根据一份调查显示，从小反抗能力强的女孩，将来有 85％的概率会成为意志坚强、独具判断力的人，而没有反抗意识的女孩将来具有坚强意志的概率只占 24％，且多数会成为缺乏判断力而依赖他人生存的人。

有的女孩不仅喜欢顶嘴，更是顽皮得让父母感到头疼。很多父母在观念上倾向于承袭旧有的看法，认为“听话的孩子”才是理想中最好的孩子。而实际上，那些喜欢恶作剧的女孩，更是隐藏着无穷的创造欲望，所以才会时常做出出人意料的事情。有很多的名人在小的时候绝对不是老师和父母眼中的优等生，相反，甚至是令老师和家长头疼的劣等生。

诗人拜伦，在阿巴丁小学总是排第一名，这是因为这个小学的习惯作法是把劣等生放在首席的缘故。当时，教师用半开玩笑并带鼓励的话说：“乔治，你能不能偶尔也来个倒数第一呢?”他的拿手好戏是打架，班里有一个学生虽然成绩好但力气小，他就和那个学生结成同盟，吵嘴或打架时拜伦出来帮助他，而让那个同学给他做作业。

诗人海涅，生在法国，长在法国，他在学校里是一个尽人皆知的劣顽生。他讨厌课程，反对服从，正如他自己所叙述的那样，上法语诗课时，常听得晕头转向，其他课程更加糟糕。后来他虽然能写出那样的好诗，但在孩童时期却弄不懂诗的韵律，教师常常痛骂他说：“你是个从山沟里出来的野蛮人，对于诗一窍不通。”

著名儿童文学家冰心老人，曾经有一句话送给家长与教师们，她说：“淘气的男孩是好的，淘气的女孩是巧的。”她奉劝每一位家长，“千万别将淘气作为不听话而严加压制，要知道淘气是孩子的年龄特征。等到不淘气时就不再是孩子了”。

家长们要善于发现“问题女孩”的闪光点

有些女孩由于家庭缺少爱，或由于学习上屡屡失败，使她们丧失了自信，表现为委靡不振，或者顽劣不堪。改变她们的唯一办法是在她们身上找出“闪光点”，诱发她们内心深处希望得到大人，得到集体尊重的渴望，变为追求进步的动力。家长、老师要满腔热情地设法为她们创造适当的环境，给她们提供显示自己“闪光点”的机会，让她们切切实实地品尝到受信任、受尊重的喜悦。

对“很乖很听话”的女孩要鼓励她们更加大胆

实际上，家长或老师认为“听话”的女孩，并不是没有问题，她们不是不想淘气，而是由于外界的压力、想做“好孩子”的渴求，使她们不敢或较少提出问题，不去按儿童年龄特征自然地行事，常常压抑着自己，这对她们身心的健康发展不利。久而久之，形成一种刻板型的内向性格。

好奇＋好问：为什么我的女孩有这么多问题

有些会读书的女孩，天生具有极强的领悟能力，每当读完一篇文章，就会将其内容全部了解，而且解决问题也很快速。但是也有一些女孩，她们对于文章的每一个段落都有疑问，总是能提出很多常人想不到的问题，站在老师和家长的立场上，当然是前者更加受欢迎，而到了社会上能够成大事的，往往是后者居多。所以爱因斯坦说：“发现问题比解决问题更加重要。”多鼓励女孩发问，这才是适当的教育方针。

曾经有一位优秀的数学教师，每当她结束一节课之后，就会问：“大家还有没有什么问题呢？如果没有的话，那这堂课就结束了。”

这时一节课尚未上至一半，刚开始上他课的学生顿时不知所措。其实这位老师故意把重点隐藏不说的目的，是诱使自以为了解的学生深思。一旦学生提出问题，他就会露出比学生能解决问题时还要欢欣的笑颜，赞扬地说：“问得好，你是懂数学的。”

学生对寻找问题顿时发生兴趣，从此再无一人讨厌数学。会发现问题的头脑才是真有发展的头脑。

对于孩子提的怪问题，父母和老师也要认真对待，耐心解答，而不要一笑置之不顾，从而扼杀了孩子智慧的火花。

女孩也是同样，她们在上学前一段时期，对智力上的启发十分敏感，她们的求知欲较强，如果启发得法，会获得基本的学习技能和知识，对她们以后的进一步发展极为重要。确实，很多女孩喜欢“打破砂锅问到底”，这是因为她们对世界有着强烈的好奇。求知欲强，好奇心强是所有学龄前幼儿的特点，而这种特点在超常儿童中则更加突出。

与一般女孩相比，超常儿童所提的问题，数量更多，且常常包括一些一般女孩还想不到的问题，如有关事物之间的联系，事物的因素关系、来龙去脉等问题。在这种强烈的好奇心、求知欲的驱动下，超常儿童能更主动地学习，坚持性也较强。

对新事物的好奇，以及勇敢承认自己的无知，这是促使一个人主动学习，力求改善当前状况的基本要求。几乎每一个女孩在降生时都带着天然的好奇心，当她们的头能自由转动时，她们便可以左看看右瞧瞧；当她们能四处爬行或走动时，她们就东戳戳西摸摸；从她们会说话的那一天起，她们就开始问这问那。

反之，如果能够理解女孩的发问是好奇心的反映，是心理发展的必然，做到“闻问则喜，百问不烦，认真回答，因势利导”，就有可能把好奇心发展成兴趣；或者把由于好奇心引起的瞬时兴趣固定下来，进一步发展成稳定兴趣，进而对女孩的学习产生积极作用。这也为女孩将来在学习上的良性循环打下坚实的基础，使其主动积极地从“要我学”变成“我要学”。

从女孩的心理特点出发，生动、鲜明地对她们的疑问给予解释

有一次，小牛顿问母亲：“风车为什么会转？”母亲说：“那是由于风的力量推动它转。”牛顿接着问：“那么风是怎么来的呢？”母亲是这样告诉他的：“你看，水不是从高处往低处流吗？空气也如此。有的地方气压高，有的地方气压低，空气只要一流动，就形成风了。”母亲这番生动的解释，使牛顿印象很深，他上小学做的第一件劳作，就是具有独特风格的风车。回答孩子的另一方式还可以启发女孩自己寻求答案，让她们多动动脑筋。

引导女孩通过试验来解决疑惑

有时候，光靠父母、教师解释、启发还不足以使女孩理解，那么就要靠做个小实验，使女孩从亲身的感受中理解问题。一个外国心理学家回忆道：“记得当我的孩子三岁多时，有一天他来问我：‘爸爸，如果我把一根棍子种在土里，会长出一棵树吗？’我的第一个念头就是告诉他：‘不，不会的。’可是我想到了实验，于是我说：‘让我们做个实验，种一根棍子试试看。’我们真种了一根棍子，几天以后，孩子下结论说：‘我看棍子不会长大了。’然后我们又种了一些其他种子，后来都发了芽。这个对比实验使孩子明白了何者会长、何者不会长。”

天赋也是需要激发的

有一句名言：“一切为了孩子，为了一切孩子，为了孩子的一切。”许多父母对自己的女孩也确实是有求必应，爱到无以复加的地步，恨不得女孩一夜成才。如此看上去一切为了女孩，实际上是耽误了女孩，甚至害了女孩。

每个女孩都有某个方面的天赋，只是，天赋也需要激发，如果父母对女孩的爱的方式不当，则其天赋会被压抑甚至扼杀。著名的教育实践家和理论家苏霍姆林斯基曾经认为，在父母和老师眼中的“差生”，往往有三种类型：

1. 思维尚未“觉醒”的学生。如一位叫费加的学生，“最大的障碍是算术应用题和乘法表”，是对乘法表的迅速遗忘，因此被定位为“差生”。而正是这位

“差生”后来成为一名物理专家。幼年的费加就是一位思维尚没有“觉醒”的学生，家长和老师的任务是“激发它的觉醒”。

2. “天赋”面纱尚未揭开时的差生。巴甫里克就属于这类学生，他曾被判定为“没有能力掌握知识”的学生，直到他的生物老师发现了他具有植物学方面的天赋。后来巴甫里克进了农学院，成为农艺师。

3. “理解力差和头脑迟钝”的“学习有困难”的学生。在霍姆林斯基看来，前两类“差生”实际并不是“差生”，只不过他们的潜力或天赋暂时没有被发现罢了。从心理学的角度看，对于多数学生来说，确实存在着“天赋”上的差异。他们往往表现出强烈的学习兴趣而成为优秀生；另一些学生的“天赋”则呈“隐性”，由于还没有被发现，再加上教学方法方面的因素，而被判定为“差生”。

在现实的生活中，很多孩子的潜能得不到激发，并非是偶然的现象，其中主要的原因有三：

1. 家庭因素的影响。在一次对家长的问卷调查中有这样一道题：“孩子犯错误时，你对孩子说的第一句话是什么?”接受调查问卷的53%的父母回答是：“你看某某多好，你有他（她）一半，我就知足了。”从中我们可以看出，有些父母不能正确评价孩子，关键是评价标准有问题。他们常常觉得别人的孩子是天才，自己的孩子是蠢材；别人的孩子是金子，自己的孩子是沙子。面对父母这样指责和不屑的态度，孩子的天赋又怎么能不被压抑呢?

2. 老师的教育方法简单粗暴。有个学生对植物怎样吸收营养、怎样呼吸弄不懂，生物老师经常训斥她说：“难道你连这么简单的东西都弄不明白吗? 你究竟能干点什么?”这个学生渐渐失去了学习信心，并产生了逆反心理。

3. 孩子的思维“尚未觉醒”。孩子的思维需要家长和老师用心灵将其唤醒，如果一个女孩自暴自弃的话，那就彻底失去了自尊和自信，更难说上进。

父母要懂得激发女孩的好奇心

父母要懂得激发女孩的好奇心，并且要培养女孩善于发现问题和提出问题的能力，家长在女孩的学习、生活以及其他活动中，要善于根据女孩的实际有意识地对她“设疑”，引起女孩对问题的注意和思考。比如说，当女孩喜欢看小鱼在水中嬉戏的时候，这个时候家长可以及时引导女孩“为什么鱼能够在水中游泳而不会被淹死?”通过这样的方式，有效地激发女孩思考和寻找问题的答案。

带领女孩一起观察自然

家长还可以将女孩的好奇心引向大自然，也可以带她去观察春天里各种花鸟鱼虫的变化，比如说带她去池塘边观察小蝌蚪，看看她们是怎么变成欢蹦乱跳的青蛙的；可以让女孩养几条蚕宝宝，看看蚕宝宝一生要脱几次皮，每次脱皮后有什么变化，蚕宝宝最后怎样吐丝做茧，也许女孩会由此开始一个未来生物学家的探索；可以带她观察夏夜的星空，让她对横亘的银河、闪烁的星星以及盈亏交替的月亮产生兴趣，也许，未来天文学家会由此诞生；可以让女孩注意昼夜的更替、四季的变化、阴晴雨雪、电闪雷鸣；还可以让她搞些家庭的种植、饲养活动等。总之，可以让神奇的大自然来容纳女孩无穷而强烈的好奇心，培养她勇于探索的精神。

赏识是发掘天赋的催化剂

相信女孩："你一定行"

心理学家告诉人们，当孩子逐渐长大之后，自主意识也随着增加。两三岁的孩子，在大人要帮助她穿鞋的时候会说"我自己穿"，在帮助喂她吃饭的时候会说"我自己吃"，在帮助她搬小凳子的时候她会说"我自己来"。这个时候，家长们不可以随意打击她们跃跃欲试的兴致，剥夺她们学习生活的机会，而是应当帮助她们在学会适应生活的同时，增强她们的独立意识。

对于孩子，父母应该表示出信任，只有这样才能够使她们自尊自立，才能在日后真正使你放心，对女孩应该信任的时候要信任，不该放心的时候要谨慎。孩子初次做事做不好，如她洗的衣服不太干净，你可以背着她再洗一遍，但不能让她失去做事的积极性。在最初的日子里，孩子需要指导帮助。告诉她怎么样做好这些事，但千万不要一见孩子做不好，就自己代替她去完成。

做父母的必须适时调整自己对孩子的态度。当孩子外出时，最好少一分叮咛，多一分信任，让她觉得自己已长大，而担起一份责任。家中有些事情，可以询问或倾听一下孩子的意见，并对她的想法或主意给予相当的重视，使她感觉到自己在家中的地位与重要性。

闲谈时，让女孩逐步了解家庭经济和父母的工作等情况，可让她们发表意见，处理一些事情，逐步让女孩知道自己在家的重要地位，而不能总把女孩当"小孩"。随着女孩年龄的增长，要引导她们学会用自己的眼睛去打量周围的事物，用自己的头脑去思考所遇到的问题，要给她们相应的自主权，同时相应地增加女孩对家庭与社会的义务与责任。

许多父母认为，家庭教育是一种生活中的随机教育。换句话说，家庭教育的"一招一式"要时时注意培养女孩适应社会生活的需要，培养她们能够独立生活的本领。这种教育思想说起来简单，但做起来却常被一些家长有意无意地忽略掉，抑或出现偏差。因此，父母要认识女孩成长的阶段性，教育的随机性要与女孩成长的发展性相结合。

女孩出生后最先开始的教育要提倡说行，反对说不。当女孩出世后，家长开始尽心尽力地进行哺育，问题也开始产生了：喂饭时，女孩的小手要抓饭勺；高兴时，小手要挥，要抱住小脚丫往嘴里送；稍大些，女孩会手脚并用了，一有机会，就爬来爬去。此时大人可别说不，担心汤勺扎了嘴，责怪说“不许抓”；害怕女孩乱爬摔下床，制止她“别爬了”。

父母认为女孩“行”还是“不行”，对女孩一生的影响都很大。父母的赏识与放手，对女孩发出的是“我能行”的正信息，使女孩慢慢建立起“行”的意识；父母过度的担心和保护，对女孩发出的是“我不行”的负信息，使女孩真的认为自己“不行”。

给予女孩足够的自由和民主

在日常的生活中，家长要劝导女孩让她们充分运用各种感官，自己观察、自己思考、自己想办法、自己做决定、自己动手操作。总之，女孩能自己做的事尽量让她自己做，这对于培养女孩良好的非智力因素很有好处。因为在女孩“我自己来”的过程中，不仅培养了女孩解决问题的能力，对于开发女孩的智力有好处，而且使女孩养成了独立自主的习惯，避免了女孩的依赖性。然而，一些家长认识不到女孩的这种“我自己来”的精神的作用，总是担心女孩会“累着”，担心女孩吃苦，因此处处包办代替，哪怕是穿衣脱鞋也处处代办，这样是不利于女孩的健康成长的。

试着让女孩自己收拾玩具

要养成女孩收拾玩具的好习惯，可以在女孩玩够以后对她说：“你看，天黑了，小熊、小娃娃出来玩了一天，它们都累了，咱们送它们回去睡觉吧。”这样，女孩也会很乐意配合家长把玩具放回原来的地方。多做几次以后，到时间女孩就会主动地向家长们报告：“娃娃已经回去睡觉了。”

尊重女孩：“我想听听你的想法”

家长希望女孩“怎么做”，或“不要怎么做”时，都不宜采取强制方式。因为强制的结果，要么造成女孩被动心理和懦弱性格，遇事没有主见；要么使女孩产生逆反心理，脾气更倔强，说什么都不听。

然而，如果没有好的情绪，就不可能有好的效率，这样下去只能是一事无成。其实在这种情况下家长们只需要轻轻提醒一句：“该停了”或“到学习时间了”，无须多说，随后就走开去办自己的事，给女孩留下“自觉”的机会。往后，家长越是相信女孩，她也就越是会遵守自己的承诺，会停下其他活动，及时地坐下来专心学习。

在此之后，明智的父母若想彻底改变女孩的不良习性及给予适当建议时，可以找个适当的时间和机会（例如在散步时），在轻松愉快的气氛下，给她讲明道理。说明一味凭兴趣，总任着性子做，成不了大事，然后再建议女孩以后一定要以理智和意志支配自己的行动。这样的话女孩一般能愉快地做出“以后到时间，就去学习”的承诺。

家长们希望女孩能力强，首先应该在培养其自信心方面下工夫。在独生子女人格调查中显示，家庭的教养方式对女孩的自信心影响很大。家庭教养方式主要有六种类型，即溺爱型、否定型、民主型、过分保护型、放任型、干涉型。其中，民主型家庭教养方式和否定型家庭教养方式对女孩的自信心影响最大。一般来说，在民主型家庭中，家长是女孩的朋友，最好能够经常和女孩商量事情，尊重女孩的想法和意见，经常给女孩表扬和鼓励。所以，女孩的自我接纳程度较高，相应地自信心、自尊感和成就欲望较强。而生活在否定型家庭中的女孩，家长经常打骂、批评女孩，对女孩的责罚多于赞扬，因此，女孩们的自信心相对较差，她们往往不相信自己的能力，总是甘居下游，对未来担忧，对前途充满恐惧。

因此，激发女孩天赋和潜力的重要做法是做民主的父母，对女孩采用民主型的教养方式。家长应尊重女孩，做事经常考虑女孩的想法和意愿，不把女孩当成“附属品”，而当成“独立人”看待。遇事多和女孩商量、沟通，多对女孩说“这件事爸爸妈妈想听听你的意思”“孩子，这是个严重的问题，咱们商量一下看怎么解决好”这一类商量的话。收到这样的“邀请”，女孩会非常开心。她在家中的地位得到了体现，她从父母的重视中感受到了一份尊重，也不再觉得父母高高在上，反而有种亲近感。

商量的魅力在于，能使家庭关系变得和谐。商量，能使女孩得到大人的尊重，从而使女孩懂得尊重别人，并学会用商量的办法去对待父母和他人，避免冲突和对抗；商量，能使女孩学会从别人的角度来观察事情，思考问题，学会民主和平等、尊重和友谊。

在一些不涉及原则的问题上多和女孩商量

家长在涉及孩子的问题上，尤其要和孩子商量，听一听孩子自己的意见，比如给孩子选什么才艺班、怎样花零花钱、什么时间看电视、暑假时间怎么安排，怎么玩、去哪玩等，这些都关系到孩子生活能力、兴趣和爱好等的培养。如果不和孩子商量，独断专行，孩子容易产生逆反心理，或对学习丧失兴趣。

商量的时候不能失去原则和底线

女孩毕竟是个孩子，并不是说所有的事情都要符合女孩的心意才行，这样的话很可能会走向另一个教育的极端，那就是——家长失去了教育的功能。如果什么都要听女孩的，那要家长有什么用？我们可以和女孩商量吃什么口味的冰淇淋，因为这个问题无关紧要，但是我们不可以询问女孩要不要上学、喜欢不喜欢念古文书，这是需要家长替女孩来做抉择的。

鼓励女孩：“我们来一起研究吧”

巴尔扎克认为：打开一切科学的钥匙，毫无疑义的是问号，我们大部分的发明来自于发问，而生活的智慧大概就在于逢事都问个“为什么”。

女孩小的时候似乎总有提不完的问题，这是女孩探索新事物、认知世界的方式。比如说，鹿为什么长那么多角、什么鸟飞得最高、海水为什么是蓝色的等。大人们可以说说自己的看法，也可以和女孩讨论，并引导与帮助女孩自己翻书求答案。好提问的女孩善观察，也好思考，她们的思维常常处于积极活跃状态。在这种情况下，她们的学习主动性强，效果也好。

有时候女孩会问到一些确实难以回答，或很复杂的问题，即使是这方面的专家也未必能提供完满的答复。遇到这种情况，那就如实告诉女孩“我也不懂”，并可以对女孩说：你这个问题很有意思，然后与她一起兴致勃勃地查资料，找答案。不仅要帮助她们找答案，还要帮助她们找到寻求答案的途径。切不可对她们的提问表示冷淡，更不可斥责：“小孩子不需要懂这些，告诉你你也不懂，一边玩去。”这样做的后果是，女孩不敢再提问，逐渐丧失好奇心，这是最大的悲哀。

引导女孩学会思考，这是进一步学习所不可缺少的条件。家长在与女孩相处与交谈的过程中，要经常以商量的口气，进行讨论式的协商，留给女孩自己考虑的余地，要给女孩提出自己想法的机会。家长可根据交谈内容经常发问，如“这两者有什么关系？”“你觉得怎么做会更好？”“结果会怎样？”“你的想法有什么根据？”“还有更好的办法吗？”等问题，以引起女孩的思考。

在辅导女孩学习的时候采用启发式，诱导女孩逐步展开思考。当女孩在想问题时，父母不要太热心、太性急，以留给她足够的思考时间。不要轻易直接把答案告诉她，孩子答错了，可用提示性的问题帮助她思考，启发她自己去发现和纠正错误。还可以经常向女孩提出一些有趣的问题，让她自己去思考，以形成勤于思考的好习惯。

让女孩带着好奇的疑问，是引发其兴趣与主动求知的有效方法。在思考的基础上产生的求知欲望，会带给女孩解决问题后无尽的满足和快乐，会让女孩从实践中得知学习知识的好处，从而激起更浓厚的学习兴趣。一旦女孩对学习真正产生了兴趣，她不仅会主动地去学，而且会越学越想学，越学越容易学，这就引进了良性循环之中。

和女孩开展有趣的学习方式

在家里不同于在学校，不能老让女孩一本正经地做数学题，不能总让她坐在书桌旁苦思冥想。家庭教育，最好是以生动活泼的方式，寓教于乐。例如与女孩一起猜谜语，让女孩学着编谜语；听女孩讲故事，让女孩自己编故事，等等，都是领着女孩展开思考的好方法。在茶余饭后的消遣中，在自由自在聊天时，都可以进行。与女孩一起猜谜语、编故事，一起探讨怎么修改她们的作品，怎么使情节更加合情合理，使故事更加动人美丽富有感染力。进行这些活动的过程，都是引导女孩发展思考能力的好机会，只要有这种意识，在与女孩不知不觉的相处中，随处都可以找到这种机会。

观察女孩："一个细节也会有所收获"

对于父母而言，教育中最难的功课莫过于耐心观察。如果有可能的话，父母应该在没有干涉女孩的问题以前，先观察事情发生的经过、时间和地点；问题通常发生在什么时候，是否在女孩饥饿时、困倦时、厌烦时，或者在她与其他同伴相处时，或者在一大群孩子中时，也许是在她们需要被注意时；问题在哪里发生，这些观察有助于家长了解问题发生的原因，以便在处理问题时能够更准确、更全面地把问题解决。

不要否定或疏忽女孩的消极感受。如果你的女孩很生气，就对她说"你的声音听起来好像在生气"，那她就会把心窗打开，告诉你女孩为什么生气。否定怒气则无法处理怒气、解决问题。除了倾听女孩消极的感觉（就像愤怒）以外，要特别注意让女孩有时间把这感觉消除掉。

认真研究你的孩子，发现她与普通人的差异，欣赏她的特质。把每个女孩身上的特质和性格列出来，然后一一告诉每个女孩你是多么欣赏她们。

许多父母以为管教女孩就是找出她的缺点来责备。但是责备只能使女孩消极地改掉不良的行为，想要她主动做出理想的行为，则必须加以赞美来强化她的意念，这两种分别使用的方法是非常重要的。

赞美不能再用像"你是个好孩子""你真聪明"这么简单，而是要动脑筋想出不同的赞美法。例如"这是你替我做的吗？谢谢你！"即使只是一点儿小的好事也要加以肯定与承认。还有，看到女孩努力想做好一件事时，最好及时对她说出一句勉励的话："再加油！好棒！好棒！"或者注视着她，对她重重地点头认可。

把孩子身上所能看见的正面特质反映出来，是建立女孩积极自我形象的最有功效的方法。即找出女孩身上积极的性格并告诉她，用具体的话肯定或是赞美，而非用夸张的话语来表示。比如说"你是个负责任的好孩子，我还没有回家，你就把玩具收拾得整整齐齐。"受到赞美能够使女孩找到更高的目标，而且会对自己充满自信，因此诚恳的赞美是有必要的。

女孩的内心总会有一些奇奇怪怪的想法，女孩的心和大人的心不一样，有的时候像被笼罩住一般，让人看不清里面真正的感觉。女孩会老老实实地把她心里的想法以及她为什么有这样的想法讲给你听，她们需要别人倾听与尊重她们的想法。

如果你想要女孩把你不在她们身边时所发生的一切都一五一十地告诉你，那你平常和她们在一起的时候，就要能够听得进她们的意见。

如果你的女孩在年纪小的时候会把她的想法告诉你，那就等她进入青春期以后提出自己的想法吧。

让女孩明白被赞美的理由

我们在赞美女孩的时候，要使女孩明白被赞美的理由，使她能从被肯定中确立日后努力的目标。“啊！你知道把垃圾从地上捡起来丢在垃圾桶，不但妈妈觉得光荣，连过路的人都会为你做了一件好事而高兴，你真是好孩子！”像这样具体地说明理由和对她的行动加以支持，比盲目的赞美更加重要。

鼓励女孩通过自己的考虑来解决问题

不要老是想为女孩解决问题，让她们自己决定并尝到决定后的结果，以后她们才会做出好的选择。在某些小事上准许女孩有正反两面的考虑，并且让她们自己来决定。要相信孩子有选择和解决问题的能力，并对女孩说：“你一定办得到。”说“你办得到”就是为女孩预祝成功，相信她们办得到。如果你不相信她，她也不会相信自己，她会因为不相信自己做得到而失败——因为起初你就不相信她。

培养360°全能女孩

如何培养女孩的创造精神

有的家长会说：“就我家孩子的智商，连个算术题都解决不出来，更何况创造?”其实，每个人都具有创造力，只是程度不同而已。陶行知先生说过，对于一个有志者来说，“处处是创造之地，天天是创造之时，人人是创造之人。”德国作家、理论家卢多尔夫·维恩巴尔格也认为创造才是教育的最高范畴，只有呼唤出学生内心深处的创造潜能，才是国家与人类进步的根本前提。他在著名的演讲《知识、教育与人生》中说：“人不光是一面镜子，用来折射创造，解释创造本身就是一种创造。拥有天赋的权利和力量，在现有的世界中抢占一席之地。他应该以这种创造活动去维护和巩固这种地位，牢牢立足于现在，去从事反映其短暂一生的创造……”而家长们的责任，正是最大程度地开发、保护孩子的创造精神。

父母都希望自己的女孩有创造力，创造力可以从五个方面来评估：敏感性、流畅性、变通性、独创性、精确性。而一个习惯于听话和顺从的女孩很难具备这些特点，这是一位民主家庭母亲的感受：

我与孩子相处是非常自由而不拘形式的，也很少拿出“我是妈妈”的威风来。有时候被孩子吵烦了，我会扮演孩子，吵吵她、闹闹她，让她知道“无理取闹”不是一件好玩的事。

此外，和孩子最常玩的另一个游戏是“胡说八道”。这些游戏不仅让我们抒发了心中的情绪，也让我们享受了无数欢乐时光。所谓胡说八道就是不拘任何形式、没有任何目的、全凭当时心境与喜好来讲话的一种游戏。

有一次，孩子不肯自己拿东西，我便问她：“手是做什么用的？”

她说：“手是玩玩具的呀！”

我又问：“那鼻子是做什么的？”

“鼻子是喷水的。”

“屁股是做什么用的？”

“屁股是拿东西吃的。”

“嘴巴是做什么用的？”

“嘴巴是尿尿用的。”

这段对话虽然听起来很恶心，但是女孩却在对话中发挥了她的“变通性”及“独创性”。此后我们便常玩这样的游戏，包括“杯子可以做什么？”“车子可以做什么？”“鞋子可以做什么？”当你从“创造力”的角度来看待女孩的“话”时，你对她的那些胡说八道的话就不那么容易动怒，也不再觉得她怎么那么不可爱了。

当然，我们还可以同女孩玩一种叫做“词语替换”的游戏。

有一首歌的歌词是这样的：“我家有两只鸡，身穿花花衣，一只是公鸡，一只是母鸡。公鸡叫我早早起，母鸡生蛋孵小鸡。”

有的孩子会把鸡改成鸭、鹅、鸟甚至羊等不同的动物来唱，这就是“名词”的替换。

“我们去散步”“我们去吃饭”“我们去跳舞”“我们去洗澡”“我们去上学”，这是“动词”的替换。若是把“我们”改成“你”“你们”“他们”“大家”，就是“代名词”的替换。

其实“词语替换”的游戏也很简单，女孩也很爱玩，相信有很多的父母也跟女孩玩过类似的游戏，在这种好玩且轻松的环境中，女孩可以摆脱许多的压力和束缚，家长会发现她的创造力来源不断。而通过这样的努力，女孩的联想力、独创性和变通性都会不断地得到加强，说不定她会自己提出不同的想法呢。

家长要注意倾听女孩的想法

家长要注意倾听女孩的问题和想法，她就会更相信自己的眼睛、头脑，也就拥有独立思考的主动性，如果家长只是注意丰富女孩的知识，不厌其烦地回答女孩的问题，就会使女孩不能很好地开动脑筋、积极思考。

家长千万不要对女孩提出的问题感到不耐烦

女孩的好奇心，有时会引出千奇百怪的问题，连父母也无法招架。有的家长会说：“问这么多，烦不烦?”也许，女孩的好奇心和创造精神就在父母的断喝中被毁灭了。父母碰到自己棘手的提问可以找百科全书，或查阅相关书籍、资料，与孩子一起学习。这样，可以让女孩明白：只要你用心，很多问题是可以找到答案的。女孩在不断的积累中，也会懂得越来越多的东西。

怎样开发女孩的自我表现潜能

女孩具有很多的潜能，关键是能不能得到很好的开发。父母要为女孩创造表现能力的机会，国外的女孩除了学业以外，有很多的活动和爱好，综合素质颇高，创造力、社会适应力都更强一些。未来的社会竞争是一种综合实力竞争，家长们要多方面开发女孩表现的潜能。

下面的故事是通过同女儿一起办小报来激发女儿能力的。

女儿从小就爱画画，在她上幼儿园的时候，我就给她买了一块磁性书写板。这种书写板一面是白色的，可以练习写字，另一面是墨绿色的，能用粉笔画画。女儿得到了书写板，如获至宝。她在上面写呀，画呀，高兴极了。

后来，女儿上了小学，学会了不少字，我就教她画小板报。我简单地写上几句话，让女儿画报头。我们给小板报取了一个很有意思的名字，叫做《苗圃》。

现在，女儿上三年级了，开始学习写作文。我想，原先的小板报版面太小，内容简单，又不便于交流。家里有台电脑，我们用它来办一份小报，既能活跃家庭的文化生活，又能培养孩子的写作兴趣。同时，还能让孩子熟悉电脑，练习用拼音方式录入文字，巩固她已学会的汉语拼音。如此一举三得的好事，何乐而不为呢。

说干就干。趁着放假，我就和女儿一起动手办起小报来了，名字还叫《苗圃》。我们借了一本《教你当个小编辑》的书，边学边干。首先是组织稿件。我让女儿通知亲戚家的兄弟姐妹，叫他们找一篇自己写得最好的作文，抄写清楚，交给我们。孩子们听说办小报，积极性可高了，很快就交来好几篇作文。有写校园的、有写小白兔的、有写数学班的……题材十分丰富，当然，语句上的毛病也在所难免。我们从中选出三篇，略加修改，便把稿件备齐了。接着，我教女儿一点一点地把文稿录入电脑，打出小样，进行校对。然后是排版。我们参照《中国儿童报》的样式，设计了报头版面。我特意留出一些空白，让女儿画插图，她是美术编辑嘛。最后，打印出清样，请人帮忙复印了20份。啊！我们的第一期《苗圃》终于诞生了。当女儿看到自己的得意之作整齐、清晰地印在纸上，别提有多么兴奋了。

春节，我们利用亲戚朋友互相拜年的机会，把小报《苗圃》当做新年礼物送给女儿的小朋友，他们都很喜欢。假期结束了，开学的头一天，女儿就兴冲冲地拿着小报去向老师汇报。老师看了也很高兴，说我们的小报办得好。女儿得到了老师的表扬，深受鼓舞，回来问我，咱们什么时候出第二期《苗圃》啊？老师和同学们还等着看呢。

最近，我和女儿商量好了，决定出版第二期《苗圃》。并且，采纳了女儿的建议，准备在以作文为主的基础上，增加一些新的内容，比如智力问答、系列卡通，等等。总之，学习与娱乐相结合，加强小报的知识性和娱乐性，让《苗圃》成为孩子们的好朋友，这是我们今后的努力方向。

这位家长指导女儿办一份自己的小报，这是一个简单易行的事情，却多方面地锻炼了女孩的能力。

父母可以根据女孩自身所表现的爱好、兴趣，用不同的方式开发。女孩施展自我的机会越多，智力将得到更大的激化，同时，也能帮助女孩建立更好的自信心。父母首先要为女孩提供一个小舞台，以便将来更好地适应大舞台。女孩潜能开发、实现之后，再鼓励她向更大的空间去“推销”自我，“展现”自我，获得人生中较大的成功。

呵护女孩的自我表现成果

女孩们喜欢表现出她们要干自己的事情的欲望，父母常常害怕女孩们把事情搞得一团糟，以致不许她们试一试。要知道，我们把脏成一团的孩子洗干净，比重新树起她们的勇气要容易得多。只要女孩显示出要为自己做事情的欲望，父母就应该放手让她们自己去做。女孩所做的事情，我们要以宽容的心去看待，多加鼓励和肯定。

如何培养女孩追求成功的意念

天下父母无不期望女孩获得成功。女孩怎样才能获得成功呢？家长首先要培养女孩追求成功的意念。当女孩相信自己是有能力的，并感觉到他人的欣赏、肯定，她就会多一份自信，多一份责任，也就会具备追求成功的意念。父母的激励将有助于女孩获得这些。

父母要激励女孩，可通过发现女孩最擅长做的事来表扬、肯定她。

有个女孩，从 7 岁起就帮助父母洗菜做饭，她特别爱打鸡蛋。

一次她自己打好鸡蛋，用筷子搅匀放入锅中做成汤后，全家都夸奖她。之后一遇到家里打鸡蛋的活她就包了。不仅自己打，自己搅，还学习自己做。后来她能自己做鸡蛋汤了。由于爸妈表扬孩子擅长做鸡蛋汤，来了客人，大家也都讲想吃她做的鸡蛋汤，于是这个女孩就更加认真地做汤。几年之后，她不仅做蛋汤，还会做一些好吃的饭菜。

激励的教育方法主要是通过家长的谈话来实现的。这方面的范例比较多，如英国科学家汤姆生父子都是诺贝尔奖获得者，科学殿堂里的最高荣誉为什么会出现这样的子承父业的奇迹呢？这与母亲对小汤姆生采用激励的教育方法是分不开的。母亲在小汤姆生 14 岁生日的时候说：“孩子，别忘了你爸爸 14 岁就上大学了，虽然你的祖父只是一个小书贩。”这对小汤姆生的激励是不言而喻的。他想：“父亲 14 岁已入大学，我 14 岁才是中学生，而我现在的条件比父亲小的时候好得多，有什么理由在学业上比不上父亲呢?”在以后的岁月里，母亲的教诲一直激励他奋发读书，直至取得最辉煌的成就。

家长期望的目标，有时会成为女孩追求的目标。父母要对女孩的发展充满信心、充满希望，要善于抓住女孩的优势以激励她主动发展，追求成功、父母可以针对女孩的具体特点，为其设定合适的追求目标。父母特定的动作、手势、表情、眼神在特定的环境中也都具有某种激励作用，以至于女孩会具有更强的追求成功的意念。

帮助女孩树立正确目标

女孩，特别是幼小的女孩，她不知道自己能够做什么，适合做什么，需要做什么。家长可以多方面了解女孩，并与女孩多交流，帮助她确立目标，有了目标之后，女孩才会产生为实现目标奋斗的动力。当女孩认同这个目标，并为此付出劳动时，她已有了追求成功的意念。许多聪明的女孩，常常觉得课业的学习内容过于简单，而不需下太大的工夫，课业就可以表现得不错。由于缺乏挑战，以致无法去施展才能。

帮助女孩树立责任心

在家庭中，父母应有意识地分派给女孩一些力所能及与其年龄相当的劳动任务，例如打扫卫生、负责为花草浇水，等等。与女孩进行平等的交流，也是培养责任心的一种方式，不但要倾听她的心声、感受，也要同她谈些自己的喜怒哀乐。女孩的责任心就在家庭的日常生活之中点点滴滴培养起来的。

观察力的培养及发现

我们的社会为什么会不断的进步，原因在于人的思考，而思考来自于细心的发现，伟大的发明并非全部出自发明家的创造，有的时候只是源于生活中一个不经意的小节。

一天，一位埃及法老设宴招待邻邦的君主，法老准备了极丰盛的饭菜。在御膳房里，上百名厨师正在炊烟中忙着做各种复杂的饭菜，忽然，一个厨师不慎将一盆油打翻在炭灰里，他急忙用手将沾有炭灰的油脂捧到厨房外面倒掉。等他回来用水洗手时，意外地发现手洗得特别干净。

厨师非常奇怪，因为平时厨师们洗手时，为了去掉油污，都先用细沙搓一遍，然后再用清水洗。而这次他没有用沙子，就将油污洗得很干净。于是，他请别的厨师也来试一试，结果，每个人的手都洗得同样干净。

从此以后，王宫的厨师们就把沾有油脂的炭灰当做洗手的东西了。后来，这件事情让法老知道了，他就吩咐仆人按照厨师们的方法把掺有油脂的炭灰制成一块一块的。这就是人类历史上最早的肥皂。

当我们在生活中看到一艘汽船、一间蒸汽磨坊、一辆蒸汽火车的时候，请记住，如果没有经过细心的观察，它们是绝对不会出现的。告诉女孩只要细心观察身边发生的事情，一定会有许多惊讶的发现。所以，我们要增强女孩对观察事物的兴趣，帮助女孩培养良好的观察习惯。

观察力是人们认识客观事物或现象的基本能力，观察力是智力的基础。观察力强，就使女孩有能力获得丰富的素材，获得真实的感受和正确认识。如果有素材，女孩说话就有根据，空话、假话、废话就少，判断问题的正确性相应地提高。反之，观察力弱，尽管瞪大眼睛去看，所见到的东西却不一定多，有时还出现错误。所以人们常说“善观察者，可见常人所未见；不善观察者，入宝山空手而回”。所以培养女孩的观察力是非常重要的，是智慧的起点。

那么如何发现自己的女孩是否有比较强的观察能力呢？家长们可以从以下几个方面来发现：

1. 观察有很强的主动性。这类女孩观察主动、自觉，对于需要观察的内容，她们会注意力高度集中地去完成观察任务，不需要家长或教师的指点和催促，而且在观察时不易受其他事情的干扰，能够专心致志。

2. 观察有明确的目的性。这类女孩一般观察前都经过一番思考，对观察的内容有一定的自我感觉。如能带着问题观察，而不是盲目地凭兴趣观察，常会有超出常人的发现和顿悟。

3. 观察敏锐，看透事物的本质。这类儿童能在观察中分清问题的主次，有的放矢地对问题进行观察。更重要的是她们还能很快地发现事物之间的联系，透过事物的现象看到本质，真正做到既观察事物的详细外在特征又发现事物的内在规律。

教会女孩对事物有顺序、有步骤地观察

例如父母引导女儿观察植物，可从花、叶子、茎、颜色、姿态几方面去观察；看图画中的人物，按顺序看姿势、动作、人与人之间的关系、背景和其他细节。有顺序、有步骤地看，就能看到事物的特征和各部分之间的关系。

教会女孩通过比对的方法进行观察

当女孩在观察苹果的时候，父母可以引导女儿对比梨子，看看它们的外形、表皮以及果肉、果核有什么不同和相同的地方。通过比较，使女孩对事物的分辨更清楚、明确。

培养女孩的注意力

综观古今中外那些有成就的人，他们都具有一种共同的特点，那就是无论是学习，或者工作，注意力都高度集中。那么，什么叫注意？注意是心理活动对一定事物的指向和集中，或者说，人的心理活动指向和集中于某种事物时，这就是注意。从注意的生理机制来讲，它是大脑的一种定向反射。由于刺激的影响，引起人的有关器官朝向该种刺激物，以便进行反应和有效地应付已经变化了的环境。由于这种反射活动，外界事物就在人脑中得到清晰地反应。能够集中注意力的人，大多智慧非凡。

很多科学家、思想家和伟大人物注意力的集中是令人惊叹的。他们在自己的事业中探索时，常常忘记了时间和环境，甚至忘记了自己周边最熟悉的事物和人物。这样的故事在他们的传记、轶闻里有很多很多。

父母应该注意培养女孩的注意力，即不管环境有什么样的干扰，使女孩能够将自己的注意力集中起来。即使是在听讲的课堂上，也会有干扰。旁边同学的一个动作，女孩自己心中的一个杂念，心中一个想说话的欲望，或者一丝隐隐约约的疲倦，都会影响女孩的专心和注意力的程度，这些都是干扰。训练女孩把这些干扰加以排除，进入专心的状态，就具备了一个伟大的成功者成功的品质。注意力是记忆的门户，没有注意力，就谈不上记忆。如果注意力不集中，信息就不容易进入人的大脑，即使进入了一些，也会因为印象不深而很快遗忘。

为什么注意力高度集中就能加强记忆能力呢？这是由于大脑的神经活动的规

律决定的。大脑活动的规律是兴奋与抑制相互结合。当某个区域兴奋时，会引起邻近其他区域的抑制，这叫“负诱导”；当某一区域抑制时又会引起邻近其他区域的兴奋，这叫“正诱导”。当我们记忆时如果注意力高度集中，大脑某一特定区域就会产生强烈的兴奋，从而造成其他区域的抑制，记忆材料就会在这一区域留下深刻痕迹，不容易遗忘。相反，如果注意力不集中，大脑中就会有许多区域同时兴奋，这样识记的材料就不会在大脑中产生强烈的印象，记忆效果当然就不好了。

所以培养女孩的注意力极为重要，决定着女孩将来的学习品质和效果。在训练女孩集中注意力时，可用故事形象说明。如《小猫钓鱼》写大猫、小猫一同去钓鱼，大猫专心钓鱼，不一会便钓了一条大鱼。小猫不专心，见蝴蝶、蜻蜓飞来了，它都去捉，结果连条小鱼也没有钓到。后来，小猫经过大猫耐心地教育、帮助，专心钓鱼，不一会儿就钓了一条大鱼。把这些故事讲给女孩听，结合女孩的实际，具体指导女孩要专心做事、学习，就可以使她逐渐养成专心的习惯，培养出女孩高度集中的注意力。

为女孩的学习创造良好的环境，以免分散精力

良好的学习、生活环境，对女孩的教育起着很大作用。当女孩在认真看图书、绘画、做事情的时候，成人们要为女孩创造安静的环境，不宜把电视或音响的声响放大，更不宜在旁边打麻将、大吵大闹，或者发出其他噪音，以免分散孩子的注意力。家长要善于在日常生活的小事中提高女孩的注意力，要养成生活的规律性，这对提高女孩注意力的稳定性是很重要的。

想象力的培养及表现

女孩的想象力是智力的重要组成部分，聪明的女孩一般都会具有丰富的想象力。女孩如果缺乏想象力，就不能很好地掌握知识，也会相应地缺乏创造能力。爱因斯坦说：“想象力比知识更重要，因为知识是有限的，而想象力概括着世界上的一切，推动着进步，并是知识进化的源泉。严格地说，想象力是科学研究中的实在因素。”因此，我们要注重女孩想象力的培养和提高，让女孩展开想象的翅膀，在知识的海洋里遨游，从而把女孩培养成为富有想象、富有创造性的人。

达尔文是19世纪的科学巨星之一，是进化学说的伟大创造者，他小时候，是一个富于想象、爱说大话的孩子。有一次，达尔文在山下拾到一块化石，回家后跟姐姐说，这是一块价值连城的宝石。又有一次，他捡到一枚硬币，又一本正经地告诉姐姐，这是罗马造的。姐姐不信，拿来一看，不过是一枚变了形的18世纪的硬币。还有一次，达尔文煞有介事地对同学说，他发明了一种“神秘的液体”，这种液体注射进植物体中，可以改变花果的颜色。姐姐越来越理解小达尔文，说：

“这算什么撒谎，这小弟倒挺有想象力，说不定哪一天，他会把这种才能用在事业上去呢！”

达尔文的姐姐对达尔文的想象力问题的态度和教育方法，对现代家长们培养和提高女孩的想象力有许多借鉴意义。一个女孩，如果具有很好的想象力的潜质，一般从小就能够看出来，总体来说有如下表现：

1. 能够自己编故事，而且故事有较强的逻辑性，结构完整，已能正确地形容和比喻。例如，有的女孩会在作文中写道：“肥壮的玉米秆上挂着红缨缨的棒，像千百杆红缨枪立在青纱帐里。”“山上的小鸟为我们唱着歌，在欢迎我们到来。”

2. 能画想象力丰富的画和制作富有创造力的作品。

3. 有很强的指意想象力，能够有目的地、完整地想象出事物的形象。在进行想象时，她们已完全不用依靠具体材料，可以仅凭语言的描述想象。一个想象力很强的女孩，可以按照成人的语言（或图画）描述出她从未见过的东西。

4. 能进行具有现实性的创造想象。想象力超常的女孩可以有目的地创造出许多别出心裁的东西，将幻想变得有现实性。她们已不是简单地再现，而是创造性地想象出新的形象了。例如，有个 9 岁的女孩想象出了一个宇宙飞船，靠光能作为前进的动力。别人问她：“为什么用光作动力呢？”她说：“光到处都有，宇宙中每个恒星都发出光，宇宙飞船到哪里都能吸收能量。”

一位从国外访问回来的幼教专家曾讲过这样一件事：一次，她去一所幼儿园参观，看到一个幼儿用蓝色涂料画了一件大大的圆东西，她问：“你画的是什么？”那幼儿答：“大苹果。”这时，她的老师过来看了一眼，说：“嗯，画得好。”摸了摸那幼儿的头就走开了。我们的专家见状很纳闷。事后，她便问那位老师：“她用蓝颜色画苹果，你怎么不纠正他呢？”那位老师诧异地看了她一眼，说：“我为什么要纠正她呢？也许她以后真的会培育出蓝色的苹果。至于现在的苹果是什么色彩，她会在吃苹果时弄明白的。”

那位外国老师不干涉幼儿的大胆想象的做法是值得我们学习的，只有让女孩的想象在自由的世界里驰骋，她将来才有可能成为创造型的人才。

爱护和重视女孩的想象力

女孩最喜欢想象，一会儿想象自己是解放军，一会儿想象当了火车司机，一会儿又当孙悟空；看见了天上的云彩，想象有个小孩在骑大马。女孩们天真的想象，常常被大人看成幼稚可笑，甚至视作胡思乱想加以制止。其实，女孩的想象是她的智慧火花，不对女孩的想象力加以珍惜和爱护，就会将女孩的智慧扼杀。

教给女孩表达想象形象的技能

想象的形象表达可以有多种形式，可以是口头的，也可以是书面的。因此，当女孩在头脑中想象出一种新形象时，应帮助女孩通过有效的形式把完整的形象表达出来。如女孩想象出一种会飞的汽车，可让她口述或画画，表现这种汽车的模样。

创造力的培养及表现

创造力是指人们在学习和工作中，能够运用独创的思路和方法，迅速有效地寻找到问题的答案和解决问题的途径。创造力的核心是创造性的思维。

创造力的高低对女孩的学习有积极的意义，对她以后能否成为出类拔萃的英才也有至关重要的影响。因此，要重视女孩创造力的培养，以提高女孩的智力水平。

那么，一个具有超群创造能力的儿童都有哪些表现呢？

1. 聪明、幽默、表情丰富活跃。这类的女孩好动、反应快、不呆板、谈吐幽默、聪明可爱。

2. 有旺盛的求知欲和强烈的好奇心。这类的女孩求知欲旺盛，学习主动、认真，对于很多的事物都喜欢探根究底，极为好奇。

3. 对环境敏感，具有很强的直觉能力。这类女孩能发现事物、环境、气氛的细微特征和变化，对许多事物有直觉能力和独特的见解，常可以在极短的时间里对事物做出自己的判断。

4. 触类旁通，思维流畅。这类的女孩领悟能力极强，对事物能够举一反三，触类旁通。思考问题的时候思维流畅，思路清晰、简明。

5. 具有独立思考和独立工作的能力。这类女孩喜欢独立思考，用自己的能力解决问题，不愿借助他人的能力。她们能为自己制定一套工作计划，然后按照计划一步步实施。

6. 能注意把他人和自己的经验结合起来。这一类的女孩善于总结经验，能够在他人和自己的经验中发现问题，总结出成功之处，不断进取。

7. 具有使命和坚持力。这类女孩进行创造活动或解决难题并不是为了获得表扬和荣誉，而是为了获得解决问题本身所带来的成功和快乐。因此她们在遇到问题时常能表现出顽强的坚持力，能不懈努力，直到问题最终解决。

8. 富有想象力。这一类的女孩想象力丰富，不仅想象的目的性强而且想象面也极广。

9. 自信心强，有竞争的勇气。这一类的女孩自信心极强，有克服苦难的勇气，越是别人认为难度大的问题，她们就越是喜欢去解决。

10. 能够正确评价自己。这一类的女孩能够比较正确地评价自己，对于自己的能力有充分的认识，也能够明白自己的不足之处。

创造力在人类生活、学习和工作过程中起着重要作用，离开了创造力，人类既不可能有什么预见，也不可能有什么发明和新的发现。要使女孩摆脱平庸无为，成为成就出众的英才，就必须培养和提高女孩的创造力。那么，如何培养和提高女孩的创造力呢?

培养女孩敢于否定自己的胆识

创造力的特征就是独特性和开创性，如果在学习和工作中，跟着别人亦步亦趋，永远都不可能有创造力。因此，培养和提高女孩的创造力，家长应该鼓励女孩敢于发表自己的意见，敢于否认已知的结论。过于依赖、盲从和过分谦虚是不可能有创造力的。当然，女孩在创造力发展过程中，不可能一帆风顺，会出现各种错误和挫折。在这种情况下，应该让女孩树立信心，因为新事物和新思想的创造不可能一蹴而就，要教育女孩不怕错误，修正错误，树立必胜的信心。

从身边的科学入手，培养女孩的创造能力

成功的创造需要创造态度、创造性思维和创造技能，这些都离不开创造活动。针对女孩和家庭的实际，从身边的日常生活入手，采取多种方法培养女孩的创造力是十分重要的。比如：做家务少，感到不顺手、不方便时，可启发女孩多动脑，试着改变干活的方法、姿势和工具。

适宜女孩的潜能开发方略

在音乐天地里翱翔

如何判断女孩是否具有特殊的音乐才能？现代父母已意识到音乐教育在女孩成长过程中的巨大影响，因此在家庭中一般都可以做到培养女孩对音乐的兴趣。但是，要提醒家长注意的是，对女孩进行音乐教育的目的并不在于培养音乐家，而是为了对女孩进行音乐艺术的熏陶，让她学习体会音乐的魅力。而且，特殊的音乐才能往往与遗传大有关系，所以当你觉得投资巨大，女孩却无长进时，不要责怪她，其实你已经给了她一件一生受用不尽的珍贵礼物。

我们可以从大量的文献中看到，那些被称为“天才”的人，大多数都是非常地喜爱音乐，并且都有过接受音乐教育的经历。而对于一个孩子来说，音乐对她的影响的确非常明显，女孩对音乐的敏感远远超出了视觉。

著名的教育专家塞德尔兹在儿子诞生后不久就发现了这一点，所以在儿子的成长过程中，他始终把音乐教育放在很重要的位置上。

每当母亲在客厅中演奏钢琴时，小塞德尔兹总会有不同的反应，这种反应在他还在摇篮中的时候就已经开始，当他哭闹之时，一听到悦耳的琴声便会立刻停止，甚至有时会流露出愉快的笑容。

当孩子哭闹的时候，母亲并没有像其他的父母那样递上吃喝，而是常常用音乐去慰藉孩子。因为孩子哭闹时给他递上吃喝的东西，不但对孩子的健康有害，也会使孩子养成一种恶习，会在幼儿的头脑中形成这样一种概念，即哭闹便能换来吃喝，吃喝是世界上最好的事。形成了这种概念的孩子必定会变成一个俗物。

由于钢琴的声音过大，母亲便时常弹吉他给儿子听。她认为，吉他是一种很棒的乐器，如果儿子将来打算学音乐的话，她一定首先教他演奏吉他。

事实上，在以后的日子里，母亲的确是这样做的，直到小塞德尔兹在哈佛念大学的时候，他一直将那把心爱的吉他带在身边，他的演奏也得到了人们的好评。

塞德尔兹认为：如果小塞德尔兹能称得上“天才”的话，那么从某种意义上讲，音乐便是他成为天才的潜在因素。这种说法千真万确。

通常，人们总以为让女孩学习音乐仅仅是为了使她们多一种爱好，或者陶冶性情，或者消磨时光，而在塞德尔兹看来，学习音乐正是孩子智力开发的有效手段。

小塞德尔兹之所以那么小就能读书写字，并对词汇的意义能准确地理解，这在某种程度上都归功于音乐，塞德尔兹用一个真实的例子说明这个问题。

有一天，母亲正在教小塞德尔兹学习一系列的形容词，当她讲到快乐、兴奋、幸福这些词时，小塞德尔兹流露出了不理解的表情。他觉得这几个词都差不多，在多次讲解之后仍然不能领会它们之间的区别。这时，母亲拿起了那把可爱的吉他。她轻松地弹奏了一连串音符，并且主要是在吉他的一弦（E）上演奏的。

“你明白了吗？这就是快乐的感觉。快乐是一个形容词，快乐就像在一弦上弹奏出来的音符。”母亲演奏完后对小塞德尔兹说道。

“原来是这样，”小塞德尔兹似乎明白了一些，“那么，兴奋和幸福又是什么样的呢？”

于是，母亲又以极快的速度演奏了几段和弦，又在吉他的二弦（B）和三弦（G）上演奏了一小段乐曲。

“这个和声就是兴奋的感觉，而二弦和三弦上的这几个音就是幸福。”母亲一边演奏一边对小塞德尔兹说道。

这时，小塞德尔兹的眼中充满兴奋的目光：“妈妈，我明白这几个词的意思了。”说着，他从母亲的手中抢过了吉他并有力地弹奏了几个和声，“我现在很兴奋。”

从此以后，小塞德尔兹在对词汇意义的把握上显得轻松起来。他不仅能够准确地掌握形容词的意义，还能够把它们用音乐表现出来。

从赛德尔兹对孩子的音乐教育启发当中，做父母的就不难看出音乐对孩子的重要性。当然，如果你的女孩确实有非凡的音乐才能，你最好也能够尽早发现。

诊断女孩是否有音乐天赋

如果你的女孩在婴儿时期就有很好的音乐感受能力，比如说她在听到音乐之后就会停止哭闹，听到熟悉的曲目时更会有手舞足蹈的表现。她对音乐有很好的记忆力，能够轻而易举地哼唱听过三遍的乐曲。如果你的女孩有这样的迹象，那么说明她是一个在音乐方面比较有天赋的女孩。

在舞蹈世界中徜徉

培养女孩对音乐舞蹈的兴趣，可以发展她的智力，以及培养她良好的个性品质，与此同时还可以满足女孩想象、联想、思维和创造性表现，交流合作的需要，为女孩身心健康的发展提供必要的外部条件。因此舞蹈在儿童教育中是促进女孩德、智、体、美全面发展的重要内容和有力手段。

好的舞蹈作品，能够使女孩在受到美的熏陶的同时，还能受到潜移默化的启迪和教育。从而促进女孩的身体素质、思想品德、智力开发及美学欣赏教育等综合素质的提高，达到寓教于乐的效果。还可以促进女孩的骨骼发育，提高女孩的身体素质。

女孩经常参加生动活泼的舞蹈教育和活动，可以增强她们的体力，促进幼儿骨骼、肌肉、呼吸、神经系统和循环系统的生理机能发育，加快新陈代谢，使她们的机体不断生长发育。例如：学习舞蹈《嘀哩、嘀哩》，通过用手模仿小草在春风中轻轻摇摆和花儿开放的动作，可促进女孩手指肌肉的灵活性和协调性以及指关节和腕关节、肘关节的灵活性；通过娃娃步、小碎步、蹦跳步等动作的学习可促进女孩的腿部肌肉的发育。学习动作、练习动作表演这个舞蹈的过程中，女孩的呼吸加快、心跳加速、胃肠蠕动的次数增多，神经系统与循环系统也都积极参加活动。由此可见，舞蹈不仅能增强女孩动作的协调性和节奏感，而且对女孩的身体机能健康发展有不可忽视的作用。

女孩在轻松、活泼、愉快的环境中通过身体动作去感受音乐形象，通过表情、动作表达自己的思想感情，易使女孩形成活泼、开朗、热情、大方的性格。舞蹈教学对女孩品德的形成也是十分重要的。例如舞蹈《学做解放军》，通过各种操练动作、杀敌动作，培养女孩勇敢、不怕困难的精神和爱憎分明的情感。如《采茶舞》中，通过舞蹈表现小姑娘清晨去茶园采茶，与小伙伴们一起劳动，然后跳起了欢乐的采茶舞，最后带着劳动的喜悦回家的场景，以此培养女孩爱劳动、团结友爱的好品质。通过民族舞的学习，可以培养女孩热爱祖国、热爱集体、热爱本民族音乐和舞蹈的热情。我国著名的舞蹈家吴晓邦说："艺术以它的感染力去培养人们良好的道德情操和高尚品质，鼓舞人们的乐观主义和进取精神。"舞蹈以感情活动为中心，通过潜移默化来塑造美的心灵，来辨别真、善、美和假、恶、丑。

让女孩在游戏中舞蹈

让女孩在游戏中舞蹈，效果最好。女孩舞蹈不需要像成人那样跳得艺术化，对她们的训练也不需要像成人那样专门化。只要她们能用动作随心所欲地表现自己看到、听到、感受到的形象、情绪情感，随着节奏合拍地动作，与乐曲和谐就可以了。而这一切，只有女孩觉得她们在游戏时，才能很好地做到。

尽可能地为女孩提供最好的舞蹈环境

如果条件允许的话，建议家长能够为女孩提供比较好的练习舞蹈条件。因为所有的孩子都能够从幅度较大的、自由的身体运动中获得快乐。一个体操房或者是一个装有跨墙镜的现代舞蹈训练厅，都可以使运动变得更加愉快和优美，当然最好还能够有音乐伴奏。

在乐器演奏中协调

演奏乐器是一种高度协调的活动，它可以使女孩的手、腿、心协调，培养高度注意力和专注精神；它需要手指的精细、灵巧动作，从而促进小肌肉的发展，进而促进支配小肌肉群的神经功能的增强，使人反应灵敏；同时，听音、记谱等也是对孩子感受力、记忆力的有效训练。用乐器的演奏来表达完整的情绪情感也是培养女孩想象力、创造力和磨炼意志力的良好过程。

许多女孩在参加了乐器演奏学习以后，开始变得好思考、爱提问，做事专注投入起来。大量实践表明，器乐教育是早期教育的好方法。

器乐教育实际是从器乐曲目的欣赏入手，又以其为贯串始终的线索，使女孩对乐器演奏发生兴趣，进而发展到自己拿起乐器，用自己的演奏来表达情感的过程。所以，乐器演奏学习实际是器乐教育的较复杂、较难部分，如果没有对器乐本身的欣赏、体会作为教育的基石，结果可想而知。只有充分利用了这块"基石"，才能使女孩产生想要学习演奏的迫切愿望。

为女孩选择何种乐器也很重要。一般以有固定音高的为好，所以一般可选择键盘乐器，如钢琴、电子琴。在学习乐器之前，培养女孩对乐器的兴趣很重要。可以在乐器演奏学习的初期，让女孩向往拉琴。不要把琴硬生生地给女孩，相反，引导女孩自己提出要求，使她兴高采烈地收下琴。如，在房间里张贴生动的人物拉琴、弹琴的图画，讲述一个故事，利用女孩天生爱模仿的心理特点、启发她的欲望；请小朋友或大人来听家中的孩子演奏，或者带女孩观摩现场演奏会，从他人对演奏者的热烈赞赏中，勾起女孩学习的动机；爸爸妈妈“自己先学习演奏”，当着女孩面拉琴或弹琴；给女孩讲述一个有趣的音乐故事《彼得和狼》，允许她随意地进行故事的音乐“伴奏”，如用低音表示狼，高音表示鸟叫等，让女孩从欣赏的喜悦中产生学习演奏的愿望……

学习乐器需要耐心，无法急于求成

学琴是一件很复杂、需要付出艰苦劳动的事情，不可能一蹴而就。所以，家长不要以为经过名师的指点，女孩的琴就会突然拉好。它好比沿着长长的斜坡攀登山峰，看起来很慢，实际上却是为每一项进步在做充分准备。家长一定要把每一个学习环节“掰开、揉碎”，使女孩逐步消化，稳打稳扎地求得进步。

在女孩学习的过程中要注意她的情绪变化

父母适时适当的鼓励会让女孩在下一阶段的学习中做得更好，进步更快。即使女孩某一次拉得很糟糕，我们也不要过多地责备她，仍然应当正面地鼓励。责备她已经犯下的错误是没有用的，我们应当相信她下一次会拉得好一些，这样女孩才不至于灰心丧气，而是充满自信地去付出更多的努力。

在绘画艺术中畅想

对女孩来说，画画并不是可有可无的，它对女孩的心理和智力健康发展具有相应的推进作用。其次，绘画过程是一个需调动多方面因素同时合作的过程。它是在观察、理解、记忆、想象的基础上，通过手的具体劳动来完成的。通过绘画练习既可以培养女孩的观察力、理解力、记忆力和想象力，又可以培养女孩脑与手的协调能力。同时，由于绘画不是一种单纯的摹写，而是一种极富创造力的劳动，所以它在女孩创造力的培养方面又有着不可忽视的特殊作用。绘画也是女孩表达其思想感情和内心世界的一种方式，它对女孩表达能力的提高也具有一定促进作用。此外，敢于让女孩大胆落笔，不加怀疑地表现自己所看到、想到、感受到的东西，又是培养女孩树立自信心的一种途径。

具体说来，画画对于女孩的成长，有哪些重要作用呢？

1. 画画是女孩成长的需要。从女孩第一次动笔画画起，能够把多维的世界在二维的画纸上表现出来，对于女孩来讲已经是一种最简单的创造了。女孩通过用笔在纸上画，不断地试验，体会自己对纸施加的影响，并对留下痕迹感到惊奇。她们又不断地把画出的痕迹和自己感受到的形象进行对照，从中学习到一定的经验，感受到自我的存在并试图更新的表现。这种创造也是女孩的一种趣事。

2. 画画有利于女孩的心理调整。对于女孩来讲画画是一种游戏，是一种轻松、愉快、简单的活动。绘画这种运动能够使女孩的心理感受和心理变化（生气、高兴、自卑、喜爱等）很自然地通过绘画抒发、发泄出来。绘画对女孩心理有一定的调节作用。

绘画是要通过手、脑、眼的配合以色彩图案来表现一定的视觉效果，使女孩的视觉感受能力在活动中得到锻炼。另外，在生活中的感受和经验的积累是女孩表现内容的源泉。绘画会促使女孩不断地通过视觉、味觉、嗅觉等多种感觉去进行感知，增强感知能力。

3. 画画是女孩的另一种表达语言。孩子的内心世界是神秘的、童话般的，绘画能够创造出文字所不能替代的意境。在女孩文字语言还不完善时，绘画就成了儿童的另一种交流语言。

家长要善于抓住童心情趣

要让女孩自发地涂画，以鼓励的话语调动女孩的思维和情绪。多为女孩订阅一些图文并茂的少儿读物及各种绘画入门的杂志，有机会去观看各种书画展、文艺节目，多到大自然中去领略秀丽风景。小女孩像花草一样，她的发育也依照永久不变的规律。花草需要日光、雨水、空气、营养，女孩需要自由、需要自然发展，做老师和父母的，不要束缚女孩的思想，不要压迫她的成长。

启发女孩大胆想象创作

世界有多大，童心就有多大，女孩画的天地就有多宽广。女孩美术作品的魅力，就在于其充满神奇的想象力。那些涂抹于墙角、地面或木地板上的不为功利所动的画，最具女孩的天性。所以同龄女孩的画，都具有共同的特点、特征。也表现出鲜明的个性特征，或大胆随意，或拘谨局促，或细腻精致，或马虎潦草，都是女孩的心灵映象、生命集体的体验，也是区别不同个体女孩的外观要素之一。

第十八章　女孩怎样学习——轻松教女孩成为“学习达人”

跟上学校教育的步伐

配合学前教育——用游戏来培养女孩的智商

女孩天生爱玩，学龄前的儿童更是如此。作为父母，与其让女孩在胡乱玩耍中浪费掉宝贵的时间，不如用游戏来培养女孩的智商，在迎合孩子乐玩天性的同时，让她的大脑也从中受益。父母一定不要小看各种简单的游戏，实际上，它们对开发儿童的智力有着想象不到的帮助性，是家长配合学前教育最好的方式。

女孩对其他事物的注意力也许并不高，但是当她在玩游戏的时候，却有着成年人无法想象的高度集中力。在了解游戏和亲身参与游戏的过程中，女孩通过观察以及在大人的指导下掌握游戏规则，这不仅能丰富女孩的感性认识，而且还能培养她对外物的观察能力。

游戏是需要想象的，例如搭积木，相同的积木块却可以搭建成各式各样的形状。因此，玩游戏还可以丰富女孩的想象力。在玩的过程中，父母不要用程式化的东西来束缚女孩的思维，而是要顺着她的意愿来，她想要怎么玩就怎么玩，天马行空的想象会让女孩在心中勾勒出五彩斑斓的世界，让她的想象力发挥到极致。

此外，一些特定的游戏因为有其本身的规则，父母在引导女孩玩耍的时候虽然不能完全拘泥于已有的形式，不过为了发展女孩的逻辑思维能力，可以把现成的经验与女孩的想象力相结合，通过分工和角色转换来完成各种各样的游戏。女孩的逻辑思维能力就是在这个过程中逐渐增强的。游戏要求孩子在玩的过程中能够快速地作出一些反应和判断，这种反应和判断的方式能够帮助女孩在不知不觉中养成敏捷思考的能力，这对开发孩子的大脑是十分有益的。

游戏不但能够增强女孩的观察力、想象力和逻辑思维的能力，通过游戏，女孩的自信心也会得到加强。父母与女孩一同玩游戏的时候，应该偏向于在一旁给予引导，而不是全盘地把现有的经验教给孩子，以便充分调动她的参与性和积极主动性。玩游戏的过程其实也是孩子努力达成自我愿望的过程，是自我目标实现的途径，通过自己的想象，经过一系列的情绪体验，当女孩最终完成了游戏之后，她的自信心就会自然地得到提升，而且也让孩子有了靠自己努力来实现愿望的意识。

在玩游戏的过程中，为了更加有效地让游戏产生寓教于乐的作用，家长也可以在一旁对孩子多加启发，可以提出一些思考性的问题，让女孩子在轻松愉快的氛围里得到锻炼和启发。

通过游戏让女孩的知识得到增长

游戏除了能够开发女孩各种各样的能力和智力以外，还有一个强大的功能就是丰富孩子的知识，激发她的求知欲望，让她通过游戏去感受和认知外界环境。在做游戏的时候，父母可以有意识地把增长知识的环节融入其中，让女孩在快乐中学到新东西，这种方式不仅能够让新知识牢固地印在女孩的心中，而且还能让女孩觉得学习是一件愉快的事情，从而对学习产生浓厚的兴趣。

家长应注意协调开发女孩的左右脑

很多游戏都是针对右脑进行开发和设计的，可是如果女孩从小只是玩一些开发右脑的游戏，而忽略了对左脑的开发，那么她的语言文字能力就会受到影响。例如，很多体操运动员就是将自己的右脑开发到了极致，而左脑却还有待开发，语言能力有待提高。因此，在家庭教育中，父母要找寻相关的游戏，让女孩的左右大脑得到协调开发。

配合小学教育——培养女孩学习的兴趣

推动女孩学习的因素有很多，考试的压力、老师和家长的要求等，但是这些都不是让孩子主动学习的原动力，而且通过这些推动因素在学习中也不能起到很好的效果。因此，孩子的内部驱动因素才是最主要的，也就是说，孩子要主动去学，对学习产生浓厚的兴趣，这样她的思维才能够达到最好的状态，对知识的吸收也会顺利很多。

兴趣是学习最好的老师，也是激发求知欲望的根本动力。因此，在小学教育的阶段，父母在家庭教育中需要多培养女孩对学习的兴趣，以便在更好、更稳固地提高孩子学习成绩的同时，让女孩的课外知识也不断地丰富起来。一旦有了学习兴趣，学习将不是一件枯燥乏味的事情。相反，在兴趣的推动下，女孩会更加积极地发挥自己的思维能力，集中注意力，主动地克服学习过程中各种各样的困难，将知识印刻在自己的脑海中。

既然兴趣对于学习如此重要，那么，家长平时又要如何来培养女孩对学习的兴趣呢？其实，孩子永远都是学习的主体，而家长在培养女孩学习兴趣的时候只是在一旁起着推动的作用，也就是为提高女孩的积极性创造良好的环境。要培养女孩的学习兴趣，首先就要积极创设问题情境，通过问题来激发女孩的兴趣。例如，家长如果给女孩讲一个故事，在讲故事的过程中可以不断地停顿来提出问题，让女孩设想接下来的情节或者故事的结果，并且让女孩说出为什么会这样猜想，这种提出问题与解决问题的过程对学习兴趣的培养是非常有效的。当女孩习惯了这样的学习方式以后，再回到学校学习课堂知识的时候，就会用同样的方法来吸收新知识，以达到好的学习效果。

小学学习阶段的女孩仍旧保留有爱玩好动的心理特征。因此，在培养女孩学习兴趣的时候，家长就完全可以针对孩子的心理，充分调动她的动手能力，创造出具有操作性的情境。例如，如果孩子对一些几何知识感到迷惑，那么家长就可以通过用实际物体的演示来让她真正地了解知识内容，并且让她亲自参与其中，根据书本上的讲解摆放物体，在体验的同时掌握知识。这不仅培养了孩子的学习兴趣，而且也提高了她的动手能力。此外，悬念情境也是激发孩子学习兴趣的一个好方法。

总之，培养女孩的学习兴趣是完全符合小学阶段孩子心理发展特征的。所以说，无论是在学校的课堂学习，还是在家中的课后学习，老师和家长都应该充分利用女孩的心理特征，通过培养她们的学习兴趣来达到学习的效果。

家长要让女孩不断地体验到学习的乐趣

由于小学生的注意力比较短暂，如果她刚刚还有着浓厚的学习兴趣，而且在新知识的学习中获得了相当的快乐，但也有可能在短暂的喜悦之后就忘记了刚刚的快乐旅程。因此，家长在平时的生活中要时不时地让女孩体会到学习的乐趣，时间久了，这种乐趣就会一直萦绕在她心头，学习兴趣自然而然地就会产生了。

适时地给女孩以鼓励和奖赏

小孩子是需要鼓励的，当她掌握了一些新知识以后，家长不妨给予她适当的奖励，口头表扬也好，物质奖励也好，这些方式都是为了让女孩乐于走入下一个知识的学习阶段之中。所以说，适当地给女孩一些奖赏是非常重要的。

配合中学教育——教会女孩学习的方法

中学时代与学龄阶段和小学阶段有着很大的不同，这个阶段，女孩的身心发育到了一定的程度，有着清醒的自我意识。再加上有了升学的压力，因此许多孩子会把更多的时间和精力投入到学习上来。无论是在父母和老师的眼里，还是在孩子自己的心目中，学习显然已经上升到了一个前所未有的高度，特别是课堂知识点的掌握，更是与日后的前途有着密切的关联。因此，在中学教育阶段，父母和老师要帮助女孩找到一套行之有效的学习方法。

在中学学习阶段，由于女孩年龄的增长和自我控制能力的加强，老师和学校开始给她较为自主的学习环境，而没有了小学老师那样时时刻刻的监督。这就要求女孩能够更好地控制自我，在玩耍与学习之间找到平衡，而好的学习方法就是找寻这个平衡点的重要支撑。学习方法分为好多类型，一套良好的学习方法不仅包括如何在整体上掌握知识，而且还有具体到每门课程的学习方法。因此，父母应该从这两个方面给女孩以指导，与孩子一同制订出最好的学习方法来。

在总体性的学习方法中，上课认真地听讲是掌握中学知识最有效的渠道。一些女孩认为老师上课讲的内容非常简单，觉得自己在课下就能够通过自学掌握，于是上课就不再认真听讲，老师讲课的时候她不是在走神就是在做别的事情。然而到下课之后，看到其他同学都去玩了，她之前的自学计划也就泡汤了。倒不如在课堂上认真地听老师讲课，课后再把作业仔细地完成，既不占用多少时间，也不至于因为学习而丢掉了休闲娱乐。

此外，课前预习和课后复习也是学习方法中重要的两个环节。一般情况下，对于课本上的基本知识，女孩都能够通过自学来了解，这也是学好新知识以及取得高效率的学习成果最有效的途径。在预习的过程中，家长要指导女孩在掌握基础知识的同时找出重点难点，把不懂的地方勾画出来，以便在老师讲课的过程中更加有针对性地去了解和掌握。待老师上完课以后，女孩在课后还需要通过及时的复习来消化课堂上的新知识以及重点和难点，将这些新知识系统地掌握，并且要达到能够灵活运用的程度。

最后，总体性的学习方法还包括认真地完成老师布置的家庭作业。作业是每节课后为了帮助同学更好地掌握课上的内容，老师所精心挑选和准备的练习题。在这些练习题中，不仅包括了新知识的基本点，而且还有一些考试中会出现的内容，如果女孩将这些题目都做会了的话，考试的基本分数一般都不会太低。

除了总体性的学习方法之外，每门课程也都需要一套小的学习套路。在单科的学习中，不但要运用上面所提到的“大方法”，也就是预习、听课、复习、作业，而且还要注意发现和总结单科课程的内部规律和学习技巧，让女孩根据自己的实际情况来制订学习计划。

从实际情况出发寻找合适的学习方法

每个孩子自身的性格特征和学习能力都有不同之处，因此学习方法也需要根据这些不同来总结和归纳。一些家长总是喜欢让自己的女孩一成不变地照搬成绩好的孩子的学习方法，丝毫没有考虑到孩子自身的情况，这样做不仅达不到提高成绩的目的，有时候甚至会适得其反。因此，家长需要根据女孩的实际情况来帮助她找到合适自己的学习方法。

家长注意不要让女孩“死读书”

有些家长和女孩都认为，只要投入大量的时间和精力，学习成绩自然就会提高。因此，这些女孩在学习的时候并不注意找寻适合自己的学习方法，而是死读书，读死书，每天花大量的时间在学习上，可是效果根本就不理想。时间投入的多少与学习成绩的提高并没有太直接的联系，因为只有找到正确的学习方法之后，学习效率才能得到提高。

不要让女孩过早地入托入学

金秋九月，又到了一年一度开学的日子。这也是父母最忙活的时候，父母们都急着给自己还未入学的孩子报名，不管是入托儿所还是小学，校园里都是一片热闹的景象。很多家长为了自己的孩子能够顺利地入托入学，甚至在几个月之前就开始跑前跑后，寻找合适的幼儿园和学校。

在刚刚要进入托儿所的孩子中，我们不难发现，有的孩子年龄非常小，有的甚至才一两岁。一些家长觉得让孩子早上学对孩子的成长是有利的，因为学校会给孩子更好的教育，让孩子较早地学习一些日常生活知识、礼仪和规范等。可是，家长们却忽略了一个问题，那就是过早地入托入学可能会造成孩子的分离焦虑。

分离焦虑是学龄前的孩子因为过早地离开母亲而出现的一种负面的情绪体验，约翰·鲍尔在观察婴儿的表现以后把分离焦虑分为了三个阶段：第一个阶段是孩子的反抗阶段，通常表现为大哭大闹；第二个阶段是失望阶段，这个阶段孩子会继续哭泣，但是吵闹的行为已经明显减少，往往不愿意跟别人说话，言语和行为都很迟钝；第三个阶段是孩子克服和超脱的阶段，这个时候孩子开始愿意和外人交流，对于他人的照料也欣然接受，不过当再次看到母亲出现在面前时又会陷入悲伤的情绪中。

女孩之所以会在刚刚进入幼儿园后产生分离焦虑，这与很多因素都有着关联。首先，女孩在家所养成的生活习惯与在幼儿园中所要求的习惯相抵触，或者是作息时间不同，或者是伙食不同。其次，女孩到幼儿园之后面对的都是陌生的人，因此会感到不安。在家中父母都围绕着孩子转，然而到了幼儿园就没有这么好的待遇了，这也会让孩子感受不到之前的亲情与温暖。此外，幼儿园要求孩子有一定的自理能力，而很多孩子还没有学会自己穿衣服、吃饭等，所以到幼儿园后她们会感受到压力。

据统计，有5%～8%的孩子在入学后会产生非常严重的分离焦虑，而且这些孩子基本上都是年龄相对较小的孩子。由于年龄太小，孩子还不能完全适应学校的生活，当她的视线里没有亲人的时候，就会不停地用哭闹、不吃不喝等方式去等待母亲的出现，更严重的孩子甚至会出现呕吐、腹泻等症状。

因此，教育专家和心理学家都不建议家长过早地让女孩入学，而是提倡在适当的年龄，在孩子已经具备一定的自理能力和心理承受能力之后再入学。例如，进入幼儿园的孩子最好是三周岁以后。此外，在孩子进入幼儿园之前，父母就应该在一定的时候对孩子进行入园后的适应训练，例如教会孩子如何穿衣服，怎样用勺子、筷子，怎样与小伙伴交流，等等。这些训练都能够让孩子在入学后不至于出现严重的分离焦虑。

不要让女孩在家中养成娇惯的毛病

在家里面被父母和长辈宠坏了的女孩，她们在进入幼儿园之后往往会比其他女孩更难适应。毕竟幼儿园的老师有限，而小朋友却又很多，一个老师需要照顾到十几个孩子，根本做不到无微不至。因此，家长在平时的家庭教育中就要注意，不要过度地溺爱女孩，以便让她们在入托后能尽早地适应。

入托入学最好等到相应的年龄

一般来说，女孩在三岁以后再送入托儿所才是合适的。因为三岁的女孩已经基本上具备自理的能力，而且也有了一些与外人交流的意识和技巧，这个时候入学对女孩来说不会感到过大的压力，也不至于大哭大闹地要找妈妈。而过早地让女孩进入幼儿园可能会给孩子的身心带来不好的影响。

最好的学校未必适合女孩

不管家长们平时多么忙碌，到了给孩子择校的时候，都会不惜一切代价放下手头的工作，转而为孩子上学的问题忙碌。许多家长都希望自己的孩子能够上最好的学校，于是托关系、送礼，为孩子上学的问题费尽心思。可怜天下父母心，家长的初衷无一例外都是好的，希望自己的孩子受到最好的教育，将来考上好大学。然而，家长们却不知道，最好的学校未必就适合自己的孩子。

杨欣小学的时候学习成绩相当优秀，小学毕业后考入了本市的重点初中，在班里依然名列前茅。后来，杨欣又以优异的成绩考入了省重点高中，然而进入高中以后，杨欣觉得周围的同学一个比一个学习能力强，自己感到有些力不从心。慢慢地，她的成绩开始有所下滑，而且心里承受着很大的压力，觉得学习特别累。父母和之前的老师都觉得杨欣考上北大清华是没有问题的，可是杨欣却只是考上了本省的一所重点大学而已。

与杨欣相反，于立上小学的时候与杨欣是一个班级的，但是于立那时候的成绩却只是中等水平。于立就读的初中也是一所普通中学，不过她却在自己的努力下也考上了省重点高中，而且和杨欣再次成为了同班同学。高中阶段，于立的成绩越来越好，后来顺利地被美国的一所名牌大学录取。

杨欣和于立之所以在学习成绩上会前后发生这么大的变化，就是因为于立选择了适合她自己的学校，在没有压力的情况下能够轻松地学习，而且学习能力越来越强。等到她进入重点高中以后，面对众多的学习高手，已经能够轻松应对。而杨欣从小就在好学校读书，周围的环境和氛围都给了她太大的学习压力，因此在高考中才没有考出理想的成绩。

有的父母没有根据女孩的实际情况认真考虑，就直接把孩子送到了名校读书。可是孩子在名校里因为成绩跟不上，慢慢地，每次考试的排名都不理想，学习一落千丈。由于重点学校收纳的都是尖子生，因此在授课方式上与普通学校有所不同，进度大多都很快，这就导致学习能力一般的女孩无法跟进，成绩越来越差。

此外，女孩在成绩下降的同时，自信心也会遭受打击。由于成绩不好，女孩会觉得自己什么方面都不如别人，心情越来越沮丧，也因此变得沉默寡言。在这种情况下，女孩与家长的关系也会渐渐地变僵。因为家长会埋怨女孩成绩不好，而孩子则会怨恨家长把自己送进重点学校。这些对于亲子关系都是非常负面的影响。

因此，父母在给女孩选择学校的时候一定要根据孩子的实际情况进行选择，例如父母应该考虑到女孩的学习能力、智力、心理承受能力等因素，在全面考虑的情况下为女孩挑选最适合她的学校而不是最好的学校。

父母切勿让女孩去实现自己的小虚荣

看到别人家的女孩都在名校和重点学校读书，心想着自己的孩子也不能给父母丢人，于是想尽各种方法让女孩进到重点学校学习。可是这些父母却从来没有考虑过孩子的实际情况，只是单纯地为了面子上挂得住。这种做法不仅会伤害到女孩的心理，而且对女孩的前途也没有好处。

在选择学校之前，家长和女孩都要积极地了解新的学校

了解新学校不仅能够帮助女孩在入学后较早地适应学校的环境及老师的授课风格等，还能够让女孩提前在心里做好准备，对新课程的学习以及和老师同学的相处方面都有很大的帮助。因此，在选择新学校之前，家长和女孩都要积极地与学校和老师联系，掌握更多的信息。

为女孩选择适合她的特长班

现如今，越来越多的家长为了把女孩培养成才，纷纷让孩子利用课余时间到特长班去学习。可是在选择特长班的时候，很多家长都存在着观念上的误区，他们还没有真正理解特长班的意义所在。

青青是小学四年级的一名学生，她的成绩在班里面名列前茅，老师和家长都

十分满意。近日来，青青的妈妈看到别的孩子在周末都被家长送到了特长班学习，她想青青学习成绩那么好，在不耽误学习的情况下也可以去特长班。于是青青的妈妈就找到了一些孩子的家长，问他们的孩子都在上什么特长班，还问哪种特长班最吃香。有了答案之后，青青的妈妈决定把青青送到舞蹈学习班。

青青从来都是个听话的孩子，妈妈叫她做什么她都乖乖地去做，也不会反抗。这一次青青仍然照着妈妈的指示，进了舞蹈学习班。去过了几次之后，有一天，青青的妈妈来接孩子回家，刚好碰到舞蹈班的指导老师，她正想要上去跟老师讲话，可舞蹈老师却主动走了过来。看到青青的妈妈以后，老师说："青青好像对跳舞不怎么感兴趣啊，我问她是不是喜欢跳舞，她也说不喜欢，她说自己喜欢美术，还给我看她画的画，我觉得您应该送她到美术班发展她的特长，那才是她的天赋，在舞蹈班只会浪费时间。"

青青的妈妈听到老师的话以后感到十分惊讶，她从来不知道女儿有绘画的天赋，一定是自己太忙把孩子忽视了。这以后，妈妈就让青青去了美术班，青青的绘画水平也突飞猛进。不仅没有耽误学校里的课程，还发展了自身的特长。

青青妈妈一开始所犯的错误一定也是许多父母的通病。这些家长在决定让孩子上兴趣特长班之前，根本就没有真正地了解过孩子内心的真实想法，也不知道自己的孩子究竟有什么特长，究竟喜欢什么。他们给孩子选择特长班并没有真正在意到"特长"两个字，而是随着两个方向进行选择：一是根据特长班的火爆程度，也就是说，哪种特长班特别流行，他们就选择哪种；二则是认为将来哪种特长可能对孩子有利家长就报哪种。

这两种心态显然是不对的。既然是特长班，那么就一定是根据女孩的兴趣爱好和意愿来选择和报名，然而很多父母却把特长班当做是给女孩进行专业的训练。为了让家长走出这个误区，我们就需要强调上特长班的真正目的，那就是让孩子从小的时候就得到智力上的开发。例如，学习书法和美术可以提高女孩的形象思维能力，学习舞蹈则可以锻炼女孩的肢体协调度，等等。这种在智力上的开发目的远远不是很多家长所想的专业训练，因为女孩的年龄还太小，专业训练当然谈不上了。假如一个家长让自己幼小的孩子专攻一门特长，孩子就很可能会受到太大的压力，甚至连学校的课程都无法跟进。

因此，家长在给女孩报特长班的时候，一定要弄清这些误区，还要事先征求女孩的意见。毕竟，到特长班里去学习是孩子本人，开发的也是孩子的智力，而不是要孩子根据家长的意愿，被迫在特长班去学习。

家长不要总拿别的女孩的长处与自己女孩的弱项比

每个人都希望得到别人的喜欢和尊重，女孩也一样，小小的心灵里装着大人想象不到的自尊。可是很多父母都有一个毛病，他们喜欢在孩子面前夸奖其他孩子的优点，例如谁跳舞特别好，谁钢琴弹得好，等等。这些父母也许忽略了，自己的孩子画画也很好。每个人都有自己的特长，只是领域不一样罢了。父母经常在孩子面前夸赞别的小孩，也会让孩子失去自信。

特长班在“精”不在“多”

现在的女孩课业压力负担很重，如果家长再让她去学多个特长，那孩子很有可能因为压力过大而把什么都耽误了，既落下了功课，特长也没有发展好。这就要求父母在选择特长班的时候，一定要针对女孩的兴趣爱好和特点，报一个或者两个特长班已经足够。

怎样帮女孩物色家教

周末和假期都是家教市场最活跃的时候，为了让自己女孩的成绩能够有所提高，家长们都在为女孩物色合适的家教。现如今，占领家教市场最大的群体就是大学生，另外还有一些任课教师也在闲暇的时间里担任家教。在有很多选择的情况下，家长们却又不知道应该为自己的女孩请什么样的家教好。其实这个问题一点都不难，因为做任何事情都应该本着实际情况。也就是说，给自己的女孩请家教，也需要事先了解女孩的学习情况，弄清请家教的真正目的。

有的家长觉得大学生都是刚刚经历过高考的人，他们有着一定的中学学习经验，应该会对孩子的学习有帮助。而且相比起任课教师的家教费用，大学生每小时的课酬也相对便宜，所以请大学生做家教成了家长们的首选。大学生都是年轻人，由于年龄差距不大，因此与孩子沟通起来也就比较容易，很多女孩也愿意大学生来当自己的家教。但是，是否决定请大学生做家教，这也需要根据女孩的实际情况来决定。

有的女孩成绩本身就不错，之所以要请家教，完全是为了巩固一段时期内所学到的知识，想要家教帮助她疏导一下，再帮助解决一些较难、较复杂的题目。如果是这种情况，那么家长完全可以请大学生做女孩的家教。可是如果女孩的成绩较差，请家教是为了给女孩找到一个系统的学习方法，让女孩的学习能力得到提高的话，那么家长就要认真思索了。因为大学生不比任课教师，他们也许能够帮助女孩解决特定的题目和问题，但是却没有对学生学习总体的经验，而且也不知道如今学习和考试的走向。在这种情况下，请大学生做家教，这对孩子成绩的提高并不会有太大的帮助。

除了大学生家教之外，任课教师也是许多家长的首选。任课老师由于工作的原因，他们对基础知识和考试方向都有一定地把握，能够很好地给孩子指出重点和难点，如果孩子是正准备参加中考或者高考，那么就不妨请在职老师来做家教。

但是家长也需要考虑到，女孩是不是正是因为不适应老师的讲课方式才成绩下降，如果是这样的话，家长还应该考虑到孩子是否对任课老师有着抵触的心理，然后再做决定。

无论请谁来给女孩做家教，家长都应该考虑到女孩的实际情况，并且要充分地与孩子进行沟通，尊重孩子的意愿。此外，家长也不能刚看到女孩成绩有所下降就急于请家教，而是要弄清成绩下降的真实原因。最后，选家教前家长要认真地进行挑选。

家长不要把请家教和上课听讲弄颠倒

在家教讲授效果不错的情况下，有些家长觉得女孩上课听不听讲都无所谓，只要有个好家教，女孩的成绩就一定会提高。事实上，这些家长的想法存在着严重的误区，他们把上课与请家教本末倒置。因此，家长一定要知道，上课听讲才是学习的主要渠道，而请家教只是对学校上课内容的补充。

父母不能急于向家教提出成绩要求

有的家长因为急于要自己孩子的成绩有所提高，在请家教之前就与家教签订协议，要求在某一段时间内女孩的成绩应该提高多少。我们并不建议家长这样做，因为女孩成绩的提高是看双方的合作程度，而不是家教一方面就能够实现的，只要女孩和家长都在努力，而且方法适当，那成绩的提高就不是问题。

女孩的“乐学”状态需要保养

帮助女孩克服厌学情绪

在我们身边，不少女孩都有着或多或少的厌学情绪，厌学情绪的产生与女孩的成绩是否优秀没有太大的关系，有些孩子即便是成绩非常好，她们可能也对上学有一些抵触心理。可是，孩子们为什么会讨厌上学呢？

靓靓上初三了，马上面临着毕业考试，因此，父母对她管教得严厉了一点儿，尤其是在学习方面。但是，父母发现，靓靓似乎是越来越不爱学习了，成绩也开始直线下降。父母着急上火，但靓靓自己却像个没事儿人似的整天乐呵呵的。

靓靓的父母跟老师诉苦：“原来放学还知道看看书、做作业，可一上初三就连作业都不做了，书也不看了。要么看电视，要么就坐在电脑前，不是上网就是打游戏，反正就不看书做作业。你说她两句吧，她就‘嗯’、‘啊’，说一会儿就去，可过半个小时你再看，她还在那玩儿呢。”

“我们尽量去和她做朋友，逮住机会就给她做思想工作，可怎么说也没用，道理她都听不进去。问她为什么不学，她说‘不为什么，就是不想学’。孩子这么大了，我们不可能，也不想整天监督着她学，可她根本理解不了父母的苦心。有时候早晨去学校的时候，她总是磨磨蹭蹭、拖拖拉拉的，似乎很不愿意去学校。”

心理学家称，很多女孩的厌学心理与她们聪明与否没有太大的联系，而是因为对学习产生了厌倦所以想要逃避。但是，长期的厌学会影响女孩学习的心情，进而导致成绩下降，这是十分危险的。根据专家总结，女孩之所以会产生厌学情绪，主要原因有三：

1. 家庭与父母对女孩的期望过高。父母希望孩子有一个好的未来，当然也就希望孩子通过从小认真学习来实现这个愿望和目标。但是，由于现在的父母对孩子的期望越来越高，而且成天挂在嘴上，这就导致女孩承受的压力是她们已经无法负荷的，因此才会产生厌学情绪。

2. 学校是给女孩施加压力的第二座大山。为了让学校有不错的升学率，学校和老师都在不遗余力地传授知识。可是，有的老师由于心急或者恨铁不成钢，对成绩不好的女孩不是批评就是指责，丝毫没有顾忌到女孩的自尊心，让女孩越来越反感老师和学校，也就不想再去学校了。

3. 女孩自身对学习概念的模糊。从小到大都照着父母的要求按部就班地读书学习，可是却没有人告诉女孩，学习究竟是为了什么，以至于很多女孩都觉得学习就是为了升学考试，而没有更深远的理解。由于对学习概念的模糊，再加上升学压力大，虽然有的女孩也很努力，可是对学习还是有着抵触情绪，心中十分烦闷。

以上三点就是造成女孩产生厌学情绪的几种原因。为了消除女孩的厌学情绪，父母和老师首先就不能给女孩很大的学习和心理压力，而要给女孩创造一个健康快乐的学习环境。同时，老师的教学方式也要有所改进，在遇到成绩不好的女孩时要语重心长地跟她交流，而不是用责骂的方式逼迫她向前。只要学校的氛围不给孩子的心理造成过大的压力和负担，那么孩子的厌学情绪就一定会烟消云散的。

父母要引导女孩懂得调试情绪

在家庭教育中，父母可以经常与女孩交流一下在学校的心得，告诉女孩，如果觉得学习太累，那么就让自己停下来稍事休息。听听音乐或者出去玩一玩，要懂得自己帮自己消化负面的情绪，等到情绪恢复正常或者愉悦之后再回去学习。

让女孩弄清学习的目的

父母还需要让女孩知道，学习不仅仅是为了升学考试，而更重要的是要提高自身的素养，让自己具备独立学习的能力，而且慢慢地热爱学习。父母不妨给孩子灌输一些“终身学习”的概念，举一些事例来帮助孩子理解，让孩子弄清学习的真正目的。

防止女孩成为“学习机器”

对于还在读书的女孩来说，特别是正在上小学、中学的女孩，大多数的父母对她们的要求都很简单，那就是学习好就够了，成绩优秀就满足了。可正是父母的这种“简单”的要求，让很多女孩在不知不觉中变成了“学习机器”。

所谓“学习机器”，指的是孩子平时除了学习之外，与学习无关的事基本上都不会参与。不参与的原因有两种，一是因为父母怕耽误学习，不允许孩子参加课外活动，也不准孩子跟其他同学玩耍；二则是因为孩子没有参与其他活动的能力。也就是说，因为家长平时什么事情都为孩子包办了，除了学习之外，任何事情都不用孩子操心，孩子因此也什么都不懂。

王女士的女儿菲菲今年就要参加高考了，菲菲学习很努力，成绩也不错，王女士对女儿十分满意，而且也经常在别人面前夸赞自己的孩子：“我家菲菲学习特别刻苦，每天晚上我如果不叫她上床睡觉，她能一直坐在那里学习，有时候我都睡醒一觉了她还在看书。每天除了吃饭睡觉，菲菲基本上都在学习。”

菲菲在小学和初中的成绩都是全班第一，有时候甚至能够取得全校第一的好成绩。中考以后，她以优异的成绩考入了全省唯一的一所重点高中。由于重点学校的学生都是尖子，为了让自己的成绩不落后，菲菲学习越来越刻苦努力，有时候甚至学习到废寝忘食的程度。

在紧张的环境下熬过了将近三年，菲菲马上就要参加高考了。可是就在临近高考的前一个礼拜，菲菲突然觉得身体不舒服，突然在教室里晕倒了。菲菲被老师和同学们送进了医院，经诊断，她得了急性心肌炎，需要住院治疗。菲菲因病不能参加高考，王女士后悔不已。

王女士对于女儿的关心全部倾注于女孩的成绩上，孩子优异的成绩让她觉得在外人面前特别神气，然而她却忽略了孩子生理和心理上的健康，根本不知道自己的女儿正承受着巨大的考试压力，就连女孩的身体上出现病痛她也没有察觉到。像王女士这样的家长并不少见，很多家长为了让女孩在成绩上不落后于别人，不是给孩子请家教就是想方设法让孩子进重点学校。家长的初衷当然是好的，可是却不知道自己的行为正在给女孩带来伤害。

学习成绩并不能代表一切，一个成绩优异的女孩，因为精力完全倾注在学习上，对生活中其他的事情一无所知，基本的家务活也不会做，没有组织和领导能力，更缺乏人际交往的技巧。这样的女孩即便是考入了名牌大学，她自身所缺乏的能力和素质也会让她在大学里感受到前所未有的压力。因为大学毕竟不同于中学，如果说中学里面只要学习好就是好学生，那么大学里需要的就是素质全面的人才。因此，在家庭教育中，父母不能让女孩只会学习，而学习之外的其他事情却什么都不懂。

家长要清楚：学习好不代表其他方面也优秀

成绩优秀不代表一切。一个优秀的人应该是有责任心的人，是有着很好的适应社会环境能力的人，是善于观察、懂得关心他人的人，更是德智体全面发展的人。如果女孩只会学习，而其他方面却一团糟，不懂得如何料理自己的生活，甚至自私自利，那她对社会又有什么用呢？

家长要注重培养女孩的综合素质

现代教育越来越提倡素质教育，为的就是全面提高女孩的能力，让女孩在学习之余参加各种各样的活动，学习与人交往的诸多技能。整体素质高的女孩，无论是在什么地方，无论是做什么事情，都能够表现出色，在日后的工作中也能够如鱼得水。而那些除了学习以外什么都不会的女孩，在今后社会的打拼中会吃更多的苦头。

不可以对女孩的成绩苛刻要求

许多女孩都会这样抱怨：“考得好了，他们就高兴得不得了，又是买这个又是买那个，还到处夸赞我们。可是一旦考差了，他们的脸色立马就阴沉下来了，不停地唠叨批评，说我们没有好好学习，还说我们辜负了他们的一片苦心。”生活中，父母与女孩之间的矛盾在一些程度上取决于女孩学习成绩的好坏。事实上，除了责备和批评之外，很多女孩也因为成绩不理想而被父母打过，这样的做法女孩更加不堪忍受。

梓希从小就跟着爷爷奶奶在农村生活，她的父母都在城里，因为没有时间抚养孩子，所以只好把梓希送到乡下。梓希六岁的时候才回到父母身边，爸爸妈妈为了给她最好的教育，于是把梓希送到了全市最好的小学，毕业之后又让梓希进了重点初中。可是梓希的成绩并不是很好，这让父母很不满意，父母觉得对梓希做了这么多，可是她却拿不出好的成绩作为回报。然而梓希也有自己的想法，她觉得父母根本就不在意自己的生活，只是一味地关心着学习成绩是否提高。梓希经常与父母吵架拌嘴，成绩也在不断下降。

梓希和她父母的苦恼也是很多家长和女孩深有体会的。一方面，父母为了女孩学习成绩的提高，不是找家教就是让女孩进辅导班，甚至不顾女孩的意愿单方面地把她送进重点学校，让女孩在紧张的状态下承受学习的压力。另一方面，孩子因为从心底对父母的做法不满意，甚至有些怨恨，虽然知道父母也是为了自己，可是自己就是不能转变对她们的看法。就这样，父母觉得女孩不争气，女孩认为父母不关心自己。久而久之，女孩的成绩不但得不到提高，反而可能严重地影响父母与女孩之间的感情。

作为父母，望女成凤的心情是完全可以理解的，可是女儿未来的成功并不完全依赖现有的学习成绩，而是要从诸多方面来衡量。但是现阶段，学习又的确是孩子最主要的任务，这意味着女孩将来是否能够考上重点高中，是否能够顺利地进入大学。面对这样的困境，父母究竟应该如何看待女孩的成绩？有些父母每次都要求女孩的成绩比上一次有进步，可事实上这却是很难做到的，父母在对成绩苛刻要求的同时，并没有设身处地地为女孩着想，最终导致了双方之间的相互埋怨。

专家建议，父母要学会辩证地看待女孩的学习成绩。对于成绩本来就不错孩子，父母只需要让孩子保持她的水平，在没有感受到太大压力的情况下，可以向前突破，但是绝不能够硬性地规定女孩应该考多少分数。对于成绩并不理想的女孩，父母则要从女孩的心理出发，了解女孩成绩不好的真实原因，并且通过沟通与交流来帮助女孩，而不是一味地责怪。女孩的进步需要时间来证明，而不是一次两次的考试就能够看出来的，也许因为很多原因，导致女孩在考试的时候没有发挥好也说不定，这并不能说明女孩在平时就没有努力学习。

女孩更渴望父母关心她的内心世界

父母千万不要觉得女孩年龄小就什么都不知道，更不要认为她们的内心世界就没有烦恼。事实上，现在的女孩越来越早熟，她们心中有着很多烦恼。然而父母对成绩的苛刻要求导致女孩不愿意把这些烦恼诉说给父母听，这会让女孩越来越沉默，影响身心的健康发展。所以说，在日常生活中，父母关注的重点要渐渐地转变到孩子的内心深处，只有在健康的环境中，女孩的成绩才能够更好地提高。

父母不要经常使用命令式的口气与女孩讲话

女孩也渴望平等，希望父母用交流的语气与自己对话。但是许多父母都习惯于中国传统的命令语气，觉得长辈就是比女孩高一等，女孩就应该完全听从长辈的指示。这种做法对父母与女孩之间的关系有着很不好的影响，也会让女孩更加反感父母的管束。

女孩逃学了，怎么办

在每一个学习阶段，都会有一些女孩出现逃学的不良行为，这让父母感到非常无奈。造成女孩逃学的原因主要来自于两大方面，一方面是其自身的主观原因，另一方面是社会、学校和家庭等客观原因。先让我们来分析一下女孩逃学的主观原因，也就是心理因素。由于现在学校课业压力比较大，一些成绩不好、性格也较为内向的女孩，由于自卑而厌倦学校的生活，为了逃避自己不想看到的人和事，这些女孩往往会选择逃学作为躲避的方式。

其实，并不是成绩不好的女孩都有逃学的倾向，逃学也是分阶段的。女孩因为成绩不理想，她自身就会对自己有所责备，如果再加上老师和家长的埋怨，那么她心里的自卑和反抗情绪就会上升，最终选择逃离父母和学校。如果这个时候家长和老师不及时地给予她心理上的帮助和指导，那么偶尔的逃学很可能会发展为习惯性逃学。

除了孩子的主观原因之外，外在的几大因素也是让女孩产生逃学行为的主要诱导。首先，父母和老师在教育上的某些偏颇容易让女孩有逃学的倾向。一些学校会根据成绩的高低把同学分到不同的班级，这种做法给成绩差的女孩有一种“不如人”的感觉，慢慢地丧失对学习的信心，也就不愿意再在学校里面待下去了。当女孩在学校里受了委屈，或者心情低落的时候回到家，可是所得到的不是父母的安慰和关心，反倒是被一片指责声所包围。因此，是学校与家庭共同把女孩推出了校园的门外。

除了学校和家庭教育上出现了问题之外，女孩逃学还有可能是受到其他人的引诱。一些高年级不学无术的学生整日在社会上闲逛，她们伙同社会上的不良青年引诱还在学校学习的孩子，告诉她们外面的世界有多精彩，出去也不用再为学习而苦恼。就这样，原本成绩就不理想的孩子因为经不住外面的诱惑而逃学了。一次两次以后，逃学就会变成家常便饭。

最后，社会上一些不好的言论也会影响到女孩。例如，近年来社会上流传着一些“读书无用论”的说法。特别是在大学生找工作都十分困难的情况下，这种说法更是风靡一时。甚至有些文化程度不高的家长也经常给女孩有意无意地灌输这样的思想，导致女孩觉得读书确实没用。这种思想是拜金主义盛行的延伸论调，认为凡是赚钱的就是好的，不赚钱的就是无用的。而学生在学校里上学念书靠的都是家里面出钱，而且在很长一段时间内知识也不可能转化为金钱，因此也有了“读书无用论”的说法。女孩在受到这种不良言论的影响后，再加上本身就对学习不感兴趣，也就不愿意上学了。

针对以上的这几种原因，无论是女孩的自身还是外部因素，家长和学校都应该积极地采取相应的措施来补救，不要让逃学的女孩从此走上堕落的深渊。在家里，父母要给女孩足够的温暖，让她感受到亲人的温情，而不是因为成绩不好就受到所有人的冷眼。在学校里，老师要尽量用合适的教育方法来帮助女孩提高成绩，而不是一顿呵斥和责骂就完事了，要充分考虑到女孩的自尊心。而学校方面则要警惕社会不良青年和言论对在校学生的影响，定期给学生开展这方面的教育活动，让学生明辨是非。

家长要加强对女孩的组织纪律教育

女孩因为在学校的一些不顺利就轻易地逃学，这也与她缺乏组织纪律性有关，这些女孩一般纪律都较为涣散。因此，家长和老师应该适时地从这方面着手，加强女孩的组织纪律性以及集体荣誉感，消除她对学校和老师的敌意，从而改掉逃学的坏毛病。

给女孩足够的关心比什么都重要

试想一下，如果女孩因为成绩差或者在学校有什么地方不顺心，如果回到家里家长能够及时地发现她的情绪波动，再跟她进行适当的交流，给她以关怀和温暖，让她的不良情绪渐渐地消失，那女孩还会用逃学的方式进行反抗吗？

对学校有恐惧感怎么办

女孩害怕上学，这也许是让许多家长犯愁的原因之一。家长看到别人家的女孩在学校里都健健康康的，可是自己的女孩却不知道为什么，就是害怕去学校，而且强制把她送到学校的话，孩子还会出现各种各样的病状，家长不知道该如何是好。

小华刚入小学时天真活泼，认真好学，家长没有过多操心。后来，为了让她有个更好的学习环境，父母把她送到了一所重点小学，原以为小华会更加好学，成绩会更好。可结果恰恰相反，以前小华放学回到家里总是自觉地先做完作业，然后才去玩，可现在放学回家后，小华常常望着作业本发呆；以前回到家里，小华总是会滔滔不绝地与父母讲同学、老师和学校里的各种趣事，尤其是在吃饭的时候，但现在，小华变得沉默寡言，也不主动和父母讲学校里的事情了，经常是父母问一句，她答一句。而且，父母发现，小华的学习成绩也逐渐下降了，现在每天早晨上学的时候总是磨磨蹭蹭的，好像十分不情愿去学校。

暑假之后，眼看着就要开学了，小华却莫名其妙地全身上下不舒服。父母以为她生病了，送到医院诊治，医生却建议父母带小华去看心理医生。心理医生通过仔细询问解开了谜团。原来小华转到重点小学之后，学校的一切都是新的，因为不认识新同学，没人和她玩，感到很孤独。而且不久之后，小华就发现，班上的同学个个都很优秀，虽然自己之前在那个学校也是名列前茅，但是到了这里，她只能算是中等水平，小华的自尊心受到了很大的打击。而且上学期期末考试考得不好，小华担心开学后被老师批评、同学笑话，因此害怕去学校，慢慢引发了情绪障碍，进而产生了浑身上下不舒服的症状。

小华对学校的恐惧也是很多女孩具有的问题和疑惑。一般来说，女孩害怕去学校主要有几个方面的原因。一种情况是，女孩在学校里受到了老师的批评，批评的原因可能是因为她犯了错误或者是成绩差等，而且这种批评已经深深地伤害到了女孩的心，所以女孩害怕出现在老师面前。第二种情况是女孩的人际交往出现了问题，与班里的同学合不来或跟某个同学或朋友闹了矛盾，由于寂寞和被孤立所以不愿意去学校。第三种情况则可能是女孩在学校经常受到别人的欺负，尤其是一些高年级的“小混混”，他们时常拿低年级的学生寻开心。

除此之外，外部因素还有家庭的原因。例如，一些女孩从小在家就是“小公主”的类型，父母的过度溺爱没有让她及时地建立起独立性，到了学校当然就无法适应。家长对女孩过高的期望也会让孩子担心达不到要求而害怕上学。当然，以上列举的几种情况都是造成女孩对学校恐惧的外部因素，孩子自身的因素也会导致对学校的害怕。例如，有的孩子本身就是内向的性格，胆小敏感，过于在意同学或者老师对自己的评价和目光，等等。

对学校恐惧的女孩往往会表现出焦虑的情绪，这种情绪严重的甚至会影响女孩的生理健康。例如，有的女孩在考试的时候会因为紧张而产生眩晕，还有的女孩会经常想要上厕所，有的则是呕吐不止。这些都会对孩子的成长造成非常不好的影响。

面对这些情况，家长和老师都需要做出一定的努力。例如，对于因为独立性差而无法适应学校生活的孩子，家长就要从现在开始培养孩子的独立能力。对那些因为受到老师批评而不敢去学校的孩子，老师则要注意平时的教育方式，要尊重女孩，避免伤害女孩的自尊心。而那些在学校里经常欺负小同学的高年级学生，学校则要出面予以制止和惩罚。

家长要有意识地培养女孩的人际交往能力

女孩对学校恐惧很大程度上源于无法与同学和老师正常相处，原因有很多，有的女孩是因为胆子小而不敢与同学玩耍，有的则是性格中的孤僻因素在作祟，等等。无论是哪种原因，家长在平时都要教给女孩一些与同学相处的技巧，让孩子在学校里快乐成长。

对于因为成绩不好而害怕上学的女孩，家长要先消除她在这方面的担心

由于家长和老师给予了太多的期望，有的女孩不堪承受压力而害怕去学校。面对这种情况，家长和老师首先要消除女孩在这方面的担心。告诉女孩，无论成绩好还是坏都没有关系，最重要的是在学校里快乐。等到女孩已经没有了对学校的恐惧之后，再用合适的方法帮助她提高成绩和减小压力。

很聪明的女孩为何会学习吃力

一些家长会遇到这样的状况：他们的女孩在很多方面都十分优秀，看起来聪明伶俐，从小就受到了来自各方的赞扬和欣赏。可是女孩却偏偏在学习方面出现了问题，并不是成绩不好，而是在总成绩优异的情况下，某一科考得特别差，而且无论如何都没办法提高。

小雪今年15岁了，就读于某私立学校的初中三年级。她生长在一个非常富裕的家庭里，其父亲是某集团公司董事长。

小雪有很多兴趣特长，是学校的“明星”主持人，弹钢琴、画画、书法、跳舞等许多方面都拿过奖；而且积极上进，富有组织才能，是本年级的学生会主席；人也很聪明，语文、历史、英语等学科成绩优异。但令人惊讶的是，这样一个显然是发展比较全面的女孩，却有着一个使她和她的亲人、老师极为困惑和苦恼的问题——她记不住书上的公式，因此，数学、化学和物理成绩较差。

为此，她的父母想了各种各样的办法帮她提高这几门成绩，但收效甚微，每次考试，她的这些成绩还是上不去。最后，在老师的建议下，父母带她来到了心理咨询中心，希望心理医生能帮小雪解决这一问题。心理医生经过仔细检查后发现，小雪有严重的数学障碍，因而导致了她记不住公式，在运用方面就更加困难。

美国学习障碍儿童咨询委员会提出了学习障碍的定义：“学习障碍儿童表现出一个或多个基本心理过程失调，包括理解或运用口语、书面语，可能表现在听、说、思维、阅读、书写、拼写、推理或计算方面的失调。这些情形可能与知觉障碍、脑损伤、轻微脑功能障碍、难语症等有关。但是它不包括主要由视觉、听觉或运动障碍、心理迟滞、情绪紊乱或环境不利造成的学习障碍情形。”小雪数学等成绩差，正是因为在计算和推理等方面出现了障碍。

对于女孩的学习障碍，家长首先应该知道，有学习障碍的女孩并不同于智力上落后的孩子。相反，学习障碍的女孩甚至在智力上是超群的，除了某一两科成绩差以外，她们在其他方面表现得十分出色，丝毫看不出有什么缺陷。因此，女孩的学习障碍只是在某一种学习能力上的缺失，与女孩的智商高低没有关系。有时候，学习障碍可能与遗传因素有关，孩子在完成某项学习任务的时候表现得十分吃力，这并不是谁的错，而且可以通过特殊的训练得到恢复。另外，学习障碍更不是生理上的残疾所导致的。据统计，大约有5%～10%的孩子有不同程度的学习障碍。

针对有学习障碍的女孩，父母和老师就要有意识地在她的弱项上帮助她提高成绩，最主要的是掌握学习方法，以达到自主学习的能力。例如，在数学方面有障碍的女孩，父母可以多帮助孩子做计算和推理方面的练习，通过熟悉公式和公式应用来逐步提高对数学的理解。在语言学习方面有障碍的孩子，例如英语，父母和老师则要让孩子多熟悉字母和单词，特别是增强英语语境的氛围。

消除学习障碍是一个漫长和持久的过程，在这个过程中，父母一定要耐心地给孩子提供帮助和支持，而不应该有喝斥或者不耐烦的表现。给孩子创造一个良好且放松的学习环境，让孩子在没有压力的环境下慢慢地摸索。

让女孩在乐趣中消除学习障碍

在某方面有学习障碍的女孩，由于成绩一直没有长进，导致她对这门科目已经没有了兴趣，或者丧失了信心。这就需要父母在帮助孩子扫除障碍的过程中，首先要建立女孩对此门课程的兴趣，从特殊的角度着手，让她在快乐中学习。

多尝试不同的学习方法

在了解女孩有某方面的学习障碍以后，父母就不应该再让孩子按照以往或者大多数孩子的学习方法进行学习了，而是要找出不同于大众的特殊方法，在新的方法中找寻突破口。当然，这就要求父母和老师帮助女孩多找一些学习方法，只有这样，才有更大的几率帮助女孩找到最合适自己的那一种学习方法。

好习惯胜过好老师

让女孩自觉、自主、自动地学习

陪女孩一起看书、一起写字、一起做作业……有些父母为了让女孩能够学到更多的东西，也为了让她在学习的时候能够认真，不惜花费大量的时间和精力来陪女孩一起完成这个过程。然而时间久了以后，女孩渐渐地就养成了在学习的时候依赖父母陪伴的习惯，一旦父母不在身边，女孩就会像一匹脱缰的野马，根本不愿意学习。

小蕊今年刚升入小学三年级，之前她所有的家庭作业都是在父母的监督下完成的。每次做作业的时候，爸爸或者妈妈都会坐在她的一旁，看着她完成，不然的话小蕊就会因为分心而完不成作业。渐渐地，小蕊就养成了一个习惯，做作业必须要有人看着才行。

升入三年级以后，父母觉得小蕊是大孩子了，需要独立地完成家庭作业，而不能总是让父母在一旁看管。上课的第一天，父母就决定改掉小蕊的习惯，于是在她回家做作业的时候，两个大人特意地外出散步，让孩子自己留在家中。走之前父母还特意地叮嘱孩子，一定要在父母回来之前把作业完成。然而爸妈才刚刚离开，小蕊的心就飞了起来，她在家中尽情地做自己想做的事情，玩这个、玩那个，早就把作业这回事忘到脑后了。

等到父母回到家之后，他们看见小蕊正坐在电视机旁看电视，他们以为小蕊已经做完了作业，于是就让女儿把作业拿出来让他们检查。可是没想到，女儿却说："你们不看着我我就根本做不下去，一会儿你们看着我的时候我再做吧！"

陪女孩一起学习当然不是坏事，但是家长也应该把握其中的尺度。小蕊的父母在长时间的陪护学习之后，想要在短时间内就让女儿改掉这个习惯，是根本不可能实现的。习惯是在长时间的累积下才养成的，去除习惯也因此是一个长期的过程。女孩自主学习的能力和意识需要从小就培养，小蕊之所以不能够独立地完成作业，正是因为长时间过度地依赖父母所致。因此，家长要想培养女孩自主学习的能力，还要尽早为好。

诸如小蕊的这种情况，家长要想培养女孩自主学习的能力和习惯，就要从最开始着手。培养的过程总共可以分为两个阶段，第一个阶段仍旧是陪女孩一起学习。不过，如果之前家长是同女孩一起完成作业的话，现在开始就应该保持缄默，默默地坐在女孩身边，看着她完成，而不是跟她一起做作业。偶尔女孩在做作业的过程中如果需要家长的帮助，家长也要告诉她先完成自己会的，不会的到最后再来一起解决。

第一个阶段保持一段时间以后，家长就要选择一个合适的时间与女孩商议下一阶段的方法，并且要让女孩了解自主学习的重要性。在充分与孩子沟通之后，就开始让女孩独立地完成自己的家庭作业，独立地学习。如果女孩表现得不错，家长还要及时地给予她适当的表扬，以便让她日后更好地坚持下去。在这一阶段，父母要给孩子规定完成作业的时间，而不是一味地拖拉，让原本半个小时就能做完的作业却要用两个小时才能完成。

告诉女孩：她和父母一样都需要完成自己的"工作"

父母的工作是每天上班，女孩的工作则是学习。父母要让女孩知道自己每天上班的辛苦，如果在劳累了一天以后再继续陪女孩完成她的"工作"，那么身体就会吃不消的。女孩懂得了这个道理，就会体谅父母工作的辛苦，转而独立地完成作业。

让女孩认识到自主学习的重要性

低年级阶段，女孩的学习更多是靠父母和老师的督促，但是随着年龄的增长，进入高年级阶段，特别是中学以后，大部分的学习时间都要靠女孩自己来掌控。如果女孩不能从小就养成独立学习的习惯，等到念了中学以后就很难适应，成绩也会一落千丈。参加工作以后，无论是学习还是工作任务，更是需要自己独立地去完成。

告诉女孩：不知道的问题，可以去图书馆查询

女孩的世界五彩斑斓，纯净的目光里，每一件新奇的事物都令她们好奇。每天不停地问爸爸妈妈为什么，于是书店里的《十万个为什么》开始畅销无比。但即便是父母给女孩买来了各种各样的百科全书，有些问题仍然无法找到答案。女孩问父母，父母也不知道，如何是好呢？

比尔·盖茨出生在华盛顿州的西雅图，那里是美国波音公司的基地，全市职工近半数在这家公司工作，所以人们也把西雅图称为“波音城”。它和旧金山、洛杉矶并列为美国西海岸的三大门户，也拥有当时藏书最丰富的图书馆。

盖茨在7岁左右的时候，最喜欢盯着几乎有他体重1/3的《世界图书百科全书》，几个小时里一字一句地从头到尾地看。他常常陷入沉思，小小的文字和巨大的书本，让他感受到这是一个神奇和魔幻般的世界。文字竟然能将未知的世界都描述一番，真是神奇！转眼他又想，人类历史越来越长，那以后的百科全书岂不是越来越大了吗！那以后的孩子看起书来更辛苦了。有什么办法造出包罗万象又便于翻阅的书呢？这个奇思妙想，后来竟让他实现了，而且比书本还要小，只要一块小小的芯片就足够。

随着看的书越来越多，盖茨想的问题也越来越多。一次他忽然对他四年级的同学说：与其做草坪里的一棵小草，还不如成为秃丘耸立的一株橡树。因为小草毫无个性，而橡树则卓然独立。这番人生道理对他那个年纪的男孩子来说，还太深奥了。

“人生是一次盛大的赴约，对于一个人来说，一生中最重要的事情莫过于信守由人类积累起来的理智所提出的至高无上的诺言”，他鼓励自己要干一番惊天动地的大事。一篇日记里他写道：“也许，人的生命是一场火灾，一个人所能去做的，就是竭尽全力要从这场火灾中去抢救点什么东西出来。”小小的年纪便有这种追赶生命的意识，在同龄的孩子中是极少有的。

盖茨的妈妈总是鼓励他多用图书馆的资源，有一次，老师给他们布置了作文，要求四五页的篇幅。结果，盖茨去图书馆，翻阅了百科全书和其他医学、心理学方面的书籍，一口气写了30多页。读书让他富有知识，也让他更加乐于接受新的知识。

盖茨的经历似乎可以给许多父母以启发，今后再遇到女孩问的问题而自己也不知道的时候，不必尴尬，因为每个人的知识都是有限的。这个时候，不妨对女孩说：“不知道的问题，可以去问图书馆。”

图书馆是知识的海洋，各种各样的问题都可以在众多的书本中找到答案。事

实上，在世界上享有盛誉的名人，他们无不对图书馆情有独钟，盖茨就是其中之一。还有伟大的马克思，相传他把大英博物馆都踩出了脚印。

所以，在家庭教育中，父母要有意识地培养女孩对图书馆的兴趣，让她在安静的环境中尽情享受阅读与思考的快乐，在丰富知识的同时养成热爱读书的好习惯。

家长不懂的问题不要搪塞女孩

在一些时候，女孩会突然问出一些奇怪的问题，而这些问题家长也是不懂的，或者是不知道该如何解答。这时，有些家长为了在女孩面前掩饰自身知识的欠缺，就会随随便便给女孩一个并不正确的答案。这样的做法是完全不可行的。因此，家长对于自己也不知道的问题要坦诚相对，告诉女孩，再伟大的人也不可能懂得全部知识，然后再让女孩到图书馆进行查阅。

让去图书馆变成女孩的一项爱好

当女孩有问题的时候，家长就让她到图书馆查找答案，养成女孩独立学习的能力。时间久了，女孩就会喜欢上图书馆的氛围，而且巨大的知识储库也会让她感到一股强大的吸引力。当去图书馆已经成了女孩的一个爱好时，一个小知识分子就在家庭中诞生了。

培养女孩考前放松的好习惯

适度的紧张对于女孩考试时的水平发挥是有帮助的，可是如果女孩在考前或者是考场上过于紧张，那不仅会影响平时复习的状态，而且到了正式考试的时候，还会影响到考试的成绩，甚至可能因为紧张而考得一塌糊涂。

李彤是初三毕业班的一名学生，她即将面临中考，因此学习压力非常大。李彤平时的学习很认真，而且消化知识的能力也很强，小测验的时候都能够发挥出正常的水平，成绩也名列前茅。可是她就是有一个怎么都解不开的难题，李彤每次在较大的考试时都会十分紧张，她在进考场前就开始手心冒汗，心跳加速，有一次甚至在交考卷的时候突然晕倒在考场。被老师和同学送到医院以后，医生诊断的结果是她过度紧张引起的暂时性休克。李彤非常担心自己的状况，害怕在中考的时候发挥不出正常的水平，可是她无论如何都不能让自己放松下来，越是想要放松，反而越来越紧张。

每当离考试越来越近时，特别是期末、中考和高考等，女孩在压力大的情况下都会变得十分紧张。然而紧张的状态却会影响到女孩在考试中的发挥，所以在这个时候，家长一定要帮助女孩养成考前放松的好习惯，以便让她在考试中发挥出最好的水平。

类似李彤这样的女孩还有很多，她们平时的成绩都不错，可就是在大考的时候发挥失常。要想帮女孩解决这样的困惑，家长就需要找出造成女孩紧张的根本原因。家长首先应该自我反省，是不是因为平时对女孩的期望过高而给她带来了过大的压力？或者因为太过看重考试成绩，对孩子的成绩有苛刻的要求。家长的这些思想往往会让孩子把考试看得过于重要，尤其是大型的考试，因为太过重视，因此而变得紧张。在找到原因之后，家长就可以积极地寻找帮女孩考前解压的方式，让女孩在适度放松的状态下走进考场。

一般情况下，在重要的考试之前，学校都会给学生留上一些休息和放松的时间。这段时间通常被称作“考前自我调整期”。在这段时间里，女孩一般都是在家里度过的。因此，家长的监督和帮助会给女孩带来很大的帮助。首先，家长要保证家中环境的舒适度，物品摆放整齐，地板要打扫干净。这样，当女孩清晨醒来时，看到温馨舒适的家，就会感到非常舒服，因此也会得到放松。

此外，家长还要让孩子调整生物钟，起床的时间最好根据考试的时间而定。在调整期间，最好不要让女孩进行太久的复习，适度复习最重要。而且在复习了一段时间之后还要注意休息，让复习和休息相交替，合理安排时间。家长还要注意保持家庭气氛的轻松，父母之间不要闹矛盾，最好给女孩讲一些笑话让她们放松一下。

深呼吸有助神经放松

深呼吸是比较简单的帮助减轻压力的方式，能够在较短的时间内起到缓解压力的作用。这种简便而又有明显效果的方式，非常适合女孩在紧急的情况下使用，特别是在进考场前或者进入考场以后。家长可以把这个方法教给女孩，以备必要的时候使用。

让心情放飞于驰骋的想象中

为了缓解压力，家长也可以让女孩通过想象来达到效果。在想象之前，女孩要先闭上双眼，可以想象自己正骑着马在一望无际的草原上奔驰，享受风的洗礼和自然清新的空气。总之，不管想象什么样的场景，重要的是让女孩在想象中得到放松。

培养女孩适时复习的好习惯

在课堂教学中，老师一般会把当堂的内容让女孩在课堂上就全部学会听懂，这本来是件好事情，却也让一些女孩养成了不好的习惯。也就是说，女孩觉得只要在课堂上把老师所讲的内容学会，下课后再把作业做完就足够了，此后就不会再对学过的知识进行复习。可是等到上新课的时候，女孩却发现，上节课所学的课堂知识早都忘记了。随着课程的内容越来越多，久而久之，女孩所遗忘的知识也就越来越多。

针对这种情况，家长就应该培养女孩适时复习的好习惯。也就是说，不要让女孩认为所谓的复习只是在大考前的总体复习，而忽略了平时的小复习。其实，考试成绩的好坏很大程度上都取决于平时对每节课知识点的及时复习。

家长在培养女孩复习习惯的时候，可以采用多种不同的复习方式。例如，当女孩在课堂上学习了新的知识以后，做家庭作业的过程本身也是一个复习的过程。但是家长不能让女孩仅仅满足于通过做作业来复习知识，而是要让女孩养成在学新知识之前就对旧知识进行温习的习惯，也就是所谓的"温故而知新"。在一门课中，新知识和旧知识本来就有着不可分割的关联性，因此，当女孩复习了已经学过的知识，等到老师讲授新的知识点时，听起来就会如鱼得水，不会觉得吃力。

同时，复习的过程中还要让女孩养成眼到、手到、心到的好习惯，因为只有认真地去复习，才能够牢固而扎实地掌握已有的知识。对于一些较难的知识点，如果一次的复习达不到牢记的效果，那么家长就要引导女孩进行多次反复的复习。当然，复习次数之间可以做一些停顿，一次复习与下一次复习之间隔上几天，通过逐次复习来加深女孩对知识点的学习。

前面提到的都是平时的小复习，是加强掌握短时间学习内容的好方法。但是，小复习也会有自身的缺点。例如，女孩的机械记忆力一般很强，对于一个个小的知识点也许有着不错的理解和掌握能力，但是如果知识点多了，特别是在知识点相近的时候，孩子就会容易把它们弄混淆。这就要求女孩在做到及时地小复习之外，还要适时地做好大复习。大复习能够帮助孩子梳理一个长时间段内所学到的知识内容，通过前后的比较，不至于把知识点弄混。

最后，家长在指导女孩复习功课的时候，还要注意复习的时间安排。除了复习的时间需要稍加固定之外，时间的长短也要适宜。孩子的集中力比较有限，因此复习的时间也不宜过长，这样会引起大脑疲劳，让孩子对复习感觉到厌倦。

总之，只有小复习与大复习兼顾，而且有固定和适宜的复习时间，孩子才能够更加牢固地将学习的内容记在脑海中。

每天固定一个时间来复习前一天所学的内容

家长可以帮助女孩确定一个比较固定的时间，例如，每天晚上当女孩做完当天的家庭作业，稍事休息以后，家长就可以引导女孩对前一天所学的内容进行复习，为第二天将要学的新内容打下基础。

复习要在理解的基础上进行

理解是记忆的前提和基础，如果想要复习好所学的知识，那么女孩首先就要把课堂上的知识理解好。这就要求女孩在上课的时候必须认真听讲，当天的知识当天就全部消化，那样在复习的时候才不会感觉到吃力。

培养女孩善于提问的好习惯

新的发现往往是从疑问中得来的。在某一领域或者某一问题上，假如没有了疑问或者是怀疑精神，对现成的陈述或者答案只是一味地吸取和接受，那么这个领域或者问题也许就永远没有新的突破和进展。在学习中也是如此，如果对一个问题仔细地思考过，也许在思考的过程中就会有一些问题在脑海中盘旋，相反，假如没有仔细钻研，那有问题的概率也就很小了。

在美国，对于喜欢提问的学生，老师在期末考试给成绩的时候一般会给他较高的分数。美国的学校非常鼓励学生提问，并且认为能够提出问题的孩子都是动了脑筋的，而没有问题则是没有仔细思考。因此，在基础阶段的学习中，家长应该培养女孩善于提问的好习惯。

有这样一则小故事：

一个人有着很大的烟瘾，他的嘴里无时无刻都叼着一根烟。有一次他去教堂做礼拜，问牧师礼拜的时候能不能吸烟，牧师回答说不能。可是他的烟瘾实在强烈，于是身边的朋友就帮他想了一个办法。朋友让他再问一遍牧师，而且要换一种问法。于是他便问牧师：“吸烟的时候可以礼拜吗？”这一次牧师的回答居然是肯定的。

在培养女孩善于提问的时候，父母要注意发散女孩的思维，让她从不同的角度反复地观察和思量同一个问题或者同一件事，就像故事中那样，不同的问法会得出不同的答案。历史上很多重要的发明都是因为思考的时候换了一个角度，结果就大不相同。此外，面对女孩的提问，在有的情况下，家长也不要直接给予肯定或否定的答案，而是要女孩通过实验或者自己的观察去得出结论。这样做不仅可以充分调动女孩的积极性，而且她自己得出的结论会记得更加牢固。

在平时的家庭教育中，父母要善于给女孩创造一个轻松愉快的学习环境，因为只有在放松和活跃的环境中，才能够激起女孩提问的兴趣。课堂也是如此，有些老师讲课的风格太过沉闷，而且课堂氛围紧张，在这种环境下女孩一般是不敢提问的，而且这种紧张的氛围也不利于调动孩子学习的积极性。

鼓励女孩提问也是让她养成提问习惯的一个好方法，无论女孩的问题有多么奇怪、多么好笑、多么荒诞不经，作为家长，都不能够轻易地抹杀女孩对问题的好奇心。也就是说，对于孩子提出的问题，家长千万不能用不好的语言来打击女孩的积极性，而是认真地给孩子加以解释，或者引导孩子通过自己的努力找到答案。

提问的力量是无可限量的，通过提问来激发女孩对学习的兴趣也是一个非常不错的渠道，因此，父母要不时地培养女孩提问的好习惯。

女孩提出简单的问题时，家长不要轻易责怪

女孩在做家庭作业时往往会遇到一些不会做的题目，如果她向父母求助，但是父母却发现这个问题非常简单，而且已经给她解答过很多次，这个时候，父母先不要因为女孩记不住而责怪她，而是要弄清她记不住的原因，再找寻相应的方法让她对问题加深印象。

让女孩养成善于思考的好习惯

有思考才有问题，因此，要想女孩养成善于提问的好习惯，首先就要培养女孩学习和思考的能力。如果一个女孩在提问的时候根本没有对问题进行思考，而是随意胡乱地提问，那么即便是给了她解答，她也不能从中学到知识。所以，善于思考才是善于提问的前提。

怎么一到重要考试就“掉链子”

跟其他孩子一样，一些女孩也起早贪黑，每天都去学校，学习也比较认真刻苦，平时的小测验成绩也不错，可到了比较重要的考试时就是发挥不好。不知道有多少父母在为这件事情而伤神，可是父母们却把原因通通归咎于孩子学习不努力，真的是如此吗?

小羽是某重点中学初三的学生，她学习一直很努力，平时考试一般都名列前茅，但是一到大考试，譬如期中、期末或升级考试，她总会考砸，很少有例外。小羽的父母都是老师，而且她妈妈就在她所在的那所学校教书，妈妈想尽了各种办法，但就是无法帮助小羽提高大考时的“心理素质”。无奈之下，妈妈只好带她去做心理咨询。

母女俩见到心理医生后，妈妈先发了一通感慨：“我每年都被评为学校的优秀教师，在学校里有很好的口碑，我教出了很多优秀的学生。但就是教不好我自己的孩子，我觉得自己很丢脸。”说完这番话，她用“恨铁不成钢”的眼神看着小羽，而小羽也看上去很难过，她的头垂得很低，不敢看妈妈的眼睛，也不和心理医生对视。

听完妈妈的一番话后，心理医生请妈妈先离开咨询室，他要和小羽单独谈谈。在妈妈离开咨询室的一刹那，心理医生发现，小明的头抬了一下，而且脸上的愧疚感迅速地消失了，取而代之的是一种倔强的神情。心理医生顿时明白了一点，那就是，小羽意识上是很愧疚，但是内心深处却埋藏着很多怨恨。经过进一步地沟通之后，心理医生了解到，爸爸妈妈很爱小羽，可以说到了溺爱的地步，在家

里，他们不要小羽做任何事情，只要求她好好学习。爸爸妈妈经常对小羽说：“我们所做的一切都是为了你好，你要明白爸爸妈妈的苦心。”

小羽虽然表面上看起来很听话，父母说什么就是什么。可实际上，她对父母的教育方式很是厌倦，在心底抵触他们。小羽也并不是因为学习能力有问题才在重大考试的时候“掉链子”，她的成绩是由她自己掌控的。也就是说，小羽每次考试都故意考不好。

小羽的行为是父母教育的失败，也是很多家长典型的教育方式，即“溺爱加成绩”。平日里，家长什么家务活都不让女孩做，甚至不让女孩参加课外活动，他们唯一允许女孩做的事情就是努力学习，“努力努力再努力”成为了这些父母对女孩的唯一要求。虽然这些父母说对女孩在其他方面什么要求也没有，可是他们对成绩的过高追求才正是女孩产生抵触情绪的根源。

面对像小羽这样的孩子，专家建议父母采取“放任自流”的方式对其进行教育。这些女孩就好像父母握在手里的一把沙子，越是攥得紧，就越是漏得多。这些孩子因为不喜欢父母的培养方式，为了抗议，她们就选择用学习成绩作为“报复”的工具。其实，孩子在学习能力上面并没有缺失，只要父母不要对她有过高的成绩要求，孩子在这上面没有了压力，而且也能够去做其他自己想要做的事，那么她心里对父母的抵触情绪自然就会消失，也就不会故意在重要考试的时候“掉链子”了。

父母要改掉对女孩的一些惯用语言

“我们这么辛苦还不是为了你！”“你的成绩就是给我们最大的回报。”“我们对你什么要求都没有，你只要好好学习就够了。”……太多的家长喜欢在女孩面前说这样的话，可是他们却从来没有想过这些话是不是会给女孩带来更大的压力。事实上，像文中的小羽一样，许多女孩都十分反感父母说这些话，看了小羽的事例，父母在平时里就要多加反省了。

不要为了好成绩而抑制女孩爱玩的天性

有些家长为了能够让女孩无忧无虑地学习，其他一切课外活动都不让女孩参加，在家里也不让女孩做什么事情。这不仅会让女孩在生活中的某些能力受到影响和缺失，而且还抑制了女孩爱玩的天性，让女孩的内心感到无比的压抑，这种压抑感也会反过来影响学习成绩的提高。因此，父母要让女孩学习与玩要相结合，而不是单独地追求好成绩。

女孩看到课本就心烦怎么办

丫丫从小就爱看书，小的时候她喜欢读《十万个为什么》和各种小故事类的图书，随着年龄的增长，读书的范围也渐渐地拓宽，小学四年级开始她就一直在读各种各样的小说了。丫丫现在是初中二年级的学生，可是她比同龄的孩子读的课外书都要多，几乎所有的文学名著她都读过。因为看的小说多，丫丫自己从初一开始就创作起小说来，无论是上课还是课余的时间，几乎都投入在自己的创作中，还获了不少奖项。

可是丫丫的父母对女儿的学习却一直都很担心，因为孩子只是喜欢课外读物，对学校发的书本却不大感兴趣。有时候上课都在看其他的书，根本就不认真地听老师讲课。老师和父母都跟丫丫谈过心，可是丫丫却说："我只喜欢文学，书本上的东西那么枯燥，我不爱看。"没错，丫丫因为看多了课外书籍，她的知识面比较广，而且文笔也非常棒，每次作文都是班里的最高分。可是除了语文之外，丫丫在其他科目，特别是理科方面成绩十分不理想。父母觉得读课外书会影响孩子的学习，于是就禁止丫丫继续看下去，丫丫也因此而变得闷闷不乐。

像丫丫这样爱看课外书籍却不爱学习书本的孩子有很多，面对这样的情况，家长首先要一分为二地去看待。首先，父母不要觉得女孩看书本以外的书就不好，更不要认为课外书都是"闲书"，对女孩的成长没什么好处。其实，课外书不仅能够丰富女孩的知识，而且还能够拓宽女孩的视野，让她感受到更多的东西，并且激发孩子的想象力和求知欲望，同时也能够激发她对学习的兴趣。

很多的名人都是因为从小爱看课外读物，养成了热爱读书的习惯，在成长的路上不断地丰富着自己的知识，最终有了一番成就。当然，女孩正处于学习的重要阶段，如果不喜欢学习课本的话，就会因为成绩不好而影响日后的前程，父母着急也是可以理解的。但是，作为父母，看到女孩成绩不好的时候，不能片面地归咎到看课外书多的原因上，而是要深入地对女孩的情况进行分析，多跟女孩交流，找出她不喜欢课本的真正原因。

就拿丫丫来说，她之所以不喜欢看课本，其实是因为她从小对文学情有独钟，对数学的反应有些慢。再加上上了初中以后，更是要学习物理、化学等理科的科目，她觉得力不从心，认为自己不适合学这些东西。丫丫觉得上课听讲非常吃力，随着课程难度的加大，丫丫渐渐地觉得上课根本不知道老师在讲什么，于是就不再听讲了，而是在课堂上悄悄地看她喜欢的文学作品。第一次期末考试以后，丫丫的理科课程考得非常差劲，她也因此更加丧失了对课本学习的兴趣和自信。

跟丫丫一样，因为考试成绩差而失去学习课本的自信的女孩不占少数。可是家长在这个时候却给她们以指责和批评，有的家长甚至还打骂孩子，通过这种粗暴的方式来教育。然而这种做法却适得其反，本来孩子就灰心丧气，父母不但没有安慰，反而是给孩子的心情雪上加霜，孩子就更加不爱学习课本了。所以说，如果女孩真的不喜欢学习课本上的知识，那么父母就要想办法逐渐地建立她在这方面的信心和兴趣。例如，父母可以宽慰女孩，每次考试只要进步一点点，哪怕是一分，这样就足够了。

不要给女孩太大的学习压力

女孩喜欢看课外书，有很大一部分原因是因为看课外书不用考试，不考试就没有学习的压力。而学习课本知识不但要牢记其中的内容，还要通过考试来检测学习的情况，这会让女孩感受到压力，如果成绩再不好，她就更加不想学了。所以，对于这些孩子，父母要给她一个轻松的学习环境，不要有太多的要求。

父母要多给女孩鼓励

自信是孩子提高成绩的第一步，有了自信才能够全身心地投入到学习中去，有了自信才能在学习的过程中克服各种各样的困难，最终取得好的成绩。因此，在家庭教育中，父母要给成绩不好的女孩适时的鼓励，让她对学习充满信心。

事半功倍的学习法

预习，提高学习效率的关键词

学习是一种能力，这种能力不是生来就有的，而是从小就不断地培养，渐渐地养成的一种能力。预习是培养自主学习能力的一个很好的方法，特别是对于学生而言，它也是提高学习效率的关键词。习惯于预习的女孩，往往懂得如何在没有人指导的情况下获取知识，这对于日后参加工作也是非常有好处的。因此，父母在家庭教育中就应该让女孩养成预习的好习惯。

预习指的就是在老师正式讲课之前，学生自行地对将要学的新知识有初步的了解，并且对自学无法解答的难题做重点标记，待到老师讲课的时候再认真听讲，解决难题，达到最好的听课效果，从而让学习能力和学习成绩都得到提高。孩子在预习功课的时候，通过了解课本上的新内容，能够提高接受新知识的能力。

研究函数论的数学家张广厚在小学毕业的时候数学没有考及格。因为这一科不及格，所以没有被录取。后来张广厚决定到复习班里再读一年小学，通过改进学习方法来重点补习数学这一科目。张广厚把课前预习作为改进学习方法中最重要的一条，慢慢地，他就养成了预习的好习惯，而且在自学中还变得善于思考。后来。他的数学成绩终于得到了提高。

既然预习能够提高听课效果，让孩子更好地掌握所学的新知识，因此也就缩短了课后复习所要花费的时间。很多十分优秀的女孩都有预习的习惯，她们在与他人分享自己的学习经验时，总是把课前预习放在重要的位置。可见，预习对于提高学习效率来说有着多么大的影响。

基础学习阶段预习大致可以分为两种，一种是预习的内容是长时间段的，例如暑假期间对下一学期的学习内容的预习。这种预习要求女孩能够从整体上了解一本书的知识结构，试着通过自学来分析这些知识结构，并且掌握基础知识，能够在预习后会做基本的习题。在长假期间，父母可以让女孩每天抽出一两个小时来做大预习，以培养女孩的学习能力。

另一种预习是每次课前的小预习，也就是说，对老师上课即将要讲的内容提前了解，也是最为常见的预习内容。课前预习的同时也要对之前所学的旧知识进行温习和回顾，以便系统地掌握学习内容。做课前预习一定要记好笔记，笔记的内容包括本小节内容的大纲以及预习中自己不能解答的问题等。

中学生国际奥林匹克数学竞赛一等奖的一位得主在接受访问时说："自学一定要真正学会，很随便地看看书就说预习完了，这样的预习效果很小。"因此，家长在指导孩子预习的时候，一定要让女孩专心地学习。

在培养女孩预习习惯的最初，家长可以和孩子一同学习

有人说："家庭是世界上最重要的教育机构，它提供着给人的生命打上烙印的教养。"在女孩还没有预习习惯的时候，家长为了帮助女孩建立起这样的优良品质，自己也可以亲自参与其中，通过和女孩一起学习来增强孩子的积极主动性，甚至家长和女孩也可以相互竞争，看谁对新知识能够掌握得更好。

孩子与孩子之间也可以一起预习

一个人的知识和思维都是有限的，在预习的过程中，女孩不免会遇到这样那样的难点。这个时候，家长不妨尝试着让女孩与同学在一起预习，通过相互间的交流来提高预习的效果。当然，家长要确保女孩们在一起确实是在学习，而不是借着预习的理由玩耍。这就要求家长要做好监督工作，在信任女孩的基础上给予她一定的自由。

和女孩一起制订学习计划

学习计划就是学习时间与学习目标的完美结合，一个好的学习计划一定是时间安排合理，学习目标也很明确。学习计划有短期的，也有长期的，但无论是哪一种，都需要有一种坚持不懈的精神，认真严格地按照计划行事，最终才能取得好的成绩。

长期的学习计划是指在较长的一段时间里，为了让学习水平上升到某种程度而制订出来的。长期的学习计划更加具有变动性，因为女孩不可能预知较长时间

内会发生的事情。因此，长期的学习计划不适宜太过具体，只要大概地列出就可以了。首先，学习目标应该是明确的，也就是说，通过较长时间的学习，女孩想要自己的成绩提高到何种程度。其次，长期学习计划的学习内容也应该是具体的。例如，孩子在数学的几何方面学得不是很好，那么就可以制订出一个长期的几何提高计划，列出自己将要在这一段时间里所学的几何内容，然后按部就班地完成计划。

短期的学习计划是对长期学习计划的补充。如果说一个月是个长远的计划，在这一个月内，女孩决定要背诵 200 个英语单词，为了实现这个长期的计划，那么就需要女孩列出每周、每天所要背诵的单词，也就是短期的学习计划。相较于长远计划，短期学习计划应该更加具体，每天时间如何安排，在什么时间要学什么内容，这些都应该清晰明确地写在计划中。短期学习计划可以每天列，并且根据前一天的经验适时地调整第二天的计划，这样计划就会越来越成熟，可行性也会有效地得到提高。

学习计划的制订还要从女孩的实际情况出发，不能因为急于想要提高学习成绩，就制订一个远远超过女孩能力的计划，这样做只会让计划成为一纸空谈，没有任何可行性。在制订出一个可行的学习计划以后，家长就要监督女孩每天认真地执行，因为只有在坚持不懈的努力下，计划中的学习内容才能真正为女孩所掌握，最终起到提高成绩的作用。如果只是 3 分钟的热度，那么再好的学习计划也都不会起到任何效果。

总之，制订学习计划可以在一段时间内有效地让女孩实现自己的学习目标，减少时间的浪费，提高学习成绩，而且还能够锻炼女孩的意志力，有利于女孩良好习惯的养成。

家长要帮助女孩制订出科学的学习计划

学习计划的制订一定要科学合理。家长要让女孩知道，生活不仅仅是学习，还包括其他有意义的事情，因此，孩子不能因为学习就拒绝参加其他的一切事物。例如，在学习的同时也应该合理地安排休息时间和锻炼身体的时间，还要适时地参加一些集体活动，以培养孩子的交际能力和集体荣誉感。在学习的同时，还不能缺少玩耍的时间，让身心得到放松，以便更好地投入到学习中去。

家长注意提醒女孩：有计划就有变化

当然，学习计划制订得再完美，期间也可能会有一些没有料到的事情将其暂时地冲断。例如，本来今天也是安排着学习的任务，但是突然有好朋友到访，邀孩子一同去外面玩耍，孩子也不好拒绝远道而来的朋友。因此，在和女孩一起制订学习计划的时候，家长就需要让女孩了解到计划的变动性，并且根据这些变动性适时地调整自己的学习计划，或者在制订计划的时候就专门留出一部分时间，以应对突如其来的变化。

培养女孩坚持写日记的好习惯

日记在我国已经有着两千多年的历史，从东汉一直到现代，许多名家都有写日记的习惯。例如，伟大的诗人陆游，《徐霞客游记》的撰写者徐宏祖以及著名的文学家、革命家鲁迅。这么多伟大的人物之所以热衷于以日记的形式记录生活，就是因为日记短小贴切，能够及时地把自己的心情和身边的所见所闻记录下来。除了简便之外，记日记还可以提高一个人的写作水平，经过长期的坚持，练就炉火纯青的文字表达能力。此外，写日记还可以提高孩子对生活的观察能力。

日记的形式有很多种，或者记录今日的所见所闻，谈谈自己的感想；或者通过自己的观察来加深对生活的理解；日记也可以是自己天马行空的想象，就像写小说一样，尽情地驰骋在想象的世界中；此外，还有一种剪贴日记的形式。

感想日记是日记最常见的一种形式。例如，女孩今天随着班集体一同去参加了春游活动，为了纪念这一天，女孩就可以在回到家之后把今天的所见所闻，所发生的有趣和有意义的事情通通以日记的方式记录下来，并且从中总结经验，发表自己的看法。

想象日记类似于文学创作，女孩可以想象自己是一个美丽的公主，生活在一座漂亮的城堡里，也可以想象自己正骑着一匹飞马飞越无边的海洋……这些想象的内容都是现实生活中所不曾或者不可能出现的，通过写想象日记，不仅能够发挥女孩的想象力，而且还可以锻炼她优美的文笔。

所谓剪贴日记，就是在日常生活中把在报纸或者杂志等上看到的有意义或者自己感兴趣的内容剪下来，然后贴在自己的日记本上，并且要附上自己对剪贴内容的理解，当做是今日的日记。为了剪贴日记，女孩就会促使自己去多看一些书籍和报刊，因此，这种日记形式能够扩大女孩的阅读面，增长女孩的知识和见闻。此外，还有一种是摘抄日记，也属于剪贴日记的一种。女孩在读书时发现好的句子或者段落时，把这些精华的部分写在日记本上，以便自己学习。

在女孩不愿意写日记的情况下，有些家长总是喜欢强制女孩写日记，这种做法不但不能让日记发挥它的好处，而且还会让女孩更加反感它。因此，要想让女孩养成写日记的习惯，家长就必须先让女孩体验到其中的乐趣，把原本看做是不得不完成的一项任务，渐渐地转变为一种需要、一种诉说内心的途径。

告诉女孩：日记的内容要以真实为本

日记写出来是给自己看的，因此，日记的内容也需要是真实的。刚开始的时候，即便女孩的文笔还比较生硬，家长也要鼓励女孩去记录真实的心声，因为只有真实的东西才是美好的。试想一下，一个感情真挚的人怎么会说谎呢？当然，我们这里所说的真实并不包括故事或者想象的日记内容。

写日记要坚持不懈

做任何事情都要本着一个坚持的态度，写日记也是如此。写日记的诸多好处只有在女孩长期坚持以后才能够体现出来，相反，短时间的日记是不会起到什么效果的。因此，在培养孩子对写日记的兴趣的同时，家长还要培养女孩坚持不懈的精神。

教会女孩写读书笔记和摘录

当人们在读书的过程中看到吸引自己或者对自己比较有启发的重要内容时，会随时把这些内容摘抄在自己的本子上，这种摘录的形式就是读书笔记。读书笔记和摘录是提高阅读效率的一种方式，通过摘录书中内容和对这些内容做出相应的评注，孩子的理解力和思考力都能够在这个过程中得到提高。

读书的目的在于扩大自己的知识面，更在于提高自身的素质，在读书中修养身心，在读书中体味人生的各种乐趣。一个爱学习的人，他的一生会阅读大量的书籍，可是读的书多了，时间长了以后，书中的内容就会有些模糊，有的甚至还会忘记。成年人的记忆力都是有限的，何况是还处于基础学习阶段的女孩呢？因此，父母需要从小就让女孩养成写读书笔记的习惯，并且适时地做一些摘录。这样，当想要回顾书中的内容时，只需翻开读书笔记就能够想起更多的东西。

读书笔记有几种形式，第一种是摘要式的读书笔记。也就是说，在女孩平时看书的时候，如果遇到了自己比较喜欢的句子或者段落，就可以让女孩拿起笔把这些话语写下来，并且要在下面注明摘自哪一本书，最好是把版本也标注下来，以便日后引用。摘要式读书笔记是比较适合女孩的一种，这种方式不需要女孩自己去写评论，只需要照着书上的内容抄下来就可以了。

当然，如果对女孩的要求较高，而且女孩也愿意提高自己的摘录水平，那么也可以选择第二种读书笔记的形式，也就是评注式。这种读书笔记除了要求摘录书中精彩的语句之外，还要在旁边写下自己对这段话的感想，留下自己的评注。这种读书笔记的形式能够培养女孩独立思考的能力，对发散其思维有着很大的作用。

另外一种读书笔记被称为心得式读书笔记，就是指在阅读完一篇文章或者一本书之后把自己的理解和感想写下来，因此也叫做札记。这种读书笔记要求女孩在掌握了书籍或文章的中心思想后把自己的感受表达出来，类似于写一些评论或自己的看法与见解。

其实，无论是哪一种读书笔记，家长培养女孩写读书笔记的最终目的都是增强她的学习能力，扩展她读书的广度和宽度，从中学到更多的知识和人生道理。女孩在阅读的过程中也可以摸索出一套自己的读书笔记方式，形成鲜明的个人风格，这种方式更容易让女孩坚持下去。

家长要让女孩知道“手到”的重要性

在专注于读书和学习的时候，我们往往会用“眼到、口到、心到、手到”这“四到”来评断一个人的专注程度，缺一不可。因此，在平日的家庭教育中，父母不仅要让女孩做到前面的三项，而且还要告诉她：好记性不如烂笔头，写过的东西印象才会更加深刻，让女孩养成写读书笔记的好习惯。

适时翻阅和回顾自己的读书笔记

写读书笔记的目的不仅是在当时让自己对书中的内容加深印象，事实上，印象再深刻的内容，在岁月的清洗中也会或多或少地日渐模糊，因此，为了不至于让看过的书成为幻影，父母就可以引导女孩通过翻阅她自己当时做的读书笔记来温习。这无疑是一个非常简便又省事的复习方法。

教女孩学会用零散的时间做零散的事

富兰克林曾说：“你热爱生命吗？那么别浪费时间，因为时间是组成生命的材料。”成功的人往往都是珍惜时间的人，因为他们的生命正是在对时间的有效利用中发挥出了巨大的价值。著名的海军上将纳尔逊就说：“我的成就归功于一点：我一生中从未浪费过一分钟。”雷巴科夫也说：“用‘分’来计算时间的人，比用‘时’来计算时间的人，时间多59倍。”

对于女孩而言，一方面需要足够的玩耍时间，另一方面却又要有效地安排学习，因此，如何在这两者之间达到平衡，是衡量女孩时间统筹的一个有效渠道。家长在日常生活中要引导女孩学会统筹地安排自己的时间，无论是生活上还是学习上，都教女孩学会用零散的时间做零散的事。

刘璐刚升初三，当班里其他同学都陆续地投入到紧张的学习生活中之后，她看起来却依然镇定自若，丝毫没有打乱之前的步调。为了更好地迎接中考，很多同学都已经放弃了课余生活，兴趣班的课程也暂时搁浅了。然而刘璐在周末仍然要去二胡班去练习她自小就喜欢的乐器。除了拉二胡之外，刘璐对美术和书法也有着很高的天赋，她周六上午去二胡班，下去去美术班，周日上午去书法班，只用周日下午作为休息时间。

让人惊奇的是，刘璐的学习成绩并没有被兴趣班所耽误，相反，她的成绩一直稳定在全班前三名，让许多同学羡慕极了。无论是二胡、书法还是绘画，因为这些都是基于刘璐的兴趣，所以她丝毫没有感觉到疲惫，反而觉得参加这些兴趣班会让自己从紧张的学习中得到放松，是一种极大的享受。

为了与班上同学一同分享学习经验，班主任特意征求了刘璐的同意，让她在班会上讲述自己的学习方法。原来，刘璐之所以在培养课外兴趣的同时还保持着优异的成绩，是因为她喜欢利用零散的时间做一些零散的事。例如，背单词会占据许多同学一部分时间，可是刘璐却没有专门分出时间来背单词，而是在回家和上学的路上用卡片的形式进行记忆。在刘璐井井有条地安排下，她的学习生活充满了乐趣。

许多女孩都觉得，自己的时间差不多都被学习占据了。每天早上起来就要去学校，中午放学后也只有一点休息的时间，下午要上课，即便是晚上也要先完成老师留下来的作业，剩下的时间又要预习和复习，根本没有工夫出去玩。然而，同样是学生，而且还是一名即将面临中考的初三学生，刘璐却能够合理地安排娱乐与学习的时间。所以，问题的关键还在于如何利用零散的时间做零散的事。

其实，有时候学习并不需要专门挤出一部分时间来，通过利用零散的时间就足够起到高效学习的作用。例如，早上在洗脸刷牙的时候就可以回顾一下昨天上课的内容，在去上学的途中还可以温习刚刚学过的单词和公式。总而言之，只要能够合理地利用零散的时间，女孩就会发现自己的时间多出来一大半。

父母要让女孩认识到时间的重要性

很多女孩对于时间往往没有很强的概念，她们觉得自己的生命旅程还很长，即便现在浪费一点时间也无妨。然而就在这样想的时候，其他的孩子却已经在利用零散的时间来不时地追赶了，无论是学习还是其他方面。因此，家长在日常的家庭教育中，就要让女孩认识到时间的宝贵性，告诉女孩：珍惜时间就是珍惜生命。

父母本身就要有珍惜时间的好习惯

父母是孩子最好的导师，有什么样的父母就有什么样的孩子。如果父母每天的生活都在珍惜时间中度过，能够把工作和生活处理得井井有条，而不是顾了这头就顾不上那头，那么自己的女孩也会在不知不觉中受到父母好习惯的影响，把自己的学习生活也打理得非常不错。

鼓励女孩永远坐在前排

看到“坐在前排”这四个字，很多人可能会直接联想到教室里的座位，然后问：“教室里的座位有前排也有后排，而且前排就那么一些，如果所有人都想坐在前排，那么后排给谁坐呢?”没错，教室里的座位有前有后，不可能每个女孩都能坐在前排，可是家长应该鼓励女孩永远都坐在前排。

不同的老师有着不同的排座位的方式，有的是根据身高，有的是根据学习成绩。如果是前者，那么个子高的孩子也只好坐在后排，但如果是根据成绩排，那么孩子就可以通过自己的努力来力争前排。事实上，我们在这里所讲的“坐在前排”并不单指教室里座位的前排，而是一个统筹的概念。也就是说，父母在家庭教育中要让女孩明白：做什么事情都要做到最好。

20世纪30年代，在英国一个不出名的小镇里，有一个叫玛格丽特的小姑娘，自小就受到严格的家庭教育。父亲经常对她说：“孩子，永远都要坐前排。”父亲极力向她灌输这样的观点：无论做什么事情都要力争一流，永远走在别人前头，而不能落于人后。“即使是坐公共汽车，你也要永远坐在前排。”父亲从来不允许她说“我不能”或者“太难了”之类的话。

故事中的玛格丽特就是日后的撒切尔夫人。撒切尔夫人之所以有日后辉煌的成就，除了自己的努力之外，还有父亲从小就给她的谆谆教诲。现在很多女孩，无论是去听讲座还是去参加其他活动，都喜欢坐在后面，因为后排的座位更方便彼此之间讲话，而不用受到老师过多的约束。这样做的后果就是，女孩对老师在台上所讲的内容根本就没有听进去。因此，父母在教育女孩的时候，要让她每次都力争前排，即便是因为个人的问题被老师排在了后面，也要在心里面坐在第一排。

坐在前面的女孩因为离老师较近，她们一般不敢悄悄说话或者开小差，而是要始终认真地听课，成绩越来越好。想要坐到前排的孩子也有很多，可是并不是每个人都能够实现这个愿望，因为只有少部分孩子为了坐到前排而不懈地努力着、追求着。

现代社会竞争非常激烈，如果女孩从小没有一个竞争的意识，那么她将来很可能被社会所淘汰。因此，在家庭教育中，父母要时不时地给孩子灌输竞争的意识，让她有为理想而奋斗的精神，无论学习还是其他的事情，都力争做到最好，坐在前排。

理想要通过实际行动来实现

很多女孩也在心里憧憬着自己有一天也会坐在前排，她们也想提高自己的学习成绩，也想在某些方面能够名列前茅，可是这些想法永远都只是想想而已，从来不付诸行动。因此，理想终归还是一个空想。所以，家长应该教导女孩，心中的理想要通过不懈的努力才能最终实现，而不是靠空想。

让竞争成为一种习惯

父母要不断地给女孩灌输竞争的重要性，没有竞争就没有发展，没有竞争就没有社会的进步。同样，没有竞争的心态就没有自己美好的未来。让女孩知道竞争的重要性，通过竞争来不断提高和完善自身的能力，让自己在积极的竞争中健康地成长。久而久之，女孩就会把竞争当做一种习惯，做什么事情都会做得更好。

切忌“熬”时间

在学习这方面，并不是花大量的时间就能够提高成绩，而是要看学习的效率。有的女孩每天只需要学习两个小时就能够掌握当天所学的内容，其他的时间都在玩，考试的成绩也很好。可是有的女孩虽然整天都在学习，可是却不见分数提高。说到底，这还是一个学习效率的问题。

小丽学习很努力，每天除了在学校里认真学习之外，回到家完成了老师布置的作业之后，还要做很多课外的习题。除了吃饭的时间，小丽基本上都是趴在书桌上学习。爸爸妈妈看到小丽这么用功地学习非常高兴，他们每天都给小丽准备好丰富的夜宵，小丽一般都会学习到凌晨才上床睡觉。可是让人想不到的是，期末考试的成绩下来之后，小丽考得十分不理想。父母看到成绩单后也很惊讶，他们甚至怀疑小丽每晚究竟是在学习还是做其他的事情。

在得知女儿确实是在学习之后，他们就更加想不明白了，女儿这么用功，成绩怎么会没有进步呢？后来经过与老师沟通，小丽的爸爸妈妈才知道，原来女儿因为夜里熬得太晚，第二天上课根本就没有精神，老师讲课的时候她都快要睡着了。就这样，上课的时候犯困，回到家又要熬夜学习，小丽因为没有掌握正确的学习方法，只是单纯地在熬时间，所以成绩没有提高，反而下降了。

事实上，大多数老师和教育专家都不主张学生熬夜学习，因为白天学习了一天，大脑已经负荷很重，到了晚上基本上没有多少精神来学习，即便是学了，效率也不会很高，甚至一点成果都没有，而且熬夜还会影响到第二天上课时的精神状态。因此，不鼓励女孩熬夜学习。要想提高学习成绩，最重要的是讲求效率。

影响学习效率的因素有很多，跟孩子的情绪、体质以及学习状态都有关，有任何一个环节出现了问题，都会影响到学习效率。所以，家长需要注意，尽量让女孩在自己状态最佳的时候多多学习。

提高学习效率的方式有很多，其中最重要的就是要对学习有自信。每个人都有着强大的内在潜力，只是有的人把自己的潜力挖掘出来了，而有的人却只挖掘了一点点。其实，潜力挖掘的多少与一个人是否自信有着很大的关联。因此，要想学习好，要想在学习的时候达到高效率，那么女孩首先就要对自己有信心。

除了自信之外，在学习的时候还要集中精力。不少女孩学习或者做作业的时候总是左顾右盼，做了一道小题之后就去做其他的事情，然后再回来做第二小题，这会严重地影响学习效率。不仅如此，学习的时候还要用心。例如背单词，不是口中念着单词而心里却想着一会儿要找谁去玩，而是心中所想与口中所念保持一致，这样才能够记得住。

再次，高效率还需要有一个好的心情。情绪低落的女孩无法把精神全都集中在学习上，悲伤的情绪会严重影响孩子的身心健康，让学习效率降低。这就要求父母要给孩子一个良好的家庭环境，并且教给孩子调节情绪的小方法，不要让孩子被不良的情绪左右而影响了学习。

让女孩保持足够的睡眠

按时休息是提高学习效率的前提，因为只有休息好了才能有足够的精神来学习。因此，家长每天要督促女孩按时完成作业，按时就寝，不要养成熬夜的习惯。

学会总结和梳理知识

懂得如何总结和梳理一段时间内所学到的知识，这也是提高学习效率的一个好途径。通过总结和梳理，不仅巩固了前面所学的知识，而且能够将这些知识系统化，让它们更牢固地记在自己的脑海中。

积极看待偏科，女孩的特长才有发展空间

应该用积极的态度来看待偏科，因为偏科的孩子说不定会在某一方面有更大的成就。

爱因斯坦3岁多还不会讲话，父母很担心他是哑巴或是智障，曾带他看医生。直到9岁，他讲话还是不通畅，讲每一句话之前都要经过长时间的思考才开口。在念小学和中学时，爱因斯坦成绩平平，加上他举止缓慢，不爱同人交往，老师和同学都不太喜欢他，教他希腊文和拉丁文的老师甚至想把他赶出校门。

所以爱因斯坦从小跟着叔叔学习，没进过正规的学校。叔叔雅各布是电器工厂的技工，喜爱数学。当小爱因斯坦来找他问问题时，他总是用很浅显通俗的语言把数学知识介绍给爱因斯坦。在叔叔的影响下，爱因斯坦较早受到了科学和哲学的启蒙。

文学家钱锺书，十岁入东林小学，十九岁被清华大学破格录取。他生于诗书世家，自幼受到传统经史的教育，擅长中文、英文，却在数学等理科上成绩较差。报考清华大学时，数学仅得15分，清华大学老师看在他国文、英文成绩获得满分的份上，破格录取在外文系。

上面所提到的两位名人都是偏科的例子，然而偏科并没有给他们带来多大的恶果，相反，他们在别的方面却表现出了极大的天赋和才能。由于思维方式和用脑方式的不同，每个人所擅长的科目都有偏差，只是有的偏差大，而有的偏差小

一点。而爱因斯坦和钱锺书就都属于偏差较大的人。

其实，如果说女孩有一两门表现得特别优秀，但另外几门特别不好，那说明她的思维方式是朝着某一个特定的方向发展的，正因为她能在这一个方向上发展得深，所以他不能在另一个方向上走得有多好。

因此，如果自己的女孩有偏科现象，父母还要朝积极的方面想，而且要多挖掘女孩擅长科目的潜能。当然，在基础学习阶段，因为面临着升学的压力，女孩如果有偏科现象，父母还要尽量帮助女孩提高成绩，找寻适当的学习方法，而不能因为偏科就完全放弃这一门科目的学习，这对于升学考试是极为不利的。

对于严重偏科的女孩，父母不如“放手一搏”

一些女孩存在着严重偏科的问题，例如，有的女孩在语言上相当有天赋，每次语文和英语考试都是名列前茅，而且还有着同龄人不具备的潜能。可是她却在数学等理科知识的学习上十分吃力，甚至考试只得了几分。面对这样的情况，如果不是孩子努力与否的问题，那么父母不如就让孩子朝自己有潜能的方向发展，而不要为了升学考试对孩子强求太多，也许她将来在语言和文学上有很深的造诣。

有一技之长的女孩也备受认可

有的女孩因为偏科的问题影响了升学考试，或者没有考上理想的学校，或者是什么学校都没有考上。其实，我们的社会对于特长生是非常接纳的，只要她真的拥有一技之长，那么无论走到哪里，她都能够得到别人的认可。因此，如果孩子偏科实在严重，那父母就要考虑发展孩子的特长，让她拥有一技之长。

第十九章　越读越聪明——爱上阅读点燃智慧

让女孩与文字交上朋友

女孩与文字的结缘越早越好

虽然每个女孩的天生发育程度都有高有低，可是的确存在一些因素会影响孩子的智力发育水平，其中最有意思的竟然和汉字有关。

据英国的心理学方面的专家查德·林博士对涉及英国、法国、美国、德国、日本五国的适龄儿童的智力发展水平进行了测试，结果发现，欧美儿童的智商平均为100，而亚洲日本的儿童的智商却为111，而造成这种差异的原因竟然是日本儿童在早期教育中接触了汉字。

科学家对使用拼音文字的欧美人和受过汉字教育的日本人及中国人进行了测查发现：拼音文字作用的音码部位在左脑上的单脑文字，而汉字却是音码、形码、义码在左右脑产生作用的复脑文字，而已经经过现代科学研究证明，右脑对开发儿童智力的作用具有决定性意义，进而可以看出在孩子的早期教育中学习汉语的重大作用。

而从日本关于幼儿智力开发方面做的实验中发现：日本孩子如果在早期教育中不学习汉语，那么他们的智商也和欧美的儿童相差无几，也同样保持在100的水平。但是学习了汉字的孩子却不同了，例如如果儿童从5岁开始学习汉字，到入学前一年智商水平能达到110；如果从4岁开始学坚持2年，智商能够达到120；若从3岁开始学习三年，那么智商可能达到125～130之间。

我们知道每个人大脑容量在基数上差异很小，大脑提供了智力发展的场所，而真正决定智力发展水平的是脑网络结构搭建的充分程度，也可以理解成大脑皮层的褶皱数量。褶皱数量的多少和脑细胞网络连接的程度成正比。学习汉字能提高幼儿的智力发展水平其原因在于汉字结构。汉字是复脑文字，汉字本身具备的结构及演变能吸引儿童主动地动脑筋，而动脑筋的过程可以完全刺激大脑感官细胞生成许多突触小体，细胞间渐渐地形成网状结构，而这种刺激越多越会形成密集的网络，人因此会变得更聪明。还有就是汉字的产生发展不无符合逻辑、富于结构性联想，汉字象形、规律、联想，因此学习汉字能充分调动儿童的思维，活跃他们的大脑，使儿童越来越聪明。

早与文字结缘益处多

著名的华裔诺贝尔物理学奖获得者杨振宁博士在其 4 岁的时候，他的母亲便开始教他识字，在一年多的时间了他大概学习了 3000 多个汉字，杨振宁教授感叹地说：早期的汉字教育对我意义重大，也许我现在认识的汉字估计还没有那个时候的 2 倍。

父母需要了解的事

中国国家语委语言文字应用研究资料中的数据显示，中国科技大学著名的少年班十三期中有 70％考上了研究生，50 多人获得了博士学位。其中还有年仅 10 岁的大学助教、24 岁的博士、26 岁的副教授。而这些孩子进入中国科技大学的年龄大都在 11～13 岁之间，这些孩子在自身生理状况的对比上并无优势，但是所不同的是他们都受到了优质的早期幼儿教育，据资料显示，在该校首届的 29 名少年中有 28 人三岁就开始学习汉字了。学习汉字对孩子的成长作用可见一斑。

名人的成长离不开早期识字阅读

书籍是人类的精神食粮，读书多的人不仅拥有广博的知识，而且具备良好的气质。他们有着自己对人生的理解，用一颗充满智慧的头脑思考，用一双善于行动的脚开创自己的世界，他们独具慧眼，追求理想，却又始终保持着一颗宁静而淡泊的心。

爱因斯坦说过："天才是一份天赋加上九十九份汗水。"没有谁是随随便便靠着天赋就可以成功，无论是历史上的仁人志士还是当代的名人名家，他们无不是靠着自己的努力一步一个脚印地走向成功。从每一个名人的故事中我们都可以看出，他们成长的路途中都充满了努力与勤劳的汗水。因此，作为家长，要想自己的女孩也在日后有一番或大或小的成就，那么就要从此刻开始培养她在知识的海洋中浸泡，也就是从早起的识字阅读开始。

从许多名人的故事中我们都会发现，早期的识字阅读让他们在日后的工作中更加如鱼得水。歌德是享誉世界的诗人，他在四岁之前就已经能够认字读书，甚至能阅读诗歌体裁的文章，在八岁的时候就已经具备了说五国语言的能力。著名的生物学家，进化论的创始者达尔文也是从四五岁的时候就开始认字，他尤其对书本中的动植物信息感到十分好奇，经常是实践观察与阅读交叉进行。

国外的名人多有早期识字阅读的经验，中国的文人志士也是如此。地动仪的发明者张衡因为识字早，他在十岁的时候就已经博览群书，而且精通天文地理。唐代著名诗人白居易不到三岁就开始认字，六岁的时候就能作诗，名句"离离原上草，一岁一枯荣。野火烧不尽，春风吹又生。”是他在十三岁时的惊人之作，成为了千古传颂的名篇。古代人是这样，近代人又何尝不是。鲁迅五岁的时候就看过许多著作，青年时代的他已经具有文学家的气质，为日后的创作埋下了深深的伏笔。巴金五岁的时候每天晚上都要学习《白香山词谱》，他最终也成了一代文学巨匠。

名人早期的识字阅读经历对我们有很大的启发，看来，家长在开发女孩综合素质的同时，绝对不能忽略对女孩的文字启蒙教育。

父母要把握好女孩早期识字阅读的量

专家建议家长在教女孩早期识字阅读的过程中，要把握好度的问题，不能超过女孩的能力范围。文字和阅读的功底靠的是日积月累，时间长了才能够看到效果，而不是一朝一夕就能够有所成就的。因此，女孩每天的识字阅读量只需要一点点就够了。

不能让女孩爱玩的天性湮没在文字中

受“神童”风潮的影响，许多父母在女孩很小的时候就让她大量地背这个背那个，严重地超过了孩子能够承受的负荷范围。孩子天性爱玩，然而过量的识字阅读任务让她们根本没有玩耍的时间。渐渐地，女孩在文字中开始变得沉闷，失去了孩童应有的天真烂漫，这无疑是父母教育的失败。

帮助女孩制作识字卡片

对女孩满怀期望的父母都不希望自己的孩子输在起跑线上，尤其是在学习能力的培养上。如何能让女孩爱上学习，乐意徜徉在文字的海洋里，识字卡片的作用是不可忽视的。识字卡片是幼儿教学过程中基本的教具，对于女孩来说，识字卡片本身更是一种非常有趣的玩具，父母适时地引导和帮助，将会让女孩爱上卡片，爱上识字。

如何帮助女孩制作识字卡片？父母可以根据女孩的喜好和当时的情境，随意制作识字卡片，这样更能达到识字的目的。一般来说，最好选用稍微硬一点的纸片来制作识字卡片，因为女孩在识字的过程中，经常会拿在手上玩。而且硬一点的识字卡片便于保管，还能够重复利用，便于家长经常拿出来给孩子复习一下，加深印象。

具体的制作细节上，还有几点是需要家长注意的：

一是卡片以及字体的大小。女孩的年龄越小，卡片和字体就应该越大。因为当女孩年龄还小的时候，她们的视觉神经往往不很发达，注意力不容易集中，过小的卡片和字体不够醒目，往往容易让她们产生疲劳感，不能够成为她们长时间关注的对象，不利于教学。

二是卡片的内容。一般情况下，建议选用白色的硬纸板制作，用黑色墨汁端正地书写，当然绝对不能出现错别字，因为第一印象往往是鲜明而深刻的。女孩对于色彩和图画的东西往往会比较关注，容易引起她们的注意，因此不妨在卡片上添加一些相关的简单图画，在加强注意力的同时，加深对文字的印象。

新鲜感对于孩子来讲是比较重要的，所以当对于识字卡片产生厌倦时，不妨把它们收起来，不需要太强求，以免孩子产生抵触心理。也许过一段时间，对于孩子来讲，它又变成了一个有趣的玩具了。

在制作的过程中，能让女孩自己参与其中是再好不过的了

对于这样的手工活，大多数女孩都会比较感兴趣。妈妈们还记得自己小时候上美术课、劳动课时，亲手制作出一件物品时的那种喜悦和满足吗？那么，别忘了，你的女儿也会和当年的你一样，乐于这样的手工制作。在这样共同劳动的过程中，家长和小孩一起商量一下，“这张卡片要做成什么形状的”“在这张卡片上写个什么字”等。这样，在制作的过程中，小女孩真正融入到其中，感受到当中的乐趣，以及卡片完成时获得的满足。也许，仅仅是在制作的过程中，就已经达到了识字的目的了。

投其所好，才能收效显著

设计多种多样的识字游戏，将识字卡片运用其中，比如拿出几张卡片来给她讲个小故事等。让这个识字过程变成是自然发生的，使女孩玩在其中，同时又学在其中。这个过程中还要尽量做到的就是培养她们对文字的兴趣，爱上文字。家长还应该尽量保护孩子的这个兴趣，让文字的魅力能和洋娃娃的诱惑一样持久，不可抗拒。

在游戏中完成识字阅读

幼童教育中我们不能忽视一个重要的部分那就是语言的教育，而涉及语言教育的形式无非是书面和口头两种。一个不容怀疑的事实就是人们学习语言都是从学习口语开始的，幼童时期是女孩的大脑机能及器官快速发展和逐渐成熟的关键时期，因此对儿童的语言教育更要侧重对其口语表达能力的培养。

幼儿语言教育是一个复杂的语言教育活动系统，通常的方式有故事、诗歌朗诵、看图说话，也有更为受欢迎的在游戏中进行语言活动，负责教学的教师应该充分抓住各种形式的游戏有目的和有针对性地培养，从宏观上进行引导。

利用各种形式的游戏来引导和促进幼儿语言教育，尽量采用能调动孩子们学习语言的主动性、积极性及创造性。幼儿正是处于学习语言的黄金期，教师们的

教学要侧重对幼儿学习语言进行启发和讨论，引导幼儿掌握一些与表演有关的语言和非语言手段。

还要充分地激发幼儿学习的兴趣，从细节方面入手针对幼儿在学习中遇到的有关发音、词汇、语句的运用、运用语言的环境等方面的难题，通过有效的鼓励手段使孩子真正通过创造性的表演来培养学习的积极性和创造性。

幼儿学习语言要有良好的物质条件，只有让女孩们通过自身的感觉和直觉去多看、多听、多感受，才能通过接受的信息来刺激和激发女孩们的思维活动，从而获得最丰富的对事物的认识，有了表达的土壤和愿望。给女孩们创造一个安静而且光线充足，有必备的图书和其他的诸如好看的贴图、适合其学习的图片以及学习用具。此外，还要为孩子们创造一个良好的精神家园，这里有和谐快乐的气氛。通过各种形式的游戏，真正让幼儿们拥有自由广阔的空间，同时要辅之以实践的练习，让她们在活动中体验，在快乐自由的氛围中获得良好的发展。

组织各种形式的美工活动，让孩子们通过动脑筋，通过自己创造性的思维孕育各式各样的故事情节，通过画画来讲述自己的故事，最好能通过语言来描述自己所要表达的内容，通过不断地联系，幼儿们渐渐地就学会了看着自己创作的图画来讲述故事。

看图说话也是培养女孩口语表达能力的重要方法

主要从培养女孩对图片的兴趣入手，要准备一些内容有意思、色彩较鲜艳的图画让女孩主动去欣赏，然后试着让女孩找出画的主题、寓意等，然后让女孩从局部到整体观察整个画面。在看图讲述的过程当中，当发现女孩对某幅画产生了遐想和基本的感性认识的时候，要注意有意识地辅导女孩掌握不同的词汇，只有掌握更多的词汇才能够正确地理解。

游戏讲评也是锻炼幼儿口语表达能力的重要方法

研究发现女孩在内心深处对讲评是喜欢的。只有在讲评中女孩才能真正地表达自己看见的、体会到的。采用新颖的方法，充分激发女孩的积极性，在不断的讲评和讨论中锻炼女孩的口语表达能力。

推荐给女孩几本不错的读物

《爱的教育》：教育可以是令人感动的

安利柯啊！如果是你的朋友斯带地，绝不会说先生的不是的。你今天恨恨地说“先生态度不好”，你对自己的父亲母亲，不是也常有态度不好的时候吗？先生有时不高兴是当然的，他为了小孩们，不是劳动了许多年月了吗？学生之中有情义的固然不少，然而也有许多不知好歹，蔑视先生的亲切，轻看先生的劳力。平均说来，做先生的苦闷胜于满足。无论怎样的圣人，处在那样的地位，能不时时动气吗？并且，有时还要耐心去教导那生病的学生，神情的不高兴是当然的。

——摘自《爱的教育》

《爱的教育》是意大利作家埃·德亚米契斯的作品，他用孩子纯真的口吻叙述了一个又一个感人肺腑的故事，表达了父子、师生、同学之间的爱，以及个人对伟大祖国深厚的爱。主人公安利柯用孩子的眼光洞察世界，并且观察和感受着周围的一切，父母可以引导阅读此书的女孩一同去感受人间的爱，去思考身边的人和事，用心来体味生活，用爱来与他人沟通。

这本书的内容包括在小主人公安利柯身边发生的各种各样的感人的小故事，还有父母在安利柯的日记本上写下的劝诫启发性的文章以及老师在课堂上为同学们朗读的“每月故事”。书中每一个故事都内容新颖，情节感人并且发人深省，爱的力量在书中融汇，让此书散发出无与伦比的魅力。无论是家长还是孩子，凡读过此书的人都对它赞不绝口，在跌宕起伏的故事情节中流下了深情的泪水。

作者用幽默风趣的笔调描写着19世纪意大利的风俗习惯，每个小故事都发生在家庭、学校以及班级等场合。通过一个个小故事，作者为读者呈现出了人与人之间的爱和友谊，用诚挚的情感感动着阅读此书的每一个人，并且用平凡的故事把爱传递给每一个正在阅读此书的人。

作者埃·德亚米契斯于1846年出生在意大利一个美丽的海滨城市，因为酷爱军旅生活，在十六岁的时候他就进入军事学院进修，毕业后顺利地成为一名军官，随后又参加了意大利第三次独立战争。德亚米契斯的第一部文学作品是《军营生活》，发表于1868年，赢得了社会各界广泛的好评。德亚米契斯在1870年罗马解放以后便在都灵定居下来，他放弃军旅生活，做了一家报刊的记者，从此开始专业写作的生涯。

德亚米契斯年轻的时候曾环游世界，因此他的作品中不乏精彩的游记：《西班牙》《荷兰》《伦敦记事》《摩洛哥》……此后的十年间（1879～1889）是德亚米契斯创作的高峰，他陆续发表了一些社会题材的作品，《爱的教育》就是其中一本。此外还有《散文集》《朋友们》以及《大西洋上》等。

总之，《爱的教育》被公认为是一本人生成长中的“必读书”，是家长和女孩不可多得的成长指导书。

父母和女孩一起阅读

这本《爱的教育》不仅仅是给孩子看的，同时也是给父母看的。父母和女孩可以在茶余饭后一起阅读其中一个个的小故事，或者由女孩读，或者由父母读，待看完一篇故事的时候，父母也可以和女孩一起探讨其中的内容和思想，让女孩在读故事的同时受到心灵的启发。

教育是可以让人感动的

在读完整本书后，父母也许会发现，原来教育是可以让人感动的。再回过头来反省一下自己的教育方式，有不妥的地方加以改善，在今后的生活中，用心、用爱去教育女孩，去感染女孩。

《假如给我三天光明》：生命如此可贵

当我睁开眼睛，发现自己竟然什么也看不见，眼前一片黑暗时，我像被噩梦吓倒一样，全身惊恐，悲伤极了，那种感觉让我今生永远难以忘怀。

——摘自《假如给我三天光明》

海伦·凯勒（1880～1968），她是20世纪美国著名的女作家和演讲家，曾经被美国的《时代周刊》评选为“人类十大偶像”之一，并且被授予了“总统自由奖章”。这位伟大的作家在自己的生命仅仅存在了19个月的时候便因为猩红热病而丧失了视力和听觉，随之而来的是再也不能开口说话。

集聋、哑、盲三种残疾于一身，被突如其来的命运打入深渊的她，因为精神导师安妮·莎莉文的到来而重新找到了生活的意义。在安妮的帮助下，海伦用她顽强不屈的毅力克服了命运带给她的所有不公，用常人难以想象的勇气和坚韧创造出了在外人看来一个又一个不可能的奇迹。海伦不但考入了哈佛大学，而且还是世界上第一个完成了大学学业的聋哑人和盲人。

在黑暗的世界里，海伦用心灵的光辉为自己的人生点燃了一盏灯，她会下棋、会骑马、会滑雪，她喜欢旅行，喜欢去博物馆参观，喜欢戏剧，更喜欢文学。好学的海伦在莎莉文的鼓励和帮助下开始学习识字和说话，慢慢地，海伦尝试着与人沟通，用文字记录心情。她会讲五种语言，走过了世界各地，将自己的一生都奉献给了弱势群体的教育事业，赢得了世人的称赞。

海伦的生命仅仅有着19个月的光明，《假如给我三天光明》可以说是她的一本自传。假如给她三天光明：第一天，她想看到那些给她生命赋予了价值，给她的生活增添了光彩的人；第二天，她想看美丽的日出，享受生命的开始；第三天，她想要去探索和发现身边的世界。仅仅三天的光明，然而海伦却要用这仅有的三天去完成生命中最有意义的三件事。

在88年的岁月中，海伦走过了87年没有光亮的旅程，然而她却用自己的方式给人类带来了光明。她用勇敢震撼着全世界，她虽然有一双看不到光明的眼睛，却收获了一个能够感受光明的内心世界。她的笔触感染着每一个为她动容的人，她的精神笼罩着曾经在书中与她交流过的人。她的生命是微小的，她的精神却像透亮的光线，为人类的文明增添了曙光。

让女孩从书中读懂珍惜

这样一个女子，在黑暗的世界中憧憬着光明，没有一个人在读完《假如给我三天光明》后不被海伦的精神所感动。父母在孩子阅读此书的过程中可以让她不断与海伦进行比较，一个看不到、听不到的女性有着对生活如此坚定的信念，那么一个健全的人又有什么理由拒绝海伦所想要的一切生活中的美好呢？父母要让孩子在读书的过程中学会珍惜，哪怕是最平凡的拥有，孩子都要懂得珍惜。

让女孩学习海伦的精神

没有什么困难是克服不了的，聋哑的海伦在努力中尝试着与他人交流，失去光明的海伦在摸索中拥有了广博的知识，最终成为了一个享誉世界的女作家。命运对海伦是如此不公平，可是她却让自己站在了巨人的肩膀上。当女孩看到海伦的经历后，就应该学习她不屈不挠的精神。

《伊索寓言》：通过故事寓教于乐

有个小孩在学校里偷了同学一块写字石板，拿回家交给母亲。母亲不但没批评，反而还夸他能干。第二次他偷回家一件大衣，交给母亲，母亲很满意，更夸奖他。随着岁月的流逝，小孩长大成小伙子了，便开始去偷更大的东西。有一次，他被当场捉住，反绑着双手，被押送到刽子手那里。他母亲跟在后面，捶胸痛哭。这时，小偷说，他想和母亲贴耳说一句话。他母亲马上走了上去，儿子一下猛地用力咬住她的耳朵，并撕了下来。母亲骂他不孝，说他犯了杀头之罪还嫌不够，还要使母亲致残。儿子说道："我初次偷石板交给你时，如果你能打我一顿，今天我何至于落到这种可悲的结局，被押去处死呢？"

——摘自《伊索寓言》之《偷东西的小孩与他的母亲》

《伊索寓言》相传是由一名黑奴所写，但由于书中故事的时间跨度非常大，而且每一篇的创作风格也不相近，所以人们广泛认为这是一本汇集了古希腊人智慧的书，是一本由众多人集体创作的书，并不是一人一时所作。伊索可能是众多作者中最主要的一位。

《伊索寓言》是世界上最早的寓言故事集之一，由许多短小精悍的故事组成，语言平凡而亲切，在简单的叙述中蕴含着深刻的人生哲理。里面的寓言小故事都是从日常生活的角度进行选取，在平凡的世界里发现那些不为人们所察觉的真理。从古到今，不知道有多少人是在《伊索寓言》的陪伴下成长起来的，很多名人也都对这些小故事情有独钟。历史上一些著名的文学家也在其中寻找到创作的灵感。

《伊索寓言》中小故事的角色一般都以动物为主，它们用人的思维和语气进行说话与交流，作者力图用形象化的情景来将某种深刻却又平凡的人生哲理呈现在读者面前，让读者从中受到启发，从而反省自己在日常生活中的言行。书中共有三四百个小故事，其中有许多脍炙人口的名篇，如《农夫和蛇》《两个锅》《狐狸和葡萄》《口渴的乌鸦》等。

书中的故事蕴含着丰富的生活经验和道德意识，例如《口渴的乌鸦》通过讲述乌鸦如何通过自己的聪明才智来喝到瓶中的水，它告诉人们，智慧的力量往往大过于蛮力。再如《狐狸和葡萄》，意在说明一些没有能力办到某种事情的人，总是会找各种各样的借口来掩饰自己的无能。这些小故事中，有的是教导人们在生活中要品行端正，有的则教导人们不要撒谎，还有的是教导人们自力更生、勤奋正直。里面有不少故事讲述的都是弱者最终用智慧战胜原本强大的对象的故事。

《伊索寓言》融合了希腊人的聪明和智慧，将一个个光彩夺目的小故事娓娓道来，影响了无数的人，是世界上最古老的寓言集之一。

这是一本向女孩灌输善恶美丑观念的好教材

《伊索寓言》更像是一本生活的教科书，家长在让女孩阅读的时候，应该不断地穿插进生活中的实例，让女孩更好地理解故事中所蕴涵的道理，让她从故事中了解人性的善恶美丑，并且学习让自己凡事做到最好。

让乐趣贯穿于整个教育的过程

如果说《爱的教育》意在说明教育是可以让人感动的，那么《伊索寓言》则是在向世人证明，教育也可以充满乐趣。家长在与女孩分享寓言故事的时候，也可以不拘泥于形式，可以通过传统的阅读来学习，当然也可以换成更生动的形式，例如和女孩一起扮演故事中的人和动物，通过对话和行为表演来加深女孩的印象。

《鲁宾孙漂流记》：一次精神大冒险

在人类的感情里，经常存在着一种隐秘的原动力，这种原动力一旦被某种看得见的目标吸引，或是被某种虽然看不见，却想象得出来的目标所吸引，就会以一种勇往直前的力量推动着我们的灵魂向那目标扑过去，如果达不到目标，就会叫我们痛苦得受不了。

——摘自《鲁宾孙漂流记》

《鲁宾孙漂流记》是英国作家丹尼尔·笛福的作品，是作者用现实主义回忆录的方式记录的一部冒险小说。这本书刚刚在英国问世的时候就受到了众人的追捧，被誉为英国文学史上第一部长篇小说，同时也是世界文学史上一座不可磨灭的丰碑。

小说的主人公鲁宾逊是从某次海难中逃生出来的一个水手，书中讲述了他是如何用自己的智慧和勇气战胜了大自然的险恶，最终回到自己国家的故事。故事情节曲折，描写生动，主人公追求冒险的精神以及倡导通过个人的努力来最终实现目标，整本书的可读性非常强，是女孩不可多得的一本好书。

其实，笛福之所以能够写出这本历险的奇书，是因为他本人的真实生活经历丝毫不比鲁宾逊逊色。笛福出身于一个小商人家庭，父亲的愿望是让笛福长大后做一名牧师，但是笛福因为不信英国国教，最终选择了经商。他做过内衣、烟酒以及羊毛的经销商，也曾因为生意的原因到达过许多国家。

在经商的同时，笛福还对政治有着浓厚的兴趣。笛福在 1685 年参加了试图将蒙茅茨公爵推上王位的活动，随后他又加入了威廉三世的军队。但是没过多久，笛福的生意就遭遇了失败，他破产以后一次次被人告上法庭。然而不久后笛福又卷土重来，他经营的砖瓦生意获得成功，而且再次积极参与政治活动，还写了一些关于社会改革的建议书。

笛福在他的《消灭不同教派的捷径》中用讽刺的语词挖苦宗教歧视政策，也因为这篇政论文，笛福被关入大牢半年。在狱中生活的半年内，他又写下了诗歌《枷刑颂》，以抨击现行法律的不公正。笛福勇敢的精神让英国国民对他爱戴有加，并且奉他为时代的英雄。最后，笛福因为受到辉格党首领罗伯特·哈利的赏识而获准出狱。

笛福于 1719 年发表了他的第一部小说《鲁宾孙漂流记》，后来又写下了《鲁宾孙的沉思集》等一系列作品，均大受好评。《鲁宾孙漂流记》旨在告诉人们应该在困难中学会如何生存，更要在绝境中不失奋进，用勇敢和坚强最终战胜命运的颠沛。

用主人公的事迹感染女孩，让她做一个勇于奋进的人

笛福被誉为“英国和欧洲小说之父”，他用他的真实生活经验赋予了《鲁宾孙漂流记》主人公勇敢无畏的精神，并且把自我的生活主张和人生哲学融入了小说人物的思想和行为中去，旨在告诉人们：再艰辛的生活，只要有敢闯敢干、不怕艰辛的精神，任何困苦都是不能将自我打倒的。在家庭教育中，父母要让女孩在读过此书之后，真正地理解和学习作者传达给读者的精神，并且把这种勇敢的精神融入到现实的生活中去。

告诉女孩：精彩的人生是需要经历和历练的

很多女孩从小都是在温室中长大的，她们不愁吃穿，不用劳苦，什么事情都由父母为她们操持，这种安逸的生活让孩子丧失了生活的自主性。然而，精彩的

人生是需要去体验、去历练的，如果没有丰富的人生经验，那人生也不过是一张薄如纸的生命。因此，父母要鼓励女孩多去体味生活，体味人生中的酸甜苦辣，让所有的经历在历练中都融化为甜蜜。

经典诵读浸润人生

古老的经典含金量惊人

经典，有狭义和广义之分，狭义的经典指的是四书五经中的经和春秋战国以前的公文体制。广义的经典是指那些具有流传百世的不朽之作，是人生的滋养品，是人类文化史上常开不败的奇葩，如《三字经》《易经》《论语》《诗经》等，宗教上的《圣经》《孝经》等，这些经典都如莎士比亚说的是“人类的营养品”，是经过时间保留下来的思想的精华。

现在社会上流行多种快餐式文化，很多人没有时间坐下来阅读一下经典，没法接近名家进行心灵上的熏陶，所以，很多人会显得浮躁不安。若想诗意地生活，就必须走进经典。

不同的经典会教给女孩不同的知识，自然科学的经典让女孩在自然科学的领域里更容易接近真理；哲学的经典，可以帮助女孩开启心智，感悟世界，发现真善美，找到生的意义和价值，塑造女孩的人格。

经典的含金量总被那些真正阅读经典的人所感受。有一位中学生看完美国著名作家海明威的《老人与海》后，深受感动。在他看到老渔夫提亚哥在浩瀚的大海上捕鱼的描写时，为提亚哥感到震惊，长久等待后又经过几天几夜的奋斗，最后的战果却被鲨鱼侵吞掉。但是，老人做梦梦到了狮子，那是他不灭的信念。特别是，在他看到那句“仅以此书献给那些做事中没有信心的青少年”时，这位中学生再也无法遏制自己的呼喊，他要为自己加油，他这样说：“在任何时候，努力不可少，信心不可丢。”

经典就是具有这样让人意想不到的巨大威力，在和名家对话的过程中我们自己也能得到提升。英国哲学家和科学家弗兰西斯·培根竭力倡导人们读经典，他说：“读史使人明智，读诗使人聪慧，数学使人精密，哲理使人深刻，伦理学使人有修养，逻辑修辞使人善辩。”其实翻开经典就是远离了肤浅，“君子博学而日三省乎己，则知明而行无过矣”“见贤思齐焉，见不贤而内自省也”“美是道德”“没有爱的生活就像一片荒漠，赠人玫瑰，手有余香”……这些让人终身受用的哲思都包含在经典里。让我们用今天的努力弥补明天的遗憾，走近名家，走进经典，演绎完美人生。

父母需要了解经典的含义

现在“经典”一词被泛化，人们随意使用着这个词，可能会误导女孩，认为那些被吹捧的就是经典。但是，现在很多东西都是炒作后便冷却下来，成不了真正的经典。父母要了解什么是真正的经典，帮助女孩选择适合她们读的经典著作，可以为孩子节约时间，让她们读到真正的经典。

父母也要读经典

现在生活节奏快了，很多父母都忙于挣钱，虽说也是为了让孩子有较好的读书条件，但是，父母永远是孩子的榜样，以身作则才更有说服力，当父母远离经典的同时也会影响孩子接近经典。经典里含有很多的哲理，只有父母读过经典，面对孩子读书时遇到的疑问才会给予正确合理的解释。此外，很多经典里的思想是非常先进和超前的，它有时会和我们生活里的常识不一致，比如，尼采宣扬的“超人主义”和“上帝死了”对人生的指导意义不是一时就能看透的。这时候，作为父母的最好能为女孩作合理的解释，以免她们误读经典。

诵读经典使女孩的潜能得到开发

有人提出“全民读经典”的口号，在社会上引起一定的反响，特别是对在校的女孩。人们也越来越多地关注孩子读经典的事情，很多专家发现，孩子读经典有助于潜能的开发。

我们知道很多女孩读书往往是不求甚解的，她们有时就是把所读的东西给背下来，如果父母引导她们有兴趣地读经典，在读经典的过程中，她们会很放松的。这样可以缓解女孩的压力，并在读经典的过程中会有创造性的奇思妙想，会产生顿悟。读到兴致时，她们自己会进入到“品”的状态。所有感性的东西积淀久后，会让她们有质的变化。

孩子诵读经典时，眼睛看着文字可以刺激右脑的开发，但是背诵前或背诵过程中对文字的编辑整理则是开发左脑的工作。背诵过程中耳朵能听到自己的声音，也可以边书写边背诵，所以，在整个读书过程中眼、耳、口、手等全部调动了起来，这样左右脑同步使用，可以使学习能力提高好几倍。

此外，这些被女孩囫囵吞枣的经典，虽然一时还不被理解，但是那些感性信息会存在大脑的潜意识里，直接或间接地影响她们。一旦有了外界的契机，那些信息便会调动起来形成链接，让所读知识融会贯通，她们就会受到经典的潜移默化、陶冶性情，使她们心性向善。这样的诵读方式可以增进记忆力、注意力、理解力和创造力的开发，也就是让潜能更有机会发挥。

专家通过实验发现，受试者如果只是阅读一般的文章，脑部活动并没有什么特别变化，但是当她们阅读辞藻较深奥繁复的经典作品时，脑部处于较活跃的状态。由此可以得出，处于潜能开发黄金期的女孩，她们有着超强的好奇心和好胜心，当她们阅读经典时，脑部也一定会更加活跃的，这对一个女孩的成长有着至关重要的作用。

科学研究还发现，人的潜能是递减的。就是说，女孩的潜能越大，教育越早，她们的潜能就能更充分地开发出来，并在日后转变成更强的实际能力。面对女孩潜能的递减规律，读经典开发其潜力是不容忽视的。背诵经典是女孩潜能开发较好的一种方式。

而对于女孩子，这种开发潜能的方式效果会更好些，因为，女孩天生敏感，她们能敏锐地捕捉到语言背后的微言大义。尽管是简单得不甚理解的诵读，在她们的内心也能细微地感触到。女孩子的记忆力、语言能力又更强些，所以，诵读经典对开发女孩的潜力来说是不可替代的妙方。

父母要为女孩选择适合她们的经典

女孩子天性敏感，阅读经典时可以选择一些感性的经典，例如《诗经》，这样她们能更好地感受到经典的魅力。但是，倘若一味地读很感性的文字，也容易让她们产生一种消极的情绪。所以，理智的、硬朗的文字也是必不可少的。

正确地辅导女孩读经典

有些父母，自己的思想偏保守，在接触经典时可能会误读，甚至是有意误读。这会阻碍女孩接近经典的效果。比如“关关雎鸠，在河之洲”，很多人就会误读为歌颂女子的品德，其实，它应该是一首非常唯美的爱情诗。如果这样的误读过多的话，会不利于女孩读出经典背后的美。因此，父母一定要正确地辅导女孩读经典。

让经典诵读变得好玩

人都是有惰性的，诵读经典是一种享受，但是对那些没有此兴趣的女孩来说则是一件苦差事，因为女孩正是贪玩的年龄，所以，让经典诵读变得好玩，变得充满趣味性就显得非常重要。

究竟怎样使诵读经典变得有趣呢？专家根据不同年龄阶段的女孩的审美情趣给予了区分。根据这种审美情趣的不同，父母应给予女孩不同的指导，让她们有兴趣诵读经典。

第一，在女孩初步接触经典时，比如，让她们诵读《三字经》，三字经每句话的字数少，容易诵读，能让她们有种成就感，所以，就会更感兴趣。但是面对适合她们读的其他的经典时，比如简短但寓意深远的作品，像马致远的《天净沙·秋思》，里面有很多的画面描写，这时候让女孩先自己联想，最后再给配以相应的图片和她们联想的图片比较，无论和她们联想的一样与否，图片的视觉刺激会让她们觉得好玩，会增加她们的阅读兴趣。

第二，在女孩稍微有点抽象思维能力时，给她们增加一些有点难度的感知作品就会让她们在战胜困难中感到读诵经典的趣味。比如，给她们选读一些音韵和谐、朗朗上口的作品，让她们感受一下作品的内在韵律，再说出自己的感受，这样女孩就进入到经典里，在她们心里会对经典有种崇拜，在她们转述大师的作品时，父母要给予鼓励和肯定，尽量淡化批评，让她们有信心走进经典。比如，雪莱的那句“冬天来了，春天还会远吗？”虽然语词简单，但含义深厚，不同的读者会有不同的感想，无论她们怎么表达自己的看法都不为错。

第三，调动起好奇心，引导女孩诵读经典。在让女孩读那些有点枯燥的经典时，可以采用这样的办法：一位母亲在陪女孩读自然科学时，她这样调动起了女孩的兴趣，她说：“亲爱的孩子，随着你一天天地长大，你对周围的世界更感到好奇，疑问也越来越多。你明白一颗小小的种子怎么会长成参天大树的吗？美丽的蝴蝶真的是由毛毛虫变来的吗？鱼儿在水里为什么不被淹死？人为什么必须吃东西才能一直劳动？飞机为什么会飞？真的有外星人吗？如果想知道这些问题的答案，那就看自然科学的书，耐心地看，你就会发现秘密的。”这是一位非常合格的母亲，她调动了女孩读经典的兴趣，就连看似枯燥的自然科学也被她描述得那样有声有色。

第四，等到女孩能独立思考时，就要给她们看些有思想深度的经典了。通过经典为她们打开一扇新的人生之门，让她们树立起正确的人生观、世界观、价值观。此时，可以和她们进行一些哲思的对话，让她认识到经典的伟大之处，让兴趣发自内心，成为自觉的活动。

父母要敢于想象

父母的想象力对女孩有着直接的影响，面对女孩畏惧经典时，要想出各种方法调动孩子的兴趣。一般来说，父母具有想象力的话，会给孩子想出各种增加兴趣的奇思妙法，方法的更替让女孩也会有更多的兴趣点。

父母要鼓励女孩自己寻找增加兴趣的方法

有的女孩会自己摸索各种读书方法，来提高自己的兴趣。有时，女孩自己摸索出的方法会更有效，做父母的一定要鼓励女孩。目的都是让经典读起来不那么难懂，让女孩喜欢诵读经典。所以，只要是有助于女孩诵读经典的方法，都要鼓励。

养正养志，圣功也

“蒙以养正圣功也”这句话出自《易经》，主要意思是说在孩子小的时候应该培养其纯真无邪的品质。孩子从小就纯真无邪，心自然是向善的，所以这是培养德才兼备的经验之法。而实现纯真无邪的必走之路就是让他们从小就诵读经典，特别是中华民族的文化经典。那些经典都是历经时间和实践验证了的不朽之作。古往今来，圣贤君子作为人格典范，以相当高的道德水准，熏陶了无数的后进之士成为民族的骄傲。

对于女孩来说，在记忆力非常好的时期，多读些经典，让她们对前人的优秀哲思有所了解，从小就有较强的民族风格，也就远离了那些对她们不利的东西。能把民族的精华教给子孙后代就是作为父母的最大的贡献——圣功。

有人说：“幼儿养性，童蒙养正，少年养志，成人养德。”人的气质会随着接触的东西发生改变的，这些潜移默化的改变会支撑和影响一个人余生的道路，文化经典接触多了，就好像自己天天在和古人圣贤面对面交流一样，孩子们会以他们为师，为偶像，这样整个社会的风气就会被经典弥漫，我们不会再见到那么多的青少年犯罪，也不会有那么多女孩追星追到荒废了学业。阅读本民族的文化经典可以找到立人之本，比如：“己欲立而立人，己欲达而达人”“己所不欲，勿施于人”“见贤思齐”“人至察则无友”等；阅读世界大师的经典可以找到民族间的共鸣，让女孩变得博爱而宽广，比如白求恩大夫的博爱、海明威战胜困难的精神、雪莱纯真的信仰等。

幼年的女孩可塑性很强，所以此时的教育也就显得特别的重要，凡是有作为之人，在幼年的时候都接受过较好的教育，也许，她们没办法亲自阅读经典，但是她们却通过其他方法学得了经典里的智慧。南怀瑾先生也说过：“从儿童时期诵读历史经典名著，是我们一贯的基本教育方法。”

但是，在社会高速发展的今天，不读经典，等着靠别人言传经典里的智慧就赶不上发展的步伐了。每个人的一生都是有限的，每个人所需要学的东西却是无限的。从孩提时或更早，就应该诵读经典，这样才能在无涯的学业中多一点收获，多一些立身的底蕴。

“自天子以至于庶人，壹是皆以修身为本。”经典记录着民族成长之魂，民族的灵魂需要一代代传下去，让后世之人永远不忘本，让中华之经典永远延续。

父母要自己先读经典，给女孩做好榜样

父母对女孩的影响要大于其他人，女孩都有模仿的心理，如果父母养成读经典的好习惯，女孩也会跟着学习，这比自己不读，盲目地督促女孩读要有说服力。其实，经典是一个民族的魂，读经典可以让人的品位不断提升，父母也不是完人，

也需要读些经典，来完善自己。

父母要给女孩提供读经典的环境

很多女孩也是很喜欢读经典的，但是有的父母却有偏见，认为社会最直接需要的才该学，比如，他们会给女孩报各种补习班，为的是在升学中取得高分。经典的诵读却被忽视。父母给女孩提供读经典的环境，首先自身要重视经典，不要在女孩读经典时打断她们，逼着她们去学数理化。要知道，女孩得先学会立人，才能学有所得，才能真正立于世。

爱读书不如会读书

选最精华的部分读

在教育女孩时，首先应该从引导她们读书开始，不能采取高压的手段，不能采取强硬的态度，否则激发的不是女孩的潜力，而是她们的叛逆心。叛逆的孩子不好管教，尤其是女孩，她们比男孩更难控制，因为她们敏感细腻得多。家里有女孩的话，就意味着父母在平时说话要轻声细语，戒焦躁，戒谩骂粗言，甚至夫妻间的争执也要注意回避。闲谈之余，读书是肯定的，这样才可以不断满足女孩成长期间膨胀的求知欲。

在选取要读的部分时，首先应该从阅读的书本中入手。在女儿自主阅读后，家长会不知不觉地失去对书橱的控制力。所以这种情形下，这种偶尔的集体活动是必要的。不断和女孩的思想进程保持接触，安心地做好她的良师诤友。至于怎样在阅读的时候选择精华作为典范和家人一起分享，可以从以下几个方面入手：

首先，选择一些短小精悍却又意味深长的小寓言故事之类的。这种选择可以完全作为一个话题，大家再进行讨论，在讨论的过程中，各抒己见，畅所欲言，可以不断拓展女孩的视野，加深她们的思想，训练她们的口才。

其次，还可以选一些人物的心理独白或者是编者按。这样的语句读出来，可以让大家都沉浸在特定的感情之中，从情商方面训练女孩，让大家都产生共鸣。

再次，一些独特意境的诗句，或者独特审美的描写片段也可以挑出来，以培养女孩独特的眼光和视角。与众不同在她的成长过程中是一种给予同时也是一种挑战。

另外，一些人物传记中的独特部分也可以作为一种选择。诸如书中人物人生的转折点或是他们的座右铭之类，可以给女孩一些启发，让她们明白从小便要有自己的理想与规划，要清晰地知道取舍，这样才能在书籍之间出入自由，找到自己的价值取向。

在阅读的时候，从这些方面进行取舍，不断从各个层面刺激女孩的反应，促使她们在良好的轨道中成长，达到真正有的放矢的教育目标。

家长不妨选取下午茶阅读的方法，全家都进入到阅读的殿堂

周末下午集在客厅，放上曼妙的轻音乐，茶几上放上妈妈精心烘制或者带着爱心的甜品，而爸爸早已坐在桌子前，摊开一本厚厚的书读到一半。这种情景唯一需要的是女孩尽快加入，在刚开始这种活动的时候，爸爸可以精心挑选几本书随意地推荐给女儿——巧借俄狄浦斯情结刺激女孩的求知欲望。在这样和谐的情境下，可以加上点小插曲，让大家把分别在看的书最精华的部分诵读出来，这样不仅能够调动大家的兴致，更能分享阅读的乐趣。

在诵读中培养女孩的仪表和姿态，提高女孩的修养

有人说，女人天生就是演说家，但是怎么样才能在众多的演说者之中脱颖而出？这需要从小打好基础。在诵读之中，父母要注意对女孩的音色、音调加以指导，使之更加完美地展示内容，另外，聆听也有需要去学习的地方，在听父母诵读时，可以迅速地在脑子里进行思考，进而在这些内容之上发表自己的观点，进行交流，侃侃而谈，这些渐渐地会让女孩形成迷人的仪态。

把读书笔记写在自己的博客里

每一位父母都有自己的育儿经，微博从孩子没睁眼的照片到孩子的结婚照一路晒下去。这样的博客倒是足以满足众人世俗的心理，但是究其营养毕竟不是很丰富。《巴黎两日情》里，对于时常被自己的思绪吸引而定住不动并且视觉有缺陷的玛丽昂，她的妈妈送给她一台立可得，让她在静态中去捕捉美，然后她成了一名摄影师。所以，身为父母要善于发现子女的细微之处，对待女孩尤应如此，因为她们独特。所以不如换种独特的方式去记录女孩的成长历程。

认真做读书笔记。读书笔记和女儿的成长能有什么关系？关键是怎样做读书笔记与做什么样的笔记。就像王小波的读书札记编辑成册出版，取名——《我的精神家园》，而这里所提倡的写给女儿的读书笔记也是如此，将一座精神花园传承给她们，无疑是个很特别的礼物。虽然不至于把读书笔记做得像是朱子家训一样，但至少也要让女儿在将来翻阅你的读书笔记的时候，可以清晰地看见老爸老妈的思想历程，可以在父母的文字中学到沧桑的历练，这也是她们的一种成长。通过精神上的交流，使女儿可以轻松地站在父母的肩膀上，于是也就有了高一些的视野。

把读书笔记整齐地放在博客里。博客在当今已经不算最流行的了，但有独特的群体还在围绕着它们。在这种不温不火的环境下，可以不市侩但又小世俗地将自己的博文一篇篇地打理好。其中可以专门列一个分支给读书笔记，认真地将它们整理出来。在博客上发表这些，有一个好处是纸张时代带不来的——观众。而有了观众的好处就是你不能再随随便便地将它搁浅。因为会有人关注、催促着你，这对于自制能力欠佳的父母来说，这种压力完全可以转换为一种良性的督促。

等到女孩大到可以使用电脑，家人之间的阅读活动可以再把读书笔记加进去。让女孩也从小呵护一个属于自己的博客天空，学着把读书笔记写在博客里，去记录自己的见解，捕捉自己的想法，整理自己的思绪。然后，就是相互交流，交流之中才会有沟通，才会擦出新的火花，产生智慧的星星之火，让女孩在理性的思维方式中逐渐长成一个有素质的人。

摘抄原文精华的内容

这种做法正好可以和之前提到的读诵相呼应。在原文之后，通常要加上几句自己的看法或者理解进行点评，这样才能更好地让自己融入进去。将来女孩在阅读时，还可以借机温习下自己曾经和父母一起读书的温馨历程。

组织自己的文字抒发见解

用这种方式来写读书笔记对于自身有一定的要求，同时，写作是一件颇为隐私的事情，可以用语言文字完全将自己的心境展示出来，女孩在看的时候会不会被自己的文字打动，做父母的肯定会很忐忑地进行猜想。这种思想上的沟通是隐晦的，但是通常又会有醍醐灌顶的作用。因为这种沟通之前是有铺垫的，再通过这种读书笔记交换的方式可以更加增加印象，互通有无。

有些文字需要仔细推敲

“推敲”一词在辞典中的解释为：斟酌字句。亦泛指对事情的反复考虑。现在多指作家在文字操作过程中反复选择、调动词句，以求准确、妥当地把形象物化为定型产品的操作情况。

因此，推敲在我们的学习和生活中有着举足轻重的位置，正如孔子所云“温故而知新”，有选择性地反复琢磨一些有价值的文字，往往可以获得新的解析和价值。关于“推敲”一词的由来在中国的历史长河中还有一个脍炙人口的典故。

唐代著名的苦吟派诗人贾岛有一首被世人耳熟能详的诗歌《题李凝幽居》：“闲居少邻并，草径入荒原。鸟宿池边树，僧敲月下门。过桥分野色，移石动云根。暂去还来此，幽期不负言。”尤其是大家争相朗诵的“鸟宿池边树，僧敲月下门”佳句。本来诗句中的“敲”字是“推”字，诗人反复吟诵，总觉得诗句没能完全表达诗人的深意。不知是“推”字好还是“敲”字妙。于是一边吟诵一边骑着毛驴往前走着，不小心走进了韩愈的仪仗队，触怒了韩愈。但是当贾岛把自己的疑惑告诉韩愈，韩愈转怒为笑，并在他的指导下换成了“敲”字，使诗句更能体现万物入睡、夜深人静的深意。因此，贾岛还和韩愈建立了很好的友谊。“推敲”一词，更作为千古佳话，流传至今。因此，精益求精的推敲精神也作为一种精神文化进入了我们的文化生活中。

无独有偶，鲁迅先生的“忍看朋辈成新鬼”中的“忍”字；张先的“云破月来花弄影”中的“弄”字；宋代宋祁“红杏枝头春意闹”中的“闹”字……这些被传为千古佳话的名句，正是在作者反复琢磨、反复推敲、反复思考的努力下，才创造出意境浑然一体、情景交融的审美境界。

正如《诗·卫风·淇奥》中所说的：“骨日切，象日磋，玉日琢，石日磨；切磋琢磨，乃成宝器。人之学问如能成就，犹古象玉石切磋琢磨也。”人的学问也需要反复切磋琢磨，研讨探究，才能获得成功。

尤其对女孩来说，“女子无才便是德”的愚昧观点早就随着封建社会的解体而消逝了。女孩对学习上精益求精、反复琢磨、独立思考是其人生获得成功的必要品质。父母是女孩的第一任老师，如何培养女孩的“推敲”精神是非常重要的。

培养女孩精益求精的精神

“精益求精”是一种美德，对女孩在学习和爱好上都要严格要求，告诉她做事情反复琢磨、推敲不断地创造新意才能获得价值和快乐。尤其是女孩，不能让她们养成浅尝辄止的习惯。让女孩对接受的事物或是知识反复温习，不断地让她反复读诵或是识记，能让她产生对知识更深层次的理解。

培养女孩独立思考的能力，形成创造性思维

爱因斯坦说过：“学会独立思考和独立判断比获得知识更重要。”对于女孩所接受的知识，不要让其人云亦云，知其然不知其所以然。对一些必要的问题和文字一定要让其仔细研究。一旦发生一些应急的事情，先不要告诉女孩应该怎么样做，让她自己想办法解决。同时在家庭中，还要制造思考的良好氛围。尊重孩子的想法，倾听女孩的话。思维敏捷、反应迅速、思考独特、才华横溢的女孩，在各种场合都能成为引人注目的焦点。

第二十章　好妈妈堪比好医生——让女孩获得全方位的健康

病从口入——帮女孩把好饮食关

身体健康重在平衡膳食

在中医名著《黄帝内经》中有这样的话："毒药攻邪，五谷为养，五果为助，五畜为益，五菜为充，气味合而服之，以补精益气。"这句话点出了一个人要想身体健康，就必须注意平衡膳食。

人的身体必须有热量才能正常运转，而碳水化合物是身体热量的主要来源。谷类食物中富含碳水化合物，易于人体消化和吸收，所以古人讲"五谷为养"是很有道理的。

有的家长可能会有疑问，那脂肪也是重要的热量来源，为什么不能多吃？这是因为脂肪摄入太多会造成心脑血管方面的疾病，尤其对于女孩来讲不易消化。蔬菜和水果是维生素、矿物质盐和膳食纤维的主要来源，而这三种营养成分可以有效地帮助身体吸收食物中其他的养分，使身体机能保持正常，所以说"五果为助"、"五菜为充"。

鸡鸭鱼肉中富含蛋白质和各类矿物质，这些营养物质可以促进身体的生长和发育，但是如果孩子吃得太多，就会使脾胃受到伤害，为以后的健康埋下隐患，所以说"五畜为益"，也就是说肉类食物对人体虽然有益处，但是不能"五畜为养"，不可以把肉食当主食。家长在日常生活中一定要注意女孩饮食的平衡，只有这样才能够健康地成长。

告诉女孩，少吃寒凉的食物

孩子是纯阳之体，火力比较大，所以爱吃凉的东西。但是生冷之物会直接伤害脾胃，让孩子气血两亏，最后导致体内寒湿过重，影响健康。所以对于正处在生长发育阶段的女孩，父母一定不要再让她继续贪凉，而应该让她们多吃一些性温平的食物。

完整而小的食物最有能量

现在食物极大丰富，一个水果还能被充分利用吃出很多种花样来。有些人就只吃食物的一小部分，比如只吃鱼唇、鸭舌等。其实一个完整的食物的能量和效用是完整的。比如一个鸡蛋，蛋白是凉性的，蛋黄是温热的，加起来吃，鸡蛋是性平的，这对身体最好了。橘子吃多了会上火，可是橘皮却可以清热化痰。所以，父母一定要给女孩多吃完整的食物，吃小小的食物，小豆子、小芝麻、小鱼、小虾之类的，因为它们的能量是最完整的。

吃应地应季的食物最健康

现在一年四季都能吃到反季节、跨区域的食物，物质极大丰富。但是，父母要想让女孩保持健康，就要让女孩所吃的食物始终与所处的环境、季节保持一种平衡，因时、因地去选择不同属性的食物，才能保证女孩不生病或少生病。

吃好一天中的第一餐

早餐是一天当中的第一餐，也是女孩一天学习和活动的营养基础，但是有些女孩因为就读的学校离家远，为了多睡一会或节省时间，索性就不吃早餐了，而父母对女孩的这种行为也听之任之。可是，早餐是三餐之中非常重要的，如果女孩养成了不吃早餐的习惯，那么她就会离健康越来越远。

女孩不吃早餐，到了中午就会出现强烈的饥饿感，午餐也就会吃得很多，这就导致能量摄入过多，从而在体内转化为脂肪蓄积而引起肥胖。女孩的肥胖，还会直接为成年以后的各种疾病埋下祸根，例如糖尿病、高血压等。

另外，保证大脑工作的主要能量来源于血糖，而不吃早餐或者早餐的质量不佳，血糖的浓度就会降低，导致大脑细胞得不到充足的血糖供应，从而影响学习成绩，甚至影响大脑的正常发育。

不吃早餐的女孩上午的能量肯定不够用，这时，机体为了维持生命活动及新陈代谢等的需要，就会动用体内储存的蛋白质，如果长期这样下去，女孩体内储存的蛋白质就会被渐渐用光，对于正在长身体的女孩来说，缺少蛋白质就会影响其生长发育。

所以，为了女孩的身体健康，父母一定要让她们吃好一天中的第一餐，女孩应该尽量多吃一些能量供给量较多的食物，早餐以一杯牛奶、一个鸡蛋或者是一片面包为佳，有的时候面包也可以用饼干或者是馒头代替。

女孩晚餐也不宜吃太少

女孩晚餐的热量应该高一些，要占全天总热量的30%，但不要吃高脂类和不容易消化的食物，而应以富含淀粉、蛋白质、粗纤维和维生素的食物为最佳。对于那些已经超重或者肥胖的女孩来说，应该坚持“晚餐要吃少”的原则，这里的“少”指热量要少，而不是数量少，否则女孩就会因为吃不饱而影响睡眠质量，进而影响身体的健康。

让女孩远离伤脑食物

有些女孩在吃早餐时喜欢吃油条，但是人体每天的摄铝量不应超过 60 毫克，而油条中的明矾是含铝的无机物，如果在一天内吃 50～100 克油条，就会超过这个允许的摄铝量，导致记忆力下降，思维变迟钝。

白开水是女孩最好的饮品

如今，市场上的饮料可谓五花八门，各种饮料在宣传的时候都声称具有补充营养、益智健脑等功能，于是很多家长都让女孩喝饮料，甚至用饮料来取代水。殊不知，人体内水分的来源主要靠喝水，而长期喝饮料会危害到女孩的健康，影响女孩的正常发育。

在古代，名医朱丹溪就曾说过，人在十六岁之前血气旺盛，但是阴气不足，所以这个阶段一定要注意补阴。而白开水是最好的养阴圣品，但如今绝大部分女孩却对白开水不怎么“感冒”，而是喜欢甜滋滋、酸溜溜的饮料。

不可否认，饮料中含有大量的水，而且还含有一些对身体有益的物质，与此同时，我们也不能否认，饮料中还含有大量的脱水因子，这些脱水因子进入身体后，不仅让进入身体的水迅速排除，而且还会带走体内储备的水，这对女孩的健康来说才是大忌。调查研究表明，经常喝饮料易造成女孩肥胖、营养不良、身体免疫力降低、易患多动综合征，某些特殊饮料还可导致女孩性早熟。

白开水不仅解渴，而且最容易透过细胞促进新陈代谢，调节体温，增加血液中血红蛋白含量，增进机体免疫功能，提高人体抗病能力。温开水能提高脏器中乳酸脱氢酶的活性，有利于较快降低累积于肌肉中的“疲劳素”——乳酸，从而达到消除疲劳的目的。

那么，怎样教女孩补充白开水才最科学呢？在白天的时候，我们应在女孩两顿饭期间安排她们适量饮水，不要等到口渴时才想起喝水，因为感到口渴时，体液已经有所损失了。也不要大口吞咽，因为喝水太快、太急，会无形中把很多空气一起吞咽下去，容易引起打嗝或腹胀，因此最好先将水含在口中，再缓缓喝下。

睡前不宜喝水过多

作为父母，应该告诉女孩在睡觉之前要少喝水，起床后宜多喝水。因为睡前喝太多的水，会造成眼皮水肿，半夜也会老跑厕所，使睡眠质量不高。而经过一个晚上的睡眠，人体流失的水分很大，早上起来需要及时补充，因此早上起床后空腹喝杯水有益血液循环，也能让大脑清醒，使一天的思维清晰敏捷，有助于学习。

合理选择零食，有效补充能量

因为女孩生长发育迅速，消化食物的速度也很快，所以她们会很容易饥饿，总是在饭后吵着要吃零食。一般人都知道只有三餐搭配合理，孩子才能健康成长，而零食作为三餐之外的补充食品，同样也要吃得合理。那么，给女孩吃什么样的零食才有益于她们的身体健康呢？

有的女孩爱吃爆米花和皮蛋，而爆米花在制作过程中，机罐受高压加热后，罐盖内层软铅垫表面的铅有一部分会变成气态铅，皮蛋的原料中则含有氧化铅和铅盐，而铅能取代其他矿物质铁、钙、锌在神经系统中的活动地位，因此是脑细胞的一大“杀手”，如果长期吃含铅的食物或者所食的食物含铅量过高，就会损害大脑导致智力低下。

有的女孩喜欢吃油炸及烟熏的食物，要知道，油温在200度以上的煎炸食品以及长时间暴晒于阳光下的食物中都含有比较多的过氧脂物，然而过氧脂物对大脑的伤害很大，这种食物会在人体内积聚，使人体某些代谢系统受到损害，导致大脑早衰，所以女孩还是少吃炸薯条、烧鸭、熏鱼等食物为好。

很多时候，女孩喜欢吃的食物往往是对身体不好的。那么在给女孩选择零食方面，父母们应该合理地为女孩选购。

最好选奶制品和水果当零食

奶制品中含有优质的蛋白质、脂肪、糖、钙等营养物质，因此女孩可以适量食用，酸奶、奶酪可作为下午的加餐，牛奶可早上和睡前食用。水果中含丰富的矿物质、维生素和有机酸，经常吃水果能促进食欲，帮助消化，对女孩的生长发育是极为有益的，所以在每天吃完饭后，女孩也可以吃适量的水果。

掌握好吃零食的时间

在每天午饭、晚饭之间或午睡后，可以给女孩一些零食，但量不要多，应该占每日总摄入食物量的10％～15％，不能让女孩在饭前吃零食，否则会影响正餐进食。

尽量让女孩远离高糖、高脂肪的食物

太甜、太油腻的糕点、糖果、巧克力不宜经常作为女孩的零食。因为这些食物的热量高，油脂多，不易被女孩消化，如果经常食用还会引起肥胖。

水果营养多，也要“因人而异”

我们都知道，水果里营养丰富，对身体的健康有益，因此一些女孩每天都要吃许多不同的水果，但是这样吃是否科学呢？答案当然是否定的。因为从中医的角度来说，每种水果都有它的属性，水果进入我们体内就会产生“寒、热、温、冷”的作用。所以，不同体质的女孩吃水果应有所侧重，尤其是身体虚弱的女孩在吃水果时更要慎重。

有些女孩是虚寒体质，在平时就应该多吃一些温热水果，例如荔枝、桂圆、杏等，这对于虚寒体质的女孩来说是补寒的上好佳品。而对于那些正在发烧或者身体内某些器官正在发炎的女孩来说，就应该避免食用这些温热水果。

有些女孩消化系统比较差，所以应该避免吃凉性水果，例如西瓜、芒果、香蕉等，因为这类女孩越吃凉性的水果，越会降低肠胃的蠕动，使肌肉无力，吃多了还会因为消化不良而导致腹胀。

还有一些女孩容易感冒。她们可以多吃些颜色深的水果，例如黄杏、黄桃等，这些深色水果里富含维生素 C，而维生素 C 可以起到增强身体的抵抗力、预防伤风感冒的作用。

当然，并不是说某种水果一定就特别好，也不是说某种水果不可以吃。在食用水果的时候应当注意适量和适时，这样才会保证身体的健康。

不要吃过多的柑橘

柑橘如果吃得过多，就会使女孩体内的胡萝卜素含量增多，从而引发胡萝卜素血症，出现食欲不振、烦躁不安、睡眠不踏实，还伴有夜惊、啼哭、说梦话等症状。因此，女孩每天至多只能进食 2～3 个柑橘。

不要吃过多的柿子

柿子里含有大量的柿胶酚、单宁和胶质，如果吃得过多，在胃内遇酸后就会形成不能溶解的硬块，小的硬块可以随大便排出，而较大的硬块因为不能排出，就会滞留在胃内形成胃结石。如果女孩本身就有胃炎、胃溃疡等胃部疾病，还有可能诱发胃穿孔、胃出血等危险并发症。因此，女孩一次只可吃 1～2 个柿子。

不要吃过多的甘蔗

女孩过多地摄入糖分会使其血液中的 pH 值下降，形成酸性体质。酸性体质的女孩身体免疫功能下降，容易患感冒和发生皮肤感染。因此，女孩不可过量吃甘蔗，每天最好不要超过 50 克。

补充体能，从良好的睡眠开始

早睡早起，养成良好的作息习惯

我们都知道一句话：只有早睡早起，才能保证身体的健康，而且我们也能感觉到，如果前一天晚上有一个良好的睡眠，那么第二天我们就会感到精力非常充沛，这是为什么呢?

其实，睡眠就像空气、阳光、水分一样，是我们体内不可缺少的“营养”，它可以帮助人的大脑消除疲劳，促进生长激素的分泌，增强机体的免疫力，对于正处在生长发育期的女孩来说，每天保证9个小时的睡眠是很有必要的。

但是，这对于很多女孩来讲却并不容易，因为很多女孩早已经养成熬夜看电视的习惯，更喜欢在早晨睡懒觉，快帮帮她们改掉这样的坏习惯吧。

家长可以帮助女孩为自己制定一个作息时间表，然后严格地按照表上的作息时间来要求自己，每天在晚上9点钟之前睡觉，早上的时候可以设一个闹钟，让它来帮助女孩养成良好的睡眠规律。如果实在是起不来的话，可以把闹铃时间调得稍微早一些，让女孩自己有一点“缓冲”的时间，不至于觉得起床是件很难受的事情。

另外，如果女孩刚刚被闹钟叫醒时感到身体很不舒服，就可以下床做少量的运动，比如说弯腰、伸腿、转动手腕等，这样的话可以帮助女孩尽快地清醒过来。

培养女孩良好的睡相

有一句健康谚语叫“坐有坐相，睡有睡相，睡觉要像弯月亮”，所以女孩在睡觉时应采取这样的标准睡姿：身体向右侧卧，屈右腿，左腿伸直；屈右肘，手掌托在头下；左上肢伸直，放在左侧大腿上，这样的睡姿就像一轮弯月亮。

培养女孩最正确的睡姿

古代人认为屈膝侧卧胜过正面仰卧，而我们现代人经过医学研究也发现侧卧是最好的睡姿，因为俯卧会阻碍胸廓扩张，影响呼吸，人体吸入的氧气相对减少，不利于新陈代谢。同时心脏受压，心搏阻力加大，血液循环也会受到影响。而人体在侧卧时，内脏器官受压较小，胸廓活动自如，有利于呼吸，心脏也不会受到手臂、被子的压迫，两腿屈伸方便，身体翻转自如，这种睡姿能让大脑很快安静下来，由兴奋转为抑制状态，不久就能进入梦乡。

睡觉前，熄灭所有的灯

有些女孩因为在黑暗中会感到害怕，所以不少家庭整夜地为女孩开着灯，这种做法其实是错误的。

在熄灯睡眠后，人体的生理机能协调，代谢平衡。但女孩如果长时间处于人工光源照射下，由于微妙的"光压力"，女孩的视网膜生理调节会受到干扰，眼球和睫状肌得不到充分休息，久而久之，就会影响女孩的视力。

专家经过研究也发现，晚上经常处于光照环境下的女孩，钙质的吸收会降低25%左右。而钙质的缺乏，不仅会引起近视，还会使女孩出现入睡后易醒易惊等许多问题，这对女孩的生长发育不利。另外，还有可能影响女孩的中枢神经，导致女孩出现智力和语言障碍。

所以，为了让女孩健康发育，晚间入睡后应熄灯，并且不要在女孩身边开灯干活、阅读或看电视。

不要让女孩蒙头睡觉

有些女孩在冬天因为怕冷，或者是自己睡觉害怕，所以总爱把头蒙在被窝里，这样做对健康是非常有害的。因为人在入睡的时候，身体内的各个器官仍然在不停地运动，这就需要吸进新鲜空气，呼出二氧化碳。而蒙头睡觉就会导致这些二氧化碳在被窝里不断积累，容易造成空气污染，使含氧量降低。当空气中的二氧化碳达到1%时，人就会呼吸困难，达到5%时就会出现气喘、头晕、四肢无力等症状。因此，蒙头睡觉的女孩在清晨起床后，经常会感到头痛、眩晕、精神委靡不振，这就会严重影响白天的学习效率。所以，为了身体的健康以及白天能有一个良好的学习效率，应该让女孩在睡觉的时候不要把头蒙住。

午睡讲究多

经过一个上午的学习，女孩通常会感到很疲劳，这时，利用中午休息的时间小睡一会就显得尤为重要，午睡可以帮助女孩补充睡眠，使其身体得到充分的休息，进而消除疲劳，提高下午的学习效率。虽然午睡很重要，但是家长也要帮女孩做到科学午睡，否则可能会适得其反。

首先，午饭后不能立即睡觉，因为刚吃完饭就午睡，这时胃里充满了食物，很可能会引起食物反流，使胃液刺激食道，轻则让女孩感到不舒服，严重的则可能产生反流性食管炎，所以，午饭后最好先轻微地活动15分钟，然后再入睡。

其次，午睡的时间不能过长，达到半个小时左右就可以，因为睡得时间过长，人就会进入到深度睡眠的状态，大脑中枢神经会加深抑制，体内代谢过程逐渐减慢，醒来后就会感到更加困倦，影响下午的学习。

再次，午睡时最好以平躺姿势为好，许多人为了省事，习惯坐在椅子上或趴在书桌上睡觉，这样会压迫身体，影响血液循环和神经传导，轻则不能使身体得到调节、休息，严重的可能导致颈椎病。对于实在没有条件而又需要午睡的女孩来说，至少也应该在椅子上或书桌上采取卧姿休息。

虽然午睡是非常重要的，但对于那些没有午睡习惯的女孩，顺其自然是最好的方式。因为午睡是一种需求和享受，它可以充分休息和放松心情，但对于没有这种需求的女孩来说，强迫自己午睡，反而可能扰乱生物钟，导致疲劳和困倦。

不要让女孩吃过饭后马上睡觉

如果女孩饭后有困乏感觉，可让其稍加休息，适当玩一会，散散步，这有助于腹肌节律性地收缩，使胃肠活动，促进胃肠功能。如果吃饱饭马上上床睡觉，则会影响胃的正常蠕动和消化液的正常分泌，妨碍胃的正常活动，天长日久，会出现消化不良和胃病。可见，刚吃完饭就睡觉，是一种不良的卫生习惯，因此家长应避免女孩饭后立即睡觉。

即便是白天，也不要让女孩在睡觉的时候开窗子

在炎热的夏天，许多女孩喜欢开着窗户，露着肚子睡觉，即使是到了秋天，气温开始下降，一些女孩也仍然延续着夏天的习惯。其实，人的肚脐部位没有脂肪组织，表皮角质层比较薄嫩，所以肚脐的屏障功能很差，是腹壁薄弱处之一。而初秋时节正是寒暖交替、冷热交锋的时候，前半夜暑去爽来，让人感到非常凉爽，后半夜寒邪下注，室内暑湿上蒸，二者相交在一起，如果这时露着肚子睡觉，寒邪就很容易从肚脐进入到人体内，导致人体经脉阻滞、气血不通，出现腹部疼痛、呕吐、不思饮食、腹泻等症状。所以，在女孩睡觉的时候一定要关好窗子，最好能够盖好被子，只有这样才不至于因为身体受凉而患疾病。

失眠调养有绝招，一觉到天亮

在生活中，因为学习压力大，许多女孩患上了失眠症。中医称“失眠”为“不寐”，是以经常不能获得正常睡眠为特征的一种疾病。轻者表现为入睡困难，睡着后容易醒或醒后再也不能入睡，严重者表现为整夜不能入睡。

面对女孩饱受失眠的折磨，父母却往往没有应对的良策，有些女孩甚至要靠服用安眠药来缓解失眠之痛。其实，要想治疗失眠也有很简单的方法。

有些女孩到了深夜还在学习，饿的时候吃一顿夜宵也就理所当然了，但是经常吃夜宵的女孩很容易失眠，按照中医的说法就是“胃不和则卧不安”。碰到这种情况，父母可以在女孩临睡前找六个真空罐，一个拔在女孩肚脐上方的“中脘穴”上，一个拔在女孩肚脐下方的“气海穴”上，剩下四个均匀地拔在女孩任意一侧

大腿的正面，这是胃经经过的地方。十分钟后，把真空罐拿下来就可以让女孩睡觉了，过不了多久她就会进入梦乡。这主要是因为拔罐增强了肠胃的供血量，使肠胃不再因为消化无力而导致浊气淤积，令肝脏负担过重，最终导致脑供氧不足。

建议女孩在睡眠前后梳梳头

大脑所需要的营养主要来自人体的血液，而血液要经过血管流进大脑。在女孩的大脑外表，也就是头部的表面分布着像蜘蛛网一样的毛细血管和神经，如果女孩每天用木梳去梳头，木梳的梳齿就会轻重有序地碰触着这些血管和神经，这和按摩有着同样的效果。所以，梳头能够促进脑部的血液循环，让营养物质畅通无阻地进入大脑，延缓大脑衰竭。睡前梳头，还能改善睡眠，提高睡眠质量。另外，经常梳头还能把堵塞在毛孔上的灰尘和头皮屑清理干净，也会让头皮上面的毛孔舒张开，尽情呼吸，头发的营养也能顺顺利利地得到供应，女孩的头发才可以健康地长出来。

掌握正确的梳头方法

在梳头的时候，除了要选择正确的木梳之外，最好是每天早、中、晚梳头三次，每次10分钟，每一处梳5～6遍即可，在梳的时候要一绺一绺地梳。紧贴头皮前后左右有规律地梳，然后从脑勺开始向脑门儿的方向轻轻地用梳齿按摩，使血液流到头发的根部。

预防＋治疗，让女孩远离病痛

超过38℃的发热

孩子出现发烧，一般而言是由于扁桃体发炎而导致的上呼吸道感染所致，普通的感冒也有可能会引起发烧。总之，分析发烧的原因，感染是其最主要的原因，在发烧的时候还会伴随出现流鼻涕、喉咙肿痛、耳朵痛或者是咳嗽等症状。

千万不要小看发烧，因为发烧的病症一旦恶化，很容易转成其他性质更加恶劣的疾病。所以，家长们不可以小看发热，对于发热要有一个清楚的认识。

发热，它的实质只是疾病的一种表现方式，而并非是一种疾病。如果将发热理解成为一种疾病，是错误的。基本上，发热都是由于感染而引起的，可能是病毒感染，也有可能是细菌感染。当人体在发热的时候，实际上是身体的免疫系统在和病菌顽强地抗争着。当人体在发热的时候，会感觉很难受，甚至会出现一些恶心、呕吐、抽筋、昏厥的症状，所以首要做的工作就是降温，这一点非常关键，即便是不能治病，但是可以降低不舒适感。等发烧过后，要想消除不舒适感，还要再经过一段时间，依靠自身的免疫力。

有的时候，家长还容易对这样一个问题闹不明白，那就是：女孩体温高到多少才算是发烧?

一般来说，发热的温度肯定是高于正常的体温，而我们知道人体正常的体温应该是37℃左右。当然，根据具体情况也会有所不同，很多女孩的体温会低于正常的体温，有的时候会比正常的体温略高。这个判断的标准，必须要以温度计为准。有的时候，当家长觉得自己的孩子体温很高的时候，会误认为她发烧了，如果再拿温度计量一量，就知道其实孩子并没有发烧。

有的时候，女孩一边发烧，一边还会伴随产生其他的症状，比如说颤抖、畏寒、出汗或者燥热等。

如果女孩在夏季发烧怎么办？当夏季来临的时候，气温会很高，而小女孩自身调节体温的能力又很差，如果家长还是习惯性地把女孩抱在怀里的话，那就不容易散发热气，体温极容易升高。

一般来说，女孩发烧不是什么大病，但是家长也千万不要以为这是种常见病就掉以轻心。家长可以用心观察女孩，如果她出现以下情况的时候，就应该带着女孩及时去医院治疗：

女孩的体温已经超过了40℃；

女孩还是三个月内的婴儿，一旦发生发烧状态，一定要及时就医，不能随便用药；

女孩发烧的时候出现了呼吸急促的现象；

女孩发烧的症状反复不退。

女孩在发烧之后，通常会出现食欲不振的现象，这个时候家长应该给女孩吃一些以流质、营养丰富、清淡、容易消化的饮食为主。另外，还要让女孩多喝温开水，增加体内组织的水分，这些做法都能有效地帮助女孩身体的恢复。然而有些家长觉得女孩发烧了，应该多给她们增加营养，会给她们做看起来好吃容易消化的鸡蛋面汤，但是鸡蛋富含蛋白质，很容易使温度降低，还有可能使体温增加，并不利于女孩的早日康复。

学习一些实用的物理退烧法

当女孩发烧的时候，家长也可以尝试一些物理治疗方法，比如说常用的酒精擦浴法，但是并不是所有的女孩都适宜这样的方法，因为有的女孩会因此而造成皮肤快速舒张或者是收缩，对女孩的刺激会很大，还很有可能会造成女孩酒精中毒。此外，用冰枕或者是冰敷的方式，也能够起到不错的效果。

了解一些实用的驱寒方法

很多女孩的发烧是因为感冒引起的，如果有明显的发冷症状却不是发烧的话，家长们可以用生姜红糖水为女孩驱寒，并在水里加上两三段一寸长的葱白，这样有利于女孩发汗。如果女孩发烧的时候舌苔的颜色是黄色的，那说明女孩内热大，这个时候就不可以喝姜糖水，而应该让她喝大量的白开水。

每个孩子都会感冒

感冒是一种常见病，越是免疫能力低的女孩就越容易感冒，所以女孩容易患感冒是很正常的现象。

感冒又分为普通感冒和流行性感冒两种。

普通感冒又可以称为呼吸道感染，是由多种病毒所引起的常见的呼吸道传染病。当女孩淋雨、过度疲劳或者是营养不良的时候，就很容易患感冒。这种感冒一般会表现为打喷嚏、流鼻涕、咽喉肿痛等，一般会持续 7 天左右。当女孩患感冒的时候，一定要嘱咐女孩多喝开水，多休息，这样有利于早日康复。

和普通感冒相比，流行性感冒就要相对顽固一些。流行性感冒主要也是经过空气、飞沫再通过呼吸道传染。由于流行性感冒的症状与一般的伤风感冒极为相似，很容易让家长分不清而忽略它。但是与普通的感冒不同的是，流行性感冒会来得更加突然，对于女孩来说，这样的感冒会非常不舒服。

一般来讲，感冒这样的病是不需要去医院治疗的，但是如果出现了以下的情况，就需要去医院了：

如果女孩出现了连续的低烧；

如果女孩出现呕吐症状，而且不愿意喝水，那也许就不仅仅是普通感冒了，甚至有可能是肺部感染；

如果女孩总是说自己不舒服，却又说不清楚的话，那家长最好带她去医院看一下。

普通感冒通常来说是没有特效药的，这个时候家长能做的主要就是减轻女孩的感冒症状，尽可能地让她舒服一点，而且一定要让她多喝水。这个时候，吃饭少点没有关系，如果女孩胃口不好的话，可以少吃一些，但是一定要多喝水。

如果女孩在感冒的几天后出现了发热症状的话，那很有可能就是继发性的细菌感染所致，那就有必要在医生的指导下服用一些抗生素来治疗。

尽量避免使用抗生素

抗生素之类的药品应该尽量避免使用，这一类的药物在国外是禁止使用的。抗生素有很大的副作用，会破坏人体的免疫力，更会使内脏功能出现失常症状。

正确调理女孩的病后饮食

女孩的饮食调理应根据女孩的体质和疾病症候性质不同而注意调配，饮食宜清淡，忌食油腻、煎炸、辛辣之品，同时还应注意女孩脾胃之强弱，不可强迫多食。再则女孩病后胃气初复，如贪食过多则可导致积滞内停不化，总之，女孩在服药期间，凡属生冷、油腻类，特别是刺激性食物均应避免为宜。

治疗咳嗽，化繁为简

其实，咳嗽并非是件坏事，而且这是人体保持胸腔清洁的一项很好的措施。比如，女孩在吃饭的时候不小心呛了一下，这个时候很自然地开始咳嗽，将气管中的异物咳出来，没有什么不好。

在很多时候，咳嗽是人体中的一种反射活动，能够保持气管以及肺部的清洁。当女孩出现咳嗽的症状时，家长先不要把问题想得过于严重，而是需要对女孩进行细心观察。如果女孩的咳嗽很严重的话，一般会有以下表现：

1. 夜间咳嗽。如果女孩在夜间不断咳嗽，或者在运动过后不停地咳嗽，很可能是哮喘的表现症状。千万不要错误地认为只有呼呼喘气才是哮喘，小孩子哮喘的一个重要标志就是咳嗽。

2. 呼吸急促伴有干咳。这样的情况一般是由支气管炎引起的，大多发病于婴儿，而年龄稍微大一点的女孩一般不会患这样的病。当女孩出现这样的症状时，可以通过使用喷雾剂来减轻症状。

3. 支气管炎和肺炎。这两种病都是由于感染引起的，女孩在4～10岁的时候比较容易患肺炎，肺炎是肺部出现的感染，支气管炎是呼吸道出现的感染。

女孩在小的时候很容易咳嗽，尤其是在秋冬时节。在这里家长需要注意，并不是说女孩咳嗽就要赶快用药或者看医生，过度用药会使女孩的胃口变差、食欲不好、营养跟不上、抵抗力差等，这样的女孩往往会长成一副面黄肌瘦的样子。所以当女孩出现咳嗽症状的时候，家长可以先观察一段时间，再决定是否有必要去看医生。如果说女孩的咳嗽不影响饮食和睡眠，精神状态也不错，家长大可不必担心，让她多休息，多喝温开水，一般3～5天就可以痊愈。

但是，如果女孩出现了如下一些现象，家长们就有必要带女孩去看医生了：

女孩在咳嗽的时候会感到不舒服；

女孩总是在夜间咳嗽；

咳嗽是在短暂的窒息后发出的；

咳嗽的周期已经超过了两周。

试一试水蒸气止咳法

当女孩还在蹒跚学步的时候，出现了持续的咳嗽，那么潮湿的空气将有助于她们缓解咳嗽的症状。家长们可以试一下，带着女孩到浴室，然后打开热水喷头，这对治疗女孩的咳嗽，会有很好的效果。当然，家长们可以在室内放一个电水壶，打开盖子，让壶里的水保持充足并且保持沸腾。这样做的时候要注意的是，要保证电热水壶中有足够的水，防止电壶烧干。

不要盲目地为女孩止咳

当女孩咳嗽的时候，先不要盲目地使用镇咳药，当女孩有痰的时候，通过咳嗽可以将痰排出体外。只有当咳嗽频繁以至于影响到女孩的睡眠或进食的时候，才可以选择镇咳药。女孩在咳嗽的时候会出现不同程度的脱水，这个时候家长要让女孩多喝水，这样才有助于毒素的排出。

女孩拉肚子，家长怎么办

腹泻是由多种病原及多种病因所引发的一种疾病。患儿大多都是两岁以下的小女孩。夏天的腹泻大部分是由细菌感染所致，而秋冬时节的腹泻很多是由于病毒引起的。

一两岁的女孩生长发育特别快，身体需要较多的营养和热量。而此时女孩的消化能力比较弱，容易发生腹泻。而且，年龄较小的女孩，其肠胃系统的调节功能很差，只要是饮食稍有改变，或者是天气突变而受凉的时候，就会引起腹泻。

那么，父母们如何判断女孩是腹泻呢？

1. 观察女孩的排便次数。正常的女孩大便一般是每天 1～2 次，而腹泻的时候一天会有 4～6 次的排便，甚至出现 10 次以上。

2. 根据女孩的大便来判断。如果女孩排出的是水便，或者是带有黏液或者是浓血的大便，就可能是腹泻。

引起腹泻的原因有很多，其中饮食是一个很重要的原因。有的女孩，每当换一个地方会出现“水土不服”的现象，对于饮用水的更换不适应会引起腹泻。还有的女孩喝过量的果汁和含糖饮料也会导致腹泻。

治疗女孩腹泻的首要问题就是防止她脱水。父母们要注意提供给女孩足够的水分，这对于正常的女孩来说，没有什么大问题，但是腹泻的女孩却尤其需要补水。如果这个时候女孩不想吃东西也不想喝水的话，家长就应该为她准备一些调味的补水液，效果比喝水要好一些。

在生活中，很多父母都是只要看到了女孩腹泻，就会急着往医院里跑。实际上女孩腹泻刚开始的时候，多数都是轻度脱水，完全可以在家里治疗，没有必要往医院跑。这样不仅效果及时，减少不必要的折腾，对女孩恢复健康也有帮助。女孩因腹泻引起的轻度脱水很好判断，她们会感到口渴、嘴唇稍干，而且尿也比平时要多，还会表现出烦躁和爱哭等。

女孩在腹泻期间，父母要注意其营养的补给

有的父母相信传统的腹泻治疗方法，即让女孩禁食一段时间，但是这样的做法也有不利的一方面，其实，可以遵循少食多餐的原则，直到女孩腹泻停止。

不要给腹泻的女孩吃甜食

当女孩腹泻时，父母往往会在喂她的稀粥或者是米汤里加点糖，以为这样既可以补充能量又容易消化吸收。而实际上，这样的做法只会加重腹泻。因为在腹泻的时候，肠道的黏膜会受损，不能将糖分解成为可以被肠道吸收的单糖，从而导致肠腔中的水分吸收，甚至会使女孩排便的次数增加。

健康宝贝有自己的运动

饭后正确走，身体才健康

俗话说“饭后百步走，能活九十九”。很多家长受到这句话的影响，不仅自己每次吃完饭后要起来活动一下，而且还让女孩跟着自己一起活动，那么，这种做法是否有益于女孩的健康呢?

在吃完饭后，胃部正处于充盈状态，这时必须保证胃肠道有充足的血液供应，以进行初步消化。如果饭后马上活动，血液就必须抽出一部分来满足身体其他部位的需要，供应给胃肠的血液就会减少，食物也就不会得到充分地消化。而饭后让女孩适当休息一下再活动，就可以保证胃肠道得到更多的血液供应量。

另外，胃里的消化液是由吃进食物的条件反射而产生的，胃部饱满，胃液才能分泌旺盛。如果饭后立即活动，胃部在活动中快速蠕动，把没有经充分消化的食物过早地推入小肠，使食物的营养得不到充分的消化与吸收。有些女孩感觉“吃饱”了，不过是胃感觉到了胀满，而营养却没有吸收进体内，身体仍然处于“饥饿”状态。这个时候匆忙起身而走，势必会有一部分血液集中到运动系统去，这样就延缓了消化液的分泌，破坏了胃的正常消化，容易诱发功能性消化不良。

所以，在饭后马上行走是不适宜的，应该先坐下来休息一下，过30分钟左右再开始活动。

鼓励女孩在适当的时候经常走一走

走路对于人的健康有很大的益处，在走路的时候脚掌与接触物进行摩擦挤压，实际上就是一种按摩。通过这样一种挤压，可以促进血液循环，同时可以起到疏通经络的作用。所以走路是一种很好的运动，父母应该鼓励女孩在适当的时间段

多走走。

和女孩一起边走边跳

走路对于人的身心健康都大有裨益，同时如果能够经常跳绳的话，那就可以加快肠胃的蠕动和血液循环，促进身体的新陈代谢，这对于身体的健康十分有益。当女孩手握跳绳的时候，会刺激拇指的穴位对脑垂体发生作用，进而增加脑细胞的活力，提高思维想象能力，起到健脑的作用。此外，跳绳还可以增加女孩的平衡感和节奏感，有助于女孩左脑和右脑的协调发展。

有些运动，孩子不宜过早进行

在生活中，女孩因为运动而造成伤害的事情并不少见，所以家长要让女孩知道哪些运动不宜过早地进行。

1. 拔河。女孩的心脏正处于发育阶段，神经对心脏调节功能尚不完善，当肢体负荷量增加时，就必须依靠提高心率来增加供血量。拔河时女孩需要屏气用力，有时一次憋气可能长达十几秒钟，当女孩由憋气突然变成开口呼气时，静脉血流也会突然涌向心房，这有可能损伤女孩的心房壁。

拔河除了会对女孩的心脏造成影响，还可能会伤到她们的“筋骨”。儿童时期的肌肉主要是纵向生长，固定关节的力量非常弱，骨骼弹性大而硬度小，拔河时极易引起关节脱臼和软组织损伤，抑制骨骼的生长，严重时还会引起肢体变形。

2. 倒立。女孩的眼压调节功能是比较强的，但是如果经常进行倒立或者每次倒立的时间过长，就会损害眼睛对眼压的调节，从而影响眼睛的发育。

3. 滑板。女孩的身体正处在生长发育的关键，如果经常玩滑板，就会造成腿部肌肉过分发达，影响身体的全面发育，甚至会影响女孩的身高。

4. 掰手腕。掰手腕时需要屏气，这样会使女孩的胸腔内压力急剧上升，静脉血向心脏回流受阻，而后，静脉内滞留的大量血液会猛烈地冲入心房，对心壁产生过强的刺激。而且女孩四肢各关节的关节囊比较松弛，坚固性较差，掰手腕时很容易发生扭伤。

5. 兔子跳。女孩在做兔子跳运动时，身体重心所承受的重量相当于自身体重的3倍，每跳一次膝盖骨所承受的冲击力相当于自身体重的1/3，这很容易造成韧带和膝关节半月板损伤。

同时，家长们还要明白这样一个道理：运动固然能够使身体健康，但是也需要把握好度，不能过力、过量。一个人如果长时间做过量的运动，就会使大脑机能受到损伤，尤其是小女孩，运动过量极容易让她们出现注意力不集中、失眠、健忘等现象。而且对于女孩来说，有些运动损伤是难以彻底恢复的，严重时甚至会影响到她们正常的生长发育。例如，每天都做超过自身承受能力几倍的大运动量，就会使她们的肌肉长期处于极度疲劳的状态而导致肌肉疲劳损伤，从而留下运动损伤后遗症。

我们都知道，人的精气是储藏在人体的深处，持续缓慢地供应着人体的日常生活所需，而做大量运动时要耗费人体的大量精气，这就会逼迫人体把原本应该储藏起来慢慢使用的精气在短时间内大量释放出来，以维持人体的需要。女孩小时候运动过度，可能当时并没有什么不适的感觉，但长大成人后很多疾病就可能找上门来，这在那些专业运动员的身上体现得最为明显，她们中的很多人，年龄稍大后身体出现的问题通常会比普通人多。

和女孩一起做短时间的跳跃运动

每天早上起来，父母们最好是能够和女孩一起做跳跃运动，时间不长，只需要四五分钟即可，然后再吃早饭。这样的运动可以使食量增加，使头脑变得聪明，使思维和记忆力更强，对于女孩的智力和体力的发展都大有好处。

练练“赤脚走”——引导女孩科学锻炼

赤脚走这项运动，一般的家长都不太喜欢接受，可能是觉得这样的运动有伤大雅，也可能是担心女孩会把脚划伤。但是从健康的角度来说，让女孩经常进行“赤脚走”对她们的身体健康是有益的。

人的脚是由骨头、肌肉、肌腱、血管、神经等组成的器官，脚上的穴位很多，并有许多与内脏器官连接的神经反应点，所以中医认为脚是人体之根，脚部血液循环的好坏，与脑、骨盆内的血液循环密切相关。如果女孩能够经常赤脚活动，有利于促进全身血液循环和新陈代谢，并可以调节内分泌功能，提高机体对外界变化的适应能力，预防神经系统和心脑血管病。赤脚活动对锻炼踝关节的柔软性也至关重要，如果踝关节僵硬或柔软性差，女孩在活动时不仅易疲劳且极易跌倒，在走路较多的情况下，足弓会变硬甚至变形。女孩经常赤脚活动，还可以满足女孩喜欢光脚的愿望。大多数女孩活泼好动，特别是在炎热的夏季，鞋内又潮又闷，然而女孩的皮肤娇嫩，对细菌的抵抗力差，赤脚可以减少因穿鞋不当而引起的鸡眼、脚癣、脚部软组织炎症等。

所以，家长在能够保证女孩安全的情况下，不妨让女孩在露天的某些场地练习一下赤脚走，这将对她们的身心健康大有好处。

少年儿童时期是女孩在一生中生长发育最重要的时期，她们在这一阶段如果能够科学地锻炼身体，不仅可以促进身体的血液循环和发育，还可以增强抵御疾病的能力。这对女孩一生的健康都很有益。

当女孩在进行体育锻炼的时候，不但要注意身体各部位的协调发展，同时也要发展力量、速度、耐力、柔韧、灵敏、平衡等各项身体素质，并且能够提高生活劳动所必需的跑、跳、投掷、攀登和游泳等实用技能。在锻炼中培养果断、机敏、勤奋、吃苦耐劳、大胆沉着的意志品质，才能起到健身、强身、养身的功效。

家长要鼓励女孩积极参加学校的体育锻炼

家长要鼓励女孩专心地做好课间操和上好体育课，并且积极地参加学校组织的各种体育活动。每当到了周末或者是节假日的时候，不仅要让女孩能够认真地完成功课，还要让女孩与其他的小伙伴一起多参加户外活动，比如说打羽毛球或者慢跑等。

患病的女孩要有选择地锻炼

如果女孩患病了的话，家长应该帮助她们有选择地来进行锻炼，比如说患呼吸系统疾病的女孩要避免静止的肌肉用力，刮大风时应停止体育锻炼，天冷时严格遵守用鼻吸气的原则，避免冷气直入肺部；患心血管系统病的儿童不宜做剧烈的运动，锻炼时间以 30 分钟左右为宜。患消化系统疾病的女孩要加强腹肌锻炼，多进行温水浴，不可做剧烈运动和引起身体震荡的运动，例如跳高、跳远等。

选择适宜的运动时间

人们习惯上觉得清晨是锻炼身体的最佳时机。不过从医学与保健学的角度看，清晨并不是锻炼身体的最佳时间，这主要是因为夜间植物吸收氧气，释放二氧化碳，清晨阳光初露，植物的光合作用刚刚开始，空气中的氧气相对较少，二氧化碳的浓度较高。锻炼的时间越早，效果就会越差。而且在大中城市里，清晨的大气活动相对静止，各种废气不易消散，是一天中空气污染较严重的时间。

另一方面，从身体生理变化的规律来看，人经过一夜的睡眠，体内的水分随着呼吸道、皮肤和便溺等丢失，机体的水分入不敷出，使全身组织器官以及细胞都处于相对的失水状态。当机体水合状态不良时，由于循环血量减少，血液黏稠度增加，轻者会影响全身血液循环的速度，不能满足机体在运动时对肌肉组织的供血、供氧，因而运动时易出现心率加快、心慌气短、体温升高等现象，严重时，特别是在身体有疾患的情况下，突然由静止状态转为激烈运动状态易诱发严重的疾病。

那么，一天中运动的最佳时间是什么时候呢？

下午的 3～7 时才是锻炼身体的最佳时间段，因为在一天内，人体血小板的含量是有一定变化规律的，下午和傍晚的血小板量比早晨低 20%左右，血液黏稠度降低 6%，所以下午锻炼时造成血液循环不畅和心脏病的发生率会降低很多。傍晚时分，人体已经经过了大半天的活动，对运动的反应最好，吸氧量最大。另外，心脏跳动和血压的调节以下午 5～6 时最为平衡，机体嗅觉、触觉、视觉也在下午

5～7 时最敏感。

虽然运动的最佳时间在傍晚，但并不是说我们只能在傍晚活动。运动的关键是能形成习惯，家长们应该根据女孩的作息规律选择一天中固定的时间进行运动，并形成良好的运动习惯，能持之以恒地坚持下去，都会对身体有益。

家长要帮助女孩选择适合自己的运动

一般说来，6 岁以下的女孩的运动要以游戏性项目为主，也可以利用各种玩具进行游戏，例如骑童车、玩皮球等，通过这些运动就能起到锻炼身体的作用；6～10 岁的女孩应该选择那些能够增强身体平衡性、灵敏性的项目，如游泳、体操等；10 岁以上的女孩要增加有利于生长发育的运动，可以参加如短跑、跳高等，这可以有效地训练身体灵敏性和速度，促进机体的反射活动。另外，可以选择扩展胸廓、促进呼吸、增强肌力和神经机能，并可提高身体抵抗力的运动，培养健美体形；13～14 岁以上的女孩，可以参加各种球类活动，如篮球、足球等。

第二十一章　女孩的心思不难猜——养育女孩需要了解的心理学

“雕塑”女孩有技巧

适应心理：放手，让孩子去失败

一位母亲为她的孩子伤透了心，她在心灰意冷下去找心理医生。

医生问：“当您的孩子第一次系鞋带时，打了个死结，从此之后，您是不是再也不给她买带鞋带的鞋子了？”母亲点点头。

医生又问：“孩子第一次刷碗的时候，打碎了一只碗，从此以后你是不是再也没让她刷过碗？”母亲又点了点头。

医生接着说：“孩子第一次整理自己的床铺，用了很长时间，您看不过去，从此替她叠被子，是吗？”这位母亲惊愕地看了医生一眼。

医生又说：“孩子大学毕业去找工作，您怕孩子找不着工作，便动用了自己的关系和权利，为她谋得了一个令人羡慕不已的职位。现在您却为孩子的适应能力太差而感到恐慌！您怕她不能胜任工作，怕她以后过得很凄惨……”

这位母亲更惊愕了，从椅子上站了起来，问：“你怎么知道的？”

“从那根鞋带知道的。”医生说。

母亲这种不肯放手让孩子去为自己的未来负责的爱，伤害了孩子，使她适应外界环境的能力长期处于停滞生长状态或休眠状态，最终成为“母爱”的牺牲品。

“自适应心理”是指人们自我调节、应变适应环境的能力，这种能力与生俱来。保加利亚学者佩尔努曾作过一段描述：“婴儿被相当于20公斤的力推出，从温度为37度的温暖母体腹水中被抛了出来。在那个环境中，她像宇航员一样处于无重量的状态，现在来到空气温度为20度左右的寒冷环境中，而且在这个环境中还必须呼吸。”从他的这段论述中，我们不难看出，新生婴儿脱离母体的那一刻起，就已经用她天生的自适应能力来积极回应母亲子宫之外广阔的生活。她不仅能够适应这种内外温差，而且很快便开始在这种环境中健康成长。接下来，会积极地适应家庭生活，以后还要适应复杂的学校生活，继而要适应更复杂的社会生活。

女孩不仅天生能够自我调节，适应外界环境，而且也确实应该主动去适应，这无疑对她们的未来产生极大的推动作用。那些自适应心理素质好的女孩，她们对未来有着强烈的求知欲，她们会有选择地接受未来发生的事情，理智地分析生活中的变化。她们有主见，不盲从，明白自己想要的未来。因此，她们能够用“未来”的要求来规划自己的行为和思想，不断地为成长增值。

父母避免对女孩帮助过多

如果父母总是为女孩提供“善意的帮助”，剥夺女孩独立的处事能力，那么女孩长大后很可能会无法掌握自己的生活。

父母要学会放手

父母们要懂得放开手，让女孩去接受挫折的磨炼。在女孩在尚未经历过事情的挑战时，一般会饱受失败的折磨。不过，忍耐这种痛苦也是一种必需的经验。女孩在这个过程中，会调用内心深处的“自我帮助系统”来协助自己处理挫折与失败，从中得到各种各样的处理事情的方法，从而使稚嫩的“羽翼”日益丰满。

延迟满足：所有的愿望都要通过努力来实现

所谓“延迟满足”是指甘愿放弃即时满足的抉择取向，去等待一种更有价值的长远结果。“延迟满足”用我们平常话来说，就是忍耐力和自制力。这种品质对于成功是非常重要的。在生活中，我们也会发现，那些事业有成的人，总是能够为了追求更大的目标，克制自己的欲望，放弃眼前的诱惑，把一个个小小的欲望累计起来，成为不断激励自己前进的动力。而那些一时冲动犯罪的人，大多不能克制自己的欲望，被冲动控制，最终做出不好的行为。

在家庭教育中，如果女孩想要什么，父母就立即满足，女孩会形成这样一种观念：自己想要的东西总是能够很轻易地得到。久而久之，这会导致女孩越来越任性、贪心、急功近利。因为她们没有学会“延迟满足”，因此，进入社会后，很难承受挫折与打击。

告诉女孩：任何愿望都要通过努力来实现

女孩的“延迟满足”能力的获得，并非一朝一夕、只言片语所能奏效。父母在生活中可以对女孩提出的要求，“延迟”一下“满足”，或制造一些机会，让女孩学会等待，学会珍惜。总之，延迟与否，延迟多长时间，都不是关键所在，最关键的是父母要帮助女孩形成一种认识并最终形成习惯，让她们意识到任何愿望都必须通过自己的不断努力来实现。

厌恶心理：不做坏事的最好方法是“厌恶坏事”

2008 年 2 月 14 日，在芝加哥市郊外北伊利诺伊大学的校园，发生了一起严重的枪击事件，造成 6 人死亡，16 人受伤。

2007 年 11 月 7 日，芬兰南部图苏拉镇约凯拉中学 18 岁高中男生佩卡·埃里克·奥维宁在校内开枪行凶，打死 8 人，打伤 11 人。

2007 年 4 月 16 日，弗吉尼亚理工大学发生美国历史上最严重的校园枪击事件，至少 32 人死亡。

厌恶情绪一般被人们定义为消极情绪。因为讨厌别人，或厌烦某种事物，似乎说明你有偏见，是个任性、固执的人。不过，厌恶心理也有它积极的一面，就是厌恶回避本身是人对行为的筛选的结果，是一种经过理智判断的决定，它会产生自身防卫的效果。

女孩暴力倾向的形成有很多原因，消除这种“隐患”的最好方法不是去探究“暴力心理”的根源，而是在教育女孩的过程中，利用她的“厌恶情绪”，让她厌恶“坏事”。

心理学家利用人们的这种情绪形成厌恶的条件反射，并佐以健康的文体活动等方法，来救助那些有不良行为的少年。美国教育影片《时钟的柳橙》中，就针对有暴力倾向的女孩，强迫她们在看到纳粹迫害犹太人的暴力镜头时，给她们以厌恶刺激。这样“治疗”几次后，这些女孩在实际中看到暴力行为，或想实施暴力行为时，就会莫名其妙地浑身难受，从而彻底拒绝使用暴力。

让女孩厌恶坏事

根据厌恶心理的原理，父母如果想禁止女孩去做坏事，一个有效的方法就是对事情的危害性进行生动的描述，使女孩对事情产生深深的厌恶心理，从而自觉地去抵制。比如，父母担心女孩抽烟，就可以向女孩生动地描绘抽烟对身体的危害，使女孩对此产生厌恶心理。当她真正接触到这样的事情时，“厌恶心理”便开始调动她的自我保护与防御机制，使她远离“危害”。

竞争心理：避免不良竞争，保持健康的竞争意识

竞争心理是指个人与他人一起活动时，想超过他人的一种心理状态。这是人的一种本能，“物竞天择，适者生存”，人类和动植物一样，从古到今，总是生活在各种各样的竞争之中。

竞争有健康的竞争心理与不健康的竞争心理之分。这两种心理会对人产生截然不同的两种影响。前者是指具有与其年龄发展阶段相适应的认识水平、积极的

情绪、超越客观现实的意志行动的个性特征。具有健康竞争意识的人满怀希望，朝气蓬勃，能克服惰性，积极发展自己。

后者建立在与其年龄发展阶段不相适应的认识水平，消极的情绪、薄弱的意志、不良的动机和行为占优势基础上的缺陷性个性特征。它容易使人在长期紧张生活中产生焦虑，出现心理失衡、情绪紊乱、身心疲劳等问题。

现代社会，凡有人群的地方，竞争就不可避免。竞争当然也存在于女孩的学习与生活之中。作为家长，有必要帮助她培养健康的竞争心理，这对她的健康成长将大有好处。

培养女孩积极进取的心态

父母应该培养女孩积极进取的竞争意识，给女孩灌输一种积极进取的心态，让女孩在成长中凭着自己的努力去证明自己。任何时候，我们都要让孩子明白，天下没有白吃的午餐，要想赢得人生的成功，从小就应该学会凡事做到最好。

告诉女孩在竞争中远离嫉妒

要让女孩明白，竞争之中容不得妒忌，妒忌只会绊倒自己。客观地评价竞争对手的实力，正视双方的差距，与其“临渊羡鱼”，不如“退而结网”。另外，告诉女孩，竞争与做人是不矛盾的，良好的品格在竞争中会给自己带来很多意想不到的收获。

亲子沟通中的心理学

布猴妈妈的启示：爱是孩子生命中的 NO. 1

一位爸爸下班回家，很晚了，很累并有点烦，他发现五岁的女儿靠在门旁等他。

“爸爸，我可以问你一个问题吗？”

“当然可以。”父亲回答。

“您一小时可以赚多少钱？”

“你为什么问这个问题？”父亲生气地说道。

“我只是想知道，请告诉我吧！”女儿哀求着。

“假如你一定要知道的话，我一小时能赚 20 美元。”

“喔！”女儿低着头这样回答，接着说，“爸爸，可以借我 10 美元吗？”

父亲发怒了：“如果你问这问题只是要借钱去买玩具的话，回到你的房间并上床好好想想为什么你会那么自私。我每天长时间辛苦工作，没时间和你玩小孩子的游戏。”

女儿安静地回到自己的房间。约一小时后，父亲平静下来，他觉得自己对女儿太凶了。父亲走到女儿的房间，“你睡了吗，孩子？”他问着。

“爸爸，还没睡。”女儿回答着。

“我想过了，我刚刚对你太凶了。”父亲说着，“我将今天的闷气都爆发出来了。这是你要的10美元。”

女儿笑着坐了起来，“爸爸，谢谢你！”接着女儿从枕头下拿出一些被弄皱了的钞票，慢慢地算着钱，接着看着她的爸爸，告诉他：“爸爸，我现在有20美元了，我可以向你买一小时的时间吗？请你明天早一点回家，我想和你一起吃晚餐。”

从这个故事中，家长们是否看到了自己的影子？的确，就像故事中的父亲一样，现在的父母们总是很忙，忙着不停地工作、加班、赚钱……从来没有停下来，陪女孩一起玩。大多父母本能地认为，挣钱满足女孩的物质需要就可以了，女孩不愁吃不愁穿，自然也就没有什么烦恼了。父母的这种想法其实是错误的，父母的爱才是女孩最需要的！

美国心理学家哈洛做了一个独特的婴猴实验：哈洛把刚刚出生的婴猴从母猴所在的笼中取出，放到另一个装有两个人造母亲的笼子里。一个纯金属丝的人造母亲胸前安有一个奶瓶，另一个的表面包裹着柔软的布，但不安奶瓶。按理说，婴猴应该经常爬到安有奶瓶的金属丝妈妈的身上，然而结果却相反，婴猴只是在肚子饿要吃奶的时候才爬到金属丝妈妈身上，而大部分时间都爬到布妈妈身上。如果在布妈妈身上也安上奶瓶，那么婴猴就几乎不接触金属丝妈妈了。如果在婴猴下地玩耍的时候，突然放入一个自动玩具，就会看到婴猴吓得马上逃到布妈妈身上。

这个实验推翻了人们传统思想中“有奶便是娘”的认知。从这个实验可以得知，婴猴对母猴的依恋主要不是食物，而是柔软、温暖的接触。推而广之，小女孩依恋母亲并不仅仅是为了喝奶，她更需要柔软而温暖的皮肤接触，小女孩只有在母亲温暖的怀抱里才能健康地成长。就像小猴子不喜欢只能提供食物的“金属妈妈”一样，女孩也不喜欢只能提供食物、金钱的“机械父母”，她更需要的是父母的爱。

家长们不要只做赚钱的机器

“工作忙”“加班”“挣钱”“为了以后更好地生活”……这些都不能作为不陪孩子的借口。女孩需要的不是一台“赚钱机器”，而是父母的爱与理解。虽然说一个家庭的经济能力比较重要，但是只要爸爸、妈妈与女孩之间其乐融融，即使经济能力较差，大家也会共同努力来克服。而如果因为赚钱而影响到女孩的健康成长，那样实在是得不偿失。

适度原则：爱是合理的给予合理的不给

《新华每日电讯》一篇题为《儿子在大学里怎么没学到良心》的报道引起了广泛的关注，现摘录如下：

我是一位63岁的农民，今天我给你们写信，是想说说我的家事。虽说家丑不可外扬，但这些事憋在心里好长时间了，最近总感到心口疼。

我儿子是一名大学生，也是我们家五代人唯一的大学生，这是我们老两口的骄傲啊！但因为这个不争气的东西我们也伤透了心。

记得儿子刚考上大学时，我去学校送他。下了火车后，我扛着笨重的行李走在前，儿子跟在后。刚到学校门口，我被大门前一根铁条绊倒了。我重重地摔倒在地上。儿子向四周看了看，用力拽了一下我的胳膊说："干什么啊，丢不丢人！"尽管我的双腿摔得很痛，但还是得很快爬起来继续背着行李走着。

第一学期儿子一共来了3次电话，每次都是要钱。我和老伴种着3亩地，抽空我就到村里的砖厂去做苦工。开始人家说我老，不肯收，我几乎给人家跪下了，人家可怜我才让干的。小闺女16岁了，初中毕业后上不起学给人家当了保姆，挣的钱交给我后，全寄给了儿子。甚至有一段时间老伴的眼红肿得厉害，都舍不得花钱买一瓶眼药水！

为了能多挣点钱，老伴又在村子里找了一份看孩子的差事。给人家抱一天孩子只挣5元钱，没日没夜的。去年冬天，儿子电话打得特别勤，每次都是要钱。我寄了4次有6000多元，我不知道现在上学就得这么多钱。后来才听村里去打工的一个小伙子回来说，他见到我儿子了，正谈着恋爱，很潇洒。然而最可气的是今年过年儿子回来时，居然虚报学费。如今好几个月过去了，我一想起这事就心痛。我不明白儿子为什么会变成这样，不知他们在大学里除学习文化外，还能否学到要有良心？

老农对儿子过分的爱反而使儿子不懂得感恩，这种现象正应了心理学上的"交往适度定律"，即如果对别人适度的好，可能得到别人的回报；但是如果对别人过度的好，则可能无法得到别人的回报。

心理学家霍曼斯曾经提出过这样一种观点：人与人之间交往的本质其实是一种社会交换。这种交换同商品交换的原则一样，即人们希望在交往中，得到的不少于付出的。但是如果得到的大于付出的，也会让人心理上失去平衡，觉得没有办法回报，从而选择逃避或者麻木。案例中的儿子选择的是第二种，他认为父母的付出是理所当然的，一旦达不到他的要求，他会非常不满。

因此，父母在教育女孩的时候，最好不要给予她过度的爱，不能溺爱和娇惯，要让女孩明白你都为她做了些什么，要让她们明白干净的衣服、可口的食物、舒适的环境，这一切都不是理所当然的。而了解了事实后的女孩会长大，懂得感恩。

给女孩合理适度的爱

父母对女孩过度的爱容易造就出一批自私、不懂感恩、心智不成熟的女孩，父母对女孩的爱不是无限制的给予，而应该是合理的给予，它是合理的安慰、鼓励、督促、给予，也是合理的争执、对立与批评。一方面尊重女孩生活的独立性，另一方面又给予女孩积极的引导。

强化心理：偶尔，也要忽略发火的孩子

一对夫妇最近为女儿的坏脾气很头疼，虽然女儿锦元只有6岁，却脾气暴躁，稍不如意就大发雷霆、大喊大叫。为此，他们对自己的小叛逆者用尽了各种各样的方法。他们打过她、罚她站墙角、逼她早点上床、责骂她、呵斥她，但这些都不起作用。小锦元的暴躁脾气依然如故。

这天晚上，一家人都在客厅里，锦元在看电视，这对夫妇在看报纸。锦元突然说想吃冰淇淋，已经很晚了，商店都关门了，夫妇两人试图跟她解释，劝她明天再吃。然而，锦元的脾气又上来了，便倒在地上大哭大闹。她一边尖叫并用头撞地，挥手踢脚。这次，父母都被彻底激怒了，但却一时不知所措，于是他们便置之不理。他们一声不吭地继续读他们的报纸。

这恰恰是这个小叛逆最不期望的情形。她站了起来，看着她的父母亲，又倒下去把先前的“好戏”上演了第二遍。她的父母亲对此仍然没有任何反应。这一次，他们心照不宣地看着对方，然后惊讶地打量着锦元。

锦元突然又倒在地上上演了第三遍，锦元的父母亲仍然不理睬她。最后，锦元大概也觉得自己趴在地上哭叫实在太傻了。于是自己爬了起来，回房间睡觉去了。

从此，锦元再也不朝别人乱发脾气了。

锦元的暴躁脾气是因为没有得到“强化”而自然消失的。

科学家曾做过这样一个有趣的实验：他们特制了一个大水槽，放进了一条鲸鱼和一些小鱼，很快，小鱼们被吃得精光。接下来，科学家们把一块特殊材料做成的玻璃板放进了水槽，鲸鱼和小鱼被分别放到了玻璃板的两边。看到食物就在眼前，鲸鱼凶狠地朝小鱼们游去，可是，鲸鱼每次都被撞得昏头昏脑，它终于意识到眼前这些小鱼是吃不到的。于是，鲸鱼放弃了继续进攻自己的猎物，它的猎

食行为因为没有得到强化而消失了。后来，科学家们拿走了横在鲸鱼和小鱼之间的玻璃板。鲸鱼却再也没有对小鱼动过心思。

这个实验证明人或动物为了达到某种目的，会采取一定的行为，当这种行为的结果对他有好处时，这种行为就会得到强化，在以后重复出现；当这种行为对他没有什么好处时，便会逐渐消失或淡化。案例中的锦元就是如此，当她发现发脾气会迫使父母花更多的时间去关心她时，她的这种行为便得到强化，反复发作。而当她发现父母对此不理不问，总是忽略她的脾气时，她这种行为便是徒劳的，自然而然会减弱或消失。

在家庭教育中，恰当地运用“强化心理”可以鼓励女孩保持好习惯，矫正不良习惯。当女孩有了进步时，父母要给予一定的奖励，肯定她的行为，使这种好行为得到强化；当女孩犯错时，可以去责备、批评，也可以用“故意不理会”的方法，这样，她的错误得不到强化，自然会消失。

父母与女孩说话不要过分唠叨

有些父母总是试图用“喋喋不休”的语言，来“强化”女孩的好习惯，比如每天早上就开始那些琐碎的批评：早点起、整理好书包、上学别迟到、不要偷懒……事实上，每天重复同样的语言，不但达不到“强化”的效果，而且还会使女孩麻木。

这种做法是不可取的，家长应该改正批评琐碎事情的习惯，只强调重点。

该“狠心”时就“狠心”

对于那些任性、撒娇的女孩们来说，父母不断用唠叨来表达“疼爱”的方式更是不可行的。任性的女孩之所以总也改变不了任性的习惯，是因为她们从父母的屡次“重视”中，得到一种心理的满足感，进而使她们这种任性的行为得到强化。对这样的女孩，父母不妨“狠狠心”，忘记正在任性的孩子，让她们尝尝“被忽略”的滋味。

情绪判断优先：戳开“打是亲，骂是爱”的谎言

这周末，梦涵全家进行大扫除，小轩、可可都来帮忙。不过梦涵今天的心思可没在劳动上，她边干活边想着去划船的事。

不料，一个不小心闯了祸，爸爸最喜欢的大花瓶被她打碎了。梦涵一下子愣在了那里。她想：“这下闯大祸了，爸爸一定会骂我的！”爸爸一向比较严厉，想起爸爸接下来拉长的脸，梦涵手忙脚乱地离开了“现场”。

眨眼到了吃晚饭的时间，爸爸妈妈见梦涵还是没有回来，便分头去找。妈妈在小花园里发现了梦涵。她正和小伙伴们玩得不亦乐乎。

"梦涵，回家吃饭了！"妈妈柔声叫她，但梦涵不敢回家。

"今天是淘气的小轩打碎花瓶的。妈妈，咱们今天能不能晚点回家呢？"梦涵央求妈妈。

妈妈早看出了她的心思，便告诉她："今天打扫卫生，你是咱家做得最好的，你爸还一直对你赞不绝口呢！此外，你爸爸最近一直嫌那个花瓶大，摆到哪都占地方，这下好了，家里显得不那么挤了！你爸爸说早就想扔了。不过呢，以后劳动的时候要注意啊！"梦涵听了妈妈的话，羞愧地低下了头，她想："我以后一定不能再犯这样的错误了！"当她回到家时，爸爸并没有训斥她，而是说："梦涵，把碎片打扫干净吧，否则扎到脚就不好了。"

梦涵飞快地去拿扫帚和簸箕。从此她无论是劳动还是学习都变得细心了。

梦涵父母的处理方式可以说是明智的，他们没有因为女孩闯祸而愤怒，也没有让女孩承受闯祸后的"恐惧"，而是用一种温和的方式，让女孩记住"前车之鉴"。

而现实中很多父母却做了一个"穿西装的野人"。每每发现女孩犯的错误，不分青红皂白，便冲着女孩大喊大叫，甚至是打骂。事实上，这种方式收效甚微，因为人的情绪判断遵循"情绪判断优先定律"，女孩记住当时的"恐惧"，而忘了对错误的判断与反省。

所谓的"情绪判断优先定律"，即指情绪会优先于理性，影响人们的判断。无论是好情绪还是坏情绪都会首先影响到人的行为。例如，现在消费者对生产企业"王婆卖瓜、自卖自夸"式的广告已经深恶痛绝，而更喜欢那些人情味十足的广告。

同样道理，父母在教育女孩时要学会"先处理情绪，后处理事情。"比如，女孩处于不愉快状态时，她就会将所有外界信息"拒之门外"，这时父母无论说什么，她都很难接受。但是，如果父母先体谅女孩的感情，宽容和安慰女孩，先处理好她的情绪，使她处于良好的情绪状态下，那么问题就会轻而易举地得到解决。

"打是亲，骂是爱"是最大的谎言

很多家长在女孩犯了错之后，会辱骂她或打她，这是极其不明智的行为。当女孩闯了祸之后，她心里其实很痛苦、很内疚。在她这种糟糕的心态下，家长的大骂只会让她感到反感，她会觉得家人并不爱她。在这种境况下，她根本就无心改正错误。暴力教育从来就不会让女孩变得顺从，也不会让她变得聪明和懂事，只会使她走向堕落和消沉。不如先用温和的方式和女孩对话，让她觉得父母是了解她的，进而她会更加内疚，与此同时，她会决定以后不会再犯同样或类似的错误了。

“不高兴”是可以传染的

巴纳姆效应：容易生气的父母，别太在乎别人的看法

一位母亲总是为她的女儿发愁，她每次去幼儿园接女儿，都不愿意和老师说话，害怕老师告诉她孩子在学校表现不好，她也不敢和别的家长说话，因为别人家的孩子都是活蹦乱跳的，聪明伶俐，而她的孩子比较木讷，做事总比别人慢半拍，并且身体也不太好。她怕别人笑话自己的孩子。

她经常动不动就朝孩子发火，恨不得从来没有生过这样一个女儿，这样她就不必这么苦恼了。

有一次放学时，老师找到她，告诉她这孩子不但学什么都比别人慢，并且用餐控制不住食量，常常吃到胃痛还要求添饭。旁边有位家长擦肩而过，他好奇地回过头，望望女儿，脸上的表情似笑非笑。这位母亲回家后又朝女儿大喊大骂。

女儿这时学着为妈妈削苹果，听到妈妈的痛骂，她吓坏了，锋利的水果刀一下子刺破了手。妈妈看到这种情景，更加气愤，心想，这么笨的女儿，永远不会让妈妈在别人面前骄傲的。她觉得女儿是让人承受不起的附加品。

后来，她从一个小孩子的口中才知道：女儿拼命吃那么多饭，是因吃得饱饱的就不会老是生病，还可以给妈妈做点家务。女儿对那个小孩说过，妈妈最爱吃苹果，她一定要学会削苹果……

她的眼睛湿润了，她想，她拥有的是女儿给她的最好的爱，而自己却太在意别人的看法，没有珍惜……

这位妈妈太在意别人的看法了，所以对并不聪明的女儿感到恼火，对女儿的爱也熟视无睹。生活中这样的父母并不少见，他们经常发怒多半是在乎别人的看法，这是典型的“巴纳姆效应”在作怪。

一位名叫肖曼·巴纳姆的著名杂技师向人们揭示了他的杂技之所以受到欢迎的原因：节目中包含了每个人都喜欢的成分，所以他使得“每一分钟都有人上当受骗”。这说明人们常常认为一种笼统的、一般性的人格描述十分准确地揭示了自己的特点，心理学上将这种心理倾向称为“巴纳姆效应”。

巴纳姆效应在生活中十分普遍。曾经有心理学家做过这样一个试验，他用一段笼统的、几乎适用于任何人的话让人们判断是否适合自己。这些话包括：你有很多优势没有发挥出来，同时你也有一些缺点，不过你一般可以克服它们。你与异性交往有些困难，尽管外表上显得很从容，其实你内心焦急不安。你有时对自

己的决定是否正确也会产生怀疑。对于一成不变的生活，你也有厌烦的时候。你有时外向、亲切、好交际，而有时则内向、谨慎、沉默。你的有些抱负往往很不现实……

结果，绝大多数人认为这段话对自己描述得简直是入木三分。心理学家认为，当人的情绪处于低落、失意的时候，安全感也受到影响。一个缺乏安全感的人，心理的依赖性也大大增强，他们更容易相信别人的话，在乎别人的评价。

接受女孩的一切

不管你有怎样的孩子，都要懂得先去接受。永远不要用别人的眼光来看女孩，或用别人的评价来影响自己的情绪。并且要学会不断反省自己，把自己放在旁观者的位置去审视生活本身，这样就不容易受外界信息的否定暗示，从而不会让外界影响到自己的情绪。

抑郁心理：乐观的父母能使女孩免遭抑郁侵袭

文海今年已经40岁，担任某公司的经理。由于平时压力大，又很少有真正交心的朋友，文海这几年来有一种难以言状的苦闷与忧郁感，但又说不出什么原因，总是感到前途渺茫，一切都不顺心。即使遇到喜事，他也毫无喜悦的心情。过去下班后常常和小女儿一起玩，有时也和妻子去看电影、听音乐，但后来就感到一切索然无味。

他深知自己如此长期忧郁会伤害身体，并且影响家人心情，但又苦于无法解脱，而且还导致睡眠不好、多噩梦及胃口不佳。有时他感到很悲观，甚至想一死了之，但对人生又有留恋，有很多放不下的东西。

他的妻子知道他的抑郁心理比较严重，总是想方设法讨他欢心，经常和他谈心，陪他听音乐，给他讲一些幽默笑话……可是没什么效果。妻子最近也总是觉得心灰意冷，更糟糕的是，她发现11岁的女儿好像也有抑郁倾向：不爱说话，成绩好但很自卑，总觉得自己缺点太多，对自己的长相不满意。文海的妻子很着急，她越想越不明白，难道是丈夫的抑郁传染给孩子了，才使得一向优秀的女儿缺少自信？

很显然，文海是被抑郁“缠上了”。而他的妻子的问题也并不是空穴来风——抑郁症的确会传染，但孩子虽会有潜在的抑郁症风险，如果没有外界刺激，一般不会发作。孩子的抑郁其实还需要进一步诊断。那么什么是抑郁心理呢？

抑郁心理是以心境低落为主，与处境不相称，可以从闷闷不乐到悲痛欲绝，甚至麻木。期间常常伴有厌恶、痛苦、羞愧、自卑等情绪，严重者可出现幻觉、妄想等精神病性症状。但是对大多数人来说，抑郁只是偶尔出现，历时很短，很快就会消失。但对有些人来说，则会经常地、迅速地陷入抑郁的状态而不能自拔。

然而，在多数人眼中，抑郁仿佛永远在他处，与己无关。事实并非如此，据世界卫生组织估计，几乎每30个人当中，就有一个人正经受着抑郁症的困扰，每15个人当中，就有一个曾经面对过这种疾患，并且女性比男性更容易患上抑郁症，其几率为2∶1，并且抑郁症还具有一定的遗传性。但没有重大事件的刺激，女孩和父母一般不会同时患上抑郁症。所以即使自己患有抑郁症，也不必忧心忡忡。避免女孩遭受不必要的打击，能很好地让她远离抑郁症。

抑郁症的危害也比较严重，一旦被抑郁缠身，便会很难摆脱，有的甚至抑郁情绪反复发作，时好时坏。并且六成以上的抑郁症患者有过自杀的行为或想法，15%的抑郁病人最终自杀。

现代医学认为抑郁症发病一般不是单方面因素引起的，而是遗传、体质因素、神经发育和社会心理等因素共同作用的结果。家族病史；婴幼儿期没有得到足够的爱；突发灾难；长期精神压抑等，都是致病因素。

为女孩创造良好的家庭环境

良好的家庭环境是使得女孩免受抑郁侵害的保护伞。父母应避免长期在女孩面前吵架、向女孩诉苦、给她讲一些悲观的想法。如果父母中没有患抑郁症的一方比较乐观，那么女孩的情绪也会受到积极的影响。

用某些方式将抑郁表达出来

当女孩心情不佳时，家长们不妨建议女孩拿起一支笔，抒发胸中的情感，将自己的心情诉诸纸上，会有释放的感觉。或者是将女孩感到忧郁的事情画出来，比如，因为想念双亲而忧郁，就把双亲慈祥的面孔画出来，不要计较像与不像，只要倾注全部感情去画。如果讨厌一个人，也可以去画他，把厌恶的感情也画进去。

猜疑心理：想了解对方的时候，就放弃自己的“现象场”

陈伟和露露已经结婚15年，孩子都上小学三年级了，可是这对夫妻最近总是闹矛盾。露露不知从什么时候起，总是没有安全感，猜疑丈夫有外遇。

陈伟是一家公司的副总，平日工作繁忙，应酬多，回家比较晚。而陈伟也常常担心美貌的妻子对自己不忠。因为每次回家，妻子从来没有关心过他，心疼过他，他工作不顺心，想和妻子说说，妻子连理都不理，却劈头就问：“你今天去见谁了？在哪？你是不是不爱我了……”见妻子一点也不体贴人，竟怀疑自己有外遇，想到自己辛辛苦苦地在外奔波都是为了这个家，陈伟顿时也火冒三丈。片刻间，二人你来我往，唇枪舌剑，大吵一番。

陈伟也同样不体谅妻子，周末妻子的一个大学男同学来他家做客，说是最近要和妻子出国旅游，想拜托妻子照看他的孩子。陈伟非常不高兴，他认为这个男同学是别有用心。于是二人又吵了起来。

他们的争吵与不和对女儿乐乐也产生了一定的消极影响。乐乐在家极力调和父母关系都是白费力气，于是在学校，她把自己积累的怨气都撒到了别人身上，还故意给老师捣乱，不久，她在同学中，成了有名的“小霸王”。

很多人抱怨自己并不了解配偶或自己的配偶一点儿也不体谅自己。之所以出现这种局面，是因为人们很难做到客观地评价、理解对方。

每个人都有一个独特的“现象场”，它是由人过去的经验所形成的。它就像是一个人认识世界的坐标体系。人们往往从自己的坐标体系出发，从不同的角度认识周围的人与事。

夫妻之间之所以感到对方不了解自己，是因为习惯从自己的坐标体系出发，去推测、揣摩、评价甚至抨击另一半，人们总以为：“我们是生活在一起多年的夫妻，有谁会比我更了解他？”有人说：“他一张嘴我就知道他想说什么。”这是真的，但是，我们仅仅是知道他在说什么，却不理解他说这些话时的感受。我们总是执著于自己的坐标体系，用这个体系去猜测他的所思所想、所作所为。

而猜疑却是最不正确的判断。猜疑的人往往对别人的一言一行很敏感，喜欢分析深藏的动机和目的。好猜疑的人最终会陷入作茧自缚、自寻烦恼的困境中，结果还会导致自己的人际关系紧张，失去他人的信任，挫伤他人和自己的感情，对心理有极大的危害。猜疑只不过是从假象回归假象而已。

家长要先放下自己的“现象场”

如果，你渴望理解配偶，就必须学会放下你的现象场，尝试着进入对方的现象场，这是抵达理解的唯一正确途径。有时候当配偶向你倾诉一些问题的时候，先不要去急着出主意、提建议，忙着为他解决这个问题。实际上，对方多数情况下只是想借着“问题”来宣泄不良情绪，他们需要的是理解、是倾听，而不是一大堆的方法与建议。

用平等的态度与女孩说话

对于想了解女孩的父母来说，想走进女孩的世界，就必须放弃成人的推断与猜疑，用平等的态度与女孩对话。当女孩向父母诉苦的时候，尽量去积极地回应她的感受。少提方法和建议，有时不妨假设帮她实现愿望：“如果妈妈在的话，会给你买好吃的”“我如果当时帮了你，你就不会难过了”，等等。

孤独心理：受伤的成人和孩子往往会选择“作茧自缚”

五年前，白莉和丈夫离婚了，她悲痛欲绝，她恨丈夫的背信弃义。自那以后，她便陷入了一种孤独与痛苦之中。

她为了女儿，没有再婚。但她经常觉得很孤独。本来以为时间长了，这些伤痛和孤独会慢慢减缓消失，她也会开始新的生活。可事实并不是这样，白莉对婚姻一直都很绝望，她不相信自己还会有什么幸福的日子。她唯一的愿望就是抚养女儿，以后希望女儿嫁个好人，过幸福的生活。

就这样，几年过去了，白莉始终没有从那场失败的婚姻中走出，她还是单身，带着一个女儿。

但这几年，女儿的变化很大，父母离婚的时候，她正上初三，那次痛苦的经历是可怕的阴影，始终笼罩着她的世界。她有着很强的自我防御心理。她总觉得世界上没有好男人，她比妈妈感受到的孤独更大，她从来没有感受过生活的快乐与幸福，她有时觉得全世界都在孤立她、抛弃她。

父母离异，最受伤害的人是女孩。而按照孩子的年龄段来说，上初中的女孩是最容易受到伤害的。她们在以后的日子里，往往变得性格怪异、偏执、孤独、内向甚至仇视父母，仇视他人。案例中，母亲的孤独情绪较为严重，可女孩则有明显的孤独症倾向。

孤独其实是人的自然本性，人既需要集体生活的欢娱，又需要偶尔的独处。但孤独也有个度，过犹不及。有些人，他们性格孤僻，不愿意和人交往，有时还会封闭自己，逃避社会。这种孤独便超过了“度”，心理学上把这种心理称为“孤独心理”。由这种心理产生的与世隔绝、孤单寂寞的情感体验，就叫做孤独感。这种过度的孤独是一种消极的情绪。

一般情况下，这种消极情绪的诱因有四种：一是由于自傲，认为别人都是低微平庸的，如果与这些人交往，自己就会没有“面子”，久而久之，人们自然会远离这种孤芳自赏的人。二是由于自卑，觉得自己不如别人，认为别人会因为自己的某些短处或缺陷而看不起自己，因此筑起“围城”自我封闭。三是由于愤世嫉俗，这种人处处追求完美，在他们心中，有个“理想世界”，而这种“理想世界”又与别人的现实世界格格不入。从而使得与他人缺少共同语言，内心孤独。四是曾经受到过伤害。正如文中的母女，母亲在受到婚姻伤害后，惧怕了伤害，从而在自己的世界，筑起一道围墙来保护自己，而这也给女儿带来了不好的影响。

其实孤独归根结底是当事人找到某种理由或借口将自己封闭起来，作茧自缚的原因。

帮助女孩通过交朋友来摆脱孤独感

感到孤独时，不妨给朋友打个电话，或者约上三五好友吃顿饭，亲自下厨，炒上几道香喷喷的佳肴，大家开怀畅饮，自在谈心。同时还要多为别人想想，做一个“雪中送炭”的人。

引导女孩懂得享受孤独

享受孤独提供的闲暇时光。生活中有许许多多活动，都是充满了乐趣的，而孤独使你能够充分领略它的美妙之处。在感觉孤独的时候，做自己最想做的事情。一个总是有喜欢的事情可忙的人极少会感到孤独。

焦虑心理：把你的焦虑写在纸上，然后纠正

小凡的妈妈最近一段时间不知道为什么，老是为一些微不足道的小事忧虑，以至于影响了她的正常工作。

比如，她总是莫名其妙地对那支钢笔产生厌恶之感。一看到那磨得平滑的钢笔尖就心里不舒服，她更讨厌那支钢笔的颜色，乌黑乌黑的。于是她干脆把钢笔扔到了垃圾桶里。可换了支灰色的钢笔后，她依然感觉不舒服。原因是买它时，自己当时在售货员面前出了丑，自尊心受到了伤害。因此刚买回来，她就把它扔到楼道里。

还有一次，小凡给妈妈买了一个用来盛饭的小塑料盒。妈妈脑子里冒出一个想法：“这是不是聚乙烯的？”几年前，她记得自己曾看过一篇文章，好像是说聚乙烯的产品是有毒的，不能盛食物。这下她的神经又绷紧了：这个小塑料盒会不会有毒？毒素逐渐进入我的体内怎么办？她万分忧虑。

有一天，奶妈又为小凡头上的两个“旋儿”而苦恼起来。她听人说“一旋好，俩旋孬，两个顶（旋），气得爹娘要跳井”。真有这么回事吗？要不为什么小凡总是让自己担心呢！可有两个旋的人多的是呀！这个念头令她终日忧虑不已。小凡的妈妈就是这样一直在忧虑中徘徊、挣扎着……

而可怜的小凡，也在妈妈这种焦虑情绪的影响下，整天心事重重，她总是很自责，觉得自己是妈妈的“克星”，如果妈妈当初没有生下她，可能会很幸福。慢慢地，小凡上课总是紧张兮兮的，害怕学不会东西，对不起妈妈，她也很担心自己以后没什么前途，不能赚钱养妈妈……以往乐观开朗的她也逐渐变得沉默寡言，焦躁不安。

小凡的妈妈其实是患上了焦虑症。而小凡的焦虑情绪其实是被妈妈传染的。美国心理学家研究发现：如果父亲或母亲患上焦虑症，那么与他们生活在一起的孩子患上焦虑症的风险是正常家庭孩子的 7 倍。而焦虑症的“传播”途径往往是

患有焦虑症家长平日的一些行为，如对孩子过度保护、过度批评、在孩子面前经常流露出惊慌和害怕的神情等。那么什么是焦虑症呢？

先从焦虑的情绪体验说起。焦虑是一种没有明确原因的、令人不愉快的紧张状态。我们可能都有过这样的情绪体验：在你第一次和心爱的人约会之前，在你的老板大发脾气的时候，在你知道孩子得了病之后，你都会感到焦虑。适当的焦虑并不是坏事，往往能使人鼓起力量，去应付即将发生的危机。但是，如果忧虑过多，以至于达到焦虑症，这种情绪就会妨碍你去应对、处理面前的危机，甚至妨碍你的日常生活。

焦虑情绪过重或有焦虑症的人，他们内心充满了过度的、长久的、目的并不明确的焦虑和担忧。比如，他们会为孩子的前途担忧，即使孩子很聪明，学习又好，他们也会感到危机和焦虑；或者他们会成天为自己孩子的安全担心，生怕他在学校里出了什么事；更多的时候他们自己也不知道为了什么，就是感到极度的焦虑和不适。他们整日忧心忡忡、神色抑郁，似乎感到灾难临头，甚至还担心自己可能会因失去控制而精神错乱。

导致焦虑的原因很多，既有心理的因素，又有生理因素的参与，同时，人的认知功能和社会环境也对焦虑的形成有一定的影响。因此，有严重焦虑心理或焦虑症的人应该从引起“焦虑”的源头上找出路。

将焦虑写在纸上，然后纠正它

消除焦虑心理有多种方法，比如，听音乐、做运动、换环境、放松心情等，但是最本质的却是纠正认知错误，凡事都看开一点。在焦虑时，不妨试着将焦虑写在纸上，然后纠正它，具体的步骤如下：

第一步：当你焦虑时，请拿出一张白纸，把你焦虑的问题写到纸上，比如：“我总担心自己失业”“我怕孩子不能适应社会”“我莫名其妙地冒出一些讨厌的想法”……

第二步：全部写下后，再逐一分析这些焦虑有什么原因，思考它对事情的发展有没有好处，并写在纸上。一般你会总结到这一点——越焦虑，事情反而会越糟糕。

第三步：想更好的办法，比如：既然焦虑会让情况变得更糟，那么我安下心来才是最好的办法；既然越焦虑孩子的前途，越是让孩子有负担，不如，把“不管”当做“最好的管”。反复多次，你会发现你已经远远地把焦虑甩在身后了！

洞悉社会心理对女孩的影响

角色效应：比尔·盖茨与“小侦探”的社会角色

比尔·盖茨在西雅图上小学四年级的时候，被人推荐到图书馆帮忙。图书馆管理员给他讲解图书的分类法，告诉他要做的工作就是：把归还图书馆的放错了位置的书放回原处。盖茨听完后问：“工作的时候，是像侦探一样么？”管理员说：“那当然。”然后，小盖茨就在书架的迷宫中穿来插去。

“小侦探”这个角色让他兴奋不已，每当从一堆书里发现要找的目标时，他都会发出一阵胜利的欢呼。他干得越来越熟练，不久便正式请求担任图书管理员。好景不长，几个星期后，盖茨搬家了，也转学了。但是没过多久，盖茨又回来了，因为新学校的图书馆不让学生在图书馆工作，盖茨的父母为满足儿子做“小侦探”的愿望，又把他转回来上学了，由父亲开车接送他。盖茨自己也坚定地说：“如果爸爸不带我，我也会走着来上学的。”

可见，“小侦探”这个“社会角色”激发了小比尔·盖茨浓厚的兴趣。正是这种角色的扮演，使他长大之后，将枯燥的工作变成了有趣的游戏，而且做得有滋有味。

心理学家曾做过一个有趣的实验：邀请一些不懂礼貌的孩子去参加一个不平常的晚餐。在晚餐中，他们竟然一反常态，在文雅气氛的熏陶下，意识到自己是有教养的“来宾”角色，并按这种社会角色来约束自己，很快变得有礼貌了。

这个实验表明，如果赋予孩子适当的角色，而且当他对角色有所领会和理解时，孩子就容易按照角色的规范来要求自己，从而在个性心理或行为上发生一些变化。这种现象被称为“角色效应”。

角色效应的形成首先开始于社会和他人对角色的期待上，现在教育中普遍存在一种偏差，老师往往用“好学生学习好”、“坏学生成绩差”来评价孩子。这使得他们出现了角色概念的偏差，对自己扮演的社会角色不能够正确认知和评价。他们会觉得自己学习差就一无是处，会厌烦自己的“角色”，而那些“好学生”则可能因此而沾沾自喜、自我膨胀。在这种错误认知的基础上，他们开始了各自不同的行为，“坏学生”开始真正厌学，开始自暴自弃；好学生则只注重学习而忽略了自身全面发展。这种最初的错误期待导致了孩子认知行为的恶性循环。

而案例中的小盖茨，得到的则是一种积极的“角色效应”，他在扮演侦探这种“社会角色”时，从心理上产生一种自我期望，再加上父母对这种角色的认可，使他不仅喜欢自己扮演的角色，而且体会到角色给他带来的乐趣。这种积极的认知和期待成为激励他行为的内在动力，甚至影响到他成长的每个阶段。

让女孩在社会角色扮演中学会做人

根据角色效应，父母可以有针对性地给女孩安排一定的游戏角色，让女孩扮演，从而让她学会某些知识或者规范。如让女孩扮演“卫生员”角色，负责检查家里的卫生，以此来培养女孩的卫生习惯。在扮演“警察”的角色中，学会机智地解决问题。在扮演“科学家”的角色中，学会钻研并发现学习的乐趣。

人的社会性：每个孩子都害怕做“独行侠”

上小学三年级的小凡很内向，平时很少和同学说话。她像是一只落单了的孤雁，经常一个人躲在一个角落里，别的同学找她一起玩，她也只玩一会儿就悄悄走开了。每天上课时，小凡似乎也在听讲，但是明显有些心不在焉。班主任很快发现了小凡的这些异常举动，她决定去小凡家里做一次家访。

这天，班主任和小凡一起出了校门。一路上，小凡只顾低着头走路，班主任问了她一些家里的基本情况，老师问她三句，她才回答一句。班主任感到很纳闷，不知道这孩子是怎么了。

来到家里，见到了父母，小凡只说了一句：“妈妈，我们老师来了。”然后就进了自己的房间，再也没出来。

班主任将小凡在学校里的一些表现告诉了她的爸爸妈妈，妈妈告诉老师：“这孩子在家里也不怎么爱说话，上幼儿园的时候就不怎么和小朋友一起玩，现在上小学了还是这样，平时见到亲戚朋友也像不认识一样，她这个样子我们也拿她没办法。”

经过交谈，班主任了解到，小凡的父母都是生意人，白天很忙，晚上应酬又多，因此就请了保姆来照顾小凡，他们平时很少和孩子待在一起。

听完了小凡父母的情况，班主任告诉小凡的父母：“小凡现在这个样子和小时候缺少父母的关爱密切相关，你们平时还是多关心一下小凡吧。再任由她这么发展下去，她很可能会发展成孤独症的。”听到班主任这么一说，父母才意识到了问题的严重性。

人的社会化开始于婴儿离开母体，成人第一次抱她的时候。以后婴儿会通过这种接触和各种社会影响，逐渐成长，并学会把自己看做独立存在的个人，建立社会关系；与此同时，她也对各种社会影响以其自身的独特方式作出种种反应，反作用于社会环境，表现出人的主观能动性，从而成为社会的人。

在自然界，有的动物主要以个体形式生存，还有的动物主要以群体形式生存，比如蚂蚁、大雁、狼等。人类也属于群体性动物，或叫做社会性动物。

可是孤独的女孩却总是试图逃离社会生活。她们性格内向，胆小谨慎，从小不善言辞的女孩，总是在躲避他人。

其实这些女孩并非天生孤独，只是因为她后天的社会性需要没有得到满足。比如对父母和亲人爱的需要没有得到回应，对家、学校、团队缺少归属感，周围人的不认可又使她缺少价值感。

以上文的小凡为例，长久以来，父母不在身边，让她感受不到温暖和关爱，在学校，她不敢主动与他人交往，久而久之，性格变得很孤僻，孤独地学习、生活，而父母根本不关心她、不在意她，于是她在家庭和学校里都找不到归属感。而周围这些人对她的否定与不认可，便使得她在心理上形成一种恶性循环。

用爱温暖女孩的心

其实使女孩倍感孤独的根源不在于她的性格，而在于父母爱的缺失。为人父母者，应该好好反思一下：你到底给了女孩什么？是一个温暖的拥抱，还是一个自动提款机？要知道，女孩最需要的不是物质的东西，而是最珍贵的爱。在女孩的每次成长经历中，都应该留下父母有心无痕的爱。

临近效应：孩子周围的都是什么人

孟子是我国古代伟大的思想家、政治家和教育家。他幼年丧父，从小就是母亲一手抚养大的。孟母是一个有知识、有教养、很能干的女人。她为了抚养儿子，替人家洗衣服，纺线织布，省吃俭用，任劳任怨，一心想把孟子培养成人。

开始，孟子家距墓地很近，他常和邻居的孩子们一起到墓地里去看热闹，也许是看得太多了，他也和小朋友经常玩给死人送葬一类的游戏。孟母知道这些事以后，觉得这种环境对孩子成长没有好处。于是，第二天，孟母收拾好家里的东西就搬家了。

他们母子二人搬到一个闹市附近住了下来。这个市场人来车往，每天从早到晚叫卖声、吵嚷声不绝于耳。时间一长，孟子又学起那些小商小贩的吆喝声来了，孟母觉得这种环境也不利于孩子成长，便再次搬家。

这回，他们搬到一个学堂附近住下来，那些来学堂读书的人个个斯文讲礼貌，见面时或作揖或鞠躬。日子长了，孟子就照着那些读书人的样子拿书来读，和人见面时也仿照那些读书人行礼作揖，变得非常懂事有礼貌。孟母看在眼里，喜在心头，觉得这个地方对孟子的成长大有帮助，于是就一直住下来。

后来，孟子博览群书，勤奋苦读，成为志向远大的学者，名扬四方。

孟母懂得孩子在成长过程中，会潜移默化地受到周围环境的影响。因此她三次迁家，为的是让孩子在一个良好的环境下受到一种好的熏陶。

按现在的话来说，其实她运用了心理学上的“邻里效应”。所谓的“邻里效应”也就是指一个人的性格、品性会不自觉地被周围的环境感染和影响。

即使在人类文明高度发展的今天，人们仍然在“情不自禁”受到“邻里”的感染。对一个头脑冷静、自制力强的人来说，即使在自我控制的注意有所分散、自我控制的意志有所放松时，也可能被周围环境所感染。

在大多数情况下，“邻里效应”最直接的作用就是整合临近空间的人群，使人们之间的情感、行动趋向一致。但是“邻里效应”的产生是有一定条件的：相互影响的两方在社会地位、情感、态度、性格、价值观等方面有一定的相似点。比如，两个成绩相差悬殊的邻居小孩，因为在彼此身上发现了一些共同点（有共同的兴趣爱好，有共同的判断是非的标准等）而互相吸引，相互感染。而两个脾气不和，没有共同点的邻居小孩则很难产生“近邻效应”。

家长要引导女孩多看看周围的人

学着孟母，观察女孩的周围环境对她的影响。在这个过程中，要善于强化良性“邻里效应”，鼓励女孩多结交一些好朋友，多和那些积极向上、知识丰富的孩子来往，多去那些好邻居家串门，多接受周围环境的良性影响。同时父母也要注意防止恶性“邻里效应”对女孩的影响。

从众心理：别人要做的事，你不一定要做

阿远所在的学校附近有一个很深的池塘，冬天结冰的时候，男孩们常到那儿去滑冰玩。一天中午放学，孩子们跑到池塘边，有几个胆大的早跳了下去，玩得不亦乐乎。

“阿远，快来呀！”亮亮边滑边朝着岸上的阿远喊。

阿远犹豫不决，他说冰面是昨天晚上才冻的，还不够结实。

“唉，笨蛋，”另一个男孩说，“够结实了，以前的冰面也是在一天之内冻成的，不会有什么问题。”

“是啊，”亮亮说，“去年冬天的冰面也是一晚就冻成了，而且今年比去年更冷些。”

越来越多的男孩加入了他们的行列，阿远害怕他们嘲笑他，也跳了下去。男孩们玩得十分开心，他们跑呀，滑呀，互相追逐，想在光滑的冰面上抓住对方。

突然，有个声音传过来：“冰裂了！冰裂了！”果然冰裂了，其中3个孩子掉了下去，在水中拼命地挣扎着，阿远也在其中。

老师听到嘈杂声，立即赶到。他从旁边的一个篱笆上拆下几根木条沿着冰面伸过去。最后，终于把3个快要冻僵的孩子救出了池塘。

当阿远被送到家里时，他的父母伤心地哭了。好长时间，阿远才暖和过来。

阿远本来可以避免这场灾祸，可是他的“从众心理”在作怪，他觉得大家都跳下去滑冰，自己也应该跳下去，否则会被别人嘲弄，结果招致了比“嘲弄”更悲惨的事情。

“从众心理”其实是一种比较普遍的社会心理和行为现象，就是平常所说的“人云亦云”“随大流”，大家都这么认为，我也就这么认为；大家都这么做，我也就跟着这么做。女孩都有害怕偏离群体的心理，希望群体喜欢她，接受她。如果她与群体意见不一致，就会感受到心理压力，有时这种压力很大，使她在心理上难以违抗。

当然，凡事要从多角度看。“从众心理”也有两重面貌。它一方面是“扫把星”，抑制个性发展，束缚思维与创造力，使女孩变得无主见、人云亦云；另一方面是“幸运星”，有助于借鉴别人经验，扩大视野，修正自己的思维方式等。

不要让女孩向别人看齐

女孩在潜意识里就懂得“从众心理”。有的女孩经常恳求父母给她买东西时会说：“妈妈，我同学都有，我也想买。”有时，女孩是真的以为别人都有，但也可能她会抓住父母的“从众心理”，来给父母施加压力。无论哪种情况，父母首先要摈弃自己的“从众心理”，然后告诉女孩：“别人有的东西，你不一定要有；别人做的事情，你也不一定要做！”要让女孩知道自己一定要有评判事物的标准，而这种标准不同于他人。

第二十二章　悄悄话悄悄说——让女孩安全度过青春期

小心呵护待开的蓓蕾

不忽略自己的身体

女孩天生就喜欢“臭美”，她们比男孩子更加关注自己的长相和身材。特别是到了青春期的时候，女孩会以此而建立自信，也会以此而自卑。

当女孩到了小学五年级的时候，爸爸妈妈们可能会经常看到自己的女孩在镜子前试穿各种各样的衣服，或者是看到她们与同伴谈论一些关于美容及瘦身的话题。这个时候家长们发现女孩的虚荣心比以往强很多，她们好面子，会过度关注自己那些外在的东西。

但是，由于这些小女孩还没有建立正确的价值观和标准，她们也不清楚究竟什么是美的，什么是不美的，所以这个时候的女孩习惯上喜欢附庸社会中的潮流，喜欢以追赶流行为美的标准，她们习惯听从于社会，社会告诉他们，究竟美不美。

然而，有时由于受到商业及利益的驱使，会有一些不算好的导向，很容易将女孩引入错误的观念中。

娟娟是一个正处在青春期的女孩，她现在只有12岁，长得胖墩墩圆乎乎的，但是她却经常在回家的路上看到减肥产品的广告，再加上同学们经常叫她“嘟嘟”，她难免会感到很难为情，觉得自己长得很丑。

那天早上，妈妈看着自己的女儿，心生怜爱，说了一句：“胖乎乎的多好看啊。”这一句话不要紧，但是正说到了娟娟的痛处，她感到肺都要气炸了，对妈妈一阵吼叫：“你还说，你还说，都怪你我才这么胖。我要减肥啦。”

后来，妈妈发现自己的女儿不像从前那样喜欢吃饭了，气色也不如从前。妈妈感到很纳闷，原本一个挺可爱的小女孩，怎么一下子觉得自己不好看了呢？

后来，娟娟同邻居阿姨说：“周围的女孩都是很瘦的，她们都特别有线条，我很羡慕，所以我要减肥。”妈妈知道之后，心里很难过。胖一点又有什么不好呢？

社会文化有时会给女孩一种无形的压力，让她没有办法以一种正确而客观的角度来看待自己，时常容易被形式所推形成一些不正确的观念。有的女孩小小年纪，皮肤原本是又白又嫩的，却非要和同学一样用高档的化妆品；原本挺漂亮的衣服，但是由于不再流行，就不再穿了。她们会很轻易地否定自己。作为父母，我们要如何来帮助女孩呢？

在这个过程中，父母要鼓励女孩爱惜自己。毋庸置疑，任何女孩都有不够完美的地方，但是每个女孩都有自己独特的气质和优点。父母们需要做的，就是要鼓励女孩扬长避短，把自己固有的优点加以放大。同时，要给女孩做好思想工作，让她坚信自己是美丽的。

在国外的教育中，父母会在女孩很小的时候就给她们一种意识，让她们知道自己是美妙的个体。比如说，家长们会认为，为女孩洗护头发是对她的爱护，同时也让她从父母的抚摸中感受到自己的身体是值得被爱和被尊重的。因为爱护，所以女孩会很自然地产生一种保护自我的观念。

教女孩学会保护自己

如果一个女孩从内心并不接纳自己，那么也就不懂得保护自己。家长有义务在女孩成长起来之前帮助她树立正确的自我意识，让女孩学会保护自己，让女孩懂得爱护自己。家长可以经常赞美女孩，比如说："你的皮肤真是水灵啊，一定要好好保护，不要受到外界的刺激。"这些观念先入为主，将来女孩就不会轻易被那些化妆品所诱惑。

引导女孩关注自己的身体

当女孩到青春期后，说明她已经长大了，而且这个时候女孩容易接触到更多的伙伴，会对有些问题产生新的认识。但是即便如此，这个时候女孩还是相信爸爸妈妈对自己的评价。所以家长在女孩小的时候要经常对女孩有一些积极的评价，否则的话，女孩免不了将家长对别人的评论和自己的实际情况相联系，很容易产生自卑心理。

正确看待减肥

爱美是人的天性，女孩似乎对这个天性保持一种持久的信仰。于是，为了美，她们想方设法、绞尽脑汁，制订了种种方案变美来使自己看起来更有魅力。而减肥，理所当然地被作为首选。人们常说："十个女人九个胖。"暂时先不考虑这句话正确与否，现在的情况是连那唯一的一个不胖的人也都卷入了减肥潮流。而这股风靡了很久的减肥潮流，裹挟进来的也不仅仅是那些成熟女性了，很多刚刚步入青春期的女孩子都被吸引进来。可是，很多女孩在盲目减肥的过程中，选择了一些并不正确的减肥方法，这便对健康构成了不小的威胁。

小娟是一名初二即将升初三的女孩子，和她一样的孩子这一段时间最担心的就是学习成绩了，因为她们有很大的升学压力。可是，小娟却被更大的烦恼缠住了。暑假的时候，班上好友叫她一起去游泳，她找来很多借口拒绝掉了，因为她认为肥胖的自己站在游泳池边会无地自容。闺中好友找她一起逛街买衣服，当进了商场以后，看到自己喜欢的衣服，她也只是艳羡地多看几眼，当售货员鼓励她试穿的时候，她是一点信心都没有，原因只有一个——肥胖的自己穿什么都不好看。

后来，小娟下定决心减肥。她给自己制订了以下一些计划：不吃主食，只吃水果；每天晚上进行长时间的跑步运动。同时，她还背着妈妈偷偷拿自己攒下的零用钱买来了减肥药吃。

一个月以后，小娟惊喜地发现自己的付出有了结果，她减掉了将近20斤。可是见到她的人都说她怎么面黄肌瘦了，而且她自己在很多时候都有种晕晕的感觉。幸好这种现象被妈妈发现了，当了解到她的减肥计划和行动后，妈妈及时地制止了她，并介绍了一些健康的减肥方法给她。而现在的小娟，虽然并没有瘦下来很多，但是看起来很健康、很快乐。

其实，和小娟一样的女孩子很多，她们为了让自己瘦下来，往往会选择节食、吃减肥药等方法。但是，这里面隐藏的危害，女孩子们也一定要注意到。虽然吃水果的好处很多，但是其营养成分很单一。长期只吃水果，会导致营养跟不上，对健康的损害是必然的。常用的食欲抑制剂可引起轻度的失眠、口干、头晕、抑郁、乏力、便秘、恶心等症状。所以，减肥一定要选择正确的方法。

步入青春期的女孩因为追求美而减肥并无可厚非，但是，在选择减肥方案的时候，一定要首先考虑到健康。因为如果健康都不在了，那么美也就无所依附了。同时，正在减肥的少女也要树立正确的意识，美丽并不仅仅属于那些“骨感美人”，胖一点的人也有属于自己的独特魅力。而真正聪明的人是懂得欣赏自己的人。

鼓励女孩运动减肥

适量运动能够有效地燃烧脂肪，可以保持青春体态，塑造苗条的身材。运动是最健康的减肥方式，同时对预防很多其他疾病也有很好的作用。每周至少运动3次，每次不少于40分钟。快走、慢跑等中等强度有氧运动对减肥最有效。此外，可以利用一切可能的运动机会让自己动起来，如走路或骑自行车上下班，走楼梯而不乘电梯等。如果条件允许的话，可以选择瑜伽来减肥塑形。每周3～4次，不仅可强健肌肉，增加韧性及灵活性，还可保持体态苗条。

帮助女孩调节饮食方式

多吃水果、蔬菜和乳制品。千万不要让女孩节食，节食对青春期正长身体的女孩危害很大。此外，喝水也能减肥。正确的喝水是最简易无负担的减肥方式。这里喝的水是指开水和矿泉水，而不是高热量饮料；否则将适得其反。每天至少喝 2 升水，起床后、早餐时、上午、午餐前、午餐后、晚餐前、晚餐后各一杯，且以慢慢饮入为佳。

让青春期的女孩吃好每一餐

近几年，家长们对青春期厌食症应该不陌生，青春期厌食症，也称为青春期消瘦症或神经性厌食症。这种病多发生于青春期女性身上，以 13～28 岁之间的女性患病率最高。

这种病人拒绝进食，即使很长时间没吃东西也不觉得饿，精神委靡不振，整天昏昏欲睡，身体渐渐消瘦下去，最后可能导致月经完全中断，身体虚弱和其他身心疾病。

整个发病过程大致可以分为两个阶段：开始时对食物不感兴趣，后期则会对食物产生神经性的呕吐反应——食物一沾喉咙就呕吐，严重的一见到食物就会呕吐。

伟玲今年 13 岁了，她聪明伶俐，不仅学习好，而且学什么会什么。

有一次，她看到同班的女孩穿了一件自己做的裙子，于是她自己用周末一个晚上的时间做出了一件漂亮的花裙子。父母和邻居都很喜欢她。

伟玲从小就喜欢跳舞，周末还一直坚持在舞蹈学校学习，而且经常得到老师的夸奖。

由于她喜欢舞蹈，加上父母的支持，从小学二年级开始就从普通小学转入了专门的舞蹈学校。几年来，伟玲捧回了无数的奖状，她的强项是独舞和芭蕾舞。

最近，舞蹈学校的老师为了限制孩子们的体重，对饮食有很多限制，不让她们多吃。尽管如此，许多孩子还是会在被子里偷吃，但伟玲却非常听话，即使是饿，自己也坚持不多吃。

每天，不管什么天气，伟玲都会坚持近两个小时的大运动量练习，也因为她的卓越成绩，父母很为她感到骄傲。因此，对从小胃口就不好的女儿也没有太在意。

可是，到了夏天，伟玲开始出现胃疼，原来饭量就很少的她吃得更少了。

很快地，伟玲的体重从原来的 70 余斤，下降到不足 40 斤（身高 156 厘米），最低时，体重只有 35 斤。在这种情况下，她常常晕倒，连学校都不能去了。

伟玲说她不希望体重增加，自己也没有任何食欲。尽管父母想尽了一切办法，但仍然无法让她进食。

妈妈哭着说，孩子早晨连 1/5 的小蛋黄都吃不完，这还算好的时候。有时，常常是一天下来什么都不吃，吃进嘴里的东西，咀嚼后又吐掉。

伟玲看起来已经失去了对所有食物的兴趣。

她说："小时候，在舞蹈学校时想吃，但老师不让吃，自己挺挺就过去了。现在，我从来就不觉得饿。"

事实上，伟玲已经患上了神经性厌食症。

对于厌食症，内分泌专家常把其临床表现归纳为"两个 25，两个有，两个无"。"两个 25"是说年龄多低于 25 岁，体重比正常体重低 25%以上；"两个有"是指对进食有偏见和进食习惯的改变，常有明显的消瘦和闭经；"两个无"是指既无器质性疾病，又无精神性疾病。

对于青春期的女孩来说，最容易患上"厌食症"。这种厌食症，并不是因为身体有什么疾病，吃不下饭。事实上，这些孩子身体健康，而且大多聪明、用功、学习成绩好，而且都比较早熟。

本来进入青春期的少女应开始储存体脂，乳房隆起，臀部日益变圆，骨盆变宽，这些天赋的形体特点恰恰是女性美最富魅力的显露，但是有些女孩却对身体形态的改变感到紧张，出现莫须有的心理负担。于是拼命节食，不吃肉和蛋，饿了就喝水，千方百计地想通过节食来换取一个苗条的体型。

刚开始的时候，她们想吃但不敢吃，因而刻意地让自己少吃，后来就渐渐成为习惯。

这样的孩子常出现下列情况：进食量突然减少。因为身体不适或者情绪低落而暂时没有食欲，并不是什么稀奇的事。

但是如果持续时间很长，就需要多加注意了。或者，出现反复呕吐也需要多加注意。

大量进食之后全部呕吐出来，是进食障碍的典型表现之一，需要立即采取应对措施。接着，会明显地消瘦下去。急剧消瘦，如果降至标准体重的 85%以下，则需要注意了。少女如果出现停经等状况，就需要接受治疗。

有研究表明，女性患厌食症的比例比男性高出近十倍。这是因为女性比男性更关心自己，一旦发现自己发育得和自己想象中的模样不一致，就容易由自我欣赏变为自我厌恶。另外，由于女性更容易接受暗示，当别人无意中提及某个人胖得难看时，她会马上联想到自己。而学校、家庭等环境的影响，也容易使少女厌食。

一个患厌食症的女孩从来不曾对自己的体重满意过。体重如果保持不变或者有一点点增加，她都可能会出现惊慌、焦虑和抑郁的状况。只有当体重在接连几个星期里都持续减少，她才会感到满意。

青少年在青春发育中必须得到营养的保证，消除影响生长发育中的各种有害因素。

在各种影响因素中，最根本的是膳食营养。如节制饮食，人体得不到充足的营养素，不仅影响人体内部各组织、器官的发育，还影响各器官的功能。这必然会引起营养缺乏症的各种症状，如机体免疫力降低、体力下降、智力发育障碍等。过分节食还会引起体内新陈代谢失调，引起严重疾病甚至造成死亡。

节食还可引起恶性循环，如节食后可引起食欲减退，胃液等消化液的分泌减少；消化液减少后更增加节食的欲望，使进食越来越少，甚至对食物产生厌恶感，直至食欲消退。因此，对有节食倾向的孩子，要采取综合措施，进行合理的饮食指导，迅速改变其节食习惯。

在家里，当发现女孩“进食不正常”的时候，要尽早采取相应的措施。因为厌食症是导致体重急剧下降甚至死亡的心理疾病，在情况恶化之前，多给女孩一些帮助是很重要的。

和女孩讲清楚过于消瘦的危害

让女孩知道，过于消瘦会对人的身心造成严重的影响。可让医生或者女孩比较信赖的人告诉她们这些，效果会比较好。如果女孩还处在厌食症的初级阶段，告诉女孩过于消瘦的正确知识，情况就会有所改变。

为女孩补充营养

患有厌食症的女孩大多都严重营养不良，严重的营养不良患者会有生命危险，因此，必须及时给女孩补充营养。

家长要嘱咐女孩注意休息

即使女孩觉得自己很精神，但实际上她们的身体已经过度消耗了，所以在女孩恢复正常的进食状态前，应该尽量减少补习班和课外活动，让女孩得到充分地休息。

与女孩多一些身体上的接触

多数有进食障碍的女孩，都会有“想和父母撒娇，却一直忍耐”的心理。因此，让女孩感受到父母的宠爱，是安定女孩情绪的重要步骤。父母可以和女孩一起泡脚、晚上睡在一起等。

只要青春不要痘的正确方法

相信很多刚刚步入青春期、爱美的女孩都会有这样的烦恼："既然给了我青春的美好，为什么又让我遭遇到这么多讨厌的小痘痘？"继而女孩们会发出这样的疑问："我可不可以只要青春不要痘呢？"

青春痘，虽然挂着"青春"的头衔，可相信不会有女孩喜欢它的到来。最让人懊恼的是，青春期也恰恰是这些痘痘生长的黄金时段。女孩在步入青春期以后，体内的激素分泌急剧增多，会刺激体内毛发的增长，从而促进体内皮脂腺分泌更多的油脂，毛发和皮脂腺因此会堆积许多物质，使油脂和细菌附着，引发皮肤红肿，这也就是青春痘的出现。

当然，并不是每个处于青春期的女孩都会长痘痘，痘痘也不是只长在青春期的女孩脸上。青春痘的出现除了与青春期的生理特征有关外，女孩平时的生活环境和生活习惯也会对青春痘的出现产生影响。如果长时间生活不规律，经常熬夜导致睡眠不足，或是平时压力过大使得心情长期处于低谷，或是饮食习惯不好等情况都会加剧青春痘的生长。

虽然我们并不能够完全控制青春痘的出现，但是还是有很多方法能够帮助女孩正确应对青春痘。要想战胜痘痘，做好面部清洁是很关键的。

告诉女孩在早起及晚睡之前清洗面部，使女孩保持脸部的干净清爽，同时避免污物堵塞毛孔。洗脸后，可以让女孩使用一些对脸部具有保养作用的护肤品，这就要在挑选护肤品时注意选择适合女孩的。一般来讲，油性皮肤的女孩如果选择油腻性质的护肤品无疑是雪上加霜，这样反而给痘痘铺设了一个温床。皮肤油性较大的女孩还是适宜选用稀薄奶液状的护肤品。同时，需要注意，晚睡前一定要认真洗脸。

再有就是告诉女孩，没事的时候不要用手碰触脸部，即使已经长出了痘痘，也不要用手挤压，这样很容易引起皮肤化脓发炎。同时，脓疮破溃后往往会形成疤痕和色素沉着，而且很多时候会留下一些凹洞，这样就真的是得不偿失了。

此外，父母们还要告诉女孩，如果脸上已经长出来青春痘了，不要再用粉底或其他化妆品对之进行掩盖，这样虽然表面上看起来会美观一些，但是堵塞的毛孔反而会不利于痘痘的消除。

其实，对于这些讨厌的痘痘，正处在青春期发育的女孩们也没有必要太过恐慌，父母们在平时要多嘱咐女孩注意自身的清洁卫生，养成良好的生活习惯，每天保持好的心情，那么，这些痘痘也就不会长时间为难女孩了。

帮助女孩养成健康的饮食习惯

养成健康的饮食习惯，对预防青春痘是有很大好处的。当平时吃饭的时候，让女孩尽量挑选清淡的食物，多饮水，多吃蔬菜和水果。浓茶、咖啡、可可、巧克力等极容易激发油脂及内分泌不平衡，这样会刺激皮肤形成更严重的青春痘。因此，要嘱咐女孩平时尽量少接触这些食物。

帮助女孩养成良好的卫生习惯

家长们要告诉女孩养成良好的卫生习惯，不要沾染不好的习气。如果女孩的嘴边长出青春痘的话，那很有可能是牙膏中的氟化物诱发的青春痘，所以这个时候的女孩就不适合使用含氟牙膏，或者是在睡觉之前记得将嘴边的残留牙膏擦干净。

告诉女孩每天保持良好的睡眠和愉快的心情

心情好了，痘痘就会少很多，这是很多人的亲身体会。这个时候家长可以告诉女孩，不妨轻视痘痘，那么失去斗志的它可能在不久后就灰溜溜地消失了。

预防龋齿，从现在开始

俗语说："牙疼不是病，疼起要人命。"而对这句话有最深体会的一定是那些牙齿出了问题的人。在众多引起牙疼的因素中，龋齿应该属于最常见的一种。

龋齿是牙齿硬组织逐渐被破坏的一种疾病，发病开始在牙冠，如不及时治疗，病变继续发展，形成龋洞，终致牙冠完全破坏消失。而龋齿疾病的发生是没有年龄限制的，因此，应该从儿童开始就注意预防龋齿病症的发生。

预防龋齿的发生，最重要的一点就是保持口腔清洁，最实际的办法就是刷牙和漱口。女孩应该从小养成口腔卫生习惯，尽可能做到早晚各刷一次，饭后漱口。睡前刷牙更重要，因为夜间间隔时间长，细菌容易大量繁殖。刷牙的时候要顺刷，即"上牙由上往下刷，下牙由下往上刷"，"里里外外都刷到"，还要注意刷后牙的咬面。这样就可把牙缝和各个牙面上的食物残渣刷洗干净，刷牙后要漱口。不要横刷，横刷容易损伤牙龈，也刷不净牙缝里的残渣。

合理的饮食习惯也有助于预防龋齿的发生。平时可以多吃些粗糙、硬质和含纤维质的食物，因为这些食物对牙面有摩擦洁净的作用，可以有效减少食物残屑堆积。硬质食物需要充分咀嚼，既增强牙周组织，又能摩擦牙齿咬面，可以使窝沟变浅，有利减少窝沟龋。同时，还要注意减少或控制饮食中的糖。

多喝茶对预防龋齿有很好的帮助。茶中含有氟，而氟离子与牙齿的钙质有很大的亲和力，能形成一种较为难溶于酸的"氟磷灰石"，这就像给牙齿加上了一个保护层，能够有效提高牙齿防酸抗龋能力。

因此，对于龋齿，一定要早预防，早发现，早治疗。

带女孩定期做牙齿全面检查

平时要定期做牙齿的全面检查，这样能够及时发现牙齿可能出现的病变，对预防龋齿的发生也很有帮助。家长一旦发现女孩得了龋齿，一定要及时到牙医那里医治，因为龋齿发生的早期治疗起来相对较容易，如果出现了龋齿而不进行治疗，那么慢慢地，龋齿就会发展成龋洞，久而久之整颗牙齿就可能会脱落。

月经：与月亮的相同周期

月经通常在女孩子 13 岁左右出现，大约 28～32 天来潮一次，出血 3～7 天，又被称为月事、例假、见红等。而在女孩子扎堆儿的地方，你又总能听到诸如坏事儿了、大姨妈、倒霉了等对月经的通俗称呼。其实，从这些通俗称呼中，我们能隐隐约约感觉到女孩子对自己必然要面对的月经的不欢迎，甚至是讨厌的态度。其实，对于女性来说，月经不应该是一件麻烦的事、讨厌的事、不期望降临的事，而应该是一件光荣的、自豪的事，是使女孩子成为女人的事。

关于月经，我们可以听一下医学专家给的解释：育龄妇女和灵长类雌性动物，每隔一个月左右，子宫内膜发生血管增生、腺体生长分泌以及子宫内膜崩溃脱落并伴随出血的周期性变化，这种周期性阴道排血或子宫出血现象，被称为月经。第一次来月经往往称为月经初潮。从这个解释中我们应该能够发现，月经是一个正常的、有规律的生理现象，不是一种病，不必恐慌。但是月经的确是女人一个特殊的生理时期，需要女人对自己进行特殊的、精心的呵护。

月经期间女孩子打理自己需要花很多工夫，不仅打理自己的身体，同时也不能忽视对自己心情的调理。很多人都知道女生在经期容易生气，为什么呢？这很大一部分原因是因为经期或经期到来前几天，不少人会出现下腹胀痛、腰酸、乳房胀痛等不适症状，也有的人会在这一段时期内出现易疲倦、嗜睡、畏寒等反应，并伴随出现学习效率不高、易急躁和烦闷等情绪。针对这一现象，妈妈们要教女孩子想办法调节自己。

1. 要合理安排自己的时间，保证充足的睡眠。只有这样才有足够的精力来对付经期可能出现的各种干扰。

2. 要对月经有正确的认识，不要片面地认为月经是一件很麻烦的、不好的事情。正确认识并对待月经这一正常的生理现象，会让自己有一个正确的态度来应对一系列可能的不适症状。

所以，对于每一个步入青春期的女孩子来说，月经都是一个必然会来访的客人。这个客人有时会给女孩带来一些麻烦，所以，妈妈们一定要想办法让自己的女儿在那一段时间保持愉悦的心情。

妈妈应该帮助女孩打理好自己

1. 月经期间尽量不要吃生冷的蔬菜、水果和喝冰冷的饮料。生冷的食物会降低血液循环的速度，不利于经血的排出，可能会引起月经痛。尤其是那些痛经的女生，更应该在经期多吃些热的食物，这样能够有效地促进血液循环，能够缓解经期疼痛。

2. 月经期间不要进行剧烈的运动，如跳高、跳远、打篮球、踢足球、举重、哑铃等，这些运动可能会引起痛经或者月经紊乱。同时，由于月经期间子宫口处于微开状态，外部细菌极容易侵入子宫内部，所以游泳也应该尽量避免。

3. 期间不要喝浓茶和咖啡，因为这些饮品中咖啡因的含量很高，很容易刺激神经和心血管，可能会引发痛经或月经不调等不适症状。

4. 月经经期要注意防寒避湿，避免淋雨。

5. 月经期间尽量不要采用盆浴或坐浴。因为月经期间子宫口微开，水中的污物很容易进入子宫腔内从而引起炎症。

6. 月经期间不宜穿紧身裤。如果裤子过紧，可能会影响到局部血液循环，从而造成阴部充血水肿。所以，经期最好穿宽松的裤子。

7. 经期切忌拔牙。如果经期拔牙，不仅在拔牙的时候会出很多血，而且拔牙后嘴里也会长时间留有血腥味，这样就会影响到你的食欲，进而会造成经期营养不良。

8. 不要在经期减肥。经期需要足够的营养来维持身体的正常运转，摄食过少会对身体产生很严重的损害。

妈妈们要帮助女孩正确选择卫生巾

月经每次来临大约会持续 3～7 天，一般前三天血量会比较多，可能会伴随出现血块。月经期间要特别注意卫生清洁，而在这一方面，卫生巾的选择和使用便显得尤为重要。卫生巾是经期女孩子的得力助手，选择正确的卫生巾会帮助女孩健康地度过特殊时期。购买和使用卫生巾的时候妈妈应该告诉女孩注意以下几点：

1. 尽量选择那些知名度比较高的品牌。因为卫生巾直接接触女性外阴皮肤，而且经期又是女性身体抵抗力最低的时候，所以需要的安全度极高。尽量不要购买那些促销品或赠品，因为这些质量上不一定有保证。

2. 选择卫生巾的时候一定要注意自己是否适合那些带药物或香味的卫生巾，因为有些人对这些药物或香味过敏。如果使用中发现不适症状一定要尽快停止使用并换成其他种类。

3. 购买时一定注意核对卫生巾的保质期，过期产品千万不要使用。

4. 使用卫生巾前要洗手，防止病菌经手侵入阴部。

5. 一次不要购买太多卫生巾，不要将卫生巾长期放在卫生间里。

带女孩一起走进内衣店

一般来讲，女孩子在11～12岁的时候，乳房便开始发育，身高也在这时快速增长。而到了13～14岁，随着月经初潮的到来，乳头色素开始沉着，乳房也开始显著增大，这时候，就需要女孩子对乳房进行精心的呵护，以保证自己身体的健康。

在乳房的发育过程中，女孩子一定要对之有正确的认识。有些女孩子在乳房开始逐渐突起的时候，会认为自己是生了一场奇怪的病而终日忧虑不堪，或者一些女孩子觉得乳房的凸显会使得自己在男孩子面前抬不起头来，害羞使她们总是低头掩藏悄悄隆起的乳房。其实，这些都是有损乳房发育的错误做法。乳房的隆起不是一件不好意思的事，这作为女孩子身体发育的第二性征，是一个很好的信号，它说明女孩子已经开始逐步跨入成熟女人的行列，健康丰满而轮廓清晰的乳房更是能衬托出女孩子所特有的曲线美。因此，对于“不期而至”的两个“小客人”，步入青春期的你一定要给予加倍的特殊呵护。

一般而言，女孩子在16岁左右就应该选择合适的文胸来保护乳房。佩带文胸有很多好处：

1. 合适的文胸能够保持乳房的清洁，并且能对乳房起到支持和扶托作用，防止乳房松弛或下垂，并能使乳房周围血液能够通畅循环，有助于乳房的进一步发育。

2. 佩带文胸能使女孩子在行走、运动和劳动的过程中尽可能地减少乳房的震动，保护乳头免受过多的摩擦和碰痛。

3. 文胸还能够促进乳房内脂肪的积聚，使乳房更加丰满。

内衣之于女人的意义，并不止于身体的健康，它同时关乎一个女人的内心——自信或是安全感。合适的内衣不仅能够带给你由内而外的健康，同时也可以给你增加无穷的魅力。因此，有人也说内衣是女人的第二肌肤，是女人最亲密的伙伴。对于步入青春期的女孩，更应该及时地佩带适合自己的文胸，给自己调适出一个快乐、阳光的心情，自信地走过异性面前，因为这是女孩子独享的自豪。

妈妈要告诉女孩挑选文胸的技巧

1. 在帮助女孩挑选文胸之前，先正确测量女孩乳房的大小，选择尺寸合适的文胸。在购买的时候一定要让女孩试穿，不要仅凭眼睛看一看就买。切忌长期带过小过紧的胸罩，因为那样会影响乳房局部的血液和淋巴循环，容易引起乳腺方面的疾病。

2. 文胸的吊带要宽窄适度。如果帮助女孩选择的吊带过窄的话，在上肢运动时，胸罩吊带会压迫肌肉组织，影响血液循环，并给女孩带来疼痛感。

3. 尽量选择纯棉质地的乳罩文胸。这样的文胸透气性好，而且在运动时，乳头会不时摩擦文胸内壁，相对于其他丝质文胸而言，纯棉质地的文胸会在一定程度上对乳头起到更好的保护作用。

不要让女孩长期佩戴文胸

佩带文胸的时间不宜过长，晚上睡觉的时候要摘下文胸。如果白天带文胸的时间过长，那么晚上睡觉的时候可以适当按摩乳房，以促进乳房血液循环。另外，当女孩将文胸买回家之后，一定要先洗一遍然后再带，这样就能够过滤掉文胸在制作过程中可能残留的有害物质。

困惑的心理转型期

不侵犯女孩的私人领地

和男孩比起来，女孩相对比较内敛，遇到什么事情并不善于发泄自己的情感，随着她们年龄的增长，我们会发现女孩好像多了很多心事：她会一个人站在阳台上发呆，她会在某一段时间没有食欲，她会对某些事情异常关注，等等。这个时候，细心的父母总是想闹明白女孩心里究竟在想什么，于是就会用一些不恰当的行为来获得女孩的秘密，这样就很容易使彼此关系变得紧张起来，甚至会引发一场争吵。

“妈妈，你不能偷看我的日记！”

“这怎么能说是偷看呢？妈妈看女儿的日记是为了多了解女儿，及时发现你有什么需要帮助的问题，妈妈好来帮助你。”

“我不需要你的帮助！你如果再偷看我的日记，一切后果你自己负责！”

见平时乖巧的女儿现在大声地和自己叫喊，妈妈也生气了：

“怎么说话呢？我是你妈妈，难道我把你养这么大，还没有资格看看自己女儿的日记吗？”

女儿哭着叫喊：“那是我的秘密，是我的隐私。你没有经过我的允许，就擅自偷看我的隐私，你是侵犯人权！我是你的女儿，可是我也有人权！”

说完，女儿一把夺过妈妈手里的日记，哭着跑回了自己的房间里。

每个人都有自己的隐私，包括家长自己其实也有很多事情不太愿意同别人讲，更何况小女孩。很多妈妈不太愿意和女孩讲自己的烦心事：“你这么小说了也不懂。”但是当妈妈们发现自己的女孩有了小秘密之后，却总要千方百计地去侦察，生怕她们做了不好的事情。这样的妈妈，你们保证得了对孩子的信任吗？

为了要知道女孩的秘密到底是什么，妈妈们练就了一身“绝活”，她们偷偷地看女孩的日记、拆信件，甚至是逼女孩“交代实情”。可是对女孩而言，大人的这种行为，都是对她的不信任和不尊重，并且会严重地伤害她们的自尊心，造成孩子沉重的精神压力，甚至会使女孩产生敌意和反抗，使母女之间的关系恶化。

在这里，需要提醒家长们的就是，当我们成人总是想努力探寻孩子内心的时候，我们要努力地克服自己的控制欲，因为任何一个孩子总要有一块属于自己的领地。

女孩心中有点小秘密是再正常不过的事情了，也没有什么值得大惊小怪的。父母应该以心平气和的态度来对待这个问题。如果父母太过于风吹草动，其结果很可能是什么都不会知道。

从前有一位妈妈对自己的女孩总是充满信心，她逢人便讲：“这个孩子，我已经尽自己的心血努力把她教好了。今后她要走到社会上，我不会有不放心，也不用担心她会做不好事情。我对我的教育有百分之百的信心，如果她做了违法乱纪的事情，那也是我教育的失职，就让社会来惩罚她好了。”

如果哪位妈妈能够这般自信，对孩子能够有这样程度的了解，那真是一位成功的妈妈。

尊重女孩的隐私，并不是说要放弃教育女孩的责任，而是对自己教育的一种自信，同时也是对孩子的一种自信。

但是，要注意的是，懂得保护隐私的女孩虽说是自主、自尊意识增强了，但是正确的世界观还没有建立，她很想独立但是却不知道如何独立，想追求自由却不知道真正的自由是什么，这个时候的女孩心理意识是交错复杂的。所以，在日常生活中，妈妈们要给女孩一些积极的引导，同时要注意处理好同女孩的关系。

要和女孩做朋友

妈妈们可以以平等的姿态和女孩多交谈，谈谈自己在年轻时候的所思所想，谈谈自己年轻时候的成功与失败，谈谈自己人生路上的一些挫折、经验和教训。如果妈妈们够大胆，还可以和女孩们说说自己在年轻时候的隐私，以此和女儿进行感情上的沟通。总之，妈妈有必要努力营造民主、宽松的家庭气氛，让女孩们真切地感受到妈妈的关切之情，同时注意要把妈妈当做是自己可信赖的朋友。

培养女孩的自律自勉能力

当妈妈发现自己的女孩有些不良的倾向以及越轨的思想行为的时候，也不必惊慌失措，应该多与女孩一起谈谈理想、事业、人生，引导女孩自己悟出为人处世的真谛，提高女孩按照要求调整自己行为的能力。

理智对待女孩的叛逆

女孩在成长的过程中，都会有一个叛逆期，这是一个人从儿童到成人过渡的关键时期，所以经常兼有两个时期的特点：一方面，这一时期的女孩缺乏适应社会环境的独立思考能力、感受力和行动能力等；另一方面，初步觉醒的自我意识又会支配她们强烈的表现欲，即处处想体现自己，想通过展示自己和别人的不同来证明自己的价值。这一时期的女孩喜欢打扮得与别人不一样，喜欢做一些引人注目、与众不同的事情，也爱说一些令人吃惊的话，希望别人能够对她们另眼相看，这都是她们想要的效果。如果了解到这些，相信很多家长就不难理解女孩这一时期的叛逆表现了。

此外，父母的教育方法不当，也是女孩产生叛逆的主要原因。比如有的父母不尊重女孩的人格，随意对女孩进行讽刺、挖苦、辱骂，甚至殴打，伤害了女孩的自尊心，从而使女孩对父母产生对抗情绪；有的父母对女孩的期望值过高、要求过严，当女孩不能达到父母的要求时，父母就大发雷霆，甚至打骂女孩；还有一些父母由于缺乏心理学知识，不按照女孩心理发展规律施教，遇事婆婆妈妈、唠唠叨叨，说话过头，爱摆长辈的架子等，这些父母不注意的行为，都会导致女孩的叛逆。

反抗是女孩正在顺利成长的标志，当女孩出现反抗言行时，做父母的应可放下心来了，女孩在顺利成长呢。可是令人遗憾的是，很多父母一遇到女孩反抗，马上就发起火来："怎么能对父母这样，真是不听话的坏孩子。"

反抗，是与自我成长同步出现的自然表现，对于女孩的发展来说是不可欠缺的重要一环，所以，欧美等国非常重视女孩说"NO"，在反抗期里不会反抗的女孩才是令人担心的。

对于女孩的反抗，父母不要与之对抗，而要巧妙地应对。

这时家长最好能记住四个关键词：一是"无知"，二是兴趣，三是放权，四是温柔地坚持。这是许多心理学专家共同的认识。

所谓"无知"，就是装傻，不要老觉得自己懂得女孩的一切，总是告诉女孩怎么做，而应启发她，放手让她自己做，让她体会到成功的喜悦。有的家长事业非常成功，这对女孩会构成压力，不如装傻，让女孩感到她自己的成功，更加有信心地超越父母。

所谓兴趣，就是不要只对女孩的学习感兴趣，要学会对她生活中的所有细节感兴趣。比如女孩爱唱歌，你要学会欣赏她。赏识对女孩的健康成长是非常有效的法宝。

所谓"放权"，就是适当让点儿"权"。当女孩慢慢长大时，她需要在家庭里寻找自己的空间，这时候的父母要学会闭嘴。比如女孩有自己的生活方式了，和原来你给她的生活方式发生冲突了，不要那么快就作出反应，可以用"等待的艺术"。

所谓温柔地坚持，就是有时候对原则性的问题要坚持，但要讲究方法。比如女孩早恋或者整夜泡网吧，这时候你就要温柔地坚持，说"这样做对你是不好的"。记住，是对她不好。不要强制她不出去，但只要她出去，你就用这种方式来提醒她，这些行为对她的身体、品行和人生发展，都可能会造成很大的负面影响。

四个关键词的核心是平等。

反抗期的女孩是最难"处理"的孩子，不过家长不必担心，女孩会在反抗中逐渐长大，完善自我意识，形成独立人格，为将来适应社会打下基础。

理解女孩的反抗行为

青春期是女孩心理变化非常剧烈的阶段，因为她什么都想自己去尝试，今天是这种心理状态，明天可能就变成另外一个样子了，因此，父母不必为女孩偶然出现的异常行为而焦虑不安，也不要对女孩偶尔出现的强烈的叛逆行为——譬如离家出走、早恋等大动干戈，此时，父母要适当地进行反思。因为，女孩强烈的叛逆行为是对父母强烈的控制欲望的一种反击，如果父母对女孩的控制适当变弱，那么女孩的叛逆程度也就会自然下降。

给女孩独立发展的空间

作为父母，要理解女孩的叛逆心理，懂得女孩一定程度的叛逆是非常正常的，是女孩走向成长和独立的必然阶段。如果父母尊重女孩的想法，给她充分的独立空间，那么女孩的叛逆心理就会减轻；相反，如果父母不尊重或者横加干涉，那么后果就是女孩的叛逆心理会变得更加强烈。

如何面对女孩用自虐来威胁家长

7岁的闹闹聪明伶俐，特别善于察言观色，小小年纪就有了自己的杀手锏！

这个周末，早晨刚起床，闹闹吵着要去游乐园坐海盗船，爸爸妈妈不同意，因为已经约好了朋友要一起去公园划船。妈妈哄闹闹："闹闹乖，爸爸已经和张叔叔约好了，咱们这周去公园划船。"

"我不嘛，我要去游乐园。"闹闹不同意。

"你不是最喜欢张叔叔家的小妹妹妙妙嘛，她今天也会一起去，你就可以逗她玩了。"

“我就要去游乐园，妙妙我可以晚上去找她玩儿。”

好说歹说，闹闹就是嚷着要去游乐园。

爸爸生气了：“闹闹，怎么不听话，再不听话划船也不带你去了。”

这下可是捅了马蜂窝，闹闹大哭起来。家人都在吃早饭，没理她。闹闹见没人理她，就开始使劲地扯自己的头发，而且还用手拼命地抓自己的脸，不一会儿，小脸上就出现了青一道紫一道的清晰的抓痕。

奶奶看不下去了，心疼地摸着闹闹的小脸说：“宝贝，快把手放下，何苦跟自己过不去，有什么委屈跟奶奶说！”

爸爸妈妈虽然生气，但也没办法，只好跟着奶奶一起向她妥协。精明的闹闹就这样“制服”了爸爸妈妈，达到了自己的目的。

其实，这样的情形在闹闹家不止一次地上演过，每一次，都是以闹闹的胜利而告终。

“虐待自己”之所以成了闹闹的杀手锏，是因为她击中了大人的要害。不要以为闹闹自己不知道自我保护，她之所以这样做，是因为懂得有人比她还会保护自己！除了抓脸、扯头发这些手段之外，有的女孩一生气就用头撞东西、撞墙等。女孩一撞墙，父母就着急了，你越拉她，她就越发拼命地向前冲，她知道你在乎她，不但不会让她撞得头破血流，还会答应她所有的要求。

心理学上有这样一条原理：如果是一种行为，不论是好的行为，还是坏的行为，是正确的行为，还是不正确的行为，只要这种行为产生后受到了人们的赞赏、表扬或奖励，那么这种行为在以后就更容易出现。女孩的好习惯的形成是这样，发脾气之类的坏习惯的形成也是同样的原理。

请家长们不要过于责怪女孩的这种幼稚地“要挟”父母的手段，女孩不听劝阻，一次次以身试验，这其中有家长的强化作用。就像闹闹每一次抓脸，都能得到她想要的东西，对女孩来说，有效就是硬道理。于是，闹闹明白了一个道理：只要我伤害我自己，爸爸妈妈就会很紧张，我的要求就会得到满足。许多家长常犯一个错误，当女孩用语言表达自己需要的时候，他们不理不睬；当女孩伤害自己时，他们吓坏了，态度和精神都在极力地告诉女孩“我很重视你”，这正是女孩所需要的。父母这样的态度，女孩恐怕永远学不会有话好好说。如果她小时候用这种屡试不爽地方式得到爱与重视，成年之后也会照用不误。

我们要消除女孩的这种行为，就是使她的杀手锏失效，让女孩发现其他更有效的手段，如判断。其实女孩天生就是一位心理学家，家长也要在斗智斗勇中成长。

平静对待女孩的“自虐行为”

女孩自虐时，如果只是抓抓脸、扯扯头发，就让她尽兴好了，不要立即表示关心，可以装作不知道的样子问她："你在干什么呢？很好玩吗？"当女孩发现自己的行为只能带来自己身体上的痛苦，却得不到父母的安慰、同情时，自然就会觉得自己的行为不合算了。对女孩撞墙、撞桌椅等这种特别具有伤害性的行为，最好的办法是转移她的注意力，可装作不经意地说："咦，阳台的花盆上飞来了一只蝴蝶。"

拒绝女孩的时候不要过于激烈

即使女孩提出无理要求，也不要一口回绝。这时，可以反问女孩："你为什么想要得到×××？""你是怎么想的？"也可以提出其他可行的方案，让女孩觉得你理解她的时候，她的不良情绪就能得到缓解。一般说来，只要父母坚持，女孩是会慢慢接受的。如果女孩真的做到了，父母一定要信守诺言，因为女孩新的行为方式的建立也需要强化才能长久地保持下去。

高跟鞋，几年以后再做朋友吧

关于高跟鞋，有这么一个美丽的传说：

15世纪的威尼斯，一个很富有的商人娶了一位很漂亮的妻子，而他要经常外出经商，所以很担心家里的娇妻耐不住寂寞出去风流。一个下雨天，他的脚后跟上沾满了湿湿的泥，步履维艰。于是他受到启发，遂做了一双跟很高的鞋子送给自己的老婆，以为这样她就会因为走路不方便而常待在家里。但是出乎他意料的是，妻子因为对这双从没有见过的高跟鞋很是好奇，就由佣人陪伴，上船下船，到处游玩。高跟鞋使她更加风姿摇曳、婀娜多姿，引得路人频频回头，之后有不少爱美的女人纷纷效仿。

因为这个传说，高跟鞋之于女性似乎更成了美丽的代言词。很多女人都认为高跟鞋是时尚的象征，是永不过时的潮流，因为高跟鞋能增加人的高度，使人看起来更加苗条、秀美，也更显气质。

在一定程度上，高跟鞋确实能让女人看起来更有魅力。但是，在增添魅力的同时，很多人忽视了高跟鞋对女性健康的损害。而这种损害，对正处于青春期发育阶段的少女来说更加严重。

由于少女身体正处于生长发育的重要阶段，骨骼结构中软骨成分比较多，柔软且富有弹性。这时候的骨骼可塑性较大，骨组织内含水分和有机物，无机盐少，极容易在外力作用下发生变形。过早且过频繁地穿高跟鞋很容易引起腰椎形态变化。因为全身重心都必须移到脚掌上，而足趾就要挤压在鞋子的尖端，使骨盆的负荷量增加，由于骨盆两侧被迫内缩，压迫神经和牵拉肌肉，发生腰酸腿疼。为使重心得到平衡，身体往往向前倾，背部就要稍微弯曲，臀部也需稍突出，因此长期穿高跟鞋的人很容易导致骨盆和脚部变形和弯曲。因此，对于爱美的女孩子来说，在长身体的过程中，尽量还是以平底鞋为主，即使穿高跟鞋，也尽量不要高于 3 厘米，鞋底呈斜坡状为宜。

爱美是人的天性，女性在这方面表现得更明显。步入青春期以后，女孩子似乎在一夜之间情窦初开，也纷纷在自己身上寻找美丽的可塑点。而高跟鞋，也就顺其自然地成了她们关注的焦点。美丽固然重要，健康更应该放在第一位。高跟鞋的美丽，更应该绽放在年龄和发育都合适的职场女性身上，而正处于长身体的女孩子，不妨跟高跟鞋说声“过几年再做朋友吧”。想收获青春时候的美丽，父母可以引导她们在其他方面提升自己的魅力，如学习方面、气质方面等。

教给女孩一些着装原则

女孩服饰的选择可以根据自己的爱好、修养、气质、审美特点等，选择充分体现自身个性的服饰，但也要与整体的交际环境、气氛相协调。当今最流行的 TPO 是现代人较重视的服饰穿戴原则，分别是英文中时间（Time）、地点（Place）、场合（Occasion）三个单词的缩写。此原则要求人们在着装时以时间、地点、场合这三项因素为准。

告诉女孩着装要适时、适度

早晨人们在家中，或进行户外活动时，着装应方便、随意，可以选择运动服、便装、休闲服。父母要告诉女孩在白天上学时间里的着装与学生身份和学校氛围相匹配，不要穿奇装异服。

在夏季的服饰应以凉爽、轻柔、简洁为原则，让女孩在自己舒爽的同时，也让服装色彩与款式给予他人视觉和心理上的良好感受。冬季应以保暖、轻便着装为原则，避免臃肿不堪，也要避免只要风度不要温度，为形体美观而着装太单薄。应该注意，即使同是裙装，在夏天面料应是轻薄的，冬天要穿面料厚的，春秋两季可选择的范围更大、更多些。

其次是指地点原则。地点原则要求地方、场所、位置不同，着装应有所区别，特定的环境应配置与之相适应、相协调的服饰，才能获得视觉和心理上的和谐美感。

怎样追星才正确

在 20 世纪，人们崇拜的偶像是雷锋、保尔·柯察金等。而现在，青少年所崇拜的偶像，则换成了比尔·盖茨、乔丹、刘德华、周杰伦、林俊杰等。时代的变迁，印证了这种替换。

在 12 年里，痴迷明星刘德华的女子杨丽娟昼思夜想，失眠、吃不下饭，甚至把自己关进房子里，不与任何人说话。每天除了欣赏刘德华的电视演唱会外，就是从各种娱乐杂志上剪贴刘德华的相片。12 年里她不仅荒废了学业，而且断绝和男女同学的联系。在她的房间里到处都贴着刘德华的宣传画，所用的手机也是刘德华代言的品牌。不仅如此，在这 12 年里，杨丽娟多次给刘德华写信，甚至去北京通过文化部给刘德华转交她写的信，但她等到的却是失望。其实，杨丽娟最大的愿望就是能够和刘德华见一面，并得到他的签名。多次努力失败后，杨丽娟的精神处于近乎崩溃的境地，多次有过轻生的念头。

28 岁的她发誓："见不到刘德华，我绝不嫁人。"12 年来，她曾前后三次前往香港和北京寻找和刘德华面对面的机会。其家人为了完成她和刘德华见一面的愿望也不惜一切代价，不仅债台高筑，就连家里不足 40 平方米的房子也卖了，几乎倾家荡产。无奈之下，杨丽娟的父亲准备卖肾来凑钱。

故事令人感到悲哀、无奈。不管是体育明星还是娱乐明星，这些偶像可给女孩的精神世界带来极大的向往和幻想，甚至沉湎于对他们的追逐和依恋当中，不能自拔。许多女孩一味关注明星们的帅、酷，名声或金钱，从而导致悲剧、闹剧的发生。

相反，如果人们看到的是明星如何善于创新，如何吃苦耐劳，如何谦虚谨慎，那么人们就会更多地从他身上吸取自我成长的养分，进而追逐像他那样的事业成功者。

其实，崇拜明星并不是一件坏事，最重要的是要知道如何崇拜才最正确。我们应该看到明星们最杰出的地方，我们更应该学习明星的精神或优点，把学到的融入自己的生活当中，与我们自己的实际联系，确定我们的奋斗目标。正如一位女中学生评价刘德华时所说："刘德华不止歌唱得好、戏演得好，而且还热心为社会服务。他非常关心我们的学业，常常要我们把成绩表拿给他看，鼓励我们把书读好。所以，我崇拜他，学习他，让自己变得更好。"

家长们要竭力阻止女孩滥花时间和金钱在追星上。要知道，别人的光环不会罩在自己的身上，追星不应该成为生活的全部。

每个人要懂得热爱自己。任何一个人都是独一无二的，明星自有风采，女孩们也要保持自己个性、本色。

家长们应该教育女孩摒弃狭隘心态，不能因为别人的偶像与自己的不同，就对他人持排斥甚至敌对的态度。

追星，不是不可以，只是不要盲目，不要在追的过程中迷失了自我。

引导女孩对追星有一个理智态度

父母要告诫女孩在追星的时候有一个理智的态度，把握好分寸。女孩所崇拜的应该是真正值得崇拜的人。他不是徒有其表，而应该有高尚的人品和超凡的气度；他不仅仅能吸引我们的目光，更应该能震撼我们的心灵。而我们也要从这些优秀的偶像身上吸取积极的人生经验。

女孩青春期的“危险信号”

如何看待女孩的网上聊天

初三女生小灿是班里的学习尖子，深得老师、家长的疼爱。为了拓展小灿的知识面，父母给她买了电脑。作业完成后，小灿便上网浏览一些有趣的网页。后来她听说网上交友很有趣，出于好奇心，就上网交起网友来，无意中与无业男青年李某聊上了。“你是天上的月亮，我就是陪伴在你身旁的星星。”“你知道我时时想着你吗……”看着这些情意绵绵的字眼，涉世不深的小灿被李某的花言巧语给迷住了。随着网上交往的频繁，两人相约到某公园里见面，很快就坠入爱河。花前月下的约会，信誓旦旦的许诺，使小灿神情恍惚、无心学习，成绩也一落千丈。为了和网上结识的“白马王子”私订终身，15 岁的她竟携带家中的数万元钱离家出走半个多月。李某其实是玩弄女学生感情的“交友老手”，在将巨款挥霍一空后，又交上了新女友。半年后中考，班里很多原先学习成绩不如小灿的同学都考上了重点高中，而她却学业荒废、不思进取，成了一名后进生。

处于青春期的女孩对社会及爱情的理解还很肤浅，判断力、成熟度较差，容易被那些虚构的凄美动人的网恋小说、网恋故事所感动。于是，不少女孩在网络聊天室寻觅“知音”，自认为拥有网上知音是一种精神刺激和满足，是心情自由放飞的空间，沉迷于网上交友，模仿着小说中的恋爱故事。先是出于好奇，进而模仿，发展到后来就不能自拔了。小灿的变化正印证了网恋的悲剧。

在虚拟的网上与人谈情说爱，这是很危险的事，会使人沉迷于虚幻的情爱之中，想入非非，无法与现实接轨，造成情绪异常，引发严重后果。在网上谈恋爱、“结婚”不仅会影响女孩世界观的形成，还会影响她们对未来婚姻的态度。在这种虚无缥缈的感情里游走，只会让她们变得玩世不恭、委靡不振。

对于刚刚步入青春期的女孩，情感开始萌动本是一件自然的事情，无可厚非，但是，在这个敏感的时期，一定不要陷入网恋的情感旋涡中。家长要及时引导女孩认清楚网友的真面目，拒绝与陌生网友交流生活、感情、私密的问题，同时注意防范人身安全。在日常生活中，要经常与家长或所信赖的亲友、师长沟通，感受来自周围的温暖关爱。

总体上说，网络对女孩的危害主要为：

第一，网络成了女孩在虚拟世界感受、实现自我价值的场所，久而久之，她们就会逐渐疏远现实生活，变得越来越虚幻。

第二，网吧成了女孩们寻找精神寄托的场所，在现实中得不到满足，便在虚拟世界里沉沦，有的从聊天开始发展网恋，有的甚至利用网络行骗。

第三，网络成了女孩们寻找刺激、猎奇的场所。

第四，网络成为女孩忘却生活烦恼的"防空洞"，生活不顺、时间没法打发时，她们首先想到网吧，有的甚至通宵达旦沉迷其中。

第五，上网滋生女孩开支的"黑洞"，极易诱发犯罪。

对此，父母应及时教导女孩正确利用网络。

加强女孩的自控能力

网络时代是考验女孩自控能力的时代，如果你的女孩足够聪明，那么她会懂得如何保护自己。但是如果家长没有给予及时的思想教育，女孩则很有可能沦为网络的奴隶。家长可以通过一些方式使女孩上网有节制，比如说限制女孩的上网时间等。

家长要引导女孩安全上网

女孩的年龄还小，对社会的认识也不够透彻，所以很容易上当受骗。因此在平日里，家长最好多给女孩一些小提示，告诉她不可以在网上随便结交朋友，更不能随便给人地址甚至是约会；在日常上网的时候不可以浏览黄色网页；如果想上网的时候最好在家上，尽量不去网吧那些复杂的场所。

正确认识女孩与异性的交往

青春期，由于性生理的发展和逐渐成熟，性意识开始觉醒。这时的女孩在心理上强烈地意识到男女有别，意识到男女之间交往与同性之间的交往，无论在交往方式上，还是在交往的内容上，都会有许多不同。因而，不可避免地产生了对异性的一种朦胧的好奇心，渴望了解异性，不自觉就产生了对异性的一种青涩的爱恋之情。这时女孩开始有意识地修饰自己的仪表，注意自己的谈吐，希望自己能够引起异性的注意，同时也对异性产生好感。在异性面前或是表现为热情、兴奋，用种种方式表现自己；或是表现慌乱、羞怯和不知所措，面对这一切，许多青春期时期的女孩会表现出极大的不安。科学研究告诉人们，女孩的这种变化是青春期异性之间相互吸引的表现，是一种正常的心理变化。到了一定的年龄，每个女孩都会产生与异性接近的欲望，这是人的一种情感需求，并不是病态，也并不可怕。

心理学家认为异性交往会有如下几点互补性：

个性互补

单一的同性交往，远不如多和异性交往更能丰富人的个性。

心理学研究表明，社会中的个人，交往范围越广泛，和周围生活的联系越多样，他的社会关系就越深入，精神世界就越丰富，个性发展就越全面。尽管同性间的个性也存在着差异，但如果只和同性交往，人的个性发展往往很狭隘，因为这种差异远不如异性间的个性差异明显和有意义。

心理互励

心理学家发现，大多数人，尤其是青少年，都有心理上的“异性效应”，往往表现为有异性参加的活动，较之只有同性参加的活动，参加者一般会感到更愉快，干得也更起劲、更出色。这是因为，当有异性参加活动时，异性间心理接近的需要得到了满足，从而使人获得程度不同的愉悦感，从而激发出潜在的积极性和巨大的创造性。

情感互慰

人际间的情感是极为丰富的，除了爱情之外，还有亲情、友情、同情、敬爱、恩情等。男女之间可以有不带爱情色彩的情感交流，它可以使人感受到温暖，达到心理上的平衡。在“异性效应”的作用下，这种情感的交流更为密切，能达到有效的情感互慰。

智力互偿

研究表明，虽然人类智力的高低总体上没有性别差异，但男女之间的智力特质有所区别。以思维能力为例，男性比较擅长离奇、大胆的抽象逻辑思维，善于抽象和概括，更喜欢用综合的方式对待现实；女性则擅长于具体形象思维，比较感性，更适合处理以实践应用和形象思维为支撑的事情。通过异性交往，双方均可从对方那里取长补短，以促进自己的智力水平和学习、工作效率的提高。

但是，青春期毕竟是处于一个较为特殊的人生阶段。一个人的价值观、世界观基本上是在这一阶段形成的。在此阶段，人的身心发育还不够完善，情感认识还不够理性，情绪掌控还不够稳定，很容易因为一时冲动而酿下苦果。那么，刚刚步入花季雨季的女孩应该怎么做呢？

与异性交往，很重要的一点是互相尊重和理解。男女之间在气质、性格、身体、爱好等方面往往有着较大差异，只有彼此互相尊重和理解，异性友谊才能维持和发展。同时，不论男女，在交往过程中都不要过于随便。真正的异性朋友，自然可以堂堂正正地来往和接触。但毕竟有性别差异，一举一动都要大方得体，不能过于随便，否则可能会伤害彼此和身边的其他人，有损友谊的牢固。

在交往的过程中要注意交往场所的选择。异性朋友单独相处时，要注意选择合适的场所，尽量不要在偏僻、昏暗处长谈。如果在房间里单独谈话，不要紧闭门窗，以免引起不必要的误会。

当然，当女孩在与异性交往时，特别重要的一点是要分清友谊与爱情的界限。友谊和爱情之间既有联系又有区别。人与人之间的爱情关系和友谊关系都是以彼此之间相互欣赏为基础的。友谊和爱情两者之间有严格的区别：首先是内涵不同。友谊是同学或朋友间的一种平等的、诚挚的、亲密的、互相依赖的关系。而爱情是一对男女之爱，并渴望对方成为自己终身伴侣的关系。其次是对象不同。友谊是广泛的交往，而爱情是在一对男女之间发生的。友谊可以通四海，朋友可以遍天下，人们可以和各种对象发展友谊。而爱情是男女之间的隐私之情，只能是真挚专一，如果第三者加入，便会产生嫉妒心理和排除异己的行为。再次是要求不同。友谊关系中，主要承担道德义务。而爱情关系在双方缔结婚姻关系后，不仅承担道德义务，还要承担法律责任。异性朋友一定要注意，不要模糊两者的界限，否则不但会失去友谊，还会失去爱情。因此，与异性交往，要学会正确利用奇妙的“异性效应”，学会彼此欣赏和相互学习，同时要尽量把握好交往的尺度，让自己身边多一些朋友。

让女孩成为异性交往中受欢迎的角色

家长如果想要让女孩成为异性交往中受欢迎的人，那就让她学会用真诚和信任来提升自己的魅力，不仅是对异性，即便是对同性的朋友也要多一些理解和宽容。女孩如果养成这样的好习惯，那她周围的朋友会越来越多。

不要让女孩炫耀异性对她的爱慕

如果女孩得到了异性的爱慕，那也许说明女孩具有某种吸引力。但是如果女孩总是在不经意之间表现出一种沾沾自喜的心态，在旁人看来，那就是一种炫耀。面对这样的女孩，家长应该帮助女孩讲明这样的道理：爱情应该让它放在心里，这样会比较牢靠也比较令人心安，如果总是喜欢炫耀，势必会面临很大的危险。

与女孩一起直面早恋

处于青春期的女孩，她们对感情的憧憬常常过于理想化，她们很容易为这种“爱情”犯傻，做出一些错事。当双方因为某些原因要分开时，这种感情挫折对她们的打击也会被放大，甚至引发抑郁、自卑等负面情绪，走向极端。

有些父母总是害怕女孩早恋，便用跟踪、偷看日记、勒令禁止、通知老师等办法，企图将女孩的早恋扼杀在摇篮里。其实，这样的做法不但达不到预计的效果，反而会适得其反，使女孩一错再错。

娜娜是一个 17 岁的女孩，她爱上了比她大五岁的阿哲。阿哲早就不上学了，他还经常和社会上一些小混混在一起赌博、喝酒。他唯一的经济来源便是自己开的一家小餐馆。其实娜娜是被他的“帅气”折服的。酷酷的发型和外表，有点像大明星。

当娜娜父母知道这件事后，他们气急败坏，找到阿哲的餐馆，将其揍了一顿。娜娜觉得父母的行为简直不可理喻，她不但没有和阿哲分手，并且还和阿哲更加亲密。终于有一天，她失足了，但此时的阿哲却开始抱怨她，并有了新的女友。她彻底看清了阿哲的人品，可是后悔晚矣。她的父母不但没有帮助女儿，反而每天都斥责她。娜娜从此精神恍惚。

娜娜的父母可以说是无知的，他们其实是想拯救女儿，不料却将女儿推进了火坑。

处于青春期的女孩，她们的性意识逐渐发展，她们对异性向往、好奇、爱慕，但道德观的规范要求她们应在适当的年龄、以恰当的方式追求异性，并以组成家庭为目的。青春期的女孩由于品德并未成熟和自我控制力不足产生了不能正确看待性成熟和不会正确处理两性等问题，出现早恋、轻率对待恋爱问题和两性关系等问题，从而给她们的生活带来极大困扰。

父母如果不能恰当处理女孩的早恋问题，极有可能会造成一些严重后果。

家长应积极疏导女孩的早恋问题

初恋，是青春期女孩对异性情感萌动的正常表现，但初恋一般都不会保持长久。如果女孩出现了这样的情况，父母不要因此乱了方寸，应心平气和地和女孩进行沟通，疏导这种情绪。不妨做到以下几点：

1. 保持镇定，和女孩沟通时要心平气和，避免发生矛盾冲突，否则很难疏导。

2. 尊重女儿的感情，给女儿讲一些身边的例子，帮助女孩冷静思考，做出正确的选择。

3. 明确家长自己的观点：支持女孩与异性交往，男孩女孩应该是朋友或兄妹之间的感情，在学业完成、经济独立后，才有资格考虑爱情。

4. 鼓励女孩积极参加集体活动，避免她陷入狭窄的二人小天地。

5. 正确对待女孩可能的“失恋”，并引导其调整情绪。

当女孩失恋时，注意化解其阴沉情绪

当女孩因为失恋而情绪低落，家长不宜追着询问原因，明智的做法是和她交流，带她做些喜欢的事情，分散注意力。等女孩愿意主动倾诉时，要给她足够的鼓励和安慰。在平时，父母可以带着女孩去一些游乐场或旅游景点玩，让她的情感转移到失恋对象以外的其他人或事上。也可以将她“赶”出家门，让她和其他一些好友一起参加各种娱乐活动，释放苦闷，陶冶性情。

当女孩想向父母倾诉时，父母应耐心倾听，并告诉她真正的爱情是怎样的。教给她辩证地看待失恋，用理智的“我”来提醒、暗示、战胜迷情的“我”。家长还应该在此时加强对女孩爱的教育——不仅仅让女孩懂得爱，还要让女孩在懂得爱的过程中成长为一个道德高尚的人、一个情感丰富的人、一个思想成熟的人。

让女孩远离赌博

俗语说得好：“赌博赌博，越赌越薄。”可就是这么一个让人越来越“薄”的“赌”，却使一些女孩走向了歧途。因此，父母有必要在女孩青春期的时候让她认识到赌博的危害。

赌博是以扑克、麻将等工具，用财物作赌注争输赢的行为。目前，在青春期女孩中，这种不良行为具有很高的发生率。大量事例证明，青春期女孩赌博的危害性极大。

女孩赌博往往会导致学习成绩下降，并会诱发失眠、神经衰弱、记忆力下降等症状，造成心理素质、道德品质下降，伴随而来的是社会责任感、耻辱感、自尊心受到严重削弱，更严重的是赌博还会导致违法犯罪，现实生活中有许多女孩因为赌博引发暴力犯罪。

认识到了赌博的危害性，那么，家长要怎样做，才能预防自己的女孩陷入赌博的恶习中呢？

首先，要教女孩认识到赌博的危害性。寻找丰富的娱乐活动，比如钓鱼、看书、打球等，以代替赌博。

其次，应该让女孩认识到十赌九输的特点。不要对赌博抱有侥幸心理，输了别想去捞回，赢了不要还想赢。平时生活中避免出席任何赌博场合，培养其他可取代赌博的嗜好，打消赌博的念头。对于女孩来说，可以选择定时做运动（如慢跑）及学习松弛的技巧（如冥想或瑜伽等），或进行休闲活动（如听音乐、与朋友逛街等），借此驱走闷气，舒缓紧张的情绪。

赌博是一种习惯性行为，戒除赌博并不容易，但如果女孩拥有坚定的意志，就一定能够克服赌博问题。

青春期的女孩正处于身体和心理成长的关键时期，人生中很多良好的习惯和性格的养成都是在这时候打下基础的。那么，对于这一时期的女孩来说，健康趣味的养成会成为自身一种无形资本，并会使其在以后的人生中受益无穷。

给女孩树立一个美的榜样

具体生动的形象对于女孩性格的培养有着十分重要的作用。比如说，列宁是伟大的无产阶级革命家。有一个女孩在参观了列宁的故居之后发表感慨说："只有当我在高尔克看到列宁的故居时，我才知道真正的朴素是个什么样子：在他房里只有一张普通的饭桌，桌上摆着一个盖着普通灰色漆布的、稍显陈旧的、已坏了的茶炊，挂衣架上挂着一件普通的制服。"这些意识对女孩在日后形成良好的价值观会起到很大的作用。

让女孩学会保护自己

告诉女孩，衣服盖住的地方不要让别人碰

当女孩向家长提出一些关于"性"方面的问题时，很多家长往往都觉得无法开口，可自我保护的底线却是家长必须直接而严肃地告诉女孩的。现实生活中，有很多女孩因为不懂得自我保护，而成为被侵害的对象。

2005 年暑假，甘肃某镇小学一位姓杨的老师被逮捕，杨某强奸、猥亵低年级女学生的丑行成为小镇人们茶余饭后的一个反面话题。

杨某的恶行败露缘自几位家长的义愤之举。其中一位家长发现女儿不对劲，并再三追问后才知道了事情的原委，并得知与自己女孩有着相同遭遇的孩子不在少数。于是他联合几位受害学生的家长把这个披着教师外衣的"狼"告到了公安局。

令人感到吃惊的是，杨某的罪恶延续并不是一天两天，也不只一两个受害学生。一位初三刚毕业的女学生告诉记者，就在她上五年级的时候，已经从同学们的口中知道了杨老师的这个"毛病"。

由于中国性教育的迟缓滞后，导致一些幼小的女孩认为别人性侵犯自己是一种"友善"的表示，或者是由于自己犯了错误而受到的"惩罚"。女孩都害怕出了事后受到家长的责骂，给家庭带来悲剧的后果，因此默默做出牺牲，独自承受性侵害带来的心理和精神上的创伤。

据调查，这种年少时的性伤害，常使受害的女孩长期处于畏惧、压抑、负罪等挥之不去的心理阴影中，造成日后身体上或精神上的疾病，如头痛、头昏、失眠、烦躁、注意力下降、学习成绩滑坡等，尤其稍大一些的女孩常常慑于对方的恐吓、父母的打骂或者同学的歧视而不敢声张，自己默默地承受着这巨大的精神

压力，更加重了心理障碍，甚至发展为神经症。

此类受过性伤害的女孩，长大结婚后对性生活大多持恐惧心理，有的从此自暴自弃，破罐子破摔，寻机报复，甚至走上犯罪道路。

父母要告诉女孩，每个人都有自己身体的自主权，尤其是身体上一些较隐秘的部分，如乳房、胸部、肚子、阴部、大腿等，这些部分通常在衣服里，如果有人以手或身体其他部位故意侵犯你的这些部位，就有可能是性骚扰了。另外有一种情况，可能是他人暴露自己的性器官要你看或摸，这也是性骚扰。

防止女孩早恋的发生，早恋的少男少女很容易因感情冲动偷食“禁果”。当女孩进入青春期后，父母要教育女孩切莫早恋，并留心观察女孩的言行和情绪变化，如有早恋苗头，应及时消除在萌芽状态。

最后要告诉女孩面对色狼要机智果敢。不幸遇上色狼后，应沉着冷静，善于同色狼斗智斗勇。万一被色狼强暴，要记住其外貌和衣着特征等，保留物证，以最快的速度报案。切莫为顾全面子忍气吞声，放纵坏人。

要教会女孩学会识别诱惑

让女孩知道坏人在实施其作案计划时，总是装作一副善良的样子，一般来说，他们会找各种各样的有利于你、帮助你的借口，利用女孩的虚荣、贪财心理，送礼品和钱物等使其渐渐地钻入圈套。

告诉女孩要勇敢地说“不”

应告诉女孩，在有人威逼她做有可能给自己带来危险的事情、父母或老师不允许做的事情，或者是自己不愿意做的事情时，要大声勇敢地说出“不”，明确表示拒绝之意，然后离开。

不要让女孩去不安全的地方

青春期的女孩好奇心理很强，比较喜欢“探险”。父母要约束她们，不准她们单独到陌生的地方，实在想去的话要由父母陪同才可以。一个人只有时刻保持谨慎的状态，小心地对待自己的生活，懂得防患于未然，才能保证让自己处于安全的状态。要让女孩知道，这个世界上虽然好人占大多数，但是坏人会在自己一不小心的时候加害于人，所以，要懂得用“显微镜”观察周围的环境，以确保自身的安全。

千万不要让女孩贪图小便宜

场景1：公交车还没进站，接孩子放学回家的家长已经站了一群，某些妈妈把孩子推向前面，孩子一下子就领会了家长的意思。车一进站，便不顾老奶奶、小弟第一跃而起，上去便占两个座，一个给妈妈，一个给自己。妈妈上来后，夸孩子“真棒!”

场景2：飞机上，有些人不管自己是否饥渴，不断地向服务人员提要求。“免费的，不吃白不吃”的心理让这些人一次又一次伸出手去。当然，这些人中也包括不少家长和孩子。

场景3：“人情宴”上，一些家长带孩子前往，“得把自己随的‘份子’吃回来”。于是，这些家长和自己的小孩专拣贵的往自己碗里放，哪顾得上叙旧。

……

诸如此类，鼓励孩子占小便宜的言行，作为家长的你可曾做过？这并不是什么无可厚非的小事，俗话说“占小便宜，吃大亏”，一旦孩子养成了这种占小便宜的习惯，长大后还很有可能因为这个弱点吃大亏。

小虹生性俏皮，她总喜欢占些小便宜，她总是对那些免费的赠品心动不已。她经常蹭同学的零食和一些漂亮的小玩意。小虹学习成绩并不好，17岁时，她干脆辍学在家，帮父亲照看店铺生意。可小虹不甘心当小贩，看到别人走南闯北，十分羡慕。不久，她认识了自称做生意的阿信。阿信常常对她说“外面的世界很精彩”。小虹渐渐厌倦了看店铺的枯燥生活，经不住阿信的反复游说，跟随阿信上了北上的火车。谁知阿信将其骗到河南省一个穷乡僻壤的小山村，将她卖给村民何某为妻。从此小虹受尽了磨难，还生下一男孩。后来，小虹终于瞅准一个机会，偷偷向父母传递了求救信息，求父母设法解救并提供了其所在的地址。经过警方的积极努力，小虹终于被解救出来。当年小虹的父母并没有意识到女儿爱占便宜有什么不好，以至于女儿在长大后因此而吃了大亏。

其实现在很多不法分子在行骗的时候，往往会利用青春期女孩子们虚荣、贪财的心理，说些甜言蜜语，送些礼品和钱物，用小恩小惠使女孩渐渐地钻入他的圈套。

对于尚缺乏处世经验的女孩来说，父母一定要警惕她不要受别人的小恩小惠的诱惑，在平时养成自尊自爱的好习惯。这样即使在遭遇到危险时，她也能镇定地保护自己。

到底是什么使女孩形成“喜欢占小便宜”这种心理呢？一般来说，有以下四种原因：

1. 小时候家里穷，父母为了生活，会经常做一些占小便宜的事，或者带着女儿去做此类事。久而久之，父母的行为被女儿认同并内化。

2. 女孩在童年时期，由于一次偶尔犯错拿了别人东西后，父母便以破坏她自尊的方式过度惩罚他，使女孩从心灵深处逐渐认同自己是占小便宜的人或者是小偷小摸这一类人。

3. 当女孩有很强的心理压力或倍感焦虑时，偶然占了别人便宜后，会发现这种行为带来的紧张感会抵消自己的心理压力或者焦虑，于是每次便情不自禁地去做这样的事。

4. 女儿在上小学时，有占小便宜的毛病，看见别人有什么好东西就想归为己有，家长对此不闻不问，甚至有时还要鼓励孩子这种行为。等这孩子上中学后胆子就更大了，这时家长想管都管不了了。

一位家长说他女儿特别爱占小便宜，见别人的东西就想要，看别人的东西好看，就想拿。虽然在她刚懂事时就经常教育她：不能随便拿别人的东西，接收别人的礼品要经过父母同意等。可是，女儿始终把父母的话当做耳旁风。家长心急如焚，却无计可施。

其实，女孩生来并不是什么都懂、什么都会，她们是通过平时的观察，模仿成人来学习的，并从这种模仿中形成自己的道德标准。所以说，没有天生爱占便宜的女孩，女孩出现这种毛病是由多方面原因造成的。家长要客观看待，同时从多方面进行反思：

首先家长要从自身找原因，检查自己有无类似的毛病。因为父母是女孩的启蒙教师，父母在家里的一举一动、一言一行都是女孩最初效法的榜样。

其次，家长要明白，孩子受到的影响是多方面的，不一定是跟家庭有关。家长要坚决表明自己的态度，对女孩的这种行为予以否定。家长要帮助孩子分清对错，告诫孩子，这种行为不及时纠正，到头来害人害己。

最后，如果你的孩子没有这种毛病，那也不能掉以轻心，要重视起来，严加防范。

帮助女孩识破生活中的一些骗局

有些家长觉得应该告诉女孩生活中一切美好的事物，而不应该让她们知道生活中的阴暗面。其实不然，如果在平时给她们说些如何防止被骗、如何识别真话和谎话等自我保护方面的知识，她们会在以后的路上少走一些弯路。比如手机短信诈骗、网络诈骗等，都可以讲给女孩听。比如在茶余饭后，一家人坐在一起聊天，就可以给女孩举一些这样的例子：

常见的电话诈骗方式：

骗术一："手机号为13×××××××××，您的朋友为您点播了一首××歌曲，以此表达他的思念和祝福，请您拨打9××××收听。"遇到这种情况，最好不要拨回电话接听歌曲，因为这样很有可能会给你带来高额话费。

骗术二：听到铃声想起，一旦你接听，电话会马上挂断。当你按照号码回拨后，听到的可能是这样一段电话录音："欢迎您致电×××六合彩……我中心竭诚为广大彩民爱好者提供信息，透露密码。联系电话1395983××××。”遇到这种情况，你也一定不要回拨，因为这是以非法“六合彩”招揽客人，如果你回拨电话，既可能会损失话费，又很容易上当受骗。

骗术三：“您好，移动通信公司现在将对您的手机进行线路检测，请您暂时关闭手机3个小时。”此种情形很可能是机主因为某种原因泄露了家庭电话号码，行骗者可能会在机主关机的时候，以“要求汇款”等事由诈骗事主的家人和朋友。所以，有关这一点，要格外留意，防止上当受骗。

教女孩一些防止网购受骗的方法

在网上购物，要注意一些问题：

1. 网托诱惑。一般的消费者看到“卖家好评率”和“卖家信用”时，便会放心地把款汇到对方账户。于是卖家往往会找身边的好朋友来当“托儿”，对自己的网店进行留言，网站则根据这些点评生成“卖家的信用等级”。

2. 货品标价。在很多网站都会看到一些价格上超乎想象的“宝贝”，进去一看，还确实是好产品，再寻思这个“天上掉馅饼儿”的价格，难免会有消费者动心。但实际上，这类商品往往或者质量有问题，或者是无法保修的“水货”，或者干脆就是商家设下的一个骗局。

类似这样的例子要经常讲给女孩听，她在无意中便会形成一种自我保护的意识，也就不会因为一些蝇头小利的诱惑，而上当受骗。

引导女孩灵活处理应急事件

在送祝福的时候，人们往往喜欢说这样一句话：“愿好人一生平安。”

但是事实上，即使是好人，生活也并不总是一帆风顺，而是会遇到各种“急流险滩”或各种“暗礁”，如地震、火灾、溺水或电梯事故等，这些突然降临的事故往往会使人如遭当头一棒而措手不及。当然，也许有的人会侥幸地认为，“这些事故的发生概率大概也就千分之几，我不会这么倒霉的”，但是也有人说过这样一句话：“即使某一事故发生的概率是几千分之一，而当它真正降临到自己头上的时候，那一定是百分之百！”所以，意外事故虽然离我们很远，但是防不胜防。俗话说得好“不怕一万，就怕万一”，家长们一定要让自己处于青春期的女孩提高警惕，在平时细心学习各种应对策略，在事故意外降临时学习沉着应对，以使自己能够顺利“着陆”在安全地带。

这里有一个关于自救自护的故事：

18岁的约翰·汤姆森是一位美国高中学生，他住在北达科他州的一个农场。一天，他独自在父亲的农场里干活。当他在操作机器时，不慎在冰上滑倒了，他的衣袖绊在机器里，两只手臂被机器切断。汤姆森忍着剧痛跑了402米来到一座房子里。他用牙齿打开门闩，爬到了电话机旁边，但是无法拨电话号码。于是，他用嘴咬住一支铅笔，一下一下地拨动，终于拨通了他表兄的电话，他表兄马上通知了附近的有关部门。

明尼阿波利斯州的一所医院为汤姆进行了断肢再植手术。他住了一个半月的医院，便回到北达科他州自己的家里。如今，他已能微微抬起手臂，并已经回到学校上课了。他的全家和朋友为他感到自豪。他已成为青少年心目中的楷模。

为什么很多人喜欢汤姆森呢？有的说，他聪明，用铅笔打电话，还会用嘴打开门。有的说，他喜欢干活，我们喜欢勤劳的人。还有的说，他身体真棒，一定曾努力锻炼身体，不然早没命了。

一位学者概括了这些人的回答，人们除了佩服他的勇气和忍耐力外，还佩服他的独立精神。他一个人在农场操作机器，出了事又顽强自救，所以他是好样的。

汤姆森的故事里还有这样一个细节：他把断臂伸在浴盆里，为了不让血白白流走。当救护人员赶到时，他被抬上担架。临行前，他冷静地告诉医生：

“不要忘了把我的手带上。”

可见，掌握自救自护知识，锻炼自救自护能力，在灾祸面前保持理智、冷静、果断，对今天的女孩而言，是相当重要的，而且刻不容缓。

告诉女孩应对火灾的自救

在生活中，家长应该告诉女孩一些关于火灾自救的知识，如遇到紧急关头，则能够有效地自救。

1. 身处平房的，如果门的周围火势不大，应迅速离开火场。反之，则必须另行选择出口脱身（如从窗口跳出），或者采取保护措施（如用水淋湿衣服、用温湿的棉被包住头部和上身等）以后再离开火场。

2. 身处楼房的，发现火情不要盲目打开门窗，否则有可能引火入室。不要盲目乱跑，更不要跳楼逃生，这样会造成不应有的伤亡。可以躲到居室里或者阳台上。紧闭门窗，隔断火路，等待救援。有条件的，可以不断向门窗上浇水降温，以延缓火势蔓延。

3. 在失火的楼房内，逃生不可使用电梯，应通过防火通道走楼梯脱险。因为失火后电梯竖井往往成为烟火的通道，并且电梯随时可能发生故障。

4. 因火势太猛，必须从楼房内逃生的，可以从二层处跳下，但要选择不坚硬的地面，同时应从楼上先扔下被褥等增加地面的缓冲，然后再顺窗滑下，要尽量缩小下落高度，做到双脚先落地。

告诉女孩应对地震的自救

当地震发生且震级较高时，通常会造成房屋倒塌、大堤决口、大地陷裂等危险情况，给人们的生命和财产带来损失，而地震中保护生命安全显得尤为重要。为了在地震发生时保护自己，家长要教会女孩掌握以下应急的求生方法：

1. 如果地震发生时女孩正处在平房里，则要迅速钻到床下或桌下，同时用被褥、枕头、脸盆等物护住头部，然后等地震间隙再尽快转移到安全的地方。地震时如果房屋倒塌，则应待在床下或桌下不要移动，等到地震停止再进出室外或等待救援。切忌地震时因紧张而在屋内乱跑，因为那样被砸伤的可能性很大。

2. 如果是住在楼房中，地震发生时，不要试图跑出楼外，因为时间可能来不及。最安全、最有效的办法是，及时躲到两个承重墙之间最小的房间，如厕所、厨房等，也可以躲在桌、柜等家具下面或者房间内侧的墙角，并且一定要注意保护好头部。千万不要去阳台和窗下躲避。

告诉女孩应对车祸的自救

车祸中，容易造成各种伤害，如各类骨折、骨裂、脑外伤、内脏器官损伤等，因此车祸中的防护方法显得更为重要。父母应该告诉女孩在车祸中的自救，以便能够最大限度地保护自己，降低伤害。

如果在车祸中受伤出血，可以把身上的衣服撕成布片，对出血的伤口进行局部加压止血。在大量出血时最好能用毛巾或其他替代品暂时包扎，以免失血过多。

1. 骨折受伤时不要贸然移动身体，不要乱动或错误包扎，确实需要搬动时，一定要确定伤肢不会发生相对移动。找木板或较直、较粗的树枝，用三根固定带将2～3块木板在伤肢的上、中、下三个部位横向绑扎结实。

2. 发生颈部损伤时不可随意挪动，否则很有可能形成永久性的伤害甚至瘫痪。

3. 头部发生创伤时要将身体平放，头稍垫高。

4. 腹部损伤时应把内脏尽量在原来的部位拿一个容器扣在腹壁上，不要把内脏放入腹腔内，以免造成腹腔感染。

教女孩把握好善良的分寸

贝思和丽莎已经相识二十多年了。在这二十多年里，她们的关系一直很好。丽莎在10年前离婚了，这些年一直孤身一人。而就在最近，贝思的丈夫通知她，他要跟贝思离婚。伤心绝望的贝思于是在丽莎的邀请下搬到丽莎的家中居住，因为她自己的房子已经被卖了。

也许是因为同病相怜的缘故，丽莎很理解和同情贝思的遭遇，她也想竭尽全力来帮助贝思。为了减少贝思的生活开支，她让贝思跟她住在一起，分文不收。在一起生活的日子里，丽莎用尽了自己所有的积蓄来满足贝思的一切需要，如逛街、买衣服、外出旅游等。半年后，贝思结交了新的朋友而搬离了丽莎的家，而这时候的丽莎已经变得很贫穷了。更令丽莎难过的是，从贝思搬走以后，贝思便不再与自己联系，从那时候开始，她们两人再也没有说过话。

这一件事使丽莎感到自己受到了伤害。她告诉朋友："我太快而且毫无保留地敞开自己的胸怀和钱包，慷慨地给予了她我所有的一切。我难以抑制自己的表现，可是贝思的胃口却愈来愈大。"

为了贝思而甘愿付出自己所拥有的一切的丽莎最终因自己过度的善良而受到了伤害。其实丽莎作为贝思的朋友，在贝思出现情感的危机时对她提供必要的帮助是不错的，因为毕竟是朋友，互帮互助是应该的。但是，在给贝思提供帮助的时候，正像她自己后来所反省的那样，她过快而且毫无保留地敞开了自己的钱包，而没有考虑自己以后的处境。当然，很多看到这个故事的人，尤其是涉世未深却很讲究"义气"的青春期少男少女们可能会认为丽莎是将友谊看成了生命中最重要的东西，她对贝思是情深如海，至于最后贝思对她的背叛，过错应该全部归结于贝思。这样说似乎也合情合理。但是回过头来想一想，难道丽莎就不需要为这样的结局以及为她自己以后的生活承担责任吗？

如果一个人在考虑任何事情的时候都以自己的利益为出发点，那么也许这个人在别人眼里会有点自私。如果走向另一个极端，考虑任何事情都把自己排除在外，那样的结局也不会都像自己期待的那样美好。

人常说："爱己才能爱人。"善良不仅可以表现为为对方做好事，而且也应该首先表现为对自己的关爱。不错，善良是一种良好的心态，也是一个人获得他人尊重的前提，但是，表达善良也应该有一个尺度，无限度地、盲目地奉献自己，到头来很可能会迷失了自己。

"做人要做善良的人"，这是公理。但是在表达自己的善良时，也要把握一定的分寸。为了做到与人为善、对己友善，请务必抑制自己过分行善的欲望。

告诉女孩不要被美丽的假象所欺骗

真理往往就是混杂在假象中的，女孩涉世未深，她们的心智完全不足以解开事实的真相。对于那些不了解的事情，女孩们难免会对那些未知的领域作出错误的判断。这个时候，家长要告诉女孩，不要过于相信自己的眼睛，最好是用自己的头脑来看清事情的真相，一个女孩如果想要拥有大的格局，则必须要具备这样的素质。没有什么事物本身是可以影响人的，人们多半只是受到了事物看法的影响。告诉女孩遇到事情的时候，不要不经过调查，也不要匆忙下结论，更不能不思考就下论断，而是要用心去看清事情的真相。

让女孩懂得分享

实际上，懂得分享是一种高明的生存之道。当一个女孩肯抛弃自己的自私行为，能够勇于为别人付出的时候，其实就是帮助了自己。在这个崇尚合作的社会里，并没有一个人能够承担全部，而一个人的价值体现更容易在与人合作中表现出来。鼓励女孩分享自己所拥有的，会使女孩更容易找准自己的位置和方向。

第二十三章　活出自己的精彩——给女孩树立一个人生榜样

有一种才气成为了经典

三毛：梦中的那棵橄榄树

《撒哈拉的故事》《哭泣的骆驼》《背影》《稻草人手记》，所有故事发生的时候都毫无预兆，只不过一刹那就成了永恒。作家司马中原说，三毛用她云一般的生命，舒展成随心所欲的形象，无论生命的感受，是甜蜜或是悲凄，她都无意矫饰，行间字里，处处是无声的歌吟，我们用心灵可以听见那种歌声，美如天籁。

“爸爸，我不要这个字!”我们似乎又看到了那个小小的女孩儿嘟着小嘴指着自己的名字“陈懋平”三个字中间的那个“懋”说。

1943年3月26日，三毛出生于重庆，“懋”是家谱上属于她的排行，当时战火连年，父亲期望这个世界太平安康，于是给了女儿“平”字。

后来这个孩子开始学写字，可是无论如何都学不会那个“懋”字。于是每次写名字，调皮的她自作主张把中间那个字去掉，叫自己“陈平”。没有办法，父亲只好怜爱地摇摇头投降。她给自己取名字那年，才三岁。

时光飞逝，1967年，当年的那个毛头小孩已经长成了亭亭玉立的大姑娘，她喜欢给自己瀑布般的头发梳两个大辫子：

“我最喜欢做印第安人。”她笑着说，露出参差但很可爱的牙齿。

于是为了梦中的那棵橄榄树，她只身远赴西班牙。三年时间里，三毛先后就读于西班牙马德里大学、德国哥德书院，以及进入美国伊诺大学法学图书馆工作。在此期间，她结识了自己未来的丈夫，西班牙人荷西。

撒哈拉沙漠是世界最大的沙漠，西属撒哈拉（今西撒哈拉）是其中一部分，占地266000平方公里。这片大漠，终年乏雨，黄沙漫漫，深沉而犷伟。这位年轻的中国女孩子，跋涉万里关山来到这里，艰苦的生活和特别的经历酝酿了她无边的思绪，一一在纸上铺陈开来，化为《撒哈拉的故事》《哭泣的骆驼》《背影》《稻草人手记》等作品。令人惋惜的是，1979年荷西溺水身亡。于是悲痛的三毛回来了，带着满身风尘。

直到1991年去世，为了追寻心中的那棵“橄榄树”，三毛踏遍万水千山，足迹遍及半个地球。她的作品也在全球的华人社会广为流传，在中国大陆也有广大读者，千千万万的人在她的作品下涤荡了自己的心灵。

白驹过隙，斯人已去，留下的是永远无法抹灭的身影和魅力。在那片遥远的天边，我们似乎又听到了那个三岁小女孩的声音：“爸爸，你看我的名字现在多好。”小女孩得意洋洋地指着去掉“懋”字的“陈平”说……

向女儿介绍三毛的生平和她的作品

三毛的代表作有《撒哈拉的故事》《哭泣的骆驼》《背影》《稻草人手记》等，文笔具有一股清新的格调，阅读三毛，好像就是在阅读一个像空气般自由的人，当遇到什么妨碍心灵自由的事情时，绝不妥协。

和女孩一起讨论三毛

家长可以和女孩一起讨论她对于三毛的看法，并且帮助女孩树立正确的人生态度，比如可以在讨论的过程中告诉女孩：自杀的做人态度是不对的。甚至可以和女孩探讨关于自杀的人的心理，以至于告诉女孩要给世间以爱。

林徽因：你是人间的四月天

我说你是人间的四月天
笑响点亮了四面风
轻灵在春的光艳中交舞着变
你是四月早天里的云烟
黄昏吹着风的软
星子在无意中闪
细雨点洒在花前
……

读林徽因的诗，犹如随她一起漫步在细雨云间，那种悠然的感觉，就像在仰俯之间听到花开的声音，诗意而含蓄。其实林徽因对新诗的兴趣与徐志摩有关。

1904年6月，林徽因出生在素有“人间天堂”之称的杭州，祖父林孝恂进士出身，父亲林长民毕业于日本早稻田大学，曾任北洋政府司法总长等职。良好的家世给了这个女孩良好的家教。1920年4月，林徽因曾跟随父亲游历欧洲，结识了诗人徐志摩，对新诗产生了浓厚的兴趣，而且相同的志趣让两个人成为了无话不谈的朋友。

1923年，徐志摩、胡适等人在北京成立新月社，林徽因常常参加新月社举办的文艺活动，还登台演出了获得诺贝尔文学奖的印度大诗人泰戈尔的诗剧《齐德拉》，林徽因在其中扮演主角齐德拉公主，她流利的英语和俊秀的扮相，给文艺界留下了无比深刻的印象。

一年以后，应梁启超与林长民之邀，泰戈尔来华访问，文学界在天坛草坪上举行欢迎会，于是英语非常流利的林徽因成了泰戈尔的翻译。当时媒体纷纷报道："林小姐人艳如花，和老人挟臂而行，加上长袍白面、郊寒岛瘦的徐志摩，犹如苍松竹梅的一幅三友图。"

卞之琳曾这样评价林徽因："她天生诗人气质、酷爱戏剧，也专学过舞台设计，却是她的丈夫建筑学和中国建筑史名家梁思成的同行……是他灵感的源泉"。

对于林徽因来说，作为中国第一位女建筑学家，她在建筑方面曾做过三件改变历史的大事：参与国徽和天安门人民英雄纪念碑的设计，以及改造传统的景泰蓝工艺。

事情得从1949年初说起。

那年的一个清晨，两位解放军找到林徽因和梁思成，摊开北平军用地图，说："请你们用红笔圈出一切重要文物古迹的位置"。原来，他们害怕在战火中损坏文物古迹，所以想在攻城的时候尽可能地予以保护。作为有名的建筑学家，林徽因夫妇深知文物古迹对于一个国家的重要，这使夫妇二人十分感动，立即生出一股钦佩。

没过多久北平就解放了，梁思成被聘为清华大学建筑系教授，1949年9月国家开始策划设计国徽的时候，梁思成、林徽因和自己的同事接下了这个艰巨的任务。1950年6月，经过数百次的研究修改，她们终于完成了中华人民共和国国徽图案的设计任务。

转眼，为了纪念那些为了保卫祖国而英勇捐躯的战士们，中华人民共和国决定在天安门广场修建一座纪念碑，于是在1951年，林徽因成了人民英雄纪念碑建筑委员会委员，承担为碑座设计纹饰和花圈浮雕图案的任务。

与此同时，经过几年的恢复生产，中国的一些传统手工业开始复兴，为了濒临停业的景泰蓝、烧瓷等传统工艺品的复兴，林徽因又亲自设计了一批具有民族风格的新式图案，并亲手参加了试制，才得以让景泰蓝这门工艺传承了下来。

1954年6月，林徽因当选为北京人民代表大会代表。值得一提的是，1955年4月林徽因因病去世后，她的遗体安葬在八宝山革命公墓，墓碑下方那块刻着秀丽花圈的汉白玉，就是当初她为天安门广场上人民英雄纪念碑碑座雕饰试刻的一个样品，人民用这种独特的方式来纪念这位杰出的人物。

家长可以带女孩在参观过程中讲述林徽因

林徽因是中国当代的一位奇女子。家长可以带女孩去参观北京的天安门广场，同时为女孩讲述国徽、人民英雄纪念碑的来历。家长还可以带女孩去参观其他的一些建筑，比如五台山佛光寺和南禅寺，同时告诉女孩：这是梁林夫妇发现的中国唯一的唐代建筑遗址。

带领女孩一起欣赏林徽因的诗

林徽因的诗总是别有一番韵味，对于熏陶女孩的气质很有好处。家长可以在闲暇之余与女孩一起朗诵欣赏，同时可以和女孩在一起谈论，比如可以和女孩一起规划她将来要成为一个什么样的女孩。

亦舒：俗世中的侠女

香港文坛曾有三大奇观，金庸的武侠、倪匡的科幻、亦舒的言情。亦舒是其中唯一的一位女性，同时也是作家倪匡的妹妹。

亦舒原名倪亦舒，另有笔名梅峰、依莎贝和玫瑰等。1946 年，亦舒出生于上海，祖籍浙江镇海，五岁时随同家人从内地到香港定居，曾经就读于嘉道理小学和北角公立小学，毕业于何东中学。

15 岁那年，念中学的亦舒就已经开始写稿，常常有报刊的编辑上学校来问她要稿，因此成为编辑们不敢得罪的“小姐”。中学毕业后，她又担任《明报》记者，电影杂志采访和编辑等。1973 年，亦舒留学英国，修读酒店及食物管理，3 年后回港，并担任富丽华酒店的公关。之后，任新闻官 7 年，同时还兼当电视台编剧。

亦舒美丽而豪爽，“有着追求理想的翅膀”，因为她的小说充满幻想色彩——虚无缥缈，却又执著而不肯放弃。她具有敏锐的观察力与触觉，有将平凡的字眼变成奇句的才华。她的人如她的写作，麻利、泼辣，且又快又多，即使换上十个笔名，读者也不难一下子从作品中把她辨认出来。

无论在曼彻斯特做学生还是在中国香港做官，亦舒依然坚持写她的小说、杂文。以前，政府不许工作人员卖文，所以亦舒就用新的笔名发表，当新的笔名保不住密，又重新换上另一个，哪怕冒着被打破饭碗的风险，她也要写。至今，亦舒的作品已结集出版的有七十种，代表作是《玫瑰的故事》《喜宝》《朝花夕拾》等。同时，她已成为专业作家，并已移居加拿大。

“一个女人，要有很多很多的爱，没有爱，要有很多很多的钱，以上两者都没有，有着健康，也是好的。”这是亦舒最广为人知的名言，这些文字，虽不华丽，却很深刻，有人甚至拿来做“葵花宝典”应对真实的生活。

虽然是俗世生活，但亦舒由衷地热爱着它，因为她对生活有睿智的理解和看法，知道如何应对。初中时，亦舒穿着中学校服去交稿，于是便想，一定要为自己买一件衬衣。那时，一千字稿费才六块钱，她足足写了一万字，才从百货公司买到一件衬衣，共花去三十七块半。一旦喜欢上什么，亦舒绝对不会嫌贵，她会用整月的稿费去买一套连名人都嫌太贵的连卡佛名牌套装，当然，她也会穿着蓝色的牛仔短裤，套一件褪了色的T恤，坐在大饭店里吃饭，左右顾盼，旁若无人。她的生活取决于自己的喜好，不受外界干扰。

亦舒对生活的睿智，还来自于生活的低调，过着普通人的生活。她每早5点多起床，写作到7点多，然后伺候女儿、打理家务。所以，女儿从来没见过她写作，她也从来没告诉过女儿自己的职业身份。后来，女儿问及，她反问女儿自己是否是好母亲，女儿说是，问女儿被照顾得她好不好，女儿说好，她便说，那你理我是做哪行的做什么。

“一开头就持悲观态度，往后便不会失望。”亦舒这样告诫人们。所以她最爱看《红楼梦》《莎士比亚》《鹿鼎记》，因为里边有世俗的人，并且都有双面性，过着现实的生活。亦舒自称是家族里最钝、最不聪明的一个，殊不知，那是她对待生活的另一种智慧，她认为，一个好作家应该正确面对生活，至少要学会用一种昂首的姿态应对。

泼辣、尖刻、逼真，是亦舒小说的语言风格，她常以三言两语切中时弊，鞭辟入里，在尖锐犀利中她却能冷静客观去应对。她写的都是灰暗的故事，灰色的调子，让人觉得她定是愤世嫉俗，对世界充满愤怒与不屑，甚至仇恨。但她其实是深爱着这个世界的，她渴望温暖和真情。亦舒仿佛就是一个道行高深的人，在俗世中，冷眼旁观芸芸众生，或悲、或喜、或怒，无关别人，只存于心，表于文。

可以和女孩一起整理一份亦舒格言

亦舒的文字，往往给人以洞明世事、达连人情的感觉。家长不妨鼓励女孩读一读亦舒，并且建议她将自己认为比较好的文字记录下来。这样不仅促进女孩的阅读兴趣，家长还可以通过女孩所看中的格言来进一步了解女孩的心智程度。

和女孩一起讨论亦舒的观点

如果女孩具有虚荣心重的毛病，家长就可以以讨论亦舒为契机为女孩做思想工作，因为亦舒说过“真正有气质的淑女，从不炫耀她所拥有的一切，她不告诉人她读过什么书，去过什么地方，有多少件衣服，买过什么珠宝，因为她没有自卑感。”或者当女孩心里难过在家长面前痛哭的时候，我们就可以这样劝她：“你能哭出来就好，哭是开始痊愈的象征。”

张爱玲：最后的贵族

在中国文坛上，她是一个异数，她有显赫的家世，但没有以此寄生，而是勇敢地闯了出来，因为她的理想并非局限于狭小的空间、简单富足的生活。她从小就被视为天才，发表文章，小小年纪红遍上海，正如她小说集名一样，堪称一个时代的传奇。但她是孤独的，在中秋佳节快要来临之际，孤独地离开人间。关于她的话题、研究难以计数，但能真正走进她的世界却少之又少，她就是张爱玲。

“我是一个古怪的女孩，从小被目为天才，除了发展我的天才外别无生存的目标。然而，当童年的狂想逐渐褪色的时候，我发现我除了天才的梦之外一无所有——所有的只是天才的乖僻缺点。”

这是张爱玲散文里开篇的一段话，只需看这段话，便可以看出她多么满怀抱负，多么有信心挑战未来，但那也不是故意的做作，表明自己如何满腹才华和野心勃勃。但它也绝对不是一句童言，因为从出生，张爱玲就是一个传奇。

1920 年 9 月，张爱玲出生于上海一个没落的贵族家庭，祖母是李鸿章之女，祖父乃晚清重臣张佩伦，从落地那刻起，她就留着贵族的血，注定有传奇的一生。但是，并非所有出身高贵的人，都能缔造不平凡的人生。

张爱玲的父母在她很小时就离异了，母亲几度出国又回国，但她有着传奇的人生：三岁会背“商女不知亡国恨，隔江犹唱后庭花”，7 岁时就写了一篇小说，12 岁的时候，公开在刊物上发表处女作《不幸的她》，17 岁时就已经成名，发表很多的文章。23 岁时和 38 岁的胡兰成结婚，三年后离婚。1955 年去美国，认识长她 30 岁的剧作家赖雅，一年后与他结婚，1967 年赖雅逝世后，她一个人独居美国，1995 年，在自己的寓所内悄然离世。

张爱玲是一个传奇，已被人们说过无数次，同时她无可厚非地成为中国文坛的翘楚，曾一度与鲁迅先生齐名。她不是靠着家世得来的响当当的名头，因为她知道自己要什么，正如她所说，“出名要趁早，否则来得也不是那么受用欢欣。”所以，多少年后，人们更多地记住的是张爱玲的才华和在文学史上的地位，并不是她的家世，那只是一个陪衬。

如果说张爱玲是幸运的，那么是因为她没有落入贵族小姐以往的俗套，再次嫁入豪门，过一辈子奢靡而没有意义的生活。如果说她不幸，是因为她从一个贵族小姐变成自食其力的作家，这个反抗的经历充满着艰辛和叛逆。

张爱玲是高傲的，所以每次照相，她总会把头高高扬起，像俯视风景一般对待人生浮华。她留给后人们的关于自身的情况很少，很多人是借助文字来了解她本人的，下面将辑录一些她的语录，帮助人们走进张爱玲的世界。

“人性”是最有趣的书，一生一世看不完。

最可厌的人，如果你细加研究，结果总发现他不过是个可怜人。

书是最好的朋友。唯一的缺点是使近视加深，但还是值得的。

要做的事情总找得出时间和机会，不要做的事情总找得出借口。

一个知己就好像一面镜子，反映出我们天性中最优美的部分来。

一个人在恋爱时最能表现出天性中崇高的品质。这就是为什么爱情小说永远受人欢迎——不论古今中外都一样。

有人说：不觉得时间过去，只看见小孩子长大才知道。我认为有一个更好的办法，就是每到月底拿薪水——知道一个月又过去了，但从来没有过这种经验。

“秋色无南北，人心自浅深”，这是我祖父的诗。

和女孩一起品读张爱玲

张爱玲的一生是充满辛酸的，但是她的文学成就不可磨灭。家长们可以为女孩挑选适合她阅读的张爱玲文集，培养女孩的淑女气质。

有一种追求改变了人生

张海迪：生命的强者

有人说，张海迪就是现实生活中的“保尔”，虽然身有残疾，但是在悲悲戚戚中抱怨上天的不公和顽强的自我拼搏中，她选择了后者，并且成为了一个生命的强者。

1997年，张海迪被日本NHK（日本放送协会）评为“世界五大杰出残疾人”；2000年被国务院授予“全国劳动模范”称号；2001年被新华社《环球》杂志评为“环球二十位最具影响力的世纪女性”，以及2008年当选中国残联第五届主席团主席，对于张海迪来说，都只是生命的开始而已。

对于张海迪，邓小平曾亲笔题词：“学习张海迪，做有理想、有道德、有文化、守纪律的共产主义新人！”虽然命运对于她来说似乎显得特别不公平，脊髓病、瘫痪、癌症，每一样都让常人无法承受，但当它们一一肆虐于这个看似柔弱的女孩生命中时，看到的却是一个伟大灵魂的不屈。

1955年秋天，张海迪在济南出生。5岁那年，脊髓病使她胸以下全部瘫痪，从那时起，张海迪就开始了她奋斗的人生。

那个时候没有条件上学，她便在家自学。太阳东升西落，一个个日子在转瞬间流逝，不知不觉，小小的张海迪靠着自己顽强的毅力学完了小学、中学、大学的专业课程。15岁那年，海迪跟随父母下放到聊城一个偏僻的农村，于是颇有学问的她给缺少音乐老师的孩子们当起了教书先生，教孩子们唱歌。这期间，她发现落后的农村没有医疗设施，于是便利用空余时间自学了针灸医术，为乡亲们无偿治疗达1万多人次。

1983年，年轻的张海迪开始了酝酿已久的文学创作，编著了《向天空敞开的窗口》《生命的追问》《轮椅上的梦》等书籍。其中《轮椅上的梦》在日本和韩国出版，而《生命的追问》出版不到半年，已重印3次，获得了全国“五个一工程”图书奖。随着《是颗流星，就要把光留给人间》那篇文章的发表，张海迪名噪中华，成为了人们眼中的“保尔”。

“我像颗流星，要把光留给人间。”张海迪这样形容自己。

生活中的张海迪经常去福利院、残疾人家庭，看望那里的孤寡老人和残疾儿童，给他们送去自己的礼物和温暖。后来，她用自己的稿费为灾区和孩子们捐款，还积极关心帮助残疾人，激励他们自强自立，而张海迪的助人为乐是周围人有目共睹的，当年她自学针灸的时候，为了找到准确的位置，她忍痛在自己身上反复练习扎针。短短的几年过去，居然真的成了当地一个年轻的“名医”。只要有人求医，她就无偿地热情接待。

那时候有一位姓耿的大爷，因患脑血栓后遗症瘫痪在床，疾病甚至使他不能说话。张海迪知道后，一面在精神上鼓励耿大爷增强战胜疾病的信心，一面翻阅大量书籍，精心为耿大爷治疗。风里来雨里去，在她的精心治疗下，耿大爷终于能开口说话了，慢慢地也能走路了。看着耿大爷脸上日益露出的笑容，张海迪深深体会到了帮助他人所得到的幸福，是任何事情都无法比拟的。

张海迪自强不息的奋斗历程和助人为乐的精神，也鼓舞着不同民族的人民，她曾三次应邀出访过日本、韩国，举办演讲音乐会，1995年，她作为中国政府代表团成员参加了第四次世界妇女大会。

后来，张海迪的身份是“作家”，2002年10月，她的长篇小说《绝顶》被中宣部和国家新闻出版署列为向“十六大”献礼重点图书，一年后，《绝顶》获第二届中国女性文学奖。她喜欢用自己的文字告诉人们很多心灵深处的故事，她喜欢用自己的笔触帮助更多的人树立起生活的信心，看淡人生的风雨。

时光在流逝，生活在继续，海迪说她最喜欢的事情是散步，散步其实很简单，只需要三样东西：闲散的心情、怡人的景色和健康的双腿。虽然张海迪没有健康的双腿，不过她照样可以散步，因为她有一份别人无法企及的心情。

帮助女孩树立自强自立的信心

家长介绍女孩认识张海迪，让女孩感到自己的生命是多么可贵的同时，还要启发女孩思考：当生活的磨难出现的时候，要如何来面对呢？

教女孩做一个对社会有益的人

张海迪曾经说过：“活着就要做一个对社会有益的人。”父母也要把这样的人生态度传递给女孩，通过张海迪的事迹让女孩了解到，一个人如果能够想到帮助更多的人，她生活的动力就会加倍。一个懂得为他人着想的人，本身就是一个幸福的人。

海伦·凯勒：让我们自豪，也让我们羞愧的名字

海伦小时候非常可爱，有一双会说话的眼睛，总是盯着周围的一切想看个究竟。可是，就在一岁半时，她突然得了急性脑充血病，连着几天持续的高烧使她昏迷不醒。当她苏醒过来，整个世界都变了——她看不见，听不到，甚至不久连发声也不行了。从此，她陷进了痛苦的深渊。既感受不到外面的世界，也无法让人了解自己的感受。

上帝抛弃了这个孩子！还有什么可以解释这突如其来的灾难。她还什么都不知道，就要独自面对今后的人生了，她像一株花草，只能静静地待在自己的椅子上，可是她明明有双脚可以走路，有双手可以写画，有头脑可以思考。因为这场疾病，她变得性情暴戾，厌恶与人交流，父母也不知道怎样去帮助她。

在黑暗中磕磕碰碰了七年之后，1887 年 3 月 3 日，天使来到了海伦身边。

这一天，安妮·沙莉文小姐来到海伦家中，开始负责教海伦写字、手语。安妮曾经患过眼疾，她在盲人学校学习过，深知黑暗的痛苦和盲人的无助。同病相怜的两人开始了新的生活。但是，对海伦来说学习每一个字母都是非常困难的，如果反复学习还是不会，小女孩就完全不再配合老师了。安妮面对的女孩是一个所有的表达窗口都被关闭的小女孩，要让她知道各种东西的名字、阅读文学作品、书写信件，难度可想而知。

安妮对海伦非常有耐心，从来不会让海伦受到嘲笑，而是把她当成一个普通孩子那样尊重她、信任她。海伦的“哑”是因为丧失听力而造成，声带并没有受损。她学发声，要用触觉来领会发音时喉咙的颤动和嘴的运动，但是她模仿出来的往往不准确。为此，海伦不得不反复练习发音，有时为发一个音一练就是几个小时。失败和疲劳使她心力憔悴，她为此流下过绝望的泪水。可是她始终没有退缩，夜以继日地刻苦努力，终于可以流利地说出“爸爸”“妈妈”“妹妹”了，全家人惊喜地拥抱了她，连她喜爱的那只小狗也似乎听懂了她的呼唤，跑到跟前直舔她的手。

两年之后，当波金斯盲人学校的一位先生读到一封海伦完整地道的法文信后，他不得不满怀惊喜地写道：“谁也难以想象我是多么惊奇和喜悦。对于她的能力我素来深信不疑，可也难以相信，她 3 个月的学习就取得这么好的成绩，在美国，别的人要达到这程度，就得花一年时间。”

在安妮的帮助下，海伦学会了自如地用德语和法语，并且结识了文学界的许多朋友。美国著名的作家马克·吐温曾为她朗读自己的精彩短篇小说，他们建立了真挚友谊。她的坚强和好学赢得了哈佛大学拉德克利夫女子学院的尊敬，因此以特殊方式安排她入学考试。她用手在凸起的盲文上熟练地摸来摸去，然后用打

字机回答问题。9个小时后，她各科成绩全部通过，英文和德文还得了优等，海伦怀着热切的心情开始了大学生活。

很多人都不敢相信，海伦学会了读书和写作——如果她是真的那样残疾的话。但是她以优异的成绩从大学毕业，并且开始了为盲人服务的社会工作。

每天有来访的盲人和雪片一样的信件，这些都是海伦自愿完成的。后来，她又在全美巡回“演讲”，为让更多的聋盲接受教育和治疗而奔波。到了1921年，在她的影响下，终于成立了美国盲人基金会民间组织，海伦是这个组织的领导人之一。

在繁忙的工作中，她没有放下手中的笔。在她一生中共有14部作品问世，《假如给我三天光明》是我们熟知的散文之一，《我生活的故事》《石墙之歌》《走出黑暗》《乐观》等，都产生了世界范围的影响。海伦的最后一部作品是《老师》，她曾为这本书搜集了20年的笔记和信件，而这一切和3/4的文稿却都在一场火灾中烧毁。可海伦没有心灰意冷，她不声不响地坐到了打字机前，开始了又一次艰难的跋涉。10年之后，海伦完成了书稿。她很欣慰，这本书是献给亲爱的安妮的，安妮也为此而感到无比骄傲。

海伦·凯勒好像是被上帝抛弃的孩子，但更像是上帝的使者，她来到人间，向常人昭示着残疾人的尊严和伟大。海伦·凯勒的名字，让我们每一个读者都感到生命的骄傲，同时，也感到自身的卑微，这个名字注定让人类自豪，也让人类羞愧。

鼓励女孩自强自立

海伦·凯勒的故事曾经让无数人为之感动，家长一定要让女孩认识海伦·凯勒这样的社会精英，这将有助于她日后的成长。这样，女孩在应对突发的危机时，心理承受能力会更加出色。

特蕾莎：天使为爱来到人间

1985年4月，《美国新闻与世界报道》杂志在青少年中举行了一场规模很大的问卷调查，调查的题目只有一个：当前世界上你最崇拜的人物是谁？青少年们选出了9位他们“最崇拜的人物”——其中6位是娱乐界赫赫有名的顶级明星，另外的三位分别为：当时的美国总统里根，罗马教皇约翰·保罗二世，还有一位是特蕾莎修女。

1910年，特蕾莎修女生于南斯拉夫，37岁正式成为修女，1948年远赴印度加尔各答，1950年正式成立仁爱传教修女会，竭力为贫困中的最穷苦者服务。1979年，特蕾莎获得诺贝尔和平奖，并被人尊称为“贫民窟的圣人”，很多人亲切地称她为“德蕾莎嬷嬷”。

荣誉背后的特蕾莎，只是一个衣着简朴、长相平平的普通妇女，比起衣着光鲜、浑身亮彩炫人的顶级明星，实在有天壤之别，比起教皇或总统，她更没有显赫的地位和耀人的权势。但就是这样一个普通的妇人，因为怀着仁慈的爱，用一生践行了爱的诺言，才赢来世间无数的尊崇和爱戴，同时把爱洒向人间。

1948年，特蕾莎放弃修道院的优越生活，走出修道院的高墙，来到世界上以贫民窟多且脏而闻名、被印度总理尼赫鲁称为“噩梦之城”的加尔各答，走进那些不避风雨的贫民窟，置身在贫困者中间。她在那里开办学校，到患病者的家中去医治他们，并给他们带去温暖。

难民从特蕾莎的身上获得了粮食，垂死的人在她爱的召唤下重又回到了人间，特蕾莎不是普通的修女，她就像一位天使，因为爱，来到人间。在荒凉悲惨的城市里，她犹如一只令人尊崇的、高洁的百合，把爱扎根土壤，回报大地。

“我的天职就是爱”，这是特雷莎修女常常挂在嘴边的一句话，这也是对她艰难而光荣的一生最精致的回答。她因爱而来，因爱而成长，也因爱而去。特雷莎的血液里充满的都是盈盈的爱，慈祥而温馨。

远赴印度后，特蕾莎修女每天都在与一些外表肮脏的病人来往，但她对每个病人都予以关怀，用手一个个抚摸他们的身体和手，病人们想到以前遭到父母或兄弟姐妹厌恶的情况，常常感动得流下了眼泪。印度有一些麻风病人为避世，经常隐藏起来。为找到这些患者，特蕾莎修女走遍荒凉无人之地。

对于那些找到的不幸患者，修女们安慰他们，给他们注射药剂，包扎伤口。此外，更重要的是给他们以朋友般的鼓励，鼓励他们自立。正如诺贝尔授奖词上所说，“她的事业有一个重要的特点：尊重人的个性，尊重人的天赋价值。那些最孤独的人、处境最悲惨的人，在她的手中接受了不含屈尊恩赐意味的同情，接受了建立在对人的尊重之上的同情。这种情操发自她对人的尊重，完全没有居高施舍的姿态”。

在那座阴霾的没有一点生机的城市里，特蕾莎曾无数次地握住在街头将要死去的穷人的手，给他们临终前最后的一丝温暖，让他们微笑着离开这个世界。她亲吻艾滋病患者的脸庞，为他们筹集医疗资金。战争爆发后，特蕾莎又出现在悲凉的战场之上，给战争中被炸掉双腿的难民送去轮椅，细心为每个难民从溃烂的伤口中拣出蛆虫，亲切地抚摸麻风病人的残肢。

特雷莎所创造的功绩与历史上的风云人物相比毫不逊色，虽然表面上看起来，她只是一个平凡的女人、一位修道院的修女。但是她一直默默无闻地奉献自己，直到生命最后。她是凡人，却演绎了超凡的爱，并用这种超凡的爱感动了整个世界。

送给女儿一本《特蕾莎箴言》作为礼物

特蕾莎的很多箴言还有她的行为都深深感动着世人。家长可以买一本关于特蕾莎修女的书送给女孩，鼓励女孩成为像特蕾莎修女这样善良的人，受人尊敬。

让女孩了解诺贝尔和平奖

特蕾莎修女曾经荣获1979年诺贝尔和平奖，家长可以让女孩自己上网或者从图书馆翻阅相关的资料，了解诺贝尔和平奖的相关情况和获奖者的情况，无形中让女孩可以了解到更多的好榜样。

林巧稚：不为良相，便为良医

1901年12月23日，在厦门鼓浪屿的一个基督教家庭中，出生了一个小女婴，她的哥哥姐姐们都已经是谈婚论嫁的年龄了，这个女孩的到来，为家里添了一些童趣。父母加上兄长们的宠爱，让女孩沉浸在幸福之中，但这延续了不长时间，母亲就病故了。夺走母亲性命的病叫做宫颈癌，是一种可怕的妇科疾病。这个名叫林巧稚的小女孩，与这种疾病结下了不解之缘。

林巧稚的童年时期，中国正备受欺凌。她的家乡在东南沿海，常看到外国人颐指气使、呼来喝去的模样，当地的人都不喜欢那些洋人，林巧稚也不例外。离她家不远，就是郑成功、戚继光抗击过外辱的地方，孩子们经常听老人讲英雄救国的故事，在林巧稚的心中，不甘受辱和自尊自重牢牢地扎下了根。

有一次，小巧稚在上劳动课的时候，学习编柳条筐，老师见她的双手灵活得如同两条小鱼儿，便称赞道："真是一双巧手啊，可以去做外科医生呢。"说者无心，听者有意，这句话便记在了林巧稚的心里。

19岁时，林巧稚已从厦门女子师范学校毕业了。毕业后何去何从呢？很多人都说，巧稚你嫁个好人家吧，趁现在年轻。家人也开始为她张罗着相亲的事情了。但在林巧稚自己看来，人生才刚刚开始，怎么就要定下终身了呢？旁人对女子一无是处的评价，也激起了她不服输的心理。

思前想后，林巧稚终于在父亲面前宣布了自己的想法："我想到北京的协和医院读书！"这个决定，立即遭到了大多数家庭成员的反对。"上协和？那要读8年才能毕业啊，你受得了吗？""这会误了你的终身大事的！""女子读那么多书干什么？早晚还不是嫁人！"

众人七嘴八舌，让一向温顺的小妹妹忍不住大声叫起来："读书就是我的终身大事，我不嫁人，就是不嫁人！"家人被她的气势吓倒了，哥哥看到妹妹如此有决心，便改反对为支持，站在妹妹一边，终于说服了父亲，使林巧稚离开了家乡，走向了医学。

进了协和医院，还要接受残酷的淘汰。在这里75分才算及格，一门主课不及格留级，两门不及格就要除名，绝无补考和商量的余地。

有一次，一个男生当面对女生流露出不屑的神情，认为女性就能当一当护士，根本不能救人性命。林巧稚又拿出小女孩的那股子倔劲："哼！不要觉得男生行，女生不行。你敢比吗？你考100分，我就考110分！"

在漫长的八年学习中，林巧稚独占鳌头，一路领先。当从学校毕业的时候，入学时的25人，只剩下16个了！而林巧稚一直是稳稳的第一名，并获得协和的最高荣誉奖——文海奖学金，同时获得了博士学位。那个曾经挑衅她的同学，也不得不佩服她的实力。

也许是为了读书时说的那句"我不结婚"应了验，林巧稚一生都没有结婚。但是，她并不孤独，因为她用双手迎接了五万个生命的到来。

毕业后从事什么专业呢？她想过从事儿科，但后来她觉得许多儿童的病痛来自先天，看来妇女的病痛是影响下一代的大问题，加上每每想起自己的母亲，她最后终于选择了妇产科。

仅仅半年时间，她就走完了常人需要5年才能走完的路——被破格聘为总住院医生，不久她又赢得了去英国深造的机会。到1935年，林巧稚已成为协和医院很有名气的主治医生了。

林巧稚把传统的"接生婆"变成了一种职业，妇女生产和护理，成了一门精湛的艺术。这成为我国妇产科学的重要基础。

鼓励女孩有自己的追求

在过去的旧时代，女孩子读书太多似乎不被人所接纳，但是在知识经济的今天，要想成为一个有所成就的成功人士，女孩子一定要有自己的主张，而且还要锻炼很多能力来应对时代的发展，所以，家长要从女孩小的时候就支持她有自己的追求。

鼓励女孩敢于挑战自己

林巧稚在协和求学的时候连续八年都是第一名，这说明她有惊人的毅力。林巧稚并非是天才，她的成功完全得力于她的决心。家长也要以此来教育女孩，只要下定决心，就可以克服一切困难。

有一种智慧成就了财富

钟彬娴：力挽狂澜，巾帼不让须眉

钟彬娴至今还清晰地记得，吉姆用坚定的眼神看着自己说："我完全相信，在未来的10年一定会有一位女性来领导雅芳。"

1993 年与雅芳前 CEO（首席执行官）吉姆会面时，钟彬娴记得吉姆办公室的饰板上印有四个足印，分别是猿猴、赤足男人、男皮鞋和女高跟鞋。上面的题词很简单：领导权的演变。当时，美国《财富》杂志评出的 500 强企业还没有一家是由女性领衔，因为那时在各个行业都有一块透明的、限制女性上升的天花板。

让钟彬娴没有想到的是：这个破卷而出、令无数人期待的女人，会是自己。

1999 年，是美国有史以来最大的经济繁荣期，雅芳的股票却一落千丈，公司很不景气。雅芳董事会成员 ANNMOORE 回忆说："当时确实有那种疑问，雅芳时代已经过去了吗?"

然而这个疑问并没有坚持多久就得到了回答。因为这年 11 月，钟彬娴接手了雅芳，她由此成为了雅芳百年历史上的第一位华裔女 CEO。而钟彬娴的到来，好似从天而降的"神仙姐姐"，拯救了濒临倒闭的雅芳。

在一次分析研讨会上，她说：要开拓全新的产品领域，开发一鸣惊人的产品。最令人惊讶的是，她没有放弃表面上看来已经过时的直销销售方式，同时提出通过零售点销售雅芳产品——这是在雅芳 115 年的历史中从未有过的。现在雅芳专柜已经进入了遍布美国各地的零售业巨头 J. C. Penney 商场内。

与此同时，为了壮大雅芳销售代表队伍，她实施了一系列新的计划，仅一个季度，雅芳的销售代表总数就增长了将近 10%。更优的产品加上更优的销售方式，使得雅芳在竞争中逐渐找回了过去的优势地位，在化妆品行业牢牢占据自己的一席之地。

钟彬娴的一举一动都透露出了智慧，而她的智慧之一就是认识到了自己的优势，并且利用好了这些优势。女性天生比男性敏感，并具有细致的观察力。女性在情感的表达和感知方面，具有男性无法比拟的优势，女性往往比男性富有情感，直观能力强，有一种天生的感觉力，对事物的观察力更为细致、敏锐和准确，能感受到男性所不能感受到的东西。

在组织活动方面女性领导的效果也更好一些。我们看到，在解决矛盾、调动同事的工作、建立同级或上下级关系以及奖励和处分等问题上，女性领导的做法更容易被理解和接受。女性似乎天生就比男性更知道怎么和别人打交道，怎么得到自己想得到的信息。也似乎天生多了几分敏锐，而这敏锐在商场上带来的价值可能是无价的。正如钟彬娴所说："如果你不能敏感地认识到自己处于走下坡路的阶段，那么你很可能会一滑到底，翻不了身。"

所以当钟彬娴被公认为"华人女性在企业界成功的典范"的时候，似乎正是对这句话的最好注解。其实早在 1997 年，《广告时代》杂志就授予她"全国杰出母亲奖"；2002 年，《时代》杂志和 CNN（美国有线电视新闻网）宣布她入选最有影响力的 25 位全球行政人员；2003 年 1 月，她以年度最佳经理人的身份成为《商业周刊》的封面人物；2003年10月，《财富》杂志连续六年推选她为“全美50位最有影响力的商界女性”之一。

引导女孩通过自己的努力达成愿望

钟彬娴在小的时候，有一段时间很想得到一套彩色铅笔，于是爸爸就对她说，如果想得到的话，一定要让自己的功课全部是“A”。钟彬娴为了得到自己想要的东西，让自己在房间里复习功课，错过了很多参加网球比赛和生日派对的机会，终于成功了。家长们也应该效仿这样的方法，可以将女孩喜欢的东西作为给她的奖励，激励女孩努力上进，但是千万不要以钱为奖品。

吴小莉：高调做事，低调做人

南怀瑾说：要学佛的人，“应生无所住心”，要随时观察自己，要使此心无所住。如果心心念念住在某一种东西上，或住在某一种习气上，始终不能解脱，已经是走入魔道了。那段美好的记忆，吴小莉只把它当成一个“美丽的职业互动”长存心底。

吴小莉坦言，自己是一个高调行业中希望低调做人的人。她无法预料如果没有那些美丽的机遇，她是否会有今天的知名度，但她可以肯定，即使没有当年，她仍然会在自己喜爱的岗位上奋斗，依然会干得很好。

拈花微笑间，这个睿智的女子心如明镜，物来则应，物去则灭，不将不迎，在获得了荣誉和别人羡慕的目光时，还能清醒地认识自己，还能让自己的生活远离这些纷扰，这是难得的，也是我们需要慢慢修炼才能具备的修养。

现在是周一晚上9：50整，凤凰卫视的直播间里，所有的灯光都打在主播台的位置，一声“开始”，镜头里闪现出吴小莉那张生动的笑脸：“大家好，我是吴小莉，这里是《小莉看世界》”，瞬间，空气也仿佛被这盈盈笑意感染得喜气洋洋。

《小莉看世界》是凤凰卫视最热销的节目，毫无疑问，这个在镜头前滔滔不绝的女人，成为了凤凰名嘴。但是2001年，吴小莉的身份却悄然发生着变化，她已经不仅仅是凤凰一个知名的主持人，她新的身份标签是凤凰资讯台副台长。

从台前到幕后，一个聪明的职业女性懂得在事业上瓶颈期未到的时候，适度地转型，所以，吴小莉说，如果能再有多一点的空余时间，她会去读书，读关于媒体管理的专业。

虽然吴小莉一直在强调自己是一个从来不规划人生的人，只要是大方向对了，一切都顺其自然，但其实细心的人总会发现，她又敏锐地往前跳了一步。没有人能随随便便成功，机会只会留给有准备的人，吴小莉已经张开了双臂，迎接那随时可能降临的机会。在她这里，机遇不会擦肩而过，也不会敲错门，因为，其实她早就等在了那里。

"所以后来索性放手，不为自己限定目标，因为一路走来，总会看到路边有很多自然风光，这样不经意间地采集而来，反倒有意想不到的惊喜。所以只要大的方向确定，就会一直走下去。碰到机会了，就抓紧机会，突破原有的束缚，静悄悄地转了型。"

吴小莉并不是刻意转型，她对大部分事情都顺其自然，却独独对"快乐"二字是用心经营的。当孩童年代单纯的快乐一去不复返，在长大成人后的复杂世界中寻找单纯的快乐，其实需要智慧，需要定力。

一直持有健康心态的小莉自言在内心有一种对抗伤害的堡垒，痛苦也因此得到化解。对她而言，她希望能一直保持现在这样"阳光"的心态，而经营的方法其实也很简单，就是按部就班地，一步步把每一件事情做好，等待下一个快乐。

和女孩一起看看有深度和启发性的节目

和那些热火朝天的综艺节目相比，家长们应该多引导女孩看一看知识类、时事类、人物类的报道，不至于浪费时间。家长也可以和女孩坐在一起看凤凰卫视吴小莉主持的节目，然后和女儿一起分析吴小莉的主持风格，这样也是一次不错的亲子活动。

让女孩有一个淡泊的胸怀

古人说"淡泊以明智"，吴小莉的可贵之处在于能够不为外界的舆论所牵引，非常淡泊，依然能够专心踏踏实实地做事。家长应该引导女孩也有这样的一个胸怀，在成长的道路上才能够目标明确。

吴士宏：将相本无种

街道小护士、自学大专文凭、勤杂工；IBM（国际商业机器公司）华南公司总经理、微软（中国）公司总经理、TCL集团副总裁等，很难想象，反差巨大的这些字眼会同时出现在一个人的身上。然而，事实上这所有的字眼堆砌起来，也只能勾画出这个女人无数特征的一角，在她的身上，我们看到更多的是一个女性顽强不屈的拼搏精神和对改变现实的那份巨大勇气。

这个人，就是曾被中国经理人尊称为"打工皇后"的吴士宏。

吴士宏却说过她最不能控制的事情只有两件，一件是她的出生，另一件是她一场历时四年的大病。病危报了三次，她的头发也脱光了，就在大家觉得束手无策时，她的病居然奇迹般地好了。

"病中方四载，世上已千年"，当她从医院出来的时候，突然发现世道变了，好像除了她所工作的椿树医院哪儿都开始要"大专以上文凭"！要想改变生活，拿到文凭是第一件必须做的事。

自学考试一年考两次，三月和九月各考不同的门科，吴士宏为了赶上所有可能的最早考期，开始像个吝啬鬼掰分掐秒地算计时间：一天 24 小时，2 小时要花在路上，她住在工人体育馆附近，到南城琉璃厂上班路上怎么也得两小时，坐公共汽车也省不了时间，还是骑自行车省点钱；4 小时连睡觉吃饭在内的一切生理需要，去厕所时是可以看书的，时间不会“浪费”！8 小时工作是铁定的，一天只剩下 10 个小时学习，怎么算怎么不够，于是她就设法“偷”时间：尽可能多地换成病房夜班值班，病房不大，没有重病人，半夜病人都睡得挺踏实。从凌晨 1 点左右到 5 点能“偷”出来 4 个小时！那时的搏命经验，为以后十几年外企生涯打下了基础。

“没有一番寒彻骨，哪有梅花扑鼻香”，正是早年的这些磨难和挫折，才造就了吴士宏日后领导千军万马的卓越能力。

说起她进到 IBM，还有一段冒险的经历。当时还是个小护士的吴士宏，抱着个半导体学了一年半许国璋英语，就壮起胆子到 IBM 去应聘。

那是 1985 年，站在长城饭店的玻璃转门外，吴士宏足足用了五分钟的时间来观察别人怎么从容地步入这扇神奇的大门。

两轮的笔试和一次口试，吴士宏都顺利通过了。面试进行得也很顺利。最后，主考官问她：“你会不会打字?”

“会!”吴士宏条件反射般地说。

“那么你一分钟能打多少?”

“您的要求是多少?”

主考官说了一个数字，吴士宏马上承诺说可以。她环顾了四周，发现现场并没有打字机，果然考官说下次再考打字。

实际上，吴士宏从未摸过打字机。面试结束，她飞也似地跑了出去，找亲友借了 170 元买了一台打字机，没日没夜地敲打了一个星期，双手疲乏得连吃饭都拿不住筷子了，但她竟奇迹般地达到了考官说的那个专业水准。过好几个月她才还清了那笔债务，但公司也一直没有考她的打字功夫。

吴士宏的传奇从此开始。有人说，传奇是机遇演绎出来的，但是，如果没有把握机遇的那份勇气，传奇又从何而来呢?

告诉女孩，人可以改变一切

如果女孩是一个有理想但是却无法走出固定格局的人，那么家长们不妨把吴士宏的事迹讲给女孩听，让她们可以了解到坚强的毅力可以跨越一切。让女孩懂得，其实做任何事，起点都不是很高，这其中最需要的是自己克服困难的勇气。当女孩明白了这个道理，相信她的未来可以应对很多困难障碍。